D1751760

ÜBERSICHT HKKA

- *Einführungsband*

Abt. A "Gesammelte Werke"
1. Der grüne Heinrich. Erster und zweiter Band
2. Der grüne Heinrich. Dritter Band
3. Der grüne Heinrich. Vierter Band
4. Die Leute von Seldwyla. Erster Band
5. Die Leute von Seldwyla. Zweiter Band
6. Züricher Novellen
7. Das Sinngedicht. Sieben Legenden
8. Martin Salander
9. Gesammelte Gedichte. Erster Band
10. Gesammelte Gedichte. Zweiter Band

Abt. B Sonstige Publikationen
11. *Der grüne Heinrich (1854/55) Band I und II*
12. *Der grüne Heinrich (1854/55) Band III und IV*
13. *Frühe Gedichtsammlungen*
14. *Verstreute Gedichte und Erzählungen*
15. *Aufsätze*

Abt. C Nachlaßtexte
16.1 *Studienbücher*
16.2 *Notizbücher*
17.1 *Nachgelassene Gedichte I*
17.2 *Nachgelassene Gedichte II*
18. *Nachgelassene Prosa und Dramenfragmente*

Abt. D Apparat
→ 19. Der grüne Heinrich *(zu Bd. 1–3, 11–12)*
20. Der grüne Heinrich *(zu Bd. 1–3, 11–12)*
21. Die Leute von Seldwyla *(zu Bd. 4–5)*
22. Züricher Novellen *(zu Bd. 6)*
23.1 Das Sinngedicht *(zu Bd. 7)*
23.2 Sieben Legenden *(zu Bd. 7)*
24. Martin Salander *(zu Bd. 8)*
25. Gesammelte Gedichte *(zu Bd. 9–10)*
26. Gesammelte Gedichte *(zu Bd. 9–10)*
27. Frühe Gedichtsammlungen *(zu Bd. 13)*
28. Verstreute Gedichte und Erzählungen / Aufsätze *(zu Bd. 14–15)*
29. Studien- und Notizbücher *(zu Bd. 16.1 und 16.2)*
30. Nachgelassene Gedichte *(zu Bd. 17.1 und 17.2)*
31. Nachgelassene Prosa und Dramenfragmente *(zu Bd. 18)*
32. Herausgeberbericht

Historisch-Kritische Gottfried Keller-Ausgabe
HKKA
Band 19
Der grüne Heinrich
Apparat 1 zu Band 1–3, 11 und 12

Gottfried Keller
Sämtliche Werke
Historisch-Kritische Ausgabe

Stroemfeld Verlag
Verlag Neue Zürcher Zeitung

Gottfried Keller
Sämtliche Werke

Historisch-Kritische Ausgabe

Herausgegeben unter der Leitung von
Walter Morgenthaler
im Auftrag der
Stiftung Historisch-Kritische Gottfried Keller-Ausgabe

Band 19
Der grüne Heinrich
*Apparat 1
zu Band 1–3, 11 und 12*

Herausgegeben von
Peter Stocker
Walter Morgenthaler
Thomas Binder
Karl Grob

unter Mitarbeit von
Dominik Müller

Strœmfeld Verlag
Verlag Neue Zürcher Zeitung

Erstellt und veröffentlicht mit Unterstützung durch
die Jubiläumsstiftung der Credit Suisse Group,
die Baugarten Stiftung Zürich,
die STEO-Stiftung Zürich,
den Schweizerischen Nationalfonds
zur Förderung der wissenschaftlichen Forschung,
den Kanton Zürich

Eine Gemeinschaftsproduktion von
Stroemfeld Verlag, Basel und Frankfurt am Main
Verlag Neue Zürcher Zeitung, Zürich

Bibliografische Information Der Deutschen Bibliothek
Die Deutsche Bibliothek verzeichnet diese Publikation in der Deutschen
Nationalbibliografie; detaillierte bibliografische Daten sind im Internet über
http://dnb.ddb.de abrufbar.

Bd. 19. Apparat zu Band 1–3, 11 und 12. Der grüne Heinrich
hrsg. von Walter Morgenthaler ... 2006
ISBN 10: 3-87877-719-1 / ISBN 13: 978-3-87877-719-9 (Stroemfeld)
ISBN 10: 3-03823-286-6 / ISBN 13: 978-03823-286-5 (NZZ)

Gesamt-ISBN für HKKA Band 19–20 (nur zusammen)
ISBN 10: 3-87877-735-3 / ISBN 13: 978-3-87877-735-9 (Stroemfeld)
ISBN 10: 3-03823-288-2 / ISBN 13: 978-03823-288-9 (NZZ)

Copyright © 2006

Stiftung Historisch-Kritische Gottfried Keller-Ausgabe
CH-8001 Zürich

Stroemfeld Verlag
CH-4054 Basel, Altkircherstrasse 17
D-60322 Frankfurt am Main, Holzhausenstraße 4
www.stroemfeld.de

Verlag Neue Zürcher Zeitung
Postfach, CH-8021 Zürich
www.nzz-libro.ch

Satz: Doris Kern, Frankfurt am Main, und Karl Grob, Zürich
Druck: NZZ Fretz, CH-8952 Schlieren
Einband: Buchbinderei Schumacher AG, CH-3185 Schmitten

Alle Rechte vorbehalten. All Rights Reserved.

Inhalt

BAND 19

Übersicht HKKA 2
Einleitung 9

Der grüne Heinrich (Apparat 1)

1   *Entstehung und Publikation* 13
    1.1   *Übersicht und Chronologie* 15
    1.2   *Der grüne Heinrich – 1. Fassung* 28
    1.3   *Der grüne Heinrich – 2. Fassung* 48

2   *Besonderes* 73
    2.1   *Zur Entstehung und textkritischen Bedeutung
          der* Gesammelten Werke *1889* 73
    2.2   *Heinrich Lee und Gottfried Keller als Maler* 93
    2.3   *Rezensionen zum* Grünen Heinrich 117

3   *Dokumentation* 141
    3.1   *Dokumente zu Entstehung, Überlieferung und Rezeption* 141
    3.2   *Zusatzdokumente* 519

Detailliertes Inhaltsverzeichnis (Band 19) 541

BAND 20

Der grüne Heinrich (Apparat 2)

4	Textzeugen, Editionen und Darstellungsprinzipien	9
	4.1 Die Textzeugen	9
	4.2 Editionen	58
	4.3 Text- und Variantenwiedergabe	76
5	Varianten und Paralipomena	91
	5.1 Variantenverzeichnis	91
	5.2 Paralipomena	463

Anhang

1	Literaturverzeichnis	495
2	Seitenkonkordanz	510
3	Verzeichnis der Abbildungen	544
4	Textzeugen-Siglen und diakritische Zeichen	546
5	Währungseinheiten und Münzen	548
6	Verzeichnis der Abkürzungen	550
7	Verzeichnis der Siglen	551
8	Detailliertes Inhaltsverzeichnis (Band 20)	553

EINLEITUNG

Mit dem vierbändigen Roman Der grüne Heinrich *setzte Gottfried Keller 1854/55 den Grundstein zu seiner Laufbahn als großer deutscher Erzähler, nachdem er bisher ausschließlich als Lyriker an die Öffentlichkeit getreten war. Jahre, geprägt von zermürbenden Auseinandersetzungen zwischen dem Autor und seinem Verleger Eduard Vieweg, hatte es zur Entstehung des Werks gebraucht, und zweieinhalb Jahrzehnte, bis die Überarbeitung in Angriff genommen werden konnte, deren Notwendigkeit Keller schon von Anfang an empfunden hatte. 1879/80 erschien die 2. Fassung, welche die Erzählfolge chronologisch linearisierte, die Proportionen zwischen den Erzählteilen ausglich, den Wechsel zwischen Ich- und Er-Erzählung aufhob, anstößige oder ausschweifende Passagen beseitigte, dafür neue Episoden einfügte und den früher an Schuld und Schicksal zerbrochenen Helden in ehrenhafter Entsagung überleben ließ. Seither wurde – zu Kellers Verärgerung – über den Vorrang der einen oder der anderen Fassung gestritten, von höchstem Interesse sind sie beide. Ihre Gegenüberstellung erlaubt überraschende Einblicke in Kellers literarische Entwicklung und Schaffensweise, was noch durch den glücklichen Umstand gefördert wird, daß die Druckvorlage zur 2. Fassung erhalten ist und Kellers Fahnenkorrekturen durch den Verleger lückenlos dokumentiert wurden. Dagegen fehlen – mit Ausnahme einiger Entwurfsnotizen und des Erstdrucks – die Textzeugen zur 1. Fassung.*

Band 1–3 der HKKA enthalten den Text der 2. Fassung auf der Grundlage der Gesammelten Werke *von 1889, Band 11–12 den Text der 1. Fassung entsprechend der Erstausgabe von 1854/55. Zur Erleichterung einer parallelen Lektüre wird in beiden Fassungen durch Stellen- und Seitenverweise am Rand auf die jeweilige andere Fassung verwiesen. Passagen, die sich nur in der Jugendgeschichte der 1. Fassung finden, sind dort markiert.*

Die vorliegenden Bände HKKA 19 und 20 enthalten den editorischen Apparat zu beiden Fassungen des Grünen Heinrich. *Die Aufteilung erfolgte – bei durchgehender Kapitelzählung – nach thematischen und buchtechnischen Gesichtspunkten.*

HKKA 19 beginnt mit einem Kapitel, das die Entstehungs- und Publikationsgeschichte beider Fassungen, von den ersten Plänen bis zur Aufnahme in die Gesammelten Werke, *nachzeichnet (Kap. 1). Ein besonderes Kapitel befaßt sich mit drei ausweitenden Spezialthemen: der Entstehung der*

Gesammelten Werke *und ihrer textkritischen Bedeutung (Kap. 2.1), dem Verhältnis von Gottfried Kellers und Heinrich Lees Malerei (Kap. 2.2) und den zeitgenössischen Rezensionen zu beiden Fassungen (Kap. 2.3).*

Die Dokumentation (Kap. 3.1) versammelt eine außerordentlich große Zahl von vielfach unveröffentlichten Briefen und Briefstellen zur Entstehung, Publikation, Überarbeitung und Rezeption des Romans und deckt damit insgesamt zwei Drittel von Kellers Lebens- und Schaffenszeit ab. Von besonderem Interesse ist dabei die Verlagskorrespondenz mit Eduard Vieweg (1. Fassung) und Ferdinand Weibert (2. Fassung), die neben dem mühseligen Hin und Her zwischen Autor und Verleger auch die Auseinandersetzung zwischen den Verlegern beim Verlagswechsel im Detail dokumentiert. Als Zusatzdokumente werden neben biographischen Dokumenten Auszüge aus Rudolf Marggraffs Gedenkbuch zum Maskenzug der Künstler, *das Keller als Quelle diente, wiedergegeben (Kap. 3.2).*

HKKA 20 enthält in Kapitel 4.1 – als spezifische Ergänzung zur Entstehungsgeschichte und als allgemeine Grundlage für das Variantenverzeichnis – die Beschreibung aller autorisierten Textzeugen, mit detaillierter Erläuterung der teilweise komplexen Stufen der Textentwicklung. Insbesondere wird auf die unterschiedliche Verfahrensweise aufmerksam gemacht, mit der Keller die Jugendgeschichte (unter direkter Verwendung der Erstdruckbogen) und die übrigen Romanteile (durch Erstellung eines vollständig neuen Druckmanuskriptes) für die Altersfassung überarbeitete. Eine Auswahl von postumen Editionen, die für die Forschungsgeschichte von Belang sind, wird in Kapitel 4.2 behandelt. Kapitel 4.3 stellt die Prinzipien der Text- und Variantenwiedergabe dar.

Den Schwerpunkt des Bandes bildet das Variantenverzeichnis (Kap. 5.1). Es bietet, außer einzelnen Entwürfen zu Gedichteinlagen der 1. Fassung, die Textvarianten zum Referenztext der 2. Fassung in lemmatisierter Form (inklusive die Varianten der 1. Fassung im Bereich der Jugendgeschichte). Ergänzt wird das Variantenverzeichnis durch eine Zusammenstellung der für die Romanentstehung relevanten Paralipomena (Kap. 5.2). Dazu gehören neben einzelnen Notizblättern v. a. Eintragungen in Notizbüchern (vgl. HKKA 16.2) sowie ein früher Entwurf zum Romananfang.

Dem Band HKKA 20 ist die elektronische Edition auf CD-ROM beigelegt, die das gesamte bisher edierte Textkorpus mit allen Varianten und eine umfassende Sammlung von Briefdokumenten, Rezensionen und Quellentexten sowie die Darstellung wichtiger Handschriftenkon-

volute mit integrierter Transkription enthält. Unter der Internet-Adresse www.gottfriedkeller.ch *findet sich eine Paralleldarstellung beider Fassungen des* Grünen Heinrich.

Für die großzügige Benützungsmöglichkeit insbesondere der Bestände der Handschriftenabteilung, der Abteilung Alte Drucke und der Graphischen Sammlung danken wir der Zentralbibliothek Zürich. Weitere Dokumente verdanken wir dem Deutschen Literaturarchiv und dem Cotta-Archiv, Marbach a. N., den Vieweg-Archiven der Universität Braunschweig, der Universitätsbibliothek Heidelberg, der Schleswig-Holsteinischen Landesbibliothek, Kiel, dem Goethe- und Schiller-Archiv, Weimar, der Biblioteka Jagiellońska Krakau, dem Schweizerischen Bundesarchiv, Bern, dem Staatsarchiv Zürich, dem Staatsarchiv des Kantons Aargau, dem Sächsischen Staatsarchiv, Leipzig, der Wiener Stadt- und Landesbibliothek, der Niedersächsischen Staats- und Universitätsbibliothek, Göttingen, der Herzog August Bibliothek, Wolfenbüttel, der Bayerischen Staatsbibliothek, München, der Universitätsbibliothek Leipzig, dem Dichtermuseum Liestal, der Kongelige Bibliotek, Kopenhagen sowie privaten Briefbesitzern.

Basel/Zürich, Mai 2006

Entstehung und Publikation

Die Beschäftigung mit dem Grünen Heinrich, *seinem ersten, umfangreichsten und bekanntesten Prosawerk, hat Keller mit Unterbrechungen durch sein ganzes Schriftsteller-Leben begleitet: Sie begann mit einem frühen schriftstellerischen Vorsatz*[1] *und bildete als* Stimme aus [...] besseren Zeiten *die vielleicht letzte Lektüre auf dem* thatlosen Lager *des Sterbenden.*[2] *Während dieser langen Zeit durchlief der Stoff eine frühe Konzeptionsphase und zwei intensive Bearbeitungsphasen, welche die frühe Fassung GH I (1854/55) und die späte Fassung GH II (1879/80) hervorbrachten, die man trotz der vielen Gemeinsamkeiten mit einigem Recht als zwei verschiedene Werke betrachten kann. Keller selbst behielt zwar den Titel bei, betrachtete die zweite Fassung jedoch als Ersatz für die erste und nahm nur jene in die* Gesammelten Werke *von 1889 (GW) auf. Die HKKA ediert GH II als Bestandteil der* Gesammelten Werke *in Abteilung A, GH I jedoch in Abteilung B, welche die von Keller ausgeschiedenen Publikationen vereinigt. Neben den vielen Gemeinsamkeiten in Grundintention und Stoff der beiden Werke zeigen sich auch viele Entsprechungen in der mühevollen Entstehungsweise. Außerdem wirkte die Rezeption von GH I direkt auf die Planung von GH II ein, die eigentlich schon vor Abschluß von GH I einsetzte. Die HKKA behandelt deshalb die Entstehungsgeschichte der beiden Fassungen als einen zusammenhängenden Prozeß.*[3]

Die folgende Darstellung der Entstehungsgeschichte beruht vorwiegend auf Briefen, Verträgen und Notizen (Paralipomena), die in direktem Zusammenhang mit der Planung, Niederschrift, Rezeption und Umarbeitung des Romans stehen. Rezensionen sind hier nur berücksichtigt, soweit sie in der Korrespondenz eine Rolle spielen.[4] *Das mit zahlreichen Dokumenten belegbare komplexe Verhältnis von Leben und Werk ist nicht Gegenstand der*

---

1 Vgl. Autobiographisches *1876/77, II, S. 9 (HKKA 15).*
2 Keller an Sigmund Schott, *4.2.1890,* Dok *(Kellers letzter Brief).*
3 Dies im Gegensatz zu SW (Entstehung von GH I: *SW 19, S. 333–341,* Entstehung von GH II: *SW 6, S. 329–333*) und DKV (GH I: *DKV 2, S. 901–912,* GH II: *DKV 3, S. 865–884*); vgl. HKKA 20, Kap. 4.2 Editionen.
4 Vgl. aber Kap. 2.3 Besonderes: Rezensionen und CD.

*Erörterung.*⁵ *Auf den Nachweis literarischer, philosophischer und wissenschaftlicher Quellen Kellers*⁶ *wird ebenso verzichtet wie auf die Darstellung des unterschiedlichen historischen und politischen Kontextes,*⁷ *auf den der Roman in seinen beiden Fassungen reagiert.*

---

5   *Vgl. aber Kap. 2.2 Besonderes: Heinrich Lee und Gottfried Keller als Maler; vgl. auch die frühen biographischen Darstellungen von Baechtold und Ermatinger, welche Werk und Biographie einigermaßen unbefangen aufeinander projizieren. Baechtold schrieb schon während der Sichtung des Nachlasses nach Kellers Tod über* Kellers Briefe an s. Mutter v. 1840–1855, *sie enthielten den ganzen* Grünen Heinrich *(Baechtold an Hertz, 12.8.1890, Dok).*
6   *Zu Marggraff 1840 vgl. Kap. 3.2 Zusatzdokumente, S. 529–540.*
7   *Vgl. dazu v. a. die Stellenkommentare DKV 2, S. 1044–1387 und DKV 3, S. 1025–1243.*

1.1   ÜBERSICHT UND CHRONOLOGIE

1.1.1   ÜBERSICHT

Die Übersicht listet die Eckdaten im Prozeß der Entstehung und Publikation auf; für detailliertere Angaben vgl. 1.1.2 Chronologie.

1846		*Fragment eines Romananfangs (Paralipomenon 1)*
1847	5. Februar	*Erste briefliche Erwähnung des Titels* Der grüne Heinrich
1848	22. Oktober	*Antritt des Studienaufenthalts in Heidelberg*
1849	März	*Indirekte Verlagsanfrage bei Friedrich Vieweg & Sohn*
1849–1851		*Konzeptionelle Notizen (Paralipomena 2–33)*
1850	28. Februar	*1. Manuskript-Lieferung an Vieweg*
	⟨Anfang April⟩	*Übersiedlung von Heidelberg nach Berlin*
	3. Mai	*Exposé der Roman-Handlung an Vieweg*
	⟨Mai⟩	*1. Vorschußzahlung Viewegs: 100 Taler (7 weitere Zahlungen zwischen August 1850 und Mai 1855)*
		Umstellung des Konzepts von 2 Bänden auf 3
1851	4. Juli	*Abschluß von Band 1*
1852	16. Dezember	*Abschluß von Band 2*
1853	⟨Januar–April⟩	*Umstellung des Konzepts von 3 Bänden auf 4*
	24. April	*Vermutlich Abschluß der Jugendgeschichte*
	28. April	*Sendung der Vorrede an Vieweg*
	⟨Ende Mai⟩	*Verworfener Vieweg-Vorschlag: 5-Band-Konzept mit heiterem Ende und integrierten Novellen*
	21. Oktober	*Abschluß von Band 3*
	⟨Ende Dezember⟩	*Auslieferung von Band 1–3*
1855	⟨Mitte Mai⟩	*Auslieferung von Band 4*
1869	Oktober–Dezember	*Konfusion wegen billiger Abgabe des Romans durch Antiquar Schwelm; Bemühung verschiedener Verlage um Rechte Viewegs*
1875	Juni–Juli	*Erste Bemühung Weiberts um Viewegs Verlagsrechte*
1877–1878	⟨Dezember–Juli⟩	*Umarbeitung der Jugendgeschichte*
1878	28. August	*Plan: Einteilung in 5 Bände*
1879	Januar / Februar	*Neue Aufteilung auf 4 statt 5 Bände*
	15. Februar	*Druckvorlage für Band 1 und 2 an Weibert*
	18. Februar	*Vertrag mit Weibert über GH II*

	⟨April/Mai⟩	*Auslieferung von Band 1 und 2 GH II*
	⟨November⟩	*Auslieferung von Band 3 GH II*
1879–1880		*Rückkauf GH I von Vieweg (März 1879 und Oktober 1880)*
1880	22. September	*Abschluß von Band 4 GH II*
	⟨Oktober⟩	*Auslieferung von Band 4 GH II*
1883	⟨November–Dezember⟩	*Orthographische und stilistische Überarbeitung für 3. Auflage*
1884	⟨Mitte⟩	*Auslieferung der 3. Auflage GH II*
1885	9. März	*Verlagsübergabe von Weibert an Hertz*
1889	10. Februar	*Vertrag mit Hertz über* Gesammelte Werke *(GW)*
	26. April – 21. Juni	*Auslieferung der GH-Bogen innerhalb GW (9 Lieferungen); Verzicht auf weitere Revision der Prosabände*
1890	⟨Januar / Juni⟩	*Neuauflagen von GH innerhalb GW*

1.1.2   CHRONOLOGIE

Die Chronologie listet die für die Entstehungsgeschichte relevanten Vorkommnisse möglichst vollständig in zeitlicher Folge auf. Hervorgehobene exakte Daten (Jahr, Tag, Monat) verweisen auf die entsprechenden Dokumente; vgl. Kap. 3.1 Dokumentation.

1843	8. Juli	*Gedanken über eine autobiographische Verarbeitung von Jugend, Münchner Zeit und Rückkehr (Tagebuch)*
1846		*Fragment eines Romananfangs* Der grüne Heinrich
	24. November	*Meyer von Knonau: Bitte um Kurzbiographie*
1847	5. Februar	*Briefliche Erwähnung des Romantitels* Der grüne Heinrich *(an Freiligrath)*
	22. März	*Kurzbiographie an Meyer von Knonau*
	Juni	*Ergebnislose Korrespondenz mit Anton Winter (Gedichte) über den Verlag des Romans*
1848	22. Oktober	*Ankunft in Heidelberg: Studienaufenthalt mit Stipendium der Regierung des Kantons Zürich*
1849	Januar	*Ergebnislose Korrespondenz mit F. A. Brockhaus über den Verlag des Romans*
	ab Januar / Februar	*Neukonzipierung des Romanprojekts (an Hegi, an Dößekel)*
	März	*Verlagsanfrage bei Friedrich Vieweg & Sohn durch Vermittlung von Karl Jakob Löwig*

	10. Dezember *Beginn der Korrespondenz mit Eduard Vieweg: Zusage des Roman-Manuskripts (vollständig oder teilweise) in 14 Tagen*
1849–1851	*Konzeptionelle Notizen (Paralipomena 2–33)*
1850	**28. Februar** *Manuskript-Lieferung: Roman-Anfang (vermutlich bis Seite 31 des Manuskripts = HKKA 11.045); Honorarforderung: 75 Louisdor für 430–440 Manuskriptseiten*
	6. März *Bitte Viewegs um besser leserliches Manuskript und Exposé der Roman-Handlung; Honorarforderung zu hoch*
	6. – ca. 10. April *Übersiedlung von Heidelberg nach Berlin*
	3. Mai *Exposé der Roman-Handlung an Vieweg; Bitte um sofortigen Druckbeginn und um 1. Vorschuß (100 Taler)*
	7. Mai *Vieweg zu Druck und Versendung im Herbst bereit; Bitte um Aufteilung in 3 Bändchen*
	6. / 28. Juni *Bitte Viewegs um Manuskript*
	2. Juli *Zusage: Manuskript in 8–10 Tagen*
	8. / 14. August *Bitte Viewegs um Manuskript*
	16. August *Zusage: Manuskript nächste Woche; 2. Bitte um Vorschuß (150 Taler); Bitte um Zusendung der Aushängebogen an Hettner zur sofortigen Rezensierung*
	23. August *Manuskript-Sendung (bis Seite 54 des Manuskripts = Beginn der Jugendgeschichte)*
	28. / 30. August *Korrespondenz über Format des Buchs*
	24. September *Bitte Viewegs um Manuskript; Empfehlung, auf Reinschrift zu verzichten*
	6. Oktober *Zins-Verlust Viewegs wegen Verschieben der Auslieferung*
	12. Oktober *Erklärung für verzögerte Manuskript-Lieferung: mehrwöchige Krankheit; Überarbeitung des Konzepts mittels Reinschrift unverzichtbar*
	28. Oktober *Manuskript-Lieferung; Vorschlag: Druck Band 1 Ende 1850, Band 2 und 3 Anfang 1851*
	29. Oktober *Vieweg: gemeinsame Auslieferung aller 3 Bände bis spätestens Ende Februar 1851*
	27. November / 21. Dezember *Bitte Viewegs um Manuskript; Zweifel am Abschlußdatum Ende Februar*
	26. Dezember *Manuskript-Lieferung; Zusage: rechtzeiti-*

ger Abschluß; Übersendung des Manuskripts der Neueren Gedichte

1851 21. Januar Bitte Viewegs um Manuskript; Übernahme des Verlags der Neueren Gedichte
24. Januar Erklärung für verzögerte Manuskript-Lieferung: Jugendgeschichte größtenteils neu verfaßt
2. Februar Zusage: restliches Manuskript in drei Wochen
14. Februar / 1. März Bitte Viewegs um Manuskript
25. Februar Hettner erhält 20 Aushängebogen von Band 1
4. März Kommentar zu den Intentionen der Jugendgeschichte an Hettner
10. März Zusage: Manuskript in den nächsten Wochen
22. März Baumgartner: Ausbleiben von Nachrichten und Publikationen Kellers in Zürich auffallend
5. / 23. April Bitte Viewegs um Manuskript und um Erklärung für ‚rücksichtsloses' Verhalten
25. April Manuskript-Lieferung ohne nähere Erklärung
26. April Vieweg: Erwägen der Druckeinstellung
29. April Vieweg: Aufzählen von ‚Rücksichtslosigkeiten'
4. Juli Letzte Manuskript-Lieferung zu Band 1, Bitte um Fortsetzung des Druckes
14. Juli Vieweg: Fortsetzung des Druckes; Erkundigung nach Abschluß-Zeitpunkt von Band 2 und 3
16. Juli Erklärung für verzögerte Manuskript-Lieferung: materielle Notlage; Zusage: nächstens 48 Seiten Manuskript, gefolgt von regelmäßigen größeren Sendungen
16. Juli Dank Viewegs für Erklärung; 3. Vorschußzahlung (50 Taler)
31. Juli Manuskript-Lieferung und Korrekturen
28. August Auf Viewegs Nachfrage Zusage: größere Manuskript-Lieferungen im September, Abschluß im Oktober
20. September Bedenken wegen Formlosigkeit des Romans (an Hettner)
20. / 29. September Bitte Viewegs um Manuskript
9. Oktober Erklärung für verzögerte Manuskript-Lieferung: Krankheit; Zusage: Abschluß Band 2 nächstens, Abschluß Band 3 Ende Oktober; Bitte um 4. Vorschußzahlung (50 Taler)

15. November / 11. Dezember *Bitte Viewegs um Manuskript und Korrekturen; erneute Vorhaltungen*

1852

11. Februar *Vieweg: Forderung einer* peremtorischen Erklärung *zur Erfüllung der eingegangenen Verpflichtungen*

14. Februar *Verzögerte Manuskript-Lieferung wegen Niederschrift des Gedichtzyklus* Der Apotheker von Chamounix; *Erklärung auf Ehrenwort:* keinerlei andere Arbeit oder Studium *vor Vollendung des Romans; Vollendung* in längstens sechs Wochen *möglich*

31. Mai / 4. Juni *Letzte Stipendienzahlung des Kantons Zürich (600 Franken); Mahnung von Zürcher Freunden, längst angekündigte Werke (Roman, Dramen) zur Beruhigung der Regierung zu publizieren (Boßhard, Baumgartner)*

12. Juni / 8. Juli *Drohung Viewegs mit Klage; Anerbieten eines Arbeitszimmers in Braunschweig*

10. Juli *Zusage: erste Hälfte des noch ausstehenden Manuskripts* nächstens, andere Hälfte bei Zeiten; *Interesse an baldigem Abschluß; Lust auf dramatische Produktion*

19. Juli *Vieweg: Einräumen einer Frist von 14 Tagen zur Vollendung eines Dramas; Übernahme des Drucks für die Bühne*

Ende Juli *Plan: Roman-Vollendung im Oktober; formale Fehler in der ersten Hälfte (an Baumgartner)*

8. / 14. August *Bitte Viewegs um Manuskript zur Wiederaufnahme des Satzes*

15. August *Kleine Manuskript-Lieferung; Erklärung für verzögerte Manuskript-Lieferung: Verflechtung des Stoffes mit dem eigenen Wesen; neues Interesse am Roman; Aussicht auf leichtere Produktion von Erzählungen nach Vollendung des Romans*

18. August *Vieweg: Wiederaufnahme des Satzes; Bereitschaft zur Prüfung des Verlags der Erzählungen*

22. September / 5. Oktober / 2. November *Bitte Viewegs um Manuskript und Korrekturen; Erkundigung nach Umfang von Band 2 und 3*

3. November *Kleine Manuskript-Lieferung; Zusage: Schluß von Band 2 (insgesamt 26 Bogen)* noch *diese Woche; Band 3 im Laufe des November*

4. November *5. Vorschußzahlung Viewegs (50 Taler)*

	16. Dezember *Manuskript-Lieferung: Schluß von Band 2; Zusage auf Ehrenwort: Band 3 bis Ende Januar*
1852–1854	*Niederschrift der später in Band 4 des Romans integrierten Gedichte (H1)*
1853	**1. / 11. Januar** *Bitte um Auszahlung des noch ausstehenden, dem erweiterten Umfang anzupassenden Honorars*
	12. Januar *Vieweg: 6. Vorschußzahlung (200 Taler); Neubestimmung des Honorars erst nach Manuskript-Abschluß; Lob der Jugendgeschichte; Vorschlag der Erweiterung auf 4 Bände, um dem Exposé gerecht zu werden*
	28. Januar *Vorläufige Ankündigung des Romans in der* Deutschen Reichs-Zeitung
	4. März *Auf Viewegs Nachfrage Manuskript-Lieferung; Zusage: Rest in einer Woche*
	24. April *Auf Viewegs Nachfrage kleine Manuskript-Lieferung; Erweiterung auf 4 Bände akzeptiert (Band 3 und 4 auf je 20 Bogen geplant)*
	26.–28. April *Korrespondenz mit Vieweg über Vorrede für geplante Vorab-Auslieferung von Band 1 und 2*
	6. Mai *Vieweg: Verzicht auf Vorab-Versendung von Band 1 und 2; 7. Vorschußzahlung (100 Taler); Vorschlag, dem* Roman *einen Cyclus von Schweizernovellen im Stil der Jugendgeschichte folgen zu lassen*
	Ende Mai *Übereinkunft bei Besuch Viewegs in Berlin: Auslieferung von Band 1–3 demnächst; heiteres Ende des Romans durch Verknüpfung mit den Novellen; Erweiterung auf 5 Bände*
	10. / 13. Juni *Bitte Viewegs um Manuskript: Schluß Band 3*
	16. Juni *Beharren auf ursprünglichem 4-Band-Konzept (Verärgerung Viewegs); Zusage: Rest von Band 3 nächste Woche*
	3. August *Leiden an schon gedruckten Geziert- und Flachheiten sowie Formfehlern im Roman (an Hettner)*
	25. August / 12. September *Bitte Viewegs um Manuskript*
	13. September *Erklärung für verzögerte Manuskript-Lieferung: Verdoppelung des ursprünglich geplanten Umfangs; Zusage: Ende von Band 3 demnächst, Rest mit Novellen versendbar*

21. September *Zweifel der Zürcher Regierung an Vollendung des Romans (Heußer)*
11. Oktober *Bitte Viewegs um Manuskript: Schluß von Band 3*
15. Oktober *Bitte an Hettner um baldige Rezension von Band 1–3 zur Beruhigung der Zürcher Regierung*
21. Oktober *Manuskript-Lieferung: Schluß von Band 3; Bitte um Rezensionsexemplar von Band 1–3 für Hettner*
5. November *Vorschlag zur Neubestimmung des Honorars: 1½ Louisdor per Bogen; Zusage: Band 4 bis Neujahr beendet; Zeitaufwand für Band 4: 3–6 Wochen; Sendung der Anfänge einiger Novellen zur Prüfung*
10. November *Bitte um Rücksendung der Novellen-Anfänge und um Versendung von Freiexemplaren Band 1–3 an Zürcher Regierungsräte Escher und Dubs (an Vieweg)*
30. November / 23. Dezember *Erkundigungen bei Vieweg nach Band 1–3*
⟨**Ende Dezember**⟩ *Auslieferung von Band 1–3*

1854
5. Januar *Skizzierung des Inhalts von Band 4 für Rezension (an Hettner)*
28. Januar / 7. Februar *Gute Aufnahme von Band 1–3 bei Zürcher Freunden und Regierung (Heußer, Dubs)*
11. Februar *Bitte um zusätzliche Freiexemplare und großzügige Versendung von Rezensionsexemplaren; Erklärung für verzögerte Manuskript-Lieferung: finanzielle Notlage; Zusage: Band 4 Anfang März*
14. Februar *Sendung eines eigenen Freiexemplars an Hettner*
19. Februar *Begeisterte Leser-Reaktion Hettners*
11. März *Elisabeth Keller sehr angesprochen von Band 1–3*
23. März *Sendung eines Freiexemplars von Band 1–3 an August Varnhagen von Ense*
31. März *Umzugs-Anzeige an Vieweg; Weiterarbeit am Roman erst in neuer Berliner Wohnung (Bauhof 2) möglich*
Juni *Verspätete Sendung eines Darlehens (1600 Franken) von Zürcher Freunden (Heußer, 24.5. und an Hettner, 26.6.); Erwartung von Band 4*
25. Juni *Verlagsangebot Hugo Scheubes in Zeitz (an Hettner)*
31. Juli / 6. August *Kleine Manuskript-Lieferung; Bitte um Rücksendung der Novellen-Anfänge wegen Scheubes Angebot*

	21. Oktober	*Schreib-Unlust: Zwangsverpflichtung,* Pfändungsmanier *Viewegs; Ausspinnen anderer Projekte (an Hettner)*
	23. Oktober	*Vieweg: Rücksendung der Novellen-Anfänge; Fiasko bei Absatz von Band 1–3; Vollendung von Band 4 unter Klage-Drohung bis Weihnachten gefordert*
	20. November	*Bitte Viewegs um Manuskript*
	21. November	*Zusage: Schluß des Buches* in den nächsten 14 Tagen
	6. Dezember	*Manuskript-Sendung; Zusage: Rest demnächst*
1855	31. Januar	*Bitte Viewegs um Manuskript und Revisionsbogen*
	2. April	*Manuskript-Lieferung: Abschluß von Band 4; Erwägen einer Überarbeitung für die 2. Auflage; Vorschlag zur Neu-Bestimmung des Honorars: 2 Louisdor per Bogen*
	16. April	*Bitte um rasche Entscheidung betreffend Honorar*
	9. Mai	*Klage über Ausbleiben von Band 4 (an Hettner)*
	⟨Mitte Mai⟩	*Auslieferung von Band 4*
	15. Mai	*Vieweg: schlechter Absatz (erst 150 von 1000 Exemplaren verkauft); Auszahlung des Resthonorars: 43 Taler*
	18. Mai	*Zusendung von Band 4 an Hettner: Unzufriedenheit mit* autodidaktischen Bildungskapiteln *und überhastetem Schluß; Klage über Viewegs Kleinlichkeit*
	11. Juni	*Hettner: Lob von Band 4; Notwendigkeit des tragischen Schlusses fraglich*
	25. Juni	*Erklärung an Hettner: ursprünglich ausführlichere Motivierung von Heinrichs Tod geplant*
	15. Juli	*Vertrag mit Vieweg über* Die Leute von Seldwyla
1856	⟨Januar / Februar⟩	*Auslieferung der 1. Auflage der* Leute von Seldwyla *(Vieweg)*
	3. Mai	*Plan: Umarbeitung des Romans nach gelegentlichem Rückkauf des Auflagenrests (an Vieweg)*
1858	9. November	*Existenz als freier Schriftsteller durch schlechten Absatz zunehmend in Frage gestellt (an Vieweg)*
1861	23. September	*Amtsantritt als Staatsschreiber des Kantons Zürich*
1869	4. August	*Interesse des Verlags Orell Füssli, Zürich am Erwerb der Vorräte und des Verlagsrechts der Keller-Werke bei Vieweg*
	Oktober–Dezember	*Briefwechsel der Buchhandlungen Nicolai,*

Meyer, Schabelitz und Orell Füssli mit Vieweg wegen billiger Abgabe des Romans durch das Antiquariat Schwelm in Frankfurt; Bemühungen um Verlagsrechte

14. Dezember *Auskunft Viewegs: irrtümliche Abgabe von 100 meist ramponierten Exemplaren an Antiquariat Schwelm*

1871   **20. Februar** *Zuschrift von Emil Kuh: Begeisterung für den von ihm am 7. Januar rezensierten Roman*

3. April – 25. Juli *Briefwechsel mit Kuh über projektierte Umarbeitung; anregende Vorschläge Kuhs*

August *Beginn der Zusammenarbeit mit Ferdinand Weibert, Besitzer des Göschen-Verlags in Stuttgart*

1875   **31. Januar** *Plan: Erklärung des Kompositions-Übels von GH I* in Autobiographisches *(an Friedrich Theodor Vischer)*

19. Juni – 30. Juli *Ergebnislose Korrespondenz Viewegs mit Weibert über den Verkauf der Rechte und Vorräte des Romans für 800 Mark*

27. Juni / 25. Juli / 3. August *Plan: Umarbeitung des Romans* bis zu Anfang nächsten Jahres *(an Weibert)*

27. August *Plan: Umarbeitung im kommenden Winter (an Adolf Exner)*

17. November *GH I in Solothurn vergriffen (an Weibert)*

1876   **3. Januar** *Umarbeitung von GH I Voraussetzung für Gesamtausgabe der Erzählungen (an Weibert)*

1. Februar *GH I in Wien vergriffen (Exner)*

30. März *Demission als Staatsschreiber*

Mai *Erwerb der Rechte und Vorräte von GH I durch Verlagsbuchhandlung Grote von Keller abgelehnt*

28. Mai *Zuschrift Wilhelm Petersens: Begeisterung für den Roman; Kürzungsvorschläge*

4. Juni *Skizze der Umarbeitungspläne an Petersen*

Dezember *Niederschrift von* Autobiographisches *für die Gegenwart: Erklärungen zur Roman-Entstehung*

24. Dezember *GH I in literarhistorischen und theoretischen Büchern* als Beispiel für regelwidrigen Roman *(an Weibert)*

1877   **8. Juli** *GH I in Straßburg vergriffen (Josef Seemüller)*

12. August *Plan: Umarbeitung noch dieses Jahr (an Exner)*

7. Dezember *Beginn der Umarbeitung (an Petersen)*

1878	24. Juni	*Beschäftigung mit Umarbeitung (an Julius Rodenberg)*
	25. Juni – 15. Juli	*Erste Detail-Überarbeitung der Jugendgeschichte beendet; Korrespondenz mit Theodor Storm über Konzept der Fortsetzung; neue Vorschläge Storms*
	16. Juli	*Petersen: GH I antiquarisch nicht mehr erhältlich*
	4. August – 6. September	*Korrespondenz mit Firma Vieweg über Rückkauf der incompletten 120 Exemplare von GH I für 400 Mark; Verkaufsangebot der Firma Vieweg: 625 Mark.*
	28. August – 5. September	*Korrespondenz mit Weibert über Druckbeginn von GH II; geplante Neueinteilung* in fünf Bände à ca. 18 Bogen
	23. September	*Verlagsangebot von Carl Geibel für GH II*
	25. November	*Druck-Bereitschaft Weiberts*
1879	9. Januar	*Weniger Kürzungen als ursprünglich geplant; 3 der 5 vorgesehenen Bände druckfertig; neue Kapiteleinteilung mit Titeln (an Weibert)*
	13. Januar	*Weibert: Vorziehen einer geraden Bandzahl (4 / 6)*
	15. Februar	*Neu-Einteilung in 4 Bände; Lieferung der Druckvorlage e1 zur Jugendgeschichte (Band 1 und 2)*
	18. Februar	*Vertrag mit Weibert über GH II; Auflage: 1200; Honorar: 80 Mark pro Druckbogen*
	22. Februar	*Teilhonorar: 5000 Franken*
	26. Februar – 25. März	*Erwägen eines neuen Titels für GH II (an Storm)*
	19. März	*Rückkauf der Rechte und Vorräte (GH I) von Vieweg: Überweisung von 400 Mark; Zusage: Restzahlung nach Erhalt des Vorrats*
	⟨April / Mai⟩	*Auslieferung von Band 1/2; Weibert von Jugendgeschichte begeistert*
	8. Juli	*Verstimmung Weiberts durch ausbleibende Druckvorlage (Maria Melos)*
	10. Juli	*Lieferung des Schlusses der Druckvorlage zur Jugendgeschichte (e1); Erklärung für Verzögerung: schwere Zweifel und Bedenken*
	11. / 13. Juli	*Briefwechsel mit Ida Freiligrath über projektierten Keller-Artikel von Helen Zimmern in* Fraser's Magazine: *Abwarten von GH II für Besprechung*

31. Juli *Plan: Beendigung von Band 3 demnächst (an Rodenberg)*

2. August *Plan: Besprechung von GH II in der* Deutschen Rundschau *durch Wilhelm Scherer (Rodenberg)*

6. September *2. Manuskript-Lieferung zur Fortsetzung nach der Jugendgeschichte (H2)*

⟨**November**⟩ *Auslieferung von Band 3; Beginn mit Band 4*

25. November *Zusage: Vollendung von Band 4 bis Weihnachten; Auszahlung eines Honoraranteils erwünscht*

27. November *Teilhonorar: 1100 Franken*

7. Dezember *Dank Petersens für Zusendung von GH I*

Dezember *Erklärung für Manuskript-Verzögerung: große Kälte, schlecht heizbare Wohnung und melancholische Stimmung (an Storm, Marie von Frisch-Exner, Maria Melos)*

1880

28. Februar *Erkundigung Weiberts nach Band 4 wegen Anfragen und Beschwerden; ev. Publikation in 2 Hälften*

5. März *Zusage: Manuskript-Lieferungen ab nächster Woche; gegen Publikation in 2 Hälften*

17. März *1. Manuskript-Lieferung zu Band 4 (Weibert)*

29. März *Arbeit an GH II ohne rechte Freude (an Paul Heyse)*

4. April *Zusendung des Keller-Artikels in* Fraser's Magazine *mit bloß kursorischer Behandlung von GH (Helen Zimmern)*

19. April / 24. Mai *Weibert: Besteller-Proteste, Absatz-Stagnation, finanzieller Verlust wegen Ausbleiben von Band 4*

13. Juni *Krankhafte Widerwilligkeit und Scheu gegenüber Arbeit an GH II; Klage über rohes materielles Raisonnieren und Drängeln Weiberts (an Storm)*

5. Juli *Manuskript-Lieferung; Bitte um Zusendung der Aushängebogen an Wilhelm Scherer*

7. Juli *Teilhonorar: 1100 Franken*

22. September *Manuskript-Lieferung: Schluß Band 4*

28. September *Letztes Teilhonorar: 1400 Franken*

1. Oktober *Restzahlung an Vieweg für GH I: 225 Mark (vgl. 19.3.1879)*

⟨**Oktober**⟩ *Auslieferung von Band 4*

14. Oktober *Empfang von 12 Freiexemplaren von Band 4*

21. Oktober *Begeisterte Leser-Reaktion Heyses; Zusendung eines Freiexemplars an Petersen*

	1. November *Zusendung eines Freiexemplars an Storm*
	2. November *Begeisterte Leser-Reaktion von Marie von Frisch*
	13. November *Dank für Lob trotz untilgbarer* Grundübel *(an Heyse)*
	14. / 21. / 26. Dezember *Positive Leser-Reaktionen von Petersen, Storm, C. F. Meyer und Exner*
1881	**5. Januar** *Stellungnahme zu Otto Brahms philologischer Kritik (an Rodenberg; vgl. Kap. 2.3 Besonderes)*
	18.–28. Februar *Korrespondenz mit Paul Nerrlich über dessen Rezension im* Neuen Reich
	⟨**März**⟩ *Beginn der Zusammenarbeit mit dem Verlag Wilhelm Hertz in Berlin*
	9. April *Ärger über neue Art unverständiger Kritik (an Justina Rodenberg)*
	10. April *Dank an Hermann Fischer für Rezension*
	11. / 21. April *Bedenken wegen zu deutlich allegorischen Episoden in GH II (an Storm, Petersen)*
	10. September *Begeisterte Leser-Reaktion von Rodenberg*
1881–1887	⟨**Dezember**⟩ *Petersen: Regelmäßige Festtags-Lektüre von GH I*
1883	**9. Januar** *Petersen: Lob des heiter-resignativen Schlusses von GH II*
	10. Januar *Freiexemplar an Conrad Ferdinand Meyer*
	18. / 28. Januar *Einwilligung in Übersetzung von GH II ins Dänische durch Emmy und Holger Drachmann*
	3. / 12. September *Biographische Notizen für Vorrede Drachmanns zur Übersetzung von GH II*
	⟨**November–Dezember**⟩ *Stilistische und orthographische Überarbeitung von GH II für 3. Auflage bei Weibert*
	17. November *Empfang 1. Honoraranteil für 3. Auflage: 4000 Mark*
1884	**7. April** *Protest Nerrlichs gegen die Unterdrückung von GH I*
	14. Juni *Empfang der dänischen Übersetzung von GH II und des Vorworts in deutscher Übersetzung*
	⟨**Mitte**⟩ *Auslieferung der 3. Auflage*
1885	**4. Februar** *Selbstkritik an der* Geschwätzigkeit *und am* unbewußt Selbstzufriedenen *des GH I-Anfangs (an Petersen)*
	9. März *Übernahme der Verlagsrechte Weiberts durch den Verlag Wilhelm Hertz in Berlin*

1889	10. Februar	*Vertrag mit Hertz über* Gesammelte Werke *(GW)*
	20. / 24. März / 1. Juni	*Briefwechsel mit Hertz über Verzicht auf weitere Revision der Prosabände von GW*
	26. April – 21. Juni	*Auslieferung der GH-Bogen innerhalb GW in 9 wöchentlichen Lieferungen*
	15. November	*Auslieferung der vollständigen, gebundenen Ausgabe von GW*
1890	Januar	*Neuauflage von GH II innerhalb GW*
	4. Februar	*GH-Lektüre auf dem Krankenlager (an Sigmund Schott)*
	⟨Juni⟩	*2. Neuauflage von GH II innerhalb GW*

1.2 „DER GRÜNE HEINRICH" – 1. FASSUNG

1.2.1 VON DEN ERSTEN PLÄNEN BIS ZUM EXPOSÉ (1843–1850)

Kellers ausführlichste Äußerungen über die Entstehung des Grünen Heinrich *finden sich in einem autobiographischen Rückblick von 1876/77. Nach dieser Darstellung hätte Keller den Plan zu dem Roman nach seiner erfolglosen Rückkehr aus München gefaßt:*

> Allerlei erlebte Noth und die Sorge, welche ich der Mutter bereitete, ohne daß ein gutes Ziel in Aussicht stand, beschäftigten meine Gedanken und mein Gewissen, bis sich die Grübelei in den Vorsatz verwandelte, einen traurigen kleinen Roman zu schreiben über den tragischen Abbruch einer jungen Künstlerlaufbahn, an welcher Mutter und Sohn zugrunde gingen. Dies war meines Wissens der erste schriftstellerische Vorsatz, den ich mit Bewußtsein gefaßt habe, und ich war ungefähr dreiundzwanzig Jahre alt. Es schwebte mir das Bild eines elegisch-lyrischen Buches vor mit heiteren Episoden und einem cypressendunkeln Schlusse, wo Alles begraben wurde. *[...]*
>
> Als jedoch ein Dutzend Seiten geschrieben waren, gab es unversehens eine klangvolle Störung. *[...]*[8]

Kellers rückblickende Situierung des Projektbeginns in den Jahren 1842/43 und die Rede vom ersten schriftstellerischen Vorsatz überhaupt *dürften mitgeprägt worden sein von einem erneuten Interesse am Roman, verstärkt durch die ab 1876/77 bevorstehende Gesamtüberarbeitung, und vom gleichzeitigen Bestreben, die frühe politische Lyrik als Produkt jener Zeit zu relativieren. Tatsächliche Belege für ein solches frühes Vorhaben, das durch die Lektüre von Herwegh und Anastasius Grün eine* klangvolle Störung *erfahren hätte, gibt es nicht, und von dem* Dutzend Seiten, *die Keller damals verfaßt haben will, ist nichts überliefert. Bekannt ist einzig die (oft zitierte) Tagebucheintragung vom 8. Juli 1843, in der Keller bedauert, daß er die Erfahrungen seines künstlerischen Aufenthaltes in München an sich vorbeiziehen* ließ, *ohne eine Silbe darüber niederzuschreiben, und wo er sich zugleich damit tröstet, daß er ungeachtet dieses Unterlassens imstande wäre, gegebenenfalls seine eigene* Jugendgeschichte *zu schreiben.*[9] *Ein tatsächlicher Plan einer solchen Niederschrift (die der Künstlergeschichte des*

---

8 Autobiographisches *1876/77, II, S. 9 (HKKA 15).*
9 Vgl. Kap. *3.2 Zusatzdokumente, S. 524 sowie HKKA 18, S. 19 und HKKA 31, S. 22.*

Romans entsprechen würde) scheint auch hier noch nicht vorhanden zu sein. Hingegen belegt ein Brief von Johann Salomon Hegi vom 22. Februar 1844 (Dok), daß Keller schon spätestens 1844 von einem Roman-Projekt gesprochen haben muß.

Erster greifbarer Zeuge für eine konkrete Beschäftigung mit dem Roman ist der zweiseitige, abgebrochene Anfang eines Erzähltextes unter dem Titel Der grüne Heinrich, *von Keller selbst mit 1846 datiert.*[10] *Der Protagonist dieses Fragments heißt zwar Heinrich, sein Familienname lautet aber noch nicht Lee, sondern Walther. Die literarische Beschäftigung mit einer Künstlerbiographie könnte vorangetrieben worden sein durch die Bitte des Staatsarchivars Gerold Meyer von Knonau d. Ä. im November 1846, Keller möge ihm für ein geplantes Übersichtswerk eine gedrängte Erzählung seiner bisherigen* Lebensschicksale *und seiner Ausbildung zum Dichter* schicken.[11] *(Die Anfrage zeigt, daß Keller damals in Zürich bereits als ernst zu nehmender Dichter wahrgenommen wurde. Schon zweimal hatte er größere Serien von Gedichten im* Deutschen Taschenbuch *publizieren können und Ende Mai 1846 erschien sein erstes Buch, ein Band* Gedichte, *im Verlag Carl Winter in Heidelberg. Außerdem war er bereits mit kleinen politischen und kunstkritischen Zeitungsartikeln hervorgetreten.)*

Brieflich wurde der Romantitel erstmals am 5. Februar 1847 gegenüber Ferdinand Freiligrath erwähnt, zusammen mit dem Vorsatz, das Projekt endlich fertigmachen zu wollen.[12] *Eine Teilniederschrift, die über das zweiseitige Fragment hinausginge, ist nicht erhalten, läßt sich aber nicht völlig ausschließen.*[13] *Gelegentlich wird auch das* Traumbuch, *das Keller (abgesehen*

---

10 Vgl. HKKA 20, Kap. 5.2, Paralipomenon 1.
11 Gerold Meyer von Knonau d. Ä. an Keller, 24.11.1846 (Ms. GK 79e Nr. 151; GB 4, S. 22). – Keller schickte die verlangte Kurzbiographie (vgl. Kap. 3.2 Zusatzdokumente, S. 525–528) mit Begleitbrief erst am 22.3.1847 (Dok).
12 Keller könnte also mit Freiligrath bereits während dessen Aufenthalt in Zürich (Spätherbst 1845 bis Juli 1846) von dem Projekt gesprochen haben, das im Brief als längst bekannt vorausgesetzt wird, was auch mit der Datierung der zwei überlieferten Entwurfsseiten übereinstimmen würde.
13 Im Rückblick (vgl. oben, S. 28) spricht Keller 1876 von einem Dutzend Seiten, im Lebenslauf von 1889 von einigen Anfängen zum Roman, die bei der Abreise nach Deutschland vorgelegen hätten. Im Vorwort zu GH I von 1853 heißt es, die ersten Bogen des Romans stammten aus dem Jahr 1847. Diese Angabe hat vermutlich vorwiegend taktische Funktion (vgl. unten, Anm. 94). Beckenhaupts Behauptung, die drei ersten Kapitel des Romans seien in Heidelberg bereits fertig gewesen, weil sie mit den alten Meinungen aus der Züricher Zeit übereinstimmten (Beckenhaupt 1915, S. 41), läßt sich jedenfalls nicht belegen. – SW 19 (S. 335) und DKV 2 (S. 904) äußern sich zur Entstehung zwar unbestimmter – der Roman habe im Herbst 1848 bereits greifbare Gestalt gewonnen –,

von einer einzigen früheren Eintragung) vom 15. September 1847 bis zum 2. Februar 1848 führte, wegen gewissen thematischen Berührungspunkten als eine Art Vorbereitung auf den Roman betrachtet, was allenfalls im Sinne einer allgemeinen Einübung in die literarische Gestaltung von Traum-Erleben und inneren Erlebnissen überhaupt, nicht aber einer spezifischen Vorbereitung oder gar Vorstufe gelten kann.[14] *Fest steht jedenfalls, daß Keller im Juni 1847 seinem Verleger Anton Winter den Roman anbot, wie dessen zurückhaltender Antwort zu entnehmen ist, in der er dem jungen Autor empfahl, vorerst einen selbständigen Ausschnitt aus dem Roman in einer Zeitschrift zu publizieren.*[15]

Als Keller im Herbst 1848 als Stipendiat der Zürcher Regierung nach Heidelberg reiste, um dort historische Studien zu betreiben, nahm er den Romananfang mit. Schon im November plante er die Kontaktaufnahme mit dem Braunschweiger Verleger Eduard Vieweg.[16] *Die renommierte Firma Friedrich Vieweg & Sohn, 1786 gegründet und einst Verlag verschiedener deutscher Klassiker, inzwischen aber eher spezialisiert auf wissenschaftliche Literatur, war Keller offenbar schon in Zürich empfohlen worden. Zunächst bot er aber den Roman im Januar 1849 Heinrich Brockhaus vom Leipziger Verlag F. A. Brockhaus an, mit dem er wegen Beiträgen für dessen Zeitschrift* Blätter für literarische Unterhaltung *korrespondierte. Brockhaus, sich grundsätzlich interessiert zeigend, wollte sich aber erst aufgrund der Lektüre des vollständigen Manuskripts entscheiden.*[17] *– Im März 1849 nahm Keller dann erstmals indirekt Kontakt auf mit Eduard Vieweg, durch Vermittlung seines mit Vieweg befreundeten ehemaligen Lehrers, des Chemikers Karl Jakob Löwig, dem er seine Vertragsbedingungen zusandte:*

> Der Roman unter dem Titel „der grüne Heinrich" wird etwa 25 bis 30 Druckbogen stark werden, wovon 6 Bogen Gedichte, als zu dem Roman gehöriger Anhang.
> Als Honorar bedinge ich die Summe von 75 Louis d'or [...]

---

halten im Stellenkommentar die Zeitangabe des Vorworts aber für glaubwürdig (SW 19, S. 359, DKV 2, S. 1046). – Vgl. dazu Rothenbühler 2002, S. 54–56.

14   Vgl. HKKA 31, S. 22. – Während der Berliner Zeit trug Keller allerdings im Anschluß an diese Traumnotate im gleichen Schreibbuch (Ms. GK 5) jene Gedichte ein, welche als Auseinandersetzung Heinrichs mit seinen Heimatsträumen in die 1. Fassung des Romans (12.350.23–351.02, 351.12–23 und 467.23–468.18) eingegangen sind (vgl. HKKA 20, Kap. 4.1.1 Die Textzeugen, zu H1).

15   Vgl. Anton Winter an Keller, 28.6.1847, Dok.
16   Vgl. Keller an Elisabeth Keller, 31.10.1848, Dok.
17   Vgl. F. A. Brockhaus an Keller, 10.1.1849, Dok.

Die Auflage dürfte nicht über 1400 stark sein.
   Ich werde Herren Vieweg eine Partie Manusk. senden zur Uebersicht; wenn er sich zur Uebernahme des Buches entschließt, so kann mit dem Drucke gleich begonnen werden [...][18]

Aus dem Sommer 1849 stammen denn auch die frühesten erhaltenen Notizen Kellers zum weiteren Verlauf des Romans, v. a. zur Charakterisierung des Grafen, wie er in den ersten Kapiteln in Erscheinung tritt, zum Leben Heinrichs in der Kunststadt, zum Tod seiner Mutter und zu seinem eigenen Tod, der hier noch als Selbstmord erscheint.[19] – Erst am 10. Dezember 1849 aber stellte Keller in einem ersten Brief an Eduard Vieweg, der eine durch Löwigs Hilfe erreichte prinzipielle Geneigtheit des Verlegers voraussetzt, die Zusendung eines Teils oder sogar des ganzen Roman-Manuskripts in 14 Tagen in Aussicht. Mit dieser Verpflichtung auf einen bestimmten Termin begann für Keller wohl der eigentliche Neubeginn der Niederschrift.

Keller begründete seine auffällig späte Reaktion durch mehrfache Umwandlungen in Standpunkt und Haltung des Buches, welches eine Art von Abschluß für seine persönlichen Verhältnisse sein sollte.[20] Zu diesen konzeptionellen Umwandlungen dürften zunächst die neuen Erfahrungen und Einflüsse Anlaß gegeben haben, denen Keller als dreißigjähriger Student in Heidelberg zur Zeit der Badischen Revolution ausgesetzt war. Der zurückblickende alte Keller faßte diese Erfahrungen knapp zusammen:

[...] allein statt den ägyptologischen und babylonischen Dingen nachzugehen, ging er denjenigen nach, welche den Tag bewegten und von der Jugend gerühmt wurden. Bei Hermann Hettner, dem er persönlich befreundet wurde, hörte er dessen jugendlich lebendige Vorträge über deutsche Literargeschichte, Ästhetik und ein Publikum über Spinoza, bei Henle Anthropologie, bei Ludwig Häußer deutsche Geschichte, und als Unikum in seiner Art die Vorträge Ludwig Feuerbach's über das Wesen des Christenthums [...][21]

Besonders den Einfluß Feuerbachs betonte Keller in seinen Briefen aus Heidelberg, so in dem am 28. Januar begonnenen und am 10. März 1849 abgeschickten, viel zitierten Brief an Wilhelm Baumgartner, wo es heißt:

---

18   *Notiz für Karl Jakob Löwig, März 1849, Dok.*
19   *Vgl. HKKA 20, Kap. 5.2, Paralipomenon 10.*
20   *Keller an Vieweg, 10.12.1849, Dok.*
21   *Lebenslauf 1889, S. 432.*

> Ich werde tabula rasa machen *[...]* mit allen meinen bisherigen religiösen Vorstellungen *[...]*. Die Unsterblichkeit geht in den Kauf. *[...]*
> Für mich ist die Hauptfrage die: Wird die Welt, wird das Leben prosaischer und gemeiner nach Feuerbach? Bis jetzt muß ich des bestimmtesten antworten: Nein! im Gegentheil, es wird alles klarer, strenger, aber auch glühender und sinnlicher.[22]

Ebenso einflußreich dürfte der während der ganzen Zeit der Roman-Entstehung anhaltende Austausch mit Hermann Hettner[23] *über dramaturgische und literaturgeschichtliche Fragen und die dadurch angeregte Lektüre gewesen sein. Außerdem war 1849 das Jahr, in dem Kellers intensive Beschäftigung mit Jeremias Gotthelfs Romanen einsetzte.*[24]

Wie sich die Umwandlungen in Standpunkt und Haltung *inhaltlich niederschlugen in Texten Kellers aus dieser Zeit, läßt sich einerseits verfolgen an den mit 1849 datierten Gedichten, die 1851 in den* Neueren Gedichten *erschienen,*[25] *andererseits aber auch in den Arbeitsnotizen zum Roman. Spätestens ab Anfang 1850 treten hier Reflexionen zur Jugendgeschichte Heinrichs auf,*[26] *die gemäß Kellers späteren Mitteilungen an Vieweg im ursprünglichen Roman-Projekt noch nicht enthalten war. Dieser neu entstehende Teil mußte schwer absehbare Änderungen in der Erzählhaltung auch des früher konzipierten* traurigen kleinen Romans *über den tragischen Abbruch einer jungen Künstlerlaufbahn mit sich bringen.*[27] *Auch ein gewisser Widerstand gegen den sich verändernden, plötzlich tiefer in die eigene Biographie eingreifen-*

---

22   Keller an Wilhelm Baumgartner, 28.1.1849, Ms. GK 78d Nr. 2/3,1,2; GB 1, S. 274; vgl. auch Keller an Eduard Dößekel, 8.2.1829, SAA: Briefe 2/08; GB 2, S. 458 und Keller an Ferdinand Freiligrath, 4.4.1850, GSA 17/VIII,53 Nr. 2; GB 1, S. 245 f.

23   Zu Kellers Verhältnis zu Hettner vgl. auch die Notiz (SNM: B: G.Keller 68.11; GB 1, S. 311), die Keller für Hermann Hettner. Ein Lebensbild von Adolf Stern. *[...]* Leipzig: F. A. Brockhaus. 1885. (ZB: 43.351) verfaßte.

24   Die erste Gotthelf-Rezension über die Uli-Romane erschien am 18., 19. und 20.12.1849 in den Blättern für literarische Unterhaltung (Jeremias Gotthelf 1849).

25   Vgl. v. a. den Zyklus Aus dem Leben. 1849 in den Neueren Gedichten 1851, S. 81–97.

26   Vgl. z. B. HKKA 20, Kap. 5.2, Paralipomenon 3: Gr. Heinr. Nicht zu vergessen gegen den Schluß der Autobiogr. H's Gott so schildern, wie H. selbst ist. Naivetät mit welcher er seine willkürl. genial. Subjektivität zu seinem Gotte macht. – Vgl. HKKA 16.2, S. 184 f. und HKKA 29, S. 280 f.

27   *An solche konzeptionelle Fragen dachte Keller wohl, wenn er seinen Freunden, um das Ausbleiben von Publikationen zu begründen, seit Februar 1849 von der Notwendigkeit berichtete, den Roman zur Hälfte, zu ⅔ umzuarbeiten oder sogar von Anfang bis Ende umzuschreiben (Keller an Johann Salomon Hegi, 19.2.1849, Keller an Eduard Dößekel, 8.2.1849, Keller an Wilhelm Baumgartner, 10.3.1849; alle Dok).*

den Stoff zeigte sich schon früh. Keller bekundete große Scheu, *diese* Frucht persönlicher Erfahrung *publiziert zu sehen,*[28] und bezeichnete den Roman schon vor Beginn der eigentlichen Niederschrift als letzte subjektive Aeußerung, *da er des Wühlens im eigenen Innern müde sei.*[29]

So erstaunt es nicht, daß Keller erst am 28. Februar 1850 auf Nachfrage Viewegs[30] *den Anfang des Romans nach Braunschweig sandte. Es handelt sich dabei vermutlich um die ersten 30 Seiten des verlorenen Druckmanuskripts, die bis in den Anfang des 3. Kapitels reichten.*[31] *Das gesamte Manuskript sollte nach seiner damaligen Berechnung 430–440 Seiten umfassen. Die erweiterten Bedingungen:*

> Als Honorar bedinge ich mir die Summe von fünf und siebzig Louis d'ors. [...]
>
> Wenn je eine neue Auflage des Buches erfordert werden sollte, so müßte mir alsdann obige Summe auf's Neue für dieselbe ausbezahlt werden.[32]

Vieweg, der Kellers Handschrift schlecht lesen konnte, bat um ein Exposé *des Romans und eine Abschrift des Konzepts von einer recht lesbaren Hand, ohne vorerst auf die hohe Honorarforderung eingehen zu wollen.*[33] *Wegen Krankheit und wegen des Umzugs von Heidelberg nach Berlin erfolgte Kellers Antwort erst am 3. Mai 1850. Eine Abschrift seines Konzeptes von fremder Hand schloß er aus, weil* eine nochmalige Durchsicht und kleine Verbesserungen notwendig seien.[34] *Er erklärte sich einverstanden damit, daß Vieweg seine Einwilligung in die Honorarforderung von der Kenntnis des Ganzen abhängig mache, verlangte aber einen Vorschuß von 100 Talern. Schließlich entwarf er das verlangte Exposé; abgesehen vielleicht vom Motiv*

---

28 *Keller an Eduard Sulzer, 23.7.1849, Dok.*
29 *Keller an August Adolf Follen, September 1849, Dok.*
30 *Vieweg an Keller, 5.2.1850, Dok.*
31 *Im Notizbuch Ms. GK 67, das Entwurfsnotizen zum* Grünen Heinrich *enthält, notierte sich Keller:* pag 30. fortzusetzen Seite 31. letztes Wort: wo der Maler darbte *(vgl. HKKA 20, Kap. 5.2, Paralipomenon 12). Diese Stelle (GH I, 11.045.31) bezeichnet wohl den Schluß der ersten Manuskriptsendung. – Erst die nächste Sendung vom 23.8.1850 (Dok), endend bei der Manuskript-Seite 54, vervollständigte die Rahmenkapitel bis zum Beginn der Jugendgeschichte. Auch unter diesem Gesichtspunkt ist die Behauptung von Beckenhaupt 1915, Keller habe die ersten drei Kapitel fertig nach Heidelberg mitgebracht, fragwürdig, vgl. oben, Anm. 13.*
32 *Keller an Vieweg, 28.2.1850, Dok.*
33 *Vieweg an Keller, 6.3.1850, Dok.*
34 *Tatsächlich existierten wohl für die Jugendgeschichte erst ein paar Notizen.*

der früheren Liebesgeschichten *und der Religiosität Heinrichs weist darin noch nichts auf die mindestens konzeptionell schon ins Auge gefaßte Jugendgeschichte hin, deren Dimensionen Keller offensichtlich noch nicht absah:*[35]

> Mein Held ist ein talent- und lebensvoller junger Mensch, welcher, für alles Gute und Schöne schwärmend, in die Welt hinauszieht, um sich sein künftiges Lebensglück zu begründen. Er sieht Alles mit offenen klaren Augen an und geräth als ein liebenswürdiger lebensfroher Geselle unter allerlei Leute, schließt Freundschaften, welche seinem Charakterbilde zur Ergänzung dienen, und berechtigt zu großen Hoffnungen. Als aber die Zeit naht, wo er sich in ein festes geregeltes Handeln, in praktische Thätigkeit und Selbstbeherrschung finden soll, da fehlt ihm dieses Alles. Es bleibt bei den schönen Worten, einem abentheuerlichen Vegetiren, bei einem passiven ungeschickten Umhertreiben. Er bringt dadurch sich und seine Angehörigen in äußerstes Elend, während minder begabte, aber aufmerksame Naturen aus seiner Umgebung, welche unter ihm standen, reüssiren und ihm über den Kopf wachsen. Er geräth in die abentheuerlichste, traurigste Lage, abgeschnitten von aller Welt. Da wendet sich das Geschick plötzlich günstiger; er tritt in einen Kreis edler Menschen, erholt sich, erwirbt sich, gewarnt und gewitzigt, eine feste Haltung und betritt eine neue Lebensbahn, auf welcher ihm ein schönes Ziel winkt. So rafft er sich zusammen, eilt mit goldenen Hoffnungen in seine Heimat, um seine Mutter aufzusuchen, von welcher er seit geraumer Zeit nichts mehr gehört hat, so wenig, als sie von ihm. Er stößt vor den Thoren der Vaterstadt auf ihr Leichenbegängniß, mischt sich unter die Begleiter auf dem Kirchhof und hört mit an, wie der Pfarrer in seiner Leichenrede den Tod der verarmten und verlassenen Frau dem „ungerathenen" in der Ferne weilenden Sohne beimißt. – Da er im Grunde ein ehrenhafter und nobler Charakter ist, so wird es ihm nun unmöglich, auf den Trümmern des von ihm zerstörten Familienlebens eine glückliche, einflußreiche Stellung im öffentlichen gesellschaftlichen Leben einzunehmen. Das Band, welches ihn nach rückwärts an die Menschheit knüpft, scheint ihm blutig und gewaltsam abgeschnitten und er kann deswegen auch das lose halbe Ende desselben, das nach vorwärts führt, nicht

---

35 *Von den 6 Bogen Gedichte als zu dem Roman gehöriger Anhang,* welche Kellers erste Verlagsbewerbung erwähnte, ist im Exposé ebenfalls nicht die Rede.

in die Hände fassen und dies führt auch seinen Tod herbei. Dieser wird noch tragischer dadurch, daß ein gesundes schönes Liebesverhältniß, welches ihm nach früheren krankhaften Liebesgeschichten aufgegangen war, gebrochen u zerstört wird. – Ein Nebenzug in seinem Charakter ist eine gewisse aufgeklärte, rationale Religiosität, eine nebulose Schwärmerei, welche darauf hinausläuft, daß in einem unberechtigten Vertrauen auf einen Gott, an den man nur halb glaubt, von demselben genialer Weise die Lösung aller Wirren, und ein vom Himmel fallendes Glück erwartet wird. Nach dieser Seite hin ist die Moral des Buches das Sprüchwort: Hilf dir selbst, so hilft dir Gott! und daß es gesunder sei, nichts zu hoffen und das Mögliche zu schaffen, als zu schwärmen und <u>nichts</u> zu thun.[36]

1.2.2 PUBLIKATION DER 1. FASSUNG BEI VIEWEG (1850–1855)

Eduard Vieweg zeigte sich großzügiger als die Verleger Anton Winter und F. A. Brockhaus, die Keller zuvor angefragt hatte. Das Exposé überzeugte ihn derart, daß er ohne Kenntnis des Manuskripts bereit war, den Verlag des Romans zu übernehmen, allerdings unter der Voraussetzung, daß Keller über einen fertigen Entwurf verfüge. Anstandslos überwies er Keller den verlangten Vorschuß mit der Versicherung, daß ihm weitere Zahlungen *auch* ferner und vor Beendigung des Drucks *zur Verfügung stünden. Einen förmlichen Vertrag schloß er mit dem noch unbekannten Autor freilich nicht ab, sondern blieb bei der offenen Regelung, erst nach Vollendung des Manuskripts Kellers hohe Honorarforderung zu prüfen. Auch über die geplante Auflagenhöhe wurde Keller nicht informiert. Um den Wünschen der Leihbibliotheken entgegenzukommen, schlug Vieweg eine Aufteilung des Romans in 3 Bändchen vor, während Keller ursprünglich von zwei Bändchen ausgegangen war. Keller war an einem möglichst schnellen Erscheinen des Romans gelegen – v. a. zur Legitimation gegenüber der* heimatlichen Regierung, die ihm den Aufenthalt in Deutschland seit bald zwei Jahren ermöglichte. *Vieweg war bereit, den Druck sofort beginnen zu lassen, empfahl aber als Zeitpunkt für die Versendung den Spätherbst oder das erste Frühjahr,*[37] *womit sich Keller schließlich einverstanden erklärte.*[38]

Viewegs Entgegenkommen eröffnete zu seiner eigenen, immer wieder neuen Überraschung und Empörung einen äußerst mühseligen und langwie-

---

36 *Keller an Vieweg, 3.5.1850, Dok; vgl. Abb., S. 171–177.*
37 *Vgl. Vieweg an Keller, 7.5.1850, Dok.*
38 *Vgl. Keller an Vieweg, 11.5.1850, Dok.*

rigen Produktionsprozeß. Über einen Zeitraum von gut fünf Jahren, vom 28. Februar 1850 bis zum 1. April 1855, mußte er dem Autor das Druckmanuskript Stück für Stück abringen, wie die folgende Übersicht über die Lieferungen zeigt.[39]

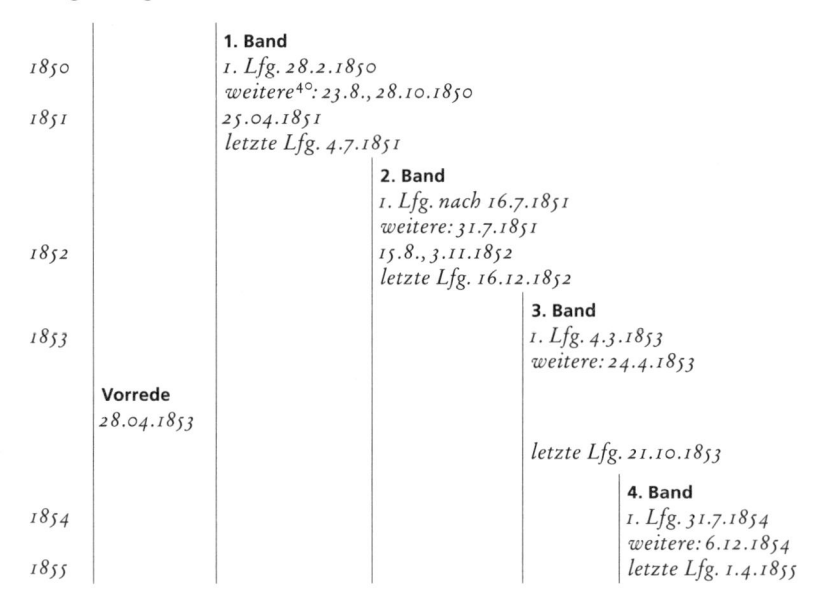

1850		**1. Band** *1. Lfg. 28.2.1850* *weitere*[40]*: 23.8., 28.10.1850*	
1851		*25.04.1851* *letzte Lfg. 4.7.1851*	
			2. Band *1. Lfg. nach 16.7.1851* *weitere: 31.7.1851*
1852			*15.8., 3.11.1852* *letzte Lfg. 16.12.1852*
			3. Band
1853			*1. Lfg. 4.3.1853* *weitere: 24.4.1853*
	Vorrede *28.04.1853*		
			letzte Lfg. 21.10.1853
			4. Band
1854			*1. Lfg. 31.7.1854* *weitere: 6.12.1854*
1855			*letzte Lfg. 1.4.1855*

Erst anfangs September 1850, nach der Einigung über das Format,[41] *konnte Vieweg mit dem Druck beginnen, und schon am 6. Oktober 1850 mußte er Keller, der doch ein möglichst baldiges Erscheinen des Romans gewünscht hatte, vorrechnen, daß er als Verleger durch das Verpassen des Auslieferungstermins im Spätherbst die Zinsen für das Anlage Capital ein* volles *Jahr verliere.*[42] *Dennoch mußte er viele weitere Termine vorbeiziehen sehen, ehe wenigstens Band 1–3 ausgeliefert werden konnten. Kellers Begründungen für die Verzögerungen, meist verbunden mit Versprechungen, Manuskript zu senden innert kürzester Fristen, die er kaum je einhielt, waren häufig knapp und nicht sehr befriedigend: die Erweiterung von 2 auf 3 Bändchen*[43]*,*

---

39   *Da das Druckmanuskript nicht erhalten ist, lassen sich Kellers Manuskript-Lieferungen nur ungefähr aus der Korrespondenz bestimmen.*

40   *Unter „weitere" erscheinen nur die aus der Korrespondenz nachweisbaren Daten. Bei allen vier Bänden sandte Keller das Manuskript aber in zahlreichen kleineren Portionen.*

41   *Vgl. Vieweg an Keller, 28.8.1850, Keller an Vieweg, 30.8.1850 (beide Dok).*

42   *Vieweg an Keller, 6.10.1850, Dok.*

43   *Vgl. Keller an Vieweg, 16.8.1850, Dok.*

eigene Erkrankungen[44] *und die Erkrankung eines Freundes*[45], *Pech mit einem Abschreiber*[46], *schließlich die Erweiterung von 3 auf 4 Bände*[47] *und der Umzug in eine andere Wohnung in Berlin*[48]. *Manchmal blieben solche Erklärungen auch wochen- und monatelang ganz aus. Keller schrieb v. a. dann häufiger, wenn er ultimativ zu Erklärungen gezwungen wurde, Vorschußzahlungen brauchte oder auf Entscheidungen Viewegs wartete.*[49] *Erst am 24. Januar 1851 gestand Keller andeutungsweise ein, daß er über keinen durchgängig niedergeschriebenen Entwurf verfüge, sondern nur über verstreute Notizen, und daß die ganze Jugendgeschichte eine vorweg entstehende Niederschrift sei.*[50] *Vieweg fühlte sich denn auch immer wieder verletzt und hintergangen. Am 26. April 1851 erwog er zum ersten Mal die Einstellung des Drucks, um nicht* noch mehr Bogen Makulatur *herzustellen,*[51] *am 14. Juli 1851, kurz nachdem er das letzte Manuskript zum ersten Band erhalten hatte, äußerte er die Vermutung, daß Keller nicht am Roman, sondern an seinen dramatischen Projekten arbeite,*[52] *und am 11. Februar 1852, erst im Besitz von knapp der Hälfte des Manuskripts zum zweiten Band, forderte er eine peremtorische Erklärung, daß Keller nichts anderes schreibe, sondern seine eingegangenen Verpflichtungen erfülle.*[53] *Am 12. Juni 1852 – noch immer*

---

44 Vgl. Keller an Vieweg, 12.10.1850 und 9.10.1851 (beide Dok).
45 Vgl. Keller an Vieweg, 9.10.1851, Dok.
46 Vgl. Keller an Vieweg, 10.3.1851, Dok.
47 Vgl. Keller an Vieweg, 11.2.1854, Dok.
48 Vgl. Keller an Firma Vieweg, 31.3.1854, Dok.
49 In der Verlagskorrespondenz bis zur letzten Manuskriptsendung Kellers stehen 58 Briefen Viewegs 49 Briefe Kellers gegenüber, die zudem sehr ungleich auf die Phasen der Entstehung verteilt sind. Bis zum Abschluß des ersten Bandes schrieb Keller 5 Briefe weniger als Vieweg (Vieweg 25, Keller 20), bis zum Abschluß des zweiten Bandes erhöhte sich Kellers Rückstand auf 15 (Vieweg 44, Keller 29), bis zum Abschluß des dritten Bandes auf 17 (Vieweg 55, Keller 38), bis zum Abschluß des vierten dann reduzierte er sich wieder auf 9 (Vieweg 58, Keller 49), da Keller in dieser Phase auf die Auslieferung der drei ersten Bände drängte, sich um eine Plazierung seiner geplanten Novellen bei Vieweg oder bei Scheube und um die Festsetzung des Gesamthonorars für den Roman bemühte.
50 Vgl. Keller an Vieweg, 24.1.1851, Dok. – Die Fabulierlust, die sich beim Verfassen der Jugendgeschichte einstellte, war nach Kellers Erinnerung (vgl. Autobiographisches 1876/77) eine wesentliche Ursache für das disproportionale Anschwellen des ursprünglich geplanten Romans. Kellers Einschätzung von dessen Gesamtumfang wechselte denn auch im Lauf des Schreibprozesses immer wieder (vgl. die Aufstellung unten, S. 44f.). Zum Beispiel gedachte er noch bis gegen November 1852 die Jugendgeschichte mit dem zweiten Band abzuschließen, während sie am Ende sogar noch die ganze erste Hälfte des dritten Bandes einnahm.
51 Vieweg an Keller, 26.4.1851, Dok.
52 Vgl. Vieweg an Keller, 14.7.1851, Dok.
53 Vieweg an Keller, 11.2.1852, Dok.

war der zweite Band nicht beendet – drohte er mit einer Klage, bot Keller aber gleichzeitig in seiner Braunschweiger Wohnung ein Zimmer an, damit er dort den Roman in Ruhe vollenden könne.[54] *Auch sonst versuchte Vieweg wiederholt, die Produktivität des Autors anzuspornen, indem er Keller auf dessen Anspielung hin eine Frist von 14 Tagen zur Vollendung eines Dramas einräumte und ihm den Druck seiner Dramen für die Bühne anbot.*[55] *Außerdem verlegte er zwischenzeitlich Kellers* Neuere Gedichte *und interessierte sich für Erzählungen Kellers, solange sie nicht die Produktion des Romans behinderten. Trotz seinen wiederkehrenden Zweifeln an der Vollendung des Romans ging Vieweg auch immer auf Kellers Wünsche nach Vorschußzahlungen ein oder stellte solche zuweilen auch von sich aus bereit.*[56] *Vor allem aber bekundete er immer wieder Interesse am Roman,*[57] *und nach der Lektüre der beiden ersten Bände äußerte er sich am 12. Januar 1853 geradezu begeistert:*

> Ich habe wenig Romane gelesen, die mich so wie der Ihrige erfreut hätten, wenige Schilderungen der Natur und der Entwicklung des Seelenlebens, der Kunst-Anfänge im Menschen, die mir schöner und wahrer erschienen wären, ja ich mögte keinen Roman gleichen Genres dem Ihrigen an die Seite stellen![58]

Von Viewegs aktiver Anteilnahme an der Jugendgeschichte wie schon am Exposé zeugt im selben Brief auch sein (Keller willkommener) Vorschlag, dem Roman einen vierten Band beizufügen, um die Handlung im Sinn des Exposés angemessen zu Ende zu führen. Am 6. Mai 1853 regte er an, nach dem Roman einen Cyclus von Schweizernovellen im Stil der Jugendgeschichte zu schreiben;[59] *bei einem Treffen mit Keller Ende Mai 1853 in Berlin wurde verabredet, diese Novellen in den Bereich des Romans hineinzuziehen und ihm eine Ausdehnung von 5 Bänden und ein heiteres Ende zu geben. Die drei ersten Bände sollten noch im Juni gedruckt und ausgeliefert werden, die beiden folgenden spätestens Ende August 1853, da sonst das ganze Unternehmen* Fiasco *machen würde.*[60]

Keller blieb aber beim ursprünglichen Konzept mit vier Bänden. Am 21.

---

54 *Vgl. Vieweg an Keller, 12.6.1852, Dok.*
55 *Vgl. Vieweg an Keller, 19.7.1852, Dok.*
56 *Vgl. die Übersicht, unten, S. 40.*
57 *Vgl. z. B. Vieweg an Keller, 18.8.1852, Dok.*
58 *Vieweg an Keller, 12.1.1853, Dok.*
59 *Vieweg an Keller, 6.5.1853, Dok.*
60 *Vieweg an Keller, 13.6.1853, Dok.*

Oktober lieferte er, auf eine weitere peremtorische Forderung *Viewegs hin,*[61] *das letzte Manuskript zum dritten Band ab. Band 1–3 des Romans wurden allerdings später ausgeliefert, als Keller erwartet hatte, da Vieweg wohl auf Nachrichten über den vierten Band wartete, der möglichst bald danach hätte erscheinen sollen. Vieweg erklärte, daß das Ausbleiben des vierten Bandes* den Verlag *des Romans* als buchhändlerisches Unternehmen total ruinirt *habe und noch keine 150 Exemplare der drei ersten Bände abgesetzt worden seien.*[62] *In der Berechnung des Gesamthonorars, auf die Keller seit dem 5. November 1853 pochte, blieb Vieweg hinter Kellers Ansprüchen zurück, indem er nicht auf eine Verdoppelung von Kellers ursprünglich gefordertem Honorar von 75 Louisdor (= 402 Taler) auf 150 Louisdor (= 804 Taler) einging,*[63] *sondern dieses proportional zur tatsächlichen Erweiterung des ursprünglich geschätzten Umfangs von 440 Manuskriptseiten (= 58 Druckbogen) erhöhte. So kam, wie Vieweg im Brief vom 15. Mai 1855 klar darlegte, ein Gesamthonorar von 742 Talern zustande – statt der von Keller zumindest erwarteten 804 Taler.*[64] *Da Keller schon fast 700 Taler Vorschuß bezogen hatte, bekam er jetzt nur noch 43 Taler.*

---

61 *Vieweg an Keller, 12.9.1853, Dok.*
62 *Vieweg an Keller, 23.10.1854 (Dok) – Am 14.9. (Dok) und am 3.10.1854 (NUBG: Cod. Ms. J. Henle 12 Nr. 18) äußerte Vieweg gegenüber Jakob Henle starke Zweifel, den 4. Band von Keller überhaupt noch zu bekommen, da dieser das Geld dafür weg* habe.
63 *Zu Kellers ursprünglicher Forderung von 75 Louisdor vgl. Notiz für Löwig, März 1849, Dok. – Kellers spätere Forderungen eines Bogenhonorars von 1½ (5.11.1853, Dok) oder gar 2 Louisdor (2.4.1855, Dok) gingen davon aus, daß der Roman insgesamt mindestens 100 Druckbogen ergeben würde, und zielten v. a. darauf, mindestens 150 Louisdor, das Doppelte der ursprünglichen Forderung, womöglich sogar 200 Louisdor zu bekommen, ohne daß Keller die tatsächliche Umfangerweiterung genau überblickte. Ich habe [...] immer angenommen, daß das Buch als doppelt so stark betrachtet werde [...] und daß eine Erhöhung des Honorar's nicht in einer Abzählung der Seiten, als vielmehr schlechtweg in einer Verdoppelung der 75 [...] Louis d'ors bestände (Keller an Vieweg, 23.5.1855, Dok).*
64 *Aus Viewegs Brief geht einerseits hervor, daß die von Keller anfangs geplanten 440 Manuskriptseiten 58 Druckbogen entsprachen, anderseits daß der Gesamtumfang nicht doppelt so viel (116), sondern nur 107 Druckbogen ergab.*

Vorschußzahlungen[65]

	Taler	Silbergroschen	Pfennige
7.5.1850	100		
21.8.1850	150		
17.7.1851	49	29	11
13.10.1851	50		
2.11.1852	49	29	11
5.1.1853	200		
6.5.1853	98	26	10
Total Vorschüsse	698	26	8
Resthonorar 15.5.1855	43	3	4
Gesamthonorar	742		

In der Schlußphase der Romanpublikation war Vieweg nicht mehr bereit, Verträge über andere Werke mit Keller abzuschließen, obwohl dieser auf Honorarvorschüsse dringend angewiesen war. Die Novellen-Anfänge zu einem projektierten Zyklus unter dem Titel Galatea, *die ihm Keller am 5. November 1853 zur Prüfung zugeschickt hatte,*[66] *behielt Vieweg längere Zeit bei sich. Keller konnte sie deshalb nicht für das unerwartete Verlagsangebot Hugo Scheubes verwenden und ging mit diesem deshalb einen (kurz darauf wieder aufgelösten) Vertrag über einen Band Erzählungen ein,*[67] *die er erst nach Einlösung seiner Verpflichtung gegenüber Vieweg hätte niederschreiben können. Vieweg schickte Keller die Novellen-Anfänge zwar am 23. Oktober 1854 zurück, machte aber die Übernahme des Verlags von der Kenntnis des vollständigen Manuskripts abhängig. Um eine Vorschußzahlung auf den* Galatea-*Zyklus zu bekommen, schloß Keller am 30. September 1855 außerdem einen Vertrag mit Franz Duncker in Berlin ab, den er ebenfalls später wieder auflöste.*[68]

Trotz allen Differenzen und Spannungen brach das Verhältnis zwischen Keller und Vieweg nach der Publikation des Romans nicht ab. – Keller

---

65 Die hier aufgelisteten effektiv ausbezahlten Beträge und Auszahlungsdaten stammen aus der Buchhaltung des Vieweg-Verlags (Ms. GK 79f3 Nr. 167) und sind genauer als die aus den Briefen erschließbaren Daten und Beträge. – Zu den Währungseinheiten vgl. HKKA 20, Anhang 5.

66 Vgl. Keller an Vieweg, 5.11.1853, Dok.

67 Der Vertrag über die Erzählungen unter dem vorläufigen Titel Lebensbilder wurde am 21.9.1854 abgeschlossen und im Juni 1855 durch Rückzahlung des Honorars wieder aufgelöst. Aus dem Projekt gingen später Die Leute von Seldwyla hervor, deren ersten Band Keller Anfang 1856 bei Vieweg publizierte. – Vgl. dazu HKKA 21, S. 17–25.

68 Vgl. den Vertrag Galatea (Franz Duncker), 30.9.1855 (HKKA 23.1, S. 319–323). Die Rückzahlungen des empfangenen Honorars samt Zinsen erfolgten 1878/79. – Erst danach wurde das Projekt Galatea verwirklicht und erschien 1880 unter dem Titel Das Sinngedicht bei Wilhelm Hertz. – Vgl. dazu HKKA 23.1, S. 13–54.

ärgerte sich zwar über Viewegs Honorarberechnung und erwartete größere Werbeanstrengungen, mehr Annoncen und Rezensionsexemplare, bot Vieweg im Juni 1855 aber doch Die Leute von Seldwyla *an, da er nach allen Erfahrungen keinen Grund mehr habe, dies nicht zu thun. Denn was Vieweg einmal geben wolle, das gebe er wenigstens gern und in zuverlässigen Anweisungen, was nicht bei allen Verlegern der Fall sei.*[69] *Vieweg seinerseits war, obwohl er immer wieder den mangelnden Absatz des Romans beklagte, sogleich zum Verlag bereit, was sein Wissen um den hohen Rang des im Umgang schwierigen und noch nicht erfolgreichen Autors Keller bestätigt. In den Vertrag wurde auf Kellers Vorschlag eine Klausel aufgenommen, welche die Ablieferung des Manuskripts (und damit die Auszahlung der zweiten Hälfte des Honorars) auf einen bestimmten Termin festlegte und jeden Monat Terminüberschreitung mit einem Honorarabzug ahndete.*[70] *Tatsächlich lieferte Keller diesmal das Manuskript mit nur geringer Verzögerung. – Zur Trennung Kellers vom Verlag kam es dann erst unter Eduard Viewegs Sohn Heinrich, der 1866 die Leitung übernahm.*[71]

1.2.3 SCHWIERIGKEITEN BEI DER NIEDERSCHRIFT (1850–1855)

Schon bei der Konzipierung des Romans zeigte sich erstmals ein auch für Kellers übrige Prosawerke typisches Grundmuster: Auf ein mehrjähriges gedankliches Ausspinnen des Projekts, das meist nur in wenigen Vorstufen, Entwürfen oder Notizen und in brieflichen Mitteilungen belegbar ist,[72] *folgt der Prozeß der eigentlichen Niederschrift des Druckmanuskripts erst, wenn ein Abkommen mit einem Verleger getroffen und verbindliche Ablieferungstermine vereinbart worden sind. Auch der stockende Verlauf der Niederschrift, beim ersten Roman besonders intensiv und schmerzhaft, wiederholte sich bei späteren Prosawerken. Der Druck von Seiten des Verlegers, den Keller regelmäßig selber provozierte und ohne den eine definitive*

---

69 Keller an Vieweg, 23.5.1855, Dok. – Den später zurückgezahlten Vorschuß Scheubes hatte Keller in schlechten Wechseln bekommen, die er nur zur Rückzahlung von Schulden hatte verwenden können.

70 Vgl. Vertrag Die Leute von Seldwyla, 15.7.1855 (HKKA 21, S. 456–459). – Dieselbe Klausel war schon in den Vertrag mit Duncker aufgenommen worden, allerdings ohne die gewünschte disziplinierende Wirkung zu erzielen.

71 Vgl. unten, S. 55–59.

72 Daß Keller ausführlichere Entwürfe zwar angefertigt, aber bei der Herstellung des Druckmanuskripts vernichtet hätte, ist in den meisten Fällen unwahrscheinlich, aber nicht völlig auszuschließen.

Niederschrift offensichtlich kaum zustande kam,[73] *war im Falle des* Grünen Heinrich *um so höher, als Keller zu dieser Zeit in besonderem Maße auf Vorschußzahlungen angewiesen war.*[74] *Außerdem schuldete er der Regierung des Kantons Zürich und anderen Gönnern in Zürich Rechenschaft, die Resultate ihrer außergewöhnlichen Förderung eines jungen Schriftstellers durch Stipendien und Darlehen erwarteten. Die folgende Übersicht verdeutlicht, daß diese Zuwendungen von insgesamt 4950 Franken (= 1320 Taler) die Honorarzahlungen Viewegs für den Roman (insgesamt 742 Taler) erheblich überstiegen.*

Staatliche Stipendien aus Zürich in Franken

1. Stipendium: für Heidelberg		
September 1848	800	vgl. Bollier an Keller, 26.9.1848
2. Stipendium: für Berlin		
Oktober 1849	1000	vgl. Sulzer an Keller, 14.10.1849
3. Stipendium		
März 1851	500	vgl. Escher an Keller, 22.3.1851
4. Stipendium		
Mai 1852	600	vgl. Escher an Keller, 29.5.1852
Total Stipendien Kt. Zürich	2900	

Private Zuwendungen aus Zürich in Franken

Hilfe von Zürcher Freunden		
Januar 1854	200	vgl. Heußer an Keller, 28.1.1854
April 1854	250	vgl. Heußer an Keller, 7.4.1854
Formelles Darlehen aus Zürich		
Juni 1854	1600	vgl. Heußer an Keller, 24.5.1854
Total private Darlehen	2050	

Gesamtsumme

Total Stipendien Kt. Zürich	2900
Total private Darlehen	2050
Gesamtsumme Zuwendungen	4950

Angesichts dieses massiven Verpflichtungsdrucks nicht nur gegenüber dem

---

[73] *Die einzige Ausnahme unter den Prosawerken bilden in dieser Hinsicht die* Sieben Legenden, *bei denen Keller im Augenblick des Vertragsabschlusses seit Jahren schon über eine fertige Niederschrift verfügte; vgl. HKKA 23.2, S. 10–14. – Bei der Erzählung* Das Fähnlein der sieben Aufrechten, *die Keller später in den Zyklus der Zürcher Novellen aufnahm, ist anzunehmen, daß er zwar noch nicht über ein fertiges Manuskript verfügte, als die entsprechende Anfrage an ihn gelangte, daß er aber bereits daran arbeitete; vgl. HKKA 22, S. 17–20.*

[74] *Vgl. z. B. Kellers Erklärung, er habe seit seiner Ankunft in Berlin alle erhaltenen Geldmittel zum großen Teil zur Tilgung früherer Schulden verwenden müssen, so daß er, immer auf der Suche nach Geldquellen, fast nie zu ruhigem Arbeiten komme (Keller an Vieweg, 16.7.1851, Dok).*

Verleger, sondern auch gegenüber den Zürcher Geldgebern wirken Kellers notorische zeitliche Unterschätzungen bei Fristangaben und Versprechungen, die in immer neue Zwänge und Engpässe führten, umso bedrängender.[75] *Als Erklärung wird häufig Kellers plastisches Vorstellungsvermögen und exaktes Gedächtnis für einmal ausgedachte Projekte angeführt, die ihn die Realisationsschwierigkeiten unterschätzen ließen. Beim* Grünen Heinrich *kam dazu wahrscheinlich die Erinnerung an müheloses Produzieren, wie er es bei den Gedichten erlebt hatte.*

Zu möglichen inneren Ursachen, die den Produktionsprozeß entgegen den optimistischen Versprechungen[76] *immer wieder stocken ließen, gibt Keller selbst verschiedene Erklärungen. Am 28. April 1851 schrieb er an Vieweg,* das Ausbleiben von Manuskript sei nicht Folge eines böswilligen Vorsatzes, sondern eines durchaus passiven Zustandes, welchen zu ändern, wenig *in seiner Gewalt liege.*[77] *Am 10. Juli 1852 erklärte er geradezu:* wenn ich nicht an Ihrem Roman arbeitete, so habe ich eben <u>gar Nichts</u> gemacht.[78] *Wenig später schrieb er, der Roman sei eben* keine unbefangene und objektive Aufgabe, *da er auf eine zu ernste Weise mit* seinem *eigenen Wesen verflochten sei, als daß er* ihm *so leicht von der Hand laufen* könnte *wie etwas Fremdes.*[79] *Dennoch nannte er ihn das Ein und Alles, um welches* er *nicht hinum* könne,

---

75 Gegen Schluß seines Berlin-Aufenthaltes stellte Keller auf der Rückseite des Briefes der Firma Vieweg vom 31.7.1855 (Ms. GK 79f3 Nr. 182) seine noch offenen Verpflichtungen zusammen. Aus den Beträgen, die er Freunden, Bekannten und Geschäftsleuten in Zürich, Heidelberg und Berlin schuldete, ergab sich eine Summe von 912 Talern. Die Honorarzahlungen von Vieweg bis zum Rechnungsabschluß am 15.5.1855, die Stipendienzahlungen bis zum 29.5.1852 und die von Januar bis Juni 1854 an ihn ergangenen Zuwendungen von Freunden aus Zürich hatten also zur Sanierung seiner finanziellen Lage nicht ausgereicht. Vielmehr schrieb er im November 1855 sowohl an Vieweg (10.11.1855, Ms. GK 78v Nr. 67; GB 3.2, S. 123) wie an seine Mutter (11.11.1855, Ms. GK 78 Nr. 1/47; GB 1, S. 132), daß er 600 Taler brauche, um alle Schulden bezahlen und in die Schweiz zurückreisen zu können. Er erhielt den Betrag schließlich von der Mutter, die eine Hypothek veräußerte.

76 Keller nannte diese optimistische Überschätzung des eigenen Produktionstempos, die ihm auch später immer wieder unterlief, seine sanguinische Zuversicht *(Keller an Vieweg, 9.11.1858, Ms. GK 78v Nr. 85; GB 3.2, S. 141). –* Vgl. etwa die Erklärung an Rodenberg anläßlich der Zürcher Novellen: Meine sanguinische Art, die sichere Ausführung einer Arbeit in bestimmter Frist vorzunehmen, hat mich wieder selbst gefoppt, da die Sache durch die sanfte aber eiserne Textur der Lebenstage eben so sicher immer anders kommt *(Keller an Julius Rodenberg, 28.5.1878, GSA 81/VI,7,11 Nr. 7; GB 3.2, S. 338).*

77 Keller an Vieweg, 28.4.1851, Dok.

78 Keller an Vieweg, 10.7.1852, Dok.

79 Keller an Vieweg, 15.8.1852, Dok.

ohne es abgethan zu haben.[80] *Mit der letzten Manuskript-Sendung teilte er Vieweg mit, daß er nur unter den größten Leiden aller Art das Buch fertig gebracht habe und durch dasselbe, das er zugleich erlebt habe, indem er es schrieb, in jeder Weise gebannt gewesen sei.*[81] *Die Schwierigkeiten, das Erlebte zu objektivieren und zum Exempel zu erheben, hatte Keller offensichtlich in jeder Hinsicht unterschätzt.*[82]

Die folgende Zusammenstellung, abgeleitet aus Angaben in Kellers Briefen an Vieweg, belegt, wie Keller den Umfang des Romans, der schließlich 1702 Seiten betrug, während der Arbeit immer wieder anpaßte:[83]

Briefdatum	Bandzahl	Ms-Seiten	Druckbogen	Buchseiten
4.1.1849	1 Band		25	400
28.2.1850	2 Bände	430–440	58	928
23.8.1850	3 Bände	3x160 = 480	64	1024
16.9.1850	3 Bände		3x16 = 48	768
28.10.1850	3 Bände		20+16+16 = 52	832
16.7.1851	3 Bände		24.75+30 = 54.75	876
14.2.1852	3 Bände		80	1280
3.11.1852	3 Bände		24.75+26+26 = 76.75	1228
1.1.1853	3 Bände		24.75+28.5+28 = 81.25	1300
24.4.1853	4 Bände		24.75+28.5+20+20 = 93.25	1492

---

80   *Keller an Vieweg, 13.9.1853, Dok.*

81   *Keller an Vieweg, 2.4.1855, Dok. – Als eine Ursache dieser ‚Bannung' in den Jahren 1854/55 gilt die unglückliche Liebe zu Betty Tendering, die Keller andeutungsweise mit einem heitern und schönen Sterne vergleicht, der ihm durch seine Misere und Verbitterung verloren zu gehen drohe (Keller an Hettner, 9.5.1855, Dok). Von dieser Liebe zeugen die sog. ‚Berliner Schreibunterlagen' (Ms. GK 8b; Ms. GK 8c), deren kleinere (Ms. GK 8c) im Spiel mit den Initialen BT über das italienische Bella Trovata den Bezug zur Romanfigur Dortchen Schönfund herstellt.*

82   *Gegenüber Hettner formulierte er die Aufgabe, die er sich stellte, so:* mich selbst mir objektiv zu machen und ein Exempel zu statuiren *(Keller an Hettner, 4.3.1851, Dok). – An welchen Stellen im Manuskript der Schreibprozeß jeweils stockte, läßt sich aufgrund der Korrespondenz nicht sicher rekonstruieren. Seltene Aussagen wie* es befindet sich im 7$^{t.}$ Kapitel u Anfange des 8$^{t.}$ des Romans *(die Rede ist vom zweiten Band)* noch eine Lücke, über deren Ausfüllung ich noch nicht mit mir einig war *(Keller an Vieweg, 15.8.1852), lassen sich nicht klar zuordnen.*

83   *Die Relationen von Manuskriptseiten und Druckbogen sind aufgrund von Viewegs Angabe vom 15.5.1855 (Dok) errechnet, daß 440 Manuskriptseiten 58 Druckbogen entsprachen. Kellers früheste Schätzung des Umfangs auf 25 Druckbogen, abgegeben zu einem Zeitpunkt, da erst wenige Seiten Manuskript existierten, zeugt von seiner damaligen Unerfahrenheit in Drucksachen (Keller an Vieweg, 23.5.1855, Dok), denn kurz darauf schätzte er den Umfang ja auf 430–440 Manuskriptseiten. Das Verhältnis von Manuskriptseiten zu Buchseiten und Druckbogen (= 16 Buchseiten) war ihm also noch völlig unklar.*

Briefdatum	Bandzahl	Ms-Seiten	Druckbogen	Buchseiten
13.9.1853	4 Bände		gegen 100	gegen 1600
6.8.1854	4 Bände	ca. 800	ca. 105.5	ca. 1688

Mehrfach erwähnte Keller auch seine anfängliche schriftstellerische Unerfahrenheit, die wohl mitverantwortlich war für unrealistische Fristangaben und Umfangschätzungen, als Ursache für spätere Schreibunlust. So schrieb er etwa im Dezember 1854, er habe den Roman *noch in der subjektiven und unwissenden Lümmelzeit angefangen und den Druck beginnen lassen, ohne zu bedenken, was ein Roman eigentlich sei.*[84] *Die schon gedruckten Teile vermochten vor seinem fortgeschrittenen Kunstverstand teilweise nicht mehr zu bestehen, und dennoch konnte er nichts mehr daran korrigieren.*[85] *Der Ärger darüber habe ihn ganze Vierteljahre vom Weiterschreiben abgehalten.*[86]

Die Flucht aus solcher Unvollkommenheit in zukünftige, vollkommenere Projekte lag nahe. Während den ersten zwei Jahren war der Roman für Keller ganz selbstverständlich nur ein Projekt unter anderen. Vor allem beschäftigte er sich immer wieder mit seinen dramatischen Plänen, denn dramaturgische Studien und das Schreiben eigener Dramen waren der erklärte Zweck seines Aufenthalts in Berlin. Außerdem arbeitete er in Heidelberg und in der ersten Berliner Zeit an den Neueren Gedichten, *die nach ursprünglicher Abmachung im Herbst 1850 zusammen mit dem Roman hätten erscheinen sollen, die Keller Vieweg aber erst am 26. Dezember 1850 zusandte und die schließlich im Dezember 1851 – ohne Roman – ausgeliefert wurden.*[87] *Während einer längeren Krankheit im Januar 1851 beschäftigte sich Keller – wie schon früher in Zeiten des* Nichtsthuns[88] *– mit Erzählstoffen und mit dem literarisch-satirischen Gedichtzyklus* Der Apotheker v. Chamonny oder der kleine Romanzero, *dessen erste Hälfte er Vieweg am 5. November 1853 zusammen mit den Galatea-Anfängen zur Prüfung einsandte.*[89]

Diese selbstverständliche Beschäftigung mit anderen Projekten wurde nach Kellers peremtorischer Erklärung vom 14. Februar 1852, sich aus-

---

84 Keller an Ferdinand Freiligrath, Dezember 1854, Dok.
85 Vgl. Keller an Hermann Hettner, 3.8.1853, Dok; ähnlich auch Keller an August Varnhagen von Ense, 23.3.1854, Dok; in etwas anderer Form entwickelte Keller diese Vorbehalte auch in der am 28. April 1853 abgesandten Vorrede des Romans. Vgl. unten, S. 46.
86 Keller an Freiligrath, Dezember 1854, Dok.
87 Im September 1853 hatte Keller zwei Bogen zusätzliche Gedichte für die zweite Auflage der Neueren Gedichte zu liefern.
88 Keller an Vieweg, 15.8.1852 (Ms. GK 78u Nr. 26; GB 3.2, S. 59).
89 Vgl. Keller an Vieweg, 14.2.1852, Dok und 5.11.1853 (Ms. GK 78u Nr. 39; GB 3.2, S. 80). Zu den Galatea-Anfängen vgl. auch oben, S. 40.

schließlich dem Roman zu widmen,[90] *zum Problem. Keller hielt sich zwar ziemlich konsequent an das gegebene Ehrenwort, keine sonstigen Texte zu verfassen,*[91] *die geistige Beschäftigung mit anderen Stoffen gerade in Zeiten des inneren Widerstands gegen den Roman war aber nicht zu verhindern, wie eine Bemerkung gegenüber Hettner belegt:* Ich mache Sachen fertig im Gedächtniß, da ich nicht daran schreiben darf, und fabrizire mit dem größten Plaisir Dramen, Novellen Gedichte Aufsätze u alles mögliche, was ich alles schreiben werde, der Reihe nach.[92] *Tatsächlich zehrte Keller denn auch noch Jahrzehnte von dem Stoffreservoir, das er sich in Berlin angelegt hatte.*

Am 26. April 1853 verlangte Vieweg ein Vorwort für die Vorab-Auslieferung der beiden ersten Bände, die er schon am 28. Januar 1853 in der Deutschen Reichs-Zeitung hatte besprechen lassen.[93] *Keller konnte zwar diese Vorab-Publikation verhindern, lieferte aber das Vorwort am 28. April, nachdem er vermutlich gerade die Jugendgeschichte abgeschlossen hatte, und zwar in so offener Formulierung, daß es den ersten zwei, den ersten drei oder allen vier Bänden erklärend voranstehen konnte. Er nahm darin die Kritiker-Einwände bezüglich der ungleichen Teile von* Selbstbiographie des Helden *und* eigentlichem Roman *vorweg und entschuldigte die Disproportionalität mit der langwierigen Entstehungsweise und seiner zunehmenden eigenen Schreibkompetenz, wobei er aber die inhaltliche Einheit eigens betonte (HKKA 11, S. 13 f.).*[94] *Diese mit dem Vorwort einsetzende Tendenz, den Roman vermehrt aus kritischer Leserperspektive zu betrachten, dürfte sich nach der Auslieferung der drei ersten Bände Anfang 1854 und den danach eintreffenden privaten Rückmeldungen und Rezensionen noch verstärkt haben. Die Niederschrift des vierten Bandes geschah so von vornherein unter anderen Bedingungen als die der drei ersten Bände.*[95]

---

90 *Keller an Vieweg, 14.2.1852, Dok; vgl. auch oben, S. 37.*
91 *Keller schrieb neben dem Roman keine längeren Texte nieder. Es entstanden nur einige Gedichte und Novellenanfänge, und im August 1852 erschien eine weitere Gotthelf-Rezension (Jeremias Gotthelf 1852).*
92 *Keller an Hettner, 21.10.1854, Dok.*
93 *Vgl. Reichs-Zeitung 1853 (CD).*
94 *Die nicht verifizierbare Rückdatierung des Anfangs der Romanniederschrift auf 1847 hatte vermutlich die Funktion der Verwahrung gegen mögliche Plagiatsvorwürfe, worüber Keller schon am 3.11.1852 an Vieweg berichtete:* Es sind, seit ich das Buch schrieb, schon mehrere Arbeiten ähnlicher Art, die Jugendgeschichten von Gutzkow, Golz, König etc erschienen, so daß so schon durch eine Vorrede des 1ᵗ· Bandes die Nachricht nothwendig wird, daß meine Arbeit theilweise schon seit Jahren gedruckt sei, wenn ich nicht gewärtigen will, daß man sie als eine Nachahmung bezeichne *(Dok); vgl. dazu auch Rothenbühler 2002, S. 34 f.*
95 *Die Skizze vom Inhalt des vierten Bandes, die Keller seinem Freund Hettner gab, noch*

Bei allen Schwierigkeiten während des langen Produktionsprozesses bezeugte Keller jedoch immer wieder das Bewußtsein von der herausragenden Qualität des entstehenden Romans. Er hielt fest am Ziel, durch ein glückliches Produkt einen durchgreifenden Erfolg und eine unabhängige Lage zu erreichen[96] *und zog nie ernsthaft in Erwägung, seinen Lebensunterhalt anders zu verdienen, auch wenn er sich Vieweg gegenüber beklagte,* allerlei kleinliche Arbeiten, wie Aufsätze u. d. gl. *übernehmen zu müssen.*[97] *Vielmehr erwartete er von Vieweg eine* Geschäfts- und Berechnungsart, *die ausnahmsweise* auf das Ganze *eingehe,* auf die Gesammtentwicklung einer Individualität, die nicht auf der Heerstraße der Tagesgrößen geht.[98] *Er hatte dem Verleger schon früher erklärt, daß dieser mit seinen Zinsverlusten und Vorschüssen* einem jungen Schriftsteller, welcher eine Zukunft haben wird, einige schwere aber folgenreiche Jahre *erleichtere.*[99] *Er zeigte sich überzeugt, daß der Roman (sogar ohne den vierten Band) über kurz oder lang seine Kosten vollkommen* decken werde, da es sein einziger Versuch dieser Art bleiben werde und man deshalb *immer wieder* werde *darauf zurückkommen* müssen.[100]

---

     bevor dieser die drei ersten Bände hatte lesen können, und die in groben Zügen dem Exposé und dem tatsächlichen Band entspricht, zeigt aber, daß Rückmeldungen keinen prinzipiellen Einfluß hatten auf Kellers Konzept. – Die Rückmeldungen seitens seiner Bekannten wie Christian Heußer (28.1.1854), Jakob Dubs (7.2.1854) und seiner Mutter Elisabeth Keller (11.3.1854) auf die ersten drei Bände, waren durchwegs positiv (alle Dok). Auch in den Rezensionen, die zu einem beträchtlichen Teil von Bekannten Kellers (wie Ludmilla Assing, Hermann Hettner, Melchior Meyr, Wolfgang Müller von Königswinter, Emil Palleske) stammten, dominierte das Wohlwollen (vgl. Kap. 2.3 Besonderes: Rezensionen).

96   *Keller an Vieweg, 6.8.1854, Dok.*
97   *Keller an Vieweg, 16.7.1851, Dok. – Die einzige Veröffentlichung zwischen der ersten Manuskript-Sendung und diesem Brief war eine Gotthelf-Rezension in den Blättern für literarische Unterhaltung (29. und 31.3.1851), und diese Beschäftigung mit Gotthelf dürfte auf die Arbeit am Roman mindestens so anregend wie hinderlich gewirkt haben. – Zu späteren Publikationen während der Roman-Niederschrift vgl. auch oben, Anm. 91.*
98   *Keller an Vieweg, 6.8.1854, Dok.*
99   *Keller an Vieweg, 13.9.1853, Dok.*
100 *Keller an Vieweg, 21.11.1854, Dok.*

1.3 „DER GRÜNE HEINRICH" – 2. FASSUNG

1.3.1 UMARBEITUNGSKONZEPTE (1853–1870)

Die lange sich hinziehende, stückweise Produktion des Grünen Heinrichs mit der daraus entstandenen Disproportionalität hatte es mit sich gebracht, daß Keller schon während der Niederschrift an eine spätere Umarbeitung dachte. Bereits am 3. August 1853 schrieb er an Hettner:

> Könnte ich das Buch noch einmal umschreiben, so wollte ich jetzt etwas Dauerhaftes und durchaus Tüchtiges daraus machen. [...] Es geht mir etwas im Kopfe herum, daß ich einmal irgend etwas machen werde, welches durchaus nothwendig, berechtigt und aus Einem Gusse ist, und ich lasse diesen Augenblick ruhig heran kommen; denn er wird alsdann ein ganzes Leben in sich tragen.[101]

Bei Übersendung der ersten drei Bände bat er Hettner:

> Schreiben Sie mir doch sogleich [...], welche Fehler Ihnen aufgefallen sind, und ob sie glauben, daß durch eine gelegentliche Umarbeitung u Kürzung das Buch einen bleibenden Platz erhalten könnte, oder wenigstens eine relative Bedeutung.[102]

Hettner ging denn auch nach einem vorbehaltlosen Lob auf das von Keller selbst in der Vorrede angesprochene Mißverhältnis zwischen Jugendgeschichte und umrahmenden Erzählteilen ein und schlug vor, den Roman mit der Jugendgeschichte beginnen zu lassen und auch das Uebrige in diese hineinzuverweben, da das Ganze doch die Haltung autobiographischer Bekenntnisse trage. Außerdem beanstandete Hettner, daß die umrahmenden Erzählteile ungleich schwächer seien als die Jugendgeschichte, da die Frische der Naturwahrheit abnehme, die Darstellung spiritualistischer, die Charakterzeichnung konventioneller werde.[103] Nach der Lektüre des vierten Bandes kamen dazu noch Bedenken wegen Heinrichs Tod am Romanschluß.[104] Keller erklärte darauf vorerst nur, das Ende hätte nach dem ursprünglichen Plan viel ausführlicher und eine förmliche Elegie über den Tod werden sollen.[105]

---

101   *Keller an Hettner, 3.8.1853, Dok.*
102   *Keller an Hettner, 14.2.1854, Dok. – Zu den Änderungskonzepten vgl. das Diagramm S. 49.*
103   *Hettner an Keller, 19.2.1854, Dok.*
104   *Vgl. Hettner an Keller, 11.6.1855, Dok.*
105   *Keller an Hettner, 25.6.1855, Dok.*

E_1 1854/55	Hettner 19.2.1854	Rezensionen Schmidt 1854 Müller 1856	an Kub 3.4.1871	Kub 25.7.1871 (Var. I)	Kub 25.7.1871 (Var. II)	Petersen 28.5.1876	an Petersen 4.6.1876	an Storm 25.6.1878	Storm 15.7.1878 E_2 1879/80
Einleitung: Abreise (ER)				Einleitung: Abreise (ER)	Tod der Mutter (ICH)	Abreise (ER)	Tod H's, Manuskript-fund (ER)	Rückkehr Judiths	
Jugend-geschichte (ICH)	Jugend-geschichte (ICH)	Jugend-geschichte (ICH)	Jugend-geschichte (ICH)	Jugend-geschichte (ICH)	Jugend-geschichte (ICH)	Jugend-geschichte (ICH)	Jugend-geschichte (ICH)	Jugend-geschichte (ICH)	Jugend-geschichte (ICH)
Fortsetzung (ER-ERZÄHLER)	Fortsetzung (ICH)	Fortsetzung (ICH)	Fortsetzung (ICH/ER) Aufzeich-nung von 3. Hand	Fortsetzung (ER) Aufzeich-nung von 3. Hand	Fortsetzung (ICH) 2. Auto-biographie	Fortsetzung (ER)	Fortsetzung (ICH)	Fortsetzung (ICH)	Fortsetzung (ICH) 2. Auto-biographie
Tod Mutter + Heinrich	Tod Mutter + Heinrich	Tod Mutter + Heinrich	Tod Mutter + Heinrich	Tod Mutter + Heinrich		Heirat		Tod Mutter	Rückkehr Judiths

Autobiographie (ICH) · keine konkrete Äußerung

Auch Vieweg gegenüber äußerte Keller schon bei Abschluß des vierten Bandes den Plan einer Umarbeitung: Das Buch sei keine Eintagsfliege, sondern werde eine neue Auflage erleben und bei dieser Gelegenheit werde er die Längen und unerfreulichen Sachen wegstreichen.[106] *Am 3. Mai 1856 schrieb er, teilweise Hettners Kritik aufgreifend, an Vieweg, dem der tragische Schluß von vornherein nicht behagt und der die selbstsichere Erwartung einer Neuauflage bei dem geringen Absatz etwas barock gefunden hatte:*[107]

> Ich gebe zu, daß der vierte Band dadurch benachtheiligt wurde, daß statt poetischer motivirender Ereignisse und Erlebnisse lange Reflexionen und Bildungsgeschichten stehen. Statt mit dem Tode des gr. H. aber mit einer Hochzeit zu enden würde mir, des größeren Absatzes wegen, heute noch nicht einfallen *[...]*
>
> In ein par Jahren indessen werde ich die nicht verkauften Exemplare entweder zurückkaufen oder sonst mich mit Ihnen zu einigen suchen, um eine umgearbeitete Ausgabe zu ermöglichen, die vor Allem etwas billiger sein müßte *[...]*[108]

Reaktionen von Freunden und Verehrern wie Wilhelm Schulz, Wolfgang Müller, Ludmilla Assing, Adolphe Hirsch, Karl Kösting oder Theodor Opitz sorgten wohl dafür, daß Keller auch während der langen Zwischenzeit bis zur Inangriffnahme der Umarbeitung den Roman nie ganz aus den Augen verlor.[109] *Doch erst Emil Kuhs Aufsatz* Kellers Grüner Heinrich *in der* Neuen Freien Presse *vom 7. Januar*[110] *und Kuhs begeisterter Brief vom 20. Februar 1871*[111] *weckten Kellers Lust, sich mit dem Buch wieder zu beschäftigen und den Literaturkritiker dabei zu Rate zu ziehen. Keller sah neben der selbstverständlichen Streichung alles Langweiligen u Geschmacklosen zwei Möglichkeiten zur Rettung der äußeren Anlage:*

> Entweder könnte man die Composition in aller Gemüthsruhe sorgfältiger ausbauen u abrunden *[...]*; oder man müßte die abgeschlossene Form ganz aufgeben und dem Roman einen künstlich fragmentarischen Anstrich verleihen *[...]*. Man würde den ganzen Eingang strei-

---

106 Keller an Vieweg, 2.4.1855, Dok.
107 Vieweg an Keller, 15.5.1855, Dok. – Vgl. oben S. 38 (Viewegs Vorliebe für ein heiteres Roman-Ende).
108 Keller an Vieweg, 3.5.1856, Dok. – Zum tatsächlichen Rückkauf und zur Trennung von Vieweg vgl. unten, S. 58–59.
109 Vgl. z. B. Keller an Theodor Opitz, 29.12.1869, Dok.
110 Vgl. Kuh 1871 (CD).
111 Vgl. Emil Kuh an Keller, 20.2.1871, Dok.

chen und gleich mit der Jugendgeschichte beginnen, sodann dem übrigen Theil gleichfalls den Charakter einer Aufzeichnung dritter Hand (nicht derjenigen des Romanschreibers) geben [...][112]

Trotz eines generellen Vorbehaltes gegen den Eingriff in etwas organisch Gewordenes empfahl Kuh, Judiths Entkleidungsszene[113] zu streichen. Als ‚Aufzeichner' des Teils nach der Jugendgeschichte schlug er statt einer mit Heinrich vertrauten Erzählerfigur (vgl. S. 49, Variante 1) schließlich Heinrich selbst vor (Variante 2) und damit für den ganzen Roman die Form der Selbstbiographie, was ihm praktikabler erschien:

> Anstatt des Eingangs, der nicht gestrichen, der nur versetzt werden müßte, begännen Sie mit dem Ende: Lee's Mutter wird zu Grabe geleitet, indessen schreitet ihr Sohn in den väterlichen Ort. Er hat nichts heimgebracht als seine Jugendgeschichte und diese vervollständigt er, indem er aufzeichnet, was er in der Fremde erlebt hat. Sein Ende wäre nicht zu erzählen, weder vom Dichter noch von einem Dritten; es bliebe eine offene Frage, über deren Beantwortung kein feinsinniger Leser sich täuschen könnte.[114]

Obwohl Kuhs Vorschläge Keller willkommen waren, wurde der Plan auf diesen ersten Anstoß hin noch nicht umgesetzt, denn Keller war inzwischen, soweit ihm das am 23. September 1861 angetretene Amt des Staatsschreibers des Kantons Zürich dafür Zeit ließ, mit anderen literarischen Dingen beschäftigt: mit den Sieben Legenden, *die im März 1872 ausgeliefert wurden, und daraufhin mit der erweiterten Ausgabe der* Leute von Seldwyla, *die im November 1874 versandt wurde.[115] Anläßlich seiner Überlegungen zum Rückkauf von Viewegs Romanvorräten[116] berichtete Keller im Sommer 1875 aber seinem neuen Verleger Ferdinand Weibert von Umarbeitungsplänen: Die Sache* könne, *da fast mehr zu streichen, als zu schreiben* sei, *bis zu Anfang nächsten Jahres leicht abgethan werden.[117] Noch ganz im Sinn von Kuhs Vorschlägen erklärte er, es müßten ein anderer Eingang u anderer*

---

112 *Keller an Kuh, 3.4.1871, Dok.*
113 *Vgl. GH I, 12.080.20–082.29.*
114 *Kuh an Keller, 25.7.1871, Dok.*
115 *Beide Werke erschienen im Göschen Verlag bei Ferdinand Weibert in Stuttgart. Zum Verlagswechsel Kellers vgl. unten, S. 55–59.*
116 *Vgl. unten, S. 55–59.*
117 *Keller an Weibert, 25.7.1875, Dok.*

Schluß gemacht u das Ganze in eine einheitliche Form gebracht *sowie* langweilige Längen *und* ein par anstößige Stellen *entfernt werden. Dadurch sollte das Buch auf 3 der jetzigen Bände reduziert und ev. mit einem anderen Titel versehen werden.*[118]

Auch weitere Faktoren legten Keller in der Folge nahe, die Umarbeitung in Angriff zu nehmen: Erkundigungen von Freunden und Bekannten an verschiedenen Orten ergaben, daß der Roman vergriffen war,[119] *und mehrere Verlage machten Angebote zur Neuauflage.*[120] *Keller selbst störte es, daß das Buch* in literarhistorischen und theoretischen Büchern *immer wieder* als Exempel eines Romanes aufgeführt *werde,* wie er nicht sein soll.[121]

Einen neuen Anstoß erhielt Keller Ende Mai 1876 durch die begeisterte Zuschrift Wilhelm Petersens, eines Bekannten von Paul Heyse und Theodor Storm, der auch Emil Kuh besucht hatte. Er schlug Keller Änderungen vor, um dem Roman einen größeren Leserkreis zu sichern, z. B. die Streichung mancher Betrachtungen, namentlich was sich auf Malerei und Religion bezieht, ferner die Episoden, welche die Geschichte des vom Teufel besessenen Kindes, Römer u. a. behandeln *sowie ein positives Ende mit bürgerlicher Etablierung und Heirat Heinrichs.*[122] *Keller stellte sofort seine eigenen Umarbeitungspläne zur Diskussion, die eine einheitliche Ich-Form in Jugendgeschichte und Fortsetzung vorsahen, wie sie schon Hermann Hettner, aber auch eine Rezension Julian Schmidts vorgeschlagen hatten.*[123] *Eine Einleitung mit Heinrichs Tod hätte den Ausgangspunkt für die Rückblende gebildet, was wieder die Er-Form bedingt hätte.*

> [...] so werde ich das, was nach der autobiographischen Jugendgeschichte in dritter Person weiter erzählt wird, ebenfalls der Autobiographie einverleiben mit den nöthigen Andeutungen u das Ganze als Manuskript in einer kurzen Einleitung auffinden lassen, welche den Tod des Helden als älteren Mannes erzählt, der irgendwo in der Stille stirbt u eben jenes Manuskript hinterläßt. So wird der unver-

---

118 *Keller an Weibert, 27.6.1875, Dok.*
119 *Vgl. Keller an Weibert, 17.11.1875, Dok (Solothurn), Exner an Keller, 1.2.1876, Dok (Wien), Josef Seemüller an Keller, 8.7.1877, Dok (Straßburg).*
120 *Vgl. unten, S. 58.*
121 *Keller an Weibert, 24.12.1876, Dok. – Als Beleg diente Keller im fast gleichzeitigen Brief an Baechtold (25.12.1876, Dok) die Studie* Versuch einer Theorie des Romans und der Erzählkunst von Heinrich Keiter. [...] Paderborn. Druck und Verlag von Ferdinand Schöningh. 1876.
122 *Wilhelm Petersen an Keller, 28.5.1876, Dok.*
123 *Vgl. Schmidt 1854; zu Hettner vgl. oben, S. 48.*

mittelte jetzige Schluß vermieden. Verheirathen u behaglich werden lassen kann ich den Aermsten jetzt nicht mehr; es würde das einen komischen Effekt machen u vielleicht gerade bei den Freunden ein gemüthliches Gelächter hervorrufen.[124]

Kurz darauf, im Sommer 1876, legte Keller sein Amt nieder. Neben den Vorarbeiten für die Züricher Novellen *beschäftigte ihn damals der Aufsatz* Autobiographisches *für die Zeitschrift* Gegenwart, *den ihm deren Redakteur Paul Lindau abgerungen hatte und der am 2. und 23. Dezember 1876 erschien.*[125] *Schon am 29. Juni 1875 hatte er Friedrich Theodor Vischer gegenüber die Absicht geäußert, in diesem leichtsinnig versprochenen* Curriculum vitae *den tragikomischen und naiv-dummen Hergang zu beschreiben, der zum* Compositions-Uebel am grünen Heinrich *geführt habe.*[126] *Im Aufsatz selbst verwies er dann – wie schon im Vorwort von 1853 – auf die langwierige, Konzeptänderungen und Ungleichheiten mit sich bringende Entstehung, die er v. a. auf die aus Fabulierlust immer mehr sich ausdehnende Jugendgeschichte zurückführte, und bekundete schließlich auch eine kritische Distanz zum Romanschluß:*

> Der einmal beschlossene Untergang wurde durchgeführt, theils in der Absicht eines gründlichen Rechnungsabschlusses, theils aus melancholischer Laune. [...] So wurde der grüne Heinrich also begraben.
> Allein er schläft nicht sehr ruhig; denn wie ich höre wird der arme Kerl in den Mädchenpensionaten, wenn der Sprach- und Literaturlehrer auf das Capitel des Romanes kommt, stets heraufbeschworen [...] als abschreckendes Beispiel [...], wie ein guter Roman nicht beschaffen sein soll [...][127]

Nach Abschluß der Züricher Novellen *(Dezember 1877) meldete Keller am 7. Dezember 1877 Wilhelm Petersen, er gehe jetzt* unverweilt an die Wiedergeburt des grünen Tropfes, genannt Heinrich, damit *er endlich mit den alten* Velleitäten Tabula rasa habe,[128] *und am 25. Juni 1878 berichtete er Theodor Storm, daß er die Jugendgeschichte nun* durchcorrigirt und mit

---

124 *Keller an Petersen, 4.6.1876, Dok.*
125 *Autobiographisches 1876/77. – Zur darin enthaltenen rückblickenden Schilderung des ursprünglichen Projekts vgl. oben, S. 28.*
126 *Keller an Friedrich Theodor Vischer, 31.1.1875/29.6.1875, Dok.*
127 *Autobiographisches 1876/77, II, S. 9.*
128 *Keller an Petersen, 7.12.1877, Dok.*

zahlreichen Streichungen verziert *habe*.[129] *Die Pläne für die Fortsetzung hatten inzwischen einen entscheidenden Fortschritt erfahren: Der Tod der Mutter und das verunglückte Liebesverhältnis sollten klarer und ausdrücklicher motiviert werden und Heinrich sollte* still und dunkel *weiterleben,*

> bei einer anspruchslosen aber geregelten Thätigkeit, ungekannt und in der Erinnerung lebend [...], alternd und durch einen Unfall der Hülfe u Pflege bedürftig. Hier tritt die Judith wieder ein, die als gemachte Person aus Amerika zurückkehrt, die den Teufel hat zähmen lernen, aber immer einsam geblieben ist. Sie erkennt den alten Heinrich an dem Lebensbuch das er geschrieben. Ihm ist sie das Beste, was er erlebt hat, nach Allem, eine einfache Naturmanifestation, und er hat ihr auch immer im Sinne gesteckt. So bildet sich noch ein kurzer Abendschein in den beiden Seelen.
>
> Dieser Schluß notabene, vom Umfange weniger Bogen, würde nun an die Stelle des alten Einganges treten, sodaß dann die einheitliche Autobiographie ohne weiteren Abschluß folgen würde.[130]

Als Ausschlag gebendes neues Element erscheint hier die Wiederbegegnung Heinrichs mit Judith. Der um Rat gebetene Theodor Storm drückte (wie Emil Kuh sieben Jahre früher) zunächst seine Sorge aus: Es quillt ein so frischer Lebensborn in diesem Buche, es liegt auf Allem ein solcher Glanz von sinnlich frischer Schönheit, daß ich bei dem Gedanken, dß das umgegossen werden soll, zittre. *Dann aber gab er zwei für das endgültige Umarbeitungskonzept entscheidende Ratschläge. Der erste bezog sich auf die Erzählfolge:*

> Sie dürfen die schöne Wirkung, welche die Rückkehr der Judith hervorbringen muß, dem Schlusse des Buches nicht entziehen [...],

der zweite auf die Altersdifferenz zwischen Judith und Heinrich:

> Zunächst müßte die Judith bei ihrem Fortgang nicht 30, sondern etwa 25 Jahre alt sein, das genügt ja, um ihr die Ueberlegenheit dem etwa 6 od. 7 Jahr jüngeren Mann gegenüber zu verleihen. Dann mag sie mit 5, 6 od. 37 Jahren zurückkehren; Heinrich ist dann freilich noch nicht alt; aber das müßte gemacht werden. [...] Es ist zu kümmerlich, wenn sie als krankenpflegendes altes Mütterchen wiederkommt. Ich meine

---

129 Vgl. *Keller an Theodor Storm, 25.6.1878, Dok*; vgl. auch HKKA 20, Kap. 4.1 Die Textzeugen, zu e1.
130 *Keller an Storm, 25.6.1878, Dok.*

es könnte wohl gemacht werden, daß Heinrich sein Lebensbuch – auf Judiths oder eignen Antrieb, damit nicht der Goldglanz des Abends darin fehle oder dgl. – wieder aufnimmt, mit der Bemerkg, er habe geglaubt hier zu schließen aber etc – und dann selbst (es würde dann auch ein ganz anderer Glanz darauf kommen) die Rückkehr der nie vergessenen Geliebten schildert.[131]

Mit der Reduktion von Juditbs Lebensalter bekam der Schluß des Romans für Keller mit einem Mal eine hellere Beleuchtung und er konnte sich jetzt ein freundlicheres Finale denken.[132] *Auch in bezug auf die strikt lineare Erzählfolge hielt sich Keller an Storms Rat. So verzichtete er schließlich ganz auf einen Einleitungsteil vor der Jugendgeschichte und kam auf die ursprüngliche Lösung zurück, die Erzählung direkt mit der Jugendgeschichte einsetzen zu lassen.*[133] *Nachdem Keller sich nochmals bei Storm versichert hatte, daß der Roman ohne Weiteres mit der Jugendgeschichte beginnen könne,*[134] *stand ihm der Verlauf des Ganzen offensichtlich so klar vor Augen, daß er Ende August 1878 den Zeitpunkt gekommen sah,* jederzeit den Druck *beginnen zu lassen.*[135]

1.3.2 PUBLIKATION DER 2. FASSUNG BEI WEIBERT

Nach Kellers Rückkehr nach Zürich und dem Erscheinen der Leute von Seldwyla *(1856) hatte sich der Kontakt zu Eduard Vieweg gelockert, war aber schon deshalb nicht völlig abgebrochen, weil am 17. Dezember 1856 zwischen den beiden ein Vertrag über eine Fortsetzung der* Leute von Seldwyla *abgeschlossen worden war. In der Korrespondenz kam auch der stagnierende Absatz des Romans gelegentlich zur Sprache, den Keller am 9. November 1858 folgendermaßen kommentierte:*

> Bei der gewissen Aussicht, niemals einen etwas reichlicheren ökonomisch. Erwerb zu erzielen, werde ich allerdings endlich auf andere Einrichtungen denken müssen. Denn diese Erfolglosigkeit verleidet

---

131 Storm an Keller, 15.7.1878, Dok.
132 Keller an Storm, 13.8.1878, Dok. – Ermatinger bringt die neue Möglichkeit eines freundlicheren Finales in Zusammenhang mit dem 1877 wieder aufgenommenen Kontakt mit der 30 Jahre früher geliebten Maria Melos; vgl. Ermatinger, Bd. 1, S. 166.
133 Vgl. oben, S. 48.
134 Keller an Storm, 13.8.1878 und Storm an Keller, 6.9.1878 (beide Dok).
135 Keller an Weibert, 28.8.1878, Dok.

und erschwert Einem die Thätigkeit, an der es gerade am Meisten gelegen ist.[136]

Am 23. September 1861 trat Keller denn auch sein Amt als Staatsschreiber an, das seine literarische Tätigkeit für längere Zeit in den Hintergrund drängte. Nachdem Eduard Vieweg 1866 die Leitung des Verlags seinem Sohn Heinrich übergeben hatte, erhielt dieser 1869 verschiedene Anfragen betreffend den Verkauf des Romans. Am 4. August erkundigte sich der Zürcher Verlag Orell Füssli & Co., der 14 Jahre früher die Restauflage von Kellers Gedichten (1846) von Anton Winter übernommen und in Zürich verbilligt abgesetzt hatte, ob im gleichen Sinne von Vieweg die Restauflagen des Grünen Heinrich *und der* Neueren Gedichte *zu erwerben wären.*[137] *Eine ganze Serie von Anfragen wurde ausgelöst durch eine ungeschickte Manipulation Viewegs. Er hatte zur Abrundung eines andern größern Geschäftes dem Frankfurter Antiquar Schwelm 100 Expl. des Romans überlassen,*[138] *die dieser nun teils selber, teils über die Zürcher Buchhandlung Meyer & Zeller zu stark herabgesetztem Preis verschleuderte.*[139] *Während die Nicolaische Buchhandlung in Berlin*[140] *und die Zürcher Buchhandlung Schabelitz*[141] *die Abgabe von Vieweg-Exemplaren zum Schwelm-Preis verlangten, erkundigte sich der Zürcher Buchhändler Carl Meyer im Auftrag eines nicht genannt sein wollenden Keller-Freundes, ob die ganze Restauflage zurückzukaufen wäre*[142]*, vorausgesetzt, daß nicht über Schwelm noch zahlreiche weitere Exemplare verkauft würden.*[143] *Auch Orell Füssli & Co. wiederholten ihre Offerte,*[144] *doch der Vieweg-Verlag war offenbar weder zur weiterhin verbilligten Abgabe des Romans noch zum Verkauf der Restauflage bereit.*

1871 nahm Ferdinand Weibert, der Besitzer des Göschen-Verlags in Stuttgart, veranlaßt durch die Publikation von Romeo und Julia auf dem Dorfe

---

136 Keller an Vieweg, 9.11.1858, Dok.
137 Vgl. Orell Füssli an Firma Vieweg, 4.8.1869, Dok.
138 Firma Vieweg an Keller, 14.12.1869, Dok.
139 Die Preisherabsetzung wurde zuerst bekanntgegeben in einer redaktionellen Notiz der Züricherischen Freitagszeitung vom 3.12.1869 (vgl. Kap. 3.1 Dokumentation, Anm. 225) und dann in einem Inserat der Firma Meyer & Zeller in der Neuen Zürcher-Zeitung vom 5.12.1869 (vgl. Abb., S. 57). – Vgl. auch Firma Meyer & Zeller an Keller, 9.12.1869, Dok (Reaktion auf Kellers Protest).
140 Vgl. Nicolaische Buchhandlung an Firma Vieweg, 26.10.1869, Dok.
141 Vgl. Firma Vieweg an C. Schabelitz, 4.12.1869, Dok.
142 Vgl. Carl Meyer an Firma Vieweg, 30.11.1869, Dok.
143 Vgl. Carl Meyer-Zeller an Firma Vieweg, 9.12.1869, Dok.
144 Vgl. Orell Füssli an Firma Vieweg, 15.12.1869, Dok.

Offerten sub X. K. 45 befördert die Expedition von Haasenstein und in Zürich. [c 1675

Gesucht:
...tiger, solider Hausknecht, der Pferden umgehen kann. [c 1674

Nähseidenfärber.
theoretisch und praktisch tüchtig gebildeter, welcher namentlich eine schwarze Waare mit tadelloser ...zustellen weiß, ist Gelegenheit geboten selbständig zu machen.
...sub V. T. 4 an Haasenstein u. in Zürich. [c 1681

Auf jede Art von Gegenständen wird Geld gegeben. Die Annoncen-Expedition Haasenstein & Vogler in Zürich ...mmeldungen unt. L. Q. 751. [e.1673b

Zu vermiethen:
Zufall sogleich, am rechten Seeufer ein ...sches Logis, bestehend in 5 Zimmern, ...ler, Holzbehälter sowie etwas Garten, Verhältnisse wegen äußerst billig.
...ft ertheilt die Exped. d. Bl. [7768

Für Kapitalisten.
...schweisbar best rentirendes Fabrik...mit mechan. Weberei sucht einen Kommit einer Einlage von Frk. 40- bis ...egen Garantie.
...te Offerten unter W. L. 21 befördern ...a Haasenstein und Vogler in [7721

Zu verkaufen:
...arte Stoßschlitten, Puppen, ...um Ziehen und Stoßen, zu billigen B. Corrodi, Satler, auf Dorf 4, Zürich.

Vorgerückten Alters wegen ...an eine gut gelegene und im Betriebe ...ende Bäckerei, mit geräumigem ...n einer Hauptstadt der Ostschweiz ...gen Bedingungen zu verkaufen, even... zu vermiethen.
...ge Reflektanten sind gebeten ihre Ge... ...fft unter Chiffre O. Z. 835 an Haa... u. Vogler in Zürich zur Beför... ...zusenden.

Zu verkaufen:
...egen Geschäftsänderung zwei Fuhr... von 10 und 12 Jahren, ein- und ...ig zu gebrauchen, ein Reitpferd, ...schlages, 5 Jahre alt, ausgezeichnet ...ten, oder als Einspänner zu einem ...uhrwerk zu gebrauchen. Nähere Aus... ...ilt die Expedition.

Jacques Ruegg,
...rüher in Bucharest, ...fordert, uns seinen jetzigen Aufenthalt ...n. [7611
...erg, im Novbr. 1869.
Pabst & Lambrecht.

e Herren Fabrikanten!
... Stamm, ehemaliger Maschinen... ...n Thann, Ober-Rhein, beehrt sich ..., daß derselbe stets eine entsprechende

---

wohnen von heute an Gerechtigkeitsgasse Nr. 31, II. Stock. [c.1673a
Zürich, den 23. Nov. 1869. REISER C

☞ Nicht zu übersehen!
Vorläufige Anzeige.

Leon's Kunst-Salon wird ankommen, bestehend in Produktionen der wirklichen Magie, Gymnastik, Jongleur, Musik und Gesang, und findet die erste Vorstellung Sonntag den 5. Dezember im „Löwen" in Veltheim bei Winterthur statt. [c.1669

Dampfschifffahrt zwischen Bremen—New-York.

Durch I. Klasse eisernen Schraubendampfer „Smidt", Linie der HH. G. Lange & Co. in Bremen,
am 20. Januar 1870 in direkter Fahrt von Bremen nach New-York abgehend.
Passagepreise die billigsten wie folgt (bei voller Beköstigung):
I. Kajüte à Person Crt. Thlr. 90. / Kinder unter 10 Jahren die Hälfte; Säuglinge 3 Thlr.
II. „ „ „ „ 45. / In Erkrankungsfällen Arzt und Medizin hierin einbegriffen; Promovirter Arzt an Bord.
Zwischendeck „ „ 40.
Näheres wegen Ueberfahrt und Güterfracht — wie auch über nordamerikanische Verhältnisse aller Art, — auf franko Briefe. [7781
Nr. 12 Brückenstraße, **Elberfeld.** **C. J. Langerfeld.**

Bibliotheca Polytechnica.
Catalog Nr. 29   **2205 Nummern**

aus den Gebieten der
Naturwissenschaften, Forst- und Landwirthschaft, Mathematik, Astronomie, Baukunst, Maschinenbau, Mechanik, Eisenbahnwesen und Technologie
ist soeben erschienen und machen wir auf diesen reichhaltigen Catalog ganz besonders aufmerksam. [7751

Schweizerisches Antiquariat 26 Rindermarkt.

Außerordentliche Preisermäßigung!
Statt Fr. 20 nur Fr. 5!

Der grüne Heinrich.
Roman von Dr. **Gottfried Keller.** 4 Bde.

Bei diesem billigen Preise wird gewiß das bekannte und hochpoetische Werk des beliebten Zürcher Dichters noch die verdiente weitere Verbreitung finden.
Da unser Vorrath davon nur noch sehr gering ist, so bitten wir um gütige baldige Bestellung.
7766] **Meyer & Zeller** am Rathhausplatz in Zürich.

Empfehlenswerthe Festgeschenke!

Kinder- und Hausmärchen aus der Schweiz. Gesammelt und herausgegeben von Otto Sutermeister. Illustrirte Ausgabe gebunden Fr. 3; billige Volksausgabe geheftet Fr. 1. 20 Cts.

Geschichte der schweizerischen Eidgenossenschaft von den ältesten Zeiten bis 1866. Von Alex. Daguet. Vom Verfasser autorisirte deutsche Ausgabe. gr. 8° geheftet. Preis Fr. 6.

Hebel, J. P., allemannische Gedichte (In allemannischer Mundart). Vollständige, elegante, in geprestem Umschlag (mit Goldschnitt und schöner Vignette) gebundene Originalausgabe mit Hebels Bild und Facsimile. Fr. 3. 75 Cts.

Zschokke, H., Familien-Andachtsbuch. 3. Auflage. Elegant gebd. Preis Fr. 5.

Verlag von **H. R. Sauerländer in Aarau.**
Vorräthig in allen Buchhandlungen. (H 3650)

Soeben ist ausgegeben und durch alle Buchhandlungen zu beziehen:

Schillers Gedichte.
Mit Holzschnitten

nach Zeichnungen von
Böcklen, Heil, Kirchner, Makart, C. Piloty, Ferd. Piloty, Ramberg, Rothbart, J. Schnorr, Schwind und Schwoiser.
Elegant gebunden in Leinwand mit Goldschnitt.
fl. 12 oder Rthlr. 7. 6 Ngr.

Anzeige der Buchhandlung Meyer & Zeller, Zürich
„Neue Zürcher-Zeitung", Nr. 336, 5.12.1869
(vgl. S. 56)

im Deutschen Novellenschatz,[145] *mit Keller Kontakt auf. Dies führte dazu, daß Keller die Sieben Legenden 1872 im Göschen-Verlag publizierte. Weibert erwarb in der Folge auch die Rechte für die Leute von Seldwyla und deren immer noch nicht erschienene Fortsetzung von Vieweg und brachte die zweite, erweiterte Ausgabe der Leute von Seldwyla im November 1874 heraus. Am 19. Juni 1875 bot ihm Vieweg auch den Kauf des Verlagsrechts und der Vorräte des Romans (bestehend* aus 15 completen Exemplaren und c^a 100 Ex. Band I–III) *für die runde Summe von 800 Mark an.*[146] *In der weiteren Korrespondenz zwischen Vieweg, Weibert und Keller*[147] *ergab sich aber, daß ein Recht Viewegs auf weitere Auflagen, das die Firma mit dem fiktiven § 4 eines nicht existenten Verlagsvertrags hatte belegen wollen, zweifelhaft war und daß die weitgehend unbrauchbaren Vorräte die verlangte Summe kaum wert waren. Die Firma Vieweg ließ jedoch nicht von ihren Forderungen ab und zog ihr Angebot deshalb am 29. Juli 1875 vorläufig wieder zurück.*[148] *Dagegen begrüßte sie die Bewerbung des Verlags G. Grote in Berlin um die Roman-Rechte im Mai 1876,*[149] *die Keller jedoch ablehnte, weil er die umgearbeitete Fassung nun bei Weibert publizieren wollte.*[150] *Auch Carl Geibel in Leipzig bewarb sich am 23. September 1878 vergeblich um den Verlag des Romans.*[151]

Am 4. August 1878 bot Keller selbst, um frei über den Roman verfügen zu können, der Firma Vieweg den Rückkauf der incompletten 100 Exem-

---

145 Romeo und Julia *1871. – Vgl. HKKA 21, S. 45 f.*
146 *Firma Vieweg an Ferdinand Weibert, 19.6.1875, Dok. – Die Kenntnis der Korrespondenz Viewegs mit Weibert und andern Verlagen über den Roman verdankt die HKKA den 1999 eröffneten Vieweg-Archiven in Braunschweig.*
147 *Vgl. Weibert an Keller, 21.6.1875, Weibert an Firma Vieweg, 21.6.1875, Keller an Weibert, 27.6.1875, Weibert an Firma Vieweg, 29.6.1875, Firma Vieweg an Weibert, 30.6.1875, Weibert an Firma Vieweg, 2.7.1875, Weibert an Keller, 13.7.1875, Firma Vieweg an Weibert, 16.7.1875, Weibert an Keller, 21.7.1875, Keller an Weibert, 25.7.1875, Weibert an Firma Vieweg, 27.7.1875, Firma Vieweg an Weibert, 29.7.1875, Weibert an Keller, 30.7.1875 (alle Dok).*
148 *Am 13.5.1876 erfuhr Keller von Vieweg (Dok), daß dessen Beharren auf dem Recht einer 2. Auflage in Kellers eigenem Brief vom 28.2.1850 (Dok) eine gewisse Grundlage hatte, die allerdings durch die spätere Korrespondenz hinfällig wurde.*
149 *Vgl. Verlag G. Grote an Firma Vieweg, 5.5.1876, Verlag G. Grote an Keller, 10.5.1876; vgl. auch Verlag G. Grote an Keller, 27.5.1876 und Rauschenbach an Johannes Scherr, 11.6.1876 sowie Firma Vieweg an Keller, 13.5.1876 (alle Dok).*
150 *Vgl. Keller an Weibert, 17.5.1876, Dok.*
151 *Vgl. Carl Geibel an Keller, 23.9.1878, Dok. – Am 22.2.1879 (Dok) erwähnte Keller gegenüber Weibert Angebote zweier Verleger in Berlin und je eines weiteren in Leipzig und Zürich. Am 5.7.1880 (Dok) schrieb er von fünf Verlagsangeboten.*

plare *für 400 Mark gegen Verzicht auf alle Ansprüche an*.[152] *Doch die Firma Vieweg beharrte auf ihrem Verlagsrecht und bekundete sogar Interesse an einem neuen Vertrag für die umgearbeitete Ausgabe.*[153] *Keller lehnte ab, worauf ihm Vieweg den Verkauf der Vorräte und Rechte für 625 Mark anbot.*[154] *Nach einigem Zögern zahlte Keller schließlich den Betrag in zwei Raten.*[155] *Inzwischen hatte er – am 18. Februar 1879 – mit Weibert den Vertrag über die neue Ausgabe des Romans abgeschlossen. Die Auflage wurde auf 1200 Exemplare festgelegt, das Honorar auf 80 Mark pro Druckbogen, zahlbar M 4000.- bei Beginn des Druckes, den Rest nach Vollendung desselben.*[156]

Vor Druckbeginn mußte noch die Frage der Bandzahl geklärt werden. Keller sah die Aufteilung auf 5 Bändchen mit neuer Kapiteleintelung vor:

> Diese 90 Bogen habe ich in 5 Bändchen à 18 Bogen eingetheilt, vorbehalten den Fall, daß der Verleger eine andere, kleinere Bändezahl für zweckmäßiger hält. Zu lange Capitel sind getrennt worden und jedes mit einer kurzen Ueberschrift versehen, damit ein Register angefertigt werden u der geneigte Leser die einzelnen Gegenstände leichter auffinden kann; auch verliert das Buch durch diese Manipulation den äußern Anschein monotoner Unbehülflichkeit, den es bis jetzt hatte.[157]

Da Weibert aber – in Berücksichtigung der häufigen Praxis, zwei Bände zusammenbinden zu lassen – eine gerade Bandzahl wünschte,[158] *teilte Keller das Buch neu in vier Bände ein.*[159] *Ein weiteres Problem war für Keller – bei schon begonnenem Druck – die Frage des Titels. Storm gegenüber erwog er Varianten wie „Heinrich Lee" oder „Das Leben des grünen Heinrich", da der alte Titel möglicherweise an Scurrilität oder unfreiwilliger Komik leide*,[160] *hatte dann aber nichts dagegen einzuwenden, daß der Verleger die*

---

152 *Keller an Firma Vieweg, 4.8.1878, Dok.*
153 *Vgl. Firma Vieweg an Keller, 28.8.1878, Keller an Firma Vieweg, 2.9.1878 (beide Dok).*
154 *Vgl. Firma Vieweg an Keller, 6.9.1878, Dok.*
155 *Vgl. Keller an Firma Vieweg, 19.3.1879 und 1.10.1880 (beide Dok).*
156 *Vertrag Der grüne Heinrich, 2. Auflage, 18.2.1879, Dok.*
157 *Keller an Weibert, 9.1.1879, Dok; den Plan der Neueinteilung hatte Keller seinem Verleger schon am 28.8.1878 (Dok) mitgeteilt, ohne daß dieser reagiert hatte.*
158 *Vgl. Weibert an Keller, 13.1.1879, Dok.*
159 *Vgl. Keller an Weibert, 15.2.1879, Dok.*
160 *Keller an Storm, 26.2.1879, Dok.*

Frage schon gelöst hatte, indem der erste Band unter dem alten Titel gedruckt worden war.[161]

Schon am 15. Februar 1879, also einige Tage vor Vertragsabschluß, hatte Keller den für Band 1 und 2 bestimmten Hauptteil der korrigierten Jugendgeschichte an Weibert gesandt, am 24. April 1879 war der erste, am 22. Mai 1879 der zweite Band ausgeliefert.[162] *Doch die Fertigstellung der Druckvorlage für den Rest der Jugendgeschichte verzögerte sich. Vermutlich erst am 10. Juli 1879 sandte Keller den Abschluß der Jugendgeschichte*[163] *an Weibert, über dessen Ungeduld er indirekt informiert worden war.*[164] *Für den Druck von Band 3 fehlten nur noch einige Kapitel, die Keller – wie die gesamte Fortsetzung nach der Jugendgeschichte – neu schreiben mußte.*[165] *Als Band 3 Ende November abgeschlossen vorlag, teilte Keller seinem Verleger mit, daß er den letzten Band bis Weihnachten vollendet zu haben hoffe.*[166] *Doch nicht nur mit der verzögerten Drucklegung der ersten Bände, sondern auch mit der besonders auffälligen, Leserreklamationen provozierenden Verspätung von Band 4 widerfuhr Weibert in kleinerem Maßstab dasselbe wie Vieweg 25 Jahre früher. Er sah sich immer wieder gezwungen, Keller mit Nachfragen zu bedrängen*[167]*, da ihn die neuen und wiederholten Anfragen* täglich in größte *Verlegenheit* brächten und der verzögerte Absatz seinen ohnehin ganz bescheidenen Gewinn noch mehr beeinträchtige.[168] *Keller reagierte z. T. empfindlich auf solche Vorwürfe, die er Storm gegenüber als das* roheste materielle Raisonnieren und Drängeln *bezeichnete.*[169] *Am 22. September 1880 konnte Keller endlich den Schluß des Manuskriptes zum vierten Band senden,*[170] *und Weibert konzedierte sofort, er* zweifle gar nicht, daß über die kommende bessere Verkaufszeit der größere Theil der Auflage rasch abge-

---

161 Vgl. Keller an Storm, 25.3.1879, Dok.
162 Vgl. Weibert an Keller, 22.4.1879, Dok (Freiexemplare) sowie die Buchhändlerannoncen in der Neuen Zürcher-Zeitung Nr. 189, 24.4.1879 (vgl. Abb., S. 61) und Nr. 235, 22.5.1879.
163 Vgl. HKKA 20, Kap. 4.1 Die Textzeugen, zu e1 und H2.
164 Vgl. Maria Melos an Keller, 8.7.1879, Dok.
165 Vgl. Keller an Petersen, 11.11.1879, Dok. – Die erste Buchhändlerannonce für Band 3 in der Neuen Zürcher-Zeitung erschien am 2.12.1879 (Nr. 566).
166 Vgl. Keller an Weibert, 25.11.1879, Dok.
167 Vgl. Weibert an Keller, 28.2.1880, 19.4.1880, 24.5.1880, 7.7.1880 (alle Dok). – Zu den erschließbaren Manuskriptlieferungen für Band 4 vgl. die Liste in HKKA 20, Kap. 4.1 Die Textzeugen, S. 36.
168 Weibert an Keller, 19.4.1880, Dok.
169 Keller an Storm, 13.6.1880, Dok.
170 Vgl. Keller an Weibert, 22.9.1880, Dok.

Anzeige der Buchhandlung C. M. Ebell's
„Neue Zürcher-Zeitung", Nr. 189, 24.4.1879
(vgl. S. 60)

hen *werde.*¹⁷¹ *Tatsächlich wurde schon im Oktober 1883 über eine 3. Auflage des* Grünen Heinrich *korrespondiert,*¹⁷² *für die Keller am 14. November 1883 das Honorar von 4000 Mark erhielt.*¹⁷³
Doch der Umgangston zwischen Autor und Verleger hatte sich durch die Erfahrungen mit dem Roman merklich abgekühlt. Weibert schickte zwar regelmäßig Rezensionen, blieb aber in seinen Briefen ebenso knapp und formell wie Keller. Kellers Distanzierung beruhte vor allem auch darauf, daß Weibert, der sich um alle früheren Sachen von sich aus beworben hatte, weder 1881 für das in der *Deutschen Rundschau während fünf Monaten vorabgedruckte* Sinngedicht *noch 1882 für die* Gesammelten Gedichte *Interesse zeigte.*¹⁷⁴ *Zu Kellers Verärgerung hatte ebenfalls beigetragen, daß Weibert Friedrich Theodor Vischer den vierten Band des Romans nicht zugestellt hatte, so daß Vischer in der Neufassung seiner Keller-Studie die neue Ausgabe des Romans nicht mehr ausreichend berücksichtigen konnte.*¹⁷⁵ *Über Ida Freiligrath, der Keller davon berichtete,*¹⁷⁶ *kam dieser Ärger auch Weibert zu Ohren.*¹⁷⁷ *Dieser, seinerseits verletzt, war später bereit, seine Rechte an den Verlag Wilhelm Hertz zu verkaufen, dem Keller seine neuen Werke anvertraut hatte.*¹⁷⁸ *Die Übergabe wurde am 9. März 1885 vollzogen.*¹⁷⁹

1.3.3 SCHWIERIGKEITEN BEI DER UMARBEITUNG (1878–1880)

Wie einst bei der ersten Niederschrift war Keller auch bei der Umarbeitung des Romans vom zu leistenden Aufwand und von den Schreibwiderständen überrascht worden. Er unterschätzte offensichtlich den im Verhältnis zur Revision der Jugendgeschichte notwendigen Mehraufwand bei der Umarbeitung der übrigen Erzählteile. Bei der Jugendgeschichte hatte Keller weitgehend so verfahren können, wie er es Weibert im Vorfeld angekündigt hatte: Unter Verwendung eines Exemplars des Erstdrucks konnte er fast mehr *[...]* streichen, als *[...]* schreiben.¹⁸⁰ *Entsprechend der Korrespondenz mit Kuh*

---

171 *Weibert an Keller, 28.9.1880, Dok.*
172 *Vgl. Keller an Weibert, 30.10.1883, Dok.*
173 *Vgl. Keller an Weibert, 17.11.1883, Dok.*
174 *Keller an Ida Freiligrath, 9.8.1885, Ms. GK 78d Nr. 3/10,11; GB 2, S. 367.*
175 *Vgl. Friedrich Theodor Vischer an Keller, 14.5.1881, Dok und Vischer 1881 (CD).*
176 *Vgl. Keller an Ida Freiligrath, 30.12.1882, Dok.*
177 *Vgl. Ida Freiligrath an Weibert, 26.1.1883, Dok.*
178 *Vgl. unten, S. 70–71*
179 *Vgl. Zusatz zum Vertrag vom 18.2.1879, 9.3.1885, Dok. – Zu den Verhandlungen zwischen Weibert und Hertz um die Verlagsübergabe vgl. HKKA 21, S. 594–609.*
180 *Keller an Weibert, 25.7.1875, Dok.*

und Storm[181] *wurden v. a.* langweilige Längen *und ein par anstößige Stellen entfernt*[182] *(wie die von Kuh monierte Szene, wo Judith sich vor Heinrich entkleidet,*[183] *die dann von Petersen und Storm vermißt wurde*[184]*).*

Für die eigentliche Künstlergeschichte jedoch erstellte Keller ein völlig neues Manuskript, in dem er sich stark von der bisherigen Textbasis löste. Selbst Passagen, in denen der Text einigermaßen wörtlich mit der 1. Fassung übereinstimmt, wurden anders angeordnet und akzentuiert. Zusätzlich zum Bestreben nach Verknappung und stilistischer Glättung verfolgte Keller das Ziel, das er sich schon 1856 für die Umarbeitung gesetzt hatte: lange Reflexionen und Bildungsgeschichten sollten durch poetische und motivierende Ereignisse und Erlebnisse ersetzt werden.[185] *Dabei entstanden auch zahlreiche neue Episoden und ein komplexes Geflecht leitmotivischer Verweise, Spiegelungen und Kontrastierungen. Neu sind in Band 3 v. a. die zwei Heinrichs Deutschlandaufenthalt vorbereitenden Kapitel 9 (Das Pergamentlein*[186]*) und 10 (Der Schädel*[187]*), letzteres mit der Geschichte des Albertus Zwiehan und der völlig umgestalteten Episode der Verabschiedung Heinrichs durch die Handwerker im mütterlichen Haus; stark verändert sind der Besuch Heinrichs in den Ateliers von Erikson und Lys,*[188] *die Beschreibung von Heinrichs Bildern,*[189] *die Erzählungen der Musiker nach dem Künstlerfest auf Rosalies Landsitz,*[190] *das Duell mit Lys.*[191] *In Band 4 stark verändert wurden Heinrichs Verkaufsbemühungen,*[192] *das Flötenwunder,*[193] *neu eingefügt die Episoden um Hulda*[194] *und Peter Gilgus,*[195] *ganz neu geschrieben die beiden Schluß-Kapitel (Der Lauf der Welt*[196] *und Der Tisch Gottes)*[197]*. Gekürzt wurden v. a. die Reflexionen und die (großenteils das*

---

181 Vgl. oben, S. 50–51 und 53–55.
182 Keller an Weibert, 27.6.1875, Dok.
183 Vgl. Kuh an Keller, 25.7.1871, Dok.
184 Vgl. Storm an Keller, 15.7.1878, Dok. (Der Brief referiert auch Petersens Meinung.)
185 Keller an Vieweg, 3.5.1856, Dok.
186 Vgl. GH II, 02.093–103.
187 Vgl. GH II, 02.104–136.
188 Vgl. GH II, 02.137–155.
189 Vgl. GH II, 02.155–160.
190 Vgl. GH II, 02.229–240.
191 Vgl. GH II, 02.246–248.
192 Vgl. GH II, 03.035–039; 03.050–056.
193 Vgl. GH II, 03.064–069.
194 Vgl. GH II, 03.083–094; 03.127–128.
195 Vgl. GH II, 03.192–203.
196 Vgl. GH II, 03.254–265.
197 Vgl. GH II, 03.266–281.

Gedenkbuch von Rudolf Marggraff referierende) Beschreibung des Künstlerfests[198]*. Mühselig waren sicher alle Änderungen, welche die Ersetzung der Er- durch die Ich-Form und die Umwandlung von auktorialer in szenische Erzählweise nach sich zogen. Zusammen mit den inhaltlichen Erweiterungen und Umstellungen ergab sich eine Neukomposition, die mit gutem Recht als neues Werk bezeichnet werden kann.*[199]
Keller selbst wurde die Schwierigkeit des Unternehmens wohl erst bei der konkreten Arbeit am dritten und v. a. am vierten Band voll bewußt. Rückblickend schrieb er am 23. September 1880 an Petersen:

> Als ich den 4ͭ· Band erst von Seite zu Seite durchging, was ich früher versäumt hatte, fand ich den Bestand desselben so schundvoll und häufig albern, daß ich nicht fortfahren konnte und auf Monate stekken blieb.[200]

Keller nannte die Arbeit am Werk eines längst entschwundenen Lebensalters verschiedentlich trübselig[201] *oder* widerwärtig[202]*. Solche Attribute legen nahe, daß nicht nur die formalen Mängel, die er öfter dafür verantwortlich machte,*[203] *die krankhafte Widerwilligkeit und Scheu*[204] *vor dieser Arbeit auslösten, sondern auch der Inhalt:* Die Geld- und Hungersachen z. B. waren mir so zuwider, daß ich sie monatelang liegen ließ, wie wenn sie mir in natura bevorständen.[205] *Schließlich gab es aber auch äußere Hemmnisse, die sich dem Verleger leichter verständlich machen ließen:* Die Kälte dieses Winters hat, da sich meine Wohnung als fast unerwärmbar erwies, so auf mich eingewirkt, daß alles Arbeiten stille stand.[206] *Auch das rohe materielle Raisonnieren und Drängeln Weiberts wirkte offenbar eher kontraproduk-*

---

198 Vgl. GH II, 02.176–193. – Zu Marggraff vgl. Kap. 3.2 Zusatzdokumente, S. 529–540.
 – Ausführliche tabellarische Fassungsvergleiche vom Ende der Jugendgeschichte an bieten Müller 1988, S. 319–400 und DKV 3, S. 977–1021.
199 Vgl. dazu v. a. Müller 1988.
200 *Keller an Petersen, 23.9.1880, Dok.*
201 *Keller an Storm, 13.6.1880, Dok.*
202 *Keller an Petersen, 11.11.1879, Dok.*
203 Vgl. z. B. *Keller an Paul Heyse, 29.3.1880, Dok.*
204 *Keller an Storm, 13.6.1880, Dok.*
205 *Keller an Heyse, 9.8.1880, Dok.*
206 *Keller an Weibert, 17.3.1880; vgl. auch Keller an Storm, 20.12.1879, Marie von Frisch-Exner, 25.12.1879, Maria Melos, 26.12.1879 (alle Dok.).*

tiv.²⁰⁷ *Den Augenblick der Übersendung des Schluß-Manuskripts am 22. September 1880 bezeichnete Keller als Ende eines Martyriums.*²⁰⁸
*In all diesen mit der Überarbeitung zusammenhängenden Mühen zeigt sich aber auch ein generelles Problem von Kellers Schaffensweise, das bei der Niederschrift der ersten Fassung nicht weniger bestanden hatte: Keller, der bei seiner Art des gründlichen, langwierigen Entwerfens im Kopf seine Werke schon vor der Niederschrift offenbar deutlich und klar umrissen vor sich sah, ließ sich immer wieder dadurch überraschen, daß die Niederschrift selbst sich bewußter Planung und Kontrolle entziehen konnte.*²⁰⁹

1.3.4 REZEPTION (1880–1890)

Noch während Keller mit der Revision und Umarbeitung beschäftigt war, zeigte sich ein verstärktes öffentliches Interesse am Roman: Julius Rodenberg versicherte mehrfach, daß der Literarhistoriker Wilhelm Scherer schon mit der Rezension in der Deutschen Rundschau *beauftragt sei;*²¹⁰ *die englische Übersetzerin Helen Zimmern nahm (zunächst über Ida Freiligrath) Kontakt mit Keller auf, weil sie einen Artikel über ihn plante, in den sie eine Besprechung des umgearbeiteten* Grünen Heinrich *aufnehmen wollte und dafür eigens die Ablieferung ihres Manuskripts so lange wie möglich hinausschob;*²¹¹ *auch Friedrich Theodor Vischer hatte sich bemüht, die Umarbeitung des Romans in die Neufassung seiner Keller-Studie einzubeziehen.*²¹²
*Mit der Versendung der Rezensions- und Freiexemplare*²¹³ *setzte einerseits*

---

207 *Keller an Storm, 13.6.1880, Dok; vgl. auch oben, S. 60.*
208 *Vgl. Keller an Weibert, 22.9.1880, Dok.*
209 *Vgl. die Beschreibung dieses Phänomens im Brief an Kuh vom 6.12.1874, Dok. – Im Wissen darum schaffte sich Keller wohl immer wieder den Druck von Verpflichtungen, sowohl Verlegern wie sich selbst gegenüber. Die Aufgabe, den* Grünen Heinrich *durch die Umarbeitung für die Zukunft [...] zu retten (Keller an Weibert, 25.11.1879, Dok), war wohl ebenso ein Akt seines künstlerischen Gewissens wie die Revision der Gedichte der später als voreilig empfundenen frühen Gedichtsammlungen für die* Gesammelten Gedichte *(1883).*
210 *Vgl. Rodenberg an Keller, 2.8.1879, 27.11.1879, 1.5.1880, 1.7.1880. – Am 14.7.1880 teilte er Keller mit, daß die Rezension wegen Erkrankung Scherers von Otto Brahm übernommen worden sei.*
211 *Vgl. Ida Freiligrath an Keller, 11.7.1879, Keller an Ida Freiligrath, 13.7.1879, Helen Zimmern an Keller, 26.7.1879 und 9.8.1879. – Helen Zimmern konnte dann mit der Publikation ihres Artikels in* Fraser's Magazine *das Erscheinen von Band 4 allerdings nicht mehr abwarten; vgl. Zimmern an Keller, 4.4.1880 (alle Dok).*
212 *Vgl. Vischer an Keller, 14.5.1881, Dok; vgl. auch oben, S. 62.*
213 *Keller erhielt um den 15. Oktober 1880 zwölf Freiexemplare von Band 4; vgl. Weibert an Keller, 14.10.1880, Dok.*

die ausführliche öffentliche Besprechung der neuen Ausgabe des Romans ein, anderseits erhielt Keller private Rückmeldungen seiner Freunde und Verehrer. Als erster reagierte Paul Heyse, der sich begeistert zeigte *und* die Wandlung *insgesamt für* über alles Hoffen geglückt *hielt. Ohne Mißton habe Keller Neues an alte Fugen geschmiegt und die zwanglose poetische Wahrheit sei* bei aller leisen spielenden Symbolik *gewahrt.*[214] *Heyses Lob beruhigte Keller* nicht wenig, *auch wenn er die* Form der Biographie *nach wie vor für* unpoetisch *und die* Specialität der Landschaftsmalerei *für* untypisch *und beide damit für die* Grundübel *des Romans hielt.*[215] *Theodor Storm, welcher vorerst nur die neue Hälfte des dritten Bandes gelesen hatte, pries die* resolute Beschränkung *in* der Darstellung des Künstlertreibens *und – beruhigend für Keller – die* vortrefflichen *Szenen* um den Abschied aus dem Mutterhause herum *[...], die* Zwiehansche *Episode nicht ausgeschlossen.*[216] *Wilhelm Petersen fühlte sich vom neuen, versöhnlich-resignativen Schluß besonders angesprochen, vermißte allerdings auch* gewisse kleine liebe Sachen *aus der alten Ausgabe.*[217] *Auch Conrad Ferdinand Meyer (wie früher schon Storm) zog den neuen glücklichen Ausgang vor.*[218]

Anders äußerten sich die philologisch orientierten Kritiker, die den tragischen Abschluß der frühen Fassung für konsequenter hielten. Ihr Hauptvertreter war Otto Brahm, der Rezensent der Deutschen Rundschau.[219] *Keller ärgerte sich darüber, daß man nun die beiden Ausgaben des Romans mit* A u B *bezeichnete wie alte zu vergleichende Codices,*[220] *den Tod Heinrichs, der 25 Jahre lang* als unmotivirt und gewaltsam *gescholten worden war, dem neuen Schluß vorzog*[221] *und Keller der* Selbst-Verballhornung *bezichtigte.*[222] *Den Rückbezug auf die mit so viel Mühe umgearbeitete frühe Fassung, die*

---

214   Heyse an Keller, 21.10.1880, Dok. – *Dennoch äußerte Keller Storm gegenüber am 11.4.1881 (Dok)* Bedenken *wegen des* Zwiehan's u seines Schädels, dieser etwas gar zu deutlichen Allegorie und Prototypik für einen Verlierer seines Wesens oder seiner Person. – *Vgl. auch Keller an Petersen, 21.4.1881, Dok.*

215   *Keller an Heyse, 13.11.1880; ähnlich auch Keller an Paul Nerrlich, 28.2.1881 (beide Dok).*

216   *Storm an Keller, 14.12.1880, Dok.*

217   *Petersen an Keller, 14.12.1880, Dok. – Die von Petersen vermißten Einzelzüge betreffen alle den alten Romaneingang: Heinrichs morgendlichen Abschiedsblick auf seine Heimatstadt (GH I, 11.019.15–020.28), das singende Kind am Fenster (GH I, 11.020.29–21.01), das Packen des Koffers (GH I, 11.022.29–025.24).*

218   *Conrad Ferdinand Meyer an Keller, 8.6.1882, Dok.*

219   *Vgl. Brahm 1880 und Brahm 1880a (beide CD).*

220   *Keller an Storm, 11.4.1881, Dok.*

221   *Keller an Maria Melos, 29.12.1880, Dok.*

222   *Keller an Storm, 11.4.1881, Dok.*

ihm mit ihrer Formlosigkeit u Unbedachtheit *so viel* Verdruß u innere Beschämung *verursacht hatte,*²²³ *empfand er als das Hervorzerren von etwas Abgestorbenem, während doch das* Lebendige, Neue *aus sich heraus hätte beurteilt, ja überhaupt erst in seinen vielen Neuerungen und Vorzügen wahrgenommen und verstanden werden sollen.*²²⁴ *Von seiten der Philologen und Literaten wurde Keller auch immer wieder mit dem Vorschlag bedrängt, die alte Ausgabe des Romans neu aufzulegen, was er regelmäßig ablehnte.*²²⁵ *Nachdem er einigen Bekannten noch Exemplare verschafft hatte,*²²⁶ *erhielten weitere Interessenten*²²⁷ *die Auskunft, daß er keine Exemplare mehr zu vergeben habe oder nachweisen könne.*²²⁸ *Auf Paul Nerrlichs Vorschlag, die alte Ausgabe sowie die frühen Gedichtsammlungen neu aufzulegen,*²²⁹ *reagierte er mit dem oft zitierten Verdikt:*

> und wenn ich nichts anderes dagegen tun kann, so werde ich zum mindesten für die Zeit meines Ablebens eine Verfluchung unbefugter Hände von abfälligen Nachlaßmardern abfassen und feierlich niederlegen! Es ist traurig genug, daß einmal Gedrucktes nicht mehr vernichtet werden kann; so wird die Welt um so mehr noch lernen müssen, es da liegen zu lassen, wo die pflichtgemäße Selbstkritik der Autoren es hat liegen lassen [...]²³⁰

---

223   *Keller an Theodor Opitz, 29.12.1869, Dok.*
224   *Keller an Marie von Frisch-Exner, 21.11.1880, Dok. – Insbesondere warf Keller Brahm (vgl. Brahm 1880 und 1880a) vor, daß er die neue Gestaltung des Duells mit Lys, die Heinrich nicht mehr mit Schuld belastet (GH II, 02.246.28–248.32), nicht bemerkt, das Verhältnis zwischen Heinrich und Judith am Schluß nicht begriffen (vgl. Keller an Petersen, 21.4.1881, Dok) und die Hauptfrage der Form, nämlich ob die Biographie im epischen Bereich zulässig sei, übergangen habe (Keller an Storm, 11.4.1881, Dok).*
225   *Gemäß Marie Bluntschlis Notizen von einer Begegnung am 1.11.1887 hielt Keller solches Interesse in der Regel für krude Neugier und hatte wenig Verständnis dafür (vgl. Bluntschli 1940, 3. Folge).*
226   *So für Julius Petersen (vgl. Petersen an Keller, 7.12.1879, Dok), Ferdinand Weibert (vgl. Keller an Weibert, 5.3.1880, Dok) und Jakob Baechtold (vgl. Keller an Baechtold, 9.12.1880, Dok).*
227   *Vgl. Robert Ottensoser an Keller, Dezember 1882, Alfred Rosenbaum an Keller, 6.12.1886, 25.1.1889, 23.10.1889 (alle Dok).*
228   *Der Kultus, den Wilhelm Petersen mit der alten Ausgabe trieb, indem er immer an den Weihnachtsfeiertagen darin las, belustigte Keller ebenso (vgl. Keller an Petersen, 13.1.1883, Dok), wie er ihn befremdete (vgl. Keller an Petersen, 4.2.1885, Dok; vgl. auch Bluntschli 1940, 3. Folge).*
229   *Mit solchen Vorschlägen wurde Keller auch durch Alfred Rosenbaum bedrängt (vgl. oben, Anm. 227).*
230   *Keller an Nerrlich, 27.3.1884, GB 4, S. 228.*

*Trotz dieses Bannspruchs verschaffte Keller im Dezember 1880 dem Literarhistoriker Jakob Baechtold, den er im Januar 1877 zum Verwalter seines Nachlasses bestimmt hatte,*²³¹ *ein Exemplar der ersten Ausgabe des Romans, als hätte er die Interessen der Literaturwissenschaft für die Zeit nach seinem Tod letztlich doch anerkannt.*²³²

Auch über jene Art von Kritik ärgerte sich Keller, die einerseits seine Arbeit und Kunst anerkennungsvoll *behandle, während anderseits* der Nicht-Held des Romanes *als* ein famos geschilderter ganz miserabler Tropf *hingestellt werde.*²³³ *Das klar exponierte* Erziehungsproblem eines Vaterlosen *werde bei dieser selbstgerechten moralischen Verurteilung völlig übersehen und Heinrichs Irrtum in der Berufswahl und seine Entwicklung weg von der Malerei* lediglich als eine Art bestrafter ordinärer Pfuschbummelei aufgefaßt, an sich gleichgültig und uninteressant.²³⁴

Öffentlichem Lob begegnete Keller mit kritischer Dankbarkeit. Die Begeisterung Paul Nerrlichs, des Rezensenten der Wochenschrift Im neuen Reich, *für den hohen Rang und die Aktualität des Romans*²³⁵ *dämpfte er ebenso wie* superlativische Wendungen *in Adolf Freys wohlwollender Besprechung im Berner* Bund.²³⁶ *Dem Literarhistoriker Hermann Fischer dankte Keller für* die wohltuende Zustimmung v. a. in bezug auf die ethische Beurteilung von Heinrichs Entwicklung,²³⁷ *die doch eine* überlegte unwiderrufliche Entsagung sei.²³⁸ *Eine erfreuliche Bestätigung für Keller war (wie*

---

231   *Dieses Mandat entzog er ihm nach einer Entzweiung wegen Baechtolds Behandlung des Leutholdschen Nachlasses (vgl. Keller an Heyse, 12.12.1884, Ms. GK 78c Nr. 1/48; GB 3.1, S. 113) im Februar 1885 allerdings wieder (vgl. Keller an Baechtold, 2.2.1885, Ms. GK 78d Nr. 1/45; GB 3.1, S. 314).*
232   *Verschiedene Äußerungen Kellers belegen, daß sein Zorn auf die* philologische Methode *sich v. a. dann regte, wenn* die Herren Germanisten *(Keller an Rodenberg, 2.12.1880, Dok.)* schon bei den Lebenden das Gras wachsen hörten *und* besser wissen wollten, woher und wie sie leben und schaffen, als diese selbst *(Keller an Storm, 22.9.1882, SLK: Cb 50.56:98.16; GB 3.1, S. 477). – Für die Zeit nach seinem Tod, falls ihm eine kleine Unsterblichkeit beschieden* sei, *rechnete er durchaus damit, daß die* ‚philologischen Nachfolger' *eines Otto Brahm dessen Quellen nachspürten, wenn dieser in seinem Keller-Aufsatz Gedichte zitierte, die in den Gesammelten Gedichten* nicht mehr vorkamen *(Keller an Rodenberg, 22.7.1882, GSA 81/VI,7,11 Nr. 83; GB 3.2, S. 398). – Vgl. dazu auch Keller an Exner, 9.1.1876, Dok.*
233   *Keller an Justina Rodenberg, 9.4.1881, Dok. – Vgl. z. B. Staatsanzeiger 1880 und Heimgarten 1881 (beide CD).*
234   *Keller an Hermann Fischer, 10.4.1881, Dok.*
235   *Vgl. Nerrlich 1881 (CD) und Paul Nerrlich an Keller, 18.2.1881, Dok.*
236   *Vgl. Frey 1881 (CD) und Keller an Adolf Frey, 29.7.1881, Dok.*
237   *Vgl. Fischer 1881 (CD).*
238   *Keller an Fischer, 10.4.1881, Dok.*

DEN
GRØNNE HENRIKS ROMAN

AF

GOTTFRIED KELLER.

AUTORISERET OVERSÆTTELSE

VED

E. DRACHMANN.

Med Forfatterens Portræt, og et indledende Forord af Holger Drachmann.

FØRSTE HALVBIND.

KJØBENHAVN.
FORLAGT AF J. H. SCHUBOTHES BOGHANDEL.
TRYKT HOS NIELSEN & LYDICHE.
1883.

Titelblatt der dänischen Übersetzung des „Grünen Heinrich"
ZB: 42.670 + a (vgl. S. 68–70)

*er Storm mitteilte*²³⁹*) die Übersetzung des Romans ins Dänische durch den dänischen Lyriker Holger Drachmann und dessen Frau Emmy,*²⁴⁰ *zu der er sogar biographische Angaben und einen kurzen Kommentar lieferte.*²⁴¹
*Auch in dieser nicht für wörtliche Zitierung vorgesehenen*²⁴² *Notiz wendet sich Keller nochmals gegen die Kritik am neuen Schluß.*

1.3.5 PUBLIKATION DER „GESAMMELTEN WERKE" BEI HERTZ

*Im April 1879 hatte sich Keller aus dem Vertrag mit Franz Duncker über den Galatea-Zyklus losgekauft, den er am 30. September 1855 in Berlin aus finanzieller Bedrängnis eingegangen war,*²⁴³ *und im Oktober 1880 hatte er sich mit der zweiten Zahlung für die Rechte an der 1. Fassung des Romans aus seinen Verpflichtungen gegenüber dem Vieweg-Verlag gelöst. Damit war für kurze Zeit Ferdinand Weibert sein ausschließlicher Verleger geworden. Da sich aber sein Verhältnis zu diesem anläßlich der Publikation des Romans abgekühlt hatte,*²⁴⁴ *schloß er schon am 1. April 1881 den Vertrag über sein nächstes Werk,* Das Sinngedicht, *mit Wilhelm Hertz in Berlin ab, der sich im Gegensatz zu Weibert darum beworben hatte und am 20. Februar 1883 auch den Verlag der* Gesammelten Gedichte *übernahm. Damit befand sich Keller wieder in der für ihn unbequemen Lage, mit verschiedenen Verlegern verkehren zu müssen, denn die bei Weibert erscheinenden Werke erlebten weiterhin Neuauflagen. Auf Weiberts Ankündigung der dritten Auflage des* Grünen Heinrich *(der zweiten Auflage der Neufassung) im Oktober 1883 erklärte Keller, daß er keine abermalige Ueberarbeitung oder Abände-*

---

239 Vgl. Keller an Storm, 25.9.1883, Dok.
240 Vgl. Holger Drachmann an Keller, 18.1.1883, Keller an Holger Drachmann, 28.1.1883, Holger Drachmann an Keller, 3.9.1883, Keller an Holger Drachmann, 12.9.1883, Emmy Drachmann an Keller, 14.6.1884, Keller an Emmy Drachmann, 24.6.1884 (alle Dok). Vgl. dazu auch den Briefwechsel mit Georg Brandes wegen Bemerkungen im Klappentext der Übersetzung, welche eine frühere Übersetzung von Brandes herabsetzen: Brandes an Keller, 15.6.1884, Keller an Brandes, 24.6.1884, Keller an Weibert, 1.7.1884 (alle Dok). – Vgl. auch die Abb., S. 69.
241 Vgl. Keller an Holger Drachmann, 12.9.1883, Dok und Kap. 2.2 Besonderes, S. 93.
242 Vgl. die einleitende Bitte an Drachmann, von dem Geschreibsel keine Anwendung verbotenus machen zu wollen. – *Der in der Notiz angestellte Vergleich der Romanhandlung mit dem eigenen Lebensgang erstaunt denn auch angesichts Kellers sonstiger Ablehnung von Versuchen, den Roman als* baare biographische Münze *zu nehmen (Keller an Maria Melos, 29.12.1880, Dok).*
243 Vgl. oben, S. 40.
244 Vgl. oben, S. 60–62.

rung *des Romans beabsichtige*,²⁴⁵ *nahm aber dann doch eine Durchsicht der Korrekturbogen (k3) vor, v. a. in bezug auf Stil (z. B. Wiederholungsvermeidungen) und Orthographie (Anpassung an die durch die preußische Reform von 1880 eingeführte Rechtschreibung).*²⁴⁶

Anläßlich eines Besuches von Hans Hertz bei Keller am 16. Juni 1884 wurde eine provisorische Einigung über eine Ausgabe der Gesammelten Werke *im Hertz-Verlag erzielt, von der Weibert indirekt erfahren haben muß.*²⁴⁷ *Jedenfalls bot er Hertz im Februar 1885 die Verlagsrechte an den bei ihm erschienenen Keller-Werken an. Am 9. März 1885 wurde die Übernahme vollzogen.*²⁴⁸ *Für Keller war damit ein unbequemer Dualismus weggeräumt.*²⁴⁹

Mit dem Vertrag vom 10. Februar 1889 über die Gesammelten Werke *(GW) wurde Kellers letztes Werk, das Monument seiner literarischen Hinterlassenschaft, besiegelt.*²⁵⁰ *Der* Grüne Heinrich *hatte dabei eine nicht unbedeutende Rolle gespielt. Keller war schon 1876 klar gewesen, daß in eine Sammlung seiner Erzählwerke notwendig ein umgearbeiteter* Grüner Heinrich *gehörte.*²⁵¹ *In der Zusammenstellung der 10 Bände nahm der* Grüne Heinrich *die Anfangsposition ein, wobei Band 1 und 2 des Romans in einen GW-Band zusammengefaßt wurden. An der Spitze der Sammlung sollte wie üblich ein Porträt des Autors stehen, doch Keller wünschte, daß es an den Anfang des ersten Gedichtbandes gesetzt würde. Er befürchtete, daß es an der Spitze des Grünen Heinrichs vor allem im Einzelverkauf des Romans unwillkürlich [...] auf den kuriosen Helden bezogen werden könnte und daß damit die Vorstellung eines jugendlichen Lebewesens, wie sie sich in jedem Leser [...] von selbst bilde, zerstört würde.*²⁵² *Bei der Durchsicht der ersten Revisionsbogen, die Keller erhielt, äußerte er sich – wie aus Hertz' Antwort hervorgeht*²⁵³ *– erschrocken über die orthographischen Ungleichheiten, die er auf das Nebeneinander von preußischen Regeln, an die sich Hertz hielt,*

---

245 Keller an Weibert, 30.10.1883, Dok.
246 Vgl. HKKA 20, Kap. 4.1 Die Textzeugen, zu k3.
247 Vgl. Keller an Hertz, 24.2.1885, Ms. GK 99a Nr. 35; GB 3.2, S. 446.
248 Vgl. Zusatz zum Vertrag, 9.3.1885, Dok und Abb., S. 497.
249 Keller an Hertz, 24.3.1885, Ms. GK 99a Nr. 36; GB 3.2, S. 449.
250 Zum Vertragsabschluß war Hans Hertz nach Zürich gekommen. – Vgl. Vertrag Gesammelte Werke (Hertz), 10.2.1889, Dok und Abb., S. 505–509 sowie Kap. 2.1 Besonderes.
251 Vgl. Keller an Weibert, 3.1.1876, Dok. – Hans Hertz betrachtete später den Ausverkauf der 3. Auflage des Romans als möglichen zeitlichen Indikator für den Druck der Gesammelten Werke (vgl. Hans Hertz an Wilhelm Hertz, 6.9.1887, Dok).
252 Keller an Hertz, 10.3.1889, Dok.
253 Vgl. Hertz an Keller, 20.3.1889, Dok.

und süddeutschen bzw. schweizerischen Regeln, nach denen Weibert verfahren war, zurückführte.[254] *Wegen der vorhandenen Druckfehler beruhigte ihn Hertz mit der Mitteilung, daß die Druckerei versehentlich die Bogen vor der zweiten Korrektur geschickt hätte. Er schlug Keller vor, ihn künftig von der* großen Mühe der Revision *zu entlasten,*[255] *was Keller bezüglich der Prosabände gerne annahm.*[256] *Vom 26. April bis zum 21. Juni 1889 kamen die Bogen der drei Bände, die den Roman enthielten, in neun wöchentlichen Lieferungen heraus, am 15. November die vollständige und gebundene Ausgabe der* Gesammelten Werke *in drei fast gleichzeitigen Auflagen. Schon im Januar und wieder im Juni 1890 mußte der* Grüne Heinrich, *dessen Einzelausgabe inzwischen vergriffen war, innerhalb der Gesamtausgabe neu aufgelegt werden.*[257] *Zu Klagen über mangelnden Absatz bestand kein Anlaß mehr.*

---

254 *Vgl. Keller an Hertz, 24.3.1889, Dok.*
255 *Hertz an Keller, 20.3.1889, Dok.*
256 *Keller an Hertz, 24.3.1889, Dok. – Zur Frage der Korrekturen und Druckfehler vgl. HKKA 20, Kap. 4.1 Die Textzeugen, S. 54–57.*
257 *Vgl. Hertz an Keller, 9.1.1890, 3.6.1890 (beide Dok).*

Besonderes

2.1 ZUR ENTSTEHUNG UND TEXTKRITISCHEN BEDEUTUNG DER „GESAMMELTEN WERKE" 1889

Vorgeschichte *Am 26.6.1854 entwarf Keller in einem Brief an Hermann Hettner eine Art Aufriß seines künftigen Schaffens:*

> Sie wissen, daß ich einen Verleger brauche, der das Geld nicht peinlich hervor klauben muß; auch muß man an die Zukunft denken und sich eine allfällige Sammlung nicht zum Voraus zersplittern oder erschweren. Ich habe immer die Hoffnung, abgesehen von der dramatischen Laufbahn, eine nicht große aber gute Sammlung erzählender Schriften zu Stande zu bringen, zu welchem Zwecke ich auch d. gr. Heinr. noch einmal umarbeiten und ihm eine gemeingenießbare Form geben würde. Auch werde ich in 3-4 Jahren doch noch eine glücklichere Sammlung meiner Gedichte zu Stande bringen und zu alledem darf ich meine Verhältnisse mit den Verlegern nicht verpfuschen, da sie wohl meine hauptsächliche Existenzgrundlage sein und bleiben werden.[1]

Der Brief könnte – abgesehen vom Hinweis auf das ökonomische Existenzproblem – mit identischem Wortlaut auch mehr als zwanzig Jahre später geschrieben worden sein.[2] Das Programm von 1854 war auch 1876, bei Kellers erneuter Aufnahme des schriftstellerischen Berufs, noch nicht eingelöst: Die Überarbeitung des Grünen Heinrich *hatte trotz entsprechender Pläne[3] noch nicht eingesetzt, mit der Gedichtsammlung stand es nicht besser, und in den Verlag der publizierten Werke teilten sich Vieweg, Weibert und Orell Füssli. Von Ferdinand Weibert anläßlich der* Züricher Novellen *– inzwischen*

---

[1] Keller an Hermann Hettner, 26.6.1854, Ms. GK 77 Nr. 15/17; GB 1, S. 397 (z. T. Dok).

[2] *Allerdings war die geplante Erzählsammlung für den jungen Keller ein offenes Produktionsprojekt, welches das Schriftstellerdasein erst ermöglichen sollte (vgl. Keller an Vieweg, 28.4.1853, Dok), und noch nicht, wie später, ein zusammenfassender, das Schaffen abrundender Abschluß.*

[3] *Vgl. Kap. 1.3 Entstehung: Der grüne Heinrich, 2. Fassung, S. 48–50.*

waren auch die Sieben Legenden *(1872) und die um den zweiten Teil vermehrten* Leute von Seldwyla *(1874) erschienen – auf eine mögliche Erzählsammlung angesprochen,*[4] *gab Keller der vorherigen Überarbeitung und Bewährung seines vorläufig einzigen Romans den Vorrang:*

> Die Sammlung oder Gesammtausgabe meiner Erzählungen möchte ich überhaupt einstweilen noch im Hintergrund lassen mit dem Gedanken, diese Art Thätigkeit mit einer solchen zu geeigneter Zeit abzuschließen. Wenn es mir gelingt, aus dem Grünen Heinrich durch die Umarbeitung ein mehr oder weniger präsentables u liebenswürdiges Buch zu machen, und ihn so neu in Curs zu setzen, so wünschte ich alsdann auch diesen in jene gesammelten Erzählungen aufzunehmen, wenn er sich erst durch eine neue Einzelausgabe bewährt hat.[5]

Mit der Vollendung der neuen Romanfassung von 1879/80 war die genannte Bedingung für eine Erzählsammlung erfüllt. Anstatt eine solche zu planen, machte sich Keller jedoch an die Einlösung einer anderen alten Schuld, die im Konzept der Erzählsammlung nicht explizit vorgekommen war: die Fertigstellung des 1855 vertraglich mit Franz Duncker vereinbarten Novellenzyklus Das Sinngedicht.[6] *Daran schloß sich nahtlos die Sammlung und Überarbeitung der Gedichte an, das zweite Desiderat von 1854, womit nun, anstelle der bloßen Erzählsammlung, eine Gesamt-Werkausgabe ins Auge gefaßt werden konnte. Davon war jedenfalls die Rede bei der Konzeption von Kellers neuem, letztem Projekt: dem Altersroman* Martin Salander:

> Die Gesammtausgabe meiner Schriften ist übrigens noch nicht am Horizont; ich brauche vorzüglich mein nächstes Erzählungswerk noch dazu, um sie für einmal abzuschließen, wenn es dazu kommt.[7]

Es macht den Anschein, als hätte Keller seine Werkausgabe möglichst lange hinausschieben wollen, um sich die Möglichkeit einer Ausweitung seines Werkes freizuhalten. Als wohl klar war, daß die zeitweilig vorgesehene Erweiterung des Altersromans nicht mehr zustande kommen sollte und daß auch frühere dramatische Pläne nicht mehr in Novellengestalt über-

---

4   *Vgl. Ferdinand Weibert an Keller, 31.12.1875; HKKA 21, Dok.*
5   *Keller an Weibert, 3.1.1876, Dok.*
6   *Vgl. HKKA 23.1, Kap. 1.1 Entstehung, v. a. S. 25–33.*
7   *Keller an Wilhelm Hertz, 16.2.1883, Ms. GK 99a Nr. 31; GB 3.2, S. 438 f.*

führt werden konnten,[8] *stand offensichtlich der Werkausgabe nichts mehr im Wege.*

Kellers Gesammelte Werke bilden nicht eine Gesamtausgabe im prägnanten Sinn, wie sie etwa Goethes Vollständige Ausgabe letzter Hand *verkörpert, die ein Gesamtbild der Autor-Persönlichkeit, seiner Schaffens- und Entwicklungsweise vermitteln will und deshalb auch Bruchstückhaftes, nur summarisch Abgeschlossenes oder längst Verworfenes und Nichtpoetisches mit einbezieht und dem heterogenen Ganzen durch die autobiographischen Schriften den Stempel einer organisch gewachsenen Einheit aufprägt.*[9] *Vielmehr ging es Keller, bei seinem weit schmaleren Werk, um eine Zusammenführung der bewährten Texte, die einen Gültigkeitsanspruch erhebt, aber keine Vollständigkeit beansprucht. Obwohl in Kellers eigenen schriftlichen Äußerungen fast ausschließlich von einer* Gesammtausgabe *die Rede ist, übernahm er von Wilhelm Hertz (offenbar ohne weiteren Kommentar) den zutreffenderen Titel* Gesammelte Werke,[10] *in Analogie zu den vorherigen* Gesammelten Gedichten.[11]

Seit den 1870er Jahren ließ Keller in sämtliche Verlagsverträge eine Vorbehalts-Klausel bezüglich einer künftigen Werkausgabe aufnehmen. Obwohl

---

8   Zu diesem Plan vgl. Keller an Theodor Storm, 5.6.1882; HKKA 31, Dok. Davon war allerdings selbst noch im Lebenslauf von 1890 die Rede. – Ob der Band kritischer und contemplativer Aufsätze, den Keller am 23.5.1880 Baechtold gegenüber in Erwägung zog und der die früheren Kritiken ersetzt hätte (Ms. GK 78d Nr. 1/36; GB 3.1, S. 308), ursprünglich auch für die Werkausgabe vorgesehen war, ist nicht bekannt. Baechtold hat die Aufsätze stattdessen postum (1893) in ihrer alten Gestalt als Nachgelassene Schriften publiziert; vgl. HKKA 15 und 28.

9   Vgl. dazu Walter Morgenthaler: Die Gesammelten und die Sämtlichen Werke. In: Text (2005), H. 10, S. 13–26. – Den Plan einer eigenen Autobiographie in ausführlicherer Gestalt, die vielleicht einem ähnlichen Zweck hätte dienen sollen, erwähnte Keller Jakob Baechtold gegenüber (Keller an Baechtold, 28.1.1877, GB 3.1, S. 282); vielleicht sollte damit aber auch nur Baechtolds biographisches Ansinnen abgewehrt werden. – Vgl. auch Keller an Elisabeth Keller, 10.4.1854, Dok: Wenn ich in späteren Jahren einmal meine eigentlichen Erlebnisse schildere, so wird meine Schwester auch ihre gebührende Stelle finden.

10 Vgl. Hertz an Keller, 20.2.1889, Dok.

11 Im Gegensatz zur Gesammtausgabe spricht Keller immer von den Gesammelten Gedichten (vgl. z. B. an Hertz, 24.2.1883; GB 3.2, S. 439). Hier ist von vorneherein klar, daß es sich nur um eine (überarbeitete) Auswahl handeln sollte. Andererseits beruht aber gerade die Auswahl der Gedichte nicht ausschließlich auf dem Gültigen, sondern hat die Aufgabe, auch frühere Stufen der dichterischen Entwicklung zu dokumentieren, ist also zum Teil historisierend, wie dies gerade Gesamtausgaben wie etwa diejenige letzter Hand von Goethe vormachen.

rechtlich kaum nötig,[12] *scheint sie Keller die gewünschte Sicherheit und Orientierung garantiert zu haben, woraus sich auch seine stetige Sorge um diesen Paragraphen verstehen läßt:*

> Die Aufnahme vorbenannten Werkes in eine später zu veranstaltende Gesammtausgabe seiner Werke ist dem Herrn Verfasser ohne Vorbehalt freigestellt.[13]

Dieser Zeitpunkt war mit dem Vertrag zu den Gesammelten Werken *von 1889 gekommen.*[14] *Zum ersten Mal in Kellers literarischem Schaffen bedeutete ein Werkvertrag nicht die Initiierung einer neuen Leidensgeschichte des Produzierens, sondern die Besiegelung des endgültigen Abschlusses.*

Die Gestaltung der „Gesammelten Werke" *Kellers zehnbändiges literarisches Vermächtnis nimmt sich in der Beschränkung auf wenige, in sich geschlossene Werkeinheiten betont übersichtlich und kompakt aus:*

Bd. 1–3	Der grüne Heinrich
Bd. 4/5	Die Leute von Seldwyla
Bd. 6	Züricher Novellen
Bd. 7	Das Sinngedicht / Sieben Legenden
Bd. 8	Martin Salander
Bd. 9/10	Gesammelte Gedichte

Die Gliederung der Gesammelten Werke *hat – inbegriffen die Zehnzahl der Bände – einen kompositorischen Aspekt.*[15] *Die zwei Romane, am Anfang und am Ende der Prosa-Produktion stehend, umschließen die Novellenzyklen, während die Gedichte, die Kellers ganzes Leben begleiteten, als Sammlung in der Sammlung (mit vorangestelltem Autorenporträt und in kleinerer Schrifttype) den Abschluß bilden. Die* Leute von Seldwyla *sind, ihrer unterschiedlichen Entstehungszeit gemäß, in zwei Bänden angeordnet, während die ursprünglich zwei Bände umfassenden* Züricher Novellen *in einem Band vereint sind. Die* Sieben Legenden *jedoch, deren Entstehung in den 1850er*

---

12   Vgl. Weibert an Hertz, 9.2.1885 *(HKKA 21, Dok), bei Abtretung seiner Verlagsrechte:* Die Verlagsrechte gehen auf sämtliche Auflagen der Einzelausgaben. Die Aufnahme in eine Gesamtausgabe ist wie Sie richtig bemerken vorbehalten, aber auch ohne dieses hätte der Herr Verfasser das Recht dazu.
13   *Vgl. z. B. den Vertrag für die* Züricher Novellen, 4.8.1877*; HKKA 22, S. 528.*
14   *Vgl. die Wiedergabe des Vertrags in Kap. 3.1 Dokumentation, S. 504–508.*
15   *Zum pragmatischen Aspekt der Bandaufteilung vgl. unten, S. 84–86.*

Jahren aufs engste mit der Entstehung des Sinngedichts *verknüpft war, haben sich auf fast symbolische Art wieder mit diesem zusammengefunden.*[16] *Allerdings hat die wesentlich durch den Verlag mitveranlaßte Festlegung auf zehn Bände von ähnlichem Umfang auch ihren Preis: Die Unterbringung der ersten beiden Bände des* Grünen Heinrich *in einem Band mit durchgehender Paginierung erschwert die Orientierung um so mehr, als schon die ursprüngliche Gliederung des Romans in vier Bände alles andere als unproblematisch war. Auch die Aufteilung der Lyrik auf zwei Bände mit je separatem Inhaltsverzeichnis kommt den Gedichten nicht unbedingt zugute, obwohl sie letztlich nur die ihnen eigene strukturelle Problematik spiegelt.*[17]

Ein wesentlicher Grund für die einfache und klare Gesamtstruktur liegt in Kellers Vorliebe für Textzyklen. Fast alle kürzeren Prosatexte sind in Erzählzyklen vom Umfang eines Buches gefaßt. Von Anfang an konzipierte Keller Bücher und Bände, nicht einzelne Texte; und dies nicht zuletzt, um Verlagsverträge mit ansehnlichen Vorschüssen zu erhalten. Die Frage, wieviel in einem Band unterzubringen und mit wieviel Bänden zu rechnen sei, durchzieht Kellers ganze Verlagskorrespondenz. Aber auch was die Art seines Schaffens anbelangt, scheint Keller jeweils eines vorgegebenen, verpflichtenden Rahmens (des Vertrags, des Buchs) bedurft zu haben, um überhaupt beginnen und fortfahren, um den (fast allemal erzwungenen) Abschluß finden zu können. Dazu paßt auch, daß sich Keller, mit Ausnahme einzelner Gedichte und Aufsätze, kaum je zur Publikation von Einzeltexten in Zeitschriften bereit fand. So handelt es sich bei den ab den 1870er Jahren stattfindenden Vorabdrucken in der Deutschen Rundschau *immer schon um den annähernd vollständigen Inhalt des späteren Buches (Novellensammlung, Roman), der über mehrere Heftfolgen hinweg ausgebreitet wurde.*[18]

Die Textgestalt der einzelnen Werkkomplexe ist v. a. auf Grund der unterschiedlichen Entstehungszeiten, Publikationsmedien und verlegerischen Eigenheiten sehr unterschiedlich. Dies zeigt sich insbesondere in der Orthographie. Nach der Proklamation einer einheitlichen Rechtschreibung durch das preußische Ministerium im Jahr 1880 wurde auch für Keller die Durchsetzung einer solchen (v. a. was die th-Schreibung anbelangte) von

---

16 Zur ursprünglichen, noch im Vertrag festgehaltenen Kombination der Sieben Legenden mit den Gedichten vgl. Kap. *3.1 Dokumentation, S. 504 f. und ebd., Anm. 492.*

17 *Immerhin war die zuerst vorgesehene Bandteilung vor der Abteilung* Pandora *auf den Vorschlag von Hertz (10.3.1889, Dok) aufgegeben worden (vgl. unten, S. 84).*

18 *In Julius Rodenbergs* Deutscher Rundschau *wurden der erste Band der* Züricher Novellen *(1876 f.),* Das Sinngedicht *(1881) und* Martin Salander *(1886) vorabgedruckt.*

zunehmender Wichtigkeit, ja zu einer Art Gradmesser des kulturellen Fortschritts.[19] Paradoxerweise führten aber gerade Kellers Modernisierungsbemühungen zu einem kaum mehr überblickbaren Neben- und Durcheinander verschiedener Schreibregelungen: Repräsentierte die 3. Auflage des Grünen Heinrich *den fortgeschrittensten und einen die preußische Regelung überschreitenden orthographischen Status* (Geheimnis, alles; th-*Beseitigung bei* Teil, *aber auch bei* Tat), gefolgt von den Gesammelten Gedichten *1883* (Tat, Teil, *aber* Geheimniß) *und der regelgerechteren 3. Auflage der* Legenden *1884 (*That, *aber* Teil, Geheimnis*), so verblieben dagegen die auf den Rundschau-Vorabdrucken basierenden Ausgaben* Martin Salanders *und des* Sinngedichts *auf einer Vor-Reform-Stufe (*That, Theil, Geheimniß, Alles*), während die Stereotypdrucke der* Seldwyla-Erzählungen *gar archaische Schreibweisen wie* Brod, todt, handtiren, ächt *bis zum Ende weiterführten.*[20] *Erst die* Gesammelten Werke *brachten eine weitgehende, wenn auch nicht vollständige Angleichung der verschiedenen Schreibweisen.*

Die folgende Übersicht stellt einige Daten zu den Werkeinheiten und zur Vorgeschichte der Gesammelten Werke *zusammen.*[21]

	GH	LS	ZN	SG	SL	MS	GG
Bd.	1–3	4–5	6	7	7	8	9–10
Seitenzahl	419+268+281	310+356	411	329	97	354	290+236
Bogenzahl	60,5	41,6	25,6	20,5	6	22,1	32,8
Wörter	252'608	186'091	110'679	88'580	24'969	95'244	68'341
Auflagen vor GW	3	5	5	5	4	5	3
Auflagen GW 1889	4–6	6–8	6–8	6–8	5–7	6–8	4–6
Vorlage	E3 (1884)	E5 (1887)	E4 (1886)	E2/E3 (1882)	E4 (1888)	E5 (1886)	E3 (1888)
Orthographie	neu	alt	neu	alt	neu	alt	neu
E1	1854/55 (E2 1879/80)	1856/1874	1878	1882	1872	1886	1883

19 Zur gesamten Orthographiefrage vgl. HKKA 22, S. 72–94.
20 Vgl. die tabellarische Darstellung HKKA 22, S. 93.
21 Der Umfang (insgesamt 3351 Seiten) bemißt sich an der Seitenzahl der Bände (inklusive Titelei) bzw. der Bogenzahl und der Anzahl Wörter pro Werkeinheit. Die Auflagen wurden in den GW-Bänden von 1889 nicht angegeben, setzten aber die vorangegangenen Auflagen der Einzelausgaben fort. – Unter „Vorlage" ist die für GW verwendete Druckvorlage angegeben, unter „Orthographie" deren orthographischer Status bezüglich der preußischen Reform; es gelten die offiziellen Datierungen, nicht eventuelle vorherige Auslieferungen. Genannt sind auch die Verleger der ersten Drucke und die entsprechenden Vertragsdaten (bei GH und LS sowohl für die erste wie die zweite, vermehrte bzw. überarbeitete Auflage), beim Sinngedicht (SG) ebenfalls der (nie eingelöste) Vertrag mit Franz Duncker.

	GH	LS	ZN	SG	SL	MS	GG
Verleger	(Vieweg) Weibert	(Vieweg) Weibert	Weibert	(Duncker) Hertz	Weibert	Hertz	Hertz
Vertrag	(Mai 1850) 18.2.1879	(15.7.1855) 13.3.1873	4.8.1877	(30.9.1855) 9.4.1881	30.12.1871	15.9.1886	20.2.1883

Die Gesammelten Werke brachten auch eine weitgehende Vereinheitlichung von Layout und Schrift mit sich. Alle Bände beginnen mit einer Titel-Doppelseite[22], wobei die Bandtitel-Seiten bei Mehrfachbänden (1–3, 4/5, 9/10) eine zusätzliche, eigene Zählung aufweisen, z. T. (in Anlehnung an die Einzelausgaben) uneinheitlich gestaltet sind und variierende Schriftgrößen haben können.[23] Unterschiedlich angelegt sind auch die Inhaltsverzeichnisse[24], wohingegen die Zierformen in ziemlich einheitlicher Weise verwendet werden: Fleurons bzw. Vignetten zu Beginn bzw. am Ende einer neuen Erzählung (LS, ZN, SL), eines Kapitels (GH, SG) oder einer Gedichtabteilung (GG), außer bei Martin Salander, dessen Kapitel nicht übertitelt sind und nicht auf einer neuen Seite beginnen. Die normalen Prosaseiten umfassen – bei einheitlicher Schriftgröße – 32 Textzeilen, mit Abweichung bei Seiten mit Überschriften und (kleiner gesetzten) Gedichteinlagen oder Mottos. Vergrößerte Durchschüsse kommen keine, Zeilenverminderungen zur Vermeidung von Einzelzeilen bei Seitenbeginn (,Hurenkinder') vergleichsweise selten vor. Prosaabsätze werden (auch bei Kapitelbeginn und nach Gedichteinlagen) eingezogen, dagegen beginnen Gedichte (Bd. 9/10) mit hängender Zeile und Zier-Initiale.

Die „Gesammelten Werke" als Verlagsprodukt Wesentlich am Zustandekommen der Gesammelten Werke beteiligt war natürlich der in Berlin ansässige, von Wilhelm Hertz (1822–1901) und seinem Sohn Hans Hertz (1848–1895) geführte Wilhelm Hertz Verlag, der 1901 an die seit 1889 Adolf Kröner gehörende J. G. Cotta'sche Buchhandlung überging. Wilhelm Hertz hatte sich seit November 1880 um den Autor bemüht, der sich über mangelndes Engagement seines damaligen Hauptverlegers Ferdinand Weibert beschwerte.[25] So erschienen alle nach 1880 entstandenen Werke Kellers (Das Sinngedicht, Gesammelte Gedichte, Martin Salander) im Wilhelm Hertz Verlag. Nach-

---

22 Vgl. z. B. HKKA 20, Kap. 4.1 Die Textzeugen, zu GW.
23 Am uneinheitlichsten ist Bd. 7: Doppeltitel (Das Sinngedicht \ Sieben Legenden) in unterschiedlicher Schriftgröße und von den übrigen Bänden abweichend; fehlender Punkt nach Sinngedicht.
24 Vgl. z. B. die Überschriften: Inhalt des ... Bandes. (Bd. 1–3 GH); Inhalt. (Bd. 4/5 LS, Bd. 6 ZN, Bd. 7 SL); Inhalts-Verzeichnis. (Bd. 7 SG); Inhaltsverzeichnis. (Bd. 9/10 GG).
25 Vgl. Kap. 1 Entstehung, S. 62.

dem der Verlag 1885 nach einigem Hin und Her auch die Verlagsrechte und Restbestände der bei Weibert herausgekommenen Bücher übernommen hatte,[26] *besaß er für Jahrzehnte eine unantastbare Monopolstellung, die durch die Herausgabe der* Gesammelten Werke *besiegelt wurde. Bereits im September 1887 beratschlagten Hans und Wilhelm Hertz über den günstigsten Zeitpunkt zur Lancierung der Werkausgabe,*[27] *im Februar 1889 wurden während eines Besuchs von Hans Hertz in Zürich die Details geregelt und der Vertrag unterzeichnet.*[28]

Die Gesammelten Werke *wurden als wohlfeiles Gesamtpaket zum Richtpreis von 30 Mark angeboten:*

> Die Keller'schen Schriften sind seither in verschiedenen Formaten und Ausgaben veröffentlicht worden. Der Gesammtpreis dieser Einzelausgaben betrug fast 60 Mark. Des dringend auftretenden Wunsches des Publikums, diese Meisterwerke unserer Litteratur in einer einheitlich hergestellten Gesammtausgabe zu einem mäßigen Preise erwerben zu können, hat die Verlagshandlung sich nicht erwehren können und der Autor hat gern seine Zustimmung zu einer solchen ertheilt. In 10 Bänden, jeder zu durchschnittlich 22 Bogen, auf gutem kräftigen Papier in deutlichem Druck stattlich hergestellt, werden nun Gottfried Keller's Werke zur Hälfte des bisherigen Preises für 30 Mark allen denjenigen zugänglich sein, die den Besitz derselben ersehnten. [...] Das Erscheinen in 30 wöchentlichen Lieferungen erleichtert Vielen die Anschaffung. Wer den Bezug in Bänden vorzieht, wird die Gesammelten Werke in 10 Bänden à 3 M, die bis Schluß des Jahres vollständig vorliegen sollen, erwerben können.[29]

---

26 Vgl. die ausführliche Dokumentation der Übergabe der Verlagsrechte in HKKA 21, S. 594–609. – Noch im Juni 1884 hatte Hans Hertz seinem Vater nach einem Besuch bei Keller vorgeschlagen, von der Übernahme aus finanziellen Gründen vorläufig abzusehen, da dem Verlag die Gesammelten Werke *unabhängig davon gesichert seien (Hans an Wilhelm Hertz, 17.6.1884; HKKA 24, Dok).*

27 Vgl. Hans an Wilhelm Hertz, 6.9.1887, Dok: *Der Zeitpunkt des Erscheinens der Gesammelten würde jedenfalls am besten der sein, wenn die jetzige Auflage des grünen Heinrich zu Ende ist. Die andern dann noch vorhandenen Separatausgaben würde man immer noch verkaufen können, wenn man vor der Hand von den Gesammelten einzelne Bände oder Werke nicht abliesse.*

28 Vgl. Vertrag Gesammelte Werke, 10.2.1889, Dok.

29 Verlagsankündigung (Zirkular) ohne Datum; vgl. auch das Verlagszirkular vom März 1889 (Abb., S. 81). – Die erste Lieferung erschien am 26.4.1889, die letzte im November 1889.

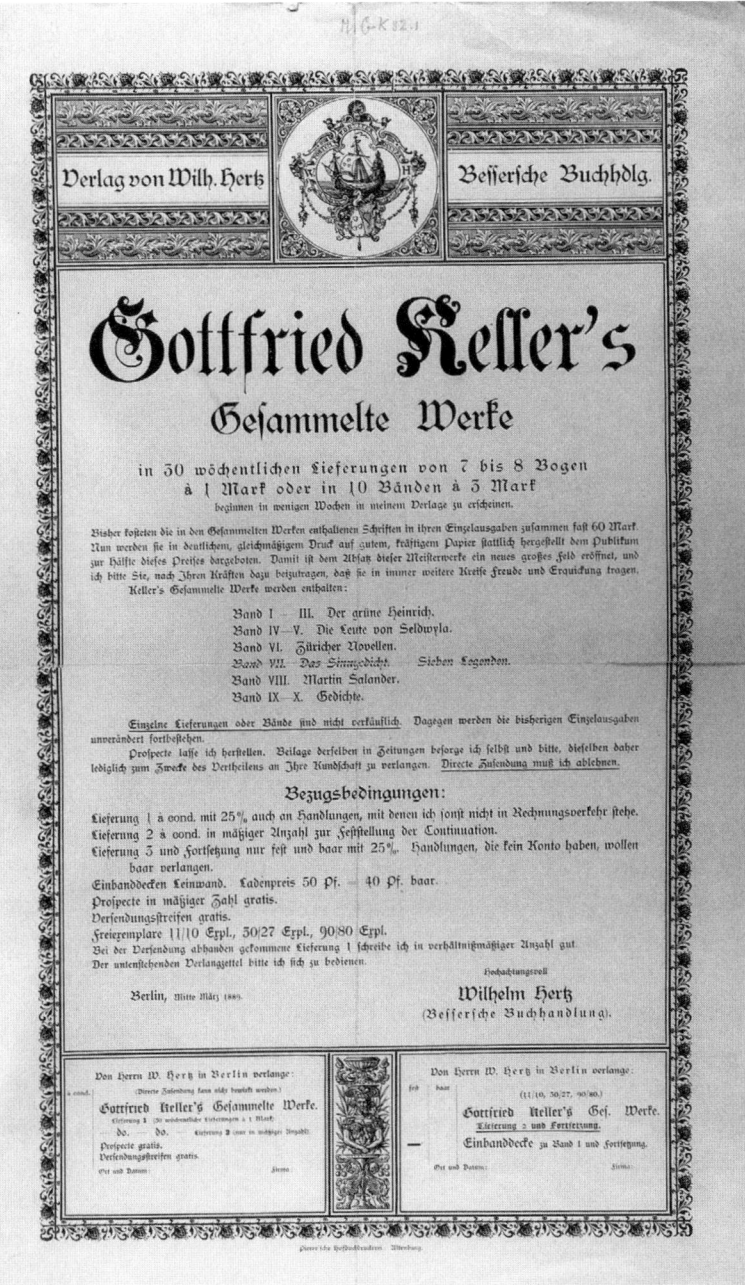

Buchhändler-Zirkular des Verlages Wilhelm Hertz
„Gesammelte Werke" 1889
ZB: Ms. GK 82.1 (vgl. S. 80)

Die folgende Übersicht stellt die Preise der bei Wilhelm Hertz in den 1880er Jahren erschienenen Einzelausgaben zusammen. Mit Ausnahme der bereits als Billigausgabe vertriebenen Leute von Seldwyla *waren alle Werke tatsächlich wesentlich teurer als in der neuen Werkausgabe; am stärksten machte sich dies bei dem von vier auf drei Bände reduzierten* Grünen Heinrich *bemerkbar.*

	GH	LS	ZN	SG / SL	GG	MS	Total
Einzelausgaben	4 Bde	2 Bde	2 Bde	1 Bd. / 1 Bd.	1 Bd.	1 Bd.	12 Bde
Deutschland							
broschiert	22 M	6 M	9 M	6 / 2.40 M	7 M	6 M	58.40 M
Leinen	24 M	7 M	10 M	7.20 / 3.40 M	8.20 M	7 M	66.80 M
Schweiz							
broschiert	29.35 Fr.	8 Fr.	12 Fr.	8 / 3.60 Fr.	9.35 Fr	8 Fr.	78.30 Fr.
Leinen	32 Fr.	9.35 Fr.	13.35 Fr.	9.65 / 4.40 Fr.	11 Fr.	9.35 Fr.	89.10 Fr.
GW	3 Bde	2 Bde	1 Bd.	1 Bd.	2 Bde	1 Bd.	10 Bde
Deutschland							
broschiert	9 M	6 M	3 M	3 M	6 M	3 M	30 M
Leinen	11.40 M	7.60 M	3.80 M	3.80 M	7.60 M	3.80 M	38 M
Halbkalbleder	15 M	10 M	5 M	5 M	10 M	5 M	50 M
Schweiz							
broschiert	12 Fr.	8 Fr.	4 Fr.	4 Fr.	8 Fr.	4 Fr.	40 Fr.
Leinen	15 Fr.	10 Fr.	5 Fr.	5 Fr.	10 Fr.	5 Fr.	50 Fr.
Halbkalbleder	21 Fr.	14 Fr.	7 Fr.	7 Fr.	14 Fr.	7 Fr.	70 Fr.

In den Verlagsankündigungen wurde betont, daß die Ausgabe nur gesamthaft beziehbar sei und die früheren Ausgaben fortbestehen würden. Im Gegensatz dazu stellte es der zwischen Hertz und Keller geschlossene Vertrag dem Verleger frei, die 10 Bände nur gesamthaft abzugeben oder aber anstelle der bisherigen Einzelbände Bände der Gesammelten Werke *treten zu lassen, worauf sich Hertz am 9. Januar 1890 (Dok) bezüglich einer Neuauflage des* Grünen Heinrich *auch berief. Fortan wurden – mit Ausnahme der weiter bestehenden Separatausgaben von* Romeo und Julia auf dem Dorfe *und* Sieben Legenden *– nur noch Bände aus den* Gesammelten Werken *aufgelegt,*[30] *so daß diese auf dem Buchmarkt für drei Jahrzehnte das Monopol inne hatten.*[31] *Sie waren jederzeit verfügbar und konnten zum Einheitspreis von 3 Mark erworben werden, was den Absatz enorm erhöhte. Durch den Vertrag wurde auch die Honorargestaltung vereinheit-*

---

30 Schon am 9.1.1890 (Dok) kündigte Hertz das Auslaufen der Einzelausgabe (E3) des Grünen Heinrich und deren Ersetzung durch eine Neuauflage der GW-Bände 1–3 (bezeichnet als 7. Auflage) an, am 3.6.1890 gefolgt von der 8. Auflage.
31 Vgl. HKKA Einführungsband, S. 194–197.

licht; anstelle des Bogenhonorars trat das einfache Bandhonorar. Pro Band in 1000 Exemplaren erhielt Keller 700 Mark, was für die drei ersten Auflagen in der Höhe von insgesamt 4500 Exemplaren einen Betrag von 31'500 Mark ausmachte, zu denen 1890 bereits drei Neuauflagen von Bd. 1–3 (GH) und im gleichen Jahr nach seinem Tod zwei von Bd. 8 (MS) und je eine Auflage der übrigen Bände hinzukamen.[32] *Partner des Hertz-Verlags wurde nun ein Kuratorium, das die von Keller dem Hochschulfonds des Kantons Zürich zur Förderung von Lehre und Forschung vererbte Hinterlassenschaft verwaltete und dem bis 1904 Kellers Testamentsvollstrecker Albert Schneider (danach Hermann Escher, der Leiter der Stadtbibliothek) vorstand. Zwischen 1891 und 1901 wurden insgesamt 140'000 Bände, in den zehn Jahren danach bereits 352'000 Bände neu aufgelegt. Die Auflagenzahl der einzelnen Bände differierte von Jahr zu Jahr mehr: An der Spitze standen jederzeit die* Leute von Seldwyla *(1911: 69.–73. bzw. 64.–68. Aufl.) und die* Züricher Novellen *(63.–67. Aufl.), gefolgt vom* Grünen Heinrich *(60.–64. Aufl.), während die beiden Bände der* Gesammelten Gedichte *(32.–36. bzw. 30.–34. Aufl.) am wenigsten Absatz fanden.*[33]

Daß Hertz mit dem Verkauf zufrieden sein konnte, belegt auch seine Stellungnahme zu einer mißfälligen Besprechung von Kellers Werken durch den Basler Altphilologen Jakob Mähly, in der von geringer Verbreitung, ja absolutem Mißerfolg die Rede war.[34] *Auf eine Anfrage der Redaktion der Zeitschrift* Die Grenzboten, *die eine Gegendarstellung in die Wege leitete,*[35] *antwortete Hertz:*

> Wir sind nicht gewöhnt stark aufzutragen, gar zu renommiren wir können nur einfach den sehr guten Erfolg, die starke Verbreitung der Gesammtausgabe constatiren und glauben dass trotz des relativen

---

32   *Die erste Auflage betrug 2500 Exemplare, die fast gleichzeitig erschienene zweite (ab Juli) und dritte (ab Oktober) und jede weitere Auflage je 1000 Exemplare. – Zu den Auflagen und Honoraren vgl. HKKA Einführungsband, S. 198, zu Kellers Autorhonoraren überhaupt vgl. HKKA 23.1, S. 55–62.*

33   *Vgl. die detaillierte Auflistung in HKKA Einführungsband, S. 198 und zur Textkritik HKKA 20, Kap. 4.2 Editionen.*

34   *Jakob Mähly-Basel:* Gottfried Keller. *In:* Die Gegenwart *(1890), Nr. 35, S. 132–135. – Zweck dieser Zeilen war nicht das Lob Keller's, sondern ein Hinweis auf seine Schwächen und Mängel, um den Mißerfolg seiner neuen Gesammtausgabe, seine in Wirklichkeit geringe Popularität zu erklären (S. 135).*

35   *Ein Urteil über Gottfried Keller. In:* Die Grenzboten *49 (1890), S. 242–245 (gezeichnet mit G K).*

Begriffs, ein <u>jeder</u> Verleger diese Erklärung getrost abgeben würde und könnte.³⁶

Im Cotta-Archiv, das auch die Dokumente des Hertz-Verlags enthält, finden sich einzelne Blätter mit Umfangs- und Kalkulationsberechnungen, die jedenfalls vor der Festlegung des Vertrags für die Gesammelten Werke *vorgenommen wurden. Zur Abschätzung des Umfangs diente die Anzahl der Silben pro Seite in den vorliegenden Einzelausgaben. Zum Vergleich für die Festlegung der gewünschten neuen Silbenzahl wurden ein Band von Paul Heyses* Gesammelten Werken *und der historische Roman* Fritz Kannacher *von Arthur Hobrecht (1885) beigezogen:*

⟨Kannacher	500⟩	
Heyse hat	600	Silben
Salander	400	„
Sinngedicht	400	„
Zürcher	400	–
Seldwyla	520	
Legenden	350	
Heinrich	350	

Hertz entschied sich offenbar für 500 Silben (entsprechend dem Roman von Hobrecht), worauf die neuen Bogenzahlen durch einfachen Dreisatz aus den bisherigen berechnet werden konnten:

Gedichte		2 Bde bleiben unver ändert à 16 Bg
Salander	1	22 Bg
Sinngedicht	1	20 Bg
Heinrich	2	25 Bg u 33 Bg
	muss womögl 3 Bde werden	
Seldwyla	2 Bde	19 u 22 Bg
Legenden		6 ½
Zürcher		26³⁷

Die Gesammelten Gedichte *sollten vor der Abteilung IX* Pandora *geteilt werden, der* Grüne Heinrich *sollte zwei Bücher zu je zwei (Roman-)Bänden umfassen, während für die* Legenden *offenbar noch kein Ort vorgesehen war. Eine zweite Aufstellung auf einem anderen Blatt kommt dann auf 10 Bände mit insgesamt 204 Bogen, indem sie die* Gedichte *und die* Legenden *zusam-*

---

36 *Hertz an Friedrich Grunow, 27.10.1890, CA: Fasz. XI Nr. 90.*
37 *Transkription hier und im folgenden vereinfacht; vgl. Abb., S. 85.*

Umfangsberechnungen des Verlages Wilhelm Hertz
„Gesammelte Werke" 1889
CA: Fasz. XI Nr. 18a (vgl. S. 84)

menfaßt und den Grünen Heinrich *auf 3 Bände aufteilt.*[38] *Dieser Vorschlag dürfte auch Keller zuerst vorgelegt worden sein.*[39]

Während die ersten Kalkulationen von den berechneten 204 Bogen ausgingen und bei einem Honorar von 80 Pfennig pro Band auf Gesamtkosten von 35'000 Mark kamen, basierten die späteren Kalkulationen, den Fakten entsprechender, auf 210–215 Bogen, wobei sie das Honorar um 10 Pfennig reduzierten:

Calculation von Keller Schriften
nach den wirklichen Preisen
215 Bg
Satz u Druck à 33   7095
Honorar   17500
Papier   279 000 Bg à 18,45   5147
                                      —————
                                      29742
10% Kosten   2958
                                      —————
                                      32700

pro Band 3/225 = 32700 = 1453[40]

Der Bandpreis wurde auf 3 Mark angesetzt (Nettopreis 75%: 2.25 Mark). Eine Kostendeckung ergab sich so bei 1453 Exemplaren der Gesamtausgabe.

38 Vgl. CA: Fasz. XI Nr. 18b.
39 Vgl. oben, Anm. 16 und 17.
40 CA: Fasz. XI Nr. 18d (Berechnungen in Mark, angenommene Auflagenhöhe 2500, Berechnung der Papierkosten in Doppelbogen).

Dem auf 70 Pfennig pro Band veranschlagten Honorar entsprach auch das definitive vertragliche Honorar.[41] *Für die weiteren, stereotypierten Auflagen entfielen die Satzkosten, wodurch sich – bei gleichbleibendem Autorenhonorar – der Gewinn entsprechend erhöhte:*

10 Bde 1000 Aufl	210 B
Papier 105000 Bg.	1942.50
Honorar	7000 –
Druck à 8 M	1680 –
	10622.50
Kosten	1377.50
	12000.–[42]

Zum Textstand der „Gesammelten Werke" *Der Satz wurde im Februar 1889 mit den Gedichtbänden (GW 9/10) begonnen, da hierfür (der Zeilenlängen wegen) die gleiche (enge) Schrift wie für die Einzelausgabe verwendet werden sollte,*[43] *während für die übrigen Bände eine neue Schrift gegossen werden mußte. Noch während der Erstellung der Gedichtbände begann dann auch die Satzerstellung des* Grünen Heinrich. *Wie der Korrespondenz mit dem Verlag zu entnehmen ist, bestand die Abmachung, daß Keller die Korrekturbogen von der Druckerei erhalten, aber diese nur im Falle nötiger*

---

41 Die vorherigen Berechnungen mit 80 Pfennig pro Band (20'000 Mark) hatten eine Kostendeckung bei 1555 Exemplaren ergeben.
42 CA: Fasz. XI Nr. 32c.
43 Vgl. Hertz an Keller, 20.2.1889, Dok.

*Korrekturen zurückschicken sollte.*⁴⁴ *Keller scheint dies für den ersten Band der* Gesammelten Gedichte *(GW 9) und den größten Teil der Jugendgeschichte des* Grünen Heinrich *(GW 1–2) so gehandhabt zu haben, wobei er einzelne stilistische Verbesserungen,*⁴⁵ *vermutlich aber auch orthographische Korrekturen*⁴⁶ *vornahm.*

Am 1. Juni 1889 meldete Keller Hertz den Verzicht auf weitere Prosa-Korrekturen, wohingegen er die Gedichte weiterhin durchsehen wollte. Keller hat demnach wohl höchstens die ersten fünf Lieferungen des Grünen Heinrich *durchgearbeitet, was zwischen 35 und 40 Bogen ausmachte.*⁴⁷ *Am 31. August 1889 verzichtete er sogar auf die Korrekturen des zweiten Gedichtbandes.*⁴⁸ *Bei den vorangegangenen Gedicht-Korrekturen scheint Keller v. a.* einige Aenderungen gegen die Interpunction der dritten Auflage *vorgenommen zu haben.*⁴⁹

*Über den sonstigen Verlauf der Drucklegung ist wenig bekannt. Erwähnt sei jedoch ein Detail, die Orthographie betreffend, zu deren Neuerung Keller den Verlag offenbar verpflichtet hatte.*⁵⁰ *Keller stellte in den ersten Korrekturbogen Unregelmäßigkeiten im* th*-Gebrauch fest, die sich nicht, wie Hertz beschwichtigte,*⁵¹ *mit den Ausnahmen des preußischen Regelbüchleins erklären ließen, sondern (entsprechend Kellers richtigem Hinweis) von der Eigenart der schweizerischen Orthographie-Regelung herrührten, so daß nun* beide Schreibarten durcheinander wimmeln würden.⁵² *Nach Kellers Klage wurde offenbar in der Druckerei nochmals eine entsprechende Durchsicht vorgenommen, so daß im endgültigen Druck nur noch wenige der bean-*

---

44 *Vgl. Hertz an Keller, 13.3.1889, Dok.*
45 *Vgl. Kap. 4.1 Die Textzeugen, zu GW.*
46 *Vgl. Hertz an Keller, 20.3.1889, Dok (betr. die Schreibung von* wohl / wol*).*
47 *Vgl. Keller an Hertz, 1.6.1889, Ms. GK 99a Nr. 48; GB 3.2, S. 468. – Vermutlich von Keller stammende Änderungen lassen sich bis zum 4. Bogen von GW 2 (Kap. III.5, 02.056.29), also etwa dem 30. Bogen insgesamt feststellen.*
48 *Vgl. den einzigen erhaltenen, datierten Korrekturbogen (Bogen 3 zu Bd. 10, Ms. GK 40a), mit Kellers Bemerkung auf S. 33:* Diese Correcturen *sind nicht mehr nötig. Ich ersuche Sie, den Rest der Gedichte fortzudrucken, da ich keine Fehler finde.* Keller.
49 *Vgl. Hertz an Keller, 20.3.1889, Dok. – Bei einer Mehrzahl der Interpunktionsvarianten (v. a. weggefallene Kommas an Versenden) handelt es sich allerdings um Textverschlechterungen, die sicher nicht von Keller veranlaßt wurden.*
50 *Vgl. Hertz an Keller, 20.2.1889, Dok:* Endlich bemerke ich, daß die Druckerei zu durchgängiger Anwendung der neuen Orthographie angewiesen ist.
51 *Vgl. Hertz an Keller, 20.3.1889, Dok.*
52 *Keller an Hertz, 24.3.1889, Dok. –* Die in der 3. Auflage des Grünen Heinrich, der Züricher Novellen *und der* Sieben Legenden *eingeführte neue Schreibweise hatte tatsächlich, nach Schweizer Regelung, das* Th *in* Thal, That, Thräne *usw. beseitigt.*

standeten Regelwidrigkeiten (und jedenfalls keine in der ersten Lieferung) vorkamen. Allerdings war der Satz der neuen Ausgabe, wie Keller schon nach der ersten Lieferung moniert hatte,[53] nicht fehlerfrei und wies trotz einer weiteren internen Korrektur mehr Druckfehler auf als die jeweils letzten vollständig durchgesehenen Einzelausgaben.[54]

Wie bei jedem sonstigen Druck entstand auch in GW eine beträchtliche Zahl neuer Varianten. Vieles davon hatte mit der Anpassung an die neue Orthographie (LS, SG, MS), mit verstärkter Normalisierung der Interpunktion oder mit sonstigen (z. B. lautlichen) Angleichungen an das Hochdeutsche zu tun und kann als vom Autor durchaus akzeptiert betrachtet werden. Es handelte sich dabei z. T. lediglich um die Fortsetzung von schon in den Einzelausgaben sich abzeichnenden Tendenzen.[55] Darüber hinaus entstanden aber auch sinnverändernde Varianten, die auf die Unachtsamkeit der Setzer zurückzuführen sind. Die folgende Übersicht zeigt, wieviele solcher Varianten nach der (für GW verwendeten) Druckvorlage hinzugekommen sind. Die Zahl ergibt einen ungefähren Indikator für die in dieser Zeitspanne eingetretene Textverschlechterung. In textkritischer Hinsicht ist allerdings die letzte von Keller selbst durchgesehene und in der Mehrzahl der Fälle (LS, ZN, SG, SL) nicht mit der Druckvorlage identische Ausgabe signifikanter, weshalb auch die sinnverändernden Abweichungen von GW gegenüber diesen Ausgaben angegeben werden.[56]

---

[53] Vgl. Kap. 1 Entstehung, S. 71 f. – Die vermehrten Fehler erklärten sich daher, daß die Druckerei Keller Korrekturbogen zugestellt hatte, die vor dem zweiten internen Korrekturdurchgang abgezogen worden waren (vgl. Hertz an Keller, 20.3.1889, Dok).

[54] Vgl. die Textzeugenbeschreibungen zu den Einzelausgaben und die Auflistung der Herausgebereingriffe zu den edierten Texten in Kap. 4.3 (HKKA 20) bzw. Kap 1.4 (HKKA 21–24).

[55] Vgl. HKKA 20, Kap. 4.3 Text- und Variantenwiedergabe bezüglich der Auswahl der kritischen Lesarten.

[56] Mitgezählt wurden nur wortsemantische Befunde, nicht hingegen lautliche oder die Interpunktion betreffende. Bei GH wurden die vermutlich von Keller selbst in den Korrekturbogen von GW vorgenommenen Korrekturen nicht mitgezählt. Die Prozentzahlen beziffern den Anteil der Varianten am Gesamtwortbestand. Die Bestimmung der sinnverändernden Varianten ist in vielen Fällen interpretationsabhängig, weshalb die Zahlen mit Zurückhaltung zu betrachten sind. – Die Gesammelten Gedichte werden hier und im folgenden wegen der für sie geltenden besonderen Bedingungen nicht mitberücksichtigt.

	GH	LS	ZN	SG	SL	MS
letzte durchgesehene Ausgabe	E3 (1884)	E2 (1874)	E3 (1883)	E1 (1882)	E3 (1884)	E1–E5 (1886)
Abweichungen in GW	48 (0,02%)	61 (0,03%)	85 (0,08%)	71 (0,08%)	16 (0,06%)	45 (0,05%)
Druckvorlage	E3 (1884)	E5 (1887)	E4 (1886)	E2/E3 (1882)	E4 (1888)	E1–E5 (1886)
Abweichungen in GW	48 (0,02%)	40 (0,02%)	39 (0,04%)	56 (0,06%)	10 (0,04%)	45 (0,05%)

In der obigen Zusammenstellung bleibt allerdings unberücksichtigt, daß fehlerhafte Textstellen sehr oft nicht erst nach der letzten Durchsicht, sondern ev. schon bei der ersten Drucklegung entstanden oder sogar im Manuskript zu finden sind (vgl. dazu die Textzeugenbeschreibungen zu den einzelnen Werken). Sinnverändernde Abweichungen enthalten in jedem Fall auch die vom Autor selbst durchgesehenen Ausgaben. Korrekterweise läßt sich demnach die Qualität des Textstandes nur vor dem Hintergrund der jeweiligen gesamten Textgeschichte beurteilen.[57]

Der Text der Gesammelten Werke brachte erstmals die verschiedenen Textstände der einzelnen Werkausgaben auf ein einheitliches Niveau. Trotzdem blieben auch hier weiterhin orthographische Inkonsistenzen bestehen, von denen im folgenden einige typische Fälle angeführt werden.

	GH	LS	ZN	SG	SL	MS	GG	Total
Geberde / Gebärde	1 / 13	12 / 1	3 / –	– / 3	– / 3	– / –	1 / 4	17 / 24
Ideeen / Ideen	5 / 7	– / –	1 / –	1 / –	– / –	5 / –	– / –	12 / 7
Herde / Heerde	2 / 1	5 / –	2 / –	1 / –	– / –	– / –	5 / –	15 / 1
giebt / gibt	31 / 20	31 / 3	27 / 1	15 / –	4 / –	22 / –	16 / 9	146 / 33
Krystall / Kristall	12 / 1	5 / 2	3 / –	10 / –	1 / –	1 / –	16 / –	48 / 3
Turm / Thurm (Thürme)	6 / 3	10 / –	26 / –	7 / –	3 / –	1 / –	8 / 2	61 / 5
gotisch / gothisch	3 / 2	1 / 2	2 / 1	– / –	– / –	– / –	3 / –	9 / 5
bißchen / bischen	24 / 3	31 / –	1 / –	11 / –	1 / –	15 / –	– / –	83 / 3
Zierat / Zierrat	2 / 3	2 / –	1 / –	3 / –	1 / –	2 / –	– / –	11 / 3
Witwe / Wittwe	26 / 3	21 / –	3 / –	1 / –	8 / –	3 / –	2 / –	63 / 3
Heimat(...) / Heimats(...)	12 / 3	6 / 2	4 / 1	2 / 1	2 / –	4 / 1	10 / 1	40 / 9
Sprichwort / Sprüchwort	2 / 3	3 / 1	4 / 1	– / –	– / –	3 / 1	– / –	12 / 6
Entwickelung / Entwicklung	4 / 2	1 / 1	1 / 2	– / –	– / –	1 / 2	– / –	7 / 7
Nachbaren / Nachbarn	6 / 9	16 / –	4 / 4	– / 1	1 / –	2 / –	– / –	29 / 14
dergl. / dgl.	4 / 6	1 / 3	5 / 3	4 / 1	– / –	1 / 1	– / –	15 / 14

Die in den Druckvorlagen von GH, ZN, SL und GG angewendete schweizerische Orthographie (radikale th-Beseitigung) hat sich vereinzelt in GW

---

57 Diese die gesamte Textgeschichte betreffenden Befunde werden in den kritischen Lesarten der Textbände der HKKA reflektiert; ein Teil dieser Lesarten betrifft problematische GW-Varianten; vgl. unten, S. 91 f.

erhalten,[58] *aber umgekehrt blieben auch einige alte* th-*Schreibungen (vgl. in der Tabelle:* Thurm) *bestehen.*[59]

Zusammenfassend läßt sich sagen, daß die Textqualität in den Gesammelten Werken *(1889) angesichts der Druckfehler und der sinnverändernden Textfehler insgesamt schlechter ist als in den letzten von Keller durchkorrigierten Auflagen. Dagegen zeigt die Orthographie erstmals über alle Werke hinweg einen einheitlichen Stand, wenn dieser auch nicht in allen Details durchgehalten ist. Wichtig sind auch die von Keller selbst im* Grünen Heinrich *und in den* Gesammelten Gedichten *vorgenommenen Korrekturen, auf die in einer Textedition keinesfalls verzichtet werden kann. Da der Satz stereotypiert wurde, kamen bis 1905, mit Ausnahme einiger Druckfehlerberichtigungen, keine Änderungen mehr hinzu.*[60]

Die Behandlung der „Gesammelten Werke" in der HKKA *Die zehn Bände der* Gesammelten Werke *bilden in der HKKA die in sich geschlossene Abteilung A. Übernommen wird nicht nur die Aufteilung und Anordnung der Bände, sondern auch deren Seiten- und Zeilenumbruch. Über das mehr architektonische Moment hinaus bilden die* Gesammelten Werke *aber auch die Grundlage für den edierten Text der HKKA, so wie er in den Textbänden erscheint. Die HKKA bietet keine von fremden Einflüssen, von den Zeichen der ‚Verwitterung' und von Autorversehen gereinigten idealen Texte, sondern Texte in ihrer historischen Gestalt, wie sie als letzte von Keller autorisierte an die Öffentlichkeit gelangten. An ihnen haben – und zwar zu jeder Zeit – nicht nur der Autor, sondern auch die Verleger, Setzer und Korrektoren und am Ende auch das preußische Regelbüchlein zum Vor- und zum Nachteil mitgewirkt. Sowenig es den reinen, von Fremdeinflüssen freien Text zu Kellers Zeiten je gab, sowenig kann es ihn für die postumen Herausgeber geben. Statt einen solchen herstellen zu wollen, versucht die HKKA, auf jene autorfremden Anteile am edierten Text aufmerksam zu machen, welche während der Erstellung eines neuen Satzes ohne explizite oder erschließbare Billigung des Autors hinzukamen und der Textqualität abträglich waren. Unten an der Seite werden die entsprechenden Varianten früherer Textzeugen als kritische Lesarten notiert. Dies geschieht – abgese-*

---

58   Vgl. z. B. *01.079.04* taten; *01.090.15* tronte; *01.284.03* Tränen; *02.204.23* Torheiten; *09.048.23* Torheit.
59   Vgl. z. B. *01.188.18* Theil; *03.158.03* theilte; *06.336.08* theilnehmen; *04.124.28* thauige; *09.019.036* thaut.
60   Zur weiteren Entwicklung der Gesammelten Werke vgl. HKKA 20, Kap. 4.2 Editionen.

hen von rein orthographischen oder unbedeutenden Interpunktionsvarianten und unbestreitbaren kleinen Textverbesserungen auf nichtsemantischer Ebene – in jedem Fall, wo der Text der Gesammelten Werke *von der letzten von Keller selbst durchgesehenen Ausgabe abweicht. In editorischer Hinsicht sind diese offen zutage liegenden Fälle relativ harmlos, während hingegen die Probleme dort beginnen, wo es sich um ältere Textfehler zu handeln scheint, die selbst einen oder mehrere Korrekturdurchgänge des Autors überlebt haben und im schlimmsten Fall schon bei der ersten Drucklegung entstanden sind. Auch hier wird auf die früheren Textzeugen (wo möglich bis zurück zur Handschrift) verwiesen, jedoch weit zurückhaltender, da dies nur noch interpretatorisch und gleichsam gegen den Autor, der die Stelle passieren ließ, geschehen kann.*[61]

Angesichts dieser grundsätzlichen Textproblematik nimmt sich die ‚Verwitterung' bei den Gesammelten Werken *als leicht eingrenzbares, wenn auch besonders ins Auge fallendes Teilproblem aus, das mit dem darstellerischen Mittel der kritischen Lesarten pragmatisch lösbar ist.*

Abgesehen davon werden sämtliche Handschriften- und Druckvarianten zu den Texten der Abteilung A in den Apparatbänden der Abteilung D mitgeteilt, so daß sich mit Hilfe der Entstehungsgeschichten und der Textzeugenbeschreibungen jede Textstufe rekonstruieren läßt. Die einfachste Möglichkeit zur Vergegenwärtigung der einzelnen Textstufen bietet die elektronische Edition, welche es erlaubt, jeden genetisch relevanten Textzeugen integral und parallel zum edierten Text anzuzeigen, aber auch die Varianten zu filtern und nach unterschiedlichen Kriterien abzusuchen.

---

61 Zum Verfahren in den einzelnen Bänden der HKKA vgl. die jeweiligen Kapitel zur Text- und Variantenwiedergabe (zum Grünen Heinrich in HKKA 20, Kap. 4.3).

2.2 HEINRICH LEE UND GOTTFRIED KELLER ALS MALER

Zwischen Gottfried Keller und seinem Romanhelden, Heinrich Lee, gibt es manifeste Ähnlichkeiten. Der Autor hat sich für seinen Roman offensichtlich eigenen biographischen Materials bedient. Daß es auch erhebliche Verschiedenheiten gibt, ist denjenigen natürlich zuerst aufgefallen, die neben Keller mit diesem biographischen Material am besten vertraut waren. Regula Keller, die Schwester, war gekränkt, daß nirgends keine Erwähnung von einer Schwester sich findet; dies ist dem Brief zu entnehmen, in welchem die Mutter von ihren ersten Eindrücken bei der Romanlektüre berichtet und festhält: obschon alles in andern Gestaltungen, u fremdartigen Umwandlungen dargestellt ist, so können die Persohnen welche dieße Erlebniße am beßten wißen, auch das Wahre *heraus nehmen!*[1] *Das Rätselraten darüber, was im* Grünen Heinrich *auf das biographische Ausgangsmaterial zurückgeht und was nicht, ist so alt wie der Roman selber. Auch Keller wurde mit der Frage wiederholt konfrontiert und wollte entsprechenden Rückfragen wohl zuvorkommen, als er 1883 in seinem Brief an den Übersetzer Holger Drachmann, der ihn um einige biographische Angaben für ein Vorwort der dänischen Ausgabe des* Grünen Heinrich *gebeten hatte, schrieb:*

> Was den autobiographischen Roman „der grüne Heinrich" betrifft, so ist es leicht ersichtlich, dass es sich um den eigenen Lebensgang des Verfassers handelt, d. h. in den Grundzügen der inneren Erfahrung, wobei die novellistische Erfindung und Abrundung dem Leser nicht verborgen ist. Jedoch ist in's besondere zu bemerken, daß z. B. die Kinder- und Schulgeschichten in den Hauptmotiven fast sämmtlich erlebt, während alle erotischen resp. Liebessachen des Buches freie Novellen ohne biographische Grundlage sind. Die Mutter, welche im Romane am Schlusse aus Kummer stirbt, ist in Wirklichkeit erst im hohen Alter bei mir auf der Staatskanzlei zu Zürich gestorben u. s. w. Eben so ist in der neuern Ausgabe des kritisch überarbeiteten Buches der schlecht motivirte frühe Tod des Helden s. v. v. weggefallen.[2]

Beim Versuch, die für Kellers Roman so konstitutiven Rückgriffe auf die biographische Grundlage näher zu bestimmen, muß insbesondere zwei methodischen Schwierigkeiten Rechnung getragen werden:

---

1 Elisabeth Keller an Keller, 11.3.1854, Dok.
2 Keller an Holger Drachmann, 12.9.1883, Dok. – Vgl. Kap. 1 Entstehung, S. 68–70.

1. *Um ein solches Unterfangen durchführen zu können, bedürfte man einer vom Roman unabhängigen, zuverlässigen Dokumentation von Kellers Biographie, die indessen in der dafür erforderlichen Detailliertheit nicht vorliegt. Briefe und Erinnerungsberichte von Keller und von Persönlichkeiten seines Bekanntenkreises bis hin zu seinem ersten Biographen, Jakob Baechtold, vermitteln ein lückenhaftes Bild. Besonders über die Kinder- und Jugendjahre ist so wenig bekannt, daß man, um die Wissenslücken zu füllen, immer wieder auf den Roman zurückgriff, der die Kindheit seines Titelhelden in sehr detaillierter und höchst suggestiver Weise schildert. Selbst bei ‚Erinnerungsberichten', die nach Erscheinen des Romans aufgezeichnet wurden, ist nicht ganz auszuschließen, daß ein solcher Rückgriff stattfand. Es würde somit auf einen Zirkelschluß hinauslaufen, wollte man das, was im Roman steht, gegen das aufrechnen, was beispielsweise in der bisher ausführlichsten Gottfried-Keller-Biographie*[3] *steht.*

2. *Wie bereits Kellers Mutter erkannte, wird das biographische Material im Roman oft in* fremdartigen Umwandlungen dargestellt. *Die Rückbezüge des Romans auf Kellers Leben beschränken sich nicht auf punktuell nachprüfbare Faktentreue, sondern bedienen sich auch indirekter Darstellungsverfahren. Dies kann dazu führen, daß biographische Spuren nur schwer zu identifizieren sind und es in gewissen Fällen fast unentscheidbar ist, ob nun eine Übereinstimmung oder eine Abweichung vorliegt. Den Umstand, daß Heinrich keine Schwester hat, kann man als Differenz verstehen, kann darin aber auch eine Verdeutlichungsstrategie sehen, welche die Exklusivität von Heinrichs Mutterbeziehung hervorzuheben hat.*

Korrespondenzen zwischen der Figur Heinrich Lee und der Person Gottfried Keller gibt es nicht nur in bezug auf Lebensgang *und* innere Erfahrung, *sondern auch auf äußere Lebensumstände und wichtige Bezugspersonen. Dies sind insbesondere:*

– *Schauplätze: Die Stadt Zürich, wo Keller aufwuchs, Glattfelden, das Heimatdorf seiner Eltern, wo er in seiner Jugend oft die Sommerferien verbrachte, und München,*[4] *wo er 1840–1842 seinen ersten Deutschlandaufenthalt verbrachte, haben ihre Entsprechung in den drei hauptsächlichen Schauplätzen der fiktiven Romanhandlung: der Heimatstadt und dem Dorf, die namenlos sind, aber in der Schweiz liegen, und der eben-*

---

3   Ermatinger *1915*, Bd. 1.
4   Vgl. dazu Bruno Weber: Gottfried Keller in München. Warum und was er dort zu tun hatte. *In:* Zürcher Taschenbuch 2005. Zürich: Druckerei an der Sihl *2004, 201–271.*

falls namenlosen deutschen Kunststadt. Was die Kapitel angeht, die in dieser Kunststadt spielen, haben auch Vorkommnisse und Begegnungen von Kellers zweitem Deutschlandaufenthalt in Heidelberg und Berlin ihre Spuren hinterlassen. Wichtig an all diesen Schauplätzen sind neben der Topographie auch die politischen, kulturellen und sozialen Gegebenheiten.

– *Familienverhältnisse: Heinrich Lee und Gottfried Keller verlieren im Vorschulalter ihren Vater. Anders als sein Romanheld wuchs Gottfried Keller nach dem frühen Tod von vier weiteren Geschwistern mit seiner drei Jahre jüngeren Schwester, Regula Keller, auf. Außerdem heiratete seine Mutter 1826, zwei Jahre nach dem Tod ihres ersten Mannes, ein zweites Mal. In Glattfelden lebte die Familie von Kellers Onkel (mütterlicherseits), Johann Heinrich Scheuchzer, der allerdings nicht, wie der Onkel des Romanhelden, Pfarrer, sondern Arzt war. Einen höchstens indirekten Bezug gibt es zwischen Heinrichs Geliebter Anna und Henriette Keller, einer fernen Verwandten des Dichters, die 1838 19jährig starb.*[5]

– *Personen und Figuren: Aus Kellers Biographie sind, abgesehen von den Familienangehörigen, Personen bekannt, die man, partiell, als Vorbilder für wichtige Romanfiguren ansehen kann: Anna und Jakob Hotz (für Frau Margret und Vater Jakoblein), Johann Heinrich Egli alias „Hesibalg" (für den Lehrer, gegen den sich der angeblich von Heinrich angeführte Schülerprotest richtete), Johann Müller (für Heinrichs Brieffreund), Peter Steiger (für den Maler Habersaat), Rudolf Meyer (für Römer), Johann Heinrich Meyer (für Meierlein), Jakob Henle (für den Anthropologen, bei dem Heinrich in der deutschen Kunststadt Vorlesungen besucht).*

Das Verhältnis zwischen Biographie und Roman soll anhand des Themenkomplexes Malerkarriere exemplarisch untersucht werden. Dieser ist deshalb besonders aufschlußreich, weil die Keller-Biographen sich hier in besonders starkem Maße auf den Roman stützten, der die Malerkarriere seines Helden als einen Zusammenhang darstellt, während von derjenigen Kellers nur vereinzelte Zeugnisse überliefert sind. Viele Aussagen über den Maler Gottfried Keller erweisen sich bei näherem Hinsehen primär als Aussagen über den Maler Heinrich Lee.[6] *Mit einer beträchtlichen Zahl von Bildern*

---

5   Vgl. die Eintragung im Studienbuch Ms. GK 1, S. 97; HKKA 16.1, S. 202.
6   *Diese Gleichsetzung nimmt auch ein jüngst erschienener Keller-Artikel in einem Fachlexikon* (Biografisches Lexikon der Schweizer Kunst) *vor: Im* Grünen Heinrich, *dem*

– Gemälden, Aquarellen, Zeichnungen und Skizzen[7] – sowie den frühen Studienbüchern[8] haben sich allerdings vom Roman unabhängige Dokumente erhalten, welche Kellers Malerbiographie faßbar machen. Man nahm gerade diese Bilder zum Anlaß, den fiktiven mit dem realen Maler gleichzusetzen, glaubte man doch in einigen der im Roman erwähnten Werke Heinrich Lees solche Gottfried Kellers wiedererkennen zu können.[9] Diesen Übereinstimmungen wird im folgenden besondere Aufmerksamkeit geschenkt. Dabei sei vorweggenommen, daß eine mehr als nur punktuelle Übereinstimmung nur in einem einzigen Fall (‚Mittelalterliche Stadt‘) in der 2. Fassung auszumachen ist.[10]

Auch wenn Gottfried Keller in den frühen Studienbüchern in ganz unterschiedlichen Genres herumexperimentierte[11] und der Romanheld sich einmal als Bildnismaler im Nazarener-Stil versucht, konzentrieren sich der reale und der fiktive Maler gleichermaßen auf intime Landschaftsgemälde. Beide meiden Touristenstücke,[12] *d. h. Darstellungen von bekannten Partien des Landes, namentlich des Hochgebirges,[13] wie sie in der Schweizer Landschaftsmalerei der ersten Hälfte des 19. Jahrhunderts dominierten.*

Beim folgenden etappenweisen Vergleich ist zu berücksichtigen, daß ein Teil von Kellers bildkünstlerischem Schaffen als verloren zu gelten hat, sind doch die Arbeiten, welche er in München einem Trödler verkaufte, nicht in ihrer Gesamtheit von einem kunstsinnigen Sammler gerettet worden, wie das im Roman mit den Werken Heinrich Lees geschieht.[14]

„ersten realistischen Künstlerroman" der deutschen Literatur, ist sowohl seine eigene kurze Malerlaufbahn als auch die Situation junger Künstler in München Mitte des 19. Jahrhunderts beschrieben. Er schildert sein Scheitern als „Pinsler", der ohne Ausbildung vom Verkauf seiner Blätter zu leben versucht. *(Jost 1998, S. 562).*

7   *Ein Verzeichnis der malerischen Arbeiten G. Kellers, die sich zum größten Teil in der Graphischen Sammlung der Zentralbibliothek Zürich befinden (Inventar: ZB: GKN), gibt Schaffner 1923, S. 224–228.*

8   *Vgl. die Studienbücher Ms. GK 1 und Ms. GK 2 (HKKA 16.1).*

9   *Vgl. Hess 1995.*

10 *Die 2. Fassung geht in der Schilderung einzelner Bilder mehr ins Detail und dient hier als Referenzausgabe. Das Verweissystem der HKKA erlaubt es, die parallelen Stellen der Erstfassung leicht zu eruieren.*

11 *Vgl. dazu HKKA 29, Kap. 1.1.7 Besonderes: Zeichnen und Schreiben, S. 46–62.*

12 *Gottfried Keller: Ein bescheidenes Kunstreischen. In: Neue Zürcher-Zeitung, Nr. 81, 22.3.1882, Nr. 82, 23.3.1882 (HKKA 15).*

13 *Eine Ausnahme bildet hier Kellers Aquarell ‚Staubbach‘, bei dem es sich aber bezeichnenderweise um eine Kopie handelt (vgl. Schaffner 1923, Abb. 21, S. 59).*

14 *Vgl. dazu das Kapitel Provenienzen bei Weber 1990, S. 39–47.*

Das malende Kind; der Anfang der Malerkarrieren *Es existieren keine biographischen Dokumente, die darüber Aufschluß geben, warum Keller nach dem vorzeitigen Abbruch seiner Schulzeit sich für den Kunstmalerberuf entschied. Die ersten Zeugnisse, die auf den Entschluß hinweisen, sind die Briefe, in denen Elisabeth Keller im Sommer 1834 ihren Sohn in Glattfelden über die Bemühungen auf dem laufenden hielt, für ihn eine Lehrstelle in einem Maleratelier zu finden. An frühen Arbeiten sind von Gottfried Keller nur einige Kinder- und eine Schülerzeichnung (Der Schnepfenkönig u. a.; vgl. Abb. rechts, ‚Stilisierte Akanthusblätter')*[15] *überliefert. Im Roman wird ausführlich dargelegt, wie Heinrich mit der Malerei in Kontakt kommt und weshalb sie für ihn eine so große Anziehungskraft gewinnt. Daß Heinrich dann in einer späteren Krisensituation, bei der Ausweisung aus der Schule, den Entschluß faßt, Kunstmaler zu werden, erscheint als Konsequenz dieser frühen Erfahrungen. Es ist unmöglich abzuschätzen, was sich da von Kellers Biographie herleitet und was zur Motivation der Romanhandlung hinzuerfunden wurde.*[16]

Anläßlich der Faust-Aufführung, in der er als Meerkatze auftreten darf, beobachtet Heinrich einen Kulissenmaler bei der Arbeit (01.108.25–109.11), was der Erzähler mit der Bemerkung kommentiert, dem Knaben dämmere

Der Schnepfenkönig
Kolorierte Bleistiftzeichnung, 10,2 x 8,3 cm
ZB: Ms. GK 8a Nr. 7

---

[15] Vgl. Schaffner 1923, S. 224 (Verzeichnis der malerischen Arbeiten G. Kellers, Nr. 1 und 2) und Wysling 1990, S. 51–53.

[16] Um trotz fehlender Anhaltspunkte begreiflich zu machen, wie Keller Kunstmaler wurde, erzählt Emil Ermatinger ohne Quellenangabe nach, was der Grüne Heinrich diesbezüglich von seinem Helden berichtet, und führt damit vor, wie ein Biograph das literarische Werk ausschlachtet, um eine Überlieferungslücke zu schließen (vgl. Ermatinger, Bd. 1, S. 34f.).

hier die erste Einsicht in das Wesen der Malerei *(01.109.05 f.). Einige Zeit später versucht er sich selber als Maler, indem er ein Landschaftsgemälde kopiert (01.150.08–152.04), eine langwierige, stille Tätigkeit, die ihm erlaubt, das durch die Plünderung der Sparbüchse gestörte Einvernehmen mit der Mutter wieder herzustellen. Diese Arbeit wird als Vorspiel von Heinrichs späterer Tätigkeit als Landschaftsmaler ausführlich beschrieben. Schon eine gewisse Eigenständigkeit verrät eine Serie von poetischen Landschaftsaquarellen eigener Erfindung, in denen Heinrich Motive kombiniert, die er auf den Kacheln des Stubenofens und in* verjährten Damenkalendern *(01.173.28) seiner Mutter findet. In diesen Kompositionen kehrt immer die gleiche Wandererfigur wieder, womit der jugendliche Maler angeblich seine Person symbolisch in die interessanten Scenen* zu versetzen versuche *(01.174.13 f.). Diese Bilder kennzeichnen Heinrich als einen Nachfahren der Romantik, in deren Malerei – man denke an Caspar David Friedrich – häufig Wandererfiguren anzutreffen sind, die in die gleiche Richtung blicken wie der Bildbetrachter. Die kunsthistorische Reminiszenz wird durch die Bemerkung unterstrichen, daß Heinrich seine Figuren mit einem* grünen romantisch geschnittenen Kleide *(01.174.14) auszustatten pflege, womit natürlich auch ein Bezug zum Roman und der Inszenierung seines grün gekleideten Helden hergestellt wird.*

Entsprechungen zu diesem frühen Werkkomplex des Romanhelden lassen sich höchstens in Arbeiten Gottfried Kellers aufspüren, die nach dem vorzeitigen Ende von dessen Schulzeit entstanden sind. Dabei sind hier die wenigen Gesichts- und Figurenstudien von den zahlreicheren Landschaften streng geschieden.[17] *Eine Ausnahme bildet die rasch hingeworfene Schlußskizze zum Prosatext* Durch dornichtes Gesträuch ..., *auf der eine Figur in einer Landschaftsszenerie zu erkennen ist.*[18] *Aus einer noch späteren Phase (zwischen 1840 und 1843) stammt eine aquarellierte Landschaftskomposition, auf der ein Wanderer, eine Reisetasche auf dem Rücken (01.174.15), auftaucht, vielleicht das am eindeutigsten romantische Bild Kellers (vgl. Abb., S. 99).*[19]

Die Aufenthalte auf dem Dorf *Keller verbrachte schon während der Schulzeit wiederholt seine Sommerferien in der Familie seines Onkels Johann Heinrich Scheuchzer in Glattfelden, wo seine Eltern herstammten und wohin er*

---

17 Vgl. Studienbuch Ms. GK 1, S. 84 f. (HKKA 16.1, S. 174 f.).
18 Vgl. Studienbuch Ms. GK 1, S. 55 (HKKA 16.1, S. 119).
19 Schaffner 1923, S. 227 datiert die Entstehungszeit des Aquarells auf die Jahre 1840–1842, Weber 1990, S. 99 auf die Jahre 1842/43.

'Landschaft mit Gewitterstimmung'
Aquarell, 35,7 x 46,8 cm
ZB: GKN 50

*auch nach der Relegation aus der Schule im Sommer 1834 wieder zurückkehrte.*²⁰

Im Roman reist Heinrich nach dem Ausschluß aus der Schule erstmals aufs Land. Das gesellige Leben im Kreis der Verwandten und die Landschaft üben eine überwältigende Wirkung auf ihn aus. Unter Anleitung des zwar wenig kunsterfahrenen, dafür aber realitätskundigen Oheims unterzieht sich Heinrich erstmals dem Versuch, statt nach Bildern nach der Natur zu zeichnen. An einem gewaltigen Buchbaum (01.200.28) scheitert er noch, bringt dann aber die Zeichnung einer jungen Esche (01.202.29) zustande. Nach dem Vorspiel von Heinrichs Stubenmalerei festigt sich so der Entschluß, Landschaftsmaler zu werden. Später gibt der Onkel Heinrich den Auftrag, seine Besitzung, Haus, Garten und Bäume, genau und bedächtig zu zeichnen. Heinrich macht bei der rasch in Angriff genommenen Ausführung die Erfahrung, daß die allereinfachsten Dinge, [...] sogar die Ziegel auf dem Dache ihm ordentlich zu tun geben *(01.282.18–28). Am meisten Fleiß verwendet Heinrich jedoch auf das heimlich verfertigte, reich mit Blumen verzierte farbige Bildnis von Anna (01.321 f.). Die Malweise dieses Bildes wird*

---

20   Vgl. den Schüleraufsatz Sommerferien 1832; HKKA 18, S. 172–191.

als byzantinisch *(01.321.12) bezeichnet und läßt an die Kunst der Nazarener denken.*[21] *Dazu paßt, daß es nach seiner Entdeckung feierlich im* Orgelsaale *(01.330.19) des Schulmeister-Hauses aufgehängt wird.*

Von einem solchen Bildnis, ja überhaupt von einer Arbeit, die an die Kunst der Nazarener erinnert, ist im bildkünstlerischen Œuvre, das sich von Keller erhalten hat, nichts zu finden. In bezug auf Heinrichs Frauenbildnis ist das auch nicht weiter erstaunlich, steht dieses doch in Zusammenhang mit einer von Heinrichs Geliebten und fällt so in die Sphäre der erotischen *resp.* Liebessachen *des Buches, die laut der eingangs zitierten Briefauskunft Kellers* freie Novellen ohne biographische Grundlage seien. *Demgegenüber ist von Keller, unter anderem auch im Studienbuch Ms. GK 2, eine Anzahl von Zeichnungen mit Motiven aus Glattfelden und Umgebung erhalten.*[22] *Wahrscheinlich im Sommer 1834 entstand eine Zeichnung des ‚Scheuchzerhauses‘, des Hauses des Onkels. Das Blatt weist einen ungleichmäßigen Ausführungsgrad aus; sehr detailliert sind darauf die Ziegel der benachbarten Mühle wiedergegeben (vgl. Abb. unten).*[23] *Es ist nicht auszuschließen, daß die*

‚Scheuchzerhaus in Glattfelden‘
Bleistiftzeichnung, 22 x 36 cm
ZB: GKN 3

---

21   Vgl. Hess 1995, S. 382.
22   Vgl. Studienbuch Ms. GK 2, S. 10r, 11r, 14r, 14v (HKKA 16.1, S. 332 f.).
23   Weber 1990, S. 66, vermutet, es handle sich um eine *vorbereitende Skizze für eine Tuschpinselzeichnung*.

Zeichnung nur die Vorarbeit war für ein Bild in Farbe, das Keller vielleicht verschenkte, wie das für einen anderen Fall dokumentiert ist.[24]

Bäume, mit denen sich Heinrich Lee zu Beginn seines Aufenthalts auf dem Lande so sehr abmüht, waren eindeutig das Lieblingsmotiv des Landschaftsmalers Gottfried Keller. Ihnen galt auch sein Hauptinteresse während einer intensiven Schaffensphase im Sommer und Herbst 1843,[25] *die seine letzte werden sollte, und sie kehren in den Skizzen am Rande der Protokollnotizen des Staatsschreibers wieder.*[26]

Peter Steiger und Meister Habersaat *In Zürich einen kompetenten Lehrer für ihren Sohn zu finden, war für Elisabeth Keller unmöglich, mußte sie doch nach ihren Erkundigungen feststellen, daß nur ein einziger wo man sagen kann geschikter Mahler in Zürich tätig sei, welcher aber kein Lehrjung annihmt.*[27] *Dabei handelte es sich um Johann Jakob Wetzel (1781–1834), der zusammen mit den beiden Lory aus Bern (Gabriel Lory ‚père‘, 1763–1840, Gabriel Lory ‚fils‘, 1784–1846) die Prominenz unter den Schweizer ‚Kleinmeistern‘ bildete. Diese Maler spezialisierten sich auf Landschaften und Ortsansichten, die sie in Zeichnungen festhielten, welche dann in Kupfer gestochen und in hohen Auflagen verbreitet wurden (Wetzel veröffentlichte ein mehrbändiges Mappenwerk mit Veduten von Schweizer Seen). Die ‚Kleinmeister‘ gaben im äußerst bescheidenen künstlerischen Leben der Schweiz jener Jahre den Ton an, bevor die international beachtete Genfer Schule im Gefolge von François Diday (1802–1877) und Alexandre Calame (1810–1864)*[28] *dem großformatigen, stimmungsvollen realistischen Landschaftsgemälde zum Durchbruch verhalf. Als Mutter und Sohn nach Rücksprache mit einigen Freunden der Familie sich dafür entschieden, den von der Schule Gewiesenen bei Peter Steiger (1804–1874) in eine Art Lehre zu geben, war man sich offenbar bewußt, daß von Steiger und den übrigen Koloristen,*[29] *die in Zürich tätig waren, wenig zu halten sei, weshalb die besorgte Elisabeth Keller ihren Sohn vor die Alternative stellte: entweder*

---

24 Vgl. Keller an Elisabeth Keller, 28.8.1834: Die Melihartme-Familie ist schon eine Woche in ihrem neuen Pallaste. Ich habe denselben von 2 Seiten aufgenommen u ihn meinem H. Mehlhartmann verehrt, welcher die Zeichnungen sogleich an die Wand des neuen Hauses ankleibte. (Ms. GK 78 Nr. 1/2; GB 1, S. 14).

25 Vgl. ZB: GKN 59, 38, 62, 57, 58; Weber 1990, Abb. 4–7, S. 12–15.

26 Vgl. HKKA 29, S. 129 sowie Weber 1990, Abb. 75–78, S. 132 f.

27 Elisabeth Keller an Keller, 8.8.1834, Ms. GK 78 Nr. 2/5.

28 Keller besaß zwei Hefte mit Reproduktionen nach Calame (vgl. Gottfried Kellers Effektenliste von 1840, Kap. 3.2 Zusatzdokumente, S. 519).

29 Elisabeth Keller an Keller, 8.8.1834, Ms. GK 78 Nr. 2/5.

auch ein <u>Pfuscher</u> werden oder dein Köpfchen brechen, u ein andrer <u>Beruff</u> wählen.[30] *Steiger betrieb ein Atelier kommerziell-handwerklichen Zuschnitts und zählte Touristen und Gewerbetreibende zu seinen Kunden. Daß heute aus seiner Produktion nur ein einziges Blatt bekannt ist, ist ein Indiz dafür, daß seinen Arbeiten nie ein großer künstlerischer Wert zugemessen wurde;*[31] *wenn man heute seinen Namen noch kennt, so verdankt er dies einzig seinem berühmten Schüler.*

Das Bild, das man sich von dem historischen Peter Steiger heute noch machen kann, ist somit weit weniger plastisch, als dasjenige, das Keller im Grünen Heinrich *von Meister Habersaat zeichnet; unmöglich abzuschätzen, bis zu welchem Grad dieser jenen vertritt. Mehr Aufmerksamkeit als der Person von Habersaat schenkt der Roman seiner Firma, insbesondere der Einrichtung des Ateliers in einem alten Klostergebäude und der Arbeitsteilung, welche die Bilderproduktion in gesonderte Schritte zerlegt, die von unterschiedlichen, teilweise minderjährigen Arbeitern vollzogen werden. Ob es auch im Atelier von Steiger so zuging oder ob sich in der Darstellung des Romans anderweitige Erfahrungen Kellers mit frühindustrieller Kinderarbeit niedergeschlagen haben, ist nicht mehr zu entscheiden.*

In einer ersten Phase läßt Habersaat seinen Schüler eigene Arbeiten sowie reproduzierte Werke großer Meister kopieren, von denen die international bekannten Claude Lorrain, Salvator Rosa, Ruisdael *und* Everdingen *(01.273.13–15) genannt werden. Dann erlaubt er ihm, auf eigene Faust in der stadtnahen Landschaft nach der Natur zu zeichnen. Hier wird Heinrich zu dem, was die Überschrift des entsprechenden Kapitels in der zweiten Romanfassung einen* Schwindelhaber *nennt. Dieser zeichnet sich durch die Neigung aus,* irgendwo im Dunkel des Waldes sitzend, immer tollere und mutwilligere Fratzen von Felsen und Bäumen *zu erfinden (01.279.29–31).*

---

30 Ebd.
31 Vgl. Schweizerisches Künstler-Lexikon. Hg. von Carl Brun u. a. Frauenfeld: Huber 1905–1917, Bd. 3, S. 237. Bei dem erhaltenen Bild handelt es sich um die Lithographie Das eidgenössische Freischießen in Aarau, Juli 1849. (Dieses Schützenfest ist auch der Schauplatz von Kellers Fähnlein der sieben Aufrechten). Der Lexikon-Artikel stützt sich ausschließlich auf Sekundärliteratur zu Gottfried Keller. Im neueren Biographischen Lexikon der Schweizer Kunst (Jost 1998) findet sich kein Artikel mehr über Peter Steiger.

‚Les Chanteuses du Mois de May'
Aquarell nach Sigmund Freudenberger
ZB: GKN 8a

Von Keller haben sich namentlich in den Studienbüchern allerhand Versuche erhalten, bei denen es sich wohl um Kopien handelt; sie scheinen jedoch eher aus Interesse am jeweiligen Motiv als zu Übungszwecken angefertigt worden zu sein.[32] Anders verhält es sich mit zwei minutiös ausgeführten Kopien, deren Vorlagen allerdings nicht, wie die des ‚grünen Heinrich', von international renommierten Malern, sondern von zwei Lokalgrößen stammen: Sigmund Freudenberger (1745–1801) und Ludwig Vogel (1788–1879).[33] Ein ganz so skrupelloser Schwindelhaber wie der Heinrich des Romans scheint Gottfried Keller, den überlieferten Arbeiten nach zu schließen, nicht gewesen zu sein. Eine gewisse Neigung, in seinen Landschaften anthropomorphe Formen zu verstecken, verrät aber insbesondere die auf den 25. Dec. 1834 datierte Tuschzeichnung, welche Keller seinem Onkel Johann Heinrich Scheuchzer zum Weihnachtsgeschenk machte.[34]

---

32   Vgl. beispielsweise HKKA 16.1, S. 304, 319, 323, 341, 342, 343, 346, 358.
33   Kopie nach Freudenberger vgl. Abb. oben; Kopie nach Vogel, vgl. Schaffner 1923, Abb. 6, S. 35.
34   ‚Baumstudie mit Reh' (Privatbesitz), vgl. Abb., S. 105.

Rudolf Meyer und der Maler Römer *Relativ gut faßbar ist die Person von Kellers zweitem und wesentlich ausgewiesenerem Zürcher Lehrmeister, Rudolf Meyer (1803–1857).*[35] *Keller lernte ihn im Juni 1837 kennen und nahm zwischen November 1837 und März 1838 bei ihm bezahlten Privatunterricht. Der aus dem zürcherischen Regensdorf stammende Meyer hielt sich längere Zeit in Rom auf, was ihm nach seiner Rückkehr nach Zürich den Übernamen ‚Römer' eintrug, den Namen, den Keller der ihm nachgebildeten Romanfigur gab. Meyer mochte sich auch deshalb als Lehrer empfohlen haben, weil er von jenem Johann Jakob Wetzel unterrichtet worden war, den sich Keller als Lehrer gewünscht hatte. Meyer hielt seinen Schüler zu minutiösen Naturstudien an und unterrichtete ihn in der Aquarelltechnik. Die Ölmalerei mußte sich Keller später auf eigene Faust notdürftig selber aneignen. Als eine der Früchte des Unterrichts bei Meyer ist an Kellers Arbeiten insbesondere die vermehrte Berücksichtigung von Lichtverhältnissen zu beobachten.*[36]

Die Bedeutung des Lichts für die Malerei wird auch in den Romanpassagen unterstrichen, welche von der Begegnung und der Zusammenarbeit zwischen Römer und Heinrich handeln. An den Aquarellstudien, die der Lehrer aus Italien mitgebracht hat,[37] *fallen Heinrich insbesondere die köstlichen Merkzeichen des Tages, des Ortes und des Sonnenscheins (02.020.01 f.) auf. Wer im 19. Jahrhundert als Maler in Europa Karriere machen wollte, der kam fast nicht darum herum, nach Italien zu reisen:*[38] *Der Römer-Episode im* Grünen Heinrich *kommt so die Funktion zu, ein traditionelles Versatzstück einer Maler-Vita, den Italienaufenthalt, ins Spiel zu bringen, auf den Keller genau wie seine malenden Zeitgenossen und Landsleute Rudolf Koller (1828–1905) und Robert Zünd (1827–1909) dezidiert verzichtete.*[39]

Im November 1837 zahlte Gottfried Keller Rudolf Meyer den Betrag von 60 Gulden für den Malunterricht während eines halben Jahres. Dieser Unterricht dauerte indessen nur knapp vier Monate, da der Lehrer im

---

35 Die Zentralbibliothek Zürich bewahrt Meyers künstlerischen Nachlaß auf; auch haben sich Dokumente zur Krankengeschichte Meyers erhalten, der nach vorübergehenden Klinik-Aufenthalten die Jahre zwischen 1845 und seinem Tode (1857) als Geisteskranker im alten Spital in Zürich verbrachte. Vgl. Schaffner 1923, S. 233–252.
36 Vgl. Schaffner 1923, S. 56.
37 Schaffner 1923, S. 238 f. wirft die Frage auf, ob der Schilderung von Römers Italien-Bildern tatsächlich seither verlorene Arbeiten Rudolf Meyers zugrunde lagen und nicht viel eher Aquarelle J. J. Wolfensbergers, welche an einer viel beachteten Ausstellung im Sommer 1838 in Zürich gezeigt wurden.
38 Hans-Peter Wittwer: Schweizer Künstler des neunzehnten Jahrhunderts in Rom. In: Anker bis Zünd 1998, S. 369–375.
39 Vgl. ebd., S. 372.

‚Baumstudie mit Reh'
Tuschzeichnung, 28 x 20 cm
Privatbesitz (vgl. S. 103)

März 1838 Zürich unerwartet verließ. Keller und seine Mutter glaubten sich geprellt,[40] *worauf Elisabeth Keller eine Teilrückzahlung des Honorars forderte. Der Brief der Mutter, der diese Forderung enthielt, wurde von Keller vermutlich nicht weitergeleitet.*[41] *Ganz anders im Roman: Die entsprechende Rückerstattungsforderung wird gestellt, was sich so katastrophal auf die ohnehin schon angeschlagene geistige Gesundheit des Malers auswirkt, daß dieser endgültig in einem französischen Irrenhaus verschwindet. Die Schuld, die Keller von sich abzuwenden wußte, lädt der Romanheld auf sich, so daß wir es hier mit jener Umkehrrelation zwischen Biographie und Romangeschehen zu tun haben, mit welcher im* Grünen Heinrich *auch immer gerechnet werden muß.*

Im Roman werden keine Einzelwerke beschrieben, die Heinrich unter Römers Anleitung malt, sondern lediglich die Stationen des Unterrichts charakterisiert: Kopieren von Naturstudien, Zeichnen nach der Natur, Kopieren ganzer Kompositionen, Entwerfen von Kompositionen aufgrund eigener Studien.

Unter den erhaltenen Werken Gottfried Kellers befinden sind zahlreiche Blätter, vorwiegend Aquarelle, bei denen man aufgrund genauer Datierungen annehmen kann, daß sie nach Vorlagen Rudolf Meyers (etwa ‚Südliche Herbstlandschaft mit Wasserfall')[42] *oder unter dessen Anleitung (etwa ‚Brunnen auf dem Stock') entstanden sind.*

Studienaufenthalt in der deutschen Kunststadt *Noch vor Düsseldorf war München im 19. Jahrhundert der attraktivste Ausbildungsort für angehende Künstler aus der deutschen Schweiz. In der Schweiz gab es keine Stadt, in der so viele Schweizer Künstler lebten wie in München.*[43] *Es lag für Keller daher nahe, dort seine noch sehr rudimentäre Ausbildung weiterzuführen. Die zweieinhalb Jahre, die Keller vom April 1840 bis zum November 1842 in München zubrachte, führten dann allerdings nicht zum gewünschten Erfolg.*[44] *Keller kam hier zwar in Kontakt mit alter und neuer Kunst, die er*

40 Vgl. Keller an Elisabeth Keller, 14.8.1841, Ms. GK 78 Nr. 1/18; GB 1, S. 49.
41 Vgl. Baechtold, Bd. 1, S. 58–61. – Der Brief (Ms. GK 8 Nr. 3a) hat sich in Kellers Nachlaß erhalten. Die geringe Vergilbung der Innenseite läßt darauf schließen, daß Keller ihn ungeöffnet zurückbehielt.
42 Vgl. Abb., S. 107. – Zur Vermutung, daß es sich um eine Kopie handelt, vgl. Schaffner 1923, S. 55. – Wie aus der Effektenliste von 1840 hervorgeht, scheint Keller Radierungen Meyers mit nach München genommen zu haben (vgl. Kap. 3.2 Zusatzdokumente, S. 519).
43 Markus Schöb: Schweizer Künstler in München. In: Anker bis Zünd 1998, S. 345–350.
44 Vgl. dazu Baechtold, Bd. 1, S. 121–123. – Diese Zeit ist dank des Briefwechsels mit der Mutter verhältnismäßig gut dokumentiert.

'Südliche Herbstlandschaft mit Wasserfall'
Aquarell, vermutlich nach Rudolf Meyer
ZB: GKN 20

studieren konnte, nicht aber mit einem Lehrer, der ihn in seiner Arbeit hätte vorwärts bringen können. Die Tür zu der von Peter von Cornelius (1783–1867) und Wilhelm von Kaulbach (1805–1874) geleiteten Akademie blieb ihm verschlossen, was er deshalb leicht verschmerzen zu können glaubte, weil dort ohnehin keine Landschaftsmalerei gelehrt wurde. Keller fand aber auch sonst kaum Anschluß an einen Maler von Rang. Carl Rottmann (1797–1850), dessen Landschaftsgemälde vorbildhaft für ihn waren, lernte er nicht persönlich kennen. Auch nicht in Kontakt trat Keller zum erfolgreichsten Schweizer Landschaftsmaler im München jener Jahre, zu dem aus dem zürcherischen Wädenswil stammenden Gottfried Steffan (1815–1905). Einmal suchte Keller bei einem seiner wenigen deutschen Bekannten, dem Maler Julius Lange (1817–1878), professionellen Rat. Dieser verwendete den ihm vorgelegten Entwurf in einer eigenen Landschaftskomposition, für die er auch einen Käufer fand, wogegen Keller die eigene Arbeit schließlich gar nicht ausstellen konnte, weil er sie beim unvorsichtigen Trocknen am Ofen versengte.[45] Materielle Not zwang Keller schließlich dazu, seine künstleri-

---

45 Vgl. Baechtold Bd. 1, S. 118 sowie Keller an Elisabeth Keller, 21.3.1842, Ms. GK 78 Nr. 1/26; GB 1, S. 78. – Zu Lange vgl. Weber 1990, Abb. 41, S. 71.

*sche Habe bei einem Trödler loszuschlagen. Von den verkauften Arbeiten
sind nur vereinzelte Blätter später wieder aufgetaucht.*

*Eine wichtige Rolle in Kellers Münchner Zeit spielte die Geselligkeit mit
Landsleuten (Gottfried Steffan bemerkte später maliziös, daß Keller in den
1840er Jahren in München zechte und malte*[46]*). Keller war Mitglied der
Schweizer Gesellschaft, deren Kneipzeitung er redigierte und zu der er meist
skurrile Texte beisteuerte, die er in seinen Studienbüchern entwarf.*[47] *Überhaupt scheinen Kellers wichtigste Bezugspersonen in München zur Hauptsache Schweizer gewesen zu sein. In seiner Arbeit griff er wiederholt auf
Studienblätter und Motive zurück, die aus der Schweiz stammten*[48] *– eine
Art gemalter* Heimatsträume.

*Auch der Romanheld Heinrich Lee findet in der Kunststadt keinen Lehrer,
auch er wird stark vom geselligen Leben absorbiert, auch er gerät in materielle Not und muß sich von seinen eigenen Arbeiten trennen. Die Forschung
hat sich seit Jakob Baechtold darum bemüht, auch hier bis in die Details
den Zusammenhang zwischen den Biographien des Romanhelden und des
Autors auszuleuchten.*[49] *Die Unterschiede sind aber signifikant. Heinrich
findet mit dem Dänen Erikson und dem Holländer Lys zwei weitgereiste
Freunde, die es in ganz unterschiedlichen Sparten der Malerei zu etwas bringen und Heinrich immer wieder mit sich und seinen Werken konfrontieren.
Sie führen Heinrich ins Künstlermilieu ein, wo er eine gewisse Weltläufigkeit
kennenlernt. Nach ihrem Wegzug vereinsamt Heinrich völlig; zu Landsleuten hat er keinen Kontakt. Eine unmittelbarere Ausbeute biographischen
Materials dagegen zeigt die Episode, in welcher ein eben im Flor stehender
Landschafter (03.035.19 f.) Heinrich bei der Anfertigung eines Landschaftsbildes von bescheidenem Umfang, dessen Verkauf nicht von vornherein
unwahrscheinlich war (03.035.06–08) berät, um darauf den Entwurf mit
überlegenem Können zu plagiieren.*

*Die ausführliche Beschreibung von Werken, die Heinrich in der deutschen Kunststadt malt, ist ein Zusatz der zweiten Romanfassung, welche
die Gegenüberstellung der drei Malerfreunde Erikson, Lys und Lee stark*

---

46 Vgl. *Rudolf Steffan:* Johann Gottfried Steffan, Landschaftsmaler. *In:* Neujahrsblatt der Zürcher Kunstgesellschaft. *Zürich 1909, S. 23.*
47 Vgl. *HKKA 16.1, S. 317–438.*
48 *Darüber geben die Bildertitel Aufschluß. Vgl. unten, Anm. 51.*
49 *Eine biographische Grundlage haben beispielsweise das* Flötenwunder, *eine Episode, die in die 2. Fassung des Romans eingefügt wurde, und die Schilderung von Heinrichs Arbeit als Fahnenstangenmaler (vgl. dazu Baechtold, Bd. 1, S. 124).*

*ausbaut und szenisch gestaltet.*⁵⁰ *Heinrichs Arbeiten befinden sich alle noch im Stadium der Vorzeichnung.* Es handelt sich um zwei große Kartons, von denen der erste eine altdeutsche Auerochsenjagd in einem von Formen angefüllten gewaltigen Bergthale *zeigt, der andere einen* germanischen Eichenwald mit Steinmälern, Heldengräbern und Opferaltären *(02.156.05–07). Kleineren Formats sind ein Bild, das Heinrichs* Heimatsgegend zur Zeit der Völkerwanderung *(02.157.32) darstellt, sowie eine* sozusagen geologische Landschaft *(02.158.05), welche einer religiösen Allegorie mit Moses und dem Jesuskind als Bühne dient.*

*Unter den Arbeiten Gottfried Kellers, die sich nach dem Gang zum Trödler aus der Münchner Zeit noch erhalten haben, befinden sich unter anderem ein halbes Dutzend Ölgemälde.*⁵¹ *Man sucht hier vergeblich nach direkten Entsprechungen zu den Bildentwürfen Heinrich Lees, wie sie in der 2. Fassung des Romans beschrieben werden. Es lassen sich lediglich punktuelle Übereinstimmungen ausmachen. So finden sich auf den beiden 1843 entstandenen Tempera-Gemälden, die unter dem Titel 'Ossianische Landschaften' bekannt sind, vereinzelte Eichen und ein frühgeschichtliches Heldengrab.*⁵² *Die 'Heroische Landschaft', Kellers malerisches Hauptwerk, zeigt ausgedehnte Eichenwälder, die hier jedoch nur ein landschaftliches Element unter anderen (Felsen, Gewässer, mächtige Wolkenformationen) bilden, so daß es sich bei dem Gemälde um weit mehr als ein bloßes Waldstück handelt.*⁵³ *Zwar lassen sich beim Vergleich mit den Schilderungen von*

50 *In der 2. Fassung werden fünf Bilder Heinrichs zum Teil ausführlich beschrieben (02.156.04–158.24), während in der 1. Fassung lediglich einige der von Heinrich bevorzugten Motive aufgezählt werden (12.117.20–31). Hier liegt der Schwerpunkt auf einem ausführlichen Erzählerkommentar, welcher zur Hauptsache die weltanschaulichen Grundlagen von Heinrichs Malerei zum Gegenstand hat. Was von diesen Kommentaren in der 2. Fassung nicht entfällt, wird Lys in den Mund gelegt (02.158.26–160.13).*

51 *Weber 2005, S. 217 spricht von sieben Gemälden, zählt dann aber nur deren sechs auf: 'Flußlandschaft mit Ruine' (Privatbesitz), Schaffner 1923, Abb. 36, S. 115; 'Zürcherische Landschaft' (Privatbesitz), Weber 1990, Abb. 28, S. 48; 'Aussicht vom Hottingerberg auf das Limmattal' (Kunstmuseum St. Gallen), ebd., Abb. 30, S. 50; 'Felsige Waldpartie' (ZB: GKN 76), ebd., Abb. 33, S. 56; 'Uferlandschaft mit Angler' (GKN 75), ebd., Abb. 97, S. 170; 'Heroische Landschaft' (GKN 68), ebd., Abb. 45, S. 75.*

52 *Vgl. ZB: GKN 54 und 55; Abbildungen: vgl. HKKA 31, S. 42 f., Weber 1990, Abb. 34 und 35 (in Farbe), S. 60 f. – Die an dieser Stelle sehr viel pauschaler verfahrende 1. Fassung weist im einzelnen noch mehr Berührungspunkte mit der 'Heroischen Landschaft' und den (nach dieser Beschreibung so benannten) 'Ossianischen Landschaften' auf: ossianische oder nordisch mythologische Wüsteneien, zwischen deren Felsenmälern und knorrigen Eichenhainen man die Meereslinie am Horizont sah, düstere Haidebilder mit ungeheuren Wolkenzügen, in welchen ein einsames Hünengrab ragte (12.117.21–25).*

53 *Vgl. ZB: GKN 68, Weber 1990, Abb. 45, S. 75; vgl. auch HKKA 29, S. 54–56.*

Heinrich Lees Landschaftsbildern gewisse Übereinstimmungen feststellen, namentlich in einem Kompositionsverfahren, das unterschiedliche Elemente zu einem sprechenden Arrangement zu vereinigen liebt, und in der Motivik. Der Romantext betont aber, daß Heinrich mit diesen forcierten Arrangements nur seine mangelhaften technischen Fertigkeiten zu kompensieren versuche und außerstande sei, die Entwürfe auszuführen. Dies gestattet es dem Leser nicht, Heinrich ein Werk von der Qualität der ‚Heroischen Landschaft' zuzutrauen. Heinrichs Dilettantismus wird zusätzlich durch den Umstand hervorgehoben, daß er einen Malerfreund mit der Ausführung der Staffagefiguren beauftragen muß, die in der religiösen Allegorie der geologischen Landschaft eine tragende Rolle spielen, wogegen sie in den Gemälden Kellers selten und in der ‚Heroischen Landschaft' überhaupt nicht auftauchen. Keller nimmt also mit den Bildern, die er hier seinem Romanhelden andichtet, zwar durchaus Bezug auf seine eigenen Gemälde, jedoch auf eine karikierende Weise.

Auffallend bei der Gegenüberstellung von realen und fingierten Bildern ist zudem, daß Heinrichs Gemälde einen stärker erzählenden Charakter haben als diejenigen, die wir von Keller kennen. Die Bildbeschreibungen nehmen den Charakter von Erzähltexten an, die leicht in den Roman eingefügt werden können und dessen Handlung weitertreiben. Das zeigt das Beispiel der geologischen Landschaft, die Lys zu einem polemischen Kommentar herausfordert und den religiösen Disput in Gang setzt, der schließlich im Duell der beiden Malerfreunde endet.

Die Bedeutung erzählerischer Aspekte zeigt sich auch bei der Schilderung eines weiteren Bildes, das die drei Freunde in Heinrichs Wohnung begutachten. Die Beschreibung schreitet das Bild gleichsam ab und überführt das, was man sich nebeneinander zu denken hat, in eine erzählerische Abfolge:

> Eine von gewaltigen breiten Linden umgebene kleine Stadt baute sich zwischen den Stämmen und aus den Wipfeln heraus an einer Berglehne hinan, dicht gedrängt mit zahlreichen Türmen, Giebelhäusern, Wimpergen, Zinnen und Erkern. Man sah in die engen, krummen und mit Treppen verbundenen Gassen hinein, auf kleine Plätze, wo Brunnen standen, und durch die Glockenstuben des Münsters hindurch, hinter welchen die hellen Sommerwolken zogen, wie auch hinter den offenen Trinklauben, die sich in die Luft hinaus profilierten und Gesellschaften kleiner Männlein meiner eigenen Arbeit beherbergten. (02.156.29–157.07)

‚Mittelalterliche Stadt'
Bleistift und Feder, 90 x 157 cm
ZB: GKN 60 (vgl. S. 110–112)

Die Sätze leiten nicht nur eine der ausführlichsten Bildbeschreibungen im Grünen Heinrich *ein, sondern auch die einzige, die man unmittelbar auf eine Arbeit Gottfried Kellers beziehen kann: auf den Karton der ‚Mittelalterlichen Stadt'* [54]*, der, genau wie die Zeichnung Heinrichs, auch nicht mehr als eine sehr detaillierte Vorzeichnung darstellt. Kellers Karton ist jedoch nicht in München, sondern 1843 in Zürich entstanden. Die ‚Mittelalterliche Stadt' ist nicht nur das einzige Bild Gottfried Kellers, das derart direkt in eine Beschreibung im Roman übergegangen ist, es ist auch das einzige erhaltene Bild, das fraglos mit einem jener verbal formulierten Bildentwürfe in Zusammenhang steht, die Keller in seinem zweiten Studienbuch oder – wie in diesem Fall – in seinem* Tagebuch *von 1843 festhielt.* [55] *Das Motiv hat somit mehrfach die Mediengrenze überschritten, und es spricht einiges dafür, auch die Schilderung von Heinrichs Heimatstadt zu Beginn der 1. Fassung des* Grünen Heinrich *(11.020.29–021.19) damit in Zusammenhang zu bringen; diese wurde in der überarbeiteten Fassung gestrichen, in der stattdessen die ‚Mittelalterliche Stadt' als Gemälde Heinrichs auftaucht.* [56]

Das am ausführlichsten beschriebene und kommentierte Bild des Grünen Heinrich *ist das ungegenständliche Kritzelbild, an dem Heinrich im Katzenjammer nach dem Künstlerfest tagelang gedankenverloren herumstrichelt (02.262.29–264.07). Die Episode ist als sprechende Illustration von Heinrichs innerem Zustand auf so plausible Weise in der Romanhandlung integriert, daß man sich nicht gedrängt fühlt, auch für diese kühne Konstruktion nach einem Vorbild im bildkünstlerischen Schaffen Kellers zu suchen. Mit dessen ‚Berliner Schreibunterlagen'* [57] *haben sich allerdings Dokumente erhalten, die sich einem ähnlich gedankenverlorenen Vor-Sich-Hinkritzeln zu verdanken scheinen wie das Bild im Roman. In beiden Fällen wird die Feder verwendet. Anders aber als Heinrichs ins Ungegenständliche vorstoßendes Kritzelbild*

---

54   *Vgl. Abb., S. 111; vgl. auch HKKA 31, S. 39 sowie Bruno Weber:* Gottfried Keller. Mittelalterliche Stadt. *Luzern: Ars Collect 1990.*

55   *Vgl.* Tagebuch, *8. August 1843, 29.16–30.17 (HKKA 18, S. 73 f.) und dazu HKKA 31, S. 40. – Grundsätzliches zu diesen Entwurfsnotizen HKKA 29, S. 55 f.*

56   *Zu diesen Wanderungen des Motivs vgl. Müller 1988, S. IX–XIV und Weber 1990, S. 80–90. – Keller schenkte in seinem Todesjahr 1890 den Karton der ‚Mittelalterlichen Stadt' Wilhelm Petersen, der nicht müde geworden war, in jährlichen Briefen an Keller seiner Begeisterung über den* Grünen Heinrich *(in der 1. Fassung) Ausdruck zu verleihen (Dok).*

57   *Ms. GK 8b und 8c; Weber 1990, Abb. 59–63, S. 102–105, sowie die elektronische Edition (CD). – Zum Zusammenhang zwischen dem Kritzelbild und den Schreibunterlagen vgl. Hess 1995, S. 389 f.*

finden sich auf den Schreibunterlagen lauter entzifferbare Schriftzeichen und zeichnerische Elemente gegenständlichen Charakters.[58]

Der Abschluß der Malerkarriere *Den eklatantesten Unterschied im äußeren Verlauf der Malerkarrieren von Gottfried Keller und Heinrich Lee bildet die Tatsache, daß diejenige des Autors im Sand verlaufen ist, während die des Romanhelden zu einem dezidierten Abschluß kommt. Heinrich beschließt in der Kunststadt, das Malen aufzugeben, in die Heimatstadt zurückzukehren und sich dort ein neues Betätigungsfeld zu suchen. Der unvorhergesehene Aufenthalt auf dem Grafenschloß gibt ihm Gelegenheit, seinen Entschluß mit dem Gastgeber ausführlich zu besprechen und beim Malen von zwei letzten Gemälden in aller Form von der Kunst Abschied zu nehmen (03.171.05–07, 03.186.08–10). Bei der Heimkehr in die Heimatstadt wird er mit dem Tod seiner Mutter konfrontiert, dem in der 1. Fassung des Romans der eigene Tod folgt. Auch wenn in der 2. Fassung diese letzte Konsequenz nicht mehr gezogen wird, bleibt der Abschied von der Kunst unwiderruflich. Heinrich bringt zwar noch den zweiten Teil seiner Lebensgeschichte auf das Papier (03.281.12–15), ohne daß damit jedoch eine künstlerische Absicht verbunden wäre.*

Daß die Malerkarriere des Romanhelden scheitern muß, stand für seinen Autor offenbar von Anfang an fest.[59] *Der grüne Heinrich teilt diesen Ausgang mit der Mehrzahl der Künstler- und speziell der Malerromane, welche in der deutschen und mehr noch in der französischsprachigen Literatur des 19. Jahrhunderts schon fast eine literarische Modeerscheinung waren.*[60] *Gerade der Romanschluß führt vor Augen, daß die Darstellung der Malerkarriere im Roman nicht lediglich von dem darin verarbeiteten biographischen Material geleitet ist, sondern auch von einem literarischen Topos. Das unterstreicht*

---

58   Vgl. Villwock 2000, der die ‚Große Berliner Schreibunterlage' als Bildergeschichte liest.
59   Vgl. Kellers Roman-Exposé in seinem Brief an Vieweg vom 3.5.1850 (Dok).
60   *In der breiten Literatur zum Malerroman befassen sich explizit mit der Häufung der tödlichen Romanausgänge: Werner Hoffmann: Der Künstler als Kunstwerk. In: Deutsche Akademie für Sprache und Dichtung. Jahrbuch (1982), H.1, S. 50–65, und Angelica Rieger: Alter ego. Der Maler als Schatten des Schriftstellers in der französischen Erzählliteratur von der Romantik bis zum Fin de siècle. Köln u. a.: Böhlau 2000. – Keller kannte zumindest vereinzelte der zahlreichen Künstler- und Malererzählungen E.T.A. Hoffmanns, welche meist mit dem Tod des Helden enden. Wahrscheinlich kannte er auch die von Hoffmann angeregte Erzählung* Le chef d'oeuvre inconnu *von Honoré de Balzac (vgl. Studienbuch Ms. GK 2, S. 45r.14; HKKA 16.1, S. 433). Erst im Vorfeld der Umarbeitung des* Grünen Heinrich *lernte er Eduard Mörikes* Maler Nolten *kennen; vgl. Keller an Paul Heyse, 26.12.1876/1.3.1877 (Ms. GK 78c Nr. 1/12; GB 3.1, S. 26).*

Keller, wenn er 1876 – wohl eher in der Absicht, sein Werk zu erklären, als verläßliche biographische Angaben zu liefern – festhält, daß die Romankonzeption vom Plan ausgegangen sei, einen traurigen kleinen Roman zu schreiben über den tragischen Abbruch einer jungen Künstlerlaufbahn[61], *und daß sich erst bei der später erfolgten Niederschrift die Ausbeute des eigenen biographischen Materials aufgedrängt habe.*[62]

Es ist auffallend, daß der ausführlich geschilderte Aufenthalt auf dem Grafenschloß, der für den Abschied von der Malerei eine so bedeutende Rolle spielt, der einzige wichtige Abschnitt im Leben der Romanfigur darstellt, für den es in der Biographie des Autors überhaupt keine faktische Entsprechung gibt. Zwar ist zu konstatieren, daß Keller von 1844 an, als er seine ersten Gedichte veröffentlichte, nur noch gelegentlich zeichnete oder aquarellierte und die Ölmalerei ganz aufgab. Den bestimmten Entschluß aufzuhören scheint er aber nie gefaßt zu haben. Aus den widersprüchlichen Aussagen, die von Keller hierzu überliefert sind, scheint hervorzugehen, daß er die Malerei zwar nicht mehr als seinen Beruf ansah, vorderhand jedoch nicht ausschließen wollte, später noch einmal zu ihr zurückzukehren. Am 16. September 1845 schrieb er beispielsweise an Rudolf Leemann, einen Maler-Freund aus der Münchner Zeit: Das Malen ist nun an den Nagel gehängt, wenigstens als Beruf.[63] *Weniger entschieden äußerte er sich in einer erst postum veröffentlichten autobiographischen Notiz vom 22. März 1847:* Ob ich wirklich zum Dichter geboren bin und dabei bleiben werde, ob ich wieder zur bildenden Kunst zurückkehren oder gar beides miteinander vereinigen werde, wird die nähere Zukunft lehren. *(Lebenslauf 1847)*

Die Romanpartien, welche das Ende von Heinrich Lees Malerkarriere zum Gegenstand haben, weichen von Kellers Maler-Leben am stärksten ab. Die novellistische Erfindung und Abrundung, *die im Roman konsequent auf den von vornherein feststehenden* cypressendunkeln Schluß[64] *zusteuert, setzt sich von der zufälliger verlaufenden Malerkarriere Kellers ab. Die romanhafte Umstilisierung scheint auf die biographische Grundlage insofern eine gewisse Rückwirkung gehabt zu haben, als sie diese in ein bestimmtes Licht rückte und für sie eine plausible Deutung anbot. Keller*

---

61   Autobiographisches *1876/77, II, S. 9.*
62   Vgl. Autobiographisches *1876/77, II, S. 9:* [...] wie ich aber etwas vorrückte, fiel mir ein, die Jugendgeschichte des Helden oder vielmehr Nichthelden als Autobiographie einzuschalten mit Anlehnung an Selbsterfahrenes und Empfundenes. Ich kam darüber in ein solches Fabuliren hinein, daß das Buch vier Bände stark und ganz unförmlich wurde.
63   *Keller an Rudolf Leemann, 16.9.1854, GB 1, S. 233.*
64   Autobiographisches *1876/77, II, S. 9.*

scheint das durchaus einkalkuliert zu haben. Auffällig oft gab er in den frühesten, noch vagen Verlautbarungen über den Grünen Heinrich seiner Hoffnung Ausdruck, daß ihn die Arbeit an dem Roman zu einem Abschluß einer gewissen Reihe von Erfahrungen *führen könne*.[65] Die Schlußwendung des Romans deutete Keller selber als eine Art Extrapolation der biographischen Grundlage, als er am 4. März 1851 an Hermann Hettner (Dok) zu seinem Henri vert bemerkte:

> Ich habe bei diesem Unglücklichen das gewagte Manöver gemacht, daß ich meine eigene Jugendgeschichte zum Inhalt des ersten Theiles machte, um dann darauf den weiteren Verlauf des Romanes zu gründen, und zwar so, wie er mir selbst auch hätte passiren können, wenn ich mich nicht zusammengenommen hätte.

Der fertige Roman stellt die Malerkarriere seines Helden als eine Abfolge von Niederlagen dar, welche die wenigen und bescheidenen Erfolge immer rasch wieder zunichte machen.[66] Hat sich Keller damit selber den Nachweis erbracht, daß seine eigenen malerischen Versuche zum Scheitern verurteilt waren und er so dieses Kapitel als beendet ansehen könne? Jedenfalls unternahm er nach der Arbeit am Grünen Heinrich nie mehr die geringsten Anstrengungen, zu seinem ersten Beruf zurückzukehren, und griff nur noch zum Zeitvertreib, oder wenn er einmal mit einem persönlichen Geschenk aufwarten wollte, zum Zeichenstift oder zum Aquarellpinsel.[67]

Die beiden Bilder, die Heinrich Lee auf der Rückreise während seines Aufenthaltes auf dem Grafenschloß noch malt, um mit dem Anstand eines freien Entschlusses (03.171.01 f.) von der Malerei Abschied zu nehmen, werden zwar nicht beschrieben, aber kommentiert:

> Sie waren freilich keine Meisterwerke, aber auch nicht gehaltlos und konnten ebensowohl einen Fortschritt als den Stillstand begrenzter Fähigkeit in sich bergen, das ewige Ausruhen von einem einmaligen

---

65   Keller an F. A. Brockhaus, 28.5.1849, Dok. – Es ist anzunehmen, daß dazu die Erfahrungen *mit der bildenden Kunst zumindest auch gehörten. In Heidelberg führte die Begegnung mit Ludwig Feuerbach auch einen* Abschluß *im Bereich der religiösen Erfahrungen herbei.*

66   Vgl. Weber 2005, wo der Grüne Heinrich als ein Roman bezeichnet wird, worin geschrieben steht, wie und warum einer kein Maler werden kann (S. 134–146, hier S. 136).

67   Etliche Zeichnungen finden sich auch in den Brouillons zu den Regierungsratsprotokollen, die Keller als Staatsschreiber zu führen hatte (vgl. oben, S. 101 und ebd., Anm. 26). 1873 entstanden zwei Aquarelle, die Keller Marie Exner schenkte; vgl. Weber 1990, Abb. 70 und 72, S. 122 und 124.

Anlaufe, wo der Anläufer in sich gegangen ist und am Wegbord der goldenen Mittelstraße, der vielbegangenen, sitzen bleibt. *(03.239.10–15)*.

Die Hoffnung auf Abschluß einer gewissen Reihe von Erfahrungen *kannte auch der junge Gottfried Keller, knüpfte sie aber, wie erwähnt, an sein literarisches Projekt. Im Gegensatz zum Romanhelden führte er seine Malerkarriere nicht malend, sondern schreibend an ihr Ende. Nicht irgendwelche Bilder Gottfried Kellers stellen so das Pendant zu den Abschlußgemälden Heinrich Lees dar, sondern der Erstlingsroman* Der grüne Heinrich, *ein Werk, das mit seiner überragenden Qualität ausbricht aus der* goldenen Mittelstraße *und nicht einen resignierten Schlußstrich zieht, sondern den Grundstein legt zu einem bedeutenden erzählerischen Œuvre.*

2.3 REZENSIONEN ZUM „GRÜNEN HEINRICH"

Gottfried Kellers Œuvre entstand in einer Zeit, in der das Rezensionswesen – im Zuge des Wachstums von Zeitungs- und Zeitschriftenindustrie – einen enormen Aufschwung nahm.[1] *Das Jahr 1848 gab dafür wichtige Impulse und kann als Beginn eines neuen Zeitabschnitts der Pressegeschichte im allgemeinen und der Literaturkritik im besonderen betrachtet werden.*[2]

Die Einführung des Feuilletons, der Aufschwung der Kulturzeitschriften (‚Revuen') und etwas später der Unterhaltungs- und Familienzeitschriften schuf neue Publikationsmöglichkeiten. Die zunehmende Institutionalisierung der Literaturkritik, zu der auch eine gewisse Professionalisierung ihrer Akteure gehörte, wurde begünstigt durch das von (kultur-)nationalem Denken und Bildungsoptimismus geprägte geistige Klima. Zwischen den Sphären der Literatur, der Literaturkritik und der Literaturwissenschaft bestand eine hohe Durchlässigkeit. Viele Rezensenten, Redakteure und Zeitschriftenherausgeber betätigten sich gleichzeitig als Schriftsteller; die meisten Schriftsteller verfaßten, wie Keller selbst,[3] *mindestens gelegentlich auch Rezensionen.*

Die Rezensionen zu Gottfried Kellers Werken sind sehr zahlreich, und sie stellen eine ausgezeichnete Quelle für die Erforschung von deren Rezeption dar. Die HKKA gibt eine große Zahl davon in der elektronischen Edition (CD) wieder.[4]

Keller maß der Literaturkritik große Bedeutung bei – da es einmal nicht darohne geht[5] *– und kümmerte sich selber stets aktiv um den Versand von Rezensionsexemplaren. Rezensionen, von denen er Kenntnis erhielt, gaben ihm Anlaß zu aufschlußreichen Rechtfertigungsversuchen und Selbstkommentaren in seiner Korrespondenz, häufig sogar im direkten Briefwechsel mit den Rezensenten.*[6] *Darüber hinaus sind Rezensionen auch als werkbestimmende Einflußfaktoren von Bedeutung: Keller berücksichtigte die*

---

1   Vgl. Hohendahl 1984 und Anz/Baasner 2004.
2   Vgl. Obenaus 1986, S. 1 und Zens 2004, S. 80.
3   Vgl. Luck 1970; zu Kellers Rezensionen über Werke Gotthelfs (Gotthelf 1849/1851/1852/1855) vgl. Stocker 2006.
4   Die Sammlung in der elektronischen Edition (CD) enthält vorwiegend Rezensionen, von denen Keller Kenntnis gehabt haben dürfte, darüber hinaus weitere besonders wichtige Rezensionen, aber auch einzelne Autorenporträts u. ä.
5   Keller an Eduard Vieweg, 28.4.1853, Dok.
6   Vgl. dazu sowie insbesondere zur Rezeption in Kellers Bekanntenkreis Kap. 1.3.4 Entstehung: 2. Fassung, Rezeption, S. 65–70.

geäußerte Kritik nachweislich, indem er in vielen Fällen inhaltliche, stilistische und strukturelle Anpassungen vornahm bzw. für spätere Werke vorsah. Die Umarbeitung der 1. zur 2. Fassung des Grünen Heinrich *stellt dafür das wichtigste Beispiel dar.*[7]

So wertvoll Rezensionen als Quellenmaterial sind, so schwierig ist ihre Interpretation. Denn Rezensionen üben – oft in Abhängigkeit von Interessenlagen, die der Rezension keineswegs immer zu entnehmen sind – eine Vielzahl unterschiedlicher Funktionen aus. Bei Verrissen spielt beispielsweise der Unterhaltungswert eine beträchtliche Rolle; Gefälligkeitsrezensionen dagegen dienen vor allem der Propaganda. Beide Beispiele machen klar, wie problematisch Äußerungen über den (,positiven' oder ,negativen') Aussagegehalt von Rezensionen sein können, wenn allgemeinen historischen und von Fall zu Fall spezifischen Bedingungen nicht genügend Beachtung geschenkt wird.

Die Literaturkritik versucht, Überblick und Entscheidungshilfe zu bieten. In einer Epoche, in der das literarische Publikum und das literarische Angebot ein starkes Wachstum erleben, ist diese Informations- und Selektionsfunktion besonders wichtig. Daneben stehen aber mindestens gleichrangig allgemeinere Funktionen der Literaturkritik.[8] *Rezensionen setzen literarische Normen durch, und zwar sowohl unter den Literaturschaffenden als auch im Lesepublikum. Und sie dienen der permanenten Konsensbildung darüber, wie über Literatur zu reden sei.*

Chronologische Übersicht *Die hier berücksichtigten Rezensionen und anderen Rezeptionsdokumente verteilen sich auf sieben Zeitabschnitte, die sich v. a. aus den Daten der beiden Fassungen und deren gestaffeltem Erscheinen ergeben. Der Gesamtzeitraum erstreckt sich über die Jahre 1853 bis 1885, in denen die Keller-Rezeption den vollen Zyklus von der Entdeckung über die Etablierung bis zur Kanonisierung des Autors durchläuft.*

In den folgenden Tabellen werden die Dokumente chronologisch und nach Typen geordnet. Zu den Publikationsorganen werden Haupttitel, Erscheinungsort und – wo diese bekannt und von Bedeutung sind – die verantwortlichen Publizisten genannt.[9] *Da viele Autorangaben erschlossen sind und*

---

7   Vgl. unten, S. 125 sowie Kap. 1.3.1 Entstehung: 2. Fassung, Umarbeitungskonzepte, S. 48–55.
8   Zu den Funktionen der Literaturkritik vgl. Anz 2004, S. 195 f.
9   Die Angaben beruhen auf den Angaben im Impressum der Rezensionsorgane sowie auf Estermann 1988 und Dietzel 1988.

auch dort, wo die Forschung feste Zuschreibungen tradiert, unsicher bleiben können, wird ebenfalls angegeben, ob und wie die Artikel gezeichnet sind.

(1) *Vor der Publikation der 1. Fassung erschien in einer von Kellers Verleger Eduard Vieweg herausgegebenen Zeitung eine redaktionelle Voranzeige des Werkes, die bereits präzise Inhaltsangaben und eine entschiedene Bewertung enthält.*

28.1.1853	Deutsche Reichs-Zeitung, *Braunschweig* (Eduard Vieweg)	Gez. †, Autor nicht ermittelt

(2) *Nach der Auslieferung von Bd. 1–3 der 1. Fassung (Ende Dezember 1853) erschien eine Reihe von teilweise schon relativ eingehenden und überwiegend freundlichen Rezensionen; als erstes Publikationsorgan reagierten die Grenzboten.*

März 1854	Die Grenzboten, *Leipzig* (Gustav Freytag und Julian Schmidt)	Nicht gez., vmtl. Julian Schmidt
27.4.1854	Europa, *Leipzig* (Ferdinand Gustav Kühne)	Gez. =, ev. Ferdinand Gustav Kühne
4.5.1854	Frankfurter Konversationsblatt	Gez. L, vmtl. Ludmilla Assing
5.5.1854	National-Zeitung, *Berlin*	Gez. –ττ–, Herman Hettner
18.5.1854	Deutsches Museum, *Leipzig* (Robert Prutz)	Gez. mmr., vmtl. Melchior Meyr
22.5.1854	Berliner Feuerspritze (Ernst Kossak)	Nicht gez.
22.5.1854	Kölnische Zeitung	Nicht gez., Wolfgang Müller von Königswinter
17.9.1854	Volks-Zeitung, *Berlin* (Franz Duncker, Hermann Dierke)	Nicht gez., ev. Emil Palleske

(3) *Nach der Publikation von Bd. 4 der 1. Fassung (Mitte Mai 1855) erschienen weitere Rezensionen. Publikationsorgane, die bereits die ersten drei Bände besprochen hatten, begnügten sich nun mit kurz gefaßten Inhaltsergänzungen und abschließenden Urteilen. Diese fielen gegenüber den Erstrezensionen negativer aus – besonders in den Literaturblättern* Deutsches Museum, Die Grenzboten *und* Europa. *Auch das verzögerte Erscheinen des vierten Bandes wurde bemängelt. Tatsächlich scheint die Aufmerksamkeit unter dieser Verspätung gelitten zu haben;*[10] *jedenfalls erschienen nur noch wenige neue Rezensionen, obwohl das Werk nun als Ganzes gewürdigt werden konnte.*

---

10 Zur Auseinandersetzung Kellers mit Vieweg über diesen Punkt vgl. Kap. 1 Entstehung, S. 39.

Zweitrezensionen

19.7.1855	Deutsches Museum, *Leipzig*	Gez. R. P., *Robert Prutz*
Aug. *1855*	Die Grenzboten, *Leipzig*	Nicht gez., vmtl. *Julian Schmidt*
20.8.1855	Europa, *Leipzig*	Nicht gez., ev. *Ferdinand Gustav Kühne*
14.10.1855	Volks-Zeitung, *Berlin*	Nicht gez., ev. *Emil Palleske*
19.11.1855	Berliner Feuerspritze	Nicht gez.

Weitere Rezensionen

14.6.1855	Königlich privilegirte Berlinische Zeitung von Staats- und gelehrten Sachen (‚Vossische Zeitung')	Nicht gez., *Karl August Varnhagen von Ense*
Juli *1855*	Deutsches Athenäum, *London*	Nicht gez.
13.9.1855	Blätter für literarische Unterhaltung, *Leipzig* (Hermann Marggraff, Heinrich Brockhaus)	Gez. Wilhelm Schulz
24.10.1855	Novellen-Zeitung, *Leipzig*	Gez. Robert Giseke

(4) *Zwischen der 1. und der 2. Fassung (1856–1879) erschienen nur noch vereinzelte Rezensionen zum* Grünen Heinrich. *Bereits 1856 brachte die* Kölnische Zeitung *jedoch ein erstes Autorenporträt, das alle bisherigen Bücher Kellers behandelte und eine Gesamtcharakterisierung wagte. Julian Schmidt machte 1858 den Anfang in der literarhistorischen Behandlung des Autors. Und Friedrich Theodor Vischer schrieb 1874 eine umfangreiche Abhandlung.*

In diesem Zeitraum veröffentlichte Keller in Buchform die Leute von Seldwyla *(1856), die* Sieben Legenden *(1872) die zweite vermehrte Auflage der* Leute von Seldwyla *(1874) sowie die* Züricher Novellen *(1878). Auch diese Werke wurden selbstverständlich vielfach rezensiert. Besonders zu erwähnen ist Berthold Auerbachs Rezension der* Leute von Seldwyla, *die wesentlich zur Etablierung des Autors beitrug.*[11]

In einer Rezension zu den Züricher Novellen *und schon zwei Jahre früher, aus Anlaß von Kellers Rücktritt als Staatsschreiber, wurde die Öffentlichkeit in gezielter Indiskretion durch Jakob Baechtold auf die zu erwartende Umarbeitung des* Grünen Heinrich *vorbereitet.*[12]

---

11   Vgl. *Auerbach 1856* (CD); vgl. dazu *HKKA 21*, zu Die Leute von Seldwyla, S. 27 sowie S. 487 f. (Keller an Berthold Auerbach, 3.6.1856).

12   Vgl. *Baechtold 1876* und *Baechtold 1878* (beide CD); anders als etwa im Falle des lokalen Rummels um das bevorstehende Erscheinen des Martin Salander, gegen den Keller verärgert intervenierte (vgl. *HKKA 24*, S. 34, Anm. 101), scheint Keller hier – unmittelbar nach seiner Rückkehr in die freie Schriftstellerexistenz – die erhöhte öffentliche Aufmerksamkeit nicht unlieb gewesen zu sein.

Rezensionen

1856	Erscheinungsort nicht ermittelt	Ev. Levin Schücking
2.5.1857	Neue Münchener Zeitung	Gez. Gr., *Julius Grosse*
1869	Buchpublikation: L'Esprit moderne en Allemagne	Camille Selden, Pseud. von Elise Krinitz
7.1.1871	Neue Freie Presse, *Wien*	Gez. Em. K., *Emil Kuh*
1878	Nicht ermittelt (Rezension 1878)	Autor nicht ermittelt
Febr. 1879	Westermann's illustrirte deutsche Monatshefte, *Braunschweig* (Friedrich Spielhagen, George Westermann, Gustav Karpeles)	Nicht gez.

Autorenporträts

31.7.1856	Kölnische Zeitung	Gez. W. M. v. K., *Wolfgang Müller von Königswinter*
Jan. 1860	Preußische Jahrbücher, *Berlin* (Rudolf Haym)	Nicht gez., vmtl. *Heinrich Treitschke*
5.7.1868	Sonntagspost, *Bern* (Abraham Roth, Druck: Kaspar Joseph Wyss)	Gez. K. J., *Autor nicht ermittelt* (ev. Kaspar Joseph Wyss?)

Literaturgeschichten

1858	Geschichte der deutschen Literatur seit Lessing's Tod, *4. Aufl.*	Julian Schmidt
1871	Vorlesungen über den deutschen Roman der Gegenwart	Friedrich Kreyßig
1872	Geschichte der neuesten deutschen Literatur von 1830 bis auf die Gegenwart.	Heinrich Kurz

Abhandlung

22.7.1874	Allgemeine Zeitung, *Augsburg*	Gez. Friedrich Theodor Vischer

(5) *Nach der Auslieferung von Bd. 1–2 der 2. Fassung (April/Mai 1879) reagierten insbesondere Tageszeitungen sehr schnell, beschränkten sich aber darauf, deren Erscheinen nur in kurzer Form anzuzeigen. Von zwei Autorenporträts, die in diesem Zeitraum erschienen, bezog sich das eine im Abschnitt zum* Grünen Heinrich *auf die vollständige 1. Fassung als Frühwerk des Autors* (Fraser's Magazine);[13] *das andere berücksichtigte die Neuerscheinung insofern, als es den* Grünen Heinrich *in den Vordergrund rückte, ohne sich aber näher auf die Besonderheiten der 2. Fassung einzulassen* (Die Grenzboten).

---

13 *Zur ursprünglichen Absicht der Autorin, die 2. Fassung zu berücksichtigen, vgl. Kap. 1 Entstehung, S. 65 und ebd., Anm. 211.*

Kurzanzeigen

15.6.1879	Schlesische Presse, *Breslau*	Gez. *, Autor nicht ermittelt
19.6.1879	Breslauer Zeitung	Nicht gez.
29.6.1879	Süddeutsche Presse und Münchener Nachrichten	Nicht gez.
11.7.1879	Tagespost, *Graz*	Gez. d.–, Autor nicht ermittelt
17.8.1879	Politik, *Prag*	Nicht gez.
31.8.1879	Der Bund, *Bern*	Nicht gez.
Aug. 1879	Die Heimat, *Wien*	Nicht gez.
Aug. 1879	Allgemeiner literarischer Wochen-Bericht, Königsberg und Leipzig	Gez. Th. L., Autor nicht ermittelt (ev. Theodor Lißner?)
1879	Der Artushof, *Danzig*	Nicht gez.
1879	Erscheinungsort nicht ermittelt (Rezension 1879)	Autor nicht ermittelt

Autorenporträts

April 1880	Fraser's Magazine, *London*	Gez. Helen Zimmern
Sept. 1880	Die Grenzboten, *Leipzig* (Gustav Freytag, Johannes Grunow)	Gez. Adolf Stern

(6) *Zwischen der Auslieferung von Bd. 3/4 der 2. Fassung (November 1879 bzw. Oktober 1880) und der 3. Auflage (Mitte 1884) erschienen zahlreiche Rezensionen. Nur in drei Fällen handelt es sich um Kurzanzeigen (Breslauer Zeitung, Schlesische Presse, St. Galler-Blätter). Anders als bei der 1. Fassung ging die große Rezensionswelle also nicht schon vor, sondern erst nach dem Vorliegen des vollständigen Werks los. Das Werk stellte hohe Anforderungen an die Rezensenten, die vor allem auch die Umarbeitung zu beurteilen versuchten, wozu sie über genaue Kenntnisse beider Fassungen des umfangreichen Romans verfügen mußten.*

Nachdem die 2. Fassung des Grünen Heinrich Kellers Publikationsserie der 70er Jahre abgeschlossen hatte, schien den Literaturkritikern offenbar der Zeitpunkt gekommen zu sein, Gesamtschau über Kellers Œuvre zu halten: Während Autorenporträts davor nur gelegentlich veröffentlicht worden waren, erschienen nun mindestens fünf solcher ‚Charakteristiken' in nur vier Jahren, diejenige Otto Brahms – gewissermaßen in Konkurrenz zu Vischers 1881 nachgedruckter Abhandlung – sowohl als Zeitschriftendruck als auch als Monographie (1882/1883).[14]

---

14 Vischer ergänzte seine Abhandlung von 1874 in der Buchpublikation von 1881 um eine Vorbemerkung; die 2. Fassung, die er gerne differenzierter gewürdigt hätte, konnte er nur in einer kurzen Nachbemerkung ansprechen (vgl. dazu Kap. 1 Entstehung, S. 65 und ebd., Anm. 212). – Brahms Monographie von 1883 beruht im wesentlichen auf dessen im

Zweitrezensionen

30.10.1880	Breslauer Zeitung	*Nicht gez.*
4.11.1880	Schlesische Presse, *Breslau*	*Gez. *, Autor nicht ermittelt*
12.12.1880	Tagespost, *Graz*	*Gez. –l–, Autor nicht ermittelt*

Weitere Kurzanzeigen und Rezensionen

30.10.1880	Berliner Tageblatt	Gez. Fritz Mauthner
1.11.1880	Bonner Zeitung	*Gez. Δ, Autor nicht ermittelt*
10.11.1880	Neue Zürcher-Zeitung	*Nicht gez.,* Jakob Baechtold
19.11.1880	Fränkischer Kurier, *Nürnberg*	*Nicht gez.,* Jakob Baechtold
20.11.1880	Wiener Allgemeine Zeitung	Gez. Anton Edlinger
Nov. 1880	St. Galler-Blätter für häusliche Unterhaltung	*Gez. G–r, Autor nicht ermittelt*
Dez. 1880	Deutsche Rundschau, *Berlin* (Julius Rodenberg)	Gez. Otto Brahm
18.12.1880	Deutsche Litteraturzeitung, *Berlin* (Max Roediger)	Gez. Otto Brahm
25.12.1880	Staatsanzeiger für Württemberg, *Stuttgart*	*Gez. μ, Autor nicht ermittelt*
12.2.1881	Schlesische Zeitung, *Breslau*	Gez. Otto Hammann
17.2.1881	Im neuen Reich, *Leipzig* (Wilhelm Lang)	Gez. Paul Nerrlich
März 1881	Heimgarten, *Graz* (Peter Rosegger)	*Nicht gez., vmtl.* Peter Rosegger
3.3.1881	Die Presse, *Wien*	Gez. Richard Kralik
6.3.1881	Der Bund, *Bern*	Gez. Adolf Frey
27.3.1881	Schwäbische Kronik, *Stuttgart*	*Gez. F., vmtl.* Hermann von Fischer
25.6.1881	The Spectator, *London*	*Nicht gez., vmtl.* Helen Zimmern
16.1.1883	Der Bund, *Bern*	*Nicht gez.,* Josef Viktor Widmann

Autorenporträts

19.10.1881	National-Zeitung, *Berlin*	Gez. Eugen Zabel
Juni 1882	Deutsche Rundschau, *Berlin*	Gez. Otto Brahm
Juli 1882	Preußische Jahrbücher, *Berlin* (Heinrich von Treitschke)	Gez. Julian Schmidt
9.7.1882	Neue Illustrirte Zeitung, *Wien*	Gez. Helene Druskovitz
23.2.1884	Illustrirte Zeitung, *Leipzig*	Gez. Ludwig Salomon

Vorjahr erschienenen Autorenporträt. Dieses wurde um eine Einleitung (übernommen aus einer Rezension zum Sinngedicht*; Brahm 1881, CD) und längere Textproben ergänzt. Im Teil, der dem Grünen Heinrich gewidmet ist, kamen Passagen aus einer der beiden Brahmschen Rezensionen zu diesem Werk (Brahm 1880, CD) sowie ein neuer Abschnitt hinzu, in dem Jean Pauls Einfluß auf Keller untersucht wird.*

Abhandlungen

1881	*Buchpublikation:* Altes und Neues, darin: Gottfried Keller. Eine Studie	*Friedrich Theodor Vischer*
1883	*Buchpublikation:* Gottfried Keller. Ein literarischer Essay	*Otto Brahm*

(7) Nach der Publikation der *3. Auflage (Mitte 1884)* setzte sich die Reihe von Autorenporträts, die in Unterhaltungszeitschriften besonders beliebt waren, fort. Ein Anlaß zu weiteren Besprechungen des Romans bestand nicht.

Autorenporträt

Nov. 1885	Westermanns illustrierte deutsche Monatshefte, *Braunschweig*	*Gez.* Ernst Ziel

Rezensenten Viele Rezensionen erschienen – vor allem aus presserechtlichen Gründen[15] – anonym oder wurden nur mit (oft wechselnden) Chiffren gezeichnet. Ihre Zuschreibung ist, wie oben angedeutet, in vielen Fällen schwierig.[16]

Zwischen den Rezensenten der 1. und der 2. Fassung des Grünen Heinrich hat ein Generationenwechsel stattgefunden. Besonders prominente Rezensenten der 1. Fassung waren Robert Prutz (1816–1872) und Julian Schmidt (1818–1886), die beide Kellers Generation angehörten. Die Rezensenten der 2. Fassung waren dagegen deutlich jünger als Keller. Wie Adolf Stern (1835–1907) oder Peter Rosegger (1843–1918) blieben sie aber den ästhetischen Vorstellungen des Realismus weitgehend treu. In bezug auf ihre Beschäftigung mit Keller gilt das teilweise sogar für noch jüngere Rezensenten wie Fritz Mauthner (1849–1923) oder Otto Brahm (1856–1912), die ab den 80er Jahren beide eine wichtige Rolle in der naturalistischen Bewegung in Berlin spielten.

---

15 Die Presse unterstand einer starken behördlichen Kontrolle (vgl. *Naujoks 1982*). Deren Instrumente (Konzessions-, Impressums- und Kautionspflicht, obligatorische Pflichtexemplare) und Sanktionsmittel (polizeiliche Vorladung, Geldstrafe, Gefängnis, Berufsverbot, Konzessionsverlust, Konfiskation usw.) waren trotz weitgehend aufgehobener Präventivzensur äußerst wirksam, so daß sich Journalisten durch Anonymisierung schützten.

16 Zu problematischen Zuschreibungen im Fall des Grünen Heinrich vgl. *Rohe 1993*, S. 15–22, der einzelne Zuweisungen in der Bibliographie von *Realismus 1981*, Bd. 1, S. 400 f. richtigstellt, seinerseits aber aufgrund der Fehlinterpretation eines Keller-Briefes für eine Rezension (Feuerspritze 1854, CD; vgl. *Rohe 1993*, S. 17) fälschlich Ernst Kossak erwägt.

Bemerkenswert ist das Ausbleiben einer Rezension Karl Gutzkows (1811–1878), dessen einflußreiche Unterhaltungen am häuslichen Herd *auf einer Liste der versandten Rezensionsexemplare figurieren.*[17] *Wolfgang Menzel (1798–1873), dessen* Literaturblatt *zwar schon in den 40er Jahren etwas an Bedeutung verloren hatte, aber bis 1869 existierte, hat nie über Keller geschrieben. Einige prominente Kritiker, die sich mit andern Werken Kellers beschäftigten, verzichteten – wie Rudolf Gottschall (1823–1909), Ferdinand Kürnberger (1821–1879) oder Friedrich Spielhagen (1829–1911) – auf eine Rezension zur 2. Fassung des* Grünen Heinrich,[18] *ev. weil sie darin keine wirkliche Novität sahen.*

Die Tatsache, daß keiner der Rezensenten der 2. Fassung auch schon die 1. Fassung besprochen hatte, erklärt teilweise, warum sehr zu Kellers Ärger die Umarbeitung nicht ohne weiteres begrüßt wurde.[19] *Durch die Umarbeitung, insbesondere durch die strikte Chronologisierung der Erzählfolge, waren zwar tatsächlich wesentliche kompositorische Einwände ausgeräumt. Doch die alten Rezensenten von 1854/55, die kaum umhin gekommen wären, 1879/80 zustimmend zu reagieren, blieben stumm.*[20] *Und die neuen fühlten sich, da die alten Einwände nicht die ihrigen waren, selbstverständlich frei,*

---

17 Vgl. Eduard Vieweg an Keller, *16.6.1855, Dok.* – Außerdem scheint sich Kellers Freund Hermann Hettner bei Gutzkow für den Roman stark gemacht zu haben (vgl. Hettner an Keller, *27.6.1855, Dok*). Wie sich Gutzkows Seitenhieben in einer Rezension über die Leute von Seldwyla (1856) entnehmen läßt, hatte er den Grünen Heinrich zur Kenntnis genommen und sich über die seines Erachtens zu freundliche Aufnahme des Werks geärgert: Er *[Gottfried Keller]* gehört zu den neuern Autoren, die von der fast ausschließlichen Wendung unserer Literatur zur Erzählung und zum provinzialen Colorit derselben den Vortheil gezogen haben, daß sie nur im Tone ihrer Heimat zu reden und ihre Jugendeindrücke auszubeuten brauchten, um sogleich am Parnaß eine zuvorkommende Begrüßung zu erleben *(Gutzkow 1856, CD)*.

18 *Ferdinand Kürnberger hatte 1872 eine wichtige Rezension zu den* Sieben Legenden *veröffentlicht (vgl. Kürnberger 1877, CD). Und Spielhagen sollte 1882 das* Sinngedicht *(Spielhagen 1882, CD) rezensieren. Möglicherweise stammt immerhin der knappe Vergleich zwischen Mörikes* Maler Nolten *und Kellers* Grünem Heinrich *in einer anonymen Rezension, die in seiner Zeitschrift,* Westermann's illustrirten deutschen Monatsheften, *erschien, von Spielhagen (Westermann 1879, CD).*

19 Vgl. Kap. 1 Entstehung, S. 66–68.

20 *Als Julian Schmidt 1882 ein Autorenporträt zu Keller verfaßte, begnügte er sich im wesentlichen damit, was ich unter dem ersten Eindruck darüber niederschrieb, hier zu wiederholen (Schmidt 1882, CD). In seinen äußerst knappen Bemerkungen zur 2. Fassung verlor er kein Wort über das Kompositionsproblem bzw. über dessen Lösung, obwohl er selbst mit seiner Rezension (Schmidt 1854, CD) nicht nur als erster darauf hingewiesen, sondern möglicherweise die ganze Diskussion ausgelöst hatte. Nur Friedrich Theodor Vischer stellt in einer Nachbemerkung fest, seine Kritik am Schluß der 1. Fassung (vgl. Vischer 1874) bekomme durch die Überabeitung recht (vgl. Vischer 1881, CD).*

die beiden Fassungen unvoreingenommen zu vergleichen oder gar nostalgisch auf die 1. Fassung zurückzublicken.[21]
Mindestens sechs Rezensenten der 1. Fassung gehörten zu Kellers näherem oder weiterem Bekanntenkreis, drei davon zu seinem Berliner Umfeld, nämlich Karl August Varnhagen von Ense, Ludmilla Assing und Emil Palleske.[22] *Keller verkehrte im Salon, den Varnhagen von Ense (1785–1858) mit Unterstützung seiner Nichte Ludmilla Assing (1821–1880) führte, und außerdem im Hause des Verlegers Franz Duncker (1822–1888). Beim Schriftsteller und preußischen Beamten Christian Friedrich Scherenberg (1798–1881) lernte er Palleske kennen, der seinerseits auch Beziehungen zu Varnhagen und zu Duncker unterhielt.*[23]

Die im folgenden einzeln behandelten Rezensenten sind von besonderem Interesse, teils aufgrund ihrer Beziehung zu Keller (Emil Palleske, Hermann Hettner), teils aufgrund von Kellers Reaktionen (Emil Kuh, Paul Nerrlich), teils aufgrund einer mehrfachen Beschäftigung mit dem Grünen Heinrich *(Julian Schmidt) und teils aufgrund des aufschlußreichen Vergleichs mit Gustav Freytags Roman* Soll und Haben *(Julius Grosse).*

Der Schauspieler, Schriftsteller und Rezitator E m i l P a l l e s k e *(1823–1880) publizierte in Dunckers* Volks-Zeitung *zwei Rezensionen zum* Grünen Heinrich. *Den Rezensionen ging ein ausführlicher Briefwechsel mit Ludmilla Assing, die ihrerseits eben eine Rezension veröffentlicht hatte (Assing 1854), voraus: Offenbar fühlte sich Palleske in seinen religiösen Gefühlen stark verletzt.*[24] *Trotzdem rezensierte er den Roman sehr wohlwollend. Der freundliche, aber unverbindliche Ton der Rezensionen könnte ein Hinweis darauf sein, daß er seine Vorbehalte nach Ludmilla Assings Überredungsversuchen mehr aus persönlicher Sympathie oder aus gesellschaftlichen Rücksichten als aus Überzeugung ablegte. Da seine Autorschaft aber nicht zweifelsfrei belegt ist,*[25] *kann nicht einmal ausgeschlossen werden, daß Palleske*

---

21 Vgl. z. B. Edlinger 1880, Brahm 1880 und besonders den systematischen Fassungsvergleich von Brahm 1880a (alle CD). Einzig Jakob Baechtold weist mit Nachdruck darauf hin, daß Kellers Umarbeitung der Kritik an der 1. Fassung Rechnung trägt (Baechtold 1880, CD); doch verrät auch er, die 1. Fassung stellenweise zu bevorzugen.

22 Vgl. Varnhagen 1855, Assing 1854, Palleske 1854/1855 sowie Hettner 1854, Müller 1854, Schulz 1855 (alle CD).

23 Duncker, mit dem auch Keller einmal einen (später wieder gelösten) Vertrag schloß (Galatea-Novellen, vgl. HKKA 23.1, S. 45–47), verlegte Palleskes Dramen.

24 Vgl. Schaer 1913, S. 164–167 und Ackerknecht 1942, S. 17–23.

25 Palleskes Autorschaft an den anonymen Rezensionen ist u. a. aufgrund der gegenüber Keller geäußerten Absicht (an Keller, 16.10.1853, Dok) und aufgrund seiner Korrespondenz mit Ludmilla Assing wahrscheinlich. Als Autoren kommen aber unter Umständen

Genetische Darstellung

Korrekturen:

[Text]	*Texttilgung*
⟨Text⟩	*Texteinfügung*
[Text]¬	*Textabbruch (mit Sofortkorrektur des eingeklammerten Ausdrucks)*
Text ¬¬	*Textabbruch (mit Korrektur im vorangehenden Textzusammenhang)*
↦	*Beginn einer zeilenübergreifenden Korrektur*
→│	*Ende einer zeilenübergreifenden Korrektur*
$\alpha, \beta, \gamma, \delta$ ...	*Zeitlich oder graphematisch separierbare Schichten*
1, 2, 3 ...	*Zeilenübergreifende, zusammengehörige Korrekturen*
A, B ...	*Kleinere, sich ersetzende Textansätze*
I, II ...	*Umfangreichere, sich ersetzende Textansätze*
¶	*Absatzende (nur wenn besondere Kennzeichnung nötig)*

Herausgeberbezogene Zeichen:

/Text/	*Tilgung durch Herausgeber*
[...]	*Auslassung durch Herausgeber*
⟨Text⟩	*Einfügung durch Herausgeber*
/	*Zeilenumbruch durch Herausgeber*
Tex*t*	*Unsichere Entzifferung*
x, xx ...	*Unentzifferte(s) Zeichen*
x	*Unentzifferte Zeichenfolge*
¿	*Unsichere Schichtbezeichnung oder unsichere Zusammengehörigkeit von Textteilen oder unsichere Einfügung/Streichung oder unsicheres Satzzeichen*
eben^so	*Unsichere Getrenntschreibung*

Sonstiges:

Text	*Deutsche Kurrentschrift bzw. Fraktur-Druck*
Text	*Lateinische Schrift bzw. Antiqua-Druck*
Text*en*	*Endungsverschleifung*
Te[...]	*Textlücke wegen Textzeugenbeschädigung u. ä.*
\	*Zeilenumbruch*
│	*Seitenumbruch*

Textzeugen-Siglen

E_1, E_2 ...	*Selbständige Publikationen (Novellenzyklus, Roman)*
H_1, H_2 ...	*Handschriften*
J_1, J_2 ...	*Publikationen in Zeitschriften*
D_1, D_2 ...	*Separatdrucke einzelner Texte*
e_1, e_2 ...	*Drucke (E_1, E_2 ...) mit handschriftlichen Eintragungen, als Textvorlage für neue Auflagen*
$k_1, k_2 ... kJ$	*Korrekturbogen (für $E_1, E_2 ... J_1$)*
$p_1, p_2 ... pJ$	*Handexemplare des Autors mit Korrektureintragungen*

Kapitelkonkordanz GH I / GH II

	GH I	**GH II**		
HKKA 11	**Band 1**			
15	*I.1–4*	–		
		Jugendgeschichte		
		Band 1		*HKKA 1*
64	*I.4*	*I.1*	Lob des Herkommens	*11*
70		*I.2*	Vater und Mutter	*18*
82	*I.5*	*I.3*	Kindheit. Erste Theologie. …	*30*
91		*I.4*	Lob Gottes und der Mutter. Vom Beten	*40*
98		*I.5*	Das Meretlein	*48*
107	*I.6*	*I.6*	Weiteres vom lieben Gott. …	*57*
115		*I.7*	Fortsetzung der Frau Margret	*67*
130		*I.8*	Kinderverbrechen	*83*
136	*I.7*	*I.9*	Schuldämmerung	*89*
144		*I.10*	Das spielende Kind	*97*
152		*I.11*	Theatergeschichten. Gretchen …	*106*
164	*I.8*	*I.12*	Die Leserfamilie. Lügenzeit	*118*
173		*I.13*	Waffenfrühling. Frühes Verschulden	*128*
184		*I.14*	Prahler, Schulden, Philister …	*141*
192		*I.15*	Frieden in der Stille. …	*150*
203	*I.9*	*I.16*	Ungeschickte Lehrer, schlimme Schüler	*161*
219		*I.17*	Flucht zur Mutter Natur	*172*
	Band 2			
229	*II.1*	*I.18*	Die Sippschaft	*179*
238		*I.19*	Neues Leben	*188*
248	*II.2*	*I.20*	Berufsahnungen	*197*
255		*I.21*	Sonntagsidylle. Der Schulmeister …	*205*
		Band 2		
270	*II.3*	*II.1*	Berufswahl. Die Mutter …	*223*
277		*II.2*	Judith und Anna	*231*
285		*II.3*	Bohnenromanze	*240*
295		*II.4*	Totentanz	*251*
305	*II.4*	*II.5*	Beginn der Arbeit. Habersaat …	*261*
323	*II.5*	*II.6*	Schwindelhaber	*277*
332		*II.7*	Fortsetzung des Schwindelhabers	*286*
343	*II.6*	*II.8*	Wiederum Frühling	*293*
363	*II.7*	*II.9*	Der Philosophen- und Mädchenkrieg	*313*
371		*II.10*	Das Gericht in der Laube	*321*
379		*II.11*	Die Glaubensmühen	*331*
399		*II.12*	Das Konfirmationsfest	*348*
409	*II.8*	*II.13*	Das Fastnachtsspiel	*358*
418		*II.14*	Der Tell	*368*
429		*II.15*	Tischgespräche	*376*
442		*II.16*	Abendlandschaft. Bertha von Bruneck	*390*
450		*II.17*	Die barmherzigen Brüder	*398*
460		*II.18*	Judith	*409*

	GH I	**GH II**			
HKKA 12	Band 3	Band 3			HKKA 2
15	III.1	III.1		Arbeit und Beschaulichkeit	9
19		III.2		Ein Wunder und ein wirklicher Meister	17
34		III.3		Anna	31
42	III.2	III.4		Judith	38
50		III.5		Thorheit des Meisters und des Schülers	48
70	III.3	III.6		Leiden und Leben	62
82		III.7		Annas Tod und Begräbnis	72
97		III.8		Auch Judith geht	85
	Ende der Jugendgeschichte				
	–	III.9		Das Pergamentlein	93
	–	III.10		Der Schädel	104
106	III.4	III.11		Die Maler	137
123	(III.5)	III.12		Fremde Liebeshändel	161
138	III.6	III.13		Wiederum Fastnacht	176
173		III.14		Das Narrengefecht	202
209	(IV.1)	III.15		Der Grillenfang	250
	Band 4	**Band 4**			HKKA 3
226	(IV.2)	IV.1		Der borghesische Fechter	9
245	(IV.3)	IV.2		Vom freien Willen	19
264	IV.4/5	IV.3		Lebensarten	29
285		IV.4		Das Flötenwunder	49
298	IV.6	IV.5		Die Geheimnisse der Arbeit	70
316	IV.7	IV.6		Heimatsträume	95
333		IV.7		Weiterträumen	109
353	(IV.8)	IV.8		Der wandernde Schädel	124
368	IV.9	IV.9		Das Grafenschloß	137
385	IV.10	IV.10		Glückswandel	154
	(IV.11)	IV.11		Dortchen Schönfund	169
408	IV.12	IV.12		Der gefrorne Christ	185
424	IV.13	IV.13		Das eiserne Bild	208
445	IV.14	IV.14		Die Rückkehr und ein Ave Cäsar	239
464	(IV.15)	IV.15		Der Lauf der Welt	254
	–	IV.16		Der Tisch Gottes	266

Titelsiglen

GG	Gesammelte Gedichte
GH I	Der grüne Heinrich, *1. Fassung (1854/55)*
GH II	Der grüne Heinrich, *2. Fassung (1879/80)*
LS	Die Leute von Seldwyla
MS	Martin Salander
SG	Das Sinngedicht
SL	Sieben Legenden
ZN	Züricher Novellen

Textzeugen

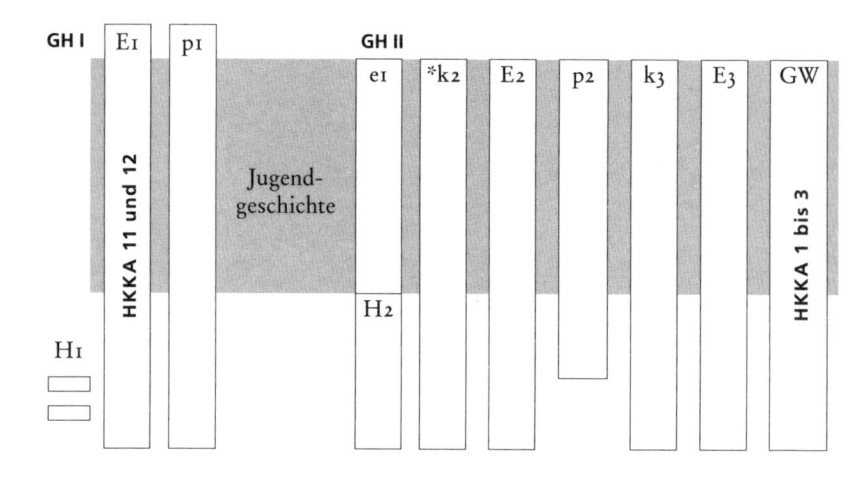

GH I: E1, p1
HKKA 11 und 12
H1

GH II: e1, *k2, E2, p2, k3, E3, GW
Jugendgeschichte
H2
HKKA 1 bis 3

Beilage zu:
Gottfried Keller. Sämtliche Werke. Historisch-Kritische Ausgabe. Band 19 und 20.
Copyright © 1996–2006
Stiftung Historisch-Kritische Gottfried Keller-Ausgabe, Zürich
Stroemfeld Verlag, Basel und Frankfurt am Main
Verlag Neue Zürcher Zeitung, Zürich

Gottfried Keller. Sämtliche Werke. Historisch-Kritische Ausgabe
Elektronische Edition zu den Bänden 19/20 (Version 1.7 / 2006 für Windows 95/98/XP)

Die elektronische Edition ist als Ergänzung zur Buchedition konzipiert. Sie nutzt die dem elektronischen Medium eigenen flexiblen Darstellungsformen, die schnellen Suchfunktionen und die Möglichkeit, bei Auswahl und Darbietung der dokumentarischen Texte weniger selektiv verfahren zu müssen als das Printmedium. Die elektronische Edition liegt den Apparatbänden bei und wird von Band zu Band erweitert und auf den neuesten Stand gebracht.

Übersicht

Die CD-ROM zu Band 20 enthält
- eine Übersicht über das Gesamtprojekt
- eine Datenbank-Edition mit den bisher edierten Texten und Varianten (DOS-Textmodus)
- ein Lernprogramm zur Datenbank-Edition, das die wesentlichen Funktionen vorführt
- ein Handbuch mit systematischer Darstellung aller Funktionen der Datenbank-Edition
- die Präsentation ausgewählter Handschriften mit integrierter Transkription und Zeichenfolgen-Suche (Windows)
- eine Dokumentation zu Leben und Werk Gottfried Kellers mit Bildreproduktionen.

Der Kern der elektronischen Edition besteht aus zwei einander ergänzenden Teilen mit unterschiedlichen Benutzeroberflächen: Datenbank-Edition und Handschriften-Edition.

1.1 Die Datenbank-Edition (Text-Datenbank)

Bei der Datenbank-Edition handelt es sich um ein DOS-Programm mit Werkstattcharakter. Das Programm ermöglicht – neben gebräuchlichen Suchverfahren – die parallele Darstellung von Text und Varianten (bzw. Stellenkommentaren oder Querverweisen) und die automatische Erstellung von Textstufen. Die vorliegende Version enthält für *Der grüne Heinrich* (beide Fassungen), *Die Leute von Seldwyla*, *Züricher Novellen*, *Das Sinngedicht*, *Sieben Legenden*, *Martin Salander*, Studien- und Notizbücher, nachgelassene Prosa und Dramenfragmente
- die Edition der Texte
- Zusatztexte (Paralipomena, Annoncen usw.)
- Brief- und Verlagsdokumente zur Entstehungsgeschichte
- ausgewählte Quellentexte und zeitgenössische Rezensionen.

Die Dokumentenauswahl ist bedeutend umfangreicher als in der Buchedition; zudem werden sämtliche Briefe und die meisten Rezensionen vollständig mitgeteilt.
(Vgl. das Lernprogramm und das ausdruckbare Handbuch auf der CD.)
Dazu kommt eine zusammenfassende Datenbank mit sämtlichen Texten der *Gesammelten Werke*.

1.2 Die Handschriften-Edition

Die Handschriften-Edition (Windows) präsentiert
- die frühe Niederschrift der *Sieben Legenden* von 1857/58
- die Druckvorlage für das *Fähnlein der sieben Aufrechten* mit den redaktionellen Eingriffen von Berthold Auerbach und Kellers Revisionen
- die Studien- und Notizbücher
- nachgelassene Prosa und Dramenfragmente
- Paralipomena zu *Martin Salander*
- Druckvorlage zur Jugendgeschichte im *Grünen Heinrich* (ohne Transkription)

Direkt integrierte Transkription, Entzifferungshilfe und Zeichenfolgen-Suche erlauben auch ungeübten Lesern die unmittelbare Benutzung dieser Handschriften. Auch die Text-Datenbank kann innerhalb der Handschriften-Edition aktiviert und mit allen Funktionen genutzt werden.
(Vgl. das einführende Beispiel in der *Legenden*-Darstellung).

1.3 Die Dokumentation

Die Dokumentation bringt Daten zu Leben und Werk Kellers mit Porträts von Keller zu den einzelnen Lebensabschnitten, Photographien aus Kellers Familien- und Bekanntenkreis und Reproduktionen von Titelblättern verschiedener Text-Ausgaben. Die Werkgeschichte wird durch einführende Präsentationen veranschaulicht und durch Literaturverzeichnisse zu den einzelnen Komplexen ergänzt. Zusätzlich werden Bildmaterialien, insbesondere zu den *Züricher Novellen*, präsentiert, ebenso die ‚Berliner Schreibunterlagen'.

Beilage zu:
Gottfried Keller. Sämtliche Werke. Historisch-Kritische Ausgabe. Band 19 und 20.
Copyright © 1996–2006
Stiftung Historisch-Kritische Gottfried Keller-Ausgabe, Zürich
Strœmfeld Verlag, Basel und Frankfurt am Main
Verlag Neue Zürcher Zeitung, Zürich

2. Installation

2.1 Systemvoraussetzungen
- IBM-kompatibler PC
- Betriebssystem: MS-Windows 95, 98 oder XP (die Lauffähigkeit unter anderen Versionen kann nicht garantiert werden)
- Arbeitsspeicher (RAM): mindestens 64 MB
- Freier Festplattenspeicher: mindestens 10 MB
- CD-ROM-Laufwerk
- Bildschirm: High-Color (16 Bit); Bildschirmauflösung: 800 x 600 Pixel
- Maus

2.2 Programm-Installation

Hinweis für Windows XP:
- Um das Programm unter Windows XP zu installieren oder zu entfernen, benötigen Sie den Administratoren-Status. Dies ist der Normalfall, wenn Sie der einzige Benutzer sind (vgl. dazu die Datei **XP-Installation.htm** auf der CD, zu öffnen über den Windows-Explorer oder den Arbeitsplatz).
- Um die DOS-Datenbank unter XP verwenden zu können, muß nach der Installation die Zahl der Filehandler in der Systemdatei config.nt erhöht werden. Dies läßt sich automatisch erledigen mit dem Programm **confignt.exe** auf der CD.
(Für eine manuelle Konfiguration vgl. die Datei **XP-Installation.htm**).

Achtung
Wenn Sie schon eine frühere Version installiert haben, muß diese zuerst entfernt werden:
Demo-Version:
    Start / Programme / HKKA Demo-Version / Uninstall
Version 1.1 bis 1.5:
    über die Windows-Systemsteuerung, analog zu unten, „4. Installation rückgängig machen"

Installation Windows 95/98 und XP:
1. Klicken Sie auf die Schaltfläche **Start**, dann auf **Ausführen** und **Durchsuchen.**
2. Wählen Sie das CD-Laufwerk und doppelklicken Sie auf **SETUP.EXE**. Bestätigen Sie mit **OK**, um das Setup-Programm zu starten.
3. Klicken Sie beim Setup-Willkommen-Fenster auf **OK**.
4. Wechseln Sie – wenn nötig – beim 2. Setup-Fenster das Ziellaufwerk (z. B. d). Klicken Sie dazu auf: **Verzeichnis wechseln.**
   Im Fenster **Verzeichnis wechseln** wählen Sie unten das gewünschte Laufwerk und bestätigen mit **OK**. Das neue Verzeichnis lassen Sie auf die entsprechende Frage mit **ja** erstellen.
   Achtung Das Verzeichnis **\HKKA** kann nicht geändert werden. Stellen Sie vorher sicher, daß kein weiteres Verzeichnis dieses Namens auf der Zielfestplatte vorhanden ist.
5. Fahren Sie fort, indem Sie im 2. Setup-Fenster auf das PC-Icon klicken.
6. Akzeptieren Sie die nun vorgeschlagene Windows Programm-Gruppe **HKKA Keller 2006** mit **Weiter**. Die nötigen Dateien werden kopiert und ein Start-Menü mit einem Programm- und einem Hilfe-Symbol erstellt.
   Achtung Wird die Erneuerung von Systemdateien verlangt, bestätigen Sie dies. Der PC wird neu gestartet, und die Installation muß wiederholt werden. Eventuelle Fehlermeldungen beim Kopieren der Dateien übergehen Sie durch **Ignorieren**.

3. Starten der Programme

1. Klicken Sie auf die Schaltfläche **Start**, dann auf **Programme / HKKA Keller 2006**.
2. Klicken Sie auf **Elektronische Edition**. Das Programm wird gestartet.

Zur Datenbank-Edition

Bildschirm:
- Durch Alt-↵ kann zwischen DOS-Fenster und Vollbildmodus gewechselt werden. Sonderzeichen werden ev. nur im Vollbildmodus korrekt angezeigt.

Direkter Start:
- Die Datenbank-Edition läßt sich auch direkt vom Windows-Start-Menü aus aufrufen: **Ausführen / d:\hkka\democd d: c: d:**
 d bedeutet das CD-Laufwerk, c die Festplatte, auf der das Programm mit dem Verzeichnis \hkka installiert wurde

Sonderzeichen im Text:
- Werden die griechischen Schichtbezeichnungen und andere Sonderzeichen im Text- und Lemmabereich nicht richtig wiedergegeben (erforderliche Codepage: 437), kann dies im Datenbank-Programm korrigiert werden durch das Menü **F3 Kontrolle / 3 Zeichensatz ändern**.

4. Installation rückgängig machen

Windows 98:
1 Klicken Sie auf die Schaltfläche **Start / Einstellungen / Systemsteuerung** und auf das Icon **Software**.
2 Markieren Sie im Register **Installieren / Deinstallieren** das Programm **HKKA Keller-Edition** und klicken Sie auf **Hinzufügen / Entfernen**.

Windows XP:
1 Klicken Sie auf die Schaltfläche **Start / Systemsteuerung** und auf das Icon **Software**.
2 Markieren Sie im Register **Programme ändern oder entfernen** das Programm **HKKA Keller-Edition** und klicken Sie auf **Ändern / Entfernen**.

Hinweise:
– Die Frage, ob „gemeinsam benutzte Komponenten" entfernt werden sollen, wird am besten verneint.
– Dateien, welche in der Datenbank-Edition von Ihnen neu erstellt wurden (zusätzliche Variantentexte), werden nicht automatisch beseitigt. Löschen Sie diese vorher innerhalb der Datenbank-Edition mit der Option **2 Dateien löschen** im Menü **F3 Kontrolle**.

Die Informationen dieser Beilage finden Sie auch in der Hilfedatei auf der CD.
Neueste Informationen und Hilfestellungen erhalten Sie über die Internet-Adresse
http://www.gottfriedkeller.ch (auch erreichbar über den Menüpunkt **Weitere Daten**).
Mail-Anschrift: **hkkakeller@gottfriedkeller.ch**

Die wichtigsten Shortcuts zur Datenbank-Edition

Bewegungstasten

Page Down / Up	Verschieben des Textes um eine Bildseite (‚Blättern')
Ctrl-Page Down	Zum Anfang der nächstfolgenden Buchseite (des nächsten Briefs)
Ctrl-Page Up	Zum Anfang der aktuellen / vorhergehenden Buchseite
Ctrl-Home	Zum Textanfang
Ctrl-End	Zum Textende
Ctrl-↓	Zur nächsten Zeile mit Lemmaeintrag
Ctrl-↑	Zurück zur letzen Zeile mit Lemmaeintrag
←(Backspace)	Zurück zur vorhergehenden Zeilenposition
Alt-o	Zeilenmarke setzen
Ctrl-o	Zurück zur zuletzt gesetzten Zeilenmarke
→∣ (Tab)	Wechsel zwischen oberer und unterer Bildschirmhälfte

Lemma-Anzeige

F2	Varianten
F3	Stellenkommentare
F4	Querverweise
F5	Sachwörter
Alt-y	Synoptische Variantendarstellung
Alt-r	Reihenfolge der Lemmas ändern
Ctrl-↵	Zusatzfenster einblenden (bei Querverweisen: Verweisstelle einblenden)
Ctrl-→	Den nicht sichtbaren rechten Teil der Zeile(n) anzeigen
Ctrl-←	Zurück zur normalen Anzeige
<	Textbereich vergrößern
>	Textbereich verkleinern
\	Textbereich auf Vollbild zoomen
Ctrl-l	Bewegungsfilter definieren
Alt-l	Anzeigefilter definieren

Menüs und Hilfen

F1	Hilfestellungen zum Programm
Ctrl-F1	Zu den Textzeugen
Alt-F1 … Alt-F5	Popup-Menüs
Alt-a	Abkürzungen
Alt-b	Bibliographie
Alt-i	Textzeugenliste
Alt-x	Lexikon
Alt-z	Zusätzliche Paginierung wichtiger Textzeugen

Suchfunktionen

F7	Seite / Zeile im Referenztext suchen
Alt-F7	Seite / Zeile bei Zusatzpaginierung suchen
F8	Inhaltsverzeichnis
F9	Wortindex
Ctrl-F9	Wortindex (bei markiertem Wort aufschlagen)
Alt-F9	Wortindex für Varianten-Lemmas
F10	Sachwortverzeichnis
Alt-q	Zeichenfolge im Referenztext suchen
Ctrl-q	Zeichenfolge bei Lemmas suchen
Alt-u	Fundstellenliste anzeigen
+/−	Eine Fundstelle weiter / zurück

Referenz- und Paralleltexte, Querverweise

Alt-w	Referenztext wechseln
Alt-t	Paralleltext wählen
Alt-j	Referenz- und Paralleltext synchronisieren
Alt-← (Backspace)	Zwischen den Referenztexten (Paralleltexten) wechseln
Ctrl-t	Integralen Variantentext erstellen
Ctrl-↵	Bei Querverweisen: Verweisstelle einblenden
Shift-F4	Zurück zum letzten Querverweis
+	Bei Querverweisen: Verweisstelle als Referenztext aktivieren

Allgemeines

Esc	Zurück zum vorhergehenden Bild
Alt-c	Programm (im Notfall) abbrechen
Alt-↵	Wechsel zwischen Fenster und Vollbild

sich im letzten Moment von der unangenehmen Verpflichtung befreite und die Rezension abtrat. Diese Hintergründe zeigen exemplarisch, daß Wertungen in Gefälligkeitskritiken grundsätzlich in ihrem Entstehungskontext zu relativieren sind; sie zeigen auch, wie komplex die sozialen Zusammenhänge und Interaktionen sind, auf denen das Zustandekommen von Rezensionen beruht.

Nicht weniger komplex verhält sich der Fall von Hermann Hettner *(1821–1882). Die Freundschaft zwischen dem Literatur- und Kunsthistoriker Hettner und Gottfried Keller, die 1849 in Heidelberg begonnen hatte, ging weit über die Zugehörigkeit zu einem gemeinsamen Kreis hinaus – sie war für beide Seiten prägend.*[26] *Hettners Rezension bildet gewissermaßen den Höhepunkt dieser Freundschaft.*[27]

Hettner begann schon 1851 den Roman in den ersten Aushängebogen zu lesen. Er glaubte an ein bald bevorstehendes Erscheinen und wollte seine Rezension als erster herausbringen.[28] *Schließlich mußte er drei Jahre warten, bis er wenigstens eine Rezension zu den ersten drei Bänden schreiben konnte. In dieser Zeit erkundigte er sich mehrmals nach dem Stand der Arbeit. Keller verhielt sich aber zeitweise etwas zugeknöpft. Hettner dagegen legte Keller Teile der Rezension vor Erscheinen vor (an Keller, 19.2.1854, Dok) und gab Keller so die Möglichkeit, dazu Stellung zu nehmen. Es ist anzunehmen, daß Keller von dieser Möglichkeit anläßlich von Hettners Besuch im März 1854 Gebrauch machte.*[29] *Gegen die Hauptkritik, welche die Komposition des*

---

auch Franz Duncker oder Hermann Dierke, der ‚verantwortliche Redakteur' der Zeitung, in Frage.

26 Nachdem Hettner Keller als Hörer seiner Heidelberger Vorlesungen kennengelernt hatte, entwickelte sich schnell ein intensiver Austauch über literarische Fragen. Dieser fand zunächst in Gesprächen und Briefen statt und setzte sich dann auch in publizistischer Form fort. Beispielsweise übernahm Hettner aus Kellers Briefen ganze Passagen in sein Werk Das moderne Drama (1852). Oder er machte im Artikel Die altfranzösische Tragödie. An einen Freund in Berlin (1850) Keller zum Adressaten seiner als offener Brief formulierten Erörterungen (vgl. dazu HKKA 31, S. 146 und 234). Umgekehrt dürften die ästhetischen Positionen, die Keller in seinen Gotthelf-Rezensionen (1849–1855; vgl. HKKA 15) vertrat, teilweise von Hettners Anschauungen beeinflußt worden sein (vgl. dazu Stocker 2006).

27 Nach dem Grünen Heinrich kam es zu keinem weiteren intensiven Austausch über fachliche Fragen. Die Freundschaft blieb während einiger Jahre herzlich, schlief dann aber ein. Vgl. Kellers Notiz über Hettner, SNM: B: G.Keller 68.51; GB 1, S. 311–313, hier S. 313 und allgemein Hettner/Keller, S. V–XXXIX sowie Stern 1885.

28 Vgl. Hettner an Keller 21.6.1850 und 25.2.1851 (beide Dok); vgl. zum Folgenden allgemein Kap. 3.1 Dokumentation, S. 198–214, 246–252, 259–272.

29 Es ist wenig wahrscheinlich, daß Hettner sein Druckmanuskript vor dem Berliner Besuch

Romans betraf, wird er sich kaum zur Wehr gesetzt haben. Denn er selbst hatte gegenüber Hettner seine Unzufriedenheit mit der Form des Romans schon sehr früh zum Ausdruck gebracht.[30] *Die publizierte Fassung von Hettners Rezension enthält die brieflich geäußerte Kritik in unabgeschwächter Form. Hettner stellt außerdem Überlegungen dazu an, wie die weitere Entwicklung der Hauptfigur im noch ausstehenden vierten Band aussehen könnte. Dabei hält er sich eng an das, was er von Keller darüber bereits wußte,*[31] *seine Insider-Kenntnisse geschickt kaschierend.*

Als Keller den Roman mit dem vierten Band abgeschlossen hatte, kam es zu keiner Zweitrezension von Seiten Hettners, obwohl davon die Rede gewesen war.[32] *Die Diskussion verlagerte sich wieder zurück in die private Korrespondenz.*[33] *Für den Rezensionsverzicht mag neben äußeren Gründen wie Zeitnot – Hettner wechselte als Museumsdirektor nach Dresden – auch verantwortlich gewesen sein, daß Hettner keine weitere Belastung seiner Freundschaft zu Keller riskieren wollte.*[34]

Der Wiener Kritiker Emil Kuh *(1828–1876) trat erst 1871 aus Anlaß seiner Rezension mit Keller in brieflichen Kontakt.*[35] *Er wurde daraufhin von Keller erstaunlich schnell ins Vertrauen gezogen. Schon im ersten Antwortbrief äußerte sich Keller ganz offen über seine Umarbeitungspläne und konsultierte Kuh in der wesentlichen Kompositionsfrage.*[36] *Von der eigentlich naheliegenderen Möglichkeit, Hettners Rat zu suchen, machte er dagegen keinen Gebrauch.*

Der Kritiker Paul Nerrlich *(1844–1904), der in seiner Besprechung Heinrich Lees religiöse Entwicklung in den Vordergrund stellte und sich brieflich für das Aufblühen einer neuen Weltanschauung (nach Feuerbach) begeisterte, bewegte Keller zu einem Selbstkommentar in dieser Frage.*[37]

Julian Schmidt *(1818–1886), der als maßgebender Leitkritiker des*

---

    ablieferte. Allerdings spricht er am 3.4.1854 (an Keller, Dok) davon, daß dieses schon längst in den Händen der Nationalztg *sei.*

30   Vgl. *Keller an Hettner, 20.9.1851 und 3.8.1853 (beide Dok).*

31   Vgl. *Keller an Hettner, 5.1.1854, Dok.*

32   Vgl. *Keller an Hettner, Januar 1855, Hettner an Keller, 11.6.1855 (beide Dok).*

33   Vgl. *allgemein Kap. 3.1 Dokumentation, S. 295–311.*

34   Vgl. *Hettner an Keller, 6.5.1854 und Keller an Hettner, 6.5.1854 (beide Dok).*

35   Vgl. *Kuh 1871 (CD), vgl. auch Emil Kuh an Keller, 20.2.1871, Dok.*

36   Vgl. *Kap. 1 Entstehung, S. 50–52 sowie Keller an Kuh, 3.4.1871, Kuh an Keller, 25.7.1871 und Keller an Kuh, 10.9.1871 (alle Dok).*

37   Vgl. *Nerrlich 1881 (CD), vgl. auch Kap. 1 Entstehung, S. 67 f. sowie Paul Nerrlich an Keller, 18.2.1881, Keller an Nerrlich, 28.2.1881, Nerrlich an Keller, 22.3.1881 (alle Dok).*

programmatischen Realismus gelten kann, schrieb nicht nur zwei Rezensionen zum Grünen Heinrich, sondern auch ein Porträt Kellers und eine Literaturgeschichte, in der er diesen ebenfalls behandelte.[38] *Seine Geschichte der deutschen Nationallitteratur im neunzehnten Jahrhundert (1853) hatte vorerst nur bis in die Restauration gereicht. 1856 wurde sie um einen Band zur Gegenwart erweitert; seit 1858 erschien sie unter dem Titel Geschichte der deutschen Literatur seit Lessing's Tod (bei durchgezählter Auflage) und wurde laufend erweitert. Das Vorgehen bestand einfach darin, eigene Rezensionen zu neu aufgenommenen Autoren mehr oder weniger redigiert in die Literaturgeschichte zu übernehmen. Schmidts Rezensionen zum Grünen Heinrich kehrten hier schon 1855 fast unverändert wieder, zuerst im Kapitel* Der sociale Roman *(2. Aufl. 1855, 3. Aufl. 1856), dann im Kapitel* Volksthümliche Reaction, *in dem neben Keller auch Gotthelf, Auerbach, Stifter, Riehl, Freytag und Otto Ludwig behandelt wurden (4. Aufl. 1858), und schließlich deutlich verändert unter dem Stichwort* Neue Tendenzen der Poesie *im Kapitel* Soll und Haben *(5. Aufl. 1866/67).*

1882 verwendete Schmidt den Text seiner Rezensionen im Autorenporträt ein weiteres Mal. Davon konnte ihn offenbar nicht einmal der Umstand abhalten, daß seine bald dreißigjährigen Rezensionen nun durch das Erscheinen der 2. Romanfassung überholt und selbst zum historischen Dokument geworden waren.[39] *Doch beantwortete er nun die entscheidende und bisher durch abwägendes Urteilen verdeckte Frage, ob Kellers Werke alles in allem seinen Vorstellungen der realistischen Erzählliteratur entsprachen:*

> Unter die eigentlichen Realisten, deren Figuren in sich den festen Schwerpunkt haben und die sicherstehn, wo man sie auch hinstellen möge, rechne ich Gottfried Keller nicht; aber er gehört zu den sinnigsten und geistvollsten unter den modernen Dichtern [...].[40]

Der Münchner Literaturkritiker Julius Grosse *(1828–1902) benutzte Kellers Werk, um in einer ausführlichen, in Fortsetzungen erschienenen Sammelrezension Gustav Freytags Gesellschaftsroman* Soll und Haben *(1855) anzugreifen.*[41] *Grosse interpretiert dieses Werk, das den deutschen Kaufmannsstand und seine Ideologie in einer Aufsteigergeschichte verherrlicht,*

---

38 Vgl. Schmidt 1854 und 1855, Schmidt 1858, Schmidt 1882.
39 Vgl. oben, Anm. 20.
40 Schmidt 1882.
41 Vgl. Grosse 1857; vgl. auch Kühne 1855 und Palleske 1855 (alle CD). – Bei Kühne 1855 fällt die Gegenüberstellung mit Soll und Haben *(das graziöseste und amüsanteste Product des deutschen Romans im Laufe des Jahres)* zu Ungunsten des Grünen Heinrich *aus:*

als Propagandaschrift eines ‚geistlosen' Materialismus. Dem Roman Freytags stellt er den Grünen Heinrich *als ein Plädoyer für Idealismus und wahre Humanität entgegen. Das Motto von* Soll und Haben *(Der Roman soll das deutsche Volk da suchen, wo es in seiner Tüchtigkeit zu finden ist, nämlich bei seiner Arbeit) stammte von Julian Schmidt, mit dem zusammen Freytag die* Grenzboten, *die nationalliberal gesinnte und tonangebende Zeitschrift des deutschen Realismus, herausgab. Zweifellos sollte dieser Roman, der im Gegensatz zum* Grünen Heinrich *schnellen und anhaltend großen Absatz fand, nicht nur in ideologischer, sondern auch in ästhetischer Hinsicht das Programm der Zeitschrift propagieren.*

Kellers Werk lief hier Gefahr, in den heftigsten Literaturstreit dieser Jahre zu geraten. Denn Grosses Rezension nahm ohne Zweifel Partei für Karl Gutzkow, dessen Roman Die Ritter vom Geiste *(1850/51) von den* Grenzboten *scharf angegriffen worden war und der seinerseits anläßlich von* Soll und Haben *zurückschlug.*[42] *Auch wenn das vorangehende Zitat wie ein Verdikt über einen Roman wirkt, dessen Hauptfigur nicht über die Lebenstüchtigkeit der Hauptfigur aus* Soll und Haben *verfügt, gibt es keine deutlichen Hinweise darauf, daß Schmidt einen Zusammenhang herstellte zwischen dem* Grünen Heinrich *und der Gutzkow-Fehde.*[43] *Eine Verwicklung Kellers in diese Fehde blieb also aus.*

Rezensionsorgane *Die insgesamt ca. 50 nachgewiesenen deutschsprachigen Rezensionen und Kurzanzeigen erschienen v. a. in Zeitungen (30 verschiedene Titel), zu einem beachtlichen Teil auch in Literaturblättern und -zeitschriften (10 Titel) und nur in einem Fall – Autorenporträts nicht mitgerechnet – in einer Unterhaltungszeitschrift.*[44]

Politische Zeitungen verfügten in der Regel über kein fest installiertes Feuilleton, sondern bestenfalls über Rubriken, die bei Bedarf eingerückt werden konnten (Literarisches, Bücherschau usw.). Häufiger als ein Feuilleton ‚unter dem Strich' waren regelmäßig oder unregelmäßig erscheinende,

---

Der Leser staunt über die vierschrötige Simplicitas, in welcher hier der deutsche Roman vierbändig einherschreitet.

42 Vgl. *Realismus 1981, Bd. 2, S. 312–352.*

43 *Einen schwachen Hinweis auf einen möglichen Zusammenhang gibt ev. der Pantheismus-Vorwurf, den Schmidt 1858 (CD) in seine ansonsten fast unverändert übernommene Besprechung des* Grünen Heinrich *einfügte und der ev. eine indirekte Bezugnahme auf Grosses Attacke sein könnte.*

44 *Vgl. die in der Unterhaltungszeitschrift* Heimgarten *erschienene Rezension Rosegger 1881 (CD). – Zu den verschiedenartigen Rezensionsorganen vgl. Abb., S. 131, 133 und 135.*

Zeitungsrezension im Feuilleton ‚unter dem Strich'
„National-Zeitung", Nr. 209, 5.5.1854 (Hermann Hettner)
(vgl. S. 130)

oft aus Einzelblättern bestehende Beilagen, die auch Rezensionen enthalten konnten. Literaturblätter entstanden aus solchen Beilagen oder hatten nach Erscheinungsweise und Gestaltung einen zeitungsähnlichen Charakter. Die gegenüber den Literaturblättern umfangreicheren Literaturzeitschriften waren ein wichtiges journalistisches Medium der bürgerlichen Bildung; sie enthielten nach dem Vorbild der englischen Review *und der französischen* Revue *auch Artikel zur allgemeinen Belehrung aus Wissenschaft und Geschichte. Literaturzeitschriften waren geschmacksbildend, und zwar besonders dort, wo neben Rezensionen auch literarische Beiträge abgedruckt wurden. In Unterhaltungszeitschriften, die illustriert und familientauglich sein mußten – einem neuen, spätestens in der Gründerzeit kräftig prosperierenden Medienformat –, spielten klassische Buchrezensionen eine untergeordnete Rolle; beliebter waren hier Autorenporträts oder einzelnen Lesersegmenten angepaßte Empfehlungen ohne ästhetisches Raisonnement.*

Die wichtigsten deutschsprachigen Literaturblätter und -zeitschriften erschienen in Leipzig.[45] *Die 1. Fassung von Kellers Roman wurde nicht nur in den* Grenzboten, *sondern auch in Robert Prutz'* Deutschem Museum, *Gustav Kühnes* Europa *und Hermann Marggraffs* Blättern für literarische Unterhaltung *und in einer weiteren, etwas weniger bekannten Leipziger Zeitschrift (*Novellen-Zeitung*) besprochen.*[46] *In Berlin brachte nur Ernst Kossaks* Berliner Feuerspritze *1854 und 1855 Rezensionen. Rudolf Hayms* Preußische Jahrbücher, *die v. a. über Heinrich Treitschke eng verbunden waren mit dem* Grenzboten-*Kreis und eine ähnliche Gesinnung vertraten, waren erst 1858 gegründet worden, konnten also die 1. Fassung des* Grünen Heinrich *noch nicht rezensieren; sie veröffentlichten statt dessen eines der ersten Autorenporträts über Keller.*[47] *Ebenfalls keine Rezensionen erschienen in zwei Leipziger Zeitschriften, die dank ihres populären Charakters sehr hohe Auflagen erreichten, in Ernst Keils* Gartenlaube *und in Karl Gutzkows* Unterhaltungen am häuslichen Herd.[48] *Die Tatsache, daß sich Kellers Roman in der 1. Fassung trotz eines großen Echos der literarischen ‚Meinungsmacher' schlecht verkaufte,*[49] *zeigt, daß die Interessen der literarischen Intelligenz nicht repräsentativ waren für das breite Lesepublikum.*

---

45 Vgl. Herzog *1995, S. 200 f. und 216–219.*
46 *Zu den Zeitschriften des poetischen Realismus vgl.* Realismus *1981, Bd. 1, S. 33 f.*
47 Vgl. Treitschke *1860 (CD).*
48 *Zu Gutzkow vgl. oben, S. 125 und ebd., Anm. 17.*
49 *Einzelne negative Rezensionen (vgl. z. B.* Kühne *1854, besonders vernichtend* Kühne *1855 und* Müller *1856) als Grund für den schlechten Absatz verantwortlich machen zu wollen, dürfte zu vereinfachend sein.*

Neue Romane.

Der grüne Heinrich. Roman von Gottfried Keller. 4 Bände. Braunschweig. Vieweg.

Auf den ersten Blick sieht man, daß man es nicht mit einem gewöhnlichen Romanschriftsteller zu thun hat. Aus dem sinnsälligen erfahren wir, daß der Verfasser früher als lyrischer Dichter aufgetreten ist. In der epischen Dichtung scheint dieses Buch, und der Vorrede, der erste Versuch zu sein. Es ist also zu hoffen, daß die Fehler, die mit in demselben nachzuweisen haben, noch nicht zur Manier verhärtet sind.

Als Vorzüge treten zwei sehr deutlich hervor. Zunächst eine feine, gebildete, zuweilen überraschend wahre Reflexion, ein Synthäsuer von Einzelnen, die auf individuelle Begebenheiten bezogen, doch überall in bleibende allgemeine manische Maximen sich zu verwandeln streben; sodann eine große Macht der Phantasie in der Schilderung einzelner auf das Gemüthstehen, namentlich aber der Sinnlichkeit bezüglicher Scenen. In den verschiedenen Liebesverhältnissen, in die wir den Helden im Laufe des Romans verwickelt sehen, ergeben sich eine Reihe einzelner Gemälde, welche die poetische Empfindung und das poetische Auge des Dichters außer Zweifel stellen.

Allein auch diese Vorzüge erscheinen nicht in einer ganz reinen Form. Was zunächst die Reflexion betrifft, so drängt sich der lyrische Dichter noch zu jetzt vertieft sucht er die Empfindung und Betrachtung des einzelnen Momenten zu schen und denkt nicht daran, daß diese Momente in der epischen Poesie nur dazu dienen kommen, die Begebenheiten und die Charactere deutlich zu machen. So werden wir gleich zu Anfang des Romans, wo der junge Held sich auf die Wanderschaft begibt, mit einer so großen Fülle geistreicher Bemerkungen des Verfassers über das, was er darstellt, und des Helden über das, was er in Beziehung auf verschiedene Gegenstände denkt und empfindet, überschüttet, daß unsere Aufmerksamkeit zerstreut wird, und daß uns die Gestalten, die mit uns suchen, in ganz

Grenzboten. I. 1854.   51

Rezension in einer Literaturzeitschrift
„Die Grenzboten" 13 (1854), Bd. 1 (Julian Schmidt)
(vgl. S. 130)

133

Das Marktgeschehen wurde nur in sehr geringem Ausmaß durch die Literaturkritik bestimmt.

Rezensierende Zeitschriften der 2. Fassung des Romans waren Julius Rodenbergs Berliner Deutsche Rundschau *und die beiden Leipziger Zeitschriften* Im neuen Reich *und* Allgemeiner Literarischer Wochen-Bericht. *Die sehr erfolgreiche* Deutsche Rundschau *bildete seit 1874 eine Art Sammelforum für die Literatur des Realismus;* Im neuen Reich *war 1871 gegründet worden, um Gustav Freytag nach dessen Verlassen der* Grenzboten *eine Fortsetzung seiner publizistischen Tätigkeit zu ermöglichen.*

Die nach Auflagenstärke und überregionaler Verbreitung wichtigsten Zeitungen waren die Augsburger Allgemeine Zeitung *und die ‚Vossische Zeitung' in Berlin; eine Rezension zum* Grünen Heinrich *erschien nur in der ‚Vossischen Zeitung'.*[50] *Zeitungsrezensionen erschienen außerdem in vier weiteren Berliner Blättern, in Frankfurt am Main, Köln, Bonn, Stuttgart, Nürnberg, in Breslau und in Prag. Auch in der österreichischen Presse wurde der Roman besprochen.*

In der Schweiz erschienen zwar fünf Rezensionen zur 2. Fassung, aber keine einzige Rezension zur 1. Fassung. Eine Schweizer Rezension zu den Leuten von Seldwyla *mußte 1856 bedauernd anmerken, daß* unsere Schweizerblätter *bisher von* unserem Landsmann *keine Notiz genommen hätten.*[51] *Die Schweiz verfügte im Vergleich mit den deutschen Literaturzentren um 1850 nur über ein sehr rudimentäres Rezensionswesen. Trotzdem bleibt das Ausbleiben einer Schweizer Rezension zum Roman von 1854/55 erstaunlich, zumal Kellers Arbeit durch Zürcher Stipendien gefördert worden war.*

In Frankreich und England erscheinende Rezensionen mußten der Tatsache Rechnung tragen, daß sie ein unübersetztes Werk besprachen. Eine in der Revue moderne *erschienene Rezension besteht aus einer Mischung von Nacherzählung, übersetzten Auszügen und Kommentaren.*[52] *Da diese Rezension über 50 Seiten lang ist und die Auszüge weit über bloße Textproben hinausgehen, bot sie zugleich Ersatz für eine eigentliche Übersetzung. In vergleichbarer Weise sorgte die Deutsch-Engländerin Helen Zimmern, von der ein Autorenporträt und eine Rezension zum* Grünen Heinrich *stam-*

---

50 *Vgl. Varnhagen 1855 (CD).* – *Hettner 1854 (CD) war ursprünglich für die* Allgemeine Zeitung *vorgesehen gewesen, erschien dann aber aus unklaren Gründen in der Berliner* National-Zeitung.
51 *Vgl. Eidgenössische 1856 (CD).*
52 *Vgl. Krinitz 1869 (CD).*

Porträt Gottfried Kellers in einer Unterhaltungszeitschrift
„Neue Illustrirte Zeitung", Nr. 41, 9.7.1882 (Helene Druskovitz)
(vgl. S. 130)

men,⁵³ *dafür, daß dem englischen Lesepublikum wenigstens ein Kapitelauszug aus Kellers Roman geboten wurde (*The Funeral*).*⁵⁴

Wertungsnormen *Die Wertungen zum Grünen Heinrich beruhen auf ästhetischen Normen wie der Geschlossenheit der Komposition, aber auch auf schwieriger zu fassenden ideologischen Normen wie der gesellschaftlichen Repräsentativität. Aus der Gesamtheit dieser Normen läßt sich in Bruchstücken ein ideales Profil des realistischen Romans (im Sinne einer literarischen Erwartung) rekonstruieren. In der folgenden Zusammenstellung werden die wichtigsten ästhetischen Normen, die in den analysierten Rezensionen vorkommen – ob positiv oder negativ, ist hier belanglos –, genannt und mit Beispielen illustriert.*⁵⁵ *Die Verweise in den Anmerkungen erschließen das gesamte Korpus.*

– *Komposition: ‚Der Roman soll eine geschlossene Form aufweisen.'*

> Die Komposition hat keine innere Einheit, sie zerfällt in zwei durchaus gesonderte Theile. Zuerst beginnt der eigentliche Roman, der uns den Helden bereits in der Mitte seiner Künstlerlaufbahn darstellt; dann kommt als Episode die Jugendgeschichte und diese Episode ist so weitschichtig, daß sie zwei volle Bände einnimmt und selbst wieder in verschiedene Episoden auseinandergeht, und erst dann setzt wieder der Roman an, der die unmittelbare Fortsetzung jener Jugendgeschichte ist. *(Hettner 1854)*⁵⁶

– *Ästhetische Motivation: ‚Alle Textteile und alle verwendeten literarischen Mittel sollen eine ästhetische Funktion in bezug auf das Textganze haben.'*

---

53 *Vgl. Zimmern 1880 und Zimmern 1881 (beide CD).*
54 *Vgl. die anthologieartige Sammlung* Half-Hours with Foreign Novelists. By Helen and Alice Zimmern. With Short Notices of the Lives and Writings of the Various Authors. [...] *London: Remington & Co. [...] 1880, Bd. 2, S. 283–308; vgl. dazu HKKA 21, S. 71.*
55 *Unberücksichtigt bleiben Kategorien wie „humoristisch" oder „phantasievoll", die in den ausgewerteten Dokumenten begrifflich vage bleiben und keinen argumentativen Wert haben. Das läßt sich schon allein daran erkennen, daß sie nur positiv verwendet werden.*
56 *Vgl. auch Schmidt 1854, Kühne 1854, Feuerspritze 1854, Müller 1854, Palleske 1854, Varnhagen 1855, Müller 1856, Treitschke 1860, Sonntagspost 1868, Rezension 1878, Baechtold 1880, Brahm 1880, Zimmern 1880, Nerrlich 1881, Frey 1881, Fischer 1881, Zimmern 1881, Zabel 1881, Schmidt 1882, Widmann 1883 (alle CD).*

Wir wollen im Roman von jedem Bilde den Eindruck haben, daß es ein wesentliches Moment in der Entwickelung der Geschichte sein wird. Aber hier begegnet es uns fast überall, daß die einzelnen Darstellungen uns als bloße Erscheinungen vorkommen, die keinen Sinn mehr haben, sobald sie vorüber sind. *(Schmidt 1854)*[57]

- *Kausale und psychologische Motivation: ‚Die erzählte Geschichte soll in ihrem Ablauf nachvollziehbar sein.'*

Auch wenn der Dichter die eine Hälfte der Jugend-Idylle Heinrich's, die schöne nach Amerika ausgewanderte Judith, in ihr Heimathland zurückkehren läßt, gehen die Erwartungen des Lesers, den Roman durch eine Ehe abgeschlossen zu sehen, nicht in Erfüllung. Keller entläßt seine Freunde etwas säuerlich-hagestolzartig. Weshalb die Beiden bei aller Liebe entsagen müssen, obwohl sie sich immer treu begleiten, ist psychologisch gar nicht ausgedrückt, denn mit dem Satze „sie mochte zu viel von der Welt gesehen und geschmeckt haben, um einem vollen und ganzen Glücke zu vertrauen" ist die Sache doch nicht erklärt. Ueberhaupt liebt es Keller, in der von uns angedeuteten Weise auch im „Grünen Heinrich" einer Situation zu Liebe, die er so und nicht anders haben will, von der strengeren Motivirung abzusehen, besonders bei phantastischer Beleuchtung. *(Zabel 1881)*[58]

- *Narrative Geschlossenheit: ‚Abschweifendes Erzählen soll vermieden werden.'*

Daneben freilich finden sich wie in den frühern Bänden auch hier wieder viele Längen und unnöthige Abschweifungen; namentlich rechnen wir dahin die ganze ermüdende Traumgeschichte, unmittelbar vor der Abreise des Grünen Heinrich aus der Hauptstadt. *(Prutz 1855)*[59]

- *Objektivität: ‚Reflexion, Didaxe und Tendenz sollen vermieden werden.'*

---

57   Vgl. auch *Schmidt 1855, Vischer 1874, Mauthner 1880, Edlinger 1880, Brahm 1880, Tagespost 1880, Brahm 1880a, Fischer 1881, Ziel 1885 (alle CD)*.
58   Vgl. auch *Schmidt 1854, Prutz 1855, Brahm 1880, Brahm 1880a, Staatsanzeiger 1880, Hammann 1881 (alle CD)*.
59   Vgl. auch *Kühne 1854, Giseke 1855, Schmidt 1855, Treitschke 1860, Zimmern 1880, Ziel 1885 (alle CD)*.

Was zunächst die Reflexion betrifft, so drängt sich der lyrische Dichter noch zu sehr vor. Ueberall sucht er die Empfindung und Betrachtung des einzelnen Moments zu fixiren und denkt nicht daran, daß diese Momente in der epischen Poesie nur dazu dienen können, die Begebenheiten und die Charaktere deutlich zu machen. So werden wir gleich zu Anfang des Romans, wo der junge Held sich auf die Wanderschaft begibt, mit einer so großen Fülle geistreicher Bemerkungen des Verfassers über das, was er darstellt, und des Helden über das, was er in Beziehung auf verschiedene Gegenstände denkt und empfindet, überschüttet, daß unsere Aufmerksamkeit zerstreut wird, und daß uns die Gestalten, die wir suchen, in ganz unbestimmte Nebelgebilde zerfließen. Es ist das vielleicht der Fehler eines jungen Dichters, der so eilig als möglich alles, was er über das Menschenleben Bedeutendes gedacht hat, an den Mann zu bringen strebt. Allein diese Form widerstrebt der epischen Poesie. *(Schmidt 1854)*[60]

– *‚Verklärung‘: Aus dem Versuch einer geschichtsphilosophischen Begründung der Ästhetik ging bei Friedrich Theodor Vischer, Hermann Hettner u. a. die Forderung nach einer Verbindung zwischen ‚Realismus‘ und ‚Idealismus‘ im ‚Realidealismus‘ hervor. Diese Forderung macht die Schönheit der Natur zur Vorbedingung von Kunst oder verlangt umgekehrt von der Kunst, die Natur zur ‚wahren‘ oder gesetzesmäßigen Natur zu idealisieren.*[61]

Wo aber der Dichter sein episches Talent frei walten läßt, wie in der Jugendgeschichte des Helden, da ist er groß und selbst genial, da entfaltet er farbenvolle Gemälde, in denen die Erscheinungen des äußeren und inneren Lebens mit künstlerischer Schöpfungskraft aus dem Gebiet der gemeinen Wirklichkeit in das der poetischen Wahrheit gehoben werden. *(Kurz 1872)*[62]

– *Illusionswirkung: ‚Die mit künstlerischen Mitteln erzeugte Wirklichkeit soll den Anschein einer gegebenen Wirklichkeit erwecken, so daß der Rezipient identifikatorisch Anteil an ihr nehmen kann.‘*

Wir lesen nicht mehr, wenn wir uns in das Buch vertiefen, nein, wir

---

60 Vgl. auch *Müller 1856, Grosse 1857, Kurz 1872, Rezension 1878, Zimmern 1880, Stern 1880, Hammann 1881, Rosegger 1881, Frey 1881, Ziel 1885* (alle CD).
61 Vgl. *Realismus 1981*, S. 13–21, 38–41 und *Klein 2003*, S. 171–174.
62 Vgl. auch *Reichs-Zeitung 1853, Grosse 1857, Treitschke 1860, Kuh 1871, Vischer 1874, Ziel 1885, Staatsanzeiger 1880, Baechtold 1880a, Hammann 1881, Frey 1881* (alle CD).

leben, wir durcheilen mit den wechselndsten Gefühlen noch einmal den Garten unsrer Kindheit mit seinen blütheduftenden Rasenplätzen. *(Reichs-Zeitung 1853)*[63]

- *Narrative Transparenz:* ‚*Die Filterwirkung des Erzählens soll möglichst gering gehalten werden. Der Artefakt-Charakter des Kunstwerks soll aufgelöst werden.*'

  Und w i e versteht er es zu erzählen! Andere Erzähler lassen's einen immer so gern merken, daß jezt etwas Rechtes kommt; sie spannen die Ungeduld auf's Aeußerste, und hintendrein – ist's nichts, wir hatten mehr erwartet. Dieser Kapitalfehler ist unserem Keller meines Wissens nie passirt. Darin ist er eben der echte, objektive Epiker, daß er ruhig weiter erzählt, nicht kokett den Vorhang aufhebt, um ihn wieder fallen zu lassen, nicht in hohen Worten oder hohen Phrasen schildert, sondern eher zu wenig dazu thut. *(Fischer 1881)*[64]

- *Stilistische Klarheit:*

  In diesem Buch ist nichts Ersonnenes, nichts Erklügeltes, der Dichter spinnt den Faden seiner Erzählung aus seinem reinsten Innern mit derselben unverwüstlichen Kraft wie die Knospen im Lenze keimen und Blüthen und Blätter treiben. Und Das alles in einer klaren und durchsichtigen Sprache gegeben. *(Baechtold 1880a)*[65]

- *Kolorit:*

  Ich will gar nicht sprechen von der oft nahezu stereoskopischen Plastik, von der reichen Farbenfülle, die uns hier in den Schilderungen des äußeren Lebens, wie zum Beispiel in prächtigen schweizerischen Landschaftsgemälden und Scenen aus dem Volksleben, entgegentritt. *(Ziel 1885)*[66]

- *Authentizität:*

  Frisch und unmittelbar, nicht aus entlegener Perspective, hat uns damals der Fünfunddreißigjährige sein Jugendleben geschildert, und

---

63 Vgl. auch Assing 1854, Hettner 1854, Feuerspritze 1854, Müller 1854, Fischer 1881 (alle CD).
64 Vgl. auch Giseke 1855, Rosegger 1881, Zabel 1881 (alle CD).
65 Vgl. auch Reichs-Zeitung 1853, Schmidt 1854, Baechtold 1880, Frey 1881 (alle CD).
66 Vgl. auch Grosse 1857, Tagespost 1879, Fischer 1881, Schmidt 1882 (alle CD).

dieser Zauber des Unmittelbaren ist auch der neuen Bearbeitung nicht geschwunden. *(Nerrlich 1881)*[67]

- *Wahrscheinlichkeit: ‚Die erzählte Geschichte soll mit den Wirklichkeitserfahrungen von Autor und Lesern übereinstimmen.'*

  Auch an Unwahrscheinlichkeiten und Uebertreibungen fehlt es nicht; insbesondere im Punkt des Hungerns und Marschirens muthet der Verfasser seinem Helden mehr zu, als ein Mensch füglich leisten kann und wenn er auch als gesundes Schweizerblut zur Welt gekommen. *(Prutz 1855)*[68]

- *‚Schicklichkeit':*

  Wir sind die Letzten, die verbildete Prüderie unserer Frauen, welche ihnen die edelsten Kunstgenüsse verdirbt, zu vertheidigen, und wir wissen sehr wohl Keller's kräftige Sinnlichkeit von der faunischen Lüsternheit der Franzosen zu unterscheiden: dennoch bedauern wir, daß manche schöne Hand den Roman aus der Hand legen wird, erschreckt durch diese Darstellung des Nackten, für welche ein künstlerischer Zweck nicht zu finden ist. *(Treitschke 1860)*[69]

---

67 *Vgl. auch Treitschke 1860, Sonntagspost 1868, Stern 1880 (alle CD).*
68 *Vgl. Heinrich Lees Rückreise in die Heimat (GH I, 12.355–367). – Vgl. auch Schmidt 1854 (CD).*
69 *Vgl. Judiths Badeszene (GH I, 12.079–082). – Vgl. auch Kühne 1854, Fischer 1881 (beide CD).*

Dokumentation

3.1 DOKUMENTE ZU ENTSTEHUNG, ÜBERLIEFERUNG UND REZEPTION

Die Dokumente zur Konzipierung, Niederschrift und Rezeption des Grünen Heinrich, Kellers erstem und umfangreichsten Prosawerk, erstrecken sich über zwei Drittel seiner Lebenszeit und sind sehr zahlreich. Weil sie eine auch für Kellers spätere Werke typische Produktionsweise erstmals und besonders ausgeprägt repräsentieren, werden sie möglichst vollzählig – wenn auch z. T. gekürzt – wiedergegeben.[1] *Zur leichteren Übersicht sind die chronologisch angeordneten Dokumente in drei Teile gegliedert. Teil 1 und 3 gelten der Entstehung, Publikation und Rezeption der beiden Fassungen, Teil 2 den Überarbeitungsplänen und dem Verlagswechsel. Alle drei Teile enthalten – v. a. in der Verlagskorrespondenz – auch wenig oder gar nicht bekannte Briefe. Die in den Gesammelten Briefen (GB) nur in sehr knapper Auswahl erscheinenden Briefe der Verleger Eduard Vieweg*[2] *(1. Fassung) und Ferdinand Weibert (2. Fassung) sind vollzählig wiedergegeben. Außerdem ist die Korrespondenz verschiedener Verlage mit Vieweg um den Erwerb der Rechte am Grünen Heinrich berücksichtigt, die erst seit 1999 in den neu eröffneten Vieweg-Archiven der Universität Braunschweig zugänglich ist. Eigens in Teil 3 aufgenommen wurden Briefpassagen, welche den Austausch über die Modalitäten der Herausgabe von Kellers Gesammelten Werken (GW) im Hertz-Verlag dokumentieren, deren Entstehung und textkritischer Bedeutung Kap. 2.1 gewidmet ist.*

Die folgende chronologische Übersicht verzeichnet hinter jedem Brief die Bibliothekssignatur des Originals, auf das wenn möglich zurückgegriffen wird, und weist – wo vorhanden – einen repräsentativen Abdruck nach.[3] *Die*

1 Ungekürzte Wiedergabe in der elektronischen Edition (CD).
2 Vgl. auch Gottfried Kellers Briefe an Vieweg. Hg. von Jonas Fränkel. Zürich: Corona 1938 (= Schriften der Corona, 19), wo die Briefe Viewegs nur in wenigen Ausschnitten in den Überleitungstexten zwischen Kellers vollständig wiedergegebenen Briefen erscheinen.
3 In mehreren, jeweils neu datierten Anläufen geschriebene Briefe sind unter dem Datum

Seitenzahl bezeichnet jeweils den Beginn des zitierten Briefs. Dokumente ohne Drucknachweis sind bisher unveröffentlicht.

Entstehung, Publikation und Rezeption der 1. Fassung

22.2.1844	Johann Salomon Hegi an Keller	Ms. GK 79c Nr. 78; Hegi/Keller, S. 187
5.2.1847	Keller an Ferdinand Freiligrath	GSA 17/VIII,53:1; GB 1, S. 237
22.3.1847	Keller an Gerold Meyer von Knonau d. Ä.	GB 4, S. 22
28.6.1847	Anton Winter an Keller	Ms. GK 79g Nr. 178
31.10.1848	Keller an Elisabeth Keller	Ms. GK 78 Nr. 1/31; GB 1, S. 87
4.1.1849	Keller an F. A. Brockhaus	StAL,Brockh.254; Goldammer 1996, S. 36
10.1.1849	F. A. Brockhaus an Keller	Ms. GK 79a Nr. 7
8.2.1849	Keller an Eduard Dößekel	SAA: Briefe 2/083; GB 2, S. 457
19.2.1849	Keller an Johann Salomon Hegi	Ms. GK 77 Nr. 14/1,2; GB 1, S. 212
10.3.1849	Keller an Wilhelm Baumgartner	Ms. GK 78d Nr. 2/3,1,2,4a; GB 1, S. 273
16.3.1849	Keller an Elisabeth Keller	Ms. GK 78 Nr. 1/32; GB 1, S. 91
März 1849	Notiz für Karl Jakob Löwig	Ms. GK 78u Nr. 0; GB 3.2, S. 473
11.4.1849	Keller an Elisabeth Keller	Ms. GK 78 Nr. 1/33; GB 1, S. 94
22.5.1849	F. A. Brockhaus an Keller	Ms. GK 79a Nr. 8
28.5.1849	Keller an F. A. Brockhaus	StAL,Brockh.254; Goldammer 1996, S. 37
23.7.1849	Keller an Eduard Sulzer	Ms. GK 77 Nr. 44; GB 4, S. 343, Entwurf
Sept. 1849	Keller an August Adolf Ludwig Follen	Ms. GK 77 Nr. 8; GB 4, S. 23, Entwurf
14.10.1849	Eduard Sulzer an Keller	Ms. GK 8.15 Nr. 157
10.12.1849	Keller an Eduard Vieweg	Ms. GK 78u Nr. 1; GB 3.2, S. 10
5.2.1850	Eduard Vieweg an Keller	Ms. GK 79f3 Nr. 103; GB 3.2, S. 11
25.2.1850	Rudolf Flaigg an Keller	Ms. GK 79a Nr. 198
28.2.1850	Keller an Eduard Vieweg	Ms. GK 78u Nr. 2; GB 3.2, S. 12
6.3.1850	Eduard Vieweg an Keller	Ms. GK 79f3 Nr. 104; GB 3.2, S. 13 z.T
4.4.1850	Keller an Ferdinand Freiligrath	GSA 17/VIII,53 Nr. 2; GB 1, S. 243
3.5.1850	Keller an Eduard Vieweg	Ms. GK 78u Nr. 3; GB 3.2, S. 14
7.5.1850	Eduard Vieweg an Keller	Ms. GK 79f3 Nr. 105; GB 3.2, S. 18
11.5.1850	Keller an Eduard Vieweg	Ms. GK 78u Nr. 4; GB 3.2, S. 19
21.5.1850	Eduard Vieweg an Keller	Ms. GK 79f3 Nr. 106
29.5.1850	Keller an Hermann Hettner	Ms. GK 77 Nr. 15/1; GB 1, S. 313
4.6.1850	Keller an Eduard Vieweg	Ms. GK 78u Nr. 5; GB 3.2, S. 21

des zitierten Teils eingeordnet (Verweis auf das Datum des Briefanfangs bzw. Briefendes in Anmerkungen zu den entsprechenden Brieftiteln). – Zu den verwendeten Kurztiteln und Siglen vgl. HKKA 20, Anhang 1 Literaturverzeichnis und Anhang 7 Verzeichnis der Siglen.

6.6.1850	Eduard Vieweg an Keller	Ms. GK 79f3 Nr. 107
8.6.1850	Keller an Rudolf Flaigg	Privatbesitz; GB 2, S. 467
21.6.1850	Hermann Hettner an Keller	Heid.Hs.2751 Nr. 1a/1b; GB 1, S. 322, z. T.; Hettner/Keller, S. 12
28.6.1850	Eduard Vieweg an Keller	Ms. GK 79f3 Nr. 109
2.7.1850	Keller an Eduard Vieweg	Ms. GK 78u Nr. 6; GB 3.2, S. 23
3.7.1850	Eduard Vieweg an Keller	Ms. GK 79f3 Nr. 110
8.8.1850	Eduard Vieweg an Keller	Ms. GK 79f3 Nr. 111
14.8.1850	Eduard Vieweg an Keller	Ms. GK 79f3 Nr. 112
16.8.1850	Keller an Eduard Vieweg	Ms. GK 78u Nr. 7; GB 3.2, S. 24
23.8.1850	Eduard Vieweg an Keller	Ms. GK 79f3 Nr. 114
23.8.1850	Keller an Eduard Vieweg	Ms. GK 78u Nr. 8; GB 3.2, S. 26
25.8.1850	Eduard Vieweg an Keller	Ms. GK 79f3 Nr. 115
25.8.1850	Keller an Alois Sailer	SNM: B: G.Keller 68.45; GB 4, S. 25
28.8.1850	Eduard Vieweg an Keller	Ms. GK 79f3 Nr. 116
30.8.1850	Keller an Eduard Vieweg	Ms. GK 78u Nr. 9; GB 3.2, S. 27
16.9.1850	Keller an Hermann Hettner	Ms. GK 77 Nr. 15/2; GB 1, S. 329
22.9.1850	Keller an Ferdinand Freiligrath	GSA 17/VIII,53:4; GB 1, S. 248
24.9.1850	Eduard Vieweg an Keller	Ms. GK 79f3 Nr. 117; GB 3.2, S. 27
6.10.1850	Eduard Vieweg an Keller	Ms. GK 79f3 Nr. 118
12.10.1850	Keller an Eduard Vieweg	Ms. GK 78u Nr. 10; GB 3.2, S. 28
17.10.1850	Hermann Hettner an Keller	Heid.Hs.2751 Nr. 2; GB 1, S. 336, z. T.; Hettner/Keller, S. 26
23.10.1850	Keller an Hermann Hettner	Ms. GK 77 Nr. 15/3; GB 1, S. 337
28.10.1850	Keller an Eduard Vieweg	Ms. GK 78u Nr. 11; GB 3.2, S. 29
29.10.1850	Eduard Vieweg an Keller	Ms. GK 79f3 Nr. 119
27.11.1850	Eduard Vieweg an Keller	Ms. GK 79f3 Nr. 120
21.12.1850	Firma Vieweg an Keller	Ms. GK 79f3 Nr. 121
26.12.1850	Keller an Eduard Vieweg	Ms. GK 78u Nr. 12; GB 3.2, S. 30
18.1.1851	Keller an Eduard Vieweg	Ms. GK 78u Nr. 13; GB 3.2, S. 31
21.1.1851	Eduard Vieweg an Keller	Ms. GK 79f3 Nr. 122; GB 3.2, S. 32, z. T.
24.1.1851	Keller an Eduard Vieweg	Ms. GK 78u Nr. 14; GB 3.2, S. 34
2.2.1851	Keller an Eduard Vieweg	Ms. GK 78u Nr. 15; GB 3.2, S. 36
3.2.1851	Eduard Vieweg an Keller	Ms. GK 79f3 Nr. 123; GB 3.2, S. 37
14.2.1851	Eduard Vieweg an Keller	Ms. GK 79f3 Nr. 124
25.2.1851	Hermann Hettner an Keller	Heid.Hs.2751 Nr. 3; GB 1, S. 349, z. T.; Hettner/Keller, S.41
1.3.1851	Eduard Vieweg an Keller	Ms. GK 79f3 Nr. 125; GB 3.2, S. 38
4.3.1851	Rudolf Flaigg an Keller	Ms. GK 79a Nr. 200
4.3.1851	Keller an Hermann Hettner	Ms. GK 77 Nr. 15/6; GB 1, S. 351
10.3.1851	Keller an Eduard Vieweg	Ms. GK 78u Nr. 16; GB 3.2, S. 38
22.3.1851	Wilhelm Baumgartner an Keller	Ms. GK 79 Nr. 214; GB 1, S. 285, z. T.
27.3./Sept. 1851	Keller an Wilhelm Baumgartner	Ms GK 78d Nr. 2/7; GB 1, S. 289
31.3.1851	Wilhelm Schulz an Keller	Ms. GK 79f2 Nr. 118
5.4.1851	Firma Vieweg an Keller	Ms. GK 79f3 Nr. 126

23.4.1851	Eduard Vieweg an Keller	Ms. GK 79f3 Nr. 127; GB 3.2, S. 39
25.4.1851	Keller an Eduard Vieweg	Ms. GK 78u Nr. 17; GB 3.2, S. 39
26.4.1851	Eduard Vieweg an Keller	Ms. GK 79f3 Nr. 128; GB 3.2, S. 40
28.4.1851	Keller an Eduard Vieweg	Ms. GK 78u Nr. 18; GB 3.2, S. 41
29.4.1851	Eduard Vieweg an Keller	Ms. GK 79f3 Nr. 129; GB 3.2, S. 42
4.7.1851	Keller an Eduard Vieweg	Ms. GK 78u Nr. 19; GB 3.2, S. 43
14.7.1851	Eduard Vieweg an Keller	Ms. GK 79f3 Nr. 130
16.7.1851	Keller an Eduard Vieweg	Ms. GK 78u Nr. 20; GB 3.2, S. 43
16.7.1851	Eduard Vieweg an Keller	Ms. GK 79f3 Nr. 131; GB 3.2, S. 45
31.7.1851	Keller an Firma Vieweg	Ms. GK 78u Nr. 21; GB 3.2, S. 46
28.8.1851	Keller an Firma Vieweg	Ms. GK 78u Nr. 22; GB 3.2, S. 46
29.8.1851	Keller an Hermann Hettner	Ms. GK 78q Nr. 12; GB 1, S. 361
20.9.1851	Firma Vieweg an Keller	Ms. GK 79f3 Nr. 132; GB 3.2, S. 47
20.9.1851	Keller an Hermann Hettner	Ms. GK 77 Nr. 15/8; GB 1, S. 365
22.9.1851	Hermann Hettner an Keller	Heid.Hs.2751 Nr. 7; Hettner/Keller, S. 61
29.9.1851	Eduard Vieweg an Keller	Ms. GK 79f3 Nr. 133; GB 3.2, S. 47
9.10.1851	Keller an Eduard Vieweg	Ms. GK 78u Nr. 23; GB 3.2, S. 48
9.10.1851	Eduard Vieweg an Keller	Ms. GK 79f3 Nr. 134; GB 3.2, S. 49
15.11.1851	Firma Vieweg an Keller	Ms. GK 79f3 Nr. 135
11.12.1851	Eduard Vieweg an Keller	Ms. GK 79f3 Nr. 136; GB 3.2, S. 50, z. T.
18.12.1851	Keller an Karl August Varnhagen von Ense	BJK:VS21; GB 2, S. 35
11.2.1852	Eduard Vieweg an Keller	Ms. GK 79f3 Nr. 137; GB 3.2, S. 51
14.2.1852	Keller an Eduard Vieweg	Ms. GK 78u Nr. 24; GB 3.2, S. 52
31.5.1852	Boßhard an Keller	Ms. GK 79 Nr. 245
4.6.1852	Wilhelm Baumgartner an Keller	Ms. GK 79 Nr. 215; GB 1, S. 302, z. T.
12.6.1852	Eduard Vieweg an Keller	Ms. GK 79f3 Nr. 138; GB 3.2, S. 55, z. T.
8.7.1852	Eduard Vieweg an Keller	Ms. GK 79f3 Nr. 139; GB 3.2, S. 56
10.7.1852	Keller an Eduard Vieweg	Ms. GK 78u Nr. 25; GB 3.2, S. 56
19.7.1852	Eduard Vieweg an Keller	Ms. GK 79f3 Nr. 140; GB 3.2, S. 57, z. T.
Juli 1852	Keller an Wilhelm Baumgartner	Ms. GK 78d Nr. 2/9; GB 1, S. 304
8.8.1852	Eduard Vieweg an Keller	Ms. GK 79f3 Nr. 141
14.8.1852	Firma Vieweg an Keller	Ms. GK 79f3 Nr. 142
15.8.1852	Keller an Eduard Vieweg	Ms. GK 78u Nr. 26; GB 3.2, S. 58
18.8.1852	Eduard Vieweg an Keller	Ms. GK 79f3 Nr. 143; GB 3.2, S. 60, z. T.
13.9.1852	Wilhelm Schulz an Keller	Ms. GK 79f2 Nr. 120
22.9.1852	Firma Vieweg an Keller	Ms. GK 79f3 Nr. 144
5.10.1852	Firma Vieweg an Keller	Ms. GK 79f3 Nr. 145
2.11.1852	Eduard Vieweg an Keller	Ms. GK 79f3 Nr. 146
3.11.1852	Keller an Eduard Vieweg	Ms. GK 78u Nr. 27; GB 3.2, S. 60
4.11.1852	Eduard Vieweg an Keller	Ms. GK 79f3 Nr. 147
16.12.1852	Keller an Eduard Vieweg	Ms. GK 78u Nr. 28; GB 3.2, S. 62

1.1.1853	Keller an Eduard Vieweg	Ms. GK 78u Nr. 30; GB 3.2, S. 63
11.1.1853	Keller an Eduard Vieweg	Ms. GK 78u Nr. 31; GB 3.2, S. 64
12.1.1853	Eduard Vieweg an Keller	Ms. GK 79f3 Nr. 148; GB 3.2, S. 65
4.2.1853	Eduard Vieweg an Keller	Ms. GK 79f3 Nr. 149
16.2.1853	Keller an Elisabeth Keller	Ms. GK 78 Nr. 1/40; GB 1, S. 114
27.2.1853	Eduard Vieweg an Keller	Ms. GK 79f3 Nr. 150
4.3.1853	Keller an Eduard Vieweg	Ms. GK 78u Nr. 32; GB 3.2, S. 67
24.4.1853	Keller an Firma Vieweg	Ms. GK 78u Nr. 33; GB 3.2, S. 68
26.4.1853	Eduard Vieweg an Keller	Ms. GK 79f3 Nr. 151
28.4.1853	Keller an Eduard Vieweg	Ms. GK 78u Nr. 34; GB 3.2, S. 68
6.5.1853	Eduard Vieweg an Keller	Ms. GK 79f3 Nr. 152
10.6.1853	Firma Vieweg an Keller	Ms. GK 79f3 Nr. 153
13.6.1853	Eduard Vieweg an Keller	Ms. GK 79f3 Nr. 154
16.6.1853	Keller an Eduard Vieweg	Ms. GK 78u Nr. 35; GB 3.2, S. 72
22.6.1853	Eduard Vieweg an Keller	Ms. GK 79f3 Nr. 155; GB 3.2, S. 73
29.6.1853	Keller an Christian Schad	BSM: Schadiana XVII; GB 4, S. 31
16.7.1853	Keller an Hermann Hettner	Ms. GK 77 Nr. 15/10; GB 1, S. 367
18.7.1853	Hermann Hettner an Keller	Heid.Hs.2751 Nr. 13; GB 1, S. 369
3.8.1853	Keller an Hermann Hettner	Ms. GK 77 Nr. 15/11; GB 1, S. 371
25.8.1853	Firma Vieweg an Keller	Ms. GK 79f3 Nr. 156
12.9.1853	Eduard Vieweg an Keller	Ms. GK 79f3 Nr. 157; GB 3.2, S. 74, z. T.
13.9.1853	Keller an Eduard Vieweg	Ms. GK 78u Nr. 36; GB 3.2, S. 75
21.9.1853	Christian Heußer an Keller	Ms. GK 79c Nr. 171
24.9.1853	Keller an Eduard Vieweg	Ms. GK 78 u Nr. 37; GB 3.2, S. 78
11.10.1853	Firma Vieweg an Keller	Ms. GK 79f3 Nr. 159
15.10.1853	Keller an Hermann Hettner	Ms. GK 77 Nr. 15/12; GB 1, S. 378
16.10.1853	Emil Palleske an Keller	Ms. GK 79f Nr. 33; GB 4, S. 37
21.10.1853	Keller an Eduard Vieweg	Ms. GK 78u Nr. 38; GB 3.2, S. 78
5.11.1853	Keller an Eduard Vieweg	Ms. GK 78u Nr. 39; GB 3.2, S. 80
10.11.1853	Keller an Eduard Vieweg	Ms. GK 78u Nr. 40; GB 3.2, S. 82
22.11.1853	Elisabeth Keller an Keller	Ms. GK 78 Nr. 2/50
30.11.1853	Keller an Eduard Vieweg	Ms. GK 78u Nr. 41; GB 3.2, S. 83
4.12.1853	Keller an Emil Palleske	Ms. GK 77 Nr. 31/1; GB 4, S. 38
23.12.1853	Keller an Firma Vieweg	Ms. GK 78u Nr. 42; GB 3.2, S. 84
24.12.1853	Keller an Rudolf Flaigg	Ms. GK 78q Nr. 2; GB 2, S. 469
3.1.1854	Hermann Hettner an Keller	Heid.Hs.2751 Nr. 16; Hettner/Keller, S. 84
5.1.1854	Keller an Hermann Hettner	Ms. GK 77 Nr. 15/13; GB 1, S. 382
15.1.1854	Wilhelm Schulz an Keller	Ms. GK 79f2 Nr. 122
28.1.1854	Christian Heußer an Keller	Ms. GK 79c Nr. 175
7.2.1854	Jakob Dubs an Keller	Ms. GK 79a Nr. 86; GB 4, S. 44
11.2.1854	Keller an Hermann Hettner	Ms. GK 77 Nr. 15/9; GB 1, S. 384
11.2.1854	Keller an Eduard Vieweg	Ms. GK 78u Nr. 43; GB 3.2, S. 85
12.2.1854	Hermann Hettner an Keller	Heid.Hs.2751 Nr. 17; GB 1, S. 387
14.2.1854	Keller an Hermann Hettner	Ms. GK 77 Nr. 15/14; GB 1, S. 388
19.2.1854	Hermann Hettner an Keller	Heid.Hs.2751 Nr. 18; GB 1, S. 390
20.2.1854	Keller an Robert Prutz	LEIP: Sammlung Neu

5.3.1854	Robert Prutz an Keller	Ms. GK 79f Nr. 180
11.3.1854	Elisabeth Keller an Keller	Ms. GK 78 Nr. 2/51; GB1, S. 119, z. T.
23.3.1854	Keller an Karl August Varnhagen von Ense	BJK: VS22; GB 2, S. 37
31.3.1854	Keller an Hermann Hettner	Ms. GK 77 Nr. 15/15; GB 1, S. 393
31.3.1854	Keller an Firma Vieweg	Ms. GK 78u Nr. 44; GB 3.2, S. 86
3.4.1854	Hermann Hettner an Keller	Heid.Hs.2751 Nr. 21; Hettner/Keller, S. 107
10.4.1854	Keller an Elisabeth Keller	Ms. GK 78 Nr. 1/43; GB1, S. 120
26.4.1854	Elisabeth Keller an Keller	Ms. GK 78 Nr. 2/53
6.5.1854	Hermann Hettner an Keller	Heid.Hs.2751 Nr. 22; Hettner/Keller, S. 108
6.5.1854	Keller an Hermann Hettner	Ms. GK 77 Nr. 15/16; GB 1, S. 395
24.5.1854	Christian Heußer an Keller	Ms. GK 79c Nr. 177
26.6.1854	Keller an Hermann Hettner	Ms. GK 77 Nr. 15/17; GB 1, S. 396
28.6.1854	Hermann Hettner an Keller	Heid.Hs.2751 Nr. 24; Hettner/Keller, S. 117
31.7.1854	Keller an Eduard Vieweg	Ms. GK 78u Nr. 45; GB 3.2, S. 86
6.8.1854	Keller an Eduard Vieweg	Ms. GK 78u Nr. 46; GB 3.2, S. 88
14.9.1854	Eduard Vieweg an Jakob Henle	NUBG: Cod. Ms. J. Henle 12 Nr. 17
19.10.1854	Hermann Hettner an Keller	Heid.Hs.2751 Nr. 25; Hettner/Keller, S. 118
21.10.1854	Keller an Hermann Hettner	Ms. GK 77 Nr. 15/18; GB 1, S. 402
23.10.1854	Eduard Vieweg an Keller	Ms. GK 79f3 Nr. 160; GB 3.2, S. 92, z. T.
1.11.1854	Hermann Hettner an Keller	Heid.Hs.2751 Nr. 26; GB 1, S. 406
4.11.1854	Keller an Alfred Escher	GB 4, S. 349
15.11.1854	Keller an F. A. Brockhaus	StAL,Brockh.254; Goldammer 1996, S. 54
20.11.1854	Firma Vieweg an Keller	Ms. GK 79f3 Nr. 162
21.11.1854	Keller an Firma Vieweg	Ms. GK 78u Nr. 47; GB 3.2, S. 93
6.12.1854	Keller an Firma Vieweg	Ms. GK 78u Nr. 48; GB 3.2, S. 95
Dez. 1854	Keller an Ferdinand Freiligrath	GSA 17/VIII,53:6; GB 1, S. 255
Jan. 1855	Keller an Hermann Hettner	Ms. GK 77 Nr. 15/19; GB 1, S. 407
31.1.1855	Firma Vieweg an Keller	Ms. GK 79f3 Nr. 164
15.2.1855	Keller an Elisabeth Keller	Ms. GK 78 Nr. 1/45; GB 1, S. 125
2.4.1855	Keller an Eduard Vieweg	Ms. GK 78u Nr. 49; GB 3.2, S. 95
16.4.1855	Keller an Eduard Vieweg	Ms. GK 78u Nr. 50; GB 3.2, S. 98
9.5.1855	Keller an Firma Vieweg	Ms. GK 78v Nr. 51; GB 3.2, S. 99
9.5.1855	Keller an Hermann Hettner	Ms. GK 77 Nr. 15/20; GB 1, S. 409
15.5.1855	Eduard Vieweg an Keller	Ms. GK 79f3 Nr. 166; GB 3.2, S. 99, z. T.
18.5.1855	Keller an Hermann Hettner	Ms. GK 77 Nr. 15/21; GB 1, S. 411
23.5.1855	Keller an Eduard Vieweg	Ms. GK 78v Nr. 52; GB 3.2, S. 101
1.6.1855	Eduard Vieweg an Keller	Ms. GK 79f3 Nr. 169
11.6.1855	Hermann Hettner an Keller	Heid.Hs.2751 Nr. 29; GB 1, S. 412, z. T.
15.6.1855	Keller an Eduard Vieweg	Ms. GK 78v Nr. 53; GB 3.2, S. 103

16.6.1855	Eduard Vieweg an Keller	Ms. GK 79f3 Nr. 171
16.6.1855	Wilhelm Schulz an Keller	Ms. GK 79f2 Nr. 127
16.6.1855	Katharina Schulz-Bodmer an Keller	Ms. GK 79f2 Nr. 127
25.6.1855	Keller an Eduard Vieweg	Ms. GK 78v Nr. 54; GB 3.2, S. 104
25.6.1855	Keller an Hermann Hettner	Ms. GK 77 Nr. 15/22; GB 1, S. 413
26.6.1855	Eduard Vieweg an Keller	Ms. GK 79f3 Nr. 173
27.6.1855	Hermann Hettner an Keller	Heid.Hs.2751 Nr. 30; Hettner/Keller, S. 139
15.7.1855	Keller an Eduard Vieweg	Ms. GK 78v Nr. 57; GB 3.2, S. 107
16.7.1855	Eduard Vieweg an Keller	Ms. GK 79f3 Nr. 178; GB 3.2, S. 109, z. T.
17.7.1855	Keller an Eduard Vieweg	Ms. GK 78v Nr. 58; GB 3.2, S. 110
19.7.1855	Eduard Vieweg an Keller	Ms. GK 79f3 Nr. 180
25.7.1855	Wilhelm Schulz an Keller	Ms. GK 79f2 Nr. 128
31.7.1855	Firma Vieweg an Keller	Ms. GK 79f3 Nr. 182
21.9.1855	Firma Vieweg an Keller	Ms. GK 79f3 Nr. 188
23.9.1855	Keller an Firma Vieweg	Ms. GK 78v Nr. 63; GB 3.2, S. 118
26.9.1855	Firma Vieweg an Keller	Ms. GK 79f3 Nr. 190
6.10.1855	Keller an Firma Vieweg	Ms. GK 78v Nr. 64; GB 3.2, S. 120
14.10.1855	Wilhelm Schulz an Keller	Ms. GK 79f2 Nr. 130
Okt. 1855	Keller an Ferdinand Freiligrath	GSA 17/VIII,53; GB 1, S. 259
30.10.1855	Wilhelm Schulz an Keller	Ms. GK 79f2 Nr. 131
10.11.1855	Keller an Eduard Vieweg	Ms. GK 78v Nr. 67; GB 3.2, S. 123
1.2.1856	Hermann Hettner an Keller	Heid.Hs.2751 Nr. 32; Hettner/Keller, S. 147
13.3.1856	Johann Heinrich Scheuchzer an Keller	Ms. GK 79f2 Nr. 64d
3.5.1856	Keller an Eduard Vieweg	Ms. GK 78v Nr. 77; GB 3.2, S. 133
17.5.1856	Wolfgang Müller an Keller	Ms. GK 79e Nr. 209; GB 4, S. 55
27.5.1856	Keller an Wolfgang Müller	Ms. GK 79g Nr. 8/1; GB 4, S. 56
28.5.1856	Keller an Eduard Vieweg	Ms. GK 78v Nr. 78; GB 3.2, S. 134
1.8.1856	Wolfgang Müller an Keller	Ms. GK 79e Nr. 210
15.8.1856	Ludmilla Assing an Keller	Ms. GK79 Nr. 17; GB 2, S. 49, z. T.
16.3.1857	Keller an Lina Duncker	Ms. GK 78d6 Nr. 7; GB 2, S. 164
26.6.1857	Ludmilla Assing an Keller	Ms. GK 79 Nr. 18; GB 2, S. 54, z. T.
15.12.1857	Ludmilla Assing an Keller	Ms. GK 79 Nr. 24; GB 2, S. 68, z. T.
Juni 1858	Ludwig Eckardt an Keller	Ms. GK 79a Nr. 124
9.11.1858	Keller an Eduard Vieweg	Ms. GK 78v Nr. 85; GB 3.2, S. 141

Überarbeitungspläne und Verlagswechsel

19.8.1866	Keller an Jakob Vogel	GB 4, S. 397
4.8.1869	Orell Füssli an Firma Vieweg	VA: VIO:29
26.10.1869	Nicolaische Buchhandl. an Firma Vieweg	VA: VIN:20
30.11.1869	Carl Meyer an Firma Vieweg	VA: VIM:103
4.12.1869	Firma Vieweg an C. Schabelitz	Ms. GK 77 Nr. 11/194; Abschrift Kellers
6.12.1869	Nicolaische Buchhandlung an Firma Vieweg	VA: VIN:20

9.12.1869	Firma Meyer & Zeller an Keller	Ms. GK 79f1 Nr. 14a
9.12.1869	Carl Meyer-Zeller an Firma Vieweg	VA: V1M:103
13.12.1869	Keller an Firma Vieweg	Ms. GK 78v Nr. 90; GB 3.2, S. 147
14.12.1869	Firma Vieweg an Keller	Ms. GK 79f3 Nr. 199; GB 3.2, S. 148
15.12.1869	Schweizer Antiquariat an Firma Vieweg	VA: V1O:29
15.12.1869	Orell Füssli an Firma Vieweg	VA: V1O:29
29.12.1869	Keller an Theodor Opitz	LIE 02 20; GB 4, S. 135
20.2.1871	Emil Kuh an Keller	WSL: I.N. 126.742; Kuh/Keller, S. 33
3.4.1871	Keller an Emil Kuh	Ms. GK 77 Nr. 19/1; GB 3.1, S. 155
25.7.1871	Emil Kuh an Keller	WSL: I.N. 126.743; Kuh/Keller, S. 39
10.9.1871	Keller an Emil Kuh	Ms. GK 77 Nr. 19/2; GB 3.1, S. 160
22.5.1873	Keller an Adolf Exner	Privatbesitz; GB 2, S. 194
31.7.1874	Emil Kuh an Keller	WSL: I.N. 126.756; Kuh/Keller, S. 119
6.12.1874	Keller an Emil Kuh	Ms. GK 77 Nr. 19/13; GB 3.1, S. 181
31.1.1875	Keller an Friedrich Theodor Vischer	SNM: A: Vischer 41859; GB 3.1, S. 136
19.6.1875	Firma Vieweg an Ferdinand Weibert	Ms. GK 77 Nr. 11/195
21.6.1875	Ferdinand Weibert an Keller	Ms. GK 79b Nr. 157; GB 3.2, S. 253
21.6.1875	Ferdinand Weibert an Firma Vieweg	VA: V1G:141
27.6.1875	Keller an Ferdinand Weibert	Ms. GK 77 Nr. 11/35; GB 3.2, S. 254
29.6.1875	Ferdinand Weibert an Firma Vieweg	VA: V1G:141
30.6.1875	Firma Vieweg an Ferdinand Weibert	Ms. GK 77 Nr. 11/196
2.7.1875	Ferdinand Weibert an Firma Vieweg	VA: V1G:141
13.7.1875	Ferdinand Weibert an Keller	Ms. GK 79b Nr. 159; GB 3.2, S. 256, z. T.
16.7.1875	Firma Vieweg an Ferdinand Weibert	Ms. GK 77 Nr. 11/197
21.7.1875	Ferdinand Weibert an Keller	Ms. GK 79b Nr. 160
25.7.1875	Keller an Ferdinand Weibert	Ms. GK 77 Nr. 11/36; GB 3.2, S. 257
27.7.1875	Ferdinand Weibert an Firma Vieweg	VA: V1G:141
29.7.1875	Firma Vieweg an Ferdinand Weibert	Ms. GK 77 Nr. 11/198
30.7.1875	Ferdinand Weibert an Keller	Ms. GK 79b Nr. 162; GB 3.2, S. 259, z. T.
3.8.1875	Keller an Ferdinand Weibert	Ms. GK 77 Nr. 11/37; GB 3.2, S. 260
14.8.1875	Ferdinand Weibert an Keller	Ms. GK 79b Nr. 163
27.8.1875	Keller an Adolf Exner	Privatbesitz; GB 2, S. 243
8.10.1875	Keller an Emil Kuh	Ms. GK 77 Nr. 19/17; GB 3.1, S. 199
27.10.1875	Emil Kuh an Keller	WSL: I.N. 126.763; Kuh/Keller, S. 169
17.11.1875	Keller an Ferdinand Weibert	Ms. GK 77 Nr. 11/41; GB 3.2, S. 262
11.12.1875	Emil Kuh an Keller	WSL: I.N. 126.764; Kuh/Keller, S. 175
21.12.1875	Ferdinand Weibert an Keller	Ms. GK 79b Nr. 170
3.1.1876	Keller an Ferdinand Weibert	Ms. GK 77 Nr. 11/43; GB 3.2, S. 265
9.1.1876	Keller an Adolf Exner	Privatbesitz; GB 2, S. 253

1.2.1876	Adolf Exner an Keller	Ms. GK 79a Nr. 169; Exner/Keller, S. 103
5.5.1876	Verlag G. Grote an Firma Vieweg	VA: V1G:142
10.5.1876	Verlag G. Grote an Firma Vieweg	VA: V1G:142
10.5.1876	Verlag G. Grote an Keller	Ms. GK 79c Nr. 2
10.5.1876	Firma Vieweg an Keller	VA: V1G:142, Entwurf
11.5.1876	Keller an Ferdinand Weibert	Ms. GK 77 Nr. 11/46; GB 3.2, S. 267
13.5.1876	Firma Vieweg an Keller	Ms. GK 79f3 Nr. 207; GB 3.2, S. 159
17.5.1876	Keller an Ferdinand Weibert	Ms. GK 77 Nr. 11/47; GB 3.2, S. 268
19.5.1876	Ferdinand Weibert an Keller	Ms. GK 79b Nr. 177; GB 3.2, S. 269, z. T.
25.5.1876	Keller an Firma Vieweg	Ms. GK 78v Nr. 100; GB 3.2, S. 159
27.5.1876	Verlag G. Grote an Keller	Ms. GK 79c Nr. 3
28.5.1876	Wilhelm Petersen an Keller	Ms. GK 79f Nr. 50; GB 3.1, S. 345
30.5.1876	Firma Vieweg an Keller	Ms. GK 79f3 Nr. 208; GB 3.2, S. 160
4.6.1876	Keller an Wilhelm Petersen	Ms. GK 78a Nr. 1; GB 3.1, S. 349
8.6.1876	Keller an Emil Kuh	Ms. GK 78c Nr. 2; GB 3.1, S. 204
11.6.1876	Rauschenbusch an Johannes Scherr	Ms. GK 79f1 Nr. 10
17.6.1876	Emil Kuh an Keller	WSL: I.N. 126.767; Kuh/Keller, S. 184
27.6.1876	Wilhelm Petersen an Keller	Ms. GK 79f Nr. 51; GB 3.1, S. 351, z. T.; Petersen/Keller, S. 47
24.12.1876	Keller an Ferdinand Weibert	Ms. GK 77 Nr. 11/48; GB 3.2, S. 271
25.12.1876	Keller an Jakob Baechtold	Ms. GK 78d Nr. 1/7; GB 3.1, S. 279
28.12.1876	Ferdinand Weibert an Keller	Ms. GK 79b Nr. 179
3.1.1877	Keller an Ferdinand Weibert	Ms. GK 77 Nr.11/49; GB 3.2, S. 274
10.1.1877	Jakob Baechtold an Keller	Ms. GK 79 Nr. 167; GB 3.1, S. 280, z. T.
28.1.1877	Keller an Jakob Baechtold	Ms. GK 78d Nr. 1/8; GB 3.1, S. 282, Abschrift Baechtolds
1.2.1877	Jakob Baechtold an Keller	Ms. GK 79 Nr. 168
4.6.1877	Wilhelm Petersen an Keller	Ms. GK 79f Nr. 56; GB 3.1, S. 354, z. T.; Petersen/Keller, S. 63
18.7.1877	Keller an Wilhelm Petersen	Ms. GK 78a Nr. 3; GB 3.1, S. 355
24.7.1877	Keller an Ferdinand Weibert	Ms. GK 77 Nr. 11/50; GB 3.2, S. 274
12.8.1877	Keller an Adolf Exner	Privatbesitz; GB 2, S. 265
21.9.1877	Ida Freiligrath an Keller	Ms. GK 79b Nr. 11; GB 2, S. 346, z. T.
7.12.1877	Keller an Wilhelm Petersen	Ms. GK 78a Nr. 5; GB 3.1, S. 358
22.12.1877	Keller an Ferdinand Weibert	Ms. GK 77 Nr. 11/60; GB 3.2, S. 282
19.1.1878	Keller an Ida Freiligrath	Ms. GK 78d Nr. 3/2; GB 2, S. 348
28.1.1878	Wilhelm Petersen an Keller	Ms. GK 79f Nr. 64; Petersen/Keller, S. 79
27.2.1878	Theodor Storm an Keller	Ms. GK 79f3 Nr. 12; Storm/Keller, S. 24
25.6.1878	Keller an Theodor Storm	SLK: Cb 50.56:98.03; Storm/Keller, S. 27
28.6.1878	Julius Rodenberg an Keller	Ms. GK 79f1 Nr. 93; GB 3.2, S. 361

15.7.1878	Theodor Storm an Keller	Ms. GK 79f3 Nr. 14; Storm/Keller, S. 30
16.7.1878	Wilhelm Petersen an Keller	Ms. GK 79f Nr. 67; Petersen/Keller, S. 95
4.8.1878	Keller an Firma Vieweg	Ms. GK 78v Nr. 101; GB 3.2, S. 161
13.8.1878	Keller an Theodor Storm	Ms. GK 78r Nr. 4; Storm/Keller, S. 33
28.8.1878	Keller an Ferdinand Weibert	Ms. GK 77 Nr. 11/66; GB 3.2, S. 287
28.8.1878	Firma Vieweg an Keller	Ms. GK 79f3 Nr. 209
2.9.1878	Keller an Firma Vieweg	Ms. GK 78v Nr. 102; GB 3.2, S. 163
2.9.1878	Ferdinand Weibert an Keller	Ms. GK 79b Nr. 201
2.9.1878	Keller an Ferdinand Weibert	Ms. GK 77 Nr. 11/67; GB 3.2, S. 290
3.9.1878	Ferdinand Weibert an Keller	Ms. GK 79b Nr. 202
5.9.1878	Keller an Ferdinand Weibert	Ms. GK 77 Nr. 11/68; GB 3.2, S. 291
6.9.1878	Firma Vieweg an Keller	Ms. GK 79f3 Nr. 211
6.9.1878	Theodor Storm an Keller	Ms. GK 79f3 Nr. 17; Storm/Keller, S. 37
7.9.1878	Keller an Ferdinand Weibert	Ms. GK 77 Nr. 11/69; GB 3.2, S. 292
9.9.1878	Ferdinand Weibert an Keller	Ms. GK 79b Nr. 204
23.9.1878	Carl Geibel an Keller	Ms. GK 79a Nr. 94
28.10.1878	Keller an Ferdinand Weibert	Ms. GK 77 Nr. 11/71; GB 3.2, S. 293
4.11.1878	Ferdinand Weibert an Keller	Ms. GK 79b Nr. 206; GB 3.2, S. 294, z. T.
14.11.1878	Keller an Wilhelm Petersen	Ms. GK 78a Nr. 9; GB 3.1, S. 365
25.11.1878	Ferdinand Weibert an Keller	Ms. GK 79b Nr. 207
29.11.1878	Franz Duncker an Keller	Ms. GK 79a Nr. 97
16.12.1878	Eduard Münch an Keller	Ms. GK 79e Nr. 221, Postkarte
30.12.1878	Wilhelm Petersen an Keller	Ms. GK79f Nr. 71; Petersen/Keller, S. 106

Entstehung, Publikation und Rezeption der 2. Fassung

9.1.1879	Keller an Ferdinand Weibert	Ms. GK 77 Nr. 11/74; GB 3.2, S. 297
13.1.1879	Ferdinand Weibert an Keller	Ms. GK 79b Nr. 211
25.1.1879	Keller an Paul Heyse	Ms. GK 78c Nr. 1/17; GB 3.1, S. 35
27.1.1879	Keller an Wilhelm Petersen	Ms. GK 78a Nr. 10; GB 3.1, S. 366
15.2.1879	Keller an Ferdinand Weibert	Ms. GK 77 Nr. 11/75; GB 3.2, S. 298
18.2.1879	Vertrag Der grüne Heinrich, 2. Aufl. (Weibert)	CA: Vertr. 4b
22.2.1879	Keller an Ferdinand Weibert	Ms. GK 77 Nr. 11/76; GB 3.2, S. 299
26.2.1879	Keller an Theodor Storm	SLK: CB 50.56:98.06; Storm/Keller, S. 41
5.3.1879	Theodor Storm an Keller	Ms. GK 79f3 Nr. 20; Storm/Keller, S. 44
6.3.1879	Keller an Franz Duncker	Ms. GK 77 Nr. 4; GB 3.2, S.178
19.3.1879	Keller an Firma Vieweg	Ms. GK 78v Nr. 103; GB 3.2, S. 163
25.3.1879	Keller an Theodor Storm	SLK: Cb 50.56:98.07; Storm/Keller, S. 46

22.4.1879	Ferdinand Weibert an Keller	Ms. GK 79b Nr. 212
12.5.1879	Anna Kapp an Keller	Ms. GK 79d Nr. 44
8.7.1879	Maria Melos an Keller	Ms. GK 79e Nr. 76
10.7.1879	Keller an Ferdinand Weibert	Ms. GK 77 Nr. 11/77; GB 3.2, S. 300
11.7.1879	Ida Freiligrath an Keller	Ms. GK 79b Nr. 14; GB 2, S. 350, z. T.
13.7.1879	Keller an Ida Freiligrath	Ms. GK 78d Nr. 3/4; GB 2, S. 351
14.7.1879	Ferdinand Weibert an Keller	Ms. GK 79b Nr. 214
26.7.1879	Helen Zimmern an Keller	Ms. GK 79g Nr. 207
29.7.1879	Karl Dilthey an Keller	Ms. GK 79a Nr. 72
31.7.1879	Keller an Julius Rodenberg	GSA 81/VI,7,11 Nr. 51; GB 3.2, S. 365
9.8.1879	Helen Zimmern an Keller	Ms. GK 79g Nr. 208
29.8.1879	Keller an Hans Weber	Ms. GK 78g Nr. 26/11; GB 2, S. 504
8.9.1879	Ferdinand Weibert an Keller	Ms. GK 79b Nr. 215
9.11.1879	Keller an Paul Heyse	Ms. GK 78c Nr. 1/18; GB 3.1, S. 37
11.11.1879	Keller an Wilhelm Petersen	Ms. GK 78a Nr. 11; GB 3.1, S. 369
16.11.1879	Wilhelm Petersen an Keller	Ms. GK 79f Nr. 82; GB 3.1, S. 372, z. T.; Petersen/Keller, S. 131
24.11.1879	Keller an Julius Rodenberg	GSA 81/VI,7,11 Nr. 53; GB 3.2, S. 367
25.11.1879	Keller an Ferdinand Weibert	Ms. GK 77 Nr. 11/78; GB 3.2, S. 301
27.11.1879	Ferdinand Weibert an Keller	Ms. GK 79b Nr. 216
7.12.1879	Wilhelm Petersen an Keller	Ms. GK 79f Nr. 84; Petersen/Keller, S. 135
15.12.1879	Wilhelm Petersen an Keller	Ms. GK 79f Nr. 85; Petersen/Keller, S. 136, Postkarte
20.12.1879	Keller an Theodor Storm	SLK:Cb 50.56:98.08; Storm/Keller, S. 50
25.12.1879	Keller an Marie von Frisch-Exner	Privatbesitz; GB 2, S. 270
26.12.1879	Keller an Maria Melos	Ms. GK 78d Nr. 4/6; GB 2, S. 394
27.12.1879	Theodor Storm an Keller	Ms. GK 79f3 Nr. 23; Storm/Keller, S. 53
21.2.1880	Firma Vieweg an Keller	Ms. GK 79f3 Nr. 213
28.2.1880	Ferdinand Weibert an Keller	Ms. GK 79b Nr. 218
5.3.1880	Keller an Ferdinand Weibert	Ms. GK 77 Nr. 11/79; GB 3.2, S. 301
17.3.1880	Ferdinand Weibert an Keller	Ms. GK 79b Nr. 220
21.3.1880	Paul Heyse an Keller	Ms. GK 79c Nr. 194; Heyse/Keller, S. 117
29.3.1880	Keller an Paul Heyse	Ms. GK 78c Nr. 1/19; GB 3.1, S. 41
4.4.1880	Helen Zimmern an Keller	Ms. GK 79g Nr. 209
6.4.1880	Ida Freiligrath an Keller	Ms. GK 79b Nr. 16; GB 2, S. 354, z. T.
19.4.1880	Ferdinand Weibert an Keller	Ms. GK 79b Nr. 222
24.5.1880	Ferdinand Weibert an Keller	Ms. GK 79b Nr. 223
13.6.1880	Keller an Theodor Storm	SLK:Cb50.56:98.09; Storm/Keller, S. 58

20.6.1880	Theodor Storm an Keller	Ms. GK 79f3 Nr. 28; Storm/Keller, S. 60, Postkarte
23.6.1880	Ferdinand Vetter an Keller	Ms. GK 79f3 Nr. 101
27.6.1880	Keller an Julius Rodenberg	GSA 81/VI,7,11 Nr. 58; GB 3.2, S. 370
5.7.1880	Keller an Ferdinand Weibert	Ms. GK 77 Nr. 11/80; GB 3.2, S. 302
7.7.1880	Ferdinand Weibert an Keller	Ms. GK 79b Nr. 225
13.7.1880	Firma Vieweg an Keller	Ms. GK 79f3 Nr. 214
17.7.1880	Keller an Firma Vieweg	Ms. GK 78v Nr. 104; GB 3.2, S. 164
18.7.1880	Keller an Maria Melos	Ms. GK 78d Nr. 4/7; GB 2, S. 397
1.8.1880	Paul Heyse an Keller	Ms. GK 79c Nr. 195; Heyse/Keller, S. 124
9.8.1880	Keller an Paul Heyse	Ms. GK 78c Nr. 1/20; GB3.1, S. 42
2.9.1880	Paul Heyse an Keller	Ms. GK 79c Nr. 197; Heyse/Keller, S. 130, Postkarte
4.9.1880	Keller an Paul Heyse	Ms. GK 78c Nr. 1/22; GB 3.1, S. 44, Postkarte
22.9.1880	Keller an Ferdinand Weibert	Ms. GK 77 Nr. 11/81; GB 3.2, S. 303
23.9.1880	Keller an Wilhelm Petersen	Ms. GK 78a Nr. 13; GB 3.1, S. 374
23.9.1880	Keller an Julius Rodenberg	GSA 81/VI,7,11:60; GB 3.2, S. 373
28.9.1880	Ferdinand Weibert an Keller	Ms. GK 79b Nr. 227
1.10.1880	Keller an Julius Rodenberg	GSA 81/VI,7,11 Nr. 62; GB 3.2, S. 374
1.10.1880	Keller an Ferdinand Weibert	Ms. GK 77 Nr. 11/82; GB 3.2, S. 304
1.10.1880	Keller an Firma Vieweg	Ms. GK 78v Nr. 105; GB 3.2, S. 164
1.10.1880	Paul Heyse an Keller	Ms. GK 79c Nr. 198; Heyse/Keller, S. 131, Postkarte
4.10.1880	Firma Vieweg an Keller	Ms. GK 79f3 Nr. 212, Postkarte
7.10.1880	Keller an Paul Heyse	Ms. GK 78c Nr. 1/23; GB 3.1, S. 45, Postkarte
14.10.1880	Ferdinand Weibert an Keller	Ms. GK 79b Nr. 228
15.10.1880	Keller an Ferdinand Weibert	Ms. GK 77 Nr. 11/84; GB 3.2, S. 304
17.10.1880	Keller an Ferdinand Weibert	Ms. GK 77 Nr. 11/85; GB 3.2, S. 305
21.10.1880	Paul Heyse an Keller	Ms. GK 79c Nr. 200; Heyse/Keller, S. 134
21.10.1880	Keller an Wilhelm Petersen	Ms. GK 78a Nr. 14; GB 3.1, S. 377
23.10.1880	Wilhelm Petersen an Keller	Ms. GK 79f Nr. 90; Petersen/Keller, S. 150
23.10.1880	Julius Rodenberg an Keller	Ms. GK 79f1 Nr. 118
26.10.1880	Lydia Escher an Keller	SBA J.I.81 Nr. 2
1.11.1880	Keller an Theodor Storm	SLK: Cb 50.56:98.10; Storm/Keller, S. 61
2.11.1880	Adolf Exner an Keller	Ms. GK 79a Nr. 181; Exner/Keller, S. 138
2.11.1880	Marie von Frisch-Exner an Keller	Privatbesitz; GB 2, S. 272
13.11.1880	Keller an Paul Heyse	Ms. GK 78c Nr. 1/24; GB 3.1, S. 48
21.11.1880	Keller an Marie von Frisch-Exner	Privatbesitz; GB 2, S. 272
22.11.1880	Ferdinand Weibert an Keller	Ms. GK 79b Nr. 230

30.11.1880	Julius Rodenberg an Keller	Ms. GK 79f1 Nr. 120; GB 3.2, S. 376
Nov. 1880	Jakob Baechtold an Keller	Ms. GK 79 Nr. 209
2.12.1880	Keller an Lydia Escher	GB 4, S. 221
2.12.1880	Keller an Julius Rodenberg	GSA 81/VI,7,11 Nr. 65; GB 3.2, S. 377
9.12.1880	Keller an Jakob Baechtold	Ms. GK 78d Nr. 1/39; GB 3.1, S. 310
14.12.1880	Wilhelm Petersen an Keller	Ms. GK 79f Nr. 93; GB 3.1, S. 378, z. T.; Petersen/Keller, S. 154
14.12.1880	Theodor Storm an Keller	Ms. GK 79f3 Nr. 29; Storm/Keller, S. 62
21.12.1880	Conrad Ferdinand Meyer an Keller	Ms. GK 79e Nr. 115; Meyer/Keller, S. 122, Visitenkarte
26.12.1880	Adolf Exner an Keller	Ms. GK 79a Nr. 182; GB 2, S. 275, z. T.; Exner/Keller, S. 141
29.12.1880	Keller an Maria Melos	Ms. GK 78d Nr. 4/8; GB 2, S. 398
30.12.1880	Keller an Paul Heyse	Ms. GK 78c Nr. 1/25; GB 3.1, S. 49
1.1.1881	Wilhelm Petersen an Keller	Ms. GK 79f Nr. 98; Petersen/Keller, S.163
5.1.1881	Keller an Julius Rodenberg	GSA 81/VI,7,11 Nr. 68; GB 3.2, S. 379
5.1.1881	Keller an Ferdinand Weibert	Ms. GK 77 Nr. 11/86; GB 3.2, S. 305
28.1.1881	Justina Rodenberg an Keller	Ms. GK 79f1 Nr. 128
16.2.1881	Maria Melos an Keller	Ms. GK 79e Nr. 82; GB 2, S. 399, z. T.
18.2.1881	Paul Nerrlich an Keller	Ms. GK 79f Nr. 3
28.2.1881	Keller an Paul Nerrlich	Ms. GK 78s Nr. 57; GB 4, S. 227
3.3.1881	Keller an Ferdinand Weibert	Ms. GK 77 Nr. 11/87; GB 3.2, S. 305
10.3.1881	Ferdinand Weibert an Keller	Ms. GK 79b Nr. 233
22.3.1881	Paul Nerrlich an Keller	Ms. GK 79f Nr. 4
8.4.1881	Keller an Paul Heyse	Ms. GK 78c Nr. 1/26; GB 3.1, S. 51
9.4.1881	Keller an Justina Rodenberg	GSA 81/VI,7,11; GB 3.2, S. 387
10.4.1881	Keller an Hermann Fischer	GB 4, S. 230
11.4.1881	Keller an Theodor Storm	SLK: Cb 50.56:98.11; Storm/Keller, S. 65
21.4.1881	Keller an Wilhelm Petersen	Ms. GK 78a Nr. 15; GB 3.1, S. 379
14.5.1881	Friedrich Theodor Vischer an Keller	Ms. GK 79f3 Nr. 233; Vischer/Keller, S. 178
15.5.1881	Theodor Storm an Keller	Ms. GK 79f3 Nr. 30; Storm/Keller, S. 69
13.6.1881	Adolf Frey an Keller	Ms. GK 79b Nr. 40; GB 4, S. 208
28.7.1881	Keller an Friedrich Theodor Vischer	SNM: Vischer 41863; GB 3.1, S. 146
29.7.1881	Keller an Adolf Frey	Ms. GK 78e Nr. 10; GB 4, S. 210
10.9.1881	Julius Rodenberg an Keller	Ms. GK 79f1 Nr. 137
29.9.1881	Keller an Hans Weber	Ms. GK 78g Nr. 26/14; GB 2, S. 506
3.10.1881	Hans Weber an Keller	Ms. GK 79g Nr. 44
27.12.1881	Wilhelm Petersen an Keller	Ms. GK 79f Nr. 108; Petersen/Keller, S. 197

8.6.1882	Conrad Ferdinand Meyer an Keller	Ms. GK 79e Nr. 121; Meyer/Keller, S. 156
26.10.1882	Keller an Conrad Ferdinand Meyer	ZB: CFM 336.31 Nr. 10; Meyer/Keller, S. 172
Dez. 1882	Robert Ottensoser an Keller	Ms. GK 79f Nr. 31a
24.12.1882	Keller an Robert Ottensoser	Ms. GK 78s Nr. 61
25.12.1882	Conrad Ferdinand Meyer an Keller	Ms. GK 79e Nr. 123; Meyer/Keller, S. 178
25.12.1882	Wilhelm Petersen an Keller	Ms. GK 79f Nr. 112; Petersen/Keller, S. 220
27.12.1882	Josef Viktor Widmann an Keller	Ms. GK 79g Nr. 140; GB 3.1, S. 235
30.12.1882	Keller an Ida Freiligrath	Ms. GK 78d Nr. 3/8; GB 2, S. 360
2.1.1883	Keller an Conrad Ferdinand Meyer	ZB: CFM 336.31 Nr. 11; Meyer/Keller, S. 188
8.1.1883	Conrad Ferdinand Meyer an Keller	Ms. GK 79e Nr. 125; Meyer/Keller, S. 196
9.1.1883	Wilhelm Petersen an Keller	Ms. GK 79f Nr. 114; GB 3.1, S. 393, z. T.; Petersen/Keller, S. 225
10.1.1883	Keller an Conrad Ferdinand Meyer	ZB: CFM 336.31 Nr. 12; Meyer/Keller, S. 202
11.1.1883	Conrad Ferdinand Meyer an Keller	Ms. GK 79e Nr. 127; Meyer/Keller, S. 206
13.1.1883	Keller an Wilhelm Petersen	Ms. GK 78a Nr. 20; GB 3.1, S. 394
13.1.1883	Keller an Josef Viktor Widmann	Ms. GK 78f Nr. 9; GB 3.1, S. 236
16.1.1883	Josef Viktor Widmann an Keller	Ms. GK 79g Nr. 117; GB 3.1, S. 238
18.1.1883	Holger Drachmann an Keller	Ms. GK 79a Nr. 79
26.1.1883	Ida Freiligrath an Ferdinand Weibert	Ms. GK 77 Nr. 11/201
28.1.1883	Keller an Holger Drachmann	KBK: UT 446; GB 4, S. 253
21.2.1883	Keller an Josef Viktor Widmann	Ms. GK 78f Nr. 10; GB 3.1, S. 240
24.2.1883	Keller an Wilhelm Hertz	Ms. GK 99a Nr. 32; GB 3.2, S. 439
3.9.1883	Holger Drachmann an Keller	Ms. GK 79a Nr. 80
12.9.1883	Keller an Holger Drachmann	KBK: UT 446; GB 4, S. 254
25.9.1883	Keller an Theodor Storm	SLK: CB 50.56:98.20; Storm/Keller, S. 110
30.10.1883	Keller an Ferdinand Weibert	Ms. GK 77 Nr. 11/96; GB 3.2, S. 313
17.11.1883	Keller an Ferdinand Weibert	Ms. GK 77 Nr. 11/97; GB 3.2, S. 314
5.1.1884	Keller an Ferdinand Weibert	Ms. GK 77 Nr. 11/98; GB 3.2, S. 314
12.2.1884	Keller an Ferdinand Weibert	Ms. GK 77 Nr. 11/99; GB 3.2, S. 314
7.4.1884	Paul Nerrlich an Keller	Ms. GK 79f Nr. 6
26.4.1884	Hugo Falkenheim an Keller	Ms. GK 79a Nr. 196
20.5.1884	Keller an Ferdinand Weibert	Ms. GK 77 Nr. 11/101; GB 3.2, S. 316
14.6.1884	Theodor Storm an Keller	Ms. GK 79f3 Nr. 44; Storm/Keller, S. 117
14.6.1884	Emmy Drachmann an Keller	Ms. GK 79a Nr. 78
15.6.1884	Georg Brandes an Keller	Ms. GK 79 Nr. 257; GB 4, S. 165
24.6.1884	Keller an Georg Brandes	KBK: Brandes-Arkiv, I.C.; GB 4, S. 168

24.6.1884	Keller an Emmy Drachmann	KBK: UT 446; GB 4, S. 256
1.7.1884	Keller an Ferdinand Weibert	Ms. GK 77 Nr. 11/102; GB 3.2, S. 317
10.11.1884	Theodor Storm an Keller	Ms. GK 79f3 Nr. 45; Storm/Keller, S. 119
1.1.1885	Wilhelm Petersen an Keller	Ms. GK 79f Nr. 126; Petersen/Keller, S. 271
4.2.1885	Keller an Wilhelm Petersen	Ms. GK 78a Nr. 26; GB 3.1, S. 403
9.2.1885	Wilhelm Petersen an Keller	Ms. GK 79f Nr. 128; Petersen/Keller, S. 275
28.2.1885	Eliza Wille an Keller	Ms. GK 79g Nr. 174
9.3.1885	Zusatz zum Vertrag vom 18.2.1879 (Weibert/Hertz)	CA: Vertr. 4b
19.7.1885	Keller an Maria Melos	Ms. GK 78d Nr. 4/19; GB 2, S. 419
7.10.1885	Wilhelm Hertz an Keller	CA: Fasz. X Nr. 96, Durchschrift
11.10.1885	Keller an Wilhelm Hertz	Ms. GK 78g Nr. 28/2; GB 3.2, S. 451
12.12.1885	Gustave Köckert an Keller	Ms. GK 79d Nr. 111a
30.12.1885	Paul Heyse an Keller	Ms. GK 79c Nr. 229; GB 3.1, S. 116, z. T.; Heyse/Keller, S. 266
30.12.1885	Wilhelm Petersen an Keller	Ms. GK 79f Nr. 133; Petersen/Keller, S. 284.
23.1.1886	Bernhard Seuffert an Keller	Ms. GK 79f2 Nr. 158, Postkarte
2.3.1886	Maria Knopf an Keller	Ms. GK 79d Nr. 100
6.12.1886	Alfred Rosenbaum an Keller	Ms. GK 79f1 Nr. 199
27.12.1886	Wilhelm Petersen an Keller	Ms. GK 79f Nr. 140; Petersen/Keller, S. 305
6.9.1887	Hans Hertz an Wilhelm Hertz	CA: Fasz. X Nr. 128
9.12.1887	Theodor Storm an Keller	Ms. GK 79f3 Nr. 52; Storm/Keller, S. 132
29.12.1887	Wilhelm Petersen an Keller	Ms. GK 79f Nr.143; Petersen/Keller, S. 315
23.3.1888	Alfred Rosenbaum an Keller	Ms. GK 79f1 Nr. 211
25.1.1889	Alfred Rosenbaum an Keller	Ms. GK 79f1 Nr. 216
10.2.1889	Vertrag Gesammelte Werke (Hertz)	StAZ: M 30:757c; Davidis 1981, Sp. 1519
20.2.1889	Wilhelm Hertz an Keller	CA: Fasz. XI Nr. 19, Abschrift
8.3.1889	Wilhelm Hertz an Keller	CA: Fasz. XI Nr. 19a, Abschrift
10.3.1889	Keller an Wilhelm Hertz	Ms. GK 78q Nr. 24; GB 3.2, S. 465
13.3.1889	Wilhelm Hertz an Keller	CA: Fasz. XI Nr. 22, Durchschrift
20.3.1889	Wilhelm Hertz an Keller	CA: Fasz. XI Nr. 23, Durchschrift
24.3.1889	Keller an Wilhelm Hertz	Ms. GK 99a Nr. 47; GB 3.2, S. 467
2.6.1889	Leo Arons an Keller	Ms. GK 79 Nr. 7a
7.10.1889	Sigmund Schott an Keller	Ms. GK 79f2 Nr. 99
23.10.1889	Alfred Rosenbaum an Keller	Ms. GK 79f1 Nr. 220
9.1.1890	Wilhelm Hertz an Keller	CA: Fasz. XI Nr. 44, Durchschrift
18.1.1890	Keller an Wilhelm Hertz	CA: Fasz. XI Nr. 46, Telegramm
18.1.1890	Wilhelm Hertz an Keller	CA: Fasz. XI Nr. 47, Durchschrift
4.2.1890	Keller an Sigmund Schott	Ms. GK 78d Nr. 5/8; GB 4, S. 277

| 3.6.1890 | Wilhelm Hertz an Keller | CA: Fasz. XI Nr. 56, Durchschrift |
| 12.8.1890 | Jakob Baechtold an Wilhelm Hertz | CA: Fasz. XI Nr. 69 |

3.1.1 ENTSTEHUNG, PUBLIKATION UND REZEPTION DER 1. FASSUNG

22. 2. 1844   Johann Salomon Hegi an Keller[4]

[...]
Auf Deine poetischen Produkte bin ich sehr begierig, hätte gehofft, Du würdest mir Dein Jesuiten Gedicht[5] zusenden, wie ich dir jezt meine Probe auf Stein überreiche,[6] aber weit gefehlt, glücklicher Weise kam es mir heute bei Federle[7] zu Gesicht, u ich zolle Dir hiemit meinen Beifall, obgleich ich es noch nicht mit Muße überlesen konnte. Deinen Roman will ich mir dann schon zu verschaffen wissen, wünsche nur, dß es Dir ganz nach Wunsch gehe damit.[8] [...]

5. 2. 1847   Keller an Ferdinand Freiligrath[9]

[...] In einigen Wochen lasse ich etwa 40 Gedichte drucken[10] und nachher werde ich endlich meinen Roman fertig machen, welcher den Titel „der grüne Heinrich" bekommen wird. [...]

22. 3. 1847   Keller an Gerold Meyer von Knonau d. Ä.[11]

Hottingen, 22. März 1847

Hochgeehrter Herr!

Als ich seinerzeit Ihre Aufforderung zu biographischen Notizen für eines Ihrer vortrefflichen Werke[12] erhalten hatte, setzte ich mich sogleich hin, Ihrer

---

4   *Johann Salomon Hegi (1814–1896), Malerfreund, mit dem Keller v. a. während seiner Münchner Zeit einen intensiven Briefwechsel pflegte.*
5   *Sie kommen, die Jesuiten erschien am 8.2.1844 in* Die freie Schweiz; *vgl. HKKA 14.*
6   *Die von Hegi mitgeschickte Lithographie ist nicht nachgewiesen.*
7   *Vermutlich der Landschaftsmaler Ägidius Federle aus Stühlingen (1810–1876).*
8   *Hegi, der zu diesem Zeitpunkt in Schaffhausen wohnte, bezieht sich auf einen nicht nachgewiesenen Brief Kellers oder eine mündliche Mitteilung, worin von diesem literarischen Projekt die Rede war.*
9   *Ferdinand Freiligrath (1810–1876), Lyriker, mit Keller seit seinem Exil in Zürich (1845–1846) befreundet.*
10 *Dieser Plan wurde nicht realisiert.*
11 *Gerold Meyer von Knonau d. Ä. (1804–1858), Historiker, Statistiker, erster Staatsarchivar des Kantons Zürich.*
12 *Am 24.11.1846 hatte Gerold Meyer von Knonau Keller um entsprechende Notizen gebe-*

für mich nur zu ehrenvollen und eigentlich doch nicht verdienten Einladung nachzukommen. Ich war aber dadurch veranlaßt worden, mit ruhigem Blick auf den Gang meines bisherigen Lebens zurückzuschauen, und so geschah es, daß ich mich über der Arbeit vergaß und für Ihren Zweck viel zu weitläufig wurde. Es wurde daher eine Reduktion notwendig. Jede Wiederholung derselben Arbeit, wenn sie auch noch so leicht ist, veranlaßt mich immer zu unverzeihlichem Zögern und Aufschieben. So geschah es auch hier, ich schob immer auf, bis ich die Sache aus den Augen verlor, und zuletzt, als sie mir wieder in die Hände kam, hielt ich es für zu spät und verzichtete gänzlich darauf. Ihre wiederholte gütige Nachfrage beweist mir aber zu meinem großen Trost, daß ich wenigstens den Schein der Ungezogenheit, den ich durch meine Nachlässigkeit auf mich gezogen hatte, noch von mir abwenden kann, und ich bin so frei, Ihnen, geehrter Herr, anliegend die gewünschte Skizze zu übersenden. Sie ist auch diesmal etwas weitschweifig geworden; wenn es Ihnen aber nicht zu viel Zeit raubt, selbige zu durchlesen, so dürften Sie vielleicht desto bequemer das für Ihren Zweck Taugliche herausfinden. Indem ich Sie angelegentlich um Entschuldigung für meine Nachlässigkeit bitte, verbleibe ich mit hoher Achtung Ihr ergebenster
Gottfried Keller

28. 6. 1847 Anton Winter an Keller[13]

[...]
Nun noch eine Frage: würden Sie es nicht für thunlich und räthlich erachten, einen Abschnitt Ihres Romans in eine der geleseneren Zeitschriften zu geben?[14] (vorausgesetzt, daß ein Abschnitt für sich ein Ganzes bildet oder wenigstens für sich verständlich ist) Dieß würde der Publication des

---

    ten für eine Arbeit, in der er auch der vaterländischen Dichter gedenken u von denselben kurze Biographien liefern wolle *(Ms. GK 79e Nr. 151; GB 4, S. 22). Das Werk kam nicht zustande. Kellers mit dem Brief übersandte biographische Skizze wurde 1897 erstmals veröffentlicht, vgl. Kap. 3.2 Zusatzdokumente, S. 525–528 und HKKA 15.*

13 *Die Buchhändler Anton und Carl Winter führten ab 1835 die von ihrem Vater Christian Friedrich Winter 1822 gegründete Firma C. F. Winters Buchhandlung in Heidelberg. Anton gründete in den Fünfziger Jahren den Verlag C. F. Winter Leipzig, Carl führte die Firma in Heidelberg unter dem Namen Carl Winters Universitätsbuchhandlung weiter (vgl. Carl Winter. Universitätsverlag [...] Heidelberg. Verlagskatalog 1822–1954, S. V-VI). – Anton Winter, befreundet mit Kellers Mentor August Adolf Ludwig Follen, hatte 1846 die Gedichte, Kellers erste selbständige Buchpublikation, in Heidelberg verlegt. Sie erschienen unter dem Verlagsnamen Carl Winter, Anton Winter unterzeichnete seine Briefe an Keller mit C. F. Winter Verlagshandlung.*

14 *Kellers unmittelbar vorangegangener Briefwechsel mit Anton Winter ist nicht nachge-*

Ganzen s. Z. keinen Schaden bringen, ja es würde vielmehr unter Umständen dazu beitragen, daß das Publicum darauf aufmerksam wird. Ich würde dafür etwa
die Gränzboten – Kühne's Europa – oder das Morgenblatt –
im Auge haben.
Solche Beiträge werden in der Regel anständig honorirt, und ich würde mich gerne zum Vermittler anbieten, wenn Sie keinen besseren haben.
[...]

31. 10. 1848   Keller an Elisabeth Keller[15]

[...] Mein Buchhändler Winter, welchen ich auch besuchte, ist ein sonderbarer Kauz. Er war ganz artig u freundlich, erwähnte aber mit keiner Silbe meiner Gedichte, was er für Geschäfte damit gemacht hätte u. s. f. Dagegen studirt hier ein Sohn meines Braunschweiger Buchhändlers, des Herren Vieweg, welcher sagte, daß sein Vater in 8 Tagen selbst hier durchreisen werde, was mir ganz gelegen kommt; ich habe schon Vorsorge getroffen, daß ich ihn sogleich sehe, wenn er kommt.[16]
[...]

4. 1. 1849   Keller an F. A. Brockhaus[17]

[...]
Gegenwärtig beschäftige ich mich mit der Ausarbeitung eines kleinen Romanes, der etwa 25 Bogen stark werden wird, und bin also im Falle mich bereits nach einem Herren Verleger umzusehen. Ich erlaube mir daher die vorläufige Anfrage: ob E. Wohlgeboren. vielleicht oder <u>überhaupt</u> geneigt

---

wiesen. Keller muß Winter darin den Verlag des geplanten Romans angeboten haben, worauf Winter nicht einging.

15 Elisabeth Keller-Scheuchzer (1787–1864), Kellers Mutter, heiratete nach dem frühen Tod ihres Ehemanns Hans Rudolf Keller (1791–1824) 1826 dessen Gesellen Heinrich Wild, hieß also während einiger Zeit Wild, bis sie nach der formellen Scheidung 1834 in offiziellen Dokumenten wieder unter ihrem Mädchennamen Scheuchzer figurierte (vgl. Würgau 1994 und Weber 2004, S. 201). Sie unterzeichnete ihre Briefe nach München, Heidelberg und Berlin aber weiterhin mit E Keller, E Keller Scheuchzer, E Keller née Scheuchzer u. ä.; ebenso adressierte auch Keller seine Briefe an sie.

16 Im März 1849 nahm Keller über Karl Jakob Löwig (Dok) indirekt Kontakt auf mit Eduard Vieweg, am 10.12.1849 (Dok) schrieb er ihm erstmals persönlich.

17 Heinrich Brockhaus (1804–1874), Sohn des Verlagsgründers Friedrich Arnold Brockhaus und damaliger Leiter des Verlags, unterschrieb seine Briefe an Keller mit dem Firmennamen F. A. Brockhaus; vgl. Goldammer 1996, S. 32.

wären, einen Theil des Manuskriptes einzusehen und bitte, mir auch hierüber zugleich gefällige Antwort geben zu wollen.¹⁸
[...]

10. 1. 1849   F. A. Brockhaus an Keller

[...] Die gegenwärtigen Zeitverhältnisse sind zwar nicht eben günstig zu nennen für literarische Unternehmungen, allein das Anerbieten, mir Ihren Roman, womit Sie beschäftigt sind, zum Verlag überlassen zu wollen, hat jedenfalls Interesse für mich. Ein Theil des Manuscripts, zu dessen Einsendung Sie sich erbieten, könnte mir aber nicht genügen und ich müßte Sie vielmehr bitten mir das Ganze, nachdem Sie damit fertig sein werden, mitzutheilen, um mir einen genauen buchhändlerischen Ueberschlag machen zu können. Deshalb würde ich Sie auch ersuchen mir dabei Ihre Honorarfoderung, die Sie glauben in Anspruch nehmen zu müssen, zu nennen und am liebsten wäre es mir, wenn Sie statt einer bogenweisen Berechnung eine Summe im Ganzen vorschlagen wollten. Wenn Sie daher die Güte haben | wollen, mir seiner Zeit, wo Sie mit der Arbeit fertig sein werden, Ihre diesfallsigen Mittheilungen zu machen, so werde ich mich freuen, und Ihnen dann in kürzester Zeit meine bestimmte Antwort zukommen lassen.
[...]

8. 2. 1849   Keller an Eduard Dößekel¹⁹

[...]
Für die poetische Thätigkeit aber glaube ich neue Aussichten und Grundlagen gewonnen zu haben, denn erst jetzt fange ich an, Natur und Mensch so recht zu packen und zu fühlen und wenn Feuerbach weiter nichts gethan hätte, als daß er uns von der Unpoesie der spekulativen Theologie u Philosophie erlöste, so wäre das schon ungeheuer viel. Uebrigens bin ich noch mitten im Prozesse begriffen und fange bereits an, vieles für meine Individualität auf meine Weise zu verarbeiten. [...]²⁰

---

18   *Hauptzweck von Kellers Brief war die Bitte um das Honorar für drei Rezensionen in Brockhaus' Zeitschrift* Blätter für literarische Unterhaltung *(Leberecht 1847; Börne 1848; Ruge 1848).*

19   *Eduard Dößekel (1810–1890), Aargauer Oberrichter und Literat, in freundschaftlichem Verkehr mit Keller bis zu dessen Abreise nach Heidelberg.*

20   *Keller hörte vom 1.12.1848 bis 2.3.1849 die Vorlesungen Ludwig Feuerbachs (1804–1872) über das Wesen des Christentums, die dieser auf Einladung der Studentenschaft in außer-*

Nebenbei treibe ich noch Literaturgeschichte[21] und arbeite an meinem unglückseligen Roman, welchen ich, da ich einen ganz andern Standpunkt u Abschluß meines bisherigen Lebens gewonnen habe, erst wieder zu $\frac{2}{3}^{\text{tel}}$ umschmelzen muß.[22] *[...]*

Dein Geld kann ich dir leider noch nicht schicken, indem ich selbst sehr in der Noth bin; denn für mein Buch bekomme ich nichts bis es endlich fertig ist, und der größere Theil meines Stipendiums ist schon in Zürich für Schulden darauf gegangen.[23]

[...]

19. 2. 1849   Keller an Johann Salomon Hegi[24]

[...] Daß ich dein Geld noch nicht schikte, kommt einfach daher, daß ich es noch nicht erhalten habe. Ich wurde nämlich veranlaßt fast die Hälfte meines unglückseligen Buches wieder umzuarbeiten[25] und bei den schlechten Zeiten konnte ich keine Vorausbezahlung verlangen. Ich selbst habe mir seither nur kümmerlich beholfen mit einigen kleinen Sümmchen, welche ich für verschiedene Aufsätze u Gedichte eingenommen habe; denn mein zürcherisches Geld war schon vor Neujahr zu Ende. Indeß ist mir die Summe v. 75 **Louisd.** ganz sicher[26] und das erste Geld, welches ich davon schneide, soll das deinige sein. Leider wußte ich nicht, daß du zum unmittelbaren Gebrauch in Zürich darauf gerechnet hast, sonst hätte ich dir schon früher geschrieben. Uebrigens mag meine einzige Entschuldigung darin liegen, daß ich die Summe, mittelst welcher ich bezahlen wollte, bis jetzt noch nicht

---

      universitärem Rahmen in Heidelberg hielt, und trat auch in freundschaftlichen Verkehr mit ihm.

21   *Keller besuchte bei Hermann Hettner (1821–1882), dem er bis zu dessen Tod freundschaftlich verbunden blieb, zunächst die Vorlesung über Spinoza, später auch die übrigen Collegien [...] über deutsche Literaturgeschichte, Aesthetik u. d. gl. (vgl. Kellers Notiz über Hettner für Stern 1885, SNM: B: G.Keller 68.51; GB 1, S. 312).*

22   *Zur Dimension dieser Konzept-Änderung vgl. Kap. 1 Entstehung, S. 32.*

23   *Für seinen Aufenthalt in Heidelberg, den er Ende Oktober 1848 antrat, war Keller von der Regierung des Kantons Zürich ein Stipendium von 800 Franken für Ausbildung im Auslande zugesprochen worden; vgl. dazu auch die Auflistung aller Stipendienbezüge in Kap. 1 Entstehung, S. 42.*

24   *Begonnen am 28.1., fortgesetzt am 19.2.1849.*

25   *Vgl. oben, Anm. 22.*

26   *Diese Summe verlangte Keller dann auch in seiner durch Karl Jakob Löwig vermittelten Verlagsanfrage bei Vieweg im März 1849 (Dok) und wiederholte sie in seinem Brief an Vieweg vom 28.2.1850 (Dok). Vieweg wollte sich aber vor Beendigung des Werks noch nicht auf diese in seinen Augen hohe Forderung festlegen lassen.*

erhalten habe; ich habe seit 2 Jahren nicht etwa anderes Geld eingenommen u durchgebracht, sondern es ist immer noch der <u>nämliche</u> Posten, auf welchen ich rechnen muß. Der Fehler liegt darin, daß ich meine Arbeit so lange liegen ließ, was aber seine künstlerischen Gründe hat.

10. 3. 1849 Keller an Wilhelm Baumgartner[27]

[...]
 Auf Ostern wird endlich mein Roman herauskommen. *[...]*
 Nun geht es endlich mit Macht an meinen Roman, von Anfang bis zum Ende wird er umgeschrieben,[28] u über die Ferien soll er fertig werden. Es geht mir aber auch an den Kragen, denn ich habe nur noch 200 Franken v. der Regierung zu beziehen, um welche ich jetzt schreibe;[29] wenn sie mir dieselben nur schnell schicken! Mein Honorar für das Buch bekomme ich erst, wenn das ganze abgeschickt ist.
 [...]

16. 3. 1849 Keller an Elisabeth Keller

[...] Inliegend folgen noch zwei Briefe,[30] welche ich in den Briefeinwurf zu thun bitte; doch wäre es schicklicher, wenn sie hingetragen würden. Prof. Löwig wohnt bei d. Kantonsschule im Stadlin'schen Institut. |
 Mein Geld habe ich noch gar nicht bekommen, sonst hätte ich schon lange geschickt. Doch bin ich diesmal selbst Schuld; indem ich hier, durch andere Grundsätze u Ansichten veranlaßt, mein Buch noch einmal gänzlich umzuarbeiten anfing, und da ich daneben noch studiren muß, so ging es nicht so schnell von Statten, und vom Buchhändler kann ich auch nicht verlangen, daß er mir das Geld schickt, eh' das Buch fertig ist. So kann es vielleicht noch Ostern werden, doch ist die Sache ganz sicher.
 [...]

---

27 *Wilhelm Baumgartner (1820–1867), Musiker und Komponist in Zürich, mit Keller seit 1845 befreundet. – Brief begonnen am 28.1., fortgesetzt am 21.2. und 10.3.1849.*
28 *Vgl. oben, Anm. 22.*
29 *Keller bat in einem (nicht nachgewiesenen) Brief am 10.3.1849 den Zürcher Regierungsrat Eduard Sulzer (vgl. unten, Anm. 38) um diesen restlichen Betrag des Reisestipendiums (vgl. oben, Anm. 23), dessen Überweisung ihm Sulzer am 24.3.1849 mitteilte.*
30 *Vgl. Notiz für Karl Jakob Löwig, März 1849, Dok.*

März 1849   Notiz für Karl Jakob Löwig[31]

Der Roman unter dem Titel „der grüne Heinrich" wird etwa 25 bis 30 Druckbogen stark werden, wovon 6 Bogen Gedichte, als zu dem Roman gehöriger Anhang.

Als Honorar bedinge ich die Summe von 75 Louis d'or,[32] wovon es mir wünschbar wäre, etwa 30 beim Beginne und den Rest nach Beendigung des Druckes zu erhalten.

Die Auflage dürfte nicht über 1400 stark sein.

Ich werde Herren Vieweg eine Partie Manusk. senden zur Uebersicht; wenn er sich zur Uebernahme des Buches entschließt, so kann mit dem Drucke gleich begonnen werden, indem ich mich zur ununterbrochenen Nachlieferung v. Manuskript verpflichte

                                                    Gottfr. Keller.

11.4.1849   Keller an Elisabeth Keller

                                                    Heidelberg d. 11^t· Aprill 1849

Liebe Mutter!

Leider zieht sich der Zeitpunkt, wo ich mein Geld endlich erhalten werde, noch bis zum Mai hinaus. Ich habe indessen an einen anderen großen und reichen Verleger in Leipzig geschrieben,[33] welchem ich, seiner Antwort zu folge, mein Buch gegen augenblickliche Bezahlung überschicken kann, wenn ich von der anderen Seite länger aufgehalten würde. Letzthin habe ich die letzten 200 Franken von der Regierung erhalten,[34] sie sind aber bereits fort, indem ich meine Hausrechnung bezahlt und das entlehnte Geld zurückgegeben habe; denn es ist nicht sehr angenehm, in dieser armen hungrigen Stadt Schulden zu haben. Wenn ich daher bis Mitte Mai

---

31   *Karl Jakob Löwig (1803–1890), Chemiker, 1833–1853 Professor in Zürich, ehemaliger Lehrer Kellers, mit dem Verleger Eduard Vieweg befreundet. – Kellers Notiz (vgl. Abb., S. 163) diente als Grundlage für eine Anfrage bei Vieweg; vgl. Kap. 1 Entstehung, S. 30 f.*

32   *75 Louisdor entsprachen rund 402 Talern (1507.50 Franken). – Ein fast gleich lautender Entwurf (Ms. GK 8.6), den Keller wohl zur Erinnerung aufbewahrte, verlangte noch die runde Summe von 70 Louis d'or. (Zu Währungen und Münzen vgl. HKKA 20, Anhang 5.)*

33   *Vgl. Keller an F. A. Brockhaus, 4.1.1849 und F. A. Brockhaus an Keller, 10.1.1849 (beide Dok).*

34   *Vgl. oben, Anm. 23.*

Vertragsbedingungen für den „Grünen Heinrich"
Notiz für Karl Jakob Löwig, März 1849
ZB: Ms. GK 78u Nr. 0 (vgl. S. 162)

50 fl[35] von Euch bekommen könnte, so wäre es mir sehr recht. Ich habe für den Sommer Collegiengelder zu bezahlen und sollte mir auch einige theure Bücher anschaffen. Hier wüßte ich gegenwärtig bei Niemanden zu entlehnen, als bei meinem alten Verleger, welcher mir aber nicht sehr grün ist, weil ich ihm nichts mehr gebe. Es sieht zwar kurios aus, daß ich, anstatt Geld zu schicken, abermals Deine Hülfe in Anspruch nehme; sobald ich aber die Summe aus Braunschweig erhalten, so will ich sogleich 400 fl. nach Zürich schicken,[36] damit ich endlich einmal frische Luft bekomme. Ich bitte Dich jedoch, sogleich zu antworten und, im Fall du das Geld schicken kannst, die Leute im Haus nichts davon merken zu lassen.
[...]

22. 5. 1849   F. A. Brockhaus an Keller

[...]
Sie schrieben mir früher auch von einem Roman, dessen Vollendung Sie beschäftige und ich habe Ihnen damals zu erkennen | gegeben, daß es mich freuen würde, wenn Sie die Güte haben wollten mir seiner Zeit das Manuscript mitzutheilen.[37] Wie weit Sie nun damit gediehen, weis ich nicht, aber es würde mir lieb sein auch darüber von Ihnen zu hören.
[...]

28. 5. 1849   Keller an F. A. Brockhaus

[...] Mein Roman hat eine lange Stockung erfahren, denn außer dem, daß ich sonst langsam und mit öftern Unterbrechungen schreibe, habe ich hier innerlich so viel erlebt, daß die Haltung des Büchleins eine ganz andere geworden ist; es wird nämlich, wenn sie endlich zu Stande kommt, eine von den Schriften sein, welche man mehr für sich selbst, als Abschluß einer gewissen Reihe von Erfahrungen schreibt. Indessen muß ich die Sache nun auf jede Weise zu Ende führen und sobald das Manuskript allendlich daliegt, werde ich es Ihnen übersenden. Inzwischen danke ich Ihnen, geehrter Herr, für Ihre freundliche Nachfrage in dieser sonst so rauhen Zeit [...]

---

35 *50 fl (Gulden) entsprechen rund 106 Franken.*
36 *Kellers von Vieweg geforderte Summe beträgt umgerechnet 1500 Franken, die hier versprochene Zahlung an die Mutter 850 Franken.*
37 *Vgl. Keller an F. A. Brockhaus, 4.1.1849, Dok.*

23. 7. 1849 Keller an Eduard Sulzer[38]

[...]
Dazwischen habe ich wohl auch eine Sceene geschrieben zum Versuche, oder einen Monolog u d. gl. und schrieb an meinem Romane, welchen ich immer noch in den Händen behalten habe. Da derselbe eine Frucht persönlicher Erfahrung ist und ein Abschluß sein soll, so habe ich eine große Scheu, denselben endlich gedruckt zu sehen und bin namentlich immer noch unschlüssig über die Haltung der letzten Kapitel. Denn der innere Gehalt muß bei solchen Produkten durch Aeußerlichkeiten u poetische Erfindungen verstärkt und und ausgeputzt werden, die Leute tragen dem aber keine Rechnung und lassen ihre Hypothesen fliegen, sobald der Schuß los ist und sie merken, daß etwas Reelles zu Grunde liegt. Gegenwärtig redigire ich ein Bändchen Gedichte zusammen,[39] welche sich nach und nach angehäuft haben. Dieses wird wohl mein Abschied von der Lyrik sein, sowie ich überhaupt, auch in Betreff obigen Romanes, nun dieses subjektive Gebaren endlich satt habe und eine wahre Sehnsucht empfinde nach einer ruhigen und heitern objektiven Thätigkeit, welche ich zunächst im Drama zu finden hoffe.
[...]

September 1849 Keller an August Adolf Ludwig Follen[40]

[...]
Ich habe hier ein seltsames Jahr verlebt. Ich kann eben nicht sagen, daß ich sehr gelehrt worden bin; aber das Wenige, was ich gelernt habe, hat so gut in die äußeren Erfahrungen eingegriffen, so viel Inneres mir aufgeschlossen, ich habe mein Selbst, welches in allerlei kleinen Passionen und Dingen von eitelm Geschmacke anfangen wollte zu verschwimmen, heraus gerettet und so zu sagen neu entdeckt u hergestellt, während ich doch meiner Natur nach der Alte geblieben bin, | ich habe endlich meine sonderbare Jugend (ich bin diesen Sommer 30 Jahr alt geworden) so rund abgeschlossen – daß ich dies Jahr nicht zu meinen schlechtesten zähle. Das klingt alles sehr pathetisch,

---

38   *Eduard Sulzer (1789–1857), Lehrer und Politiker, 1831–1849 Regierungsrat des Kantons Zürich, zusammen mit den Regierungsräten Rudolf Bollier und Alfred Escher (vgl. unten, Anm. 169) Initiator von Kellers Reisestipendium.*
39   *Die* Neueren Gedichte *erschienen im Dezember 1851 bei Vieweg.*
40   *Datum und Empfänger dieses Brief-Entwurfs sind erschlossen. – August Adolf Ludwig Follen (1794–1855), deutscher Emigrant in Zürich, Förderer von Kellers früher Lyrik, Mentor bei Kellers ersten Gedicht-Publikationen.*

aber die Ausdrücke sind auch meinen kleinen Zuständen insofern angemessen, als mir das Zurechtfinden bisher sehr schwer geworden ist. Mein Roman wird die letzte subjektive Aeußerung sein, ich bin dieses nergelnden Wesen's müde und sehr froh, daß ich das Buch nicht früher fertig gemacht habe; fast könnte ich sagen, die Vorsehung habe es so lange hingehalten, bis es eine Protestation wieder sie selbst geworden ist.

14. 10. 1849   Eduard Sulzer an Keller

[...]
    Indem ich Ihnen für den ausführlichen Bericht in Ihrem Briefe vom 23. Juli bestens danke, sind wir sämmtlich mit Ihren innern und äußern Plänen einverstanden, und können nur | von ganzem Herzen wünschen, daß Ihr erster dramatischer Versuch gelingen möge. *[...]* Inzwischen bin ich auf Ihre neuen Gedichte und wo möglich auf den glücklich vollendeten Roman begierig.
[...]

10. 12. 1849   Keller an Eduard Vieweg[41]

Herren Fr. Vieweg und Sohn in Braunschweig.
Geehrtester Herr!

Vielleicht erinnern Sie sich noch, daß schon vor längerer Zeit Herr Professor Löwig in Zürich Ihnen wegen eines Buches (Roman) schrieb,[42] welches ich herauszugeben beabsichtigte und daß Sie so gefällig waren, sich auf ein näheres Eingehen in Betreff des Verlages nicht abgeneigt zu zeigen. Verschiedene Schicksale sowohl wie mehrfache Umwandlungen in Standpunkt und Haltung des Buches, welches eine Art von Abschluß für meine persönlichen Verhältnisse sein soll, haben aber die Sache bis jetzt immer wieder hinausgeschoben. Ich sehe mich aber genöthigt, einmal ein Ende herbeizuführen, um endlich freies Feld vor mir zu haben und ich gedenke Ihnen, geehrter Herr, sofern es Ihnen nicht unangenehm ist, in etwa 14 Tagen | entweder das Ganze od. einen Theil davon zu übersenden.
[...]

---

41   *Eduard Vieweg (1796–1869), ab 1825 Teilhaber, 1835–1866 Leiter des Verlags Friedrich Vieweg & Sohn, dessen Leitung danach von seinem Sohn Heinrich Vieweg (1826–1890) übernommen wurde. Bei Abwesenheit Eduard Viewegs und unter der Leitung Heinrich Viewegs sind die Briefe des Verlags an Keller nur mit dem Firmennamen unterzeichnet.*

42   *Vgl. Notiz für Karl Jakob Löwig, März 1849, Dok.*

5. 2. 1850   Eduard Vieweg an Keller

Braunschweig, 5 Febr 1850

Hochgeehrter Herr!

Sie schrieben mir in Ihrem Geehrten vom 10 Decbr. daß Sie mir binnen 14 Tagen weitere Mittheilungen über Ihren Roman machen und mir das Mst. desselben ganz oder doch zum Theile einsenden würden. *[...]*
Ihren weiteren Mittheilungen in Betreff Ihres Romans sehe ich entgegen und beharre mit vollkommener Hochachtung und

ganz ergebenst
Eduard Vieweg.

25. 2. 1850   Rudolf Flaigg an Keller[43]

[...] Ich blieb 4 Wochen in Zürich, und konnte – wenig ausrichten. Brändli[44], der Dich grüßen läßt, wurde krank und durfte die ganze Zeit nicht ausgehen, weßhalb mir auch der Führer u der lebendige Empfehlungsbrief fehlte. Bollier[45], dem ich also sagte, Du seiest abgereist, Dein Roman sei fertig, erscheine bei Vieweg etc etc, läßt Dich auch grüßen; er ist immer noch kränklich. Doch hat er sich etwas aufgerafft u steht dem Polizeirathe wieder vor. *[...]*

28. 2. 1850   Keller an Eduard Vieweg

[...] Indem ich Ihnen, hochgeehrter Herr, für Ihre gefällige Beantwortung vom 15.t Feb. verbindlichst danke, bin ich nun so frei, Ihnen den Anfang meines Romanes zu übersenden;[46] es ist gerade so viel als ich in den letzten Tagen in's Reine schreiben konnte, da mit letzterem Geschäft die letzte Ausfeilung und und stylistische Reinigung des Buches zugleich inbegriffen ist. Das ganze Manuskript wird ziemlich genau 430–40 solche Seiten enthalten, wie der übersandte Theil; ich habe für jetzt nur so viel geschickt, damit der Druck endlich bald beginnen kann, woran mir viel gelegen ist. Inzwischen

---

43   *Rudolf Flaigg (1817–1863), literarisch interessierter Lehrer, Kapitän, später Kaufmann und Bahninspektor, mit Keller von Heidelberg her befreundet und einer seiner regelmäßigen Zürcher Briefpartner; vgl. Keller an Flaigg, 8.6.1850, Flaigg an Keller, 4.3.1851, Keller an Flaigg, 24.12.1853 (alle Dok).*
44   *Benjamin Brändli (1817–1855), Anwalt, Kantonsrat in Zürich.*
45   *Rudolf Bollier (1815–1855), 1846–1854 Zürcher Regierungsrat.*
46   *Es handelt sich vermutlich um die ersten 30 Seiten des nicht überlieferten Druckmanuskripts; vgl. Kap. 1 Entstehung, Anm. 31.*

kann ich wöchentlich eine solche Portion wie die anliegende, oder auch mehr, liefern.|

Was den Inhalt des Buches betrifft, so wird derselbe im Verlaufe lebendiger und plastischer und gewinnt mehr Handlung, als in diesen ersten Kapiteln der Fall ist. Ob ich den Titel genau so lasse, weiß ich noch nicht, indessen wird derselbe, wenn ich mich nicht irre, ja erst zuletzt gedruckt.

Als Honorar bedinge ich mir die Summe von fünf und siebzig Louis d'ors. Sollte jedoch mein Manuskript durch eine unvorhergesehene Abänderung, welche mir noch einfallen könnte, unter 400 Seiten schließlich betragen, so müßte das Honorar verhältnißmäßig herabgesetzt werden.

Wenn je eine neue Auflage des Buches erfordert werden sollte, so müßte mir alsdann obige Summe auf's Neue für dieselbe ausbezahlt werden.[47] Die Stärke der Auflage zu bestimmen, überlasse ich Ihnen, da ich die Verhältnisse bei einem Buche dieser Art zu wenig kenne, um einen Vorschlag thun zu können.[48]

Im Falle der Uebernahme des Verlages wäre es mir sehr erwünscht, wenn Sie sich dazu verstehen können, mir die Hälfte der Summe sogleich bei Beginn des Druckes, die andere Hälfte aber bei Beendigung desselben zuzustellen; jedoch will ich dieses nicht zu einer Bedingung machen.

Indem ich Ihrer gütigen Antwort entgegen sehe, empfiehlt Sich Ihnen mit ausgezeichneter u vollkommener

                Hochachtung
                hochzuverehrender Herr
                Ihr ergebenster Gottfried Keller

Nekarstrasse 229 D.

6. 3. 1850 Eduard Vieweg an Keller

Braunschweig, 6 März 1850

Hochgeehrter Herr!

Ich habe die erste Abtheilung Ihres Romans erhalten, bitte Sie aber dringend, den Rest des Msts von einer recht lesbaren Hand abschreiben zu lassen und mir dann das Ganze mit einem Mahle zusenden zu wollen, theils um das sehr hohe Porto zu mindern, denn die erste Sendung kostete über 1 Thlr,

---

47   *Diese von Keller neu hinzugefügte Bedingung diente Vieweg später als Argument für seinen vertraglichen Anspruch auf eine zweite Auflage des Romans (vgl. Firma Vieweg an Keller, 30.5.1876, Dok).*

48   *Keller erfuhr erst am 15.5.1855 (Dok) von Vieweg, daß der Roman in einer Auflage von 1000 Exemplaren gedruckt worden war.*

theils um mir die Möglichkeit zu geben, das Mst lesen zu können. Dieses wird mir aber bei Ihrer Handschrift schwer, wenn nicht unmöglich, da ich das Unglück gehabt habe bei einem Volksauflaufe im Jahre 1848 gefährlich am Auge verwundet zu werden, wodurch mein Gesicht sehr gelitten.

Eine eigene Lektüre des Msts, und zwar nicht bruchstückweise, sondern als ein Ganzes, | erscheint mir aber bei den ganz außergewöhnlich hohen Bedingungen unerläßlich. Ich gestehe Ihnen ganz ehrlich, daß mich diese frappiren und daß ich zur Zeit noch nicht wissen kann, worauf Sie sich stützen. Der Roman vorzugsweise, fordert, um rasch Geltung und Verbreitung zu gewinnen, einen bekannten und in diesem Zweige der Literatur beliebten Namen; nur dadurch lassen sich so hohe Honorare, wie Sie in diesem Falle vorschlagen, rechtfertigen oder durch eine sehr hervorragende innere Bedeutung der Arbeit. Diese ist aber erst aus der Kenntniß des Msts zu entnehmen und damit müssen Sie die vorhin ausgesprochene Bitte entschuldigen, da Ihre Handschrift <u>für den Satz</u> vollkommen ausreicht.

Ferner muß ich Sie aber auch um ein Exposée Ihres Romans bitten, damit ich | eine Einsicht Ihres Planes habe und ersehe, worauf Sie die Erwartung einer so glänzenden Aufnahme stützen, die doch angenommen werden müßte, um, noch dazu in diesen für die Literatur so sehr ungünstigen Zeiten, das von Ihnen proponirte Honorar zu rechtfertigen.

Ich erwarte daher Ihre ferneren Mittheilungen und zeichne mit vollkommenster Hochachtung

Ihr
ganz ergebenster
Eduard Vieweg.

4.4.1850 Keller an Ferdinand Freiligrath

[...] Ein gedruckter Dank für wiederholte Gaben[49] wird endlich hoffentlich im Laufe dieses Sommers erscheinen. So viel, was das Ausbleiben des grünen Henri betrifft. *[...]*

---

49 *Vermutlich* Ein Glaubensbekenntniß. Zeitgedichte von Ferdinand Freiligrath. Zweite Ausgabe. Mainz, Verlag von Victor von Zabern. 1849 *(ZB: 42.573) und* Zwischen den Garben. Eine Nachlese älterer Gedichte von Ferdinand Freiligrath. Stuttgart und Tübingen, J. G. Cotta'scher Verlag. 1849 *(ZB: 42.574).*

3. 5. 1850   Keller an Eduard Vieweg[50]

Berlin d. 3ᵗ· Mai 1850.

Hochgeehrter Herr!

Ich muß vor Allem aus dringendst um Entschuldigung bitten für die lange Verzögerung einer Beantwortung Ihres geehrten Schreibens vom 6ᵗ· März und ich ersuche Sie, die Gründe davon nicht in meiner Fahrlässigkeit, sondern in einem anfänglichen Unwohlsein und später in meiner Uebersiedelung von Heidelberg nach Berlin suchen zu wollen.[51] Ich konnte natürlich nicht eher schreiben, als bis ich zugleich wieder eine feste Adresse beizufügen im Stande war.

Zu meinem Schrecken habe ich ersehen, daß Sie mein Manuskript nicht lesen können; denn, abgesehen davon, daß ich die größte Mühe hätte, einem Copisten meine Concepte deutlich zu machen und ich für denselben doch Alles vorher in's Reine schreiben müsste: kann ich mich auch überdies schwer entschließen, auf einen ungewissen Erfolg hin eine für mich bedeutende Ausgabe zu machen. Indessen bin ich im Stande, bei gehöriger Zeitnahme, bedeutend leserlicher zu schreiben und würde es schon bei dem übersandten Fragmente gethan haben, wenn ich eine Ahnung von Ihrem bedauerlichen Unfalle gehabt hätte.

Ich glaube Ihnen, hochgeehrter Herr! schon geschrieben zu haben, daß mit der Reinschreibung des Ganzen (welche aus oben angeführten Gründen seither auch aufgehalten wurde) zugleich eine nochmalige Durchsicht und kleine Verbesserungen verbunden sind; da ich nun aber aus verschiedenen Ursachen den sofortigen Beginn des Druckes wünschen muß, so fällt es mir ebenfalls schwer, diesen bis nach Vollendung des ganzen Manuskriptes aufgeschoben zu wissen, während ich <u>mit</u> demselben in Ablieferung größerer Partieen Schritt halten könnte. Ich will indessen nach Ihrem Wunsche eine Uebersicht meiner Intention beifügen.

Die Moral meines Buches ist: daß derjenige, dem es nicht gelingt, die Verhältnisse seiner Person und seiner Familie im Gleichgewicht zu erhalten, auch unbefähigt sei, im staatlichen Leben eine wirksame und ehrenvolle Stellung einzunehmen. Die Schuld kann in vielen Fällen an der Gesellschaft liegen und alsdann wäre freilich der Stoff derjenige eines socialistischen

---

50   *Vgl. Abb., S. 171–177. – Zu diesem Brief existiert ein nicht ganz zu Ende geführter Entwurf vom 26.4.1850 (Ms. GK 77 Nr. 46/1) mit einigen Varianten, den Keller wohl wegen des darin enthaltenen Exposés aufbewahrte.*

51   *Keller war vermutlich etwa Mitte April in Berlin angekommen.*

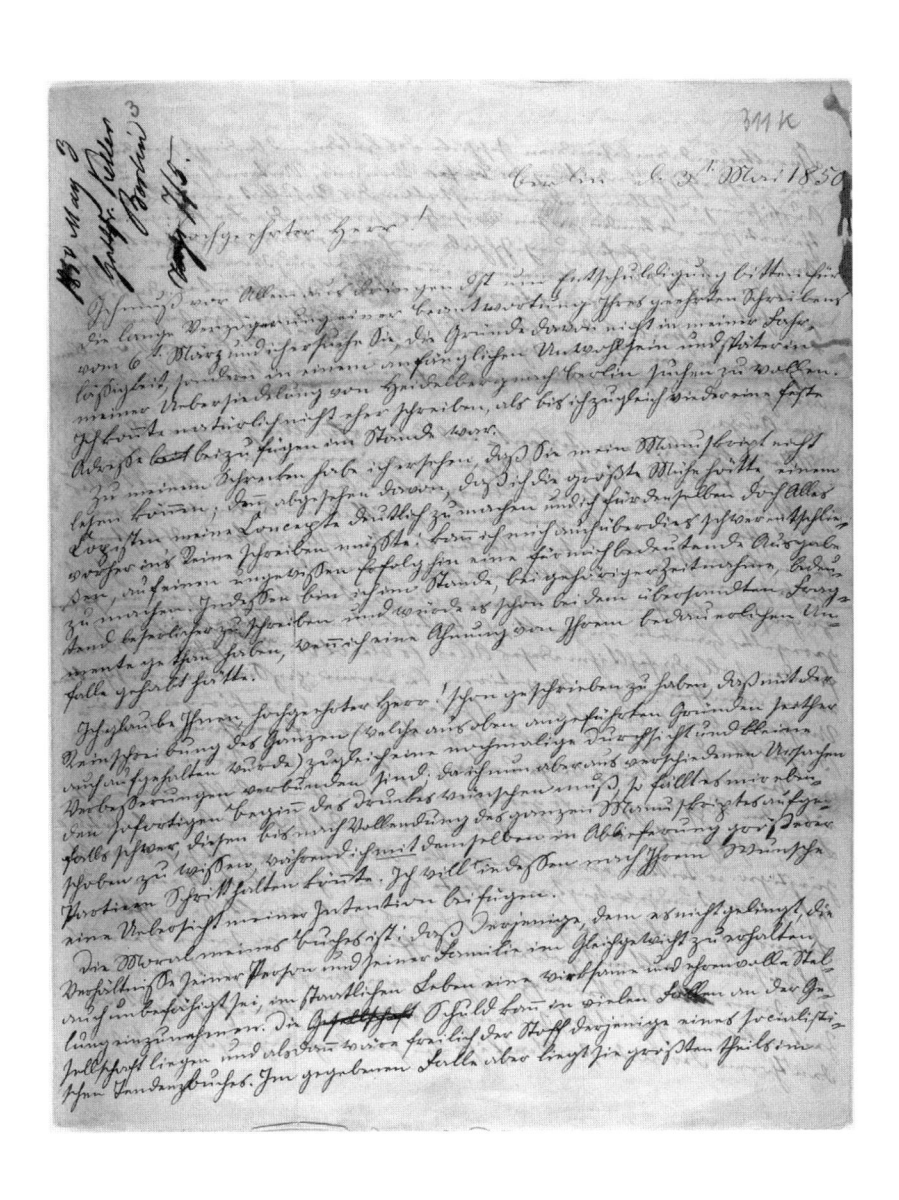

Exposé für den „Grünen Heinrich"
Keller an Eduard Vieweg, 3.5.1850
ZB: Ms. GK 78u Nr. 3, S. 1 (vgl. S. 170–172)

Tendenzbuches. Im gegebenen Falle aber liegt sie größtentheils im | Charakter und dem besonderen Geschicke des Helden und bedingt hierdurch eine mehr ethische Bedeutung des Romans. Unternehmung und Ausführung desselben sind nun nicht etwa das Resultat eines blos theoretischen tendenziösen Vorsatzes, sondern die Frucht eigener Anschauung und Erfahrung. Ich habe noch nie etwas produzirt, was nicht den Anstoß dazu aus meinem inneren oder äußern Leben empfangen hat und werde es auch ferner so halten; daher kommt es, daß ich nur wenig schreibe und weiß wirklich gegenwärtig nicht zu sagen, ob ich je wieder einen Roman schreiben werde oder nicht. Einige Novellen ausgenommen habe ich für die Zukunft nur dramatische Arbeiten im Auge.

Mein Held ist ein talent- und lebensvoller junger Mensch, welcher, für alles Gute und Schöne schwärmend, in die Welt hinauszieht, um sich sein künftiges Lebensglück zu begründen. Er sieht Alles mit offenen klaren Augen an und geräth als ein liebenswürdiger lebensfroher Geselle unter allerlei Leute, schließt Freundschaften, welche seinem Charakterbilde zur Ergänzung dienen, und berechtigt zu großen Hoffnungen. Als aber die Zeit naht, wo er sich in ein festes geregeltes Handeln, in praktische Thätigkeit und Selbstbeherrschung finden soll, da fehlt ihm dieses Alles. Es bleibt bei den schönen Worten, einem abentheuerlichen Vegetiren, bei einem passiven ungeschickten Umhertreiben. Er bringt dadurch sich und seine Angehörigen in äußerstes Elend, während minder begabte, aber aufmerksame Naturen aus seiner Umgebung, welche unter ihm standen, reüssiren und ihm über den Kopf wachsen. Er geräth in die abentheuerlichste, traurigste Lage, abgeschnitten von aller Welt. Da wendet sich das Geschick plötzlich günstiger; er tritt in einen Kreis edler Menschen, erholt sich, erwirbt sich, gewarnt und gewitzigt, eine feste Haltung und betritt eine neue Lebensbahn, auf welcher ihm ein schönes Ziel winkt. So rafft er sich zusammen, eilt mit goldenen Hoffnungen in seine Heimat, um seine Mutter aufzusuchen, von welcher er seit geraumer Zeit nichts mehr gehört hat, so wenig, als sie von ihm. Er stößt vor den Thoren der Vaterstadt auf ihr Leichenbegängniß, mischt sich | unter die Begleiter auf dem Kirchhof und hört mit an, wie der Pfarrer in seiner Leichenrede den Tod der verarmten und verlassenen Frau dem „ungerathenen" in der Ferne weilenden Sohne beimißt. – Da er im Grunde ein ehrenhafter und nobler Charakter ist, so wird es ihm nun unmöglich, auf den Trümmern des von ihm zerstörten Familienlebens eine glückliche, einflußreiche Stellung im öffentlichen gesellschaftlichen Leben einzunehmen. Das Band, welches ihn nach rückwärts an die Menschheit

Exposé für den „Grünen Heinrich"
Keller an Eduard Vieweg, 3.5.1850
ZB: Ms. GK 78u Nr. 3, S. 2 (vgl. S. 172)

knüpft, scheint ihm blutig und gewaltsam abgeschnitten und er kann deswegen auch das lose halbe Ende desselben, das nach vorwärts führt, nicht in die Hände fassen und dies führt auch seinen Tod herbei. Dieser wird noch tragischer dadurch, daß ein gesundes schönes Liebesverhältniß, welches ihm nach früheren krankhaften Liebesgeschichten aufgegangen war, gebrochen u zerstört wird. – Ein Nebenzug in seinem Charakter ist eine gewisse aufgeklärte, rationelle Religiosität, eine nebulose Schwärmerei, welche darauf hinausläuft, daß in einem unberechtigten Vertrauen auf einen Gott, an den man nur halb glaubt, von demselben genialer Weise die Lösung aller Wirren, und ein vom Himmel fallendes Glück erwartet wird. Nach dieser Seite hin ist die Moral des Buches das Sprüchwort: Hilf dir selbst, so hilft dir Gott! und daß es gesunder sei, nichts zu hoffen und das Mögliche zu schaffen, als zu schwärmen und <u>nichts</u> zu thun.

Die zweite Figur, oder vielmehr an Bedeutung auf der gleichen Linie stehend mit dem Helden, wenigstens in meiner Intention, ist die Mutter desselben. Eine einfache bürgerliche Frau von wenig Mitteln, hält sie es doch für ihren einzigen Beruf, die Hoffnungen ihres längst verstorbenen Gatten hinsichtlich dieses einzigen Kindes erfüllen zu helfen. Sie kann es aber nur dadurch, daß Sie Alles und sich selbst aufopfert, und thut dies in ungebrochenem Glauben an Vater und Sohn, ohne übrigens eine Einsicht in das Streben des letzteren zu haben. Diese unbeschränkte Hingabe tritt um stärker hervor, als sie sonst äußerst sparsam, ängstlich und fast beschränkt ist. In dieser Partie ist der Mutterliebe einer lebenden Frau ein Denkmal gesetzt und sie wird | die sentimentale Seite des Buches bilden.

Da, wie gesagt, der Roman ein Produkt der Erfahrung ist, ausgenommen die unglückliche Katastrophe am Schlusse, so glaube ich mir schmeicheln zu können, daß es kein fades Tendenzbuch sein wird. Es ist wohl keine Seite darin, welche nicht gelebt und empfunden worden ist.

Was Ihre Ansicht über das von mir vorgeschlagene Honorar betrifft, so weiß ich in der That nicht recht, was ich, ohne unbescheiden zu sein, darauf erwiedern soll; denn ich kann mich doch nicht selbst als ein großes Genie darstellen. Ich habe schon 1846 für ein kleines Bändchen Gedichte 60 Louisd'or empfangen[52] und möchte doch jetzt, nach 4 Jahren, nicht zurückgehen; denn wenn ich auch seither nichts geleistet habe, so habe ich doch gelernt und glaube überhaupt zur besseren literarischen Gesellschaft zu gehören,

---

52 Zu dem *1846* bei C. F. Winter in Heidelberg erschienenen Band Gedichte vgl. HKKA 27.

Exposé für den „Grünen Heinrich"
Keller an Eduard Vieweg, 3.5.1850
ZB: Ms. GK 78u Nr. 3, S. 3 (vgl. S. 172–174)

sowohl meinen persönlichen Verbindungen, als meinem Bestreben nach. Ich hoffe, sie werden dies auch bei dem Erscheinen des Buches sehen.

Jedoch kann ich mich dazu verstehen, daß Sie erst nach beendigtem Drucke das Honorar festsetzen und erlaube mir, es alsdann Ihrer Diskretion anheim zu stellen, daß Sie bei der von mir vorgeschlagenen Summe bleiben, wenn Sie selbst dem Buche die hinlängliche Bedeutung beilegen, nachdem die ersten Wochen seines Erscheinens vorüber sind. Bei dieser Verabredung aber müßte ich mir einen Vorschuß von 100 Rthalern ausbitten.

In der angenehmen Hoffnung, daß die Angelegenheit dieses Buches, das mir schon viele Schmerzen gebracht hat und fast nicht auf die Welt kommen kann, endlich doch reifen werde, empfehle ich mich Ihnen,

hochgeehrter Herr!
mit der vollkommensten Hochachtung.
Ihr ergebenster
Gottfried Keller.

Mohrenstraße 6, über 3 Treppen
bei Arnt. Berlin.

7. 5. 1850 Eduard Vieweg an Keller

Braunschweig, 7 May 1850.

Geehrter Herr!

In Beantwortung Ihrer geehrten Zeilen vom 3ᵗ d., erkläre ich mich bereit auf die darin von Ihnen gestellten Bedingungen für Ihren Roman einzugehen. Senden Sie mir daher die Fortsetzung des Mst.'s, am besten aber erst dann, wenn Sie so viel beisammen haben, daß der Druck auch demnächst ohne Unterbrechung fortgehen kann.

Es ist hierbei allerdings zu berücksichtigen, daß die Ausgabe Ihres Buches in eine für solche Artikel durchaus ungünstige Zeit fallen würde, nämlich in die Sommermonate, in welchen gute schönwissenschaftliche Bücher nie so vollständige Beachtung und auch nicht so viele Käufer finden, als in den späteren Herbstmonaten oder im ersten Frühjahre, wo die reicheren Leute mehr zu | Hause und nicht auf Reisen sind. Wenn Sie daher nicht ein besonderes Gewicht auf ein früheres Erscheinen des Buches legen, so würde ich vorschlagen dasselbe ohne Übereilung zu drucken, auch mit dem Druck jetzt zu beginnen, die Versendung im Buchhandel aber erst im Septbr oder Octbr vorzunehmen. Ebenso würde ich wünschen, daß das Mst. an passenden Stellen in 3 Abtheilungen getheilt werden könne, so daß man es in 3 Bändchen

Exposé für den „Grünen Heinrich"
Keller an Eduard Vieweg, 3.5.1850
ZB: Ms. GK 78u Nr. 3, S. 4 (vgl. S. 174–176)

ausgeben könne. Es wird das namendlich von den Leihbibliotheken sehr gewünscht.

Es wird mich herzlich freuen, geehrter Herr, wenn ich durch den Verlag Ihres Romans in eine dauernde Verbindung mit Ihnen treten kann, denn ich gestehe, daß ich darauf einen wirklichen Werth lege. Meine Verlagsthätigkeit steht mir höher als jede beliebige andere Geschäftsthätigkeit und es gehört zu den erfreuenden Seiten meines Berufes, mit | den tüchtigsten literarischen Kräften in stetiger Verbindung zu bleiben, wenn ich einmal angeknüpft habe und die Verhältnisse irgend eine Fortführung auf die Dauer gestatten.

Ihr Brief und der Plan Ihres Buches lassen mich nun aber erkennen, daß Sie Ihre Aufgabe in der schönen Literatur von einem höheren Standpunkte erfassen, und für die Förderung einer solchen wirke ich gern und freudig mit, da es überhaupt mein Streben ist, meinem Verlage eine höhere Bedeutung zu sichern, obwohl zumeist auf dem rein wissenschaftlichen Gebiete.

Ihrem Wunsche gemäß füge ich auch gleich eine Anweisung auf 100 Rt hinzu, die Sie dort leicht werden verwerthen können. Weitere Zahlungen stehen Ihnen gern auch ferner und vor Beendigung des Drucks des Werkes zu Diensten.

[...]

11. 5. 1850 Keller an Eduard Vieweg

Berlin d. 11$^{t.}$ Mai
1850.

Hochgeehrter Herr!

Ich habe Ihr geehrtes Schreiben vom 7$^{t.}$ d. nebst der beigefügten Anweisung erhalten und lege für letztere einen Empfangsschein bei. Ich freue mich nun sehr, daß die Sache so weit gediehen ist; denn ich habe schon seit längerer Zeit meinen Bekannten gesagt, daß das Buch wahrscheinlich bei Ihnen erscheinen werde und das Gegentheil wäre mir wirklich unangenehm gewesen.

Was die Zeit des Erscheinens betrifft, so wäre mir ein baldiges allerdings sehr wünschbar. Der Hauptgrund ist, daß ich das Bedürfniß fühle, besonders gegenüber meiner heimatlichen Regierung, welche mich schon seit zwei Jahren auf mein Talent hin reisen läßt, etwas von mir hören zu lassen, um | denjenigen Herren, welche mich protegiren, die Möglichkeit zu verschaffen, ihren mehr prosaisch gestimmten Collegen mit einer Anzeige der Augsburger Zeitung triumphirend entgegentreten zu können, als mit dem gewöhnlichen Ruhmesmesser für alle Philister.

Indessen aufgeschoben ist nicht aufgehoben und diese Intressen ordnen sich am Ende denjenigen des Buches selbst billig unter, sodaß ich Nichts dagegen haben kann, wenn Sie die Versendung im Herbste für vortheilhafter halten. Es wird mir dadurch auch möglich, nochmehr Aufmerksamkeit auf die Schrift zu verwenden, damit die günstigen Erwartungen, welche Sie so freundlich sind über den Verkehr mit mir auszusprechen, nicht etwa getäuscht werden.

Betreffend die Abtheilung in 3 Bändchen, so habe ich mir deren nur 2 gedacht; sollten aber drei etwa zu mager ausfallen, so kann ich dem dritten noch durch weitere Ausführung und etwa durch eine Episode nachhelfen, welche ich sonst zu streichen und anderwärts zu verwenden Willens war, da ich es für die Form eines solchen Produktes, wie das vorliegende ist, gut erachte, wenn man besonders von der Mitte an kurz bei der Sache bleibt. Ich will nun die erste Abtheilung ganz in's Reine bringen und | müßte aber auf jedenfall wünschen, daß dieselbe nicht in den zweiten Theil hinüber gezogen würde.

[...]
Empfangschein.
Der Unterzeichnete hat von Herrn Eduard Vieweg Buchhandlung in Braunschweig empfangen:
 Ein hundert Thaler Preuß. Cour. als Vorschuß auf Honorar.
       Berlin d. 11t. Mai 1850
       Gottfried Keller
       aus Zürich.

21. 5. 1850   Eduard Vieweg an Keller

            Braunschweig, 21 May 1850
Hochgeehrter Herr!

Es ist mir angenehm, daß Sie damit einverstanden sind, daß Ihr Roman erst im Spätherbst zur Versendung kommt; es lassen sich aber dabei dennoch Ihre Wünsche in Betracht einer thunlichst baldigen Besprechung des Buches in der allgemeinen Zeitung erreichen, da ja nichts im Wege steht, daß Sie die Aushängebogen einem geeigneten Referenten übergeben, und diesen Bruchstückweise, wo möglich in verschiedenen Artikeln, über das Buch urtheilen lassen. Es kann eine solche vorläufige Besprechung der demnächstigen Aufnahme des Romans nur günstig sein.

Wie schon gesagt, erscheint mir eine Abtheilung in 3 Bändchen, die

freilich nur sehr schwach werden würden, der Leihbibliotheken wegen |
wünschenswerth. Sie würden im Mst die Stellen zu bestimmen haben, bei
welchen ein Bändchen schließen und das nächste beginnen sollte.

Der Anfang des Drucks kann sich ganz nach Ihren Wünschen richten;
ich rathe jedoch ihn nicht früher beginnen zu lassen, bis er nicht auch ohne
Unterbrechung fortgeführt werden kann. Haben Sie die Güte den Zeitpunkt
zu bestimmen.

Als Format, und für die typographische Ausstattung, habe ich die gleiche
Einrichtung wie Kerners Bilderbuch aus seiner Knabenzeit[53] im Sinne; ich
hoffe daß Sie damit einverstanden sein werden.

[...]

29. 5. 1850   Keller an Hermann Hettner[54]

[...] Mit Vieweg bin ich jetzt im Reinen; er hat zwar das Manuskript nicht
gelesen, ist aber über mein „Exposé" entzückt und fängt nun an zu druk-
ken; gebe der Himmel, daß ich das Exposé nicht zu schön gemacht habe, es
macht mir Angst. Er ist ganz vergnügt, hat mir sogar vorläufige Zahlungen
angeboten *[...]*. Den Roman will er Spekulations halber erst im Oktober
versenden, jedoch will ich dafür sorgen, daß ich Ihnen vorher die Aushängebogen schicken kann. Ich sehe erst jetzt ein, daß ich ihm doch vielleicht zu
viel gefordert habe, und wünsche nur, daß die Sache gut abläuft u er nicht
petschirt ist.

[...]

4. 6. 1850   Keller an Eduard Vieweg

Berlin d. 4.t Juni 1850.

Hochgeehrter Herr!

Um, in Beantwortung Ihres geehrten Briefes v. 21 Mai, die Zeit für den
Beginn des Druckes bestimmen zu können, muß ich mir noch eine gefällige
Auskunft erbitten, um ganz sicher zu gehen hinsichtlich der ungehemm-
ten Fortsetzung. Ich wünschte nämlich zu wissen, wie viel Manuskript
wöchentlich gedruckt, oder auch wie viel Bogen von dem festgesetzten
Formate geliefert werden. Es wäre mir diese Kenntniß um so lieber, als ich

---

53   *Das Bilderbuch aus meiner Knabenzeit. Erinnerungen aus den Jahren 1786 bis 1804. Von
     Justinus Kerner. Druck und Verlag von Friedrich Vieweg und Sohn. 1849.*

54   *Zu Hettner vgl. oben, Anm. 21.*

vielleicht durch dieselbe in den Stand gesetzt werde, den Zeitpunkt früher anzugeben, als ich mich sonst getraute.

Die Ausstattung, welche Sie dem Werklein geben wollen, ist mir ganz angenehm, wie ich in diesem Punkte überhaupt zu Voraus beruhigt war. Ebenso ist es mir sehr lieb, daß Sie Aushängebogen zur Mittheilung an einen Rezensenten zur Disposition stellen wollen und werde mir seiner Zeit erlauben über die füglichste Versendung derselben das Fernere zu vernehmen.
[...]

6. 6. 1850   Eduard Vieweg an Keller

Braunschweig, 6 Juny 1850

Geehrter Herr!

Die Anzahl Bogen, welche sich wöchendlich im Satze herstellen lassen, ist ganz relativ, je nachdem einer oder mehre Setzer zu der Arbeit verwendet werden. Ein Setzer wird wöchendlich 2–2½ Bogen beschaffen können; danach mögen Sie bestimmen wann und mit wie vielen Setzern der Satz in Angriff genommen werden soll. Jedenfalls wird es mir sehr lieb sein, wenn <u>einer</u> recht bald beginnen könnte.
[...]
Melden Sie mir gefälligst bald wann ich mit dem Satze des Romans beginnen lassen kann.
[...]

8. 6. 1850   Keller an Rudolf Flaigg

[...]
Mit Vieweg bin ich im Reinen und in einen bleibenden Verkehr getreten. *[...]* Eine Zahlung hat er mir auch schon gemacht. Ich habe auch würdevoll 20 Thaler ausgepumpt, was mir ein Zeichen besserer Zeiten zu sein scheint. Ueberhaupt geht es mit dem Pumpen hier großartiger, als in Heidelberg. *[...]*

21. 6. 1850 Hermann Hettner an Keller

[...]
Zur Michaelismesse[55] werden Sie ja mit ungeheuren Ballen aufziehen. Der grüne Heinrich, Gedichte und – nicht wahr? – auch Ihr Trauerspiel.[56] *[...]*
Geht es an, so schicken Sie mir ja den „grünen Heinrich", noch bevor er im Buchhandel ausgegeben wird. Meine Anzeige fällt dann mit seinem ersten Auftreten in der Welt zusammen. Ich freue mich herzlich auf die Stunden in denen ich meiner Frau den Roman werde vorlesen können. Ich bilde mir ein, Ihre Individualität, die uns so lieb ist, wird darin doppelt liebenswürdig sich produziren.
[...]

28. 6. 1850 Eduard Vieweg an Keller

[...] Zugleich bitte ich um Antwort auf meinen letzten Brief; es wird jetzt Zeit daß wir den Druck Ihres Romans beginnen.
[...]

2. 7. 1850 Keller an Eduard Vieweg

[...]
In 8–10 Tagen von heute an wird man den Druck beginnen können von mir aus; ich werde bis dahin Ihnen sowohl Manuskript als weiteren Bericht mitzutheilen so frei sein.
[...]

3. 7. 1850 Eduard Vieweg an Keller

[...]
Der Druck des Romans soll beginnen, so bald Sie mir eine weitere Mst. Sendung machen.
[...]

---

[55] Herbstmesse in Leipzig.
[56] Kellers Trauerspiel Therese *ist nie über das Entwurfsstadium hinausgekommen; vgl. HKKA 18, S. 483–629.*

8. 8. 1850   Eduard Vieweg an Keller

Braunschweig, 8 Aug 1850.

Geehrter Herr!

Ich muß jetzt dringend um Einsendung von Mst. zu Ihrem Romane bitten; mit den wenigen Bogen kann ich den Anfang nicht füglich machen lassen und doch darf jetzt kein Tag mehr verloren werden.
Mit aufrichtiger Hochachtung
>Ihr
>ganz ergebener
>Eduard Vieweg.

14. 8. 1850   Eduard Vieweg an Keller

[...]
Ich sehe Ihrer gefälligen Antwort wegen des Mst's zum Romane umgehend entgegen, da wirklich kein Tag zu verlieren ist und ich, im Falle ich lebe und | gesund bleibe, gern im September auf einige Wochen verreisen mögte.
[...]

16. 8. 1850   Keller an Eduard Vieweg

Berlin d. 16t. Aug. 1850.

Geehrter Herr!

Ihre beiden verehrl. Schreiben habe ich erhalten, sehe mich aber leider in den Fall gesetzt, Sie wegen Uebersendung von Mskrt. noch bis künftige Woche vertrösten zu müssen, wo es unfehlbar eintreffen wird. Einige Studien, welche mir mehr Zeit wegnahmen, als ich glaubte und doch zu Ende geführt werden mußten, sodann breitere Ausführungen unsers Buches, welche mir die Eintheilung in drei Bändchen veranlaßten (da ursprünglich das Ganze nur für Einen mäßigen Band berechnet war) verhinderten bisher die unmittelbare Fortsetzung der Reinschrift. Gegenwärtig beschäftige ich mich jedoch mit Nichts Anderem und werde es so halten, bis Alles fertig ist. Sie werden auf jeden Fall vor Ihrer Abreise den Druck einleiten und in Gang setzen können und ich würde Sie nur bitten, im Falle alsdann noch kein Bändchen fertig ist, die Verfügung zu treffen, daß entweder mir oder Herrn

Dr. Herman Hettner in Heidelberg sogleich ein Exemplar überschickt wird, indem derselbe eine Rezension für die A. A Zeit. schreiben will.⁵⁷

[...]

Die neueren Gedichte liegen zu Ihrer Disposition da. Im Falle Sie dieselben mit dem Romane zugleich versenden wollen, so will ich sie Ihnen gleich schicken.⁵⁸ Da das Büchlein von geringem Umfang ist und wohl nicht so bald etwas hinzukommen wird, so wäre dies vielleicht besser. Sonst kann man die Sache noch liegen lassen.

Da ich dermalen in Geldverlegenheit bin, so würden Sie mich sehr verbinden, wenn Sie mir noch 150 Thaler auf Rechnung des Romanes gefälligst übersenden würden. Ich denke, diese Summe wird sich wohl noch, was die Größe betrifft, mit der getroffenen Verabredung vertragen, die Bestimmung des Ganzen noch schwebend zu lassen. Doch wäre es mir erwünscht, wenn Sie mich umgehend hierüber berichten wollten, da ich im verneinenden Falle eine zeiterfordernde Corresponz führen muß.

[...]

23. 8. 1850 Eduard Vieweg an Keller

Braunschweig, 23 Aug 1850.

Geehrter Herr!

Es war mir sehr angenehm durch Ihre Zeilen vom 16 d. die feste Zusicherung zu erhalten, daß ich das Mst. des Romans noch im Laufe dieser Woche zu erwarten habe. Da aber heut bereits Freitag ist, so darf ich wohl die recht dringende, Bitte wiederholen, doch ja die Absendung zu beschleunigen, wenn sie noch nicht erfolgt sein sollte.

Daß eine Verzögerung im Beginne des Drucks dadurch herbeigeführt werden würde, daß Sie den Umfang des Buchs, der Eintheilung in 3 Bändchen wegen, erweiterten, lag nicht in meinem Plane; denn der Grund der Abtheilung in mehrne Bändchen lag in Äußerlichkeiten, die ich Ihnen angegeben und die Bändchen | mogten immerhin sehr dünn bleiben. Indessen, Sie werden dem Buche keinen unnöthigen Ballast anhängen und so mag denn die Ausdehnung um einige Bogen nicht schaden.

---

57   *Hermann Hettners Rezension erschien am 5.5.1854 in der* National-Zeitung *(Hettner 1854; CD), nicht, wie schon am 11.5.1850 (Dok) gewünscht, in der* Allgemeinen Zeitung.

58   *Keller sandte das Manuskript der* Neueren Gedichte *am 26.12.1850 an Vieweg (Dok), sie erschienen im Dezember 1851 – Jahre vor dem Roman.*

Die Aushängebogen an Herrn Dr. Hettner sollen gesendet werden, so wie der Druck nach und nach vorschreitet.
[...]
Senden Sie mir gefälligst das Mst. der neueren Gedichte; wenn das Bändchen nicht zu schwach wird, wäre es doch wohl am besten, sie mit dem Romane erscheinen zu lassen. [...]
Ihrem Wunsche gemäß sende ich Ihnen hierbei auch mit Vergnügen Rt 150 in einem Wechsel auf Berlin.
[...]

23. 8. 1850   Keller an Eduard Vieweg

Berlin d. 23 Aug.
1850.

Geehrter Herr!

Anliegend übersende ich Ihnen etwas Manuskript mit der Bitte, den Druck nun unverzüglich anfangen zu lassen.

Ich werde bis Mitte der künftigen Woche mehr senden und denke, bis dahin werden die 54 Seiten,⁵⁹ welche Sie nun in Händen haben, ausreichen. Ich bitte, dem Setzer zu sagen, daß er bei dem th, wenn es am Ende einer Silbe steht, das h entweder <u>überall</u> wegläßt, oder hinsetzt. Da ich es grundsätzlich eigentlich weghaben möchte, aus Gewohnheit aber oft schreibe, so ist das Manuskript in dieser Beziehung ungleich.⁶⁰

Mit ausgezeichneter Hochachtung

Ihr ergebenster
G. Keller.

Auch ersuche ich Sie, mir zu berichten, ob etwa 160 solcher geschriebenen Seiten genug sind für ein Bändchen?

25. 8. 1850   Eduard Vieweg an Keller

Braunschweig, 25 Aug 1850.

Geehrter Herr!

Ihre Mst. Sendung habe ich empfangen und der Satz soll in den nächsten

---

59   Die ersten 54 Seiten des Manuskripts umfaßten vermutlich die 90 Buchseiten der Er-Erzählung bis zum Beginn der Jugendgeschichte.
60   Bezüglich Kellers Verhältnis zur Orthographie vgl. HKKA 22, S. 72–94.

Tagen beginnen. Lassen Sie nun regelmäßig mehr folgen, damit wir nicht unterbrechen, nachdem einmal angefangen ist.

Wenn Sie für jeden Band x 160 solcher geschriebener Seiten geben wie das bisher gelieferte Mst. so reicht das für die Stärke eines Bändchens vollkommen aus. Ich werde den Satz sehr splendid einrichten lassen.

Mit besten Grüßen

Ihr
ergebenster
Eduard Vieweg.

25. 8. 1850   Keller an Alois Sailer[61]

[...] Durch ein ärgerliches Mißverständniß (indem ein Pak Manuskript, zu welchem ich den letzten Mahnbrief gelegt hatte, in einem der verfluchten hiesigen Briefladen liegen blieb und mir erst vor einigen Tagen durch den Ladenesel, der mich herein rief, zurückgegeben wurde mit dem Bedeuten, ich müsse es doch auf die Post tragen, während Vieweg darauf wartete) war ich in die ärgste Klemme gerathen. [...]

28. 8. 1850   Eduard Vieweg an Keller

Braunschweig, 28 Aug 1850.

Hochgeehrter Herr!

Im Begriff den Satz Ihres Romans zu beginnen, bemerke ich, daß ich Ihnen noch keine eigendlichen Vorschläge in Betreff des Formates gemacht habe.[62]

Ich sende Ihnen hierbei zweierlei Bogen, ein größeres und ein kleineres Format. Das letztere ist das in neuerer Zeit am meisten angewendete; das erstere ist etwas sehr groß für einen Roman. Der Durchschuß wird bei beiden etwas enger gehalten werden, so daß 2 Zeilen mehr auf die Columne kommen.

Ich überlasse Ihnen die Wahl. Für den Roman erscheint mir fast das

---

61   *Alois Sailer (1828–1883); bekannt mit Keller seit der Heidelberger Zeit; ab 1872 Bahndirektor.*
62   *Vgl. dagegen Vieweg an Keller, 21.5.1850, Dok.*

kleinre passender. | Antworten Sie mir ja <u>umgehend</u> und senden Sie wo irgend möglich neues Mst.
  Mit aufrichtiger Hochachtung

  Ihr

  ganz ergebener

  Eduard Vieweg.

30. 8. 1850   Keller an Eduard Vieweg

Berlin d. 30 / 8 50.

Hochgeehrter Herr!

Ich ziehe, da Sie mir die Wahl lassen, das kleinere Format dem größeren vor; indessen ist es mir eigentlich ziemlich gleichgültig, da beide Formate ihre Vorzüge haben: das Größere, indem es splendider ist und auf einer Seite etwas mehr Inhalt bietet, das kleinere, indem das ganze Buch etwas dicker aussehen wird, der Proportion wegen. Verfahren Sie des nahen ganz nach Ihren Ansichten und Bedürfnissen.

  Manuskript werde ich Morgen abschicken. |

  Zugleich zeige ich Ihnen den richtigen Empfang an Ihres geehrten Schreibens vom 23$^{st.}$ Aug. sammt dem Wechsel von 150 Thaler. *[...]*

16. 9. 1850   Keller an Hermann Hettner

[...] Ich genieße endlich das Vergnügen, die Druckbogen des grünen Henri zu korrigiren, welcher in 3 Bänden, jeder von ungefähr 16 Bogen, erscheinen wird. Vieweg wird Ihnen den ersten Band zuschicken, sobald er gedruckt ist, damit Sie nach dem unendlichen Geschwätz endlich die Spur einer That sehen. Das „Werk" liegt wie ein Alp auf mir und ich werde zu keinem frischen und raschen Vorwärtsschreiten kommen, bis es endlich ganz aus dem Hause gefegt ist. *[...]*

  Was ich denn eigentlich thue? Ich kann Ihnen nichts sagen, als daß ich immer allein bin, etwas schreibe, lese, spekulire, düftle oder träume und die Zeit abwarte, wo das rasche Fertigmachen endlich sich einstellen will; denn ich muß Ihnen statt aller andern Aufklärung sagen, daß ich, schon ehe ich nach Heidelberg kam, in einer großen und trübseligen Mauser begriffen war, herbeigeführt durch mehrere Verhältnisse. Dieser sonderbare Zustand ist endlich im Verschwinden. Statt der Federn, welche den Vögeln während der Mauser ausgehen, sind mir alte Freunde ausgegangen und neue haben sich bereits angesetzt und im Ganzen bin ich froh, daß ich dreißig Jahre

alt geworden bin, ohne schon zehn Bände hinter mir zu haben, die ich nur widerrufen müßte.
[...]

22. 9. 1850 Keller an Ferdinand Freiligrath

[...]
Der grüne Heinz ist endlich unter der Presse und ich habe die ersten acht Bogen korrigirt. Er wird, höre und zittere! drei Bände stark werden, aus Rücksicht für – die Leihbibliotheken, welche übrigens damit angeschmiert sind; denn der Styl des Buches ist noch ziemlich breit und willkürlich und der Inhalt monoton und trübselig. Um so mehr freue ich mich auf ein frisches lebensfrohes Schaffen, das nun beginnen soll, nachdem es allmälig in mir reif geworden ist. Das subjektive und eitle Geblümsel und Unsterblichkeitswesen, das pfuscherhafte Glücklichseinwollen und das impotente Poetenfieber haben mich lange genug befangen. Ich lobe nur mein Phlegma, welches mich nicht noch mehr Dummheiten begehen ließ, als ich schon begangen habe zum Gaudium der andern Esel. *[...]*

24. 9. 1850 Eduard Vieweg an Keller

Braunschweig, 24 Septbr. 1850.

Geehrter Herr!

Indem ich Ihnen beikommend Bogen 7 / 8 zur Revision sende muß ich Sie aufs allerdringendste um Beschleunigung in der Absendung des weiteren Msts bitten. Wenn der Druck auf diese Weise fortginge, könnte er im Laufe des Jahres gar nicht mehr beendet werden und die beste Zeit für die Versendung des Buches ginge verloren.

Da ich vermuthe, daß der Aufenthalt zumeist an der Abschrift liegt und der literarischen Revision welche Sie während der Abschrift noch bei dem Mste eintreten lassen, so mögte ich Ihnen den Vorschlag machen, die Abschrift aufzugeben und mir lieber gleich Ihr Concept, wenn es sonst nur wirklich fertig ist, zum Satze zu senden. Die literarische Feile könnten Sie dann bei der letzten Revision vornehmen, wobei ich freilich voraussetze | daß nicht zu häufige und zu große Änderungen nöthig sein werden.

Das gesandte Mst. ist abermahls, bis auf 4 Columnen, welche in den neuen

Bogen übergehen, erschöpft; auch sind noch 2 Bogen in der Revision unterwegs.
Hochachtungsvoll

Ihr
ganz ergebener
Eduard Vieweg.

6. 10. 1850   Eduard Vieweg an Keller

Braunschweig, 6 Octbr 1850.

Hochgeehrter Herr!

Sie setzen mich wirklich durch das Ausbleiben des Mstes sowohl als der Correcturen, in die allerpeinlichste Verlegenheit.
Die letzteren sind an Sie abgegangen:
 Bog. 5 u 5½   am 12ᵗ Septbr.[63]
  „   5½ u 6   am 16ᵗ   „
  „   7 u 8½   „ 24   „

Dazu kommt noch meine Proposition in meinem letzten Briefe vom 24 v. M. daß Sie mir das Mst. immerhin nur im Concepte senden mögten, so daß ich mir keinen Grund für das Ausbleiben Ihrer Sendungen denken kann. Sie selbst wünschten den Druck Ihres Romans schon im Sommer vollendet zu sehen und nach meinem eigenen Vorschlage | sollte sie erst im Spätherbste geschehen, wird das Buch nun nicht bis Anfang Novembers fertig, so kann die Versendung gar nicht mehr in diesem Jahre geschehen und dann gelangt es im Buchhandel erst Ostermesse 1852 zur Abrechnung, ich verliere also die Zinsen für das Anlage Capital ein volles Jahr, da das, was bis Anfang Novembers zur Versendung kommt, Ostermesse 1851 verrechnet wird.

Ich bitte Sie demnach ebenso dringend als angelegendlich um schleunigste Absendung von Mst. und Correctur.
Mit aufrichtiger Hochachtung

Ihr
ganz ergebener
Eduard Vieweg.

---

63 *Vermutlich irrtümliche Bogen-Bezeichnung, gemeint ev. Bogen 4 und die Hälfte von Bogen 5.*

12. 10. 1850 Keller an Eduard Vieweg

Berlin d. 12 / 10ten 1850.

Hochgeehrter Herr!

Es thut mir wirklich sehr leid, und ich selbst empfinde den Nachtheil wohl nicht minder, als Sie, daß der Druck unsers Buches eine so lange Unterbrechung erlitten hat. Ein heftiger Ruhranfall bannte mich vor einigen Wochen auf das Bett und nachher stellten sich rheumatische Zahn- u Kopfschmerzen ein, denen ich seit einigen Jahren jeden Herbst unterworfen bin und die mich verdrießlich und zu einer anhaltenden Arbeit untauglich machen. Denn dieses ist das Abschreiben des Conceptes immer noch für mich, indem während des Kopirens fortwährend noch korrigirt werden muß. Wäre das Buch gedruckt worden, als es geschrieben wurde, so könnte Vieles hingehen; wenn man aber Sachen wieder liest und | und in's Reine schreibt, welche vor längerer Zeit geschrieben wurden, so wird es einem unmöglich, bei kaltem Blute alles noch so zu sehen und gelten zu lassen. Aus diesem Grunde kann ich auch das Mskrt. nicht schicken, wie es ist, weil manchmal halbe und ganze Seiten wegfallen, durch einige neue Zeilen aber die Verbindung hergestellt werden muß.[64] Dieses hält mich zwar weiter nicht auf, würde aber doch, wie ich denke, zu viel Verwirrung geben, wenn es erst an den Korrekturbogen geschehen würde. Seit Gestern habe ich wieder angefangen und will Ihnen die Fortsetzung schicken, so bald ich so viel beieinander habe, daß ich bis zu deren Verbrauch wieder versehen sein kann.

Ich hoffe, daß Sie das Buch für Ihre Intressen doch noch bei Zeiten versenden werden können.

Ihr achtungsvoll ergebenster

G. Keller.

17. 10. 1850 Hermann Hettner an Keller

[...]

Wie steht es mit Ihrem Heinrich? Wie mit Ihrem Drama? Eilen Sie, mir wenigstens ersteren zuzusenden. Prutz[65] giebt von Neujahr an eine neue

---

64 *Zum Status des Manuskripts vgl. auch Keller an Vieweg, 24.1.1851, Dok.*
65 *Robert Eduard Prutz (1816-1872), Literarhistoriker, ab 1851 Herausgeber der Zeitschrift Deutsches Museum.*

Zeitschrift heraus „deutsches Museum". Es wäre mir lieb, wenn ich Sie dort in einer der ersten Nummern besprechen könnte.[66]
[...]

23. 10. 1850   Keller an Hermann Hettner

[...]
Von meinem Roman wird leider nur der erste Band nächstens versendet werden können, welcher allein fast so stark ist, als das ganze ursprünglich war. Vieweg dringt aber darauf, daß bald etwas versendet werden müsse wegen seiner merkantilischen Intressen.[67] *[...]*

28. 10. 1850   Keller an Eduard Vieweg

Berlin d. 28[st.] / 10
1850.

Ich überschicke Ihnen, hochgeehrter Herr! endlich wieder etwas Manuskript und werde Ihnen Ende dieser Woche mehr senden, da ich endlich wieder ganz frei von Hindernissen bin.

Trotzdem glaube ich nun, daß <u>alle drei Bände</u> zu der von Ihnen gewünschten Zeit, nämlich im November, schwerlich werden zu Ende gebracht werden können. Meinerseits stünde aber Nichts der einstweiligen Versendung des ersten Bandes entgegen, da er nicht nur ziemlich stärker, als die andern 2 wird (auf jeden Fall über 20 Bogen), sondern auch für sich ziemlich abgerundet ist, wie denn überhaupt das ganze Buch, meiner Ansicht und früheren Beispielen nach, nicht durchaus der gewöhnlichen Behandlung der Unterhaltungsromane unterworfen zu werden braucht. Die übrigen 2 Bände würden zudem ja unmittelbar darauf folgen. |

Das Ganze wird im Druck bedeutend stärker, als ich dem Mst. nach ursprünglich berechnet hatte, indem ich eher das umgekehrte Verhältniß annahm.[68]
[...]

---

66   *Vgl. dazu oben, Anm. 57.*
67   *Vgl. dagegen Vieweg an Keller, 29.10.1850, Dok.*
68   *Gemäß Viewegs Hinweis vom 15.5.1855 (Dok), daß 440 Seiten Manuskript 58 Druckbogen, also 928 Buchseiten gefüllt hätten, ergab eine Seite Manuskript etwas mehr als zwei Buchseiten; vgl. Kap. 1 Entstehung, S. 44 f.*

29. 10. 1850 Eduard Vieweg an Keller

Braunschweig, 29 Octbr 1850

Hochgeehrter Herr!

In Folge der unglücklichen Störung welche im Druck Ihres Romans eingetreten, wird es natürlich jetzt nicht mehr möglich sein das Ganze bis zum Schlusse des Novembers zu vollenden. Dennoch wünsche ich nicht daß wir den ersten Band einzeln ausgeben, da dadurch offenbar die Wirkung des Gesammteindrucks geschwächt werden würde.

Lassen Sie uns nun Alles aufbieten um die Vollendung bis zum Februar auch sicher zu ermöglichen. Der November war der äußerste Termin, wenn das Buch noch in der laufenden Jahresrechnung im Buchhandel versendet werden sollte; der Februar ist der äußerste Termin der Saison wegen, in welche die Versendung derartiger | Bücher fallen muß. Halten Sie diesen ja ein, denn der Nachtheil für Ihr Buch ist sehr erheblich, wenn die Versendung nicht im Februar geschehen kann. Vertrauen Sie darin meinen Erfahrungen.

Bei Übersendung ferneren Msts bitte ich das Mst Couvert als „Bücher" zu bezeichnen und keinen Werth zu deklariren; das Porto wird dadurch ganz ohne Noth und unverhältnißmäßig vertheuert.

[...]

27. 11. 1850 Eduard Vieweg an Keller

Braunschweig, 27 Novbr 1850

Geehrter Herr!

Sie müssen mich vollständig entschuldigen wenn ich Ihnen zudringlich erscheine, denn die Schuld liegt nicht an mir sondern Ihnen. Wenn der Satz in der bisherigen Weise fortschreitet, oder eigendlich nicht vorschreitet, so werden wir im Leben nicht bis Febr. mit dem Buche fertig, d. h. zum äußersten Termine, in welchem Bücher der Art versendet werden müssen, wenn sie die Beachtung finden sollen, die die Saison erleichtert. Dazu kömmt nun aber daß wir den Krieg vor der Thür haben und daß dann eine Zeit eintreten wird, die von der Literatur überhaupt, am wenigsten | aber vom Romane etwas wissen mag.

Es ist daher warlich durch Ihr wie mein Interesse geboten, daß wir den Druck so rasch als möglich vollenden, und da Sie die Arbeit vollendet vor sich liegen haben, und nur während der Abschrift nochmahls die letzte Hand anlegen, so begreife ich die Verzögerungen nicht recht.

Ich hoffe daß nicht ein erneutes Unwohlsein die Schuld trägt und zeichne mit aufrichtiger Hochachtung und

ganz ergebenst
Eduard Vieweg.

21. 12. 1850   Firma Vieweg an Keller

Braunschweig, 21 December 1850.

Geehrter Herr!

Unser Hr. E Vieweg kann sich das Ausbleiben der immer noch in Ihren Händen befindlichen Revisions-Bogen nicht erklären; wir bitten Sie im Auftrage desselben dringend um deren Remission, sowie um Zusendung neuen Msts.

Hochachtungsvoll ergeben
Fdr. Viewegsche Buchh.

26. 12. 1850   Keller an Eduard Vieweg

Berlin d. 26$^{st.}$ / 12 1850.

Verehrtester Herr!

Ich sende Ihnen endlich etwas Manuskript nebst den Revisionsbogen. Es soll nun die letzte Unterbrechung gewesen sein und der Druck auf jeden Fall zur rechten Zeit beendigt werden, da ich mir bei der zweiten Hälfte des Manuskriptes mit einem Abschreiber behelfen kann, so daß größere Parthieen gesetzt werden können. Uebrigens werde ich nie mehr ein Buch in den Druck geben, ehe der letzte Strich des M'ts beendigt ist.[69]

Zugleich schicke ich Ihnen die Gedichte, von welchen ich wünschte, daß sie recht bald veröffentlicht würden.[70] Das Bändchen wird ungefähr so viele Seiten enthalten, wie das Mskpt., da dasselbe auf die Weise eingetheilt ist, wie man solche Produkte jetzt auszustatten | pflegt.

[...]

---

69 Dieser – *außer bei den anders entstandenen* Sieben Legenden *nie eingehaltene – Vorsatz durchzieht die Entstehungsgeschichten aller Erzählzyklen und noch die des Altersromans* Martin Salander.

70 *Ursprünglich war mit Vieweg verabredet worden, daß die* Neueren Gedichte *zusammen mit dem Roman erscheinen sollten; vgl. Keller an Vieweg, 16.8.1850 und Vieweg an Keller, 23.8.1850 (beide Dok).*

18. 1. 1851 Keller an Eduard Vieweg

Berlin d. 18ᵗ· Jan. 1851.

Hochgeehrter Herr!

Ich möchte Sie ergebenst ersuchen, mir in Betreff der „neuen Gedichte", welche ich Ihnen übersandt habe, Ihren gefälligen Entschluß kund thun zu wollen, da nun meine Verhältnisse mir die Kenntniß desselben wünschenswerth machen.

Wenn Sie das Büchelchen jetzt drucken wollen, so würde es Ihnen vielleicht Nichts verschlagen, mir aber sehr lieb sein, wenn Sie das betreffende Honorar mir dieser Tage zukommen lassen wollten. Im entgegengesetzten Falle hingegen bäte ich Sie, mir das Manuskript baldigst zurückzusenden.

Was Ihr ausgelegtes und durch meine Schuld todt liegendes Kapital für den Roman anbelangt, so bin ich gerne erbötig bei der Schlußabrechnung Ihre Interessen in Anschlag bringen zu lassen, sowie auch die, durch die vereinzelten kleinen Mspt. Sendungen erhöhten Portokosten.

Uebrigens werde ich nach dem Schluß des 1ˢᵗ· Bandes die Sache in zwei od. drei wöchentlichen Sendungen mit Hülfe eines Abschreibers beendigen können. |

Noch wünschte ich zu erfahren, ob nicht mit den letzten Aushängebogen des ersten Theiles auch ein Titelblatt erhältlich gemacht werden könne, da ich das Ding sogleich binden und zu seinem weiteren Gedeihen hier einigermaßen zirkuliren lassen möchte.

Inzwischen empfiehlt sich Ihnen
mit ausgezeichneter Hochachtung
Ihr ergebenster
Gottfr. Keller.

21. 1. 1851 Eduard Vieweg an Keller

Braunschweig, 21 Jan 1851

Geehrter Herr!

Seit 3 Wochen an der Grippe erkrankt, ist es mir erst heut möglich Ihre geehrten Zeilen vom 26 / 12 und 18 / 1 zu beantworten.

[...]

Der unglaublich langsame Fortgang Ihres Romans ist von der Art, geehrter Herr, daß ich durchaus darauf zurückkommen und meine früheren Vorschläge widerholen muß. Ich habe Ihnen schon früher auseinander gesetzt, daß es eine bestimmte Versendungszeit für solche Bücher giebt, die eingehalten werden muß, wenn man ihrer Verbreitung nicht geradezu schaden stat nützen will. Der letzte Termin dieser Versendezeit ist Mitte Februars; im April schon ist die rechte Zeit vorüber und wird dann die Versendung wieder um ein Jahr verschoben werden müssen. Als ich Ihnen diese Auseinandersetzung machte, hielten Sie diese <u>Verzögerung</u> in der Vollendung als | eine Bestätigung für Sich, der dadurch begegnet werden sollte, daß früher schon Auszüge in die allgemeine Zeitung kämen. Ihr Mst. war nach ihrer Angabe fertig und nichts stand, Ihrer Ansicht nach, der Vollendung schon im Sommer entgegen, als meine Bedenken gegen den ungünstigen Zeitpunkt. Und jetzt?

Ich wiederhole daher meine Bitte aufs dringendste: senden Sie das Mst wie es ist und nehmen Sie die Ihnen noch wünschenswerthe Überarbeitung bei der Revision der Bogen vor. Entweder Ihre Arbeit war fertig, wie Sie es mir sagten, und dann ist mein Vorschlag ganz am Platze; oder sie ist es nicht, – nun dann müssen wir von jeder Aussicht auf rechtzeitige Vollendung abstrahiren und ich kann es nur bedauern daß Sie sich und mich irreführten, indem Sie den Anfang des Drucks so | dringend wünschten.

Mit aufrichtiger Hochachtung

Ihr
ganz ergebener
Eduard Vieweg

24. 1. 1851   Keller an Eduard Vieweg

[…]

Das Manuskript meines Romanes besteht aus Heften, Bogen und Fragmenten der verschiedensten Art.[71] Vieles ist schon vor vier Jahren geschrieben, Anderes vor Einem und ich habe selbst Mühe, Manches zu lesen. Dazu glaube ich Ihnen schon geschrieben zu haben, daß es sich bei den Verbesserungen oft um größere neue Stellen handelt, so wie andere alte Stellen nur bei der steten Uebersicht des Ganzen gestrichen werden können. Endlich muß ich Ihnen offen gestehen, daß fast der ganze erste Band, welcher, wie Sie vielleicht bemerkt haben, die Jugendgeschichte der Hauptperson enthält, erst bei dieser letzten Handanlegung diese Ausdehnung erhalten hat, indem sich diese Jugendgeschichte von wenigen | Bogen zu vielen ausge-

---

71   *Erhalten sind außer dem zweiseitigen Fragment eines Romananfangs nur verstreute, meist kurze konzeptuelle Notizen, vgl. HKKA 20, Kap. 5.2 Paralipomena.*

dehnt hat. Dieses wird bei dem übrigen Theile nicht mehr vorkommen; doch sind die Veränderungen, welche angebracht werden müssen, der Art, daß ich immer das Ganze gegenwärtig haben muß, um keine Inkonsequenzen und Fehler zu begehen. Insofern ist Ihre ausgesprochene Vermuthung, daß das Buch gar nicht fertig sei, allerdings richtig; und doch bin ich mir bewußt, daß ein Vorwurf, wie Sie ihn, geehrter Herr! mir zu machen scheinen, nicht in diesem Sinne anwendbar ist. Denn wenn nicht eine Menge hindernder Umstände und Intressen immer zwischen eine Arbeit gekommen wären, die ich innerlich schon hinter mir habe und längst durch andere ersetzt zu sehen wünsche, so hätte trotz Allem das Buch schon im Herbste fertig gedruckt sein können. Die Verzögerung hat mir selbst am meisten geschadet; indessen hoffe ich, daß bei einem endlichen guten Ende sich Alles ausgleichen und zufrieden stellen werde.

Ich werde, wenn ich durch den Empfang des Honorars der neueren Gedichte in meinen Mitteln nicht mehr so beschränkt bin, sogleich einen Schreiber in meine Wohnung nehmen, welcher unter meinen Augen das Durchgesehene u Fertige in Schnelligkeit abschreiben muß. Das vorhandene Geschreibsel aber muß ich unter allen Umständen | in den Händen behalten, da ich mir nicht vorstellen kann, wie man in ein gedrucktes Werk hinein noch mit einiger Freiheit arbeiten und ändern könne.

Wenn Sie mit Ende Februar das Buch durchaus nicht mehr versenden können, so kann man alsdann wenigstens die Gratisexemplare verbreiten. Vielleicht bestimmt uns dann der Erfolg derselben doch noch zu der Versendung, wo nicht, so sind wir alle Beide angeschmiert. Ich meines Theils wenigstens habe es auf eine nachhaltige Bedeutung des Werkleins abgesehen und frage weniger nach dem plötzlichen Geräusche einer Saison, auf welches ein gründliches Vergessen zu folgen pflegt.

[...]

2. 2. 1851   Keller an Eduard Vieweg

Berlin d. 2$^{t.}$ Februar 1851.

Hochgeehrter Herr!

Ich bin nun daran, um allen weitern Vexationen ein Ende zu setzen, das ganze Manuskript des Romanes zusammenzubringen, eh' ich Ihnen wieder etwas übersende, und in drei Wochen werden Sie dasselbe erhalten. Um aber ungehinderter daran sein zu können, ist es mir nothwendig über den Verkauf meiner Gedichte im Reinen zu sein, da sie meine einzige Ressource sind für die nächste Zeit und ich habe mich auch darauf verlassen. |

Wenn Sie daher, hochgeehrter Herr! etwa zur Widervergeltung meiner eigenen bisherigen Unzuverlässigkeit mir nicht berichten, so könnten Sie hierzu keinen übleren Moment gewählt haben, da ich jetzt wirklich nichts sehnlicheres wünsche, als diese Affaire zu Ende zu bringen und alle meine übrigen Verhältnisse mich dazu drängen.

[...]

Sollten Sie, entgegen meinem oben ausgesprochenen Vorhaben, die fortgesetzte Sendung von einzelnen Manuskpt. theilen wünschen, so bitte ich, mir es zu schreiben. Ich habe es seit ihrem letzten Briefe unterlassen, weil ich bis zu dem bestimmt angegebenen Termin: Mitte Februar leider nicht die Möglichkeit sah, das Ganze zu beendigen, sondern mich auf das Ende des Monaths verlassen hatte.

Mit ausgezeichneter Hochachtung
verbleibe ich
Ihr ergebenster
G. Keller.

3. 2. 1851   Eduard Vieweg an Keller

Braunschweig, 3 Febr 1851

Geehrter Herr!

Es ist eine sehr eigenthümliche Annahme wenn Sie meinen daß ich die bisherigen Verzögerungen im Druck des Romans damit vergelten wolle, daß ich mich jetzt nicht wegen der Gedichte erkläre.

Derartiges liegt mir sehr fern; der Grund der um einige Tage verzögerten Antwort liegt darin daß ich grippekrank war und zum Theil noch bin und in diesem Zustande kaum der laufenden Correspondenz Herr werden kann.

[...] Inzwischen sende ich Ihnen hierbei das Honorar in einer Anweisung auf Leipzig die Sie dort leicht in der Gropiusschen Buchhandlung oder bei irgend einem guten Banquier werden verwerthen können.

Sehr angenehm soll es mir sein, wenn Sie den Druck des Romans jetzt rasch zu Ende führen wollen. Wenn es mir möglich wird den Schluß des Msts bis Ende Februars zu bekommen, so mag es gehen. Lassen Sie die Mst Sendungen an mich abgehen, sobald Sie für 6–8 Bogen zusammenhaben,

bezeichnen Sie dann aber die Sendung als „Bücher", und fügen Sie dem Paquete eine eigene Addresse hinzu.
Mit aufrichtiger Hochachtung und
                          Ergebenheit
                          Eduard Vieweg.

14. 2. 1851 Eduard Vieweg an Keller

[...]
Täglich habe ich einer Mst. Sendung vom grünen Heinrich entgegen gesehen; da ich annehmen darf, daß Ihrer letzten Zusage gemäß nun ein gut Theil des Msts abgeschrieben und revidirt sein wird, so bitte ich dasjenige was fertig | ist, *[...]* beizufügen.
Mit aufrichtiger Hochachtung
                          Ihr
                          ganz ergebener
                          Eduard Vieweg.
P. S.
Haben Sie die bisher gedruckten Bogen vom grünen Heinrich an Hettner gesendet oder soll ich sie ihm schicken? Jetzt oder später?

25. 2. 1851 Hermann Hettner an Keller

[...]
Für Ihre freundliche Zusendung des „Grünen Heinrich" danke ich herzlichst. Bisher habe ich aber erst die ersten 20 Bogen;[72] die aber grade hinreichen, mich nach dem Genusse des Ganzen leckern zu machen. Es ist mir innig wohlthuend gewesen, in dieser geräuschvollen Zeit wieder einmal ein „stilles" liebes Romanleben mit durchleben zu dürfen. Und ich bin gewiß, daß tausend gleichgestimmte Herzen Ihnen dies herzlich danken werden. Vor der Hand nur so viel, dß mich Ihre schöne treue Dichtung tief in innerster Seele getroffen hat. Ueber Komposition u. s. f. urtheile ich gern erst, wenn ich einen Ueberblick über das Ganze habe. Und dann, hoffe ich, werde ich Gelegenheit finden, auch öffentlich ein Wort darüber zu sagen.
[...]
Meine Frau grüßt Sie aufs herzlichste. Sie haben in ihr eine große Freundin; auch sie dankt herzlich für Ihren grünen Heinrich. *[...]*

---

72   *Die Seiten 1–320 des ersten Bandes reichen bis in die erste Hälfte des 8. Kapitels.*

1. 3. 1851 Eduard Vieweg an Keller

Braunschweig, 1 März 1851

Geehrter Herr!

Der Monat Febr ist verflossen ohne daß ich das versprochene Mst erhalten hätte; ja nicht einmal die lange in Ihren Händen befindlichen Correcturen sind an mich zurückgelangt [...] Ich gestehe, daß diese fortwährend wiederkehrenden Vernachläßigungen verletzen.

Mit größter Hochachtung und

ganz ergebenst
Eduard Vieweg.

4. 3. 1851 Rudolf Flaigg an Keller

[...]

Was treibst Du denn? Wie weit sind Deine dramatischen Studien gediehen? Was haben wir zunächst von Dir zu erwarten? Warum erscheinen Deine Gedichte, warum Dein Roman so lange nicht? Sobald der „grüne Heinrich" erschienen ist, möchte ich ihn bald erhalten, um etwas am geeigneten Orte sagen zu können.

[...]

4. 3. 1851 Keller an Hermann Hettner

Berlin d. 4ᵗ. März 1851.

Lieber Freund!

So sehr mich Ihre freundliche Antwort auf meinen jüngsten Brief erfreut und erquickt, war sie mir doch ein Donnerschlag, als ich daraus ersah, daß Ihnen mein Hr. Verleger voreiliger Weise Aushängebogen meines Romanes zugestellt hat, ohne wenigstens den Abschluß des ersten Bandes abzuwarten. Dieser Umstand ist es vorzüglich, welcher mich antreibt, Sie schon wieder mit einer Epistel zu bestürmen, um dem mangelhaften u gewiß seltsamen Eindruck, welchen das Fragment auf Sie machen muß, vorläufig mit einigen Andeutungen nachzuhelfen, da das Unheil einmal geschehen ist. Doch davon weiter unten.

[...]

Nun noch einige Worte über den Henri vert. Ich habe bei diesem Unglücklichen das gewagte Manöver gemacht, daß ich meine eigene Jugendgeschichte zum Inhalt des ersten Theiles machte, um dann darauf den weiteren Verlauf des Romanes zu gründen, und zwar so, wie er mir selbst auch hätte passiren können, wenn ich mich nicht zusammengenommen hätte. Es kommt nun Alles darauf an, ob es mir mehr oder weniger gelungen sei, das Gewöhnliche u Jedem Naheliegende darzustellen, ohne gewöhnlich u platt oder langweilig zu sein; und dies ist es, was ich mir vorgeworfen zu sehen befürchte. Ich hatte nicht die Intention, aus eitler Subjektivität diese Jugendgeschichte einzufügen, <u>weil</u> sie die meinige ist, sondern <u>obgleich</u> sie es ist und stellte mir dabei einfach die Aufgabe, mich selbst mir objektiv zu machen und ein Exempel zu statuiren. Deßnahen ließ ich auch Alles weg, was nicht charakteristisch für den Endzweck des Buches ist.

Ich hatte die doppelte Tendenz: einestheils zu zeigen, wie wenig Garantien auch ein aufgeklärter u freier Staat, wie der Zürcher'sche, | für die sichere Erziehung des Einzelnen darbiete heutzutage noch, wenn diese Garantien nicht schon in der Familie oder den individuellen Verhältnissen vorhanden sind, und anderntheils den psychischen Prozeß in einem reich angelegten Gemüthe nachzuweisen, welches mit der sentimental-rationellen Religiosität des heutigen aufgeklärten aber schwächlichen Deismus in die Welt geht und an ihre <u>nothwendigen</u> Erscheinungen den willkürlichen u phantastischen Maßstab jener wunderlichen Religiosität legt und darüber zu Grunde geht. Dieß wird der Inhalt des zweiten Theiles sein. Doch ist mir die angewandte Novellistik, zum Theil auf äußeres u inneres Erlebniß gegründet, noch weit bedenklicher, als die Jugendgeschichte und ich habe eine jämmerliche Angst, das Buch aus den Händen zu lassen, da es mir viel verderben kann und ich, nach dem langen Zaudern u Sprechen davon, mich schämen muß, wenn es durchfällt. Meine Hauptstütze ist die Hoffnung, daß das spezifische Geplauder u Geschwätz des Buches für stillere u feinere Leute, welche nicht auf großen Eclat sehen, angenehm und unterhaltend sein möchte. Und dies wäre mir am Ende genug; denn ich hätte wenigstens den Beweis, daß ich schreiben kann, und könnte diese edle Kunst dann später besser anwenden. Allein gerade bei dem ersten Theil ist es mir höchst unangenehm, daß Sie nur die Hälfte davon gelesen haben, indem derselbe zu seiner Ehrenrettung durchaus abgerundet sein muß. Haben Sie die Güte mir nach Ihrer Ankunft in Jena bald Ihre Adresse zu schicken, damit Sie dann das ganze Buch erhalten können.

Meine verehrte Gönnerin, die Frau Professor Hettner, bitte ich bis dahin auch noch für den Heinrich wohlgesinnt zu bleiben; er wird sich bald genug schlecht aufführen und dann Ihrer Gnade vielleicht verlustig werden.

Ihr immer gleicher
Gottfr. Keller.

10. 3. 1851   Keller an Eduard Vieweg

Berlin d. 10 Mart.
1851.

Geehrter Herr!

Ich begreife ganz gut, daß Sie ungehalten sind über das abermalige Ausbleiben des Mskrt's meines Roman's zu Ende des vorigen Monat's.

Diesmal liegt aber die Schuld nicht an mir. Ein Abschreiber, dem ich einen Theil, nachdem ich denselben durchgesehen hatte, übergab, und welcher behauptete, er könne die Arbeit zu Hause machen, ließ sich nicht nur nicht mehr sehen, sondern verschwand auch, so daß ich ihn erst vor einigen Tagen in einem Spital wieder auffand, so daß ich Mühe hatte, nur mein Concept wieder zu erhalten. Ich sehe mich dahin versetzt, die Arbeit selbst wieder aufzunehmen | wo ich sie vor vier Wochen liegen ließ; denn das Wenige, was jener Unglückliche abgeschrieben hat, kann ich gar nicht brauchen. Ich werde Ihnen daher auf die alte Weise diese Woche noch eine Partie selbstgefertigtes Manskt. schicken und ununterbrochen fortfahren, da diese Angelegenheit allein es ist, die mich noch in Berlin festhält und ich nothwendig bald weiter muß.

Ich bitte Sie daher Ihre Nachsicht noch für einige wenige Wochen verlängern zu wollen und die Sache mit mir, wenigstens in diesem letzten Falle, zu nehmen, wie sie ist.

Hrn. Hettner bitte ich vor der Hand nichts mehr zu senden, da er nach Jena übersiedelt, wo er am 20$^{t.}$ Aprill eintreffen wird.

Mit ausgezeichneter Hochachtung

Ihr ergebenster
G. Keller.

22. 3. 1851   Wilhelm Baumgartner an Keller

[...]
Ich begrüßte mit Freuden die Nachricht aus Heidelberg, daß Dich der Umgang mit Feuerbach in einen Ideenkreis hineinriß, von dem ich mir für

Deine innere Entwicklung nur die schönsten Erfolge versprechen durfte.[73] Nachher las u hörte ich lange Zeit nichts mehr von Dir, einige Gedichte in der Europa ausgenommen.[74] Freund Weidenmann,[75] den ich während seines Aufenthaltes in Zürich näher kennen u lieben lernte (er ist jetzt nach | absolvirtem Examen in Paris) erzählte mir in traulichen Abendstunden viel von Dir u Deinen Plänen, wir hofften Tag für Tag auf deren Realisirung u auf Herausgabe Deines Romans u neuer lyrischer Gedichte. Aus Deinem Schreiben scheint mir hervorzugehen, daß Du damit absichtlich gezögert. *[...]*

Deine Freunde hier nehmen an Dir immer herzl. Antheil, wenn ich Dir auch nicht verhehlen kann, daß der gänzl. Mangel an Nachrichten von Dir u Dein litterarisches Stillschweigen vielen etwas auffiel. Hoffentl. wird sich jetzt alles besser gestalten; dafür bürgt mir das sichere Selbstbewußtsein, das sich mir aus Deinem letzten Schreiben auszusprechen scheint. *[...]*

27. 3. / September 1851   Keller an Wilhelm Baumgartner

[...]

Sehr gefreut hat mich die Art, wie du meinen Anschluß an Feuerbach aufgenommen hast und ich ersehe daraus, daß du die Sache im rechten Lichte ansiehst. Wie trivial erscheint mir gegenwärtig die Meinung, daß mit dem Aufgeben der sogenannten religiösen Ideen alle Poesie und erhöhte Stimmung aus der Welt verschwinde! Im Gegentheil! Die Welt ist mir unendlich schöner und tiefer geworden, das Leben ist werthvoller und intensiver, der Tod ernster, bedenklicher und fordert mich nun erst mit aller Macht auf, meine Aufgabe zu erfüllen und mein Bewußtsein zu reinigen und zu befriedigen, da ich keine Aussicht habe, das Versäumte in irgend einem Winkel der Welt nachzuholen. *[...]* Indessen bin ich weit entfernt, intolerant zu sein und jeden, der an Gott u Unsterblichkeit glaubt, für einen kompleten Esel zu halten, wie es die Deutschen gewöhnlich thun, sobald sie über dem Rubikon sind. *[...]* Nur für die Kunst u Poesie ist von nun an kein Heil mehr ohne vollkommene geistige Freiheit und ganzes glühendes Erfassen der Natur ohne alle Neben u Hintergedanken und ich bin fest überzeugt,

---

73   Vgl. *Keller an Baumgartner, 10.3.1849 (begonnen am 28.1.1849), Ms. GK 78d Nr. 2/4; GB 1, S. 273 f.*

74   Goliath und David. In: Europa, Nr. 2, 5.1.1850, S. 13.

75   *Kaspar Heinrich Weidenmann (1827–1853), Zürcher Bekannter Kellers, 1852–1853 Zweiter Staatsschreiber des Kantons Zürich.*

daß kein Künstler mehr eine Zukunft hat, der nicht ganz u ausschließlich sterblicher Mensch sein will. *[...]*

Mein alter unsterblicher Roman, der grüne Heinrich, ist endlich soweit gediehen, daß der erste Band gedruckt ist. Ich weiß noch nicht bestimmt, ob ich aus dem Reste 1 od. 2 Bände machen werde, ob also das Ganze 2 od 3 bändig sein wird. Dies wird sich jedoch nächstens während des Druckes entscheiden. Ich habe nur selten an dem Buche, welches indessen ein ganz Anderes, als das ursprünglich angelegte, geworden ist, geschrieben, da ich auch in Rücksicht auf meine | Staatsunterstützung etwas lernen mußte und vorzüglich auch dramaturgischen Studien u Projekten nachhing. Der Verleger behauptet nun, die Versendung für diese Ostern sei nun wieder verspätet und müsse man den Herbst abwarten. Indessen werde ich jedenfalls bald Exemplare nach Hause und anderweitige Freunde befördern. Einen Band Gedichte den er schon seit Neujahr in Händen hat, und dessen erste 6 Bogen auch gedruckt sind, läßt er nun ebenfalls liegen, wahrscheinlich weil er beide Opera zusammen verbreiten will. Dies ist ärgerlich, indessen hat er mir das Honorar bezahlt u ist selbiges in diesem verdammten Sandhaufen Berlin schon spurlos versiegt. Dr. Escher schrieb mir er wolle diese Produkte, wenn ich sie geschickt hätte, den Behörden vorlegen.[76] Ich weiß aber nicht welchen Eindruck dieselben machen werden, da meine Feuerbachischen Muggen deutlich darin herum schwirren, obgleich durchaus anständig u gemessen. Ich befürchte fast, es könnten von übelwollender Seite etwa spöttische Vorwürfe laut werden, daß man ein solches Kräutlein gepflegt u genährt habe. Schreibe mir doch deine Ansicht hierüber, ohne indessen einstweilen davon zu sprechen.

September 1851.

[...] Roman und Gedichte, beide schwach und für mich schon überlebt, werden im Oktober verschickt werden. |

Wenn ich nicht das Honorar so nothwendig gebraucht hätte, so würde ich dieselben ganz zurückbehalten haben. Doch mögen sie zur anderen verlorenen und mit Dummheiten zugebrachten Zeit zum Teufel gehen, ich schaue nur nach vorwärts und bin einzig bedacht, mit mehr Verstand aus dem Stückchen Leben, das noch bleibt, herauszuschlagen, was möglich ist, und einen guten Namen aus der jämmerlichen Staubwolke herauszusalviren.

[...]

Ich würde bei dieser Gelegenheit gern meine Gedichte u Roman mitschicken, allein ich habe sie nicht und weiß nicht, warum d. Verleger sie

---

76   Vgl. Alfred Escher an Keller, 22.3.1851, Ms. GK 8.15 Nr. 161.

nicht schickt. Von Letzterem besitze ich nur den 1ᵗ ᵘ 2ᵗ Theil u will daher noch warten. *[...]*

31. 3. 1851 Wilhelm Schulz an Keller[77]

[...]
Wir haben uns ungeheuer gefreut, daß endlich Dein grüner Heinrich u. ein neues Bändchen Gedichte erscheinen. Hoffentlich bekommen wir sie bald zu Gesicht. Es geht doch wol darin nicht ganz ohne Politik mit Zugehör ab? Freilich wird sich auf dem Viewege nicht viel | davon treiben lassen. Und das Drama, ist es schon ganz oder beinahe fertig? Aber kommen solltest Du recht bald; sie mögen in Berlin machen, was sie wollen.
[...]

5. 4. 1851 Firma Vieweg an Keller

Braunschweig, 5 April 1851.

Geehrter Herr!

Im Auftrage des Herrn E Vieweg, welcher Sie vergeblich dringend und wiederholt um Mst. gebeten hat, ersuchen wir Sie hiermit nochmals, uns endlich neues Mst. zugehen zu lassen.

Hochachtungsvoll
Fdr Vieweg u Sohn

23. 4. 1851 Eduard Vieweg an Keller

Braunschweig, 23 / 4 51.

Ew Wohlgeboren

versetzen sich mir gegenüber nachgerade in eine Situation, die ich nicht mehr länger dulden mag. Trotz allen Ihren Versprechungen erfolgt kein Mst, ja Sie halten sogar die Correcturen der Gedichte zurück, von denen die Bog 7 u 8 bereits am ersten d M. an Sie abgegangen sind und haben alle meine Briefe in letzterer Zeit unbeantwortet gelassen. –

---

77 *Wilhelm Schulz (1797–1860), aus politischen Gründen in die Schweiz emigrierter, in Zürich-Hottingen wohnhafter Journalist und Schriftsteller, mit Keller befreundet und in regelmäßigem Briefwechsel stehend; vgl. Schulz an Keller, 31.3.1851, 13.9.1852, 15.1.1854, 16.6.1855, 25.7.1855, 30.10.1855 (alle Dok); die Briefe Kellers an Schulz sind nicht überliefert.*

Ich vermag mir eine Behandlung der Art, die ich warlich nicht verdient | habe, nicht zu erklären und muß jetzt entschieden auftreten.

Ich erwarte eine genügende Erklärung mit umgehender Post und beharre inzwischen hochachtungsvoll und

ergebenst
Eduard Vieweg.

25. 4. 1851 Keller an Eduard Vieweg

Berlin d. 25$^{st.}$ April
51

Geehrter Herr!

Ich hatte so eben vor, Ihnen die Anlage zu übersenden, als ich Ihren Brief v. 23$^{t.}$ d. erhielt. Ich bin in diesem Augenblicke nicht in der Lage, Ihnen über mein bisheriges Nichteinhalten meiner Verpflichtungen weitere Erklärungen machen zu können; nur möchte ich Sie bitten zu glauben, daß die Sache keineswegs zu meinem eigenen Vergnügen gereicht und in keinem Falle ihren | Grund in einer unverschämten Mißachtung unseres Verhältnisses hat. Leere Briefe und Revisionsbogen genirte ich mich zu schicken, so wie ich auch, wie ich seither einsah, Ihnen den Empfang des mir unterm 3$^{t.}$ Februar d. J. übersandten Honorares für die Gedichte nie angezeigt habe, welches ich nun endlich thue. Weitere Auslassungen behalte ich mir für die Zukunft vor und hoffe bis dahin Ihre freundliche Geneigtheit wieder hergestellt zu sehen.

Mit ausgezeichneter Hochachtung

Ihr ergebenster
G. Keller.

26. 4. 1851 Eduard Vieweg an Keller

Braunschweig, 26 April 1851.

Geehrter Herr!

Mit dem besten Willen kann ich mich bei der von Ihnen in Ihrem gefälligen Schreiben vom 25 d gegebenen, durchaus ungenügenden Erklärung nicht beruhigen. Sie sagen jetzt nicht einmal daß überhaupt aus dem zu Ende führen des Romans etwas werden soll und ich gestehe Ihnen, daß ich nach den bisherigen Erfahrungen kaum Lust habe weiterzudrucken. Soll der Roman ein Bruchstück bleiben, unbenutzbar für den Buchhandel, so ist es vielleicht besser wenn nicht noch mehr Bogen Makulatur gedruckt werden. Jedenfalls werde ich mit dem | Wiederbeginn des Satzes warten, bis eine entsprechende Quantität Mst. in meinen Händen ist.

Sie müssen mich in meiner gerechten Verstimmung entschuldigen; ich bin einer Behandlung wie sie mir von Ihnen zu Theil wird, nicht gewohnt, und gestehe Ihnen auch offen, daß ich sie mir nicht gefallen lasse. Ihr Brief, der meine Klage mit geradezu nichtssagenden Phrasen abspeiset, ist jedenfalls eine auffallende Erscheinung. –

Mit Hochachtung und

ergebenst
Eduard Vieweg.

28. 4. 1851 Keller an Eduard Vieweg

Berlin d. 28$^{st.}$ April
1851.

Geehrter Herr!

Daß etwas Unbestimmtes in meinem letzten Briefe liegen mag, ist wohl darin zu suchen, daß ich Sie mit einer Schilderung der Art und Weise, wie ich bis anhin von der Zuendeführung des Manuskriptes abgehalten wurde, nicht behelligen konnte und auch jetzt nicht kann, da die Sache leider einmal so ist. Es ist ganz natürlich, daß Sie nicht lange als Verleger handeln könnten, wenn es nur einige Schreiber machen würden, wie ich; doch habe ich mich gerade mit der Ausnahme getröstet und gehofft, das Ende werde wieder Alles zufrieden stellen. Zudem muß ich wiederholt erklären, daß das Geschehene nicht die Folge einer willkürlichen | „Behandlung" sei, sondern eines durchaus passiven Zustandes, welchen zu ändern, wenig in meiner Gewalt lag. Dies dient mir wenigstens zu meiner eigenen Beruhigung.

Ein Anderes aber ist es, wenn Sie mich für fähig halten, verschiedene Geldsummen für ein Buch zu beziehen, welches fertig abzuliefern ich nicht gesonnen oder nicht im Stande wäre, und hierüber eine Erklärung zu geben, daran dachte ich wirklich nicht. Es hat Alles seine Gränzen, selbst meine Langsamkeit und bis zum eigentlichen Betruge glaube ich wenigstens nicht vorgeschritten zu sein. Denn nichts Anderes würde es in diesem Falle sein. Trotzdem kann ich nichts anderes erklären, als daß ich die Sache so schnell als möglich beendigen will. Ein bestimmtes Ehrenwort | auf einen bestimmten Tag kann ich und mag ich nicht geben, weil kein Mensch des andern Tages sicher ist; doch habe ich gegenwärtig keinen Grund, fernere

Unterbrechungen zu befürchten und bin des festen Vorsatzes in wenigen Wochen fertig zu werden. Etwas Anderes weiß ich nicht zu sagen und stelle es Ihnen anheim, das Mansukpt. sich ansammeln zu lassen od. den Satz zu beginnen; ich werde nichts desto minder in ein par Tagen wieder einen Bogen schicken.

Inzwischen möchte ich Sie bitten, Ihr Endurtheil noch so lange verschieben zu wollen und verbleibe

mit ausgezeichneter Hochachtung

Ihr ergebenster
Gottfr. Keller.

29. 4. 1851   Eduard Vieweg an Keller

Braunschweig, 29 April 1851.

Geehrter Herr!

Sie scheinen es allerdings darauf abzusehen, meine Zuversicht und mein Vertrauen zu Ihnen auf die äußerste Probe zu stellen. Ich muß mir das vorläufig gefallen lassen, obwohl ich diese hyroglyphische Sprache weder angemessen noch offen finde.

Doch um Eines muß ich Sie sehr bestimmt bitten, nämlich nicht den Sinn und die Worte meiner Briefe zu verdrehen. Ich habe Ihnen nie eine betrügerische Absicht zugetraut und einen solchen Gedanken weder gehegt noch angedeutet oder ausgesprochen.

Wohl aber ist Ihr Benehmen ein | so räthselhaftes und Sie halten es absichtlich in einen so mystischen Schleier verhüllt, daß ich allerdings zu der Frage berechtigt war, ob denn überall Ihr Werk jemahls fertig werden würde; im Zweifel darüber aber war es nur angemessen den Druck so lange zu sistiren, bis Sie mir durch regelmäßige und umfangreichere Mst. Sendungen beweisen, daß ich zum Fortgange der Sache wieder Vertrauen fassen kann.

Ich gestehe, daß mir in einem, literarisch sehr erfahrungsreichen Leben, noch kein Fall ähnlicher Art vorgekommen ist, wenn ich den Gang unserer Correspondenz verfolge, Ihre Briefe – die eben vor mir liegen – einsehe, den Drang nach rascher Vollendung mit dem | jetzigen Hinhalten vergleiche, den Werth ermesse, den Sie Ihrem heimischen Cantone gegenüber auf rasche Erscheinung und Besprechung des Buches legten und zu legen alle Ursach hatten, wenn ich diese permanenten Versprechungen und Zusagen mit den eigenthümlichen Entschuldigungsgründen und den factischen Ergebnissen die vorliegen, vergleiche, so vermag ich wenigstens nicht, einen Vers auf die Sache zu machen. –

Jedenfalls aber wünsche ich nicht, und werde es keines Falls dulden, daß mir die Worte verdreht werden. Ich habe das in keiner Weise verdient.

Hochachtungsvoll und

                            ergebenst

                            Eduard Vieweg.

4. 7. 1851 Keller an Eduard Vieweg

Hochgeehrter Herr!

Anmit übersende ich Ihnen endlich das Ende des ersten Bandes und da der Anfang des zweiten innerhalb einiger Tage nachfolgen wird, so möchte ich Sie ergebenst bitten, nun den Satz wieder beginnen zu lassen.

Hochachtungsvollst u ergebenst

                            Ihr

                            Gottfr. Keller.

Berlin 4ᵗ· Juli 1852[78].

14. 7. 1851 Eduard Vieweg an Keller

                            Braunschweig, 14 July 1851.

Geehrter Herr!

Ich habe Ihre Mst Sendung für den Schluß des ersten Bandes Ihres Romans erhalten und werde den Satz Ihrem Wunsche gemäß, sofort wieder beginnen lassen.

Da Sie nicht die Güte hatten mir irgend welche Erläuterungen über die mir unbegreifliche Verzögerung in der Vollendung des Buches zu geben, so muß ich annehmen daß Sie mit einer Bemerkung zusammenhängt, die Sie gelegendlich in einem früheren Briefe machten, daß Sie nämlich vielleicht nie einen zweiten Roman schreiben würden, da Sie durch Neigung und Studien zu dramatischen Arbeiten gezogen würden.

Ich kann nun kaum umhin, anzunehmen, daß Sie dramatische Arbeiten unter der Feder haben, die Sie von den früher begonnenen abziehen.

Sie würden dadurch weder recht gegen sich noch gegen mich handeln; ich glaube vielmehr, daß ein Roman von literarischer Bedeutung – und solche legen Sie dem Ihrigen selbst bei – dramatischen Arbeiten nur die

---

78   *Die 5 ist aus einer 4 korrigiert; ev. stand also zuerst 1842.*

günstige Aufnahme erleichtern würde. Ich meine, die Sache versteht sich selbstredend.

Ich gehe nächsten Sonntag auf 6 Wochen nach England; haben Sie mir vorher noch Mittheilungen zu machen, so erbitte ich sie mir umgehend.

Mit größter Hochachtung und

ganz ergebenst

Eduard Vieweg

P. S.

Wie haben Sie die Eintheilung des Romans gemacht; doch in 3 Bändchen, wie es früher verabredet war und bis wann glauben Sie diese nun mit Sicherheit vollenden zu können?

16. 7. 1851   Keller an Eduard Vieweg[79]

Berlin d 16.t Juli 1851.

Geehrtester Herr!

Nach Empfang Ihres Geehrt. v. 14.t d. möchte ich Sie wiederholt ersuchen, den Satz wieder beginnen zu lassen, indem ich dieser Tage wieder 48 geschriebene Seiten nachsenden und nachher mit noch größeren Sendungen fortfahren werde. Da man, in der Regel wenigstens, mit der Zeit vorwärts schreitet, so versteht es sich allerdings von selbst, daß ich das früher konzipirte und ausgeführte Produkt nicht nach dem späteren und besser sein sollenden erscheinen lassen und dadurch von einer natürlichen Reihenfolge meiner literarischen Bestrebungen abgehen kann. Ich darf Sie, geehrter Herr! daher versichern, daß ich, außer einigen Vorstudien zu dramatischen Zwecken, welche durch die Benutzung der kön. Bibliothek geboten waren, außer einigem Notiren und peripatetischem Projektiren keine andere ernstere Arbeit der Ihnen Pflichtigen vorangesetzt und namentlich nicht an einer solchen geschrieben habe; vielmehr sehne ich mich nach der Beendigung des Roman's, um endlich weiter gehen zu können. Da Sie nun aber ohne eine vollständige Einsicht in die Natur der langen Verzögerungen und Unterbrechungen sich nicht zufrieden geben, so sehe ich mich endlich veranlaßt, Sie mit einer unumwundenen Erklärung zu behelligen, damit Sie wenigstens, wie ich hoffe, die Ueberzeugung gewinnen, daß nicht absichtliche Vernachläßigung meiner Pflichten sowie meiner Erkenntlichkeit gegenüber der gefäll. Zuvorkommenheit, welche Sie mir erwiesen, die Ursache dieses Verhältnisses ist.

---

[79] *GB 3.2, S. 43 ändert das Datum aufgrund der Antwort Viewegs in 15. Juli 1851.*

Ohnehin von Hause aus ganz mittellos und arm, wurde ich in den letzten Jahren noch durch trübe Erfahrungen in meinen ökonomischen Zuständen zurückgebracht, | so daß ich seit meiner Ankunft in Berlin alle erhältlichen Geldmittel fast immer zur Tilgung früherer Schulden verwenden mußte und dadurch in dem Augenblicke, wo ich gehofft hatte, mich mit Ruhe an die Arbeit setzen zu können, mich wieder in die prekärste Lage versetzt sah, welche mich zwang für den Augenblick allerlei kleinliche Arbeiten, wie Aufsätze u d. gl., sogar Zeichnungen zu verfertigen,[80] um von einem Tag zum andern kleine Geldsummen zu erwerben. Darüber vergingen Wochen, Monathe, und wenn ich mich endlich eine kurze Zeit an den Roman setzen konnte, ging die Geschichte von Neuem an oder ich war in einer so düsteren Stimmung, durch ein auch anderweitig bewegtes Leben hervorgerufen, daß ich nicht am Schreibtische sitzen konnte und mich entweder in's Freie, in die Hörsääle, in die öffentlichen Bauten, oder zu den Büchern flüchtete, um mich zu erholen. So ging ein seltsames Jahr vorüber und wenn dasselbe in den Augen eines großen Geschäftsmannes vielleicht bedenklich erscheinen möchte, so muß ich Ihnen dagegen bemerken, daß ich, abgesehen von der schiefen Stellung, in die ich dadurch zu Ihnen gerieth, dasselbe doch nicht für verloren erachte; denn ich erachte es für einen Gewinn, wenn poet. Autoren, anstatt in ihrem dreißigsten Jahre schon eine Bibliothek von 20 Bänden aufgestellt zu haben, wieder einmal vorher etwas erleben und selbst bewegt werden, ehe sie eine anhaltende Schriftstellerei beginnen. Ich weiß, was ich will, und gedenke in dem Strome erträglich mitzuschwimmen, wenn ich einmal alle Schwierigkeiten überwunden habe, und wenn Sie alsdann noch geneigt sind, meine Sachen zu verlegen, so werden Sie sehen, daß mein bisheriges Verhalten ein zufällig von äußeren Umständen bedingtes und vorübergehendes war. |

Noch vergaß ich, zu bemerken, daß der größte Theil des 1$^{t.}$ Bandes, die eingeschaltete Jugendgeschichte, nicht ursprünglich in meinem Mskt. mit gebracht, sondern erst in Berlin neu geschrieben wurde, und der noch folgende Rest daher nicht so viel Zeit in Anspruch nimmt. Derselbe wird nach meiner Berechnung 30 Druckbogen betragen, und frage daher an, ob er für 2 Bändchen nicht zu schwach sein wird im Verhältniß zum ersten Bande? Mit

---

80 Vgl. Jeremias Gotthelf *1849* und Jeremias Gotthelf *1851* und ev. die Arbeiten beim befreundeten Maler Bernhard Fries, über die Keller am 28.1.1849 an Johann Salomon Hegi schrieb (Ms. GK 77 Nr. 14/1; GB 1, S. 213): Ich werde ihm helfen untermalen u hanthieren dabei, zu Nutz und Vergnügen, an müssigen Nachmittagen.

einigen Abkürzungen könnte man ihn als zweiten Band auf die Stärke des ersten reduziren, obgleich ich nicht viel zu streichen weiß u wünsche.

Auch wäre es mir lieb zu wissen, ob Sie die Gedichte jetzt, oder erst mit dem Romane zu versenden gedenken und ob diesen erst im Herbste, auch wenn der Druck früher beendigt ist?

Einen zweiten Roman zu schreiben, sehe ich allerdings weder Stoff noch Lust dazu; hingegen habe ich ein Bändchen heiterer Erzählungen ausgedacht, welche ich diesen Herbst zur Erholung von dieser trübseligen Berlinerzeit schreiben will.

Indem ich Ihnen eine glückliche Reise wünsche, verbleibe ich
mit größter Hochachtung und Ergebenheit
Ihr
Gottfr. Keller.

16. 7. 1851 Eduard Vieweg an Keller

Braunschweig, 16 July 1851

Geehrter Herr!

Ich danke Ihnen für Ihre vertrauliche Mittheilung, die Sie mir immerhin hätten früher machen sollen.

Ich habe angenommen, daß Sie noch zur Zeit ein Reisestipendium von Ihrer heimathlichen Regierung bezögen und glaubte derartiges von meinem Schwager, Prof Hasse, verstanden zu haben.

Für den Fall, daß Ihre Verlegenheiten noch nicht beseitigt wären, sende ich Ihnen angebogen eine Anweisung von Rt 50. – und stehe auch vor Beendigung des Romans mit einer gleichen Summe zu Diensten, wenn Sie sie gebrauchen sollten. |

Sie sehen, daß mir Vertrauen nicht fehlt, wenn mir Vertrauen bewiesen wird. Aber, folgen Sie meinem Rathe, treten Sie bald mit dem Romane hervor. Versenden mögte ich am liebsten beides, Roman und Gedichte, zusammen in den ersten Tagen des Octbrs.

Der Roman muß jedenfalls in 3 Bände abgetheilt werden, auch wenn die letzten Bände schwächer würden als der erste.

Mit aufrichtiger Hochachtung und
Ergebenheit
Eduard Vieweg.

P. S.
Der Satz des Romans ist bereits wieder aufgenommen.

31. 7. 1851 Keller an Firma Vieweg

Herrn Fr. Vieweg u Sohn in Braunschweig

Berlin d. 31$^{st.}$ Juli 1851.

Geehrter Herr!

Vorläufig übersende ich nebst den Revisionsbogen etwas Mskt. damit der Satz nicht unterbrochen wird, mit dem Bemerken, daß bis nächsten Dienstag mehr folgen werde, bis wohin vorliegendes glaub' ich ausreichen wird.

Ueber den letzt. Brief des Herrn Ed. Vieweg, sowie über den Empfang von 50 Thlr. welchen ich hiermit ergebenst bescheinige, werde ich Herrn Vieweg später schreiben, da ich wohldenselben gegenwärtig in England vermuthe.

[...]

28. 8. 1851 Keller an Firma Vieweg

Herrn Friedr. Vieweg u Sohn

Berlin d. 28$^{t.}$ Aug. 51.

Hochgeehrter Herr!

In Beantwortung Ihres Geehrten v. 25. d.[81] kann ich Ihnen nur sagen, daß mein Roman im Oktober durchaus erscheinen muß u kann! Die größeren Sendungen d. Manuskript. werden zu gehöriger Zeit noch erfolgen und muß ich Sie nur bitten, bis dahin sich darauf zu verlassen. Den September hindurch werden Sie den Satz durch zwei Setzer betreiben lassen können.[82] Was Sie sonst unter fester Zusicherung verstehen, vermuthlich die Form desselben, ist mir nicht verständlich. Ich kann weiter nichts erklären, als daß bis Ende September die letzten Bogen des Manuskriptes von mir aus abgeliefert sein werden und ich denke, wenn unterdeß der Druck fortgeht, so werden dieselben alsdann noch zeitig genug gedruckt werden können. Auch wird sich von den übrigen Sendungen allmälig ein Ueberschuß bilden, den Sie dann mehreren Setzern übergeben können.

Mich Ihnen hochachtungsvollst empfehlend

Ihr ergebenster
Gottfr. Keller.

---

81   *Brief nicht nachgewiesen.*
82   *Gemäß Viewegs Angabe vom 6.6.1850 (Dok), daß ein Setzer pro Woche 2–2½ Bogen schaffe, rechnete Keller also damit, im September 16–20 Bogen zu liefern.*

29. 8. 1851   Keller an Hermann Hettner

[...]

Diesen Herbst soll es mit mir endlich vorwärtsgehen, ich kann fast nicht mehr athmen in der alten, verdorbenen Athmosphäre der Vergangenheit und freue mich auf ein wohlgemuthes, rasches und anspruchloses Produziren von Lust- Trauer- und allen möglichen Spielen; denn es ist meine Ueberzeugung, daß man nur durch harmlose und <u>nichtgrüblerische</u> Arbeit, mit welcher man nicht den Himmel stürmen will, endlich zu etwas Gesundem u Glücklichem gelangt.

[...]

20. 9. 1851   Firma Vieweg an Keller

Braunschweig, 20 Sept. 1851.

Hochgeehrter Herr!

Wir bitten um Ihre gefällige Erklärung, wie es nunmehr mit der Eintheilung Ihres Roman's in 3 Bde. sich verhält.

Sämmtliches vorräthige Mst. ist abgesetzt und wir müssen dringend um Zusendung neuen Msts. bitten.

Hochachtungsvoll ergeben
Fd. Vieweg u Sohn

20. 9. 1851   Keller an Hermann Hettner

[...]

Ich habe auch einige Erzählungen und Novellen[83] ausgeheckt, welche farbenreich und sinnlich, und reinlich und bedächtig geschrieben, in einem Bändchen vereinigt, den schlechten Eindruck verwischen sollen, den mein formloser und ungeheuerlicher Roman auf den großen Haufen machen wird.

[...]

22. 9. 1851   Hermann Hettner an Keller

[...]

Ich freue mich sehr darauf, daß nun der grüne Heinrich bald ganz in meinen Händen ist. Ich kann meine Spannung kaum bezwingen, hie u

---

83   Vgl. *HKKA 23.1, S. 16 f.*

da | verstohlen in die Bogen hineinzugucken; aber ich suche es über mich zu gewinnen, das Ganze abzuwarten, um den Gesammteindruck rein zu haben.

[...]

29. 9. 1851 Eduard Vieweg an Keller

Ew Wohlgeboren

haben mir die feste Zusicherung gegeben daß der Schluß des Mst's bis Ende d. M. in meinen Händen sein sollte. Trotzdem fehlen mir alle Mst. Zusendungen, ja sogar die schon geraume Zeit in Ihren Händen befindlichen Correcturen. –

Ich muß Sie drängen, wenn nicht die Möglichkeit abermahls entschwinden soll das Buch zur rechten Zeit erscheinen zu lassen.

Auch bitte ich Sie zu berücksichtigen, daß das Ganze in 3 Bände abgetheilt werden sollte.

Hochachtungsvoll Ihr

ganz ergebener

Eduard Vieweg

Braunschweig

29 Septbr 1851.

9. 10. 1851 Keller an Eduard Vieweg[84]

Berlin d. 9.ᵗ· Oktober 1851.

Hochgeehrter Herr!

Allerdings ist die Ablieferung meines Manuskriptes wider meinen eigenen festen Vorsatz leider wieder verzögert worden. Wiederholtes Unwohlsein, das ich mir durch Erkältungen zugezogen und der Wechsel der Jahreszeit, den ich im Herbste schon mehrmals empfand, indem ich um diese Zeit durch heftige Zahnschmerzen geplagt werde,[85] machten mich unfähig zur Arbeit; dazu trat das ernstliche Erkranken eines jungen Landsmannes,[86] mit dem ich mich acht Tage lang abgeben mußte, so daß trotz aller Ungeduld und aller meiner Besorgnisse der Roman liegen blieb. Diese Besorgnisse

---

84 *GB 3.2, S. 48 ändert das Datum aufgrund der Antwort Viewegs in 8.10.1851.*
85 *Vgl. Keller an Vieweg, 12.10.1850, Dok.*
86 *Christian Heußer (vgl. unten, Anm. 134), vgl. Heußer an Keller, 6.9.1851, Ms. GK 79c Nr. 170.*

sind um dringender gewesen, als ich selbst den aller größten Nachtheil von der Sache habe; denn es ist kein Vorwärtskommen für mich, ehe ich diesen Stein einmal vom Halse habe. Der eigentliche Zweck meines Verweilens in Berlin ist einzig noch, ein dramatisches Produkt hier zur Aufführung zu bringen, das ich nicht einmal anfangen kann, so lange der Roman noch in der Schwebe ist.

Mit der nächsten Sendung wird der Schluß des zweiten Bandes erfolgen. Der dritte Band wird, da er mit wenigen Veränderungen aus dem ursprünglichen Manuskripte besteht, in zwei Wochen fertig sein, so daß bis Ende Oktober die Sache abgethan ist.

Es ist gewiß im November noch früh genug, daß das Buch erscheint, und | für eine gehörige Besprechung in den Journalen habe ich schon mehrere Anerbiethungen seit Langem. Dabei möchte ich Sie aufmerksam machen, daß es gut wäre, wenn Sie die Gedichte etwas vorher versendeten; denn einmal macht es keinen guten Eindruck, wenn ein so dickes Paket vom nämlichen Verfasser den Leuten in's Haus gelangt; es sieht anspruchsvoll aus und das eine Buch entzieht dem Anderen die Aufmerksamkeit, unzweitens würde das alleinige Erscheinen der Gedichte meinen Namen als Lyriker etwas auffrischen und für das Erscheinen des Romanes geläufiger machen, welches man zugleich ankündigen könnte. Doch will ich diesen Punkt ihrem besseren Ermessen anheimstellen.

Sie waren vor Ihrer Abreise nach London so freundlich und zuvorkommend, mir weitere 50 Thaler zukommen zu lassen und anerbothen sich zu nochmaliger Auszahlung der gleichen Summe vor Beendigung des Romanes. Ich bin leider im Fall, so ungern ich es bei der Sachlage gestehe, dieses Anerbiethen anzunehmen, da es mich, in meiner jetzigen Lage, fördern würde.

Indem ich Sie ergebenst bitte, Ihre Geduld noch ein <u>letztes Mal</u> zu fristen, verbleibe ich mit

ausgezeichneter Hochachtung
Ihr ergebenster
Gottfr. Keller.

9. 10. 1851 Eduard Vieweg an Keller

Braunschweig, 9 Octbr 1851.

Geehrter Herr!

Ich gestehe Ihnen daß mein Vertrauen auf die rechtzeitige Vollendung Ihres Romans vollständig erschüttert ist und daß ich auf Ihre erneuerten Zusicherungen wenig Gewicht zu legen vermag. Es ist traurig, daß sich nun schon seit Jahren stets störende Elemente zwischen Ihre Zusagen und die Erfüllung derselben schieben; die im besten Herbstwetter eingetretenen Unpäßlichkeiten bei Ihnen selbst und dann gar noch bei Ihren Freunden, gehören auch in den Cyclus dieser Calamitäten. –

Das aber weiß ich, daß wenn es Ihnen Ernst gewesen wäre mit der Vollendung eines Buches, welches nicht nur im Concepte, sondern wie Sie auch jetzt noch versichern, vollständig, einschließlich des 3ten Theils, | vorlag, und welches nur einer Abschrift und einer dabei eintretenden Überarbeitung unterliegen sollte, die Vollendung längst hätte erfolgen müssen, um so mehr, als Sie sogar noch während meiner Abwesenheit mein Geschäft ziemlich scharf wegen ihres Verlangens ablaufen ließen, eine endliche feste Zusage zu geben, bis wann der Schluß des Msts abgeliefert sein könne. Sie meinten daß Ihre einmal gegebene Zusage vollkommen genüge und daß Sie nichts anderes wiederholen könnten, als daß der Schluß des Msts mit dem Schlusse des Monats September in unserer Hand sein würde. –

Nach meiner Ansicht trägt nur die Zersplitterung Ihrer Kräfte, das Streben nach verschiedenen Zielen, die Schuld an dem Allen; ich vermag mindestens nicht einzusehen was sonst der Vollendung der Abschrift und Überarbeitung | Ihres Romans hätte in den Weg treten können; denn daß Sie Jahr und Tag, gegen Ihre ursprüngliche Absicht, und vielleicht unter manchen Sorgen für Ihre materielle Existenz, in Berlin länger bleiben, als Sie wollten, lediglich um ein Stück zur Aufführung zu bringen, von dem Sie behaupten, daß Sie es gar nicht eher anfangen könnten bis der Roman nicht vollendet sei, ist doch meiner Gutgläubigkeit etwas viel zugemuthet. –

Daß Sie, nachdem mein Vertrauen abermahls so lebhaft erschüttert ist, es dennoch in Anspruch nehmen, indem Sie eine abermalige Zahlung von 50 Rt wünschen, müssen Sie bei sich selbst vertreten und namendlich die passende Entschuldigungsformel finden, wenn Sie sich jetzt schon sagen könnten oder müßten, daß auch die neuen | Zusagen nicht in Erfüllung gehen werden. Ich sende Ihnen die gewünschten 50 Rt dennoch hierbei und zeichne

ganz ergebenst
Eduard Vieweg.

15. 11. 1851   Firma Vieweg an Keller

Braunschweig, 15 Novbr. 1851.
Geehrter Herr!

Abermals ersuchen wir Sie dringend um Zusendung neuen Msts., wenn gleich wir wohl endlich die Hoffnung aufgeben müssen, daß irgend ein Mittel der Welt im Stande ist, Ihr hartnäckiges Ignoriren unserer Bitten und Mahnungen und Ihr fortgesetztes Schweigen auf unsere Zuschriften zu brechen.

Hochachtungsvoll ergeben
Fdr: Vieweg u Sohn

Sr Wohlgeboren
Herrn G Keller
Berlin

11. 12. 1851   Eduard Vieweg an Keller

Braunschweig, 11 Decbr 1851.
Geehrter Herr!

Ist es denn zu entschuldigen, daß Sie mich so über alle Maaßen rücksichtslos, um keine andere Bezeichnung zu wählen, behandeln? Warlich, ich habe es nicht für möglich gehalten, daß Sie auf einen Brief wie den meinigen vom 9^t Octbr, und auf die abermalige Erinnerung vom 15 Novbr, nicht allein kein Mst, ja nicht einmal die seit Monaten in Ihren Händen befindlichen Correcturen gesandt, sondern auch nicht geantwortet haben! –

Das geht wirklich über alles Maaß hinaus und verträgt sich nicht mit dem gewöhnlichen Anstandsgefühl, abgesehen davon, daß ich eine solche Behandlung warlich nicht verdient habe. Ich bin Ihren schönen Gaben, Ihren reichen Talenten, mit vollem Vertrauen entgegen gekommen und ich meine, Sie hätten | wohl die Verpflichtung gehabt, auf die Erfüllung Ihres so oft eingesetzten Wortes mehr Gewicht zu legen, als es geschehen, ganz abgesehen davon, ob der Rath eines einigermaßen erfahrenen Mannes, Ihre Kräfte nicht zu zersplittern und durch den Erfolg Ihres Romans auch wohlthätig auf den Erfolg Ihrer dramatischen Bestrebung zu wirken, etwas werth war oder nicht.

Mit einer gewissen Rauheit haben Sie die oft erneuerte Bitte meiner Handlung, sich genau über den Zeitpunkt der Vollendung Ihres Msts zu erklären, zurückgewiesen, indem Sie schreiben nichts weiter sagen zu brauchen, als daß der Schluß des Mts von Ihnen positiv mit Schluß des Septembers werde geliefert werden, und seit jener Zeit ist weder Mst, noch sind selbst nur die Correcturen der zuletzt gesetzten Bogen von Ihnen zu erhalten gewesen! Wie verträgt sich das mit Ihrem anfänglichen | Drängen nach rascher Vollendung des Romans, die Sie als ein wesentliches Element für die Förderung gewisser Beziehungen zu Ihrem vaterländischen Canton erkannten?

Ich weiß nicht woran ich ferner bei Ihnen appelliren soll und bitte nun nur zunächst um Rücksendung der Correcturen, damit wenigstens die Bogen gedruckt und die darin steckende Schrift anderweit benutzt werden können.

Die technisch buchhändlerischen Gründe, welche ich Ihnen für die Bedeutung eines richtigen Zeitpunktes der Vollendung Ihres Buchs vorgeführt habe, blieben natürlich ohne Bedeutung und Gewicht, da auch andere Gründe kein Gewicht hatten.

Hochachtend und ergebenst

Eduard Vieweg.

P. S.

Von den Gedichten[87] sende ich Ihnen hierbei 6 gebundene und 6 geheftete Exemplare.

18. 12. 1851   Keller an Karl August Varnhagen von Ense[88]

[...]

Ich möchte Sie also bitten, hochgeehrter Herr! das durch die äußeren Zufälligkeiten und Nachlässigkeiten des Lebens dennoch veröffentlichte Büchlein[89] mit einer ähnlichen freundlichen Nachsicht aufnehmen zu wollen, wie das frühere.[90] Ja, ich werde diese Nachsicht in gleich starkem Grade bald auch für einen Roman erbitten müssen, welcher, seit geraumer Zeit unter der Presse, demnächst erscheinen wird, aber ein formloser und wunderlicher Versuch sein dürfte.

[...]

---

87 Neuere Gedichte *1851*.
88 *Karl August Varnhagen von Ense (1785–1858), Diplomat und Schriftsteller, früher Förderer Kellers.*
89 Neuere Gedichte *1851*.
90 *Gedichte 1846; vgl. dazu Varnhagen von Ense an Keller, 12.8.1846, Ms. GK 79f3 Nr. 95; GB 2, S. 33.*

11. 2. 1852 Eduard Vieweg an Keller

Braunschweig, 11 Febr 1852

Ew Wohlgeboren

erachten es für angemessen, weder meine Briefe zu beantworten noch mir weiteres Mst. zum Romane zu senden. Es wird nun auch nicht mehr möglich, diesen noch in der rechten Frühjahrszeit zu versenden, abgesehen vom Herbste, für welchen Sie mir die Vollendung in der bestimmtesten Form zugesagt hatten.

Ich muß es Ihnen überlassen die rücksichtslose Behandlung, welche Sie mir angedeihen lassen, vor sich selbst zu rechtfertigen; verdient habe ich sie nicht. Ich würde annehmen, daß Sie gar nicht mehr in Berlin seien, wenn ich | nicht von meinem Schwager Brockhaus wüßte, daß Sie fortwährend Beiträge für seine literarischen Blätter geben.[91] Unter diesen Umständen muß ich eine peremtorische Erklärung fordern, und werde mich mit einer Auseinandersetzung über unser Verhältniß an Herrn Professor Löwig in Zürich wenden, wenn Sie die geforderte Erklärung nicht umgehend geben.

Alles in der Welt hat seine Gränze und ich <u>fordere</u> die Erfüllung Ihrer Verpflichtungen und die Einlösung Ihres Wortes, abgesehen davon, daß ich auch berechtigt bin die Rücksichten des Anstandes in Anspruch zu nehmen.

Mit Hochachtung und

Ergebenheit
Eduard Vieweg.

14. 2. 1852 Keller an Eduard Vieweg

Berlin d. 14$^{t.}$/ 2 1852.

Hochgeehrter Herr!

Ich war eben im Begriff, nächster Tage, Ihnen die endliche Fortsetzung meiner Ihnen schuldigen Arbeit anzuzeigen, als ich Ihren geehrt. Brief erhielt. Ihr Schreiben vom vorigen Jahre, mittelst dessen Sie die Gefälligkeit hatten mir 50 Th. zu senden, war derart abgefaßt, daß es mir unmöglich war, mit weiteren Entschuldigungen oder Versprechungen mich an Sie zu richten und ich nahm mir fest vor, nur durch einfache Erledigung meiner Verbindlichkeiten zu antworten. Denn nicht nur begleiteten Sie den beigelegten Wechsel, dessen ich leider unvermeidlich bedurfte, mit sehr harten und

---

91 *Vgl. oben, Anm. 80.*

demüthigenden Worten, sondern Sie gaben mir auch deutlich zu verstehen, daß Sie meine Angaben sämmtlich für Unwahrheiten zu halten geneigt seien. Da ich einmal im Unrechte war und es noch bin, was die allerdings auffallende Verzögerung meiner Arbeit betrifft, so verletzte mich dies nicht innerlich und ich gedachte nur, schweigend die Sache zu Ende zu bringen. Aber trotz des dringenden Gefühles, daß nun keine neue Unterbrechung in keiner Weise mehr zulässig sei, gerieth ich unversehens auf eine andere Arbeit, welche, in einem Cyklus von Gedichten[92] bestehend, rasch begonnen, vollendet und gedruckt werden sollte, und ich gedachte | das Produkt Ihnen alsdann anzubieten. Freunde drängten mich, die Sache jedenfalls zu beschleunigen und so gerieth der Roman dennoch wieder in den Hintergrund. Ich muß hier offen bekennen, daß ich trotz meiner dürftigen äußeren Verhältnisse, welche mir gebiethen, mich streng an das Nächste zu halten und die Zeit auf's genauste zu berechnen, dennoch immer so lebe, als ob ich über Zeit und Geld unabhängig zu verfügen hätte und dieser fast unverbesserliche Fehler hat mich schon oft in Noth gebracht. Den literarischen Verkehr betreffend, kann ich nichts thun hierin, als künftig nichts mehr in den Druck zu geben, als was durchaus fertig und im Reinen ist. Von Weihnachten bis jetzt wurde ich ernstlich krank, daß ich kaum etwas lesen konnte und muß jetzt noch das Zimmer hüten. Auf diese Weise ist die Zeit dieser letzten mir gewiß am peinlichst fühlbaren Unterbrechung verstrichen und ich muß es dahin gestellt sein lassen, ob Sie, geehrt. Herr, dieser Darstellung Glauben schenken wollen.

Was mein briefliches Stillschweigen betrifft, so muß ich noch hinzufügen, daß ich eine unüberwindliche Abneigung habe, in Fällen, wo ich mich in eine große Verlegenheit gebracht habe, mit leeren Briefen zu dienen und dadurch vorübergehend ebenfalls oft den Schein der Grobheit und Rücksichtslosigkeit auf mich geladen habe. So schrieb ich z. B. seit einem Jahre nicht mehr an meine Regierung und habe den letzten damaligen Empfang einer Stipendiumssumme nicht einmal angezeigt, weil ich statt verabredeter Maßen damit nach Dresden und Wien zu gehen, in Berlin blieb und die Leute mögen kaum wissen, wo ich mich aufhalte. Meiner eigenen Mutter habe ich seit 1½ Jahren nicht geschrieben, weil ich ihr nicht zu schreiben wußte, was sie wünschte und hoffte. Dessen ungeachtet habe ich mich noch jedes Mal zuletzt zurecht gefunden und gelte bei meinen ältesten Bekannten nicht für einen unordentlichen Menschen.

Herrn Brockhaus habe ich nun gerade vor einem Jahre die letzte Arbeit

---

92   Der Apotheker von Chamounix.

eingesandt und habe mich erst in jüngster Zeit wieder zu einem kleinen Beitrage verpflichtet,[93] welcher kaum einen halben Tag weg nehmen und nicht des Erwerbes wegen unternommen wird. |
Seit letztem Sommer habe ich aber überhaupt keinen Aufsatz u. d. gl. irgend einer Art geschrieben, darauf können Sie sich verlassen.

Ich bin nicht gesinnt, mein absichtsloses Benehmen gegen Sie zu rechtfertigen und fühle mein Verhältniß zu Ihnen, auch in Betreff Ihres pekuniären Vertrauens und Hülfeleistung durchaus ganz; nur möchte ich mir die Bemerkung erlauben, daß ich mich vor mir selbst, hinsichtlich Ihres Schadens an ausgelegtem todtem Kapitale, einigermaßen dadurch zu rechtfertigen glaube, daß dieser Schaden durch das mäßige Honorar ausgeglichen werden dürfte. Denn es stellt sich nun doch heraus, daß ich für den Bogen nicht ganz einen Louis d'or erhalte, indem die drei Bände jedenfalls achzig Bogen stark werden.[94]

Die peremtorische Erklärung, welche Sie verlangen, kann ich und will ich dergestalt geben, daß ich Ihnen mein Ehrenwort ausstelle, keinerlei andere Arbeit oder Studium von diesem Augenblicke an unternehmen und den Roman in möglichst kurzer Frist Ihnen zustellen zu wollen. Eine Ausnahme von einem Tage vielleicht hier und da für vorkommende dringende Fälle muß ich mir freilich vorbehalten, da ich mir doch die Freiheit sichern muß, diesen oder jenen Gedanken notiren zu können. Einen bestimmten Termin zur Ablieferung des letzten Schlusses mag ich diesmal nicht bezeichnen und bemerke bloß, daß ich in längstens sechs Wochen gut fertig sein kann, wenn ich wirklich anhaltend dabei sitze, und daß ich dieses nun will und muß, da meine Verhältnisse mir nun entschieden nicht mehr erlauben, den Aufenthalt in Berlin länger hinauszuziehen.
[...]

31. 5. 1852   Jakob Boßhard an Keller[95]

[...]
Daß Du nun wieder auf dem Damme bist, freute mich sehr u ich wünsche

---

93   Am *6.2.1852* hatte Brockhaus Keller um die Rezension von Gotthelfs *Zeitgeist und Berner Geist* gebeten, *die erst am 20.11.1852 in den* Blättern für literarische Unterhaltung *erschien* (Jeremias Gotthelf *1852*).
94   *Zu Kellers Honorarforderungen vgl. Kap. 1 Entstehung, S. 39–40.*
95   *Jakob Boßhard, Substitut des Bezirksgerichtsschreibers, 3. Sekretär des Großen Rates in Zürich, Schwager des Wirtes Johann Groß im Café Littéraire, dem ehemaligen Treffpunkt der Radikalen am Weinplatz in Zürich, wo Boßhard auch wohnte.*

nur, daß Du auf demselben bleibest.⁹⁶ Man hat hier über Deinen langen Berliner-Aufenthalt verschiedenes gemunkelt; doch darüber später mündlich! Jedenfalls thätest Du aber wohl, bald mit dem grünen Heinrich oder sonst was Teufels auszurücken.
[...]

4. 6. 1852 Wilhelm Baumgartner an Keller

[...] Dein Brief an Escher⁹⁷ hat, wie mir Sulzer⁹⁸ sagte, keine gute Aufnahme gefunden, u es war sehr gut, daß ich Sulzer Deinen Brief an meine Adresse mittheilte; er sprach darüber mit mehreren Erziehungsräthen, u die Sache nahm nun die erfreuliche Wendung, die Dir wohl schon bekannt sein wird. Sulzer grüßt Dich herzlich, (Du hast an ihm einen tüchtigen Vertreter im hohen Rathe der Götter gefunden.) er findet jedoch, daß dieser Beitrag v 600 frcs der letzte von Seite der Behörde sein werde *[...]* – Wir finden überhaupt, daß es nun recht sehr an der Zeit wäre, wieder in Dein Vaterland u zu Deinen Freunden zu kommen, die Dich lange genug vermißt. *[...]*

Wann erscheint endlich Dein: grüner Heinrich?? Und noch eins: Sei etwas vorsichtiger mit Deinen schweizerischen Berliner-Bekannten; sie sind nicht Alle so verständig, wie Heinrich, der Rothe,⁹⁹ Boom¹⁰⁰ etc. u schwatzen mitunter Unsinn vor Leuten, die nicht wissen, was sie davon halten sollen, u die Dich nicht so kennen, wie wir. – Und nun sei mein treuer Gottfried u glaube der treuen Zuneigung

                            Deines
                            Boom.
[...]

---

96   Am 7.5.1852 hatte Keller an Wilhelm Baumgartner nach Zürich geschrieben, daß er ab Neujahr fast drei Monate an einer Leistendrüsengeschwulst, *verbunden mit einer* rheumatischen Affektion des Kopfes und der Brust, *krank gelegen habe* (Ms. GK 78d Nr. 2/8; GB 1, S. 300).

97   Keller hatte Baumgartner am 7.5.1852 (Ms. GK 78d Nr. 2/8; GB 1, S. 298) von seinem Gesuch um ein nochmaliges Halbjahrviaticum an Alfred Escher geschrieben. Dieser Brief Kellers ist nicht nachgewiesen.

98   Johann Jakob Sulzer (1821–1897), 1847 Zürcher Staatsschreiber, 1852–1857 Regierungsrat; später Ständerat und Stadtpräsident von Winterthur.

99   Heinrich Weidenmann, vgl. oben, Anm. 75.

100 Spitzname Wilhelm Baumgartners.

12. 6. 1852   Eduard Vieweg an Keller

Braunschweig, 12 Juny 1852

Geehrter Herr!

Es sind mir in meinem längeren und umfangreichen Geschäftsleben mancherlei literarische Curiosa vorgekommen, kaum aber ein pikanteres als die Art und Weise wie Sie sich zu mir stellen und mich behandeln. –

Ich habe die vollständigste Ursache mich über Sie aufs Bitterste zu beschweren, ich thue das, in Gott mag wissen wie vielen Briefen, in der lindesten, gehaltensten und immer noch vertrauungsvollen Form, ich bitte Sie nur Ihres eigenen Interesses eingedenk zu sein und auch die Verbindlichkeiten zu wahren, die Sie mir schuldig sind, und Sie – drehen den Spieß um und versuchen mir | zu Leibe zu gehen. Ich gestehe, daß ich in Ihrem Angriffe jedoch nicht mehr Wesenheit erblicke als in der Vertheidigung Sir John's gegen die Angriffe der diversen Steifleinenen.[101] –

Ich will Sie nicht durch Wiederholung unserer Situation kränken, aber ich muß Ihnen wenigstens die Versprechungen aus Ihrem letzten Briefe vom 12 / 2 d. J. vorführen.

Sie haben mir Ihr Ehrenwort verpfändet, von da ab keine weitere literarische Arbeit vorzunehmen, bis der Roman beendet sei, ja sogar keine andern Studien dazwischen treten zu lassen, und die Vollendung in möglichst kurzer Frist zu bewirken. Sie haben sich bei dieser Verpfändung Ihres Ehrenwortes nur als Ausnahme die Benutzung von hie und da einem Tage vorbehalten um diese oder jene Notiz machen zu können. Sie haben ferner ausdrücklich hinzugefügt, daß Sie | den Roman recht gut in längstens 6 Wochen beendigen könnten, wenn Sie wirklich anhaltend dabei bleiben wollten und daß Sie das wollten und müßten, da Ihnen Ihre Verhältnisse nicht mehr gestatteten den Aufenthalt in Berlin weiter hinauszuziehen.

Das haben Sie mir am 12^t Febr geschrieben, und bis heute habe ich kein Blatt Mst, keine weitere Zeile von Ihnen erhalten.

Ich darf hinzufügen, daß nach Ihren so oft wiederholten Versicherungen Ihr Roman bereits vollendet vor Ihnen liegt und daß Sie ihn vor dem Druck nur abschreiben und dabei eine letzte Redaction zur Anwendung bringen.

---

[101] *Anspielung auf die Szene II, 4 in Shakespeares* Heinrich IV, *1. Teil, in der Sir John Falstaff sich brüstet, eine Gruppe von Kaufleuten in steifleinenen Kleidern überfallen, beraubt und geschlagen zu haben, deren Anzahl er beim Erzählen ständig erhöht, während er tatsächlich von ihnen verjagt worden ist.*

Sagen Sie mir nun selbst was ich denken soll, was aus der Sache werden soll!

Es bleibt mir nichts übrig als Sie zu verklagen wenn Sie das durchaus provociren wollen.

Ich möchte Ihnen aber den Vorschlag machen, kommen Sie hierher und vollenden Sie Ihre | Arbeit hier. Ich will Ihnen in meiner Wohnung in der Stadt – ich wohne im Sommer auf dem Lande – ein Zimmer pp einräumen. Wegen des Honorars werden wir uns auch über unser Abkommen hinaus verständigen, wenn Ihre Arbeit nur einmal vollendet ist und ich dieses mich wirklich verletzenden Drängens überhoben bin.

Mit Hochachtung und Ergebenheit

Eduard Vieweg.

[...]

8. 7. 1852   Eduard Vieweg an Keller

Braunschweig, 8 July 1852

P. P.[102]

Da Ew Wohlgeboren auch meine Zeilen vom 12 Juny unbeantwortet gelassen haben, so appellire ich nochmahls an Ihr Ehr und Pflichtgefühl, sans phrase.

Ich zeichne mit Ergebenheit

Eduard Vieweg.

10. 7. 1852   Keller an Eduard Vieweg

Berlin d. 10$^{t.}$ Juli 1852.

Hochgeehrter Herr!

Ich werde Ihnen nächstens die Hälfte des noch abzuliefernden Manuskriptes übersenden und die andere Hälfte wird dann bei Zeiten nachfolgen. Aus den sechs Wochen ist es freilich nichts geworden; aber deshalb habe ich mein gegebenes Wort doch nicht verletzt und wenn ich nicht an Ihrem Roman arbeitete, so habe ich eben gar Nichts gemacht. Wie dies möglich ist und die Erklärung des ganzen „Curiosums" sollen Sie, falls es Sie intressirt, erfahren, wenn ich die Sache einmal vom Halse habe. Für jetzt führt es zu Nichts.

---

102   *praemissis praemittendis = ‚mit Vorausschickung des Vorauszuschickenden'; im Geschäftsverkehr besonders bei Rundschreiben übliche Formel als Ersatz für Titel und Anreden der Empfänger.*

Ihrem Vorschlage, | nach Braunschweig zu kommen, konnte ich nicht nachkommen, da ein Weggehen von Berlin verschiedener Umstände halber mir nicht möglich war. Was Ihre Apellation an mein Ehr- und Pflichtgefühl betrifft, so bemerke ich Ihnen, daß ich allerdings und ohne Spaß <u>ehrlich bin</u>, und auch das Pflichtgefühl ist es allein, welches mich in den vielen Pausen, die über dieser Arbeit eingetreten sind, abgehalten hat, andere Sachen anzufangen und neben dem Romane herlaufen zu lassen, wodurch ich mir in mancher Beziehung hätte Vorschub und Erleichterung verschaffen können.

Ich würde nicht mehr als zwei Wochen brauchen, um das dramatische Stück, das ich hier will aufführen lassen, endlich zu schreiben; es ist mir ganz klar und ich habe die größte Lust dazu, auch drängen mich alle Umstände; allein ich würde es nicht über mich gewinnen, das Papier und die vorhandenen Brouillons wirklich auf den Tisch zu legen und mich dahinter | zu setzen.[103]

         Mit Hochachtung und Ergebenheit
         Ihr Gottfr. Keller.

P. S. Seit den zwei Jahren, welche diese Sache schon dauert, ist von dem ursprünglichen Manusk. vieles gänzlich unbrauchbar geworden für mein inzwischen verändertes Urtheil und das Buch in seiner äußern Bearbeitung allerdings ein anderes geworden, als es war. Daher ist freilich von bloßem Abschreiben jetzt keine Rede mehr.

19. 7. 1852 Eduard Vieweg an Keller

               Braunschweig, 19 July 1852
Geehrter Herr!

Es ist nun einmal Ihre Art sich in Hyroglyphen auszusprechen; Sie machen es mir dadurch unmöglich klar in den Verhältnissen zu sehen, die uns beide gleichmäßig angehen. Ob das zweckmäßig ist muß ich Ihrer besseren Einsicht überlassen.

Jetzt versichern Sie mich, daß ich nächstens die Hälfte des Restes des Roman Manuscriptes erhalten solle und daß Sie keine fremde Arbeit, irgend welcher Art, dazwischen schieben würden.

Aber Sie <u>scheinen</u> anzudeuten – denn auch | das drücken Sie nicht klar aus – daß es Ihnen sehr erwünscht und nützlich sein könnte, wenn Sie Ihre dramatische Arbeit vorher vollendeten, also zwischen den Roman einschö-

---

103 *Auch nach Vollendung des Romans hat Keller keines seiner dramatischen Projekte zu Ende geführt.*

ben, und daß Sie dafür keinesfalls mehr als 14 Tage Zeit gebrauchen würden. Obwohl ich nun keineswegs sehr darauf bauen mögte, daß Sie sich bei diesem Zeitanschlage nicht ebenso gut irrten, als Sie es bei den verschiedenen Zeitanschlägen für die Vollendung des Romans gethan haben, so mögte ich doch nicht wegen der beregten 14tägigen Frist Ihrem Nutzen in den Weg treten.

Ich | überlasse es Ihrer Entscheidung Ihre dramatische Arbeit zu vollenden, jedoch unter der ausdrücklichen Bedingung und Voraussetzung, daß der Roman dadurch nicht gefährdet wird und daß Sie mir den Schluß des Msts desselben spätestens bis Ende Septembers abliefern.

Wie wollen Sie denn Ihre dramat. Arbeit verwerthen? Wollen Sie sie als Mst drucken lassen und so an die Bühnen verkaufen, oder soll sie von Haus aus im Buchhandel erscheinen? Darüber theilen Sie mir wohl etwas mit, denn wenn Ihnen der Druck auf eigene Kosten (also als Mst) beschwerlich fallen sollte, so bin ich bereit denselben für Sie | zu übernehmen.

Hochachtungsvoll Ihr
ergebener
Eduard Vieweg.

Juli 1852 Keller an Wilhelm Baumgartner

[...]

Was die Berliner Studenten von mir schwatzen zu Hause,[104] weiß ich nicht; ich weiß nur, daß ich nichts thue, dessen ich mich zu schämen brauche; ich bin immer der Gleiche. Ich habe manchmal mit einigen gemüthlich gekneipt, da meine älteren Berliner Bekannten nur Butterbrot mit Weißbier genießen, und habe dann rückhaltlos meine gewöhnlichen hergebrachten Dummheiten gemacht; was nun da zu klatschen ist, weiß ich nicht. *[...]*

[...] Mein Roman wird nun bestimmt im Oktober versendet werden. Er ist in formeller Beziehung zur ersten Hälfte verfehlt, da diese so lange schon da liegt; jedoch glaube ich, wird das Buch sich doch halten. Mein Verleger ist ein ordentlicher Kerl; er hat mir schon angeboten, meine Dramen behufs der Versendung als Manuskript unentgeldlich zu drucken, was eine große Erleichterung ist, wenn es einmal losgeht. *[...]*
Ich bitte ernstlich, nicht an mir zu verzweifeln etc.

---

104 Vgl. *Wilhelm Baumgartner an Keller, 4.6.1852, Dok.*

8. 8. 1852   Eduard Vieweg an Keller

Braunschweig, 8 Aug 1852

Hochgeehrter Herr!

Auf meinen Brief vom 19 v. M. bin ich abermahls ohne Antwort geblieben und erwarte diese mit umgehender Post, damit ich weiß woran ich bin.

Jedenfalls senden Sie mir einen Theil des Mst's, gleichgültig ob es schon die versprochene Hälfte des Restes des Msts ist, damit der Satz wieder begonnen werden kann.

Hochachtungsvoll und

ergebenst

Eduard Vieweg.

14. 8. 1852   Firma Vieweg an Keller

Braunschweig, 14 August 1852.

Ew Wohlgeboren

ersuchen wir um Beantwortung der Zuschrift unseres Hr. Ed Vieweg vom 8 d Mts.

Hochachtungsvoll

Fdr: Vieweg u Sohn

15. 8. 1852   Keller an Eduard Vieweg

Berlin d. 15t. August 52.

Hochgeehrter Herr!

Es befindet sich im 7t. Kapitel u Anfange des 8t. des Romans[105] noch eine Lücke, über deren Ausfüllung ich noch nicht mit mir einig war. Ich mochte Ihnen nicht die beifolgende kleine Portion Manuskr. senden, damit Sie nicht glauben sollten, die alte Misere gehe wieder an. Da Sie aber den Satz nun beginnen müssen, so thue ich es nun auf Ihr wiederholtes Verlangen und werde das Uebrige im Laufe dieser Woche bestimmt nachsenden.

Ihre freundliche Dispensation von meinem Worte, behufs einer dramatischen Arbeit habe ich nicht benutzt, da mir für ein freies Weiterarbeiten hauptsächlich moralisches Gefühl der endlichen Befreiung von der alten Arbeit vonnöthen ist. Indessen geht es mir nun gut von der Hand mit dem

---

105   Vgl. GH I, Kap. II.7–II.8; Stelle nicht bestimmbar.

Romane und ich habe ein erneutes Interesse daran gewonnen, so daß im September das Ende jedenfalls abgeliefert | sein wird.

[...]

Ich werde indessen gleich nach dem Schlusse des Romanes einen Band Erzählungen[106] schreiben, die ich mir alle während der wunderlichen Zeit meines Nichtsthuns und während der Krankheit[107] ausgeheckt habe. Mein Zweck dabei ist, mich mit einer Probe von klarem und gedrängtem Style zu versuchen, wo alles moderne Reflexionswesen ausgeschlossen und eine naive plastische Darstellung vorherrschend ist.

Ich werde Ihnen, falls Sie es dann wünschen, das Mskt. vorlegen; Sie werden dann sehen, daß ich auch rasch und fleißig | arbeiten kann. Der Roman war für mich keine unbefangene und objektive Aufgabe, indem derselbe, wie Sie im fertigen Buche sehen werden, auf eine zu ernste Weise mit meinem eigenen Wesen verflochten ist, als daß er mir so leicht von der Hand laufen konnte, wie etwas Fremdes.

Ich will damit mich nicht wichtig machen; doch mag der Erfolg sein, welches er will, so wird man jedenfalls sehen, daß es mir Ernst damit war und daß an seine Entstehungsweiße nicht der gewöhnliche Maßstab literarischen Verkehrs gelegt werden dürfte.

Indem ich mich Ihnen bis auf Weiteres empfehle
    verbleibe ich mich ergebenster Hochachtung
      Ihr Gottfr. Keller.

[...]

18. 8. 1852 Eduard Vieweg an Keller

Braunschweig, 18 Aug 1852

Hochgeehrter Herr!

Die kleine Mst. Sendung vom 15ᵗ· habe ich erhalten und lasse den Satz sofort wieder beginnen, im festen Vertrauen zu Ihrer erneueten Zusage, daß die Fortsetzung noch im Laufe dieser Woche erfolgen solle. Was mir die meiste Hoffnung und das meiste Vertrauen auf die endliche Vollendung Ihres Romans giebt, ist Ihre Versicherung, daß Sie wieder Lust und Freude an der Arbeit gefunden hätten. Ehrlich gesagt, aber begreife ich nicht wie Ihnen diese fehlen konnte, denn nach dem was ich bis jetzt von Ihrem Buche

---

106 *Von dem damaligen Motiv-Reservoir zehrten später sowohl die Erzählungen der* Leute von Seldwyla *wie des* Sinngedichts; *vgl. HKKA 21, S. 17–22 und HKKA 23.1, S. 16–33.*
107 *Vgl. oben, Anm. 96.*

gelesen | und was Sie mir in einem früheren Briefe als exposé über dasselbe gesagt haben, hat es mich auf das lebhafteste interessirt, und die allgemeine Beachtung die Ihre Arbeit finden würde, müßte Ihnen frischen Muth für Ihre Zukunft gewähren.

[...]

Gern nehme ich Ihr Anerbieten, mir das Mst. Ihrer Erzählungen senden zu wollen, an; haben Sie die Concepte zur Hand, so senden Sie mir diese, ich lese solche Uranfänge am liebsten.

[...]

13. 9. 1852   Wilhelm Schulz an Keller

[...]

Wir haben große Sehnsucht nach grünem Heinrich u. Drama. Kämst Du nur bald einmal her! *[...]* Auch würde Dich der Schuldencerberus nicht auffressen, könntest Du ihm auch nicht sogleich einen grünen Heinrich in den Rachen schieben, oder ihn gar dramatisch völlig todtschlagen.

[...]

22. 9. 1852   Firma Vieweg an Keller

Braunschweig, 22 September 1852.

Hochgeehrter Herr!

Es läßt sich schwer begreifen, wie Sie sich entschließen können, die bündigsten Zusicherungen zu geben, ohne an die Erfüllung der gegebenen Versprechen zu denken.

Wann sollen wir endlich wieder Mst. erhalten?

Ergebenst

Fdr Vieweg u Sohn

5. 10. 1852   Firma Vieweg an Keller

Braunschweig, 5 October 1852.

Ew Wohlgeboren

ersuchen wir nochmals um Zusendung weitern Manuscripts.

Herr Ed Vieweg, den Gesundheitsrücksichten nöthigten noch im vorigen Monate zum Gebrauche der Kur nach Marienbad zu gehen und der demnächst von einer weiteren Reise in Oesterreich zurückkehren wird, war trotz allem Vorhergegangenen mit dem Vertrauen abgereist, daß Sie endlich

Ihr Wort einmal lösen würden. Wenn er bei seiner Rückkehr abermals seine Erwartungen getäuscht sieht, so wird ihm das viel Verdruß machen. Wir hatten ihm bisher Nichts von dem fortwährenden Ausbleiben des Msts. gemeldet.

Indem wir nochmals Sie dringendst und inständigst bitten, uns durch eine größere Mst. Sendung zu erfreuen, empfehlen wir uns Ew Wohlgeboren

Hochachtungsvoll ergeben

Fdr Vieweg u Sohn

2. 11. 1852   Eduard Vieweg an Keller

Braunschweig, 2 Novbr 1852

Geehrter Herr!

Von einer längeren Reise, die ich meiner Gesundheit wegen machen mußte, heimgekehrt, finde ich daß es abermahls und trotz Ihrer Zusagen an Mst. fehlt und daß man in der Druckerei schmerzlich auf das Zurückkommen der Correcturen wartet. Sie empfangen beikommend Bog 21. zur Revision mit dem Bemerken, daß der nächste Bogen durch das vorhandene Mst. nicht mehr gefüllt wird und der dringenden Bitte um ferneres Mst und um schleunige Rücksendung der Revis.bogen. Gründe brauche ich für meine Bitte nicht weiter hinzuzufügen und appellire nur an Ihr eigenes Gefühl. Auch bitte ich Sie mir zu melden wie viel Bogen noch ohngefähr zur Vollendung | des 2^t Bandes gehören werden und wie stark der 3^t Band werden dürfte.

Hochachtungsvoll

Ihr

ergebener

Eduard Vieweg

3. 11. 1852   Keller an Eduard Vieweg

Berlin d. $3^{t\cdot}$ Nov. 52.

Hochgeehrter Herr!

Beiliegend sende ich Ihnen, nebst den Revisionsbogen, einige Blätter Manus'kts. Der Schluß des zweiten Bandes, welcher 26 Bogen stark wird, wird diese Woche erfolgen. Der dritte Band wird eben so stark werden. Zwei Kapitel, welche eigentlich noch für den $2^{t\cdot}$ Band bestimmt waren, schob ich in den dritten hinüber, damit alle 3 Bände gleichmäßig stark würden.[108] Den

---

108   *Bis zu diesem Zeitpunkt hatte Keller offenbar die Absicht gehabt, die Jugendgeschichte*

dritten Band, welcher nun erst meine ursprüngliche Arbeit enthält, werde ich rasch und im Laufe des November beendigen. Sie haben dafür die sicherste Bürgschaft darin, daß ich den Rest des Honorares und den Ertrag neuer Arbeiten brauche, um existiren zu können; denn nachdem ich diesen Sommer noch eines nachträglichen Stipendiums von Seiten des Staates genoß,[109] bin ich nun ganz auf obige Quellen angewiesen. Wenn Sie annehmen, daß ich durch Ehrenwort gebunden bin, nichts Anderes vor Beendigung des Romans zu beginnen, so werden Sie gewiß glauben, daß ich von selbst darauf bedacht sein werde, mir so bald als möglich aus der Klemme zu helfen. Wenn die Versendung des | Buches auch erst in der zweiten Hälfte des November möglich wird, so möchte ich Sie doch ersuchen, dieselbe darum für dies Spätjahr nicht aufzugeben; denn eines Theils ist die Verschiebung um ein halbes Jahr schon mehr als ein Mal mit ein Grund gewesen, warum ich, mich auf den hinausgerückten Termin verlassend, die Arbeit für einige Wochen zur Seite legte und dann mich doch verspätete; anderstheils ist auch ein längeres Zuwarten aus andern Gründen nicht rathsam. Es sind, seit ich das Buch schrieb, schon mehrere Arbeiten ähnlicher Art, die Jugendgeschichten von Gutzkow[110], Golz[111], König[112] etc erschienen, so daß so schon durch eine Vorrede des 1^t. Bandes die Nachricht nothwendig wird, daß meine Arbeit theilweise schon seit Jahren gedruckt sei, wenn ich nicht gewärtigen will, daß man sie als eine Nachahmung bezeichne.[113]

[...]

4. 11. 1852   Eduard Vieweg an Keller

Braunschweig, 4 Novbr 1852

Geehrter Herr!

Ich habe Ihre Correctur Sendung und die sie begleitenden Mst. Bogen erhal-

---

	mit Band 2 abzuschließen. Aus den zwei verschobenen Kapiteln wurden schließlich drei.
109	Vgl. *Baumgartner an Keller, 4.6.1852*, Dok und die Übersicht über die Stipendienbezüge in *Kap. 1 Entstehung*, S. 42.
110	*Aus der Knabenzeit. Von Karl Gutzkow. [...] Frankfurt am Main. Literarische Anstalt (J. Rütten.) 1852.*
111	*Ein Jugendleben. Biographisches Idyll aus Westpreußen. Von Bogumil Goltz. [...] Leipzig: F. A. Brockhaus. 1852. 3 Bde* und *Buch der Kindheit von Bogumil Goltz. Frankfurt a. M. Verlag von Heinrich Immer. 1847.*
112	*Auch eine Jugend. Von Heinrich Koenig. Leipzig: F. A. Brockhaus. 1852.*
113	Vgl. Kellers ausdrücklichen Hinweis im *Vorwort von 1853*: Die ersten Bogen dieses Romanes datiren noch aus dem Jahr 1847 (GH I, S. V); vgl. dazu *Kap. 1 Entstehung*, Anm. 13 und 94.

ten und freue mich Ihrer erneueten Zusage der raschen Vollendung des Ganzen. An mir soll es sicherlich nicht fehlen die Versendung so bald zu ermöglichen, als Sie es jetzt zu wünschen scheinen.

Da ich annehme, daß Ihnen eine Zahlung erwünscht sein könnte, so erlaube ich mir Ihnen hierbei Anweisungen im Betrage von Rt 50 X anzuschließen.

Mit Hochachtung Ihr

ganz ergebener
Eduard Vieweg.

16. 12. 1852   Keller an Eduard Vieweg

Berlin d. 16$^{t.}$ Dez. 1852.

Geehrtester Herr!

Endlich sende ich Ihnen den Schluß des zweiten Bandes meines Romanes und gebe Ihnen nun mein Ehrenwort, daß der dritte Band längstens bis Ende Januar abgeliefert sein soll. Ich setze diesen Termin, um ganz sicher zu gehen, obgleich ich früher fertig sein werde, da, wie schon früher gesagt,[114] der dritte Band mir weniger zu thun gibt.

Mit Ihrem gehrt. Schreiben vom 4$^{t.}$ November habe ich abermals eine Zahlung von 50 Rthlr. erhalten und statte Ihnen für diese Gefälligkeit, welche mir sehr willkommen war, meinen besten Dank ab, erlaube mir aber, Ihnen zu berichten, daß man mir bei Vorzeigung des Wechsels in der Gropius'schen Buchhandlung erklärte, man thäte dies eigentlich nur ungern, sowie dieselben Herren schon früher, als Sie mir einen auf Herrn Brockhaus gezogenen Wechsel sandten mit der Bemerkung, ich könnte ihn in jener Buchhandlung leicht verwerthen, in den Büchern nachsahen und erklärten, Ihre Rechnung stände noch nicht auf diesen Betrag und sie könnten den Wechsel nicht auszahlen. Solche Armseligkeiten mögen übrigens dem wenig kaufmännischen Anstand der Berliner zuzuschreiben sein. |

Es wäre mir lieb, wenn ich die noch fehlenden Aushängebogen des zweiten Bandes so bald als möglich bekommen könnte, da ich denselben vorläufig einigen Bekannten mittheilen möchte.

Mit der Versicherung ausgezeichneter Hochachtung und Ergebenheit

empfehle ich mich Ihnen
Gottfr. Keller.

---

114   *Keller an Vieweg, 9.10.1851 und 3.11.1852 (beide Dok).*

1. 1. 1853 Keller an Eduard Vieweg

Berlin d. 1$^{st.}$ Januar 1853.
Geehrtester Herr!

Ich sehe mich leider genöthigt, Sie noch vor der Schlußablieferung meines Buches nochmals um Geld zu bitten, da ich durch einige verfallene Schuldtermine in Verlegenheit gerathen bin, obschon ich geglaubt hatte, mit der Arbeit im Dezember fertig zu werden und dadurch der Sache vorzubeugen. Da ich auch außerdem noch etwas brauche, so erlaube ich mir die Anfrage, ob Sie sich gütigst dazu verstehen könnten, mir das noch zukommende Honorar jetzt schon, und in diesem Falle so bald möglich auszuzahlen? Ich setze voraus, daß Sie, wie Sie schon einmal anzudeuten so gefällig waren, die ursprünglich festgesetzte Summe von 75 Ldr.[115] wegen des größeren Umfang's des Buches verhältnißmäßig erhöhen wollen. Der Roman ist gerade um die Hälfte stärker geworden, als ich damals berechnet habe; der Band, der noch zu liefern ist, wird 28 Bogen betragen,[116] so daß ich, wenn Sie zu den 75 Ldrs. noch die Hälfte, also 37 hinzuthun, für den Bogen immer noch das bescheidene Honorar von nicht ganz 1½ Ldrs. erhalte.

Es versteht sich von selbst, daß die Ablieferung des 3ten Bandes meinem | Ehrenworte gemäß ganz unabhängig davon ist, ob Sie meinem Wunsche entsprechen oder nicht, und ich werde das Mskrpt. so bald möglich wahrscheinlich selbst nach Braunschweig bringen, um die Korrektur dort zu besorgen. Es würde also eine bloße Gefälligkeit von Ihnen sein, die mir um so lieber wäre, als sie mich der unangenehmen Nothwendigkeit enthöbe, mir durch einen neuen Verlagskontrakt Geld zu verschaffen. Ich habe keinen Grund anzunehmen, daß Sie nach dem Bisherigen sehr begierig auf meine Bücher sein sollten, hingegen wäre es für mich sehr peinlich, äußerer Umstände halber meine Arbeiten so verzetteln zu müssen, und es läge vielmehr in meinem Wunsche, so wie in meinen Bedürfnissen, einen dauerhaften und gleichmäßigen Verkehr zu haben.

In Erwartung einer gefälligen Antwort verbleibe ich
        mit vollkommenster Hochachtung und Ergebenheit
        Gottfr. Keller.
[...]

---

115 Vgl. Notiz für Karl Jakob Löwig, März 1849, Dok.
116 Zu Kellers Honorarforderungen vgl. Kap. 1 Entstehung, S. 39–40.

11. 1. 1853 Keller an Eduard Vieweg

Berlin d. 11ᵗ· Jan. 1853.

Hochgeehrter Herr!

Als ich mich in dem Schreiben v. 1ˢᵗᵉⁿ d. an Sie wandte, that ich Dies nach langem Widerstreben erst in der äußersten Noth. Eine ablehnende Antwort erwartete ich umgehend, indem ich nicht hoffe, daß Sie etwa befürchteten, Ihre Entscheidung möchte <u>so</u> oder <u>anders</u> von nachtheiligem Einfluß auf die Lösung meiner Verbindlichkeiten sein. Ich habe mir seither eine Summe geliehen mit dem Versprechen, sie baldigst zurückzugeben, und es wäre mir daher sehr erwünscht, wenn Sie mir Ihren resp. Entschluß gütigst mittheilen wollten.

Auf ein neues Buch mir Vorschuß zu verschaffen, dazu kann ich mich zuletzt doch nicht entschließen; | denn es will mich bedünken, als ob ich dadurch die alte Geschichte von Neuem heraufbeschwören würde.

Wenn es Ihnen auffallen sollte, warum ich so kurz vor Ablieferung des Schlusses noch diesen Spektakel mache, so muß ich hierauf erwiedern, daß gerade jetzt die Verhältnisse mich drängen, als ob zu guter Letzt noch alle Teufelei sich versammeln wollte. Uebrigens werde ich in acht Tagen das Mskt. des 3ᵗ· Bandes überschicken.

                Mit Hochachtung und Ergebenheit
                zeichnet
                Ihr
                Gottfr. Keller.

12. 1. 1853 Eduard Vieweg an Keller

Braunschweig, 12 Janr 1853

Hochgeehrter Herr!

Obwohl Sie unser ganzes früheres Übereinkommen auf den Kopf stellen, da selbst das von Ihnen ursprünglich geforderte Honorar von 75 St Ld'or von gewissen Voraussetzungen abhängig gemacht wurde und von einer Erhöhung des Honorars, meines Wissens oder Erinnerns, nicht die Rede gewesen ist, so dürfen Sie doch vollkommen überzeugt sein, daß ich nie eine Unbilligkeit vertreten mögte. Daß der Roman viel stärker geworden ist als Sie angenommen haben, konnte ich natürlich nicht wissen, da Sie mir über die wahrscheinliche Stärke des Buchs | nie etwas geschrieben, sondern nur in Bausch und Bogen eine Gesammtforderung von 75 St Ld'or gestellt hatten.[117] Jedenfalls werden wir uns auch wegen einer Erhöhung des Honorars einigen, wollen aber die Verabredungen darüber bis zum Schlusse des Drucks beruhen lassen, denn ich kann Sie versichern daß ich in Ihr Buch förmlich verliebt bin! Ich habe wenig Romane gelesen, die mich so wie der Ihrige erfreut hätten, wenige Schilderungen der Natur und der Entwicklung des Seelenlebens, der Kunst-Anfänge im Menschen, die mir schöner und wahrer erschienen wären, ja ich mögte keinen Roman gleichen Genres dem Ihrigen an die Seite stellen! –

Aber Sie werden auch jetzt mit dem Raume nicht aus kommen, geehrter Herr, wenigstens verstehe ich, nach dem | Exposé, welches Sie mir früher einmal von Ihrem Buche gegeben haben, nicht wie Sie das machen wollen. Sie haben Ihren Helden sein Bündel schnüren lassen und ihn bis München geleitet, wo ich, beiläufig bemerkt, die königliche Ohrfeigen Anecdote nicht eingeflochten hätte,[118] da ich keinen liebenswerthen Helden eines Buchs gern sich eine Ohrfeige aneignen lasse, – und beginnen dann die Einschiebung der wunderbar lieblichen und geistvollen <u>früheren</u> Jugendgeschichte des grünen Heinrich, von der ich nicht weiß ob sie nun mit dem 2$^{t\cdot}$ Bande schließt, denn ich habe die letzte Hälfte dieses Bandes noch nicht gelesen. Nach dieser breiten Auslage, von der ich aber nicht einen Bogen wegwünschte, – nämlich als Leser –, beginnt nun erst im dritten Bande die Fortführung des Romans und ich gestehe, daß ich es fürchten und <u>sehr</u> bedauern würde, wenn darin | irgend eine Abkürzungshast um zum Ende zu gelangen, fühlbar würde. <u>Ich halte Ihren Roman für ein Meisterwerk</u>, ob ihn die Kritik dafür hält und ob ihn das Publikum kauft, werden wir sehen, und rathe Ihnen sehr, kürzen Sie jetzt, nachdem Sie einmal den Stoff so verarbeitet haben, nicht mit Hast und mit ängstlicher Rücksicht auf den Raum. Das Buch könnte sehr dadurch verlieren und das wünschte ich um Alles nicht. Geben Sie lieber noch einen vierten Band, wenn Sie nicht nach ruhiger Erwägung und nach bester Überzeugung glauben, der Raum im dritten Bande genüge Ihnen.

Auf die Entwicklung bin ich gespannt; nach Ihrem Exposé ließen Sie Ihren Helden schließlich untergehen nachdem noch viel herbes Wehe durch den Tod der vernachlässigten Mutter über ihn gekommen. Ich mag vorläufig

---

117 *Keller hatte mit der ersten Manuskript-Lieferung am 28.2.1850 (Dok) durchaus eine Umfangsangabe gemacht:* ziemlich genau 430–40 solche Seiten. *Nach Viewegs Mitteilung vom 15.5.1855 (Dok) entsprach das 58 Druckbogen.*
118 Vgl. *GH I*, 11.059.22–060.06.

nicht annehmen, daß das so geblieben; in dem Jungen ist zu viel Originales und Naturwüchsiges, als daß er verkommen darf. |

Hierbei sende ich Ihnen einen Wechsel, zur demnächstigen Verrechnung, über 200 Rt, erwarte nun aber auch, daß Sie sich nicht durch anderweite Contracte fesseln oder verplempern. Ich wünsche, daß Sie sich nach dem Romane, der unbedingt große Beachtung finden muß,[119] auch wenn nicht alle Leute so verliebt in ihn sind oder sein sollten, als ich, recht bald ein paar Bändchen Novellen folgen lassen, für die Sie ja das Material fertig haben, ja es mir schon senden wollten.

Ich werde mich sehr freuen Sie hier zu begrüßen, wenn Sie wirklich zum Schlusse des Drucks herüber kommen wollen. Sie können hier in der alterthümlichen stillen Stadt, jedenfalls sehr ruhig arbeiten.

Mit bestem Gruße Ihr

aufrichtig ergebener
Eduard Vieweg.

4. 2. 1853   Eduard Vieweg an Keller

[...]

Auch erfolgt beikommend eine vorläufige Besprechung Ihres grünen Heinrich.[120]

Eine Antwort auf meinen letzten Brief vom 12 v Mts. erwarte ich noch.

[...]

16. 2. 1853   Keller an Elisabeth Keller

Berlin d. 16^{t.} Februar 1853.

Liebe Mutter und Schwester!

Ich habe die beiden Briefe erhalten und will sie nun endlich beantworten.[121] Es wird immer noch drei Monathe gehen, bis ich nach Hause kommen kann, da es sich nicht nur um die Schulden, sondern auch um einen ehrenhaften Abschluß meines langen Fortbleibens handelt. Die Regierung erwartet, daß etwas Ordentliches geschehe; auch muß ich mit dem Buchhändler in Braun-

---

119 *Vieweg selber sorgte für eine Besprechung des entstehenden Romans in der* Deutschen Reichs-Zeitung, *Nr. 23, 28.1.1853 (Reichs-Zeitung 1853; CD).*

120 *Vgl. oben, Anm. 119.*

121 *Elisabeth Keller hatte Keller am 22.6.1852, am 25.10.1852 und am 11.2.1853 geschrieben.*

schweig noch persönlich zusammen kommen und also für einige Zeit nach Braunschweig gehen, um für die Zukunft etwas festzusetzen. Ich bin nun so weit, daß ich jährlich von ihm allein 400 Reichsthaler oder gegen 1600 Franken verdienen kann,[122] und wenn ich nur erst einmal zu Hause bin, so will ich ruhig für mich leben und drauf los arbeiten und mich nicht viel um andere Leute bekümmern, denn das hilft doch nichts. *[...]* Von meinem alten Roman, der noch nicht erschienen ist, habe ich vor 4 Wochen die letzten 200 Rthlr. eingenommen, also im Ganzen nun 600 Thaler oder über 2000 Schweiz. Fr. Wenn ich die Zeit zusammen rechne, die ich dazu verwandt, | so ist es nicht über ein Jahr, denn ich war meistens mit andern Dingen beschäftigt. Der Buchhändler ist mir sehr gewogen und hält viel auf mich, was schon beweis't, daß er mir so viel Geld zum Voraus gibt. Wenn ich nur Arbeit liefere, so bezahlt er gern. Das Geld ist zwar bald wieder fort, weil ich bis jetzt immer vorgegessen habe und immer auf Rechnung lebte. Der Roman, der nächstens endlich herauskommt, wird mich aber um einen Ruck vorwärtsbringen, daß sich Alles günstiger gestalten wird. Es sind jetzt schon in deutschen Zeitungen lobende Berichte darüber erschienen von Leuten, die ein Stück davon zu sehen bekamen.[123] *[...]*

[...] Ich will seiner Zeit den Roman Euch schicken lassen, und bitte dann, denselbigen dem Flaigg zu lesen zu geben. [...]

27. 2. 1853 Eduard Vieweg an Keller

Braunschweig, 27. Febr 1853

Geehrter Herr!

Der Monat Februar geht zu Ende, aber Mst. zum dritten Theile des grünen Heinrich habe ich nicht empfangen, auch keine Antwort auf meinen Brief vom 4ᵗ d. M. Um diese bitte ich Sie angelegendlich.

Hochachtungsvoll

Ihr
ganz ergebener
Eduard Vieweg

---

122   *1850 hatte Keller für den Roman von Vieweg 250 Taler, 1851 334 Taler (inklusive Honorar für die Neueren Gedichte), 1852 350 Taler bezogen.*
123   Vgl. *Reichs-Zeitung 1853 (CD).*

4. 3. 1853 Keller an Eduard Vieweg

Berlin 4ᵗ· / III. 53.

Verehrtester Herr!

Damit der Druck des 3ᵗ· Bandes endlich begonnen werden kann, sende ich Ihnen einen Theil des Manuskriptes. Ihre verehrl. Briefe werde ich nächster Tage beantworten und statte nur vorläufig meinen Dank ab für die mir auf Rechnung bezahlten 200 Thlr. so wie für die wohlwollenden und freundlichen Zeilen, mit denen Sie seiner Zeit den Wechsel begleitet haben. Ueber das Ausbleiben des Mkrpts. Ende Januar werde ich mich des Näheren erklären und füge jetzt nur noch hinzu, daß Sie den | den Satz immerhin können beschleunigen lassen, indem ich in einer Woche das Weitere nachsenden werde.

Mich Ihrem ferneren Wohlwollen höflichst empfehlend
Ihr hochachtungsvoll ergebener
Gottfr. Keller.

Ich bitte meine Adresse: <u>Mohrenstraße 6</u> gefälligst beachten zu wollen, da die Sendungen sonst immer die Tour durch Polizei und Stadt machen müssen.

24. 4. 1853 Keller an Firma Vieweg

Herrn Fr. Vieweg u Sohn in Braunschweig.

Berlin d. 24ˢᵗ· April 53.

Ew. Wohlgeboren

sende ich hiermit auf dero Verlangen die rückständigen Korrekturbogen nebst etwas Manuskript mit dem Bemerken jedoch, daß von dem früheren Manuskript noch etwa für 4 Druckbogen bei Ihnen vorliegen muß, das noch nicht gesetzt ist.

Da ich Herrn Vieweg gegenwärtig in Leipzig vermuthe, so will ich einige Sr. Wohlgeboren noch schuldige Mittheilungen über den Stand des Romans aufschieben und nur vorläufig bemerken, daß derselbe noch einen vierten Band enthalten wird und zwar so, daß der dritte und vierte Band je 20 Bogen stark sind, indem sonst der dritte zu unförmlich dick geworden wäre. Das Manuskript soll nun bald nach folgen.

Mit ausgezeichneter Hochachtung
Ihr ergebenster Gottfr. Keller

26. 4. 1853   Eduard Vieweg an Keller

Braunschweig, 26 April 53.

Geehrter Herr!

Dadurch, daß Ihre feste Zusage wegen der Vollendung des Romans nicht in Erfüllung gegangen ist, vergeht die gute Zeit für die Versendung derartiger Bücher gänzlich und wir gerathen in den Sommer hinein, wo der Absatz für Romane pp stets viel geringer ist.

Es bleibt mir daher nichts anderes übrig als in den sauren Apfel zu beißen, die beiden jetzt fertigen ersten Bände gleich auszugeben, und zwar, nachdem der Entschluß einmal gefaßt ist, auf der Stelle um keinen Tag zu verlieren. Ich ersuche Sie daher mir Titel und Vorrede, in welcher Sie sich über die Auffassung Ihres Romans aussprechen, zu senden.

Ich gehe auf 14 Tage nach Leipzig wo | mich Ihre Briefe unter Addr. E. V. antreffen; fügen Sie Ihrer Antwort Ihre spezielle Addresse hinzu.

Ich bitte Sie, diese Angelegenheit nur recht bald zu erledigen und mir dann auch meinen früheren ausführlichen Brief genügend zu beantworten. Ich kann immer noch nicht über die Ansicht wegkommen, daß es Ihnen kaum möglich werden wird, nach der bisherigen Entwicklung, Ihren Roman in 3 Bände zu bringen, ohne daß Sie sich und ihm Gewalt anthun.

Auch wäre es sehr gerathen, ein Bändchen Novellen einzuschieben, wenn Sie ein solches, wie Sie mir schreiben, im Wesendlichen fertig haben, um den Eindruck welchen Ihr Roman nach meiner Ansicht machen muß, auch den Novellen bei ihrer Erscheinung rasch zuzuwenden.

Bitte, beachten Sie das was ich | wünsche im eigenen Interesse.

Mit aufrichtiger Hochachtung

Ihr
ganz ergebener
Eduard Vieweg.

28. 4. 1853   Keller an Eduard Vieweg

Berlin d. 28sten April 1853.

Hochgeehrter Herr!

Ich habe am 24$^{st.}$ d. Korrekturbogen und Mskrpt. an Ihr Haus gesandt und, da ich Sie schon in Leipzig glaubte, nur die vorläufige Anzeige beigefügt, daß der Roman 4 Bände enthalten werde. In Ihrem geehrt. Briefe vom 26$^{st.}$ schienen Sie hiervon noch Nichts erhalten zu haben; indem ich nun die verlangte Vorrede ergebenst beilege (mit der Bitte, mir dieselbe umgehend zur Verbesserung übersenden zu wollen, falls Ihnen etwas darin unzweckmäßig scheinen sollte!) erlaube ich mir, zu den schuldig gebliebenen Nachrichten über den Roman überzugehen. Wenn ich diesen mit dem 3ten Bande wirklich hätte abschließen wollen, so wäre der Band stark in die dreißig Bogen gestiegen; ich machte daher von Ihrer Erlaubniß, noch einen Band zu geben, Gebrauch, so daß nun der 3te wie der 4te Band je ungefähr 20 Bogen umfassen. Ich nahm zu diesem Ende hin etwas mehr Raum für die Jugendgeschichte, als ich sonst beabsichtigt hatte, was mir sehr zu Statten kam, da ich dieselbe so schon stark zusammendrängen mußte; ich hatte beim Beginn derselben gar nicht geglaubt, daß sie so ausgiebig | sein würde, daß ich Mühe habe, nur das für meinen Zweck Wesentliche zusammen zu fassen. Da Sie aber, hochgeehrter Herr, so freundlich sind, sich mit dem Geschreibsel zufrieden zu erklären, so darf ich annehmen, daß im Allgemeinen durch die Jugendgeschichte ein genaueres Interesse für den Helden gewonnen sei. Um so mehr mußte ich aber die ursprüngliche Absicht festhalten, von der ich überhaupt ausgegangen war, da ich nun eher darauf rechnen darf, durch einen tragischen Ausgang ein wirkliches Mitleid zu erregen. Eine der vielen Seiten des Zweckes ist die Verherrlichung der mütterlichen Pflichterfüllung und Aufopferung und diese Verherrlichung kann im größeren Style nur geschehen durch ein trauriges Ende, durch das Martyrthum der Trägerin. Dies zieht aber, vermittelst der anderen Seiten des Hauptzweckes, auch den Untergang des Helden nach sich, auf welchen es überhaupt in jedem Kapitel, fast auf jeder Seite des Buches zwischen den Zeilen abgesehen ist. Dieser Untergang ist aber so vollkommen vom Lichte der Selbsterkenntniß und der Vernunft beleuchtet und tönt so mild in der lyrischen und liebevollen Weise des Anfanges aus, daß ich glaube, die in einem guten Trauerspiele nöthige Versöhnung werde sich auch hier bemerklich machen und das Buch durchaus nicht etwa in krasser und schreiender Weise endigen.

Die Hinzufügung oder Ausdehnung in einen vierten Band ließ mich leider meinem gegebenen Worte nicht nachkommen, das Ganze bis Ende Januar abzuliefern, und ich hielt mich für zum Theil entschuldigt durch Ihre eigene Aufforderung, einen vierten Band zu geben. Es ist mir nun selbst nicht lieb, daß Sie die zwei ersten Bände allein versenden wollen. Indessen denke ich, wenn diese einmal im | Publikum sind, stehe der sofortigen Nachlieferung des Schlusses Nichts entgegen. Der dritte Band ist so eben beinahe abgeschlossen und der vierte wird bald zusammengestellt sein.

Ein Bändchen Novellen kann ich, nach Schluß des Romanes, in vier

Wochen liefern. Ich habe einstweilen für zwei Bändchen ausreichenden Stoff, durchgehend heiterer Natur, gleichmäßiger Stimmung und ohne Aergerniß erregende Elemente.¹²⁴ Ich denke mir auf solche Weise nach und nach eine gemüthliche Sammlung anzulegen, in welcher Alles guter Dinge ist, und die man Jedermann in die Hände geben kann. Wenn diese Sache sich gut anläßt, so habe ich im Sinn mir dadurch für die nächsten paar Jahre ein geregeltes mäßiges Auskommen zu verschaffen, um, ohne zu Hause ein Ammt suchen zu müssen, dort doch einen Theil meiner Zeit dem Drama widmen zu können, da dieses, wie ich während meines hiesigen Aufenthaltes gemerkt habe, mit Besonnenheit behandelt sein will, wenn man auf nachhaltigen Erfolg rechnet.

Ich habe mich noch gegen die Bemerkungen zu vertheidigen, welche Sie mir bei der gütigen Uebersendung der letzten 200 Thaler machten. Ich erinnere mich ganz genau, daß ich, als ich seiner Zeit 75 Stück L d'rs beanspruchte zugleich die Stärke des Buches auf 400 solcher Mskrpt. Seiten angab,¹²⁵ wie Sie deren bereits in Händen hatten. Nun waren Sie allerdings nicht verbunden, auf eine so bedeutende Verstärkung des Buches einzugehen, und ich würde Ihnen auch nicht eine verhältnißmäßige Erhöhung des Honorars vorgeschlagen haben, wenn Sie nicht selbst schon im vergangenen Jahre auf eine beiläufige und anspruchslose Bemerkung von mir, angedeutet | hätten, dieser Umstand werde sich ausgleichen lassen, wenn die Sache nur erst beendigt sei.¹²⁶ Die ursprüngliche Bestimmung, daß die schließliche Festsetzung und Auszahlung der Summe erst nach einer gewissen Zeit erfolgen solle, glaubte ich auf den Umstand gegründet, daß Sie damals noch gar nicht wissen konnten, ob ich überhaupt im Stande sei, ein Buch von einem beziehungsweisen Werthe zu schreiben. Indessen konnte ich in Bezug auf die Auszahlung jene Zeit nicht abwarten, wie Sie genugsam erfahren haben; hingegen in Bezug auf die Festsetzung des Honorars will ich gerne warten, bis Sie nach Ihrem Ermessen einen vollkommenen Ueberblick über die Sache haben. Ich werde hierbei nie die Rücksicht aus den Augen verlieren, welche ich dem ganzen Verhältniß schuldig bin, einem Verhältnisse, das sich vielleicht bei jedem andern Verleger übler für mich gestaltet hätte. Indessen befinde ich mich in diesem Augenblicke wieder in dringender Verlegenheit, da meine Baarschaft seit einigen Wochen ausgegangen, und wenn Sie mir,

---

124   *Gemeint sind vermutlich die geplanten Novellen, von denen Keller am 5.11.1853 (Dok) Vieweg einige Anfänge schickte und die schließlich ins Galatea-Projekt mündeten. – Vgl. HKKA 23.1, S. 21–33.*
125   *Vgl. oben, Anm. 117.*
126   *Vgl. Vieweg an Keller, 12.6.1852, Dok.*

nach Ihrem Befinden und Vertrauen, noch einmal 100 bis 150, oder wenn Sie sich hierauf nicht einlassen zu können glauben, für den Augenblick wenigstens 50 Thlr pr. C. zukommen lassen wollten, so würde es mich von großer Sorge befreien.

[...]

Wie ich aus einem Ihrer geehrt. Briefe ersehe, ärgerte Sie die Ohrfeige, welche der grüne H. vom alten Könige Ludwig bekommt.[127] Ich glaube, daß zwischen einem 19jährigen grünen Bürschchen und einem alten König, von denen der eine fremd und wehrlos, der andere allmächtig ist, nicht vom point d'honneur, noch von der gewöhnlichen Unantastbarkeit des Mannes die Rede | sein kann. Die Szeene ist mehr marottenhafter Natur und ich brauchte sie, als Steigerung des schon auf der Reise in jenem Wirthshause Vorgefallenen,[128] um den ersten prosaischen Eindruck zusammenzufassen, welchen das autoritätsmäßige Deutschland auf einen jungen Idealisten machte, welcher das Land des Geistes und der Poesie gesucht hatte.

[...]

Ich bitte, mir gefälligst anzuzeigen, wie viel Exemplare des Romans Sie für Rezensenten, Freunde und Autoritäten bestimmen können. Ich habe mich um die Gedichte, welche Sie von mir druckten, damals gar keine Mühe gegeben und mich Nichts darum bekümmert, da ich krank war. Mit dem Roman hingegen muß ich schon ein Bischen operiren, da es einmal nicht darohne geht. Adresse: Mohrenstraße N° 6. in Berlin.

6. 5. 1853   Eduard Vieweg an Keller

Braunschweig, 6 May 1853

Geehrter Herr!

Ihre Vorrede zum grünen Heinrich habe ich empfangen und werde sie Ihnen samt dem Titel zur Revision zugehen lassen.

Da Sie es jedoch ungern zu sehen scheinen daß die beiden ersten Bände des Romans allein ausgegeben werden, und da Sie mir aufs Neue die rasche Vollendung des Ganzen zusagen, so will ich vorläufig davon abstrahiren. Haben Sie von den Novellen irgend Etwas so weit fertig um es mir mittheilen zu können, so würden Sie mich dadurch verbinden, da ich gespannt bin zu sehen, wie Sie kürzere | Novellen behandelt haben. Sie haben in Ihrem

---

127   Vgl. *Vieweg an Keller, 12.1.1853*, Dok; Vieweg bezog sich auf die Stelle GH I, 11.059.22–060.06.
128   Vgl. GH I, 11.049.14–050.20.

grünen Heinrich in der Jugendgeschichte mich so wundersam ansprechende Bilder geliefert, daß ich Sie gradezu auffordern mögte einen Cyclus von Schweizernovellen, aus dem Leben und Treiben des Theiles der Schweiz, welches Sie so reizend schildern, heraus zu geben. Es kann Ihnen damit nicht schwer werden sich die Existenz einiger Jahre zu sichern und sich auf das Drama vorzubereiten.

Ich bin augenblicklich nur wenige Tage hier, wohin mich die plötzliche Krankheit einer Schwester zurückrief und gehe nochmahls nach Leipzig zurück. Daher kann ich jetzt unsere Correspondenz wegen des Honorars für den Roman nicht weiter nachsehen, doch bitte ich Sie, es nicht aus dem Auge zu verlieren, daß der erste | Roman eines Autors sich Bahn zu brechen hat und kein bereites Bett findet. Ihre Dichtungen haben sicher vielfach angesprochen und es sind vortreffliche Sachen darunter, aber sie haben dennoch nur einen sehr kleinen Kreis gefunden und insofern die Erscheinung des Romans nicht vorbereitet.

[...]

Ihrem Wunsche nach einer abermaligen Vorschußzahlung von Rt 100– entspreche ich nochmahls, bitte Sie nun aber auch recht angelegendlich mein Vertrauen zu vergelten.

[...]

10. 6. 1853   Firma Vieweg an Keller

Braunschweig, 10 Juni 1853.

Hochgeehrter Herr!

Nachdem Sie mit Herrn Eduard Vieweg übereingekommen sind[129], daß drei Bände des grünen Heinrich baldmöglichst ausgegeben werden sollen, ersuchen wir Sie nun dringend und höflichst, der Versendung keine unnöthigen Hemnisse in den Weg zu legen.

Sie haben seit dem 8 d Mts die Bogen 7 / 9 des 3ten Bandes zur Revision in Händen; wir bitten Sie, diese sogleich an uns zu remittiren und | uns auch weiteres Manuscript zukommen zu lassen.

Wir empfehlen uns Ew Wohlgeboren mit größter
Hochachtung u Ergebenheit

Fdr: Vieweg u Sohn

---

129   *Ende Mai oder anfangs Juni 1853 befand sich Eduard Vieweg in Berlin und suchte dort auch Keller auf.*

13. 6. 1853 Eduard Vieweg an Keller

Braunschweig, 13 Juny 53.

Geehrter Herr!

Es ist jetzt absolut nöthig, daß Sie sich wegen des Romans entschließen, ob Sie die Novellen in seinen Bereich hineinziehen und ihm eine Ausdehnung von 5 Bänden geben wollen, oder nicht. Ich muß Titel und Umschläge zu den ersten 3 Bänden drucken lassen und da muß die Gesammtzahl der Bände genannt werden. Auch haben Sie mir fest zugesagt, daß der <u>sofortigen</u> Vollendung und Versendung der 3 ersten Bände nichts im Wege stände, daher ich Sie denn aufs dringendste | bitte, mir sowohl die noch in Ihren Händen befindlichen Correcturen <u>bald</u> zu remittiren, als auch den Schluß des Msts zum 3ᵗ· Bande zu senden. Wenn aber davon die Rede sein soll die 3 ersten Bände sofort zu versenden, so setzt das positiv voraus, daß die beiden letzten spätestens bis Ende August vollendet sein können. Sonst würde das ganze Unternehmen Fiasco machen und mein Verlust sehr groß sein. Denn bei einem Romane verträgt das Publikum und mit ihm das Buch, kein <u>verspätetes</u> Erscheinen der Schlußbände. Der Eindruck des Kunstwerkes darf nicht zerrissen werden durch | lange Unterbrechung. Erklären Sie sich hierüber gefälligst nach gewissenhafter Prüfung.

Hochachtungsvoll Ihr
                    ganz ergebener
                    Eduard Vieweg.

16. 6. 1853 Keller an Eduard Vieweg

Berlin d 16ᵗ· Juni 1853.

Hochgeehrter Herr!

Auf Ihr geehrt. Schreiben v. 13ᵗ· d. habe ich mich entschlossen, es beim Alten zu lassen, da dies in mehr als einer Hinsicht besser und rathsamer ist, und werde den vierten Band im July abliefern. Der Rest des dritten Bandes wird nächste Woche unfehlbar folgen.

[...]

22. 6. 1853 Eduard Vieweg an Keller

Braunschweig, 22 Juny 1853

Ew Wohlgeboren

haben mir in kürzest möglicher Form angezeigt, daß Sie es nun, trotz der bei meiner persönlichen Anwesenheit in Berlin gefaßten Beschlüsse, wegen des Romans beim ersten Plane bewenden lassen wollten. Ich muß mich dem natürlich fügen, da Sie die Interessen Ihres Buches selbst vertreten, das aber halte ich mich verpflichtet und berechtigt zu erklären, daß mich dieses Abspringen von einem Plane zum andern beunruhigt und befremdet. Der Erfolg des Buches muß für Ihre künftige literarische Stellung eine entscheidende sein, und deshalb empfehle ich Ihnen jedenfalls in der Wahl Ihres definitiven Entschlusses die <u>höchste</u> Vorsicht.

Bei | der Theilnahme welche mir Ihr Buch einflößt und die ich Ihnen in, wie ich glaube, freundlicher Weise, ausgesprochen habe, bei der Bereitwilligkeit Ihren Wünschen, so viel ich vermogte, zu begegnen, bei den Nachtheilen welche Sie mir durch die unbegreifliche Verschleppung in der Vollendung des Buches zugefügt, hätte ich vielleicht das Recht gehabt eine rücksichtsvollere Behandlung von Ihnen zu erwarten; indessen werde ich mich auch der von Ihnen beliebten, wenig ansprechenden, Form fügen.

Jedenfalls erwarte ich nun die Vollendung des Romans in kürzester Frist, Ihrer Zusage auf Ehrenwort entsprechend.

[...]

Da Sie die Novellen nun nicht für den Roman verwenden wollen um diesem einen heitern Ausgang zu geben, so bitte ich Sie um Ihre weitern Mittheilungen wegen des Drucks derselben. Ich halte es für <u>wichtig</u>, daß der Druck baldthunlichst geschehe, damit sie gleich nach dem Roman zur Versendung kommen können, so daß ihnen der Eindruck, den der erste macht, direkt zu Gute kommt.

[...]

29. 6. 1853 Keller an Christian Schad[130]

[...] Es wird nächstens ein Roman von mir erscheinen „der grüne Heinrich" in 4 Bänden *[...]*

---

130 *Christian Schad (1821–1871)*, Lyriker, Herausgeber des Deutschen Musenalmanachs.

16. 7. 1853 Keller an Hermann Hettner

[...] Das verworrene Netz von Geldmangel, kleinen Sorgen, tausend Verlegenheiten, in welches ich mich unvorsichtiger Weise mit meinem Eintritte in Deutschland verwickelte, wirft mich immer wieder zur Unthätigkeit zurück; die Mühe, wenigstens der täglichen Umgebung anständig und ehrlich zu erscheinen, drängt die Sorge für die Entfernteren immer zurück, und die fortwährende Aufregung, die man verbergen muß, diese tausend Nadelstiche absorbiren alle äußere Produktivität, während freilich das Gefühl und die Kenntniß des Menschlichen an Tiefe und Intensität gewinnen. Ich würde mir diese drei letzten Jahre später nicht abkaufen lassen. So rückten meine Sachen mit fabelhafter Langsamkeit vorwärts, welche Sie, als rühriger u fleißiger Mann nur begreifen können, wenn Sie einst das Detail kennen. Alles dies wird nun bald ein Ende nehmen, denn es ist nun Zeit. Wenn der Roman heraus und etwas Dramatisches fertig ist, so werde ich aus der Schweiz eine radikale Verbesserung meiner Lage bewirken und überhaupt ein andrer Mensch werden. Vieweg wird nächstens drei Bände des Romans versenden und der vierte wird Ende August nachfolgen. Er ist auch des Teufels! Das Eine Mal schreibt er mir, das Buch sei seiner Meinung nach das Beste in seiner Art und es müsse Erfolg haben, das andere Mal macht er mir Grobheiten. Ein Lustspiel habe ich nun ganz voll und reich zusammengedacht und ich hätte es längst in acht Tagen geschrieben, wenn ich nicht das Wort gegeben hätte, nichts anderes zu machen, ehe der Roman fertig ist, und gerade dies schien ein Fluch zu sein, daß der unselige nicht fertig wurde. *[...]*

18. 7. 1853 Hermann Hettner an Keller

[...]
Ich freue mich sehr zu hören, daß Sie so lustig oder vielmehr so stetig u unverdrossen fortarbeiten. Es giebt heut Wenige, sehr Wenige, denen das Dichten heut noch wirklich inneres Erlebniß u inneres Bedürfniß ist. *[...]* Sie meinen es ernst mit der Kunst, nur der Ernst gewinnt zuletzt immer den Sieg. Leider ist mir Ihr grüner Heinrich so unterbrochen u in so langsamer Folge zugekommen, dß mir in meiner unordentlichen Wirthschaft schon einzelne Bogen verloren sind. Sobald aber das Ganze erschienen sein wird, werde ich mir es verschaffen. Und Sie werden aus meiner Besprechung ersehen, daß ich redlichen Antheil an dieser Schöpfung nehme.

[...]

3. 8. 1853   Keller an Hermann Hettner

[...]
Was meine Arbeiten betrifft, so fürchte ich, ich habe den gegenwärtigen, mehrere Jahre herumgetragenen Schub vertragen und verschleppt. Aber ich habe dabei zum Troste für meine Zukunft bemerkt, daß ich, wenn ich frei aus mir heraus sinne, original und wesentlich sein dürfte, und eine solche Quelle versiegt nie. *[...]* Ich meinem Roman kann ich mich rühmen, daß ich | die Menge von Knabengeschichten, die in letzter Zeit erschienen und also an der Zeit zu liegen scheinen,[131] antizipirt und ohne etwas besonderliches zu wollen, weit wesentlicher und objektiver aufgefaßt habe, als alle die berühmten Herren, so wie der ganze Roman zwar alter Textur aber neuen Stoffes sein dürfte. Könnte ich das Buch noch einmal umschreiben, so wollte ich jetzt etwas Dauerhaftes und durchaus Tüchtiges daraus machen. Es sind eine Menge unerträglicher Geziert- und Flachheiten, auch große Formfehler darin; dies Alles schon vor dem Erscheinen einzusehen, mit diesem gemischten Bewußtsein noch daran schreiben zu müssen, während gedruckte Bände lange vorlagen, war ein Fegefeuer, welches nicht Jedem zu gute kommen dürfte heutzutage. Ich habe aber fortwährend mein inneres Auge offen und schlürfe alle Bitterkeit mit ruhiger und voller Besonnenheit und schmecke jeden Tropfen mit der Kenntniß seines Nutzens. Es geht mir etwas im Kopfe herum, daß ich einmal irgend etwas machen werde, welches durchaus nothwendig, berechtigt und aus Einem Gusse ist, und ich lasse diesen Augenblick ruhig heran kommen; denn er wird alsdann ein ganzes Leben in sich tragen.
[...]

25. 8. 1853   Firma Vieweg an Keller

Braunschweig, 25 August 1853

Ew Wohlgeboren

ersuchen wir, Ihre Mst. Sendungen in einem Packete mit Adresse an uns zu befördern, da so das Porto nur einige Groschen beträgt.

Für Ihre letzte Zusendung in Form eines Briefes haben wir 13 *sgr*. Porto zahlen müssen; das Couvert liegt bei.

Hochachtungsvoll
Fdr. Vieweg u Sohn

---

131   *Vgl. oben, Anm. 110–112.*

12. 9. 1853 Eduard Vieweg an Keller

Braunschweig, 12 Septbr 53

Geehrter Herr!

Sie scheinen meine Geduld bis zum Äußersten erschöpfen zu wollen; doch mögte ich Sie bitten eines alten Sprüchwortes eingedenk zu sein: der Krug pp. Daß Sie auf meinen Brief vom 22 Juny abermahls nicht geantwortet haben, ist eine der vielen Rücksichtslosigkeiten an die ich bei Ihnen schon gewohnt bin. Wenn Sie vorschußweise Geld von mir erbaten, blieben Ihre Briefe nicht aus. –

Ich werde jetzt allerdings lernen müssen die Dinge von einem andern Standpunkte bei Ihnen anzusehen, als ich es so gern gethan hätte, und stelle demnach jetzt die peremtorische | Forderung nach Vollendung des Msts. Ich beziehe mich für diese Forderung auf Ihr bei mir verpfändetes Ehrenwort.
[...]

13. 9. 1853 Keller an Eduard Vieweg

Berlin d. 13$^{t.}$ Sept. 1853.

Geehrter Herr!

Sie scheinen es einmal darauf abgesehen zu haben, nach dem Schein zu urtheilen und mir eher alle möglichen schlimmen Eigenschaften beizulegen, als zu denken, ich befinde mich selbst am allerunglücklichsten bei dem unseligen Gang unserer Sache. Sie werfen mir fortwährend Rücksichtslosigkeiten vor, während Sie wissen, daß ich als ganz mittelloser Mann durchaus keine Ursache habe, einem wohlhabenden und unternehmenden Verleger gegenüber absichtlich nachläßig und rücksichtslos zu sein, und daß von der Beendigung dieses Buches für mich selber eine bessere Wendung meiner Lage abhängt.

Warum ich Ihr Geehrt. v. 22$^{st.}$ Juni nicht sogleich beantwortete, geschah, weil mich die Grundlosigkeit der darin enthaltenen Vorwürfe in Verlegenheit setzte. Außer dem unverdienten Vorwurfe eines rücksichtslosen Benehmens (weil ich nur mit wenig Worten das Beharren beim alten Plane anzeigte) hielten Sie mir ein bedenkliches und leichtsinniges Abspringen von einem Plan zum andern vor. Dies würde der Fall gewesen | sein, wenn ich dem momentanen Einfall, welchen ich Ihnen bei Ihrer Anwesenheit in Berlin mündlich mittheilte, Folge gegeben hätte; nicht aber, da ich fest bei dem ursprünglichen Plan und Zwecke blieb, um dessetwillen ich das Ganze angefangen und seit Jahren so und nicht anders ausgeführt habe. Wenn Sie den vierten Band kennen, so werden Sie mir vielleicht Recht geben.

Später schrieb ich nicht, weil ich inzwischen wieder in Rückstand mit dem Mskt. gerathen war, so sicher ich auch geglaubt hatte, daß dieses nun nicht mehr vorkommen würde, und weil ich desnahen erst den Schluß mit übersenden wollte.

Ihr heutiger Brief veranlaßt mich nun allerdings, umgehend zu antworten.

Das Ende des dritten Bandes wird diese Woche noch erfolgen. Sie können dann, was mir wünschbar wäre, die drei ersten Bände sogleich versenden, und den vierten mit einem Bande Novellen (im Falle Sie diese verlegen) etwas später. Daß letzterer bald nachfolgt können Sie versichert sein; denn da ich allerdings durch Ehrenwort gebunden bin, vor dieser Beendigung auf nichts Anderes einzugehen, während Sie, wie Sie mir andeuten oder wenigstens zwischen den Zeilen lesen lassen, von einem weiteren Verkehr absehen, so gebietet es mir die Selbsterhaltung, so bald als möglich fertig zu werden. Trotz aller Verzögerung haben Sie gesehen, daß das Buch doch allmälig vorwärts schreitet. Sie haben | allerdings durch Ihre gefälligen Vorschüsse und durch die Druckkosten eine beträchtliche Summe während 2 bis 3 Jahren unverzinst ausgegeben. Sie haben aber dadurch einem jungen Schriftsteller, welcher eine Zukunft haben wird, einige schwere aber folgenreiche Jahre seines Lebens besser ertragen helfen, und ich schmeichelte mir, daß Sie selbst einst sagen würden Ende gut Alles gut! Wenn Sie aber jene Zinsen so sehr anschlagen (und einen andern Nachtheil werden Sie wohl nicht haben), wie Sie als Geschäftsmann allerdings müssen, so thut mir dies aufrichtig leid. Indessen setzt mich dies dann in den Fall, mein Interesse ebenfalls deutlich zu wahren.

[...] Wie ich aber wiederholt Ihnen bemerkte, daß das Buch doppelt so stark werde, als ich ursprünglich berechnet hatte, und wie Sie selbst wiederholt äußerten, daß Sie sich zu einer billigen Ausgleichung bereit finden würden, so muß ich Ihnen nun den Vorschlag machen, das Honorar für den Roman bogenweise zu berechnen und mir für den Bogen ein und einhalb Stück Louisd'or zu bezahlen.[132] Das Ganze wird gegen hundert Bogen betragen. Ich glaube | diese Forderung dem Urtheile jedes Sachkundigen anheim stellen zu dürfen. Ich habe bis jetzt, wo ich mich augenblicklich nicht irre,

---

132   *150 Louisdor entsprachen etwa 804 Talern oder 3015 Franken.*

siebenhundert Thaler von Ihnen erhalten,[133] also würden Sie noch etwas nachzuzahlen haben.

[...]

Ich verlange nichts Besseres, als Ihren Verlag auch für die Zukunft geniessen zu dürfen, allein eben so sehr muß ich darauf sehen, so viel zu verdienen, als mir ohne Unbescheidenheit zukommt. *[...]*
Schließlich erlaube ich noch einmal, Sie zu versichern, geehrter Herr! daß Sie mich durchaus unrichtig beurtheilen und unrecht thun, gerade vor dem Schluß dieser allerdings widerwärtigen Periode in so hartem Ton an mich zu schreiben. Dieser arme Roman ist nur ein kleinster Partikel Ihrer umfangreichen Thätigkeit, während er für mich das Ein u Alles ist, um welches ich nicht hinum kann, ohne es abgethan zu haben. Wie können Sie also glauben, daß meinem Verfahren Absichtlichkeit | und unbescheidene Rücksichtslosigkeit zu Grunde liege?

[...]

21. 9. 1853 Christian Heußer an Keller[134]

Lieber Keller!

Nach Deinem Wunsch gab ich allen Leuten, die sich nach Dir erkundigten, den sehr kurzen Bescheid, ich habe Dich selten gesehen, oder auch ich wisse gar Nichts von Dir. Man glaubte mir aber nicht recht, u. nahm mir von einer Seite her sogar diese Kürze übel auf, so daß ich mich zu Dubs[135] verfügte, ihm die Geschichte erklärte, u. ungenirt sagte, daß man Dir mehr Geld hätte schicken sollen, dies übrigens noch thun könne. Dubs versicherte nun, daß man von Seite des Staates nicht mehr hätte für Dich thun können, kam aber doch selbst auf den Gedanken, daß Privatunterstützung deswegen nicht verboten war. *[...]* Zudem, meint Dubs wäre es wünschenswerth, daß Du mit wenig Worten angeben würdest, wie weit Deine litterarischen Arbeiten gediehen seien, u. was für Aussichten für die Zukunft Dir dieselben eröffnen.

---

133 Vgl. die Zusammenstellung der empfangenen Vorschußzahlungen in Kap. 1 Entstehung, S. 39–40.

134 *Christian Heußer (1826–1909), Arzt, Schweizer Freund und Vertrauter Kellers in Berlin, der 1853 nach Zürich zurückkehrte und 1856 nach Argentinien auswanderte; vgl. Kellers Abschiedslied. An einen auswandernden Freund (HKKA 9, Nr. 155). – Auf der Adreßseite des Briefbogens von Kellers Hand Gedichtliste zu Aus Berlin, einem für die 2. Auflage der Neueren Gedichte (1854) hinzugefügten Zyklus, mit Seitenzahlen.*

135 *Jakob Dubs (1822–1879), Freund Kellers, Jurist, damals Redakteur des Winterthurer Landboten, Parteigänger Alfred Eschers, ab 1854 Zürcher Regierungsrat (1855–61 Erziehungsdirektor), ab 1861 Bundesrat.*

Mir wollte er näml. gar nicht glauben, daß Dein Roman nun vollkommen fertig sei, u. von dem Lustspiel, an dem Du arbeitest, meinte er, wenn man nur erst einmal etwas gedruckt lesen könnte. –
[...]

24. 9. 1853   Keller an Eduard Vieweg

[...]
  Die letzten Bogen des 3ᵗ· Bandes des Romanes werde ich dann ebenfalls beilegen.[136]
[...]

11. 10. 1853   Firma Vieweg an Keller

Braunschweig, 11 October 1853.
Hochgeehrter Herr!

Wir erlauben uns hiermit Ew Wohlgeboren an Ihre Zusage vom 24 v Mts. zu erinnern und Sie um baldigste Zusendung des Msts. zum Schlusse des III Bandes Ihres Roman's *[...]* zu ersuchen.

Hochachtungsvoll ergeben

Fdr: Vieweg u Sohn

15. 10. 1853   Keller an Hermann Hettner

[...]
  Ich schicke Morgen die letzten Korrekturen des 3ᵗ· Bandes des gr. Heinr. fort. Die 3 Bände werden nun sofort versandt. Es ist mir wünschbarer, daß der 4ᵗ· allein kommt, da er eigentlich das Buch der ursprünglichen Intention ist. Ich muß mich nun allerdings an Sie halten behufs der Besprechung, da ich hier niemand kenne, der gefällig genug wäre, etwas für mich zu thun. Wenn Sie daher eine Anzeige machen wollten, so würden Sie sehr viel dazu beitragen, daß ich bald aus der Patsche käme, indem meine Landsleute darauf lauern. Die Augsb. Zeitung ist dort der Barometer der Berühmtheit. Ich glaube gelesen zu haben, daß Sie über Tiek dort etwas geschrieben und nahm desnahen an, Sie hätten sich mit den Pascha's in Augsburg ausgesöhnt. Wenn dem so ist, so würden Sie mir fast einen sicheren Erfolg im Geldpunkte verursachen, wenn Sie etwas hinpraktiziren könnten. Versteht

---

136   *Keller sandte Vieweg mit diesem Brief außer den Roman-Bogen auch Manuskript zur 2. und ergänzten Auflage der* Neueren Gedichte *(vgl. oben, Anm. 134).*

sich von selbst, ganz sachgemäß und kritisch; denn dies hilft selbst in jenem Punkte mehr, als gewaltsames Lob, abgesehen von Anstand und Ehrlichkeit, an die wir uns halten wollen. Ich kann jetzt endlich sagen, daß ich in ein kontinuirliches und ergiebiges Arbeiten hineingekommen bin und denke mich binnen einem Vierteljahre herauszufressen. [...]

Ich werde Ihnen nächstens wegen des Romanes noch einmal schreiben u schließe daher für heute. Mit tausend Grüßen Ihr G. Keller.

16. 10. 1853   Emil Palleske an Keller[137]

[...] Ihren Roman habe ich mir in Gotha bei Tiedemann bestellt, aber unbegreiflicher Weise noch nicht erhalten. Ich möcht ihn so gerne irgendwo anzeigen, da mich die erste Hälfte wirklich tief ergriffen u. amüsirt hat.[138] [...]

21. 10. 1853   Keller an Eduard Vieweg

Berlin d. 21 Okt. 1853.
Hochgeehrter Herr!

Beifolgend übersende ich Ihnen endlich den Schluß des dritten Bandes. Ich werde Ihnen nächstens auch den Plan und einige Bruchstücke der Novellen schicken, damit Sie gefälligst Ihren Entschluß fassen mögen. Im Falle Sie den Verlag derselben in dem von mir angedeuteten Sinne übernehmen wollen, so würde ich dieselben dann gleichzeitig mit dem vierten Bande des Romanes fertig machen. Eine Versäumung dieses würde dadurch nicht verursacht, im Gegentheile durch eine wohlthätige Abwechslung, welche mir schon lange gemangelt hat, der Schluß des Romanes erleichtert werden. Jedoch würde Ihr Befinden jedenfalls entscheidend sein.

Daß der vierte Band etwas später versandt wird (spätens bis Weihnachten) halte ich für durchaus vortheilhaft. Er ist das eigentliche Buch, das ich ursprünglich intendirt, und genießt so einer besondern Aufmerksamkeit, nachdem dieselbe durch die übrigen Bände geweckt ist. |

Diese aber sind, wie ich glaube, nicht von der Klasse von Büchern, wo es auf die Spannungen und Verwickelungen ankommt, sondern sie gehören zu den Erzeugnissen, wo das Stoffliche gleichmäßig vertheilt ist und wo es

---

137   *Emil Palleske (1823–1880), Dramatiker und Rezitator.*
138   *Vgl. dagegen Palleskes kritische Beurteilung der ersten drei Bände in den Briefen an Ludmilla Assing vom 8. und 24.7.1854 (Ackerknecht 1942, S. 17–22) sowie Palleskes Rezension (Palleske 1854; CD).*

mehr auf den Geist u die Schreibart des Autors abgesehen ist, mit welchen er die Sache behandelt.

[...]
Ich hoffe mich endlich binnen kurzer Zeit aus allen Mißverhältnissen herauszuwickeln. Inzwischen ist es nicht nur für mich, sondern auch für das Buch, sowie für die Gedichte wünschbar, wenn wir, geehrter Herr! wenigstens die | demnächstige Versendung derselben in gutem Einvernehmen bewerkstelligen, da eine üble Stimmung wie Mehlthau auf die so schon langsam gewachsene Pflanze wirken würde. Ich ersuche Sie, Hrn Prof. Hettner sogleich ein ganzes Exemplar zukommen zu lassen, da er kräftig für das Buch wirken wird. Fräulein Fanny Lewald muß schon seit längerer Zeit Aushängebogen besitzen; denn sie äußert sich übelwollend und wegwerfend über meine Arbeit. Ich wünsche, daß sie vor der Hand kein Exemplar erhält, wenn nicht ihr Freund Stahr eine übelsinnige Kritik drucken lassen soll; denn dies Paar duldet einmal durchaus keinen andern Romanschreiber dies- wie jenseits des Rheines.[139] Ich bitte, mir diese Mittheilung nicht übel auslegen zu wollen, indem ich sonst beide Personen achte und respektire.

Inzwischen verbleibe ich
                    mit vollkommener Hochachtung
                    Ihr ergebenster
                    Gottfr. Keller.

5. 11. 1853   Keller an Eduard Vieweg

                                      Berlin d. 5$^{t.}$ Nov. 1853.
Hochgeehrter Herr!

Ich übersende Ihnen, nebst den vorliegenden Correkturbogen, die Anfänge einiger Novellen, welche für den 1$^{t.}$ Band der projektirten Sammlung bestimmt sind.[140] *[...]*

Ich wiederhole hier meine Ihnen, geehrter Herr! jüngst schon mitgetheilten Bedingungen *[...]*

Ebenso wünsche ich, daß Sie sich nun gefälligst entschließen möchten,

---

139 *Hettner hatte Keller eine Empfehlung an die Schriftstellerin Fanny Lewald (1811–1889) nach Berlin mitgegeben; Keller hatte diese im Februar 1851 erstmals aufgesucht, mied ihren Zirkel aber bald wieder, weil ihn das Betragen der Lewald und ihres Freundes, des Literarhistorikers Adolf Stahr (1805–1876), abstieß. Er hatte auch den Verdacht, die Roman-Autorin rede beim gemeinsamen Verleger Vieweg schlecht über ihn (vgl. Keller an Hettner, 16.4.1856, Ms. GK 77 Nr. 15/26; GB I, S. 430).*

140 *Vgl. oben, Anm. 124.*

ob Sie mir den Roman per Bogen und zwar zu 1½ Louis d'ors honoriren wollen;[141] damit Sie jedoch etwas Bestimmtes zu ermessen haben, sollen 1. die Bogen welche über die Anzahl v. 100 hinausgehen sollten, nicht gerechnet werden und 2$^{t.}$ wenn der Schluß bis Neujahr wider Erwarten nicht abgeliefert sein sollte, die ganze Bestimmung wegfallen und die Sache Ihrem Gutdünken überbleiben | soll. Ich wünschte aber jetzt eine Bestimmung festgesetzt, um meine Verhältnisse bereinigen und regeln zu können. Ich muß mich meiner Haut wehren und habe es satt, länger auf dem bisherigen Fuße zu leben.

Es hängt von Ihnen ab, ob ich die Novellen und den Roman gleichzeitig betreiben soll. Halte ich mich allein an den 4$^{t.}$ Band d. gr. Heinr. so wird derselbe in 3 Wochen fertig sein; mache ich beide Sachen zugleich, so erfordert es die doppelte Zeit.

Sie haben mir in Ihrem letzten Schreiben vorgehalten, daß meine Briefe nie ausbleiben, wenn ich Geld haben wolle. Trotzdem bin ich jetzt wieder im Falle und indem ich meine Anfrage stelle, muß ich es unberücksichtigt lassen, was Sie sich, geehrter Herr, darunter denken.

Wenn Sie also den Verlag der Novellen übernehmen <u>und</u> in meinen Vorschlag betreffend den Roman eingehen wollen, so bitte ich, mir 200 Thlr. zu senden, welche ich nothwendig brauche, da ich Schulden zu bezahlen habe. Glauben Sie aber auf alle diese Vorschläge nicht eingehen zu können, so bitte ich alsdann mir das Mans'krpt. d. Novellen zurückzusenden, welches indessen so wie so zur Fortsetzung brauche.

[...]

Wie Sie sich auch in allen diesen Dingen verhalten mögen, so wünsche ich jedenfalls die Roman-Affaire in guter Manier zu beendigen, da mir viel davon abhängt. Ich wünschte des nahen vor Allem zu wissen, wie viel Exemplare Sie zur Gratisversendung bestimmen wollen. Es darf diesmal nicht damit gegeizt werden, wenn eine durchschlagende Besprechung in der Presse stattfinden soll. Für die Zukunft kann dann um so mehr unterlassen werden in dieser Hinsicht.

Inzwischen bleibe ich, hochgeehrter Herr!
      mit Hochachtung und Ergebenheit
      Ihr
      Gottfr. Keller.

---

141 *Vgl. oben, Anm. 132.*

10. 11. 1853 Keller an Eduard Vieweg

Berlin d. 10ᵗ· Nov.
1853.
Hochgeehrter Herr!

Ich habe Ihnen am 5ᵗ· d. etwas Manuskript d. Novellen übersendet und mit den mitgetheilten Bedingungen zugleich eine Bitte um eine weitere Geldsendung verbunden. Ich habe mich seither überzeugt, daß dies nicht der Weg ist, aus dem schiefen Verhältnisse herauszugelangen, und bitte Sie daher, meinen Brief vom 5ᵗ· dies nicht weiter zu berücksichtigen und mir gelegentlich das Manuskript *[...]* zurück zu senden. Ich will nun vor Allem den vierten Band des Romanes in kürzester Zeit beendigen und dann sehen, endlich nach der Schweiz zurückzukehren und den dramatischen Arbeiten zu leben. Wenn ich die Novellen | überhaupt fertig mache, so werde ich Ihnen dieselben alsdann von Neuem anbieten.

Dagegen bitte ich Sie angelegentlich, so bald als möglich einige Exemplare des Romanes und der Gedichte (gebunden) nach Zürich zu senden, da hievon die Erlangung anderweitiger Subsistenzmittel abhängt. Und zwar:

An den Regierungspräsidenten Dr. Alfred Escher je 1 Exemplar.
An den Staatsanwalt Dubs je 1 Exemplar.

Ich bitte diese Pakete auf <u>meine Rechnung</u> durch die Post franko zu senden, wenn nicht in nächster Zeit der Buchhändlerweg disponibel sein sollte.

Inzwischen interessirte es mich immerhin, was Sie von jenen Novellenanfängen halten, geehrter Herr, und wünschte, daß Sie sich gelegentlich hierüber äußern wollten.

Mit vollkommener Hochachtung

Ihr ergebenster G. Keller.

22. 11. 1853 Elisabeth Keller an Keller

[...] von H: **Doctor Schulz**[142] hatte ich einst vernohmen, du werdest auf den Herbst heim kommen, aber nun haben wir schon den Winter! kans vielleicht Neujahr werden? den Grund warum du so lange nicht kommen kanst, kann ich mir wohl denken, deine Sachen werden eben nicht den erwünschten Fortgang haben, u die Herren Buchhändler habens alle gleich, sie versprechen u halten nicht, bis sie selbst ihre Profision in Händen haben. Dein

---

142 *Vgl. oben, Anm. 77.*

Verdienst in Berlin wo es so theuer ist, wird kaum klecken dich selbst kümmerlich durch zu bringen, vergangnen Sommer hörte man viel von der Cohlera welche in Berlin hersche, deßwegen war ich sehr in Kummer u Sorgen für dich, hoffentlich bist du doch gesund u von Krankheit verschont geblieben! *[…]* Noch komt mir in Sinn, vor mehren Wochen schon, sagte uns Frau Flaig (welche wir öfters sehen) ihr Mann habe mit einem Herrn gesprochen, welcher von Berlin gekommen, u dich gut kenne, du werdest nächstens nach Hauße kommen, es seyen 3. Bände von deinem Werke ausgegeben! ich freute mich über dieße Nachricht, allein in Zürich ist noch alles Stille, man hört u sieht nichts von dießer Ausgabe. Es kommen immer Anzeigen in Blättern von dem Buchhändler in Braunschweig über andre Schriften u Bücher, nur deine nicht.
[…]

30. 11. 1853 Keller an Eduard Vieweg

Berlin d. 30$^{st.}$ Nov. 53.

Hochgeehrter Herr!

Da die drei fertigen Bände des Romanes so lange ausbleiben, scheint es mir wahrscheinlich, daß Sie am Ende doch noch den 4$^{t.}$ Band abwarten wollen. Sollte dies der Fall sein, so bitte ich angelegentlich, mir dies umgehend berichten zu wollen, da solche Ungewißheiten durchaus nicht förderlich sind. Es sind mir von Zürich aus Geldmittel, zu leichterer Beendigung meines Berliner Aufenthaltes und dessen Zwecken, zugesagt, und zwar seit vielen Wochen. Ich kann mir das Ausbleiben derselben nur dadurch erklären, daß die 3 Bände, deren nächstes Erscheinen ich angekündigt, ausbleiben. Da ich früher schon vielfach das unglückliche Buch angekündigt, so dürfte man jetzt meine sichere Zusage wieder für erfolglos halten und am Ende am Ganzen zweifeln, was ich nicht verdenken könnte. Die augenblicklichen Folgen aber würden mir sehr fatal sein und die Beendigung des 4$^{t.}$ Theiles durchaus nicht fördern, da ich in sorgenvoller Verfassung nichts thun kann und nichts thue.

Ich ersuche Sie daher, hochgeehrter Herr, mir gefälligst sogleich einige Exemplare in albo zukommen zu lassen, | damit ich dieselben hier binden lassen und fortschicken kann. *[…]*

Sollten Sie, geehrter Herr, absichtlich meine Mittheilungen nicht berücksichtigen oder glauben, ein gewisses Verfahren gegen mich beobachten zu müssen, so muß ich des Bestimmtesten erklären, daß solches, wenn auch

nicht schädlich, doch auch nicht nützlich wirken würde; denn mein Verhalten hängt weder von freundlicher noch von unfreundlicher Begegnung ab, sondern einzig und allein von der Nothwendigkeit und Wechselwirkung innerer und äußerer Umstände.
Ich bleibe mit ausgezeichneter Hochachtung
Ihr ergebenster
G. Keller.

4. 12. 1853   Keller an Emil Palleske

[...] Vieweg wollte schon längst 3 Bände meines Romanes versenden u den 4$^{t.}$ nachher; ebenso die zweite Hälfte der Auflage d. Gedichte, die er zu diesem Zwecke seiner Zeit sehr stark machte, als zweite Auflage, wozu ich einige Bogen neue Sachen getan; warum er alles zurückhält, ist mir unbegreiflich. Ich glaube, da ich ihm Novellen geschickt, er will behufs Herabdrückung des Honorars, das Buch noch hinhalten. Dieses macht mir viel Sorgen; es ist eigentlich nur eine Studie, wobei ich manches gelernt habe, während es vom Publikum als etwas aus einem Guß entsprungenes beurtheilt und mißverstanden werden wird. Aber ich will den bittern Kelch eines abermaligen Auflaufens gerne hinnehmen, da ich mir bewußt bin, durch alles dies zu lernen. Bis jetzt habe ich, Dank den Göttern, für meine Schwäche ein eben so offenes Auge gehabt, wie für diejenige Anderer und mich ernstlich an den Spruch gehalten: Sehe jeder wie er's treibe und wer steht daß er nicht falle. Ich schaute auch | im Stillen fleißig zu, wie sich in der Welt durch Antezipiren u Anmaßung nichts erzwingen läßt *[...]* Den Roman werde ich Ihnen bereit halten und, sobald ich das Unding nur einmal habe, hinschicken, wo sie wollen. Auch wenn sie keine Rezension machen, ist es mir sehr daran gelegen, daß Sie ihn lesen; denn Sie gehören zu den zwei oder drei Leuten, die noch lesen können. Dies ist keine Redensart. Ich habe sattsam gesehen und gestaunt, wie schlecht und unfähig die Produkte anderer Leute gelesen werden. *[...]*

23. 12. 1853 Keller an Firma Vieweg

Herrn Friedrich Vieweg u Sohn in Braunschweig.

Berlin d. 23$^{st.}$ Dez 1853.

Ew. Wohlgeboren

Ersuche ich, nun jedenfalls meinen Roman nicht mehr ohne den vierten Band, welchen Sie bald erhalten werden, zu versenden

Achtungsvoll
Ihr ergebenster
Gottfried Keller

24. 12. 1853 Keller an Rudolf Flaigg

Berlin d. 24$^{st.}$/ 12 1853!

[...] Auch habe ich vernommen, daß du meine zuletzt erschienen Gedichte in der eidgenössischen Zeitung befürwortet hattest. Ich war dazumal krank[143] u die Studenten brachten mir mit vielem Halloh die betreffende Nummer auf die Stube. Es ist eine zweite Auflage (vermehrt) jenes Bändchens fertig gedruckt, die der Verleger nebst meinem Roman noch zurückhält, um mich zu chikaniren, da ich in Bezug auf die Materia medica andere Saiten aufgezogen und mich mit höllischer Geberde als ein Kerl gezeigt habe, der einmal mehr Geld verdienen will. *[...]* Was mich betrifft, so wirst Du, wie noch viele Leute, auch nicht mehr wissen, was zu meinem Verhalten zu sagen sei. Aber nur noch eine kleine Weile, und ich werde mich wie ein frisches schäumendes Glas Bier vor der Welt darstellen, und alle Wolken der Verdächtigung werden vor der Sonne meines Antlitzes verschwinden. Uebrigens habe ich in Berlin, wo Dichter u Schriftsteller schaarenweise herumlaufen, gesehen, daß das wirklich Dauerbare noch bei Jedem Zeit und Erfahrung aller Art brauchte, und daß die produktiven Grünschnäbel meistens ausbleiben, eh' sie fünfzig Jahr alt werden. Verstand und Tiefe der Anschauung kommt doch erst mit dem reiferen Mannesalter, wenigstens in der Poesie. Ein anderes ist es mit dem praktischen u handelnden Leben. *[...]*

---

143   *Vgl. oben, Anm. 96.*

3. 1. 1854   Hermann Hettner an Keller

Jena 3 Jan 54.

Mein lieber Keller,

Eben sendet mir mein Buchhändler den grünen Heinrich. Noch ist mir von Vieweg kein Exemplar zugekommen außer den ersten Bogen vor zwei Jahren, die ich aber nicht einmal alle wieder zusammenfinde. Ich frage daher, ob Sie mir wohl eine Uebersendung eines Exemplars u zwar eine recht baldige vermitteln wollen? Ich verspreche Ihnen sicher eine baldige Anzeige in der Allgem. Ztg.

[...]

5. 1. 1854   Keller an Hermann Hettner

Berlin d. 5t. Jan. 1854.

Lieber Freund!

Ich erfahre erst durch Ihren Brief, daß Vieweg mein Buch endlich versandt hat. Den 4t. Band hat er von mir noch nicht u ich schrieb ihm noch jüngst, daß er, da es einmal so weit sei, noch so lange warten möge. Als ich ihn früher bat, einzelne Bände zu versenden, wollte er nichts davon wissen. Ich fürchte nun, daß das Buch verunglücken wird; denn wie ich es näher betrachte, kann seine Berechtigung erst durch den Schluß sich ausweisen. Glauben Sie es trotzdem zweckdienlich, und daß die Allg. Zeit. eine zweite Besprechung des Ganzen aufnehmen werde, so ist es mir lieb, wenn wenigstens irgend eine gute Stimme sich vorläufig hören läßt, die einen bestimmten Ton anschlägt.[144] Jedenfalls u vor Allem aus wünsche ich auch für mich selber Ihre unumwundene Meinung zu wissen. Wenn Sie das Exemplar von Ihrem Buchhändler auf einige Wochen im Hause behalten können, ohne es zu kaufen, so schneiden Sie es einstweilen zu Ihrem Gebrauche auf; ich werde, sobald ich meine Exemplare habe, die ich hoffent- | doch bekommen werde, Ihnen eines durch die Post franko zusenden zur Restitution an den Sortimenter. Sollte dann Vieweg inzwischen Ihnen eins schicken, so melden Sie es mir mit zwei Worten.

Der vierte Band als Schluß enthält die Antwort oder Auflösung der Frage, welche in der Jugendgeschichte liegt. Der gr. Heinr., in erster Jugend aus dem öffentlichen Unterricht hinausgeworfen und anderer Mittel entbeh-

---

144   In der *Allgemeinen Zeitung erschien weder eine erste Besprechung der Bände 1–3 noch eine zweite Besprechung des Ganzen; vgl. oben, Anm.* 57.

rend, einen ungenügenden Beruf wählend, weil er keine Uebersicht, keine Auswahl hat, muß sich durch Zufall einzelne Fetzen der Bildung aneignen und durch einzelne Risse in den hellen Saal der Kultur zu gucken suchen. Er entdeckt endlich, daß seine Künstlerschaft nur ein Irrthum war, daß er eben so gut ein geistreicher Liebhaber in irgend einer andern Spezialität hätte werden können, wie in der Landschaftsmalerei; er sieht schmerzlich, daß nicht der Boden, die Vegetation, die Atmosphäre, sondern der Mensch selbst der Gegenstand seiner Anlagen ist, und zwar läuft es nicht etwa auf einen Poeten hinaus, (um das ewige Literaturdichten zu umgehen) sondern auf das reine Gefühl des Menschlichen, das mit der Persönlichkeit oder Individuellen Erfahrung ausgestattet, unter konkretes Menschenthum (das vaterländische) tritt oder treten u nach den Gesetzen des Wahren u Einfachen wirken will. |

Heinrich macht sich endlich klar und selbstständig und gewinnt die Fähigkeit, als ein anderer in die Heimath zurückzukehren, als er fortging. Aber, indem er mit energischen u schönen Gedanken u Vorsätzen sich dem alten Städtchen nähert, stößt er auf den Leichenzug seiner Mutter. Sie ist über dem langwierigen Prozesse dieser Selbsterziehung aufgerieben worden, nachdem Sie in seltener, wenigstens in diesen Ständen seltener Hingabe alles geopfert hat. Heinrich, der das Leben nur als ein Ganzes u Zusammenhängendes zu nehmen vermag, u also nicht nach vorwärts schauen u sich als Weltverbesserer geriren kann, ohne eine versöhnte Vergangenheit hinter sich zu haben, ist nun plötzlich gebrochen. Denn das Leben der einfachen unwissenden Frau ist ihm ein eben so wichtiger Bestandtheil seiner Welt, wie jeder andere. Da er den Gedanken der Unsterblichkeit aufgegeben, fühlt er den Verlust um so tiefer u intensiver, sowie das ganze Verhältniß, das körperliche Band der Familie, die unmittelbare Quelle des Daseins. In solcher Weise schließt das Buch tragisch, aber klar, und besonders glaube ich den sogenannten Atheismus respektabel und poetisch gemacht zu haben, so daß er selbst in den Augen der Frommen wenigstens als eine Tragödie gelten kann, welche zur Reinigung ihres Gottgedankens beiträgt. |

So viel nur, damit Sie ungefähr sehen, auf was es ankommt.

[...] Hr. Vieweg macht sonderbare Manöver mit mir, welche ein bischen nach Starrsinn und Brutalität aussehen. *[...]*

15. 1. 1854 Wilhelm Schulz an Keller

[...] Ehe Du aber selbst anlangst, mußt Du Dir nothwendig wenigstens durch den „Grünen" das Posthorn vorausblasen lassen. Du solltest doch auch

ein wenig billig gegen den Verleger sein. Lasse Deine Galeonen vom Stapel laufen; sie müssen ja nicht sogleich alle mit Silber geladen sein. Hast Du erst einen Deiner Kaper in offener See, so kommen schon alle Buchhändler mit vollen Segeln Dir entgegengefahren u. suchen, daß Du sie verschlingest.

[...] Alle freuen sich sehr darauf, daß Du mit einigen unsterblichen Werken im Schnabel wieder in die Heimath geflogen kommst. *[...]*

28. 1. 1854   Christian Heußer an Keller

[...]
Dubs hat während sr. Krankheit gerade Deinen Roman von Vieweg erhalten, der ihm e. angenehme Unterhaltung bot; er so wie mehrere sr. Altersgenossen | haben sich sehr günstig darüber ausgesprochen; sehr naiv war die Bemerkg eines derselben, es sei sehr schade, „daß nur Ein Exemplar in Umlauf sei", um das sich d. Leute streiten, wer es zuerst bekomme.
[...]

7. 2. 1854   Jakob Dubs an Keller[145]

Bern d. 7. Febr. 1854.
Mein werther Freund!

Vor allem aus habe ich Dir meinen Dank abzustatten über ein mir sehr unerwartetes freundliches Geschenk, welches Du mir durch H Viehweg zukommen ließest. Deine neuen Gedichte, sowie Dein grüner Heinrich erheiterten meinen Geist in trüben Tagen, da mich ein verteufeltes gastrisches Fieber Wochen lang ans Zimmer fesselte u. mir Kraft u. Saft entzog. Ich las damals die 3. ersten Bände Deiner romantischen Erstlinge (in vielfachen Beziehungen) in Einem Zuge u. wenn ich mich auch für den Schriftsteller, der wohl Dichtung u. Wahrheit schrieb, nicht persönlich interessirt hätte, so würde ich an dem Helden der Erzählung dennoch Interesse genommen haben. Ich bin neugierig wie ein Frauenzimmer, | wie es demselben im 4. Bande gehen wird, wie er geistig u. gemüthlich abschließt. Ich bin kein kompetenter Kritiker; ich glaube Dir jedoch prophezeien zu können, daß Du mit Deiner still, aber tief gemüthlichen Welt- u Lebensanschauung Dir Bahn brechen wirst, wenn Du Dich nicht etwa zu sehr ins Breite entwickelst u. wenn Du Deiner schweiz. Einfachheit getreu bleibst u. nicht etwa in die Stricke des Berliner

---

145   *Vgl. oben, Anm. 135.*

Geistreichthums verfällst. Doch es hat damit keine Noth, wo Schrot u. Korn so gut u. das Gefühl so reich entwickelt ist.

[...]

11. 2. 1854   Keller an Hermann Hettner

Berlin d. 11 Febr 54.

Lieber Freund!

Da ich von Vieweg endlich Exemplare bekommen habe und aus erhaltenen Briefen ersehe, daß er auch anderswo nach meiner Anweisung welche versandt hat, so ersuche ich Sie, mir zu berichten, ob es auch bei Ihnen geschehen sei? Im entgegengesetzten Falle will ich Ihnen sogleich eines durch die Post zustellen. Doch lassen Sie die Anzeige, falls Sie durch die Lektüre noch zu einer solchen aufgelegt blieben, nun bis sie den Schluß haben.

[...]

11. 2. 1854   Keller an Eduard Vieweg

Berlin d 11/2 1854.

Geehrtester Herr.

Ich habe neulich die mir übersandten 6 Exemplare des Romanes u der Gedichte empfangen, muß aber nach abgeliefertem und gedrucktem Schlusse alsdann noch einige Exemplare verlangen, indem ich so nicht auskomme. Ebenso werden dann hinreichende Rezensionsexemplare zu versenden sein, indem wir sonst einen ruinirten Erfolg des Buches uns selbst zuzuschreiben hätten.

Den vierten Band werden Sie anfangs März erhalten. Durch Nichteintreffen erwarteter Subsidien[146] bin ich abermals in die schlimmste Lage gerathen, wo ich nichts thun konnte. Es ist die alte Geschichte welche erst mit Beendigung des letzten Bogens dieses unseligen Buches ein Ende nehmen wird. | Vorläufig sehe ich mich zu einer kleinen Auseinandersetzung genöthigt. Sie haben ein Ehrenwort von mir erhalten in zwiefachem Sinne. Erst gab ich es zur Versicherung, daß ich neben dem Romane keine andere

---

146   *Christian Heußer hatte Keller am 18.12.1853 (Ms. GK 79c Nr. 173) von einer durch Jakob Dubs organisierten Geldsammlung zugunsten Kellers unter Freunden geschrieben, die sich aber durch Vielbeschäftigkeit und Krankheit von Dubs verzögerte. Am 28.1.1854 hatte Keller erst einen Vorschuß von 200 Franken von einigen Freunden durch Heußer erhalten. – Vgl. die Zusammenstellung der Stipendien und privaten Zuwendungen aus Zürich in Kap. 1 Entstehung, S. 42.*

Arbeit betreibe, und dann zu Neujahr 1853, daß ich den Schluß des Buches mit Ende Januar 1853 abliefern wolle in 3 Bänden. Während des Januar 1853 forderten Sie mich aber auf, einen 4$^{t\cdot}$ Band zu geben, weshalb ich mir im 3$^{t\cdot}$ Bande mehr Raum ließ u jene Bestimmung überhaupt wegfiel. Es blieb also allein das alte Wort übrig, infolge dessen ich keine andern Arbeiten unternehmen durfte. Dies habe ich bis jetzt streng gehalten und muß Sie daher ersuchen, die Sache so anzusehen, bis Sie den Beweis vom Gegentheile haben. –

Ueberhaupt erlaube ich mir, Sie darauf aufmerksam zu machen, daß ein Schmierant und Böswilliger sich gar nicht auf diese Weise gebunden hätte. Die Novellenanfänge, welche Sie in Händen haben, habe ich auf Ihre spezielle Aufforderung in's Reine | geschrieben und abgesandt, können also nicht als ein Wortbruch angesehen werden; über dies habe ich sie in früherer Zeit entworfen. *[...]*

Inzwischen bitte ich Sie, mir zu berichten, ob Sie nach Beendigung der Roman-Affaire in Betreff der Novellen etc. ferner meinen Verkehr beibehalten wollen oder nicht. Wenn Sie, geehrter Herr, annehmen, daß eine verneinende Erklärung einen nachtheiligen Einfluß auf die Ablieferung des 4$^{t\cdot}$ Bandes ausüben würde, so beurtheilen Sie meine Person durchaus unrichtig.

Hochachtungsvoll

Eur Wohlgeboren
ergebenster G. Keller

Meine Wohnung ist jetzt: Mohrenstraße 58 / 2 Treppen.

12. 2. 1854   Hermann Hettner an Keller

[...]

Schicken Sie mir ja Ihren Heinrich. Ich konnte ihn hier von meinem Buchhändler nicht bekommen, da er das Exemplar bereits verkauft hatte. Vieweg hat mir ihn nicht geschickt. So habe ich die beiden letzten Bände noch nicht gelesen; thue es aber nach Empfang augenblicklich u wer[...][147] Ihnen dann treulich Bericht erstatten.

[...]

---

147   *Papierverlust durch Abreißen des Siegels.*

14. 2. 1854 Keller an Hermann Hettner

Berlin den 14ᵗ· / 2 1854.

Lieber Freund!

Umgehend sende ich Ihnen das Buch nebst den vermehrten neueren Gedichten in einem abscheulichen Umschlage.

[...]

Schreiben Sie mir doch sogleich, wenn sie den Roman gelesen haben, welche Fehler Ihnen aufgefallen sind, und ob sie glauben, daß durch eine gelegentliche Umarbeitung u Kürzung das Buch einen bleibenden Platz erhalten könnte, oder wenigstens eine relative Bedeutung. Dies wird sich freilich erst nach dem Schlusse ganz beurtheilen lassen.

Mit besten Grüßen

Ihr
Gottfried Keller.

Es scheint mir, als ob Vieweg jede Besprechung verhindern wollte, da er an Schriftsteller u Kritiker nicht 1 Exemplar versendet.

19. 2. 1854 Hermann Hettner an Keller

Jena 19 Febr 54.

Gestern, mein lieber Freund, habe ich Ihren grünen Heinrich vollendet. Heut ist es mein erstes Geschäft, Ihnen für den tiefen u anregenden Genuß, den Sie mir verschafft haben, den herzlichsten Dank zu sagen.

Ich erfülle damit ein wahrhaftes Herzensbedürfniß. Es ist das Zeichen jeder tüchtigen Production, daß sie wieder productiv wirkt. Ihr Roman hat eine Ruhe u Sammlung, ich möchte sagen, eine Stille der Beschaulichkeit in mir hervorgebracht, daß es mich drängt, diese Einkehr in mich selbst in mir noch einige Zeit festzuhalten u mir über die künstlerischen Mittel, die diese harmonische Stimmung hervorriefen, Rechenschaft abzulegen. Ich wünsche Ihnen zu Ihrer Schöpfung aufrichtig Glück. Er sichert Ihnen unzweifelhaft in unserer Literatur für immer eine hervorragende Stellung.

Was uns in Ihrem Roman so tief u nachhaltig anspricht, das ist das Gefühl, daß wir es hier mit einem nothwendig gewordenen, nicht willkürlich gemachtem Werke zu thun haben. Man fühlt überall die Wärme des Erlebten hindurch; wir haben hier im höchsten Sinne Dichtung u Wahrheit. Jeder, der selbst ein innerliches Bildungsleben geführt hat, findet sein eigenstes Wesen hier wieder; nur klarer u tiefer als er selbst es darzustellen vermocht hätte. Ich bin gewiß, daß jeder sinnige Leser gern immer wieder zu Ihrem Buche zurückkehren wird; immer wird er sich an der Anschauung der reichen u kräftigen Natur des hier dargestellten Helden trösten, erbauen u fördern können. |

Und dies um so mehr, als in der That die einzelnen Schilderungen von der wunderbarsten Frische u Poesie durchhaucht sind. Namentlich die idyllischen Scenen auf dem Lande, die Familie des Pastors, der Schulmeister, die lieblich seelenhafte Anna u die gesund sinnliche Judith, so wie der Held selbst, wie er naiv u doch immer klar u tactvoll durch alle diese mannichfachen Situationen u Verwicklungen hindurchschreitet, sind von unübertrefflicher Meisterschaft der Situationsmalerei sowohl wie der Charakteristik. Dazu die klare, einfache, im edelsten Sinne Goethe'sche Sprache, die doch nur wieder der naturnothwendige Ausdruck der maßvollen Klarheit der Conception ist! Ich sage Ihnen in Wahrheit, diese Jugendgeschichte ist ein Juwel, u ich bin stolz darauf, den Helden u Dichter derselben meinen Freund nennen zu dürfen.

Nun will ich Ihnen aber auch meine Bedenken nicht verhehlen.

Sie selbst machen in Ihrer Vorrede auf das Mißverhältniß aufmerksam, das zwischen der Jugendgeschichte u dem eigentlichen Roman stattfindet. Allerdings ist dies Mißverhältniß unleugbar vorhanden. Jedoch lege ich nicht allzu großes Gewicht auf diesen Kompositionsfehler, zumal da er sich bei einer zweiten Ausgabe leicht heben läßt. Vielleicht könnte man ohne Weiteres den Roman mit dem Anfang der Jugendgeschichte beginnen u auch das Uebrige in diese hineinverweben; denn das Ganze trägt doch einmal die Haltung autobiographischer Bekenntnisse.

Wichtiger scheint mir das Bedenken, daß der Roman ungleich schwächer ist als die Jugendgeschichte. Es ergeht Ihnen wie Ihrem Helden in München; die Frische der Naturwahrheit nimmt ab, die Darstellung wird spiritualistischer, die Charakterzeichnung conventioneller. Es ist möglich, daß der vierte | Band hier manches Dunkel aufhellen wird. Aber wie die Sache jetzt vorliegt, fragt man sich vergebens, warum die Liebesgeschichte zwischen Rosalie u Ericson, ja selbst zwischen Agnes u Lys so weit ausgesponnen ist;[148] man sieht nicht recht ein, was aus diesen Dingen für eine innere Wandlung des Helden entsprießen soll. Jedoch will ich hier mein Urtheil noch unentschieden lassen; man muß erst den Schluß abwarten. Soll aber, wie es mir scheint, Ferdinand den Uebergang vom Rationalismus zum Atheismus oder Pantheismus oder wie man unsere menschlich freie Anschauungsweise sonst bezeichnen will, vermitteln, so hätte er allseitiger ausgeführt werden

---

148   Vgl. GH I, 12.128–178, 12.159–161, 12.166–226.

müssen; jetzt erscheint er uns als allzu schwankend u lumpenhaft. Sei dem aber wie ihm wolle. Jedenfalls ist der Maskenzug viel zu weitläufig.[149] Er ist eben ein Maskenzug; nichts weiter. Er kann sich weder an innerer Poesie mit der vortrefflichen Schweizerischen Darstellung des Wilhelm Tell messen,[150] noch kann er für den Helden eine andere Bedeutung haben, als daß er das Motiv für seine Verwicklung mit Ferdinand abwirft.

Doch genug von diesen Dingen! Sie sehen, daß ich ehrlich bin u dürfen daher um so unbedenklicher auch an die Ehrlichkeit meiner unbedingtesten Anerkennung glauben. Ich bin sicher, daß, wer sich den Sinn für das Wahre u Einfache in der Kunst bewahrt hat, denselben mächtigen Eindruck durch Ihren Roman bekommen wird, den ich bekommen habe. Ich las jetzt nochmals im ersten Band Ihrer Gedichte jene Liebeslieder, die auf das zarte liebe Engelskind, das ihre Zartheit durch den Tod büßte, gedichtet sind. Ich konnte sie nicht ohne die tiefste Erschütterung lesen. Das mag Ihnen ein Beweis sein, wie tief Sie Ihren Leser zur Mitleidenschaft zu bannen wissen. |

[...]

20. 2. 1854 Keller an Robert Prutz[151]

[...]

Es sind jüngst 3 Bände von einem Romanversuch von mir erschienen; sobald der 4te Band erschienen ist, werde ich so frei sein, Ihnen ein Exemplar vorzulegen. Inzwischen bitte ich Sie, geehrter Herr! wenn Ihnen das Ding etwa sonst in den Weg kommen sollte, sich einstweilen nicht damit abzugeben, da es sehr den ganzen Eindruck nöthig hat, um einigermaßen zu bestehen.

[...]

5. 3. 1854 Robert Prutz an Keller

[...] Die drei ersten Bde. Ihres „Grünen Heinrich" habe ich mit Dank erhalten u auch schon größtentheils gelesen; machen Sie nur, daß wir den Schluß

---

149 *Vgl. GH I, 12.138–163.*
150 *Vgl. GH I, 11.409–470.*
151 *Vgl. oben, Anm. 65.*

recht bald erhalten. Eine vorläufige Notiz davon werden Sie im DMus. bereits gefunden haben.¹⁵²

[...]

11. 3. 1854   Elisabeth Keller an Keller

[...] Dein Roman ist letzten Decmbr endlich hier angekomen aber nur 3. Bände, der 4.ᵗᵉ ist jetzt noch nicht da, H: Flaigg hat dieße bey Höhr bekommen so bald ein Mal der 4.ᵗᵉ komt wird Er die Anzeige in die Zeitung machen. Dieße Bände haben wir von H: Fl. zum leßen bekomen, sie haben uns beyde sehr angesprochen, besonders da der Hauptinhalt meistens dein Jugendleben – deine Buben u Schulgeschichten betrift, obschon alles in andern Gestaltungen, u fremdartigen Umwandlungen dargestellt ist, so können die Persohnen welche dieße Erlebniße am beßten wißen, auch das Wahre heraus nehmen! mit besonderm Wohlgefallen laß ich die Erinnerungen u die Gedenkzeichen deines theuren unvergeßlichen Vaters! Regula wurde zwar empfindlich, daß nirgends keine Erwähnung von einer Schwester sich findet, man könte daraus schließen, als würdest du dich schämen sie als deine Schwester zu betrachten! solch ein Grund wird es hoffentlich nicht seyn. sagte ich. es ist im ganzen ein Roman u wir wollen die Beurtheilung darüber andren Leuten überlaßen, die Hauptsache ist, was guten Beyfall findt, so wie auch die 2.ᵗᵉ Auflage von deinen Gedichten welche darin angezeigt sind.

[...]

23. 3. 1854   Keller an Karl August Varnhagen von Ense

Hochzuverehrender Herr!

Beifolgenden, in jeder Beziehung etwas langathmigen Prosaversuch Ihnen ergebenst mitzutheilen, wollte ich warten, bis der vierte Band erschienen wäre. Da es aber indessen Mai werden dürfte und Sie von meinem Dasein überhaupt einmal freundliche Notiz genommen haben, so halte ich es nun der Schicklichkeit gemäß, nicht länger zu zaudern, sondern die vorliegenden drei Bände Ihrer gelegentlichen geneigten Ansicht anheim zu stellen. |

Ein widerwärtiges Geschick fügte es, daß diese Arbeit vorweg gedruckt wurde und dann doch immer liegen blieb, so daß ich das Manuskript beständig in Aushängebogen verwandelt vor mir sah und nicht mehr die

---

152   Vgl. die Rezensionen von Melchior Meyr und Robert Prutz (Meyr 1854 und Prutz 1855, beide CD).

Macht hatte, früh oder spät erkannte Mißlungenheiten zu streichen. So kam es, daß zwischen dem Ungezogenen und Unbedachten selbst das Gelungene, welches auf einen guten Willen, sich an die Meister zu halten, hinweist, eher einen beleidigenden Eindruck macht, indem man, des Herganges unkundig, sich mit Recht fragen wird, warum ich denn nicht ein reineres und besseres Buch gemacht habe?

Ich erlaube mir diese etwas aufdringlichen Andeutungen nur deshalb, hoch zu verehrender Herr! um Sie von dem Vorhandensein eines schriftstellerischen Gewissens in mir zu | überzeugen und bei der Lektüre Ihre Theilnahme vielleicht zu erregen für das wahrlich tragische Geschick, ein zweifelhaftes Werk in die Welt senden zu müssen gerade in dem Augenblicke, wo man bereits ein volkommeneres Bild desselben, wie es sein sollte und könnte, in sich trägt!

Wenn ich denke, daß Sie dies Buch etwas näher angesehen haben werden, werde ich so frei sein, Ihnen wieder einmal meine ergebenste Aufwartung zu machen und verbleibe inzwischen, indem ich mich,

hochzuverehrender Herr

mit der größten Hochachtung empfehle

Ihr

Gottfr. Keller

Berlin 23 März 1854.

31. 3. 1854   Keller an Hermann Hettner

[...]

Varnhagen, der bis in die Mitte des 2ᵗ· Bandes gelesen hat, sprach sich sehr günstig und überrascht über meinen Roman aus, es wird aber wohl noch anders tönen, bis er zu Ende ist.[153]

[...]

---

[153] *Keller hatte Varnhagen am 30.3.1854 besucht; vgl. die Tagebucheintragung (*Tagebücher von K. A. Varnhagen von Ense. Elfter Band. Hamburg. Hoffmann & Campe. 1869, *S. 14 f.): Nachmittags Besuch von Herrn Gottfried Keller. Sein „Grüner Heinrich" ist ein Roman wie Rousseau's Bekenntnisse einer ist, voll Psychologie, unbeabsichtigter Pädagogik, frischer Naturbilder, alles in edler höherer Haltung. Zu den dort abgelegten Bekenntnissen fügt er mündlich noch andre mehr prosaische. Ein eigenthümlicher, gehaltvoller Mensch, aber für die Welt etwas verschoben, nicht ganz brauchbar zugerichtet!* Weitere Besuche: 2.6.1854 (Er ist fleißig am vierten Theile seines „grünen Heinrich" und denkt stark an die Abreise. Bd. 11, S. 93) und 5.6.1855 (Ich suche einige Bedenken, die ihm gekommen sind, zu heben, mahne zur frischen Thätigkeit etc. Bd. 12, S. 116); vgl. auch Varnhagen 1855 (CD).

31. 3. 1854 Keller an Firma Vieweg

Herrn Fr. Vieweg u Sohn in Braunschweig

Berlin d. 31 / 3 1854.

Ew. Wohlgeboren

zeige hierdurch ergebenst an, daß ich vom 1$^{st.}$ April an Bauhof N° 2 bei Schmidt wohne, sowie daß es mir erst in dieser Wohnung möglich wird, den Schluß des Romanes herbeizuführen. Ew. Wohlgeboren haben übrigens zu diesem Ergebniß auch Ihren Theil beigetragen durch das gegen mich seit dem letzten Halbjahr beobachtete Benehmen und sind wir jetzt jedenfalls, wenn einmal von rücksichtsloser Behandlung die Rede sein soll, durchaus quitt.

Ihr ergebenster
Gottfr. Keller.

3. 4. 1854 Hermann Hettner an Keller

[...]

Die Rezension über Ihren Roman ist schon längst in den Händen der Nationalztg; der Abdruck wird nun wohl in den nächsten Tagen erfolgen.[154] Es ist mir lieb, wenn Sie mir offen Ihre Meinung sagen. Ueber Varnhagens Urtheil habe ich mich gefreut. Sie sollen sehen, daß Sie einen glänzenden Erfolg haben werden. Heut kündigt bereits das Prutzsche Museum ein Lustspiel von Ihnen an. Kurz, Aller Augen richten sich auf Sie.

[...]

10. 4. 1854 Keller an Elisabeth Keller

[...]

Es ist eine originelle Idee von Regula, daß sie glaubt, ich schäme mich ihrer und hätte deshalb ihrer in dem Buche nicht gedacht. Ich glaube doch über einen solchen Argwohn hinweg zu sein in meinem Alter und mit meinen Erfahrungen. Ich habe mit dem Roman einen ganz bestimmten Zweck, welcher sich erst im 4$^{t.}$ Band zeigt, und nach welchem ich keine Schwester brauchen konnte. Ueberhaupt ist lange nicht alles darin, was ich erlebt, so wie vieles auch gar nicht wahr ist, wie z. B. die Liebesgeschichten. Viele Figuren, welche ganz gut zu brauchen wären für eine poetische Bearbeitung, wie z. B. der Jean Kündig und andere Gesellen, an welchen sich

---

154 *Vgl. Hettner 1854 (CD).*

lehrreiche Beispiele gestalten ließen, habe ich auch weggelassen, so wie den Mathis Spinner,[155] welchen man sehr wehmüthig komisch verwenden könnte. Wenn ich in späteren Jahren einmal meine eigentlichen Erlebnisse schildere, so wird meine Schwester auch ihre gebührende Stelle finden. Uebrigens wird das wunderliche Buch überall günstig beurtheilt und hat mir sogar in Berlin, wo es hunderte von Schriftstellern gibt, in ganz heiklen und nobeln Kreisen eine schmeichelhafte Anerkennung verschafft. Es wird indessen erst seine Wirkung thun, wenn der Schluß erschienen ist und ich glaube, daß es mich um ein gutes Stück vorwärts bringen wird, obgleich es viele Fehler hat und lange nicht das ist, was ich eigentlich machen kann, vielmehr eine bloße Studie oder ein Lehrblätz in dieser Art. [...]

Ich lasse den Flaigg grüßen; er wird doch mein Buch nicht gekauft haben, indem ich ihm nach meiner Heimkehr schon eins hätte geben können, indessen danke ich ihm für seine treue Theilnahme.

[...]

26. 4. 1854   Elisabeth Keller an Keller

[...] Vorige Woche kam H: Doctor Schulz u seine Frau zu uns, um Nachfrage zu halten, warum du wieder nicht angekommen? ich sagte, daß du eben noch eine Reiße auf einige Wochen nach Jena vornehmen wollest. es dünkt Ihn kurios, daß der 4. Band von deinem Roman so lange nicht erscheint! dieße 3. habe Er schon lange auf dem Museum geleßen. Einige Bekannte von Flaigg habens auch schon gekauft. Flaigg interesirt sich immer sehr für dich. *[...]*

6. 5. 1854   Hermann Hettner an Keller

Jena 6 Mai 54.

Mein lieber Keller,

Ich habe Ihnen etwas abzubitten. Sie werden in der gestrigen Natztg meine Rezension gelesen haben,[156] die über sechs Wochen im Redaktionsbureau gelegen hat. Ich schrieb diese Rezension unter dem Trubel größter Aeußerlichkeit, eben beschäftigt mit der Einrichtung des neuen Quartieres. Und nun sehe ich zu meinem großen Schrecken, daß sich dieser Mangel an Sammlung in einer für mich höchst ärgerlichen Weise gerächt hat. Ich habe da, wo das dichterische Nachempfinden walten soll, nur kurz verweilt, u dagegen

---

155   Jean Kündig *(1819–1874) und Mathias Spinner (1817–1875), Koloristen, Bekannte Kellers in Zürich und München.*
156   Hettner 1854 *(CD).*

da, wo der großsprecherische Verstand sein Wesen treibt, nur um so länger. So ist es mir begegnet, daß die Rezension den Anschein gewinnt, als lege sie ein großes Gewicht auf die einzelnen Mängel, die ich meiner Absicht nach doch nur sehr beiläufig berühren wollte. Kurz die Rezension ist tadelnder als Ihr schöner Roman verdient u als in der That meine Herzensmeinung ist.

Ueber diese Ungeschicktheit bin ich wahrhaft untröstlich. Ich kann kein anderes Auskunftsmittel finden als daß ich den vierten Band abwarte u dann, wie ich Ihnen hiemit heiligst verspreche, nach Kräften den begangenen Fehler gut zu machen suche. Einstweilen | kann ich mich nur Ihrer gütigen Nachsicht empfehlen u werde nicht eher Ruhe finden als bis Sie mir mit einigen Worten offen u aufrichtig gesagt haben, ob Sie mir zürnen.

Diese vorliegenden Zeilen sollen nur dazu dienen, Ihnen zu sagen, wie peinlich mir die ganze Sache ist u Ihnen Gelegenheit geben, Ihren stillen Zorn laut gegen mich zu äußern. Es ist besser, man spricht sich in solchen Dingen aus als daß ein stilles Mißverständniß im Geheimen wühlerisch fortfrißt.

[...]

6. 5. 1854   Keller an Hermann Hettner

[...]

Ihre Rezension, für welche ich demüthigst danke, war sehr nothwendig, nach dem gemeinen Philisterquatsch, welchen Kühne in seiner Europa loslies.[157]

[...] Mir haben die Kerle[158] noch nichts geschickt; vor 14 Tagen mußte ich erst eine gerichtlich bestätigte Verschreibung für die zu erwartende Geldsumme einsenden; auf diese Weise bin ich die ganze Zeit über so in Sorgen gewesen, daß ich nicht viel thun und also nicht einmal das Verhältniß mit Vieweg herstellen konnte durch Absendung des 4$^{t\cdot}$ Bandes. Ich fürchte immer, er hat sich mit den Leuten in Zürich in Rapport | gesetzt (da ich ihm behufs Uebersendung v. Exemplaren die Adressen und gutmüthiger Weise auch den Grund mitgetheilt[159]) und daß nun die beiden Parteien ein höchst weises Erziehungssystem zu befolgen vermeinen, indem sie mich zappeln lassen.

---

157 *Vgl. Kühne 1854 (CD).*
158 *Die Zürcher Freunde, die Keller auf Initiative von Heußer und Dubs ein Darlehen in Aussicht gestellt hatten; vgl. oben, Anm. 146.*
159 *Vgl. Keller an Vieweg, 10.11.1853, Dok.*

[...]
Obgleich sich Schicksal und Rezensenten so renitent und zäh gegen mich verhalten, daß ich für die Dauer dieser Bußzeit ganz voll Rachegefühle bin, so hoffe ich doch bald wie ein wohlgeschwänzter Komet an einem glücklicheren Himmel aufzugehen, von wo ich Sie dann besser gelaunt begrüßen werde.
[...]

24. 5. 1854 Christian Heußer an Keller

[...] Auch ich habe den Roman mit großem Interesse gelesen, u. bin nun noch sehr auf den 4$^{t.}$ Band gespannt. Unter dem männlichen Publikum hat sich nur Ein, u. zwar günstiges, Urtheil über denselben gebildet, bei dem weiblichen dagegen soll er etwas Anstoß erregt haben.
[...]

26. 6. 1854 Keller an Hermann Hettner

[...] Vor vierzehn Tagen haben mir meine Landsleute endlich einiges Geld geschickt,[160] aber nach dem Etat, welchen ich schon im Oktober v. J. eingesandt hatte. Es waren 420 Thaler, welche also zu einer bequemen und ehrenhaften Ortsveränderung nicht ausreichten. Ich muß also nun vom Schluß des Romanes und von den Novellen, überhaupt vom Verleger das Uebrige erwarten. Gründliche Abhülfe u Auskommen werde ich sicher durch die dramatischen Sachen haben, worauf ich mich täglich, seit ich das Theater wieder mehr besuche, mehr verlasse, es müßte denn mit dem Teufel zugehen. Der fehlerhafte Roman kann nicht maßgebend sein, weil diese weitschichtige, unabsehbare Strickstrumpfform nicht in meiner Natur liegt. Ganz etwas anderes ist es, wenn man nur einige Bogen zu füllen hat, und das auf peripatetische Weise und in naturgemäßer Dialektik. Ich werde nächstens dem Vieweg den 4$^{t.}$ Band abschicken und muß dann vor allem abwarten, wie er es mit dem Drucke hält, ob ich denselben noch von Berlin aus korrigiren soll etc. |
Gestern bekam ich eine Zuschrift von einem angehenden Verleger Hugo Scheube in Zeitz, welcher mir mit sehr verbindlichen und vielverheißenden Worten seinen in Heidelberg zu gründenden Verlag anbietet und anzeigt, daß er mit Ihnen über Ihr literarhistor. Werk Contract abgeschlossen habe. *[...]* Sie wissen, daß ich einen Verleger brauche, der das Geld nicht peinlich

---

160 *Angekündigt durch Heußers Brief vom 24.5.1854 (Ms. GK 79c Nr. 177).*

hervor klauben muß; auch muß man an die Zukunft denken und sich eine allfällige Sammlung nicht zum Voraus zersplittern oder erschweren. Ich habe immer die Hoffnung, abgesehen von der dramatischen Laufbahn, eine nicht große aber gute Sammlung erzählender Schriften zu Stande zu bringen, zu welchem Zwecke ich auch d. gr. Heinr. noch einmal umarbeiten und ihm eine gemeingenießbare Form geben würde. *[...]* Ich will einstweilen dem Hrn. Scheube verbindliche Antwort geben *[...]* Schreiben Sie mir aber doch, was sie von der Sache denken.

Ihr Schriftchen über den Robinson hat mich seither vielfach beschäftigt.[161] Ich wollte, ich hätte es vor dem Schreiben des gr. Heinr. gekannt, indem ich dadurch auf manches aufmerksam wurde. Ich lese jetzt die Bekenntnisse des h. Augustinus, welche auch nichts anderes sind als eine geistige Robinsonade, nämlich insofern man zuschaut, wie sich ein Individuum alles neu erwerben, aneignen und sich einrichten muß. *[...]*

Ich wünschte sehr zu wissen, wie Sie eigentlich mit Vieweg stehen und warum Sie von ihm abstrahiren; schreiben Sie mir doch etwas darüber. Was meine Verhältnisse betrifft, so denken Sie etwa nicht, daß dieselben noch lange auf demselben Punkt bleiben und lassen Sie sich überhaupt darüber nichts kümmern. Was ich schon lange sagte, eine Veränderung wird jedenfalls mit dem abgeschickten 4$^{t.}$ Bande eintreten.

[...]

28. 6. 1854   Hermann Hettner an Keller

[...]

Scheube ist ein höchst liebenswürdiger u in seiner Art strebsamer junger Mann. *[...]* Vor einigen Wochen schrieb er an mich, u daß er von meiner beabsichtigten Literaturgeschichte gehört habe und daß er dieselbe in Verlag begehre. Ich schrieb ihm zurück, er möge zu mir kommen. Dies that er. Darauf schlossen wir einen Vertrag pro Bogen 33 rt ab; jedoch machte ich mir den Vorbehalt, daß der Vertrag erst dann rechtsgiltige Kraft erlange, wenn ich zuvor bei Vieweg angefragt hätte, ob er unter denselben Bedingungen | seinerseits den Verlag übernehmen wolle. Gleich nach Scheubes Abreise schrieb ich an Vieweg. Heut früh erhalte ich von Vieweg die Antwort. Dieser acceptirt den Vertrag; zwar grob u empfindlich, aber er acceptirt ihn. Und so

---

161   *Hermann Hettner hatte am 11.3.1854 in Berlin einen später gedruckten Vortrag über Robinson und die Robinsonaden (Hettner 1854a) gehalten.*

muß ich denn nolens volens bei Vieweg bleiben; was mir insofern allerdings lieb ist, als Vieweg doch dann mein lebenslänglicher Verleger bleiben wird.
[...]
So möchte ich Ihnen denn ein ähnliches Verfahren anrathen. Schließlich können wir nur gewinnen, wenn wir die Verleger aneinanderhetzen. *[...]*
Wenn Sie Ihren Roman fertig haben, so kommen sie hieher. Sie können die Correctur hier auch besorgen u Sie miethen Sich ein billiges Studentenstübchen. Hat Vieweg Ihr Manuskript in Händen, so giebt er Ihnen ja sicher so viel Vorschuß, daß Sie Berlin gut verlassen können. |
[...]

31. 7. 1854   Keller an Eduard Vieweg

Herrn Fr. Vieweg u Sohn, Wohlgeboren

Berlin d 31/7 1854.

Geehrtester Herr!

Ich übersende Ihnen endlich etwas Manuskript für den 4$^{t.}$ Band. Ende dieses Monates werde ich von Berlin abreisen und bis dahin den Rest des Mskrts. abgeliefert haben. Es wäre mir lieb, wenn ich die Revisionsbogen noch hier durchsehen könnte, also der Druck bald begonnen würde.

Sodann bitte ich Sie, geehrter Herr! angelegentlich, mir umgehend das seit langer Zeit in Händen habende Manuskript der Novellenanfänge *[...]* zurücksenden zu wollen. Ein Verleger, welcher mir seinen Verlag anbot, wünscht jene Novellen, von denen er gehört, zu haben;[162] ich setzte ihm mein Verhältniß mit Ihnen auseinander, daß ich erstens den 4$^{t.}$ Band abgeliefert haben müsse, ehe ich die Novellen beenden könne, und daß ich zweitens nicht wisse, was Sie eigentlich vor hätten und jenes Mkrt. noch in Ihren Händen sei. | Da derselbe jedoch das Buch erst auf Ostern braucht, so würde er es sogleich übernehmen und mir das Honorar auszahlen, wenn ich ihm das Manuskript einsende, zum Zeichen, daß ich es von Ihnen herauszubekommen und Sie nicht etwa Ansprüche daran erheben würden. Ich habe auf den 15$^{t.}$ August einen Wechsel zu bezahlen und kann daher keinen Tag länger anstehen, diese Sache in's Reine zu bringen. Ich könnte zwar jene Novellen, welche einen Band von 25 Bogen ausmachen werden, ganz bei Seite liegen lassen und andere Sachen dafür nehmen; aber nach dem Gange meiner Produktionsentwiklung wünsche ich durchaus gerade diese Novellen zuerst zu machen. Ich sehe nun keinen Grund ein, warum Sie mir die

---

162   *Zum Vertrag mit Scheube vgl. HKKA 21, S. 19–21 und S. 440–445.*

Sachen nicht schicken sollten, es müßte denn sein, daß Sie mich mit Gewalt in die übelste Lage versetzen und ruiniren wollten.

Wenn Sie, nach allem Vorgefallenen und nach Ihrem Verhalten wider mein Vermuthen, die Novellen dennoch selbst übernehmen wollten, so würden | Sie natürlich die Vorhand haben unter den gleichen Bedingungen, welche der neue Verleger mir zugesteht, nämlich für den Band runde 300 Thaler und sofortiger Vorschuß des Honorars für den 1t. Band. Bis zum November würde derselbe fertig sein. Ich füge dieses Angebot aus dem einzigen Grunde hinzu, um nicht von meiner Seite ein besseres und günstigeres Verhältniß, das mit meiner Abreise aus Berlin unmittelbar eintreten wird, für die Zukunft in Bezug auf Ihren Verkehr mit mir unmöglich zu machen. Wenn ich eine schlechte Zeit überstanden habe, so vergesse ich alles damit verknüpfte, ausgenommen offenbare Gewalt und Ungerechtigkeit, was eine Verweigerung des Manuskripts oder eine gänzliche Nichtbeantwortung sein würde in den obwaltenden Verhältnissen.

In Bezug auf den Fall, daß Sie wider Erwarten die Novellen übernähmen, setze ich noch Voraus und damit in Verbindung, daß Sie das Honorar für den Roman schließlich verhältnißmäßig nach meinen früheren Forderungen festsetzen wollen; ohne dieses würde ich mir lieber die Hände abschneiden, als noch eine Zeile weiter zu schreiben; es ist dies | eine Ehrensache; denn wenn an diesem Buche der Bogen nicht 1½ Louis d'or werth ist, während Sachen, die tausendmal schlechter sind, mit 4 und 6 Louis d'or bezahlt werden, so heißt das meine Arbeit herunter setzen und unter die Füße treten.

Sie haben zwar, geehrter Herr, mir wiederholt eine Ausgleichung in diesem Punkte zugesichert; allein ebensowohl haben Sie, auf Grund der mir gethanen Vorschüsse, die sich auf 700 Thaler belaufen, seiner Zeit die Novellen in Gebieterischen Ausdrücken verlangt, was ich zwar damals redressirte, und vielleicht auch seither zurückbehalten. Deswegen berühre ich diese Sache jetzt wieder und noch vor dem Schlusse des betreffenden verwünschten Buches, obgleich ich mir vorgenommen hatte, Ihnen einfach das fertige Manuskript zuzusenden und Ihr weiteres Verhalten ruhig abzuwarten. Aber die Sachlage zwingt mich dazu, und werde höchstens 8 Tage auf Ihre gefällige Antwort warten können, womit ich

                mit ausgezeichneter Hochachtung
                verbleibe
                Ihr ergebenster
                G. Keller.

Bauhof N° 2 in Berlin.

6. 8. 1854 Keller an Eduard Vieweg

Herrn F. Vieweg u Sohn, Wohlgeboren

                                              Berlin d. 6$^{t.}$/8 1854.

Geehrtester Herr!

Da ich befürchte, daß Sie meine Mittheilung vom 31$^{t.}$ Juli in keiner Weise berücksichtigen, mich aber die Gefahr sehr unangenehmer, mich weit zurück werfender Vorfälle bedroht, so muß ich mir erlauben, Sie mit einer abermaligen und letzten Auseinandersetzung zu behelligen, um Sie zu vermögen, mir die Novellenfragmente zurückzusenden, und zugleich, um Ihnen deutlich meine Auffassung dieser Sache und mit mehr Unbefangenheit, als in meinem letzten durch durch die Sorge diktirten Briefe geschehen ist.

    Zuerst muß ich Ihnen noch erklären, daß ich durchaus nicht Willens war noch bin, weitere Vorschüsse durch meine Mittheilungen von Ihnen zu erzielen, daß dagegen die Sache einfach so liegt, daß ich durch Einsendung des Msprt's jener Fragmente umgehend Hülfe empfange, daß ich ferner zum Beweise die darauf bezüglichen Briefe und Anerbietungen Ihnen nur aus dem Grunde nicht beilegte, um keine Indiskretion zu begehen; daß ich einstweilen nur für einen einzelnen Band mich verpflichten werde, und endlich, wenn | Sie in kürzerer oder längerer Zeit eine andere Einsicht von mir gewonnen haben und es wünschbar finden sollten, meine Sachen zu verlegen, ich dann jederzeit wieder zu Ihrer Verfügung stehen würde.

    Als Sie vor nunmehr vier Jahren mir die Uebernahme meines Romanes unter den gestellten Bedingungen erklärten, war ich der Meinung, daß derselbe einen starken Band betragen sollte und hatte Ihnen die Stärke desselben auf ungefähr 400 geschriebene Seiten angesagt.[163] Daß Sie selbst auf diese Stärke rechneten, beweis't, daß Sie mir am 7$^{t.}$ Mai 1850 anriethen, das Buch in 3 Bändchen abzutheilen. Mit dem Schluß des 4$^{t.}$ Bandes werden es nun ungefähr 800 geschriebene Seiten sein, der Roman ist 4 ordentliche

---

163   *Vgl. Keller an Vieweg, 28.2.1850, Dok.*

Bände stark, Sie erklärten sich sowohl mit dem Inhalte als mit der Ausdehnung zufrieden und sagten mir eine verhältnißmäßige Erhöhung des Honorares zu. Ich wiederhole diese Umstände hier nicht, um abermals auf eine bestimmte Erklärung zu dringen, indem ich jedenfalls diese Sache auf sich beruhen zu lassen schuldig bin, so lange ich das Buch nicht fertig abgeliefert habe.

Ich führe diese Umstände aber an, um Ihnen darzuthun, daß, als ich Ihnen die Novellen übersandte, durchaus nicht der Meinung sein konnte, etwa, wie Sie anzunehmen scheinen, dieselben als schon verkauft oder gar bezahlt anzusehen, wie Sie denn auch nie mit einer Silbe über allfällige Bedingungen sich ausgesprochen haben.

Ich ließ das betreffende Mt. bis jetzt bei Ihnen liegen, | weil ich von Monath zu Monath der Hoffnung war, Ihnen den fertigen Roman senden zu können und an einer daran sich knüpfenden Fortsetzung eines geregelteren Verkehres unter besseren Auspizien nicht verzweifelte. Wenn ich aber jetzt die par Bogen mir zurück erbitte, so geschieht es in loyaler und offen ausgesprochener Absicht, gedrängt durch eine unabwendbare Sachlage. Ich würde dennoch mit dem Mkrpt. nicht etwa herumhausirt haben; da sich aber ein Verleger von selbst darbietet, der mir aus der Noth hilft, so sehe ich wahrhaftig und <u>ernsthaft gesagt</u>, nicht ein, warum durch die kleine Mühe, mir jene armseligen Bogen zu senden, mir nicht geholfen werden soll!

Ich könnte mit leichter Mühe das betreffende M. in zwei Tagen neu herstellen und darüber verfügen, da es mein Eigenthum ist (gezwungen würde ich unter keinen Umständen daran weiter schreiben!); aber Sie wissen, daß Sie eine solche, wenn auch beiläufige Beschäftigung als einen Bruch meines gegebenen Ehrenwortes auslegen können, und daß ich also durch meine eigene Loyalität, mit welcher ich jenes Wort gab, behindert und gehemmt bin.

Mich dünkt, daß in unserm ganzen Verkehr die Hauptsache die ist, daß ich Ihnen ein anständiges und verhältnißmäßig gutes Buch geliefert habe, wie ich es vorausgesagt, und nicht etwa ein verkommenes | und nichtssagendes Produkt. Wäre dies der Fall, so hätten Sie alle Ursache sich für getäuscht und mißbraucht zu halten; da es aber <u>nicht</u> der Fall ist, da ich meiner <u>Hauptpflicht</u>, derjenigen gegen meinen Beruf und mein <u>inneres</u> Urtheil nachgekommen bin, so liegt darin für Sie die Bürgschaft, daß ich schließlich, wenn auch langsam, den äußeren Pflichten nachkommen werde. Wer das größere und wesentlichere thut, thut auch das andere. So gut, wie ich meine vorgesetzte Aufgabe in Betreff dieses Buches nun bald erfüllt haben werde, wird sich auch erfüllen, was ich schon oft gesagt, daß es nämlich unmittelbar nachher rascher und glücklicher mit meinen Arbeiten gehen werde. Doch Ihnen, als Verleger, zuzumuthen, daß Sie die gewohnte Geschäfts- und Berechnungsart einmal versuchsweise übergehen und auf das Ganze, auf die Gesammtentwickelung einer Individualität, die nicht auf der Heerstraße der Tagesgrößen geht, eingehen sollten, steht mir nicht an, da kein Mensch den andern sicher durchschauen kann und sich an die gewohnten und bekannten Thatsachen und Handlungsweisen halten muß.

In diesem ganz bestimmten und konkreten Falle aber erlaube ich mir, Ihnen zu bedenken zu geben, was es eigentlich auf sich habe und welcher Verantwortung sie sich aussetzen, wenn Sie auf willkürliche Weise die kümmerlichen Bogen, die mir Rettung bringen, zurückhalten, | statt dieselben mit einem Umschlag versehen und an mich addressiren zu lassen, und ich bitte Sie demgemäß, mein dringendes Gesuch zu berücksichtigen und werde es für eine eben so große Gefälligkeit halten, als wenn Sie das Buch sogleich selbst unter günstigen Bedingungen übernähmen.

Mit dem Schlusse des Romanes haben diese Novellenbogen nichts zu thun; hieraus erwächst kein Grund für Sie, dieselben zurückzuhalten; denn wenn ich schlecht genug wäre, mein Wort zu brechen und mich vor Lösung desselben mit andern Dingen zu beschäftigen, so würde ich es längst gethan haben und mich überhaupt nicht in gegenwärtiger Calamität befinden.

Da es mir einstweilen noch wünschenswerth, daß Sie keine unheimliche und nachtheilige Vorstellung davon haben, was und wie ich eigentlich seit dem letzten Jahre gelebt, so will ich, zugleich zur Erklärung, warum der Roman noch nicht in Ihren Händen ist, darüber zwei Worte beifügen. Als ich den 3$^{t.}$ Band fertig hatte, war mir aus Zürich eine ausreichende Geldhülfe zugesagt von 500 Thalern, mittelst welcher ich den 4$^{t.}$ Band zu vollenden und meine Abreise aus Berlin zu bewerkstelligen gedachte. Diese Summe, obgleich sie mir von Woche zu Woche in Aussicht gestellt war, erhielt ich erst im Juni dieses Jahres, so daß | ich erstens bis dahin die schlechteste Zeit erlebt habe, die ich überhaupt erlebt, und zweitens meine Angelegenheiten nichts weniger als ordnen, noch auch einer ruhigen und besonnenen Arbeit obliegen konnte. Da ich gänzlich mittellos und dabei nicht industriell bin und überdies noch solche Dummheiten begehe, wie das Ihnen gegebene Ehrenwort eine ist, so wird es mir eben so gehen, bis ich durch irgend ein glückliches Produkt einen durchgreifenden Erfolg und eine unabhängige Lage erreicht habe, da alles andere halb und unzureichend ist.

Mit einem weitern Briefe von mir werden Sie nun nicht mehr behelligt werden und verbleibe ich somit

geehrtester Herr
hochachtungsvoll und ergebenst
Gottfried Keller
Bauhof N° 2.

14. 9. 1854 Eduard Vieweg an Jakob Henle[164]

[...] Ihrem Wunsche gemäß sende ich Ihnen auf unser Tausch-Conto den grünen Heinrich und die neue Auflage der Kellerschen Gedichte. Der grüne Heinrich ist, nach meiner Anschauung, ein ganz prächtiges Buch; ich habe es mit dem allergrößesten Vergnügen gelesen. Auch ist es mir in anderer Hinsicht interessant, nämlich zur Vergleichung meiner Ansicht mit der des großen Publikums. Von dem Buche sind nämlich kaum | 100 Ex. abgesetzt, vielleicht ein paar hundert weniger, als von der schlechtesten Gattung des trivialsten Leihbibliothek Futters! Das ist denn doch stärker wie stark! Möglich daß sich der Kellersche Roman noch später in der Lesewelt emancipirt, und daß dem Absatze auch der noch fehlende 4te Thl. schadet.

Keller lebt oder bummelt in Berlin, und scheint mir seinem Charakter nach wenig der Güte seines Buches zu entsprechen. Er hat mir das Honorar aus der Tasche gelockt und jetzt ist der 4te Band nicht von ihm zu bekommen, nachdem er schon an den ersten 3 Bänden über 2 Jahre drucken ließ![165] Es wird mich höchlich interessiren von Ihnen zu hören, was Sie von dem Romane sagen und, falls Sie den Verfasser persönlich kennen, auch etwas über seinen Character. Persönlich macht er den Eindruck eines Bull-dog. *[...]*

---

164 *Friedrich Gustav Jakob Henle (1809–1885), Anatom, Pathologe und Arzt, 1840–1844 Professor für Anatomie und Physiologie an der Universität Zürich, 1844–1852 an der Universität Heidelberg, ab 1852 an der Universität Göttingen. Keller hatte seine Heidelberger Anthropologie-Vorlesung gehört, die ihm als Anregung diente zu GH I, Kap. IV.2. – Henle teilte in seiner Antwort vom 1.10.1854 (Abschrift unter NUBG: Cod. Ms. Henle 42) Viewegs Begeisterung für den Roman: In der Schilderung der Vorgänge in einer Kinderseele und der Darstellung der Leute aus dem Volk seien ganz neue Quellen angezapft. Henle hatte Keller in Heidelberg als eher ungeselligen, schweigsamen Menschen kennengelernt.*

165 *Im Brief vom 3.10.1854 an Henle (NUBG: Cod. Ms. J. Henle 12 Nr. 18) äußerte Vieweg starke Zweifel, den 4. Band überhaupt noch zu bekommen, da Keller das Geld dafür weg habe.*

19. 10. 1854   Hermann Hettner an Keller

[...]
Wieder ist der Sommer vergangen, ohne daß ich Sie hier gesehen habe. Schreiben Sie mir aufrichtig, wie es um Sie steht u was Sie noch immer in dem abscheulichen Berlin zurückhält. Was macht der grüne Heinrich, was die Novellen? Wo sind Sie, bei Vieweg oder Scheube? *[...]*

21. 10. 1854   Keller an Hermann Hettner

[...]
Was mich betrifft, so sitze ich immer noch Bauhof 2 in Berlin, und zwar, um es nur zu gestehen, schändlicher Weise aus dem einzigen Grunde, weil ich den 4$^{t.}$ Band noch nicht fertig habe! Es ist eine skandalöse Geschichte mit diesem verfluchten Alp von Roman! Ich darf nichts anders schreiben, bis er abgeliefert ist, und doch mag ich ihn zeitweise gar nicht ansehen und die Buchhändler, Vieweg wie andere, verderben Einem die Laune noch ganz! Was ich denn thue? Ich mache Sachen fertig im Gedächtniß, da ich nicht | daran schreiben darf, und fabrizire mit dem größten Plaisir Dramen, Novellen Gedichte Aufsätze u alles mögliche, was ich alles schreiben werde, der Reihe nach. Daneben fülle ich meine Leselücken aus. *[...]*
Mit Scheube nahm es folgenden Verlauf. Als er wiederholt in mich drang u mich persönlich besuchte, bot ich ihm endlich die Novellen an,[166] welche ich nach dem Roman fertig machen wollte. Ich sagte ihm, daß Vieweg sie schon seit 1 Jahr in Händen habe und nichts darüber äußere. Er wollte sie sogleich nehmen, aber das Manuskr. v. Vieweg erst heraus haben, um keine Ansprüche v. diesem zu riskiren. Ich schrieb an Vieweg, er solle sich entweder selbst erklären, oder mir das Manuskr. sogleich übersenden, da ich einen Verleger dafür wüßte, der mir aus der Verlegenheit helfe. Ich schrieb, da ich keine Antwort erhielt, wiederholt und stellte ihm deutlich vor, welchen Charakter ein solches Zurückhalten von Manuskrpt. habe etc. aber bis auf heute habe ich keine Antwort erhalten. Bloß dieser Tage erhielt ich ein Couvert v. Vg. mit einem Bestellzettel aus Bremen, wonach eine dortige Buchhandl. 3 IV$^{t.}$ Bände des grünen H. dringend verlangt. Dies soll wahrscheinlich eine Mahnung sein. Inzwischen wurde ich mit Scheube einig, die Novellen einstweilen auf sich beruhen zu lassen, und | dafür einen Band v. 20–25 Bogen Charakteristiken u Schilderungen in der Art meiner Jugendgeschichte zu

---

166   *Gemeint sind die bei Vieweg befindlichen Novellen-Anfänge von* Galatea *(vgl. HKKA 23.1, S. 43–45).*

projektiren,[167] wofür ich noch reichlichen Stoff habe, der nicht in den grün. Heinr. paßte, und den man in der dritten Person verwenden kann. Scheube sollte mir sogleich 300 Thaler dafür zugehen lassen und schickte mir dieselben in Wechseln mit 4monatlicher Verfallzeit auf sein Haus in Zeitz, das in Berlin kein Mensch kennt. Er hatte mich allso mystifizirt [...]
    Das Verfahren Viewegs nun ist eine ungeschickte brutale Pfändungsmanier. Er wird, wenn er den Schluß d. gr. H. hat, nun wieder angerückt kommen; allein ich werde nicht mehr der Frühere sein; obgleich sein Benehmen beschimpfend ist, so ist es mit andern nicht besser und es ist ein Hund wie der andere, davon bin ich überzeugt. V. ist wenigstens solid, und was er zu leisten verspricht, das thut er wirklich und in bester Form. Mein 4^t· Band ist indessen allmälig doch | angewachsen und da ich gerade jetzt gut daran bin, so wird er bis Ende Oktober abgehen können. Wenn V. alsdann anbinden will so werde ich ihm sagen was die Uhr ist.
    [...] Was meinen Sie nun, wenn ich Vieweg als erste Bedingung, in fernerer Verbindung zu bleiben, die Forderung stelle, daß er, zum Zeichen, daß er mich anständig zu behandeln gesonnen sei, zuallererst unser Abkommen über den grün. Heinr. revidire, und mir ein festes und anständiges Mittelhonorar von 2½–3 Louis d'or pr. Bogen zugestehe. Hierdurch würde ich auf einen Schlag 6–800 Thaler für schon Gethanes erhalten [...]

23. 10. 1854   Eduard Vieweg an Keller

Braunschweig, 23 Oct. 1854

Hochgeehrter Herr!

Ich sende Ihnen hierbei die mir von Ihnen mitgetheilten <u>Anfänge</u> des Manuscripts der Novellen [...] zurück. Es ist mir unmöglich, mich über den Verlag zu entscheiden, bis die Manuscripte ganz in meiner Hand sein werden, zweifle jedoch keinen Augenblick, daß wir uns sodann einigen werden.
    In Betreff des 4^t· Bandes des grünen Heinrich muß ich mir noch einmal erlauben, ebenso ernst als dringend an Ihr Ehr- und Rechtsgefühl zu appelliren. Sie haben mich durch Ihre feste Zusage, daß der 4^t· Band schon zu Weihnachten v. J. versendet werden könne, zur Ausgabe der drei ersten Bände veranlaßt und durch die NichtErfüllung Ihrer festgegebenen und so oft wiederholten Zusage den Verlag als buchhändlerisches Unternehmen total ruinirt, da die Leihbibliotheken sich nicht auf Anschaffung eines unfer-

---

167   Am 21.9.1854 hatte Keller mit Scheube einen Vertrag über ein novellistisches Werk unter dem vorläufigen Namen Lebensbilder abgeschlossen (vgl. HKKA 21, S. 440–445).

tigen Romans einlassen. Der Nachtheil, der dadurch herbeigeführt wurde, ist so entsetzlich eingreifend, daß der Absatz bisher noch nicht die Höhe von 150 Expl. erlangt hat.

Drängen | Sie mich nicht zu der mir selbst so schmerzlichen u. unangenehmen Alternative, Sie für die Folgen Ihres nicht zu entschuldigenden Verhaltens verantwortlich zu machen; es bliebe mir nichts übrig, als Sie zu auf Rückzahlung der Ihnen geleisteten Zahlungen zu verklagen, desgleichen auf Erstattung der Herstellungskosten der ersten drei Bände nach Absatz des Ertrages der bisher verkauften Exemplare und Ihnen dann den Debit des Buches selbst zu übergeben. Prüfen Sie unsere bisher gepflogene Correspondenz u. beantworten Sie sich u. mir auf Pflicht u. Gewissen die Frage, ob Sie es vor Gott u. Menschen, vor Ihrem eigenen Ehrgefühle, verantworten können, mich so zu behandeln, wie Sie es gethan haben. In Ihrem Briefe vom 31$^{t.}$ Juli dJ. schrieben Sie mir, daß Sie in Bälde Berlin verlassen würden; Sie werden es daher in der Ordnung finden, wenn ich jetzt auf die eine oder andere Weise die Sache zum Schlusse oder Bruche bringe.

Sie drängen mich fortwährend, Ihnen Zusicherung wegen der Erhöhung des Honorars zu geben u. dennoch ist es mir, bevor Sie Ihre Verpflichtungen gegen mich erfüllt haben, geradezu unmöglich, auf Ihren Wunsch einzugehen. |

Ich widerhole Ihnen meine Zusage, daß ich das ursprünglich verabredete Honorar nach Maßgabe der Verstärkung des Buches gleichmäßig erhöhen will, wenn Sie mir das Manuscript des 4$^{t.}$ Bandes bis Weihnachten d. J. vollständig liefern und mit der Einsendung des Manuscripts regelmäßig fortfahren. Thun Sie das nicht, so werden Sie sich die Folgen selbst zuzuschreiben haben. Ich beweise Ihnen aufs Neue Vertrauen, indem ich Ihnen den Anfang der Novellen *[...]* zurücksende u damit ein Pfand aus der Hand gebe, was ich bisher besaß.

Hochachtungsvoll und

ergebenst

Eduard Vieweg.

P. S.

Um Ihrem Gedächtnisse zu Hülfe zu kommen, will ich Ihnen die maßgebende Stelle aus Ihrem Briefe vom 5^{t} Nov. 1853 wiederholen:

Sie wünschen meine Zusage, daß ich den Bogen des Romans mit 1½ Ldor honorire unter der Bedingung, daß diejenige Bogenzahl, welche über 100 Bogen hinausgeht, nicht honorirt werde und unter der ferneren | Bedingung, daß diese Erhöhung wegfalle u. die Bestimmung des Honorars meinem

Ermessen überlassen bleibe, wenn Sie mir nicht das vollständige Manuscript bis Ende des Jahres 1853 lieferten. Auch war die erste Bestimmung der Stärke des Buchs nicht wie Sie annehmen, zu 400 Seiten, sondern zu 430 bis 440 Seiten,[168] nach Maßgabe des Manuscripts des 1t. Theils bestimmt.

Eduard Vieweg

1. 11. 1854   Hermann Hettner an Keller

[...]
Hoffentlich ist nun der grüne Heinrich unter der Presse. Das Buch, weiß ich, hat überall den besten Anklang gefunden u jene Bremer Buchhandlung steht mit ihrer Nachforderung nicht vereinzelt. Der Teufel sollte auch unser Publikum holen, wenn es nicht mehr für diese stille Sinnigkeit Ohr u Verständniß hätte.

Ich glaube, daß Vieweg in der Revision des Contractes vernünftig sein wird. Die Schufterei wäre zu offen am Tage, als daß er die Ehre seiner Firma aufs Spiel setzen könnte. *[...]*

Wie steht es um Ihre Rückkehr nach der Heimath? Warum noch länger in Berlin bleiben, wenn Sie durch Vieweg und Scheube im Stand sind, sich dort loszueisen? Ich mache Ihnen wiederholt den Vorschlag, kommen Sie auf einige Wochen hieher nach Jena. Ich habe mein Gartenhaus, das sich gut heizt, völlig leer stehen; mein Tisch erleidet durch Sie nicht die mindeste Veränderung. Kommen Sie also. Namentlich können Sie doch von hier aus die Correctur besorgen.

[...]

4. 11. 1854   Keller an Alfred Escher[169]

[...]
Mein eigenes Geschick betreffend,[170] so sind Sie, hochgeehrter Herr! über dasselbe bis zum letzten Halbjahre ohne Zweifel insofern unterrich-

---

168   *Vgl. Keller an Vieweg, 28.2.1850, Dok.*
169   *Alfred Escher (1819–1882), Jurist, einflußreicher liberaler Politiker im Kanton Zürich und im Bundesstaat, 1847–1848 erster Staatsschreiber, 1848–1855 Regierungsrat des Kantons Zürich, ab 1848 Schweizerischer Nationalrat, Förderer des 1855 eröffneten Eidgenössischen Polytechnikums und des Eisenbahnbaus, Mitbegründer und Verwaltungsratspräsident der Schweizerischen Kreditanstalt. – Escher war neben den Regierungsräten Rudolf Bollier und Eduard Sulzer Initiator von Kellers Reisestipendium gewesen.*
170   *Primärer Anlaß des Briefs war die Empfehlung Hermann Hettners für den Lehrstuhl in deutscher Literatur sowie Archäologie und Kunstgeschichte am schweizerischen Polytechnikum in Zürich gewesen.*

tet, als Sie an einer bedeutenden pekuniären Hülfe, welche durch Herrn Regierungsrat Dubs angeregt wurde, persönlich sich zu beteiligen die Güte hatten. Wenn ich mich nicht seither dankend an Sie wandte und auch sonst längere Zeit nichts von mir hören ließ, so geschah dies nur im festen Vertrauen, statt mit Worten mit Taten, d. h. mit einem leidlich gut erreichten Zwecke und mit einem guten Ende dieses langen Intermezzos antworten zu können. Ich fühlte sehr wohl, wie gewagt mein ganzes Benehmen ist, aber ebensosehr vertraue ich Ihrem großen Sinne und daß sich eine eingetretene Ungeduld durch eine günstige Wendung meiner Sache beschwichtigen werde. Ich habe es nun endlich dahin gebracht, anständig aus mir selbst leben zu können, und hoffe mit guten Buchhändlerkontrakten in der Tasche nach Hause zu kehren, da die Buchhändler seit dem Erscheinen meines Romans (dessen letzter Band in den nächsten Wochen erscheinen wird) mir ihren Verlag anbieten, was in dieser kritischen Zeit ein gutes Zeichen ist. Ich werde so die nächsten 5 oder 6 Jahre unabhängig als Schriftsteller existieren können, ohne in Vielschreiberei zu geraten, und mit der nötigen Muße bis zum sogenannten Schwabenalter doch noch etwas Praktisches aus mir zu machen. *[...]*

15. 11. 1854   Keller an F. A. Brockhaus

[...]

Wenn Sie, geehrtester Herr, meinen Roman in ihren Blättern berücksichtigen wollen, so wird diese Freundlichkeit demselben sehr gut und nützlich sein. Wilhelm Schulz in Zürich schrieb mir, daß Sie ihm freundlichst Raum zu einer | Anzeige verheißen hätten.[171]

[...]

20. 11. 1854   Firma Vieweg an Keller

Braunschweig, 20 November 1854.

Ew. Wohlgeboren

erlauben wir uns dringend um baldigste Zusendung weiteren Manuscriptes zu ersuchen.

Die Käufer der ersten 3 Bände drohen zum Theil mit Zurückgabe derselben, wenn der 4te Band nicht bald erscheine. Überhaupt hat die durch Ew

---

171   Vgl. Schulz 1855 (CD).

Wohlgeboren veranlasste Verzögerung – abgesehen vom pecuniären Verluste – uns die störendsten und unangenehmsten Verlegenheiten bereitet!
Der Erfüllung unserer Bitte entgegensehend, empfehlen wir uns Ew Wohlgeboren

Hochachtungsvoll ergebene
Fried Vieweg u Sohn

21. 11. 1854   Keller an Firma Vieweg

Herrn F. Vieweg u Sohn Wohlgeboren in Braunschweig

Berlin 21 / 11 1854.

Ew. Wohlgeboren

Werden in den nächsten 14 Tagen den Schluß des Buches empfangen, und werde ich noch diese Woche mit den regelmäßigen Mskrt. Sendungen beginnen. Da meine Existenz durchaus vom Loskommen von dieser Sache abhängt, so kann ich nicht begreifen, wie man fortwährend an der Beendigung des Buches zweifelt.

Uebrigens ist es mir total neu, daß heutzutage, das Schicksal eines Buches und die Ehre des Verfassers gänzlich vom Standpunkte einer guten Leihbibliothekschwarte behandelt wird, und bei einem unabsichtlichen Ausbleiben des Schlusses eines poetischen Werkes das Publikum mit dem Verleger, und dieser mit dem Autor eine Sprache führt, als ob es sich um eine Art <u>Gaunerei</u> handle! | Fast alle ausgezeichneten Werke unserer und fremder Literatur sind suksessive und bändeweise entstanden und herausgekommen, oft mit langen Unterbrechungen, noch nie habe ich gehört, daß deswegen die Verfasser als böswillige und schädliche Leute angegangen und insultirt wurden. Ohne mich jenen Männern beizählen zu wollen und ohne absichtlich das suksessive Herauskommen meines Buches herbei geführt zu haben, kann ich doch ganz ungenirt behaupten, daß mein Buch, selbst wenn ich keine Zeile weiter hinzugeschrieben hätte, ein ganz <u>respektables Fragment</u> sein würde, das über kurz oder lang seine Kosten vollkommen zu decken <u>im Stande ist</u>.

Dies ist meine Ansicht und <u>meine</u> Rechtfertigung gegenüber <u>mir selbst</u>; ich habe noch jederzeit gesehen, daß sich schließlich die Ansicht des Haufens dem Erfolge gefügt hat. Da dies Buch durchaus der einzige, umfangreichere Versuch dieser Art bleiben wird und es seine bestimmte Stelle in meiner literar. Entwicklung einnimmt, so wird man immer wieder darauf | zurückkommen müssen. Es ist nicht wie bei den eigentl. Romanschriftstellern, wo das Publikum denkt, es sei gleich, ob man den einen oder andern Roman desselben Autors übergehe, und wo alles darauf ankommt, daß das neue Opus des Herrn oder der Dame mit Einem Schlage und möglichstem Aufsehen lancirt werde.

Da ich dieser Tage Manuskript absende, so behalte die innehabenden Korrekturbogen so lange hier.

Hochachtungsvoll u ergebenst
Ew. Wohlgeboren
G. Keller.

P. S. Es ist mir schon mehrmals von Bekannten gesagt worden, daß die Stelle aus einer Rez. welche Ew. Wohlgeboren unter der Zeitungs-Annonce abdrucken lassen,[172] keinen angenehmen Eindruck mache. Ich möchte Ew. Wohlgeboren daher ersuchen (da ich sie selbst etwas zu derb und ungeeignet finde) dieselbe mit etwas anderem zu ersetzen, vielleicht mit einer einfachen Hinweisung auf die Kritiken in den Blättern. Es sind welche zu finden in den Gränzboten, im d. Mus. | im Frankf. Conv. Blatte in der Nationalzeitung, d. Feuerspritze, der Berliner Volkszeitung der Kölnischen Zeit. u a.[173] Ordentliche Besprechungen werden mit dem Erscheinen des 4^t Bandes nicht ausbleiben und sind mir mehrere schon zugesagt,[174] aus welchen sich wohl eine Reklame, wenn es einmal sein muß, wird zusammensetzen lassen.

G. K.

6. 12. 1854   Keller an Firma Vieweg

Berlin d. 6$^{t.}$ Dez. 1854.

Ew. Wohlgeboren

überschicke die innehabenden Korrekturen nebst 2 Bogen Manuskript. es wird für nächste Woche (bis Montag früh) unfehlbar mehr Manuskript anlangen und das Buch binnen kürzester Zeit geliefert sein. Vor 8 Tagen erhielt ich Korrekturen, welche nicht mein, sondern der <u>Fräulein Lewald</u> gehörten, der ich dieselben überbrachte. Ich bitte also die meinigen, welche

---

172   *Vgl. z. B. die Annonce in der von Vieweg herausgegebenen* Deutschen Reichs-Zeitung, *Nr. 64, 16.3.1854 (Abb., S. 287). Es werden darin Passagen aus der Rezension in der gleichen Zeitung (Reichs-Zeitung 1853; CD) zitiert. Zum darin genannten Verkaufspreis vgl. unten, Anm. 221.*

173   *Vgl. Kap. 2.3 Besonderes: Rezensionen.*

174   *Z. B. von Rudolf Flaigg (Flaigg an Keller, 4.3.1851, Dok) und Emil Palleske (Palleske an Keller, 16.10.1853, Dok).*

(499) In meiner Seifenfabrik kann auf vorher geschehene Anmeldung erlernt werden, aus 100 Pfd. Talg 250 bis 260 Pfd. harte Seife zu verfertigen, welche von der Seife, die nach alter Art bereitet wird, wo 100 Pfd. Talg nur 160 Pfd. geschliffene Seife giebt, nicht zu unterscheiden ist. Diese Seife wird nicht rauh, ganz hart, leistet in der Wäsche so gute Dienste wie Kernseife und ist **30 Procent billiger**.

Auf Wunsch besuche ich Fabrikanten, um Ihnen meine Methode praktisch zu zeigen und lege auch große neue Fabriken an.

Außer dieser Seifensorte kann jede andere Seife bei mir erlernt werden, als: weiche Schmierseife, Marseiller, Elain-, Harz- und Toilett-, sowie alle Sorten für Tuchfabriken. Gegen Erstattung der Kosten stehen Muster zu Diensten. Es sind ferner von mir billigst zu beziehen: Siedekessel und Laugebehälter von geschlagenem Eisen, Seifenformen von Gußeisen 15 bis 20 Ctr. haltend, Talg- und Stearin-Lichter-formen aus Zinn, messingene Toilettseifeformen, Laugewagen und Alkalimeter, hydraulische Pressen aus Eisen oder Holz, sowie Destillations-Apparate, um ohne große Auslagen für Geräthe Stearin zu fabriciren.

Das Nähere auf frankirte Anfragen.

Philipp Kürten,
Seifenfabrikant in Köln am Rhein.

Dr. Borchardts aromatisch-medicinische Kräuterseife

erfreut sich vermöge ihrer vortrefflichen Eigenschaften auch in hiesiger Gegend einer ungetheilten rühmlichen Auszeichnung und ist in **Braunschweig** = unter Garantie der Echtheit = **nur allein** vorräthig bei **C. L. Quenstedt**, Herzoglichem Hoflieferanten, sowie auch in **Harzburg** bei **A. W. Müller**, in **Helmstedt** bei **H. Wulfert**, in **Holzminden** bei **H. Gerhard** und in **Wolfenbüttel** bei **C. F. Dosse**.

(333)

(230) **Vermiethung.**

In dem an der Wallpromenade vis-à-vis der Eisenbahn neu erbauten Hause ist auf Ostern oder später die aus 6—8 heizbaren Zimmern nebst nöthigem Zubehör bestehende sehr elegant und bequem eingerichtete Bel-Etage ganz oder getheilt, außerdem eine Wohnung mit 2—3 oder 4 Stuben, nebst Küche, nöthigen Kammern, Keller und Mitgebrauch eines Waschhauses zu vermiethen.

(388) Im Verlage von **Friedrich Vieweg u. Sohn** in **Braunschweig** ist erschienen und in der **Schulbuchhandlung** zu haben:

Der grüne Heinrich.

Roman in vier Bänden
von Gottfried Keller.

1—3. Band. 8. Velinpapier. Geheftet.
Preis 5 Thlr.

Das vorliegende Werk des rühmlichst bekannten Verfassers wird sich namentlich in unseren Tagen den größten Beifall eines Jeden erringen müssen, welcher „das Herz auf dem rechten Fleck trägt" und der seine Denk- und Fühlweise noch nicht in den Thränenblicken moderner Sentimentalität gebadet, in das Gewand weltmüder Zerrissenheit gehüllt, oder etwa auf der andern Seite an überreizende Gewürze gewöhnt hat. Ein in der modernen Romanliteratur so seltenes gesundes und kräftiges Leben tritt dem Leser in dem „grünen Heinrich" entgegen, ein Leben, bei dem man mit den wechselndsten Gefühlen noch einmal den Gar-

ten der eignen Kindheit und Jugend durcheilt, in dem man sich selbst wiederfindet, oder wohl auch, dachte und fühlte, so daß man gehoben und gekräftigt sich an einem Stück echter, gesunder und wahrer Natur labt und dabei alle so oft gezeichneten Verrenkungen und Verzerrungen des Lebens vergißt.

Der vierte Band wird binnen kurzem erscheinen.

Gutzkow's
Ritter vom Geiste

in dritter Auflage.

Wohlfeile Ausgabe in 18 Halbbänden zu 8 Ggr.

Gutzkow's großartiges Zeitgemälde, eine der bedeutendsten Erscheinungen der neuen deutschen Literatur, wovon binnen nicht noch vier Jahren zwei Auflagen vergriffen wurden, erscheint jetzt in einer vom Dichter gründlich revidirten und mit einer neuen Vorrede versehenen dritten Auflage, und zwar in einem gegen früher fast um die Hälfte billigern Preise, in einer **wohlfeilen Ausgabe** von 18 Halbbänden zu 8 Ggr., die in angemessenen Zwischenräumen ausgegeben werden. Durch diese **Volksausgabe** wird das oft ausgesprochene Wunsch erfüllt, das berühmte Werk auch dem **Privatbesitze** mehr zugänglich gemacht zu haben.

Der erste Halbband, mit den zwei Vorreden und einer ausführlichen Ankündigung, ist soeben erschienen und in allen Buchhandlungen vorräthig.

Leipzig, im März 1854.

F. A. Brockhaus.

(666) (In Braunschweig durch die **Schulbuchhandlung** zu beziehen.)

Verleger: **Eduard Vieweg.**

noch bei Ihnen liegen werden, mir zu schicken. Es fehlen mir von der 2$^{t\cdot}$ Hälfte des 5^t Bogens an.

Hochachtungsvoll und ergebenst
Gottfr. Keller.

Dezember 1854   Keller an Ferdinand Freiligrath

[...]
Ich möchte dir gern meinen schrecklichen Roman in 4 Bänden zukommen lassen, wenn ich wüßte wie? Solltest Du etwa zu einem löblichen Lebenszeichen in Form eines kleinen Briefes schreiten, so thue dies mir kund und ob mein Verleger oder ich das Paket füglicher absende? Viel würdest Du indessen nicht daran vermissen, denn es ist ein ödes und ungeschicktes Machwerk. Für mich hat es die tragische Bedeutung, daß es die Ursache meines langen Hierseins ist. Ich hatte das Buch noch in der subjektiven und unwissenden Lümmelzeit angefangen und den Druck beginnen lassen, ohne zu bedenken, was ein Roman eigentlich ist. Ich blieb bald stecken, von andern Dingen angeregt und gab doch dem Verleger mein Wort, vor der Beendigung nichts anderes zu beginnen. So kam ich in die seltsame Situation, alle Zwecke, Projekte und guten Dinge unterdrücken zu müssen, während es | mir ganze Vierteljahre unmöglich war, den verfluchten Strickstrumpf auch nur anzurühren. Durch alles dies gerieth ich in allerlei bedenkliche Zustände, welche nun endlich bald abgewickelt sind, und ich lebte hier wie in einer Büßerzeit und Verbannung, welche um so tief fressender war, als sie nicht etwa die Folge meiner Thaten, sondern vielmehr meiner Unthaten war. Es gibt aber auch keinen bessern Bußort und Correktionsanstalt als Berlin, und es hat mir vollkommen den Dienst eines pensylvanischen Zellengefängnisses geleistet, sodaß ich in mich ging und mich während dieser ausgesucht hundsföttischen Jahre zu besseren Dingen würdig machte; denn wer dergleichen erstrebt oder sonst kein Esel ist, der befindet sich hier vollkommen ungestört und sich selbst überlassen. *[...]*

Januar 1855   Keller an Hermann Hettner

[...]
Nächste Woche wird wohl endlich der vierte Band meines Buches erscheinen *[...]*
Wenn Sie Zeit haben, so machen Sie doch sofort nach Empfang des

4ᵗ· Bandes die Schlußrezension.¹⁷⁵ Für die künftigen Sachen werde ich Sie nicht mehr plagen, da ich von mir aus alle künftigen Bücher sich selbst überlassen werde. Diesmal aber ist es noch nöthig wegen des Buchhandels, denn der Vertrieb muß durch den 4ᵗ· Band gerettet werden.
[…]

31. 1. 1855   Firma Vieweg an Keller

Braunschweig, 31 Januar 1855.

Ew Wohlgeboren

haben jetzt seit mehrnen Wochen 4 Bogen zur Revision in Händen, von denen Sie Bg. 14 u 15 am 12ᵗ, Bg. 16 u. 17 am 13 d Mts. empfingen.

Obgleich die Erfahrung gezeigt hat, daß weder den Bitten der Verlagshandlg. noch Ihren Versprechungen eine Folge gegeben wird, so ersuchen wir Sie doch hiermit auf das dringendste, uns sofort jene Bogen revidirt zu remittiren, da wir die Schrift nothwendig gebrauchen, und auch endlich den Schluß des Manuscripts einzusenden, indem wir uns der Erwartung hingeben, daß wir diesmal nicht vergeblich dieses Ersuchen an Sie richten.

Hochachtungsvoll ergeben
Viewegsche Buchdruckerei

15. 2. 1855   Keller an Elisabeth Keller

[…]
Grüße Dr. Schulzens; ich werde Ihnen bald schreiben, da dieser Tage der 4ᵗ· Band meines Romans abgesandt wird. An Buchhändlern habe ich jetzt Auswahl und mehrere haben mir ihren Verlag angetragen zu guten Preisen, was jetzt nicht jedem passirt. Wenn Hr. Vieweg also nicht pariren will, so gibt es Auswege genug.
[…]

2. 4. 1855   Keller an Eduard Vieweg

Berlin d. 2ᵗ· April 1855.

Hochgeehrter Herr!

Ich habe gestern endlich den Schluß meines Buches an Sie abgesandt und will mir nun noch einen Brief an Sie erlauben über diese Sache, gewärtigend

---

175   *Nicht erschienen; vgl. Kap. 2.3 Besonderes: Rezensionen, S. 127–128.*

ob noch ein besseres Auskommen zwischen uns möglich ist oder nicht. Ich hatte Ihnen mein Ehrenwort gegeben, vor Vollendung dieser Arbeit nichts anderes zu arbeiten und habe dies, wie es meine Sache war, gehalten, so daß dies Wort wenigstens besteht. Mit diesem gleichen Ehrenwort versichere ich Sie, hochgeehrter Herr, daß ich selbst nur unter den größten Leiden aller Art das Buch fertig gebracht habe und durch dasselbe, das ich zugleich erlebte indem ich es schrieb, in jeder Weise gebannt war. Doch das ist nun vorbei und mit dem heutigen Tage beginnt eine neue Zeit bei mir.

Ueber die pekuniären Verhältnisse dieses Buches muß ich mir folgende Aeußerungen erlauben. Es ist keine Rede davon, daß dasselbe sich nicht verkaufen werde; ich weiß daß es jetzt schon gern gelesen wird und es wird nicht lange dauern, so werden die Leihbibliothekare die Anschaffung des Romanes nicht länger vermeiden können. Das Buch ist aber nicht der Art, daß es mit einem einmaligen Putsche vergessen wird, vielmehr wird mit der Zeit eine neue Auflage möglich werden, und wenn man alsdann diese Gelegenheit zweckmäßig benutzt, die Längen und unerfreulichen Sachen wegstreicht, Ausstattung und Preis für eine weitere Verbreitung und zum Privatbesitze berechnet, etwa in 6 Bändchen oder in 2 größeren Bänden, so kann man hierdurch den Anstoß zu einer erneuten Aufnahme des Buches machen und es wird auch in geschäftlicher Beziehung nicht die schlechteste Unternehmung sein; denn der Grundstoff des Buches ist gut, ursprünglich und zeitgenössisch, und ich bin kein Schmierer, der nicht weiß was er will, sondern bei mir kommt Alles, wenn auch langsam, an die Reihe, und wenn ich gesund bleibe, so werde ich Eins um's Andere abmachen, was ich mir vornahm.|

Auf Ihre wiederholten Anklagen, daß Sie durch mich in Schaden gekommen seien, erwiedere ich daher nun dies: Ich schlage Ihnen vor und ersuche Sie, unser ganzes etwas unbestimmtes, in verschiedenen Briefen zerstreutes Abkommen zu revidiren, mir ein anständiges Honorar von zwei Louis d'ors per Bogen zuzugestehen[176] und mir die Stärke der gedruckten Auflage gefälligst mitzutheilen.

Es versteht sich von selbst, daß dies vollkommen von Ihrem freien Ermessen abhängt; ich meinerseits würde es nur als eine Anerkennung betrachten, daß Sie Ihre Ansicht über den Risiko der Unternehmung und über meine Person geändert haben, und mich darnach verhalten. Ich würde mich dagegen für verpflichtet halten, ungeachtet mehrseitiger Anträge, Ihnen dennoch

---

176   *Bei den zur Grundlage genommenen 100 Bogen hätte das 200 Louisdor = 1072 Taler ergeben.*

meine künftigen Sachen zur Einsicht vorzulegen und zum Verlage anzubieten, freie Entschließung auf beiden Seiten vorbehalten.
[…]
Wenn Sie, auf Grundlage obigen Vorschlages, eine erneute wohlwollende Stellung zu mir einnehmen mögen, so ersuche ich Sie, das ganze Sachverhältniß zu berechnen und mir sogleich den Rest des Honorares oder einen Theil desselben zugehen lassen zu wollen. Im verneinenden Falle aber es mir mit einigen Worten gefälligst anzuzeigen.
[…]

16. 4. 1855   Keller an Eduard Vieweg

Berlin d. 16t. Aprill 1855.
Hochgeehrter Herr!

Ich bin jetzt nicht in der Lage, Ihre etwaigen Bestrafungen und Maßnahmen abwarten zu können, sonst komme ich wieder in's alte Unwesen hinein. Wenn das Unglück unpünktlich und unzuverlässig macht, so sollen Die, welche es in der Hand haben, umso rücksichtsvoller ihm entgegenkommen, wenn es unverdient ist.

Durch Gewährung eines mittelmäßigen wohlverdienten Honorares und durch eine rasche Entscheidung, sowie durch die Beschleunigung des 4t. Bandes hätten Sie mich vor der Nothwendigkeit bewahren können, abermals ein Buch vor dessen Beendigung zu verhandeln.[177] |
[…]
In jedem Falle bitte ich Sie, hochgeehrter Herr! sich nicht darüber zu verwundern, daß auch ich nicht von der Luft leben kann und daß auch mir der Spruch bekannt ist: ein jeder Arbeiter ist seines Lohnes werth.

Indessen sind mir die Gesetze der wahren menschlichen Ehre und Gerechtigkeit wohl bekannt und ich werde sicherlich noch in den Stand kommen, sie jedermann auszulegen, der es verlangt.

Indem ich alles dies Ihrer wohlwollenden Erwägung empfehle, und mich im abschlägigen Falle zugleich von Ihnen für immer verabschiede, verbleibe ich

hochachtungsvoll
Ihr ergebenster
G. Keller.

[…]

---

177   *Anspielung auf den Vertrag mit Scheube, vgl. oben, Anm. 167.*

9. 5. 1855 Keller an Firma Vieweg

Herrn F. Vieweg u Sohn Wohlgeboren in Braunschweig

Berlin d. 9$^{t\cdot}$ Mai 1855.

Ew. Wohlgeboren

Ersuche ich, mir die Aushängebogen des 4$^{t\cdot}$ Bandes von Seite 216 an bis zum Schluß gefälligst zusenden zu wollen. Da Sie das Zusenden derselben seiner Zeit beim dritten Bande ebenfalls abgebrochen und mir auch die Exemplare erst ein Vierteljahr nach Versendung der 3 ersten Bände zugeschickt hatten, so bitte ich Sie, dies nun nicht wieder zu thun, indem Sie dadurch mir so wie sich selbst in einer Weise schaden, die Sie vielleicht nicht ahnen.

Ergebenst
Gottfried Keller

9. 5. 1855 Keller an Hermann Hettner

[...] Ich habe erst vor sechs Wochen das letzte Kapitel meines Romans und zwar am Palmsonntag buchstäblich unter Thränen geschmiert und werde diesen Tag nie vergessen. Nachdem mich nun Vieweg vorher fast gefressen um das Manuskript, läßt er den 4$^{t\cdot}$ Band ruhig liegen und vorenthält mir jede Antwort und billige Abrechnung, wahrscheinlich aus erbärmlicher Rachsucht, weil ich gezwungen war mit Scheube einen Kontrakt einzugehen. Ich hatte mich so darauf gefreut, nun jeden Monat dieses Frühlings und Sommers einen alten Entwurf abzuthun und mich | bis zum Herbst in jeder Beziehung herauszumachen, und nun ruinirt mir dieser brutale Hund alle die schönen Tage und alle Hoffnungen. Denn abgesehen von der pekuniären Ausgleichung entzieht er mir durch die perfide Verschleppung oder gar Unterschlagung des 4$^{t\cdot}$ Bandes die nothwendige Aufeinanderfolge meiner Produkte und den kleinen äußerlichen Erfolg, den ich gegenwärtig so wohl brauchen könnte. Dazu kommt, daß ich gegenwärtig etwas erlebe, was einem heitern und schönen Sterne zu gleichen scheint und mir vielleicht nur durch diese Misere und Verbitterung verloren geht.[178] Sie werden also wohl fühlen, daß ich meinerseits nicht zum Briefschreiben eingerichtet bin, da ich manchmal nicht weiß wo mir der Kopf steht; und ich thue es jetzt

---

178   *Gemeint ist die Liebe zu Betty Tendering, der Schwester Lina Dunckers, in deren Haus Keller verkehrte und mit deren Mann, dem Verleger Franz Duncker, er später den Vertrag über die Galatea-Novellen abschloß.*

nur, weil mich eine Unruhe plagt und eine schlimme Ahnung, als ob überall etwas gegen mich vorgehe.
[...]

15. 5. 1855   Eduard Vieweg an Keller

Braunschweig, 15 May 1855.
Ew Wohlgeboren

haben in mehren Ihrer letzten Briefe einen Ton gegen mich angenommen, den ich nicht erwiedern mag. Unser gegenseitiges Verhältniß liegt in einer ziemlich umfänglichen Correspondenz klar vor, und es würde überflüssig sein hier nochmahls auf Ihr Verhalten zu mir und auf das meine zu Ihnen einzugehen. Da ich meine Briefe stets kopiren lasse, so bin ich im Stande von jedem Worte was ich zu Ihnen gesprochen Rechenschaft zu geben.

Die Ansichten, welche Sie von der bestimmt zu erwartenden Verbreitung Ihres Buches hegen, sind eben die Ihrigen, und müssen die Ihrigen bleiben. Daß Sie jetzt schon eine neue Auflage in Aussicht stellen und ernsthaft von deren typographischer Einrichtung derselben reden, klingt etwas barock, nachdem ich Ihnen früher gesagt, daß von den gedruckten 1000 Ex. zur Zeit etwa 150 Ex abgesetzt seien. Ich überlasse es der Zukunft ob sich Ihre | Erwartungen rechtfertigen werden, wünsche es Ihnen aber von Herzen.

Was <u>ich</u> von Ihrem Buche halte, wie hoch ich die 3 ersten Bände stelle, habe ich Ihnen mehrfach ausgedrückt; dennoch bestimmt der Absatz an die Leihbibliotheken heut zu Tage das Schicksal <u>jedes</u> Romans, denn das reiche und gebildete Publikum kauft in der Regel in Deutschland sehr selten Romane. Ich war daher vollständig berechtigt, mich über der jahrelangen Verzögerung in der Vollendung des Buches zu beklagen, nach Ihren so oft gegebenen und so oft gebrochenen Zusagen, mich sogar recht bitter zu beklagen. Daß diese verzögerte Vollendung den Absatz des Buches <u>schwer geschädigt hat</u> beweiset eben der Umstand daß bislang 150 Ex. abgesetzt sind, trotz aller von Ihnen allegirten günstigen Rezensionen. Bei der hohen Meinung welche ich selbst von den 3 ersten Bänden hegte, kann ich nur dem Umstand, daß das Buch so lange Bruchstück blieb, diesen unglaublich ungünstigen Erfolg zuschreiben.

Was unsere Honorarberechnung betrifft, so stehen wir wie folgt.
1. Nach dem ursprünglichen Übereinkommen sollte das Format des Buches dem von Kerners Bilderbuche entsprechen; das Gesammthonorar

war zu 75 St L d'or besprochen, und es wurde ein Umfang von 440 Seiten des Msts, gleich den ersten Blättern desselben, angenommen. |[179]

2. Diese 440 Seiten des Msts haben im gegenwärtigen Formate des Buches 58 Bogen gegeben.

3. Da das Buch aber in seiner Gesammtheit 107 Bogen stark geworden ist, so hat es die vorgesehene Stärke um 49 Bogen überschritten.

4. Ich habe mich gegen Sie bereit erklärt, das Honorar im Verhältnisse zur vermehrten Stärke des Buches zu erhöhen, und zwar nach Maßgabe des ursprünglichen Übereinkommens. Ich habe daran zwar eine Bedingung für die Zeit der Vollendung geknüpft (conf. meinem Brief vom 23 Octbr 1854) aber ich will die Klausel fallen lassen.

5. Nach dem vorstehend Gesagten, werden daher 107 Bogen im Verhältnisse von 58 Bogen, letztere zu 75 Ld'or Honorar angenommen, 138 ⅓ Ld'or betragen.

6. 138 ⅓ Ld'or à 8% betragen . . . . Courant Rt 742.-
7. Empfangen haben Sie bis jetzt . . . . „ 700.

bleibt Rest . . . . Rt 42.-

welche hierbei in einem Wechsel auf Berlin erfolgen.

Ob Sie geneigt sind Ihre Zusagen zu erfüllen und mir Ihre ferneren Arbeiten vor Anderen anzubieten, überlasse ich Ihnen. Die Frei Exemplare sind bereits an Sie abgegangen.

Um dem Buche nach der Vollendung neue Verbreitung zu | geben, habe ich mit dem 4ᵗ Bande auch komplete Exemplare an die Buchhandlungen versenden lassen und zwar statt der üblichen 25% Rabatt, mit 50% Rabatt.

Wir werden sehen, ob trotz dieser wesendlichen Preisverminderung, die von Ihnen als sicher angenommene 2ᵗᵉ Auflage nöthig werden wird. Nach der Ostermesse 1856 werde ich Ihnen, wenn Sie es wünschen, den Absatz des Buches bis dahin genau angeben.

Ergebenst
Eduard Vieweg. |

Nach anliegendem Rechnungs Auszuge beträgt Ihr Guthaben Rt 43. 3 s 4 p und empfangen Sie daher statt der im Briefe bemerkten Tratte von rt 42.- eine dergleichen von Rt 43. 3 s. 4p.

Friedr: Vieweg u Sohn

---

179 Vgl. *Keller an Vieweg, 28.2.1850 und Vieweg an Keller, 21.5.1850 (beide Dok).*

18. 5. 1855   Keller an Hermann Hettner

Lieber Freund.

Hier ist endlich der 4$^{t.}$ Band. Vieweg hat nun geschrieben und mir dabei eine Abrechnung geschickt nebst einer resultirenden Baarschaft von 43 Thr 3 sgr. und 4 Pfennigen, anstatt etwa 400 Thl welche ich erwartete, wenn er auf meinen Vorschlag einging, mir den Bogen mit 2 Louid'ors zu honoriren,[180] oder wenigstens 150 wenn er sein eigenes Versprechen halten u wenigstens das ursprüngliche Honorar verdoppeln wollte. Dies thut er zwar, aber indem er tückischer Weise die Seiten zählt und eine possierliche Rechnung herausbringt, dabei aber immer über Schaden heult. Nichts desto minder hält er mich für moralisch verpflichtet, ihm meine nächsten Sachen vor andern anzubieten. Dies ist recht abscheulich bei dieser Art Leuten, sich absichtlich bornirt und stupid zu stellen, um – einige Thaler zu schinden. Es ist nun mit Sicherheit anzunehmen, daß kein Buchhändler 6 Pfennig gibt, wenn er nicht muß, und so bleibt strickte nichts übrig, als die | Kerle wie die Juden zu behandeln, denen man die alten Röcke verkauft.

[...]

Indessen habe ich jetzt große Angst, daß der 4$^{t.}$ Band durchfällt. Die autodidaktischen Bildungskapitel[181] sind schlecht gerathen, weil ich gerade damals ohne alle Hülfsmittel und Ruhe war u. Alles aus dem Gedächtniß schreiben mußte, so daß keine solide Ausführung darin ist. Ebenso konnte ich den Schluß im Drange der Tage nicht machen, wie ich ihn eigentlich machen wollte. Schreiben Sie mir doch bald darüber *[...]*

23. 5. 1855   Keller an Eduard Vieweg

Berlin d. 23$^{st.}$ Mai 1855.

Geehrter Herr!

Ich habe Ihre geehrte Zuschrift nebst der Rechnung und Anweisung über 43 Thlr 3 Silbergr. erhalten und kann nicht umhin, mir noch einige nachträgliche Bemerkungen zu erlauben, sei es nur um Ihren unerschütterlichen Ansichten gegenüber zu zeigen, daß meine eigenen Ansprüche sich auch nicht auf Schwindelsucht gründen. Der Honoraransatz von 75 Stück Louis d'ors rührt noch aus der Schweiz her, als ich das Buch zu schreiben erst Wil-

---

180   Vgl. Kap. 1 Entstehung, Anm. 63.
181   Vgl. GH I, 12.230–263.

lens war und durch Hrn. Prof. Löwig bei Ihnen angefragt wurde.[182] Damals war es meine Meinung (bei meiner Unerfahrenheit in Drucksachen) daß das ganze Buch 25 Bogen stark werden würde und ich beanspruchte damals 3 Louis' dor für den Bogen, welches Honorar ich für meine ersten Gedichte von Winter erhalten hatte. Daher rührt eigentlich die Zahl 75, welche ich kindischer Weise immer beibehielt, als die Sache später eigentlich in Gang kam.

Ich habe seither immer angenommen, daß das Buch als doppelt so stark betrachtet werde, als in dem ursprünglichen mit Ihnen getroffenen Uebereinkommen angegeben wurde, und daß eine Erhöhung des Honorar's nicht in einer Abzählung der Seiten, als vielmehr schlechtweg in einer Verdoppelung der 75 unglücklichen zufälligen Louis d'ors bestände, welche, auf Seiten oder Bogenzahl angewendet, gar keinen Sinn mehr haben. Doch sei dem wie ihm wolle, so ist das formelle Recht auf Ihrer Seite und darüber kein Wort mehr zu verlieren. Es fällt aber diesmal nicht ganz zusammen mit dem moralischen Recht und dieses scheint mir darin zu bestehen: |

1. Habe ich Ihnen ein gutes Buch geliefert oder ein schlechtes?

2. Hatte ich nicht, nachdem ich vor bald 10 Jahren ein Honorar v. 3 Louis d'ors erhalten, jetzt das Recht wenigstens zwei drittel oder die Hälfte davon zu beantragen, nämlich in der Meinung, dadurch ein besseres Verhältniß zu ermöglichen und eine Garantie zu erhalten, daß mein Herr Verleger mir auch um mein selbst willen oder um der Literatur willen etwas gönnt.

3. Ist diese Forderung so ungeheuer im Vergleich mit dem, was Sie selbst andern Schriftstellern bewilligen?

Was meine Ansicht von einer neuen Auflage betrifft, so muß ich abermals so unbescheiden sein und behaupten, daß noch jedes wesentliche und charakteristische Buch hatte früher oder später wieder abgedruckt werden müssen. Ich werde keinen Roman mehr schreiben; dies wird also der einzige sein und in der Reihe meiner Produkte für immer seine bestimmte Stelle einnehmen. Dies ist allerdings ein etwas antezipirtes Räsonnement; da ich aber einmal im Prahlen begriffen bin, so will ich hinzufügen, daß ich im Sinne habe, ein Schriftsteller zu werden, an dem nichts verloren geht.

Wenn ich es möglich machen kann und Sie es wünschen, so werde ich Ihnen meine nächsten Sachen, sobald sie fertig sind, wieder anbieten, da ich nach allen Erfahrungen keinen Grund mehr habe, dies nicht zu thun; denn was Sie einmal geben wollen, geben Sie wenigstens gern und in zuverlässigen

---

182 Vgl. *Notiz für Löwig, März 1849, Dok.*

Anweisungen, was nicht bei allen Verlegern der Fall ist. Auf diesen Standpunkt bin ich nunmehr gekommen.

Indem ich hierdurch die mir übersandte Rechnung und den Empfang des Honorarrestes bescheinige, verbleibe ich hochachtungsvoll u ergebenst

G. Keller |

Die Freiexemplare habe ich ebenfalls erhalten. Wenn Sie noch mehr Rezensionsexemplare versenden sollten, so bitte ich die „Berliner Montagspost v. Kossak" nicht zu vergessen. Ferner, da Hr. Professor Löwig in Berlin den Druck des Buches veranlaßt hat, ich aber außer Verkehr mit ihm gekommen bin, so stelle ich Ihnen anheim, je nach dem Verhältnisse, in welchem Sie jetzt zu ihm stehen, ihm ebenfalls ein Exemplar zuzustellen. Der Ruf und folglich die Verbreitung eines Buches wird leider durch solche geschenkte Exemplare manchmal am ehesten begründet.

1. 6. 1855   Eduard Vieweg an Keller

Braunschweig, 1 Juny 1855.

Geehrter Herr!

Ihr Brief vom 23 May legt mir die peinliche Verpflichtung auf nochmahls auf die Honorarfrage für den grünen Heinrich zurückzukommen, obwohl ich dieselbe nach dem sehr ausführlich präcisirten Inhalte meines letzten Schreibens für erledigt gehalten habe.

Sie wünschen, aus Rücksichten der Billigkeit, nicht des Rechtes, ein höheres Honorar als das ursprünglich zwischen uns verabredete und später durch meine Zusagen erweiterte, von mir zu empfangen und führen dafür folgende Gründe an:

1. Sie hätten mir ein gutes und kein schlechtes Buch geliefert;

2. Sie hätten schon für Ihre bei Winter erschienen Gedichte 3 Ld'r je Bogen erhalten und müßten daher wünschen für den Roman wenigstens ⅔ dieses Honorars zu erhalten; |

3. Sei diese Forderung nicht zu hoch, gegen das was ich selbst andern Autoren zahle.

4. Seien Sie der Ansicht, daß jedes gute und characteristische Buch früher oder später neue Auflagen erleben müsse, daß Sie keinen Roman weiter schreiben würden, und daß der grüne Heinrich ein unicum bliebe.

Darauf muß ich Ihnen nun erwiedern, daß früher und Anderen gezahlte Honorare den Verleger nicht bestimmen können, in andern gegebenen Fällen dasselbe zu thun.

Ich halte, wie ich das oft ausgesprochen, Ihren grünen Heinrich für ein sehr gutes Buch, namendlich in den 3 ersten Bänden, denn der 4te spricht mich weniger an, aber das sichert den Absatz eines Buches nicht, besonders nicht den eines so starken. Es gehört auch der bekannte Namen eines Autors dazu, um einem so starken Roman Bahn zu brechen und den hatten Sie noch nicht.

Ich mußte daher entscheiden, ob ich so viel Honorar zahlen könnte; ich ging auf die von Ihnen geforderten 75 Ld'or für eine bestimmte Stärke ein und habe, da das Buch doppelt so | stark wurde, auch das Honorar pro rata erhöhet. Selbst das war ein Opfer für mich, denn ich konnte 75 Ld'or für ein Buch an Honorar zu zahlen bereit sein, ohne die Geneigtheit zu haben doppelt so viel für doppelte Stärke zu zahlen. –

Dazu kömmt nun noch die jahrelange Verschleppung in der Vollendung des Buchs, die dem Absatze so entschieden nachtheilig war und ist, wie ich Ihnen das aus dem bisherigen, unendlich geringen, Absatze nachgewiesen habe.

Ich kann daher nicht mehr thun, als ich gethan habe, ohne mich noch mehr zu schädigen als es jetzt schon der Fall ist, denn ich werde nicht darauf rechnen können nur meine Auslagen zu decken. Eine Schädigung werden Sie aber Ihrerseits auch nicht einmal wünschen dürfen. Der Verleger muß Kaufmann sein, wenn er bestehen und der Literatur nützen will. Jede andere Annahme, konsequent durchgeführt, würde eine Thorheit und verferflich sein. Gern | werde ich auf den Verlag fernerer Arbeiten von Ihnen eingehen, wenn Sie mir dieselben anbieten wollen und wir uns über die Bedingungen in fester Weise einigen können.

Hochachtungsvoll

                Ihr
                ganz ergebener
                Eduard Vieweg.

11. 6. 1855   Hermann Hettner an Keller

                Dresden 11 Juni 1855.
                Bergstraße Nro 1.

Was werden Sie nur von mir denken, mein lieber Keller, daß ich auf Ihre freundliche Zusendung des letzten Bandes vom grünen Heinrich noch immer nicht geantwortet habe. Aber wenn Sie wüßten, in welchem abscheulichen Trubel von Besuchen u Gegenbesuchen, von neuen Museumseinrichtungen u ähnlichen Aeußerlichkeiten ich stecke, Sie würden meine bisherige Zögerung entschuldbar finden.

Nun zunächst meinen herzlichsten Dank für den hohen Genuß, den Sie mir mit Ihrer schönen, mild heiteren, gedankenklaren Dichtung gemacht haben. Die ruhige Plastik des Stils ist wahrhaft goethisch, die Gesammtwirkung eine so rein dichterische, wie man sie wenigen Dichtwerken der neueren Zeit nachrühmen kann. Das Idyllion auf dem Schlosse des Grafen ist ein Meisterstück, so zart u innig empfunden u so durchaus lebensfrisch u gesund, daß alle neuen Poeten sammt u sonders bei Ihnen in die Schule gehen können. Wie fein ist namentlich die Steigerung dieser rein harmonischen Liebe, verglichen mit der ätherischen Liebe zu Agnes u der sinnlichen zu Judith! | So gewahrt man am besten, was für Früchte sich der Held inzwischen aus seinen Irrfahrten gewonnen!

Sie sprachen in Ihrem lieben Briefe die Furcht aus, daß die Partie über die anthropologischen Studien ein wenig zu doctrinär sei. Diese Furcht theile ich durchaus nicht. Dagegen könnte es meiner Ansicht nach nicht schaden, wenn Sie die Erzählung von den Heimathsträumen des Helden kürzer gehalten hätten.[183] Doch werden sie lieblich durchbrochen von der vortrefflichen, äußerst lebhaft gezeichneten Gestalt des alten Kunsttrödlers.

Bedenken hatte ich Anfangs gegen den Schluß. Warum, fragte ich mich, lassen Sie Ihren Helden sterben? Fast dünkt es mir, Sie predigen das „In der Beschränkung zeigt sich erst der Meister" etwas allzu eindringlich, wenn der Held seine strebsamen Bildungswirren mit dem Tod büßt. Ist er nicht schon genugsam gestraft, wenn er sich sagt, daß er das kümmerliche Alter u das gramvolle Absterben seiner treuen Mutter verschuldet? Jedoch haben sich mir diese Bedenken allmälich gemildert, indem ich mir sage daß der Ernst der Bildungstragödie nur um so durchschlagender auftritt. | Es wäre mir lieb, wenn Sie mir hierüber etwas schrieben. Sobald ich nur ein wenig mehr als jetzt zur Sammlung komme, erfülle ich das Versprechen einer öffentlichen Anzeige.[184]

Was ist doch aber Vieweg für ein Schuft! – Das ist ja offenbarer Betrug; ich bedaure nur, daß Sie nicht thatkräftige Urkunden in Händen haben auf Grund deren Sie ihn belangen könnten. Aergerlich ist die Sache besonders auch deshalb, weil ich fürchte, daß Sie nun noch immer länger in Berlin festsitzen. Das wäre ein Uebel für Sie u für Ihre treue Mutter! – Ich bin fest

---

183   Vgl. GH I, 12.327–350.
184   Eine zweite Rezension Hettners ist nicht erschienen.

überzeugt, daß Sie in der Landluft wieder zu mehr Heiterkeit u mit dieser zu erhöhter Leichtigkeit der Production kommen.
[...]

15. 6. 1855 Keller an Eduard Vieweg

Berlin d. 15ᵗ· Juni 55.

Geehrtester Herr!

Ohne für jetzt weiter auf die mißliche Sache meines Romanes zurückzukommen, soll ich Sie nur ersuchen, die Rezensionsexemplare des 4ᵗ· Bandes beförderlich an die früher bedachten Blätter senden zu wollen, wie ich z. B. von der Berliner Feuerspritze gemahnt werde. Daß es sehr zweckdienlich wäre, an die Berliner „Montagspost" ein ganzes Exemplar zu senden glaube ich schon einmal bemerkt zu haben.
[...]

16. 6. 1855 Eduard Vieweg an Keller

[...]
Die Exemplare des 4ᵗ· Bandes sind an sämtliche Journale expedirt worden, welche die 3 ersten Bände erhielten. Gern bin ich auch bereit der Redaction der Berliner Montagspost ein completes Ex. zu senden, wenn Sie mir die genauere Addresse aufgeben, da ich das Journal nicht kenne.
[...]
Recensions Exemplare vom Grünen Heinrich wurden versandt:

1 an Redaction d Nat Ztg. Berlin
1 „   „   Jahreszeiten Hamburg
1 „   „   Grenzboten Leipzig
1 „   „   Gutzkowschen Unterhaltgn
1 „   „   Bl. f. liter. Unterhaltg.
1 „   „   Europa
1 „   „   Illustr. Familienbuch: Triest
1 „   „   Cölner Zeitung
1 „   „   Augsb. Allg. Zeitung
1 „   „   Deutsche Museum Leipzig
1 „   „   Morgenblatt Stuttgart
1 „   „   Novellenzeitung Leipzig
1 „   „   Weserzeitung Bremen
1 „   „   d Feuerspritze Berlin

16. 6. 1855   Wilhelm Schulz an Keller

Na Nu!

So ist denn endlich der 4. Band des grünen Heinrich erschienen, und bis über das Grab hinaus frisch u. grün geblieben. Den freundlichsten Dank für die Zusendung des Grünen u. Deiner neueren Gedichte in 2^r Auflage. Ich schikke nun recht bald eine Anzeige davon in die Bl. für lit. Unterhaltg. ein, wo Du sie, wenn es gut geht u. es Dir noch darum zu thun ist, in einigen Monaten lesen kannst.[185]

[...]

16. 6. 1855   Katharina Schulz-Bodmer an Keller[186]

Wortbrüchigster aller Sterblichkeitskandidaten!

Da sitzen wir, seit Pfingsten 1854 u warten auf Ihre versprochene Ankunft. Da haben wir natürlich nicht schreiben können, u thäten es auch jetzt noch nicht, wenn nicht unterdessen der Grüne gekommen u uns wenigstens zu einigen Äußerungen des Dankes u des Wohlgefallens zwänge. Recht gut hat er uns gefallen! u meinem unsterblichen Gemüth hat es besonders wohlgethan, daß der arme Grüne, der es in seinem jungen Leben zu keinem ganzen Tone in irgend einer Weise hat bringen können, (von einer Melodie gar nicht zu reden) keine bessere Sühne für seiner Mutter durch ihn verlorenes Leben zu finden weiß, als auch zu sterben, u daß er am Ende noch, für Augenblicke wenigstens einsieht, was für eine boshafte Zleidwercherei das Leben ist ohne Unsterblichkeit *[...]* Aber allen Respekt vor Ihrer poetischen, großartigen Toleranz! Der liebe Gott wird Sie dafür zum Unsterblichen wider Willen machen; und meinen wärmsten Dank für Ihre warme Liebe zu unserm schönen Land, die einem freilich in fremden Landen deutscher oder welscher Zunge nur allzu leicht wird, wie ich aus Erfahrung weiß. *[...]* – Ihre Mutter ist unsere nächste Nachbarin, u ich seh' sie bei meinen Schulgängen mit Eifer am Fenster arbeiten, so eifrig, daß ich Morgens wenigstens, nicht einmal ein Nicken anbringen kann. An dem 4ten Band des Grünen habe ich sie sitzen sehn, als ich fort ging, u sah sie noch mit gleicher Andacht sitzen als ich nach 2½ Stunden wieder kam, aber sie planget, bis Sie kommen. *[...]*

---

185   *Vgl. Schulz 1855 (CD).*
186   *Anna Katharina Schulz-Bodmer, zweite Ehefrau von Wilhelm Schulz, Englischlehrerin an der 1849 von ihr gegründeten Privatschule für Mädchen in Zürich, starb 1883 vereinsamt in Zurzach.*

25. 6. 1855 Keller an Eduard Vieweg

[...]
Der vierte Band meines Romanes ist nach dem Urtheil von Leuten, wie Varnhagen v. Ense, nicht schlechter, als die übrigen, und eine Menge Bekannte, welche das Buch in den Leihbibliotheken suchen, sagen mir, daß die Leihbibliothekare ganz gut auf dasselbe zu sprechen seien, und es gibt in Berlin schon welche, die es in zwei Exemplaren halten. Ehe der vierte Band da war, hatten es freilich die meisten noch nicht angeschafft, vertrösteten aber die Nachfragenden auf das Erscheinen des Ganzen. So wird sich diese Sache, was Ihren Schaden betrifft, geehrt. Herr, wohl geben.
[...]

25. 6. 1855 Keller an Hermann Hettner

Berlin d. 25 Juni 1855.
Lieber Hettner!

Ich danke Ihnen für Ihre freundliche Beurtheilung meines $4^{t.}$ Bandes, ich habe auch wieder ein wenig Muth gefaßt und das unglückliche Ende dieses verschleppten Buches, das trotz aller Zeitverschwendung dennoch in unseliger Hast geschrieben ist, mag ein für allemal ein Ende sein.

Ihre Bedenken wegen des Todes des gr. H. stoßen wahrscheinlich vielen Leuten auf; wenigstens haben mir ganz schlichte und ungeschulte Leser gesagt, daß sie diesen Tod nicht erbaulich fänden. Das rührt daher, weil das letzte Capitel nicht ausgeführt ist, und die Moral eigentlich nur zwischen den Zeilen gelesen werden kann, was hoffentlich mit der Zeit geschehen wird, wenn das Buch überhaupt so lang die Aufmerksamkeit zu fesseln im Stande ist. Dies Schlußkapitel sollte eigentlich ursprünglich etwa 3 Kapitel stark werden und eine förmliche Elegie über den Tod bilden, indem hauptsächlich das aufgegebene Bewußtsein der persönl. Unsterblichkeit dem Heinrich das Gewissen und Weiterleben schwer macht, da die Mutter dies einzige, einmalige und unersetzliche Leben für ihn verloren. | Dies wäre ein Hauptgesichtspunkt gewesen und ist gerade ganz weggefallen, da es mir theils zuwider wurde, nochmals über diesen Gegenstand breit zu werden, theils ich aber auch nicht mehr Zeit dazu hatte, indem es dazu eines tiefen und wohl überlegten Ausdruckes oder Styls bedurfte.

Ein anderes Motiv des Todes, wenigstens des symbolischen, ist das Scheitern seiner neuen Hoffnungen. Denn wie kann er, da er in Bezug auf die Familie, welche die Grundlage der Staatsgemeinschaft ist, ein verletztes

oder wenigstens beschwertes Gewissen hat, ein öffentliches Wirken beginnen oder sich für dasselbe vorbereiten? Ferner, da er mit der Erfahrung der geläuterten Liebe zurückgekehrt und eine lebendige Hoffnung darauf trägt, macht ihm gerade diese Hoffnung das Leben unmöglich, weil sich wohl kein edles und ungetrübtes Lebens- oder Eheglück denken läßt nach dem so beschaffenen Tode der Mutter. Da aber also alle diese neuen Aussichten, in Bezug auf die Lebensthätigkeit sowohl, als auf den Lebensgenuß, gebrochen sind, was soll er denn weiter anfangen? Die Zeit und die Philosophie sowie die Toleranz der Gesellschaft würden ihn allerdings rehabilitirt haben, da im Grunde kein Dolus in ihm war, allein die Sache trifft ihn zu plötzlich und am Ende einer langen aufgeregten Zeit, welche sein ganzes Wesen unterwühlt hat. Dieser Schlag ist nun allerdings eine Willkürlichkeit oder wie man es nennen will; allein die Sache oder das Buch mußte doch ein Ende nehmen, und ich glaube, dieser Schluß hat mehr Bedeutung bei aller bloßen Andeutung, als ein summarisches Heiratskapitel gehabt hätte.
[...]

26. 6. 1855   Eduard Vieweg an Keller

[...]
Von dem muthmaßlich besseren Gange Ihres grünen Heinrich verspüre ich noch nichts; trotz der Herabsetzung des Preises für das nun fertige Buch, indem ich es nochmahls mit 50% Rabatt | versenden ließ, gehen so gut wie keine Nachbestellungen ein.
[...]

27. 6. 1855   Hermann Hettner an Keller

[...]
Uebrigens liest Auerbach jetzt Ihren grünen Heinrich u ist sehr erbaut davon. Er ist sehr empfänglich für solche stille Sinnigkeit und rühmt mit großer Freude; was z. B. Gutzkow nimmermehr thun würde. Ich habe bei Gutzkow mehrfach angeklopft; er behauptet aber, Ihren Roman nicht gelesen zu haben. Sobald ich mein Exemplar von Auerbach zurückerhalte, will ich ihn *Stern* ins Haus schicken. |
[...]

15. 7. 1855   Keller an Eduard Vieweg

[…]
Da der Roman weder annoncirt noch besprochen ist bis jetzt, so ist es wohl begreiflich, wenn keine Nachbestellungen erfolgen; denn das größere Publikum muß doch erst wissen, daß der 4$^{t\cdot}$ Band überhaupt herausgekommen ist. Die Journale nehmen aber die Rezensionen nicht auf, ehe sie die Exemplare erhalten haben, da sie wahrscheinlich befürchten, sie sonst nicht mehr zu bekommen, und ich weiß, daß die betreffenden Herren mein Buch selbst lesen. Nun habe ich aber erst vor einigen Tagen gehört, daß die Berliner Blätter den 4$^{t\cdot}$ Band noch nicht erhalten haben und sie lassen Sie höflichst darum bitten.

Ein Exemplar für die „Berliner Montagspost" wäre an Dr. Titus Ullrich zu senden Oranienstraße 105.[187] |

[…]

16. 7. 1855   Eduard Vieweg an Keller

[…]
Für die Besprechungen des Romans vermag ich nicht zu wirken. Die Frei Ex. des 4ten Bandes sind an alle diejenigen expedirt welche die 3 ersten Theile erhielten. Außerdem habe ich Ihnen für den Zweck der Rezensionen noch eine Anzahl kompleter Exemplare geschickt und ich muß erwarten daß <u>Sie</u> Ihre literarischen | Verbindungen anstrengen um wirklich tiefer gehende Besprechungen des Romans hervorzurufen. Auch irren Sie, wenn Sie annehmen der <u>fertige</u> Roman sei nicht in den Journalen annoncirt, obwohl auf die Journal Annoncen solcher Bücher so gut wie gar nichts zu geben ist.

Am Schlusse dieses soll Ihnen nochmahls das Verzeichniß der Journale und Rezensenten, welche Frei Exemplare erhielten, angefügt werden.

[…]
An folgende Redactionen gingen Recensions-Exemplare ab:

Nationalzeitung	in	Berlin
Jahreszeiten	„	Hamburg
Grenzboten	„	Leipzig
Gutzkows Unterhaltgen		do
Blätter f. lit. Unterhltg		do
Europa		do
Illustrirtes Familienbuch		Triest

---

187   Vgl. *Vieweg an Keller, 16.6.1855,* Dok.

Cölner Zeitung   in Cöln
Augsburger allg. Ztg.   in Augsburg
Deutsches Museum   in Leipzig
Morgenblatt   in Stuttgart
Novellenzeitung   in Leipzig
Weserzeitung   in Bremen
Feuerspritze   in Berlin
Deutsches Athenäum   in London
Herrn M. Schlesinger   daselbst

17. 7. 1855   Keller an Eduard Vieweg

[...]
Die erheblicheren Rezensionen meines Romanes rühren allerdings von Leuten her, die sich für mich oder mein Buch intressiren und dasselbe von mir selbst empfangen haben. Dennoch, da die Redaktionen einmal auch Exemplare erhielten, lassen sie die Besprechungen so lange liegen, oder ließen es, bis sie den 4$^{t\cdot}$ Band besaßen, indem leider diese Zeitungsexemplare vielfach zirkuliren und gelesen werden. Nun haben mich aber erst vor 8 Tagen hiesige Journalisten nach dem 4$^{t\cdot}$ Band gefragt, wie ich Ihnen berichtete, und wenn es sich nicht so verhält, so ist es nicht mein Irrthum. Ich habe überhaupt einen eigenen Unstern mit meinen Büchern, daß sie nie zur rechten Zeit und auf einmal besprochen werden. Man intressirt sich wohl für dieselben, aber die Besitzer oder Dirigenten der einflußreichen Blätter verschleppen die Rezensionen, weil ich keine persönlichen Beziehungen zu ihnen habe und nicht so ein Allerweltsklatscher bin.

Das Publikum läßt sich allerdings heutzutage keine gehaltlosen Bücher mehr aufdrängen durch eine künstliche Claque; aber nichts desto minder muß es doch etwas davon wissen, daß ein Buch überhaupt | existirt und lesenswerth sei, und zu diesem Ende hin ist die Gleichzeitigkeit des Erscheinens, der Besprechung und einer zweckmäßigen Ankündigung immer nothwendig. Indessen werden die Rezensionen allmälig nun wohl kommen. Bis jetzt habe ich eine einzige gesehen in der Vossischen Zeitung, welche von Varnhagen ist.[188] Ich erlaube mir dieselbe beizulegen; man darf aber keine weitere Anwendung davon machen, da er auf seine diplomatische Weise sich anonym verhalten hat.

Ich ersehe aus dem mir mitgetheilten Verzeichniß, daß Sie 1 Exemplar

---

188   Vgl. Varnhagen 1855 (CD).

nach London gesandt haben. Hätte ich es früher gewußt, so hätte ich Sie gebeten, dasselbe an meinen Freund Freiligrath zu addressiren, da derselbe mit Engländern befreundet ist, die sich viel mit deutscher Literatur beschäftigen und darüber schreiben. Sollten Sie es noch für thunlich erachten, gelegentlich eines hinzuschicken, so ist die Addresse:
Mr. F. Freiligrath 3 Sutton Place Hackney, London. |

Die Weserzeitung kann füglich wegfallen in Zukunft und dafür das „Bremer Sonntagsblatt" berücksichtigt werden. Auch glaube ich nicht, daß die Cotta'schen Blätter viel nützen, da dieselben nur Verlagswerke des Herrn v. Cotta besprechen, andere aber nur insofern, als die Anzeigen von Männern eingesandt werden, die sie sonst berücksichtigen müssen. Meine Bekannten, die sonst in Verbindung mit der Cotta'schen Presse standen, sind aber leider alle auseinander gekommen mit derselben in Folge der bekannten Reibungen, in die sie mit allen selbständigen Leuten geräth.

[...]

19. 7. 1855   Eduard Vieweg an Keller

[...]

Da es möglich wäre, daß Ihnen einige der wenigen bislang erschienenen Rezensionen des grünen Heinrich nicht zu Gesicht gekommen wären, so sende ich Ihnen diejenigen welche mir | bekannt geworden, hierbei, bitte aber auch um deren Rücksendung nach genommener Einsicht.

Die Varnhagensche Rezension[189] rügt etwas, was ich bemüht gewesen bin rechtzeitig bei Ihnen zu beantragen, nämlich einen andern Schluß des Buches. –

Sie gingen damahls auch auf meine Idee ein, später aber wieder von ihr ab,[190] sehr zum Nachtheile des Buches, wie ich glaube, denn der Schluß wird von der lesenden Welt sehr allgemein getadelt.

Das Ex. nach London an Freiligrath soll expedirt werden; schreiben Sie ihm inzwischen daß er es durch die Buchhandlung von Williams u Norgate, 14, Henrietta Street, Coventgarden, London, erhalten wird, daß er dann aber auch recht bald eine Besprechung in einigen englischen Journalen veranstalten | und mir die betreffenden Nummern der Journale in welchen sie erscheinen, sous bande einsenden möge.

[...]

---

189   Vgl. *Varnhagen 1855 (CD)*.
190   Vgl. *Vieweg an Keller, 13.6.1853, Keller an Vieweg, 16.6.1853 und Vieweg an Keller, 22.6.1853 (alle Dok)*.

25. 7. 1855   Wilhelm Schulz an Keller

[...] Wir sind sehr betrübt u. sehr ärgerlich! Denn wir haben das Fräulein Betty Tendering, die „beifolgende junge Dame", leider nicht zu Gesicht bekommen.[191] *Es war gerade an einem Sonntag, als sie sich in der Hottinger Gemeindegasse einfand. Wir waren ausgegangen, schweiften auf dem Zürichberg u. in den Wäldern umher, kamen spät Abends nach Hause u. fanden Dein offenes Sendschreiben nebst Visitenkarte. [...] Die Wohnung Deiner Mutter hatte die besagte junge Dame zu ihrem in Bleistift ausgedrückten großen Bedauern nicht auffinden können. Wir mußten uns also an den Personalschilderungen genügen lassen, die uns die von ihrer liebenswürdigen Gegenwart beglückten Herr u. Frau Kunz von ihr entwarfen. [...] Überdies geht aus der lebhaften Charakterschilderung des Hrn. u. der Frau Kunz auf's Deutlichste hervor, daß die benannte Betty Tendering die unverkennbarste Ähnlichkeit mit dem Dortchen Schönfund hat; u. daß sie dermalen an keine andere Unsterblichkeit glaubt, als an die des Dichters Gottfried Keller. Darum ist nur das Eine zu wünschen, daß es dieser Gottfried Keller nicht ebenso mache, wie sein grüner Heinrich bei dem Dortchen Schönfund; sondern daß er gegenüber der Betty Tendering bei Zeiten das Maul aufthue, was er indessen – nach seinem offenen Schreiben zu schließen – mit vollständiger Offenherzigkeit vielleicht schon wirklich vollzogen hat. Dies sind in der Hauptsache die Muthmaßungen, wie sie gegenwärtig über Dein Verhältniß zu schönen Berlinerinnen oder Rheinländerinnen in allen Thee- u. Kaffeevisiten der Stadt Zürich in Umlauf kommen. [...]*

31. 7. 1855   Firma Vieweg an Keller

Braunschweig, 31 Juli 1855.

Ew. Wohlgeboren

haben früher einmal geäußert,[192] daß Ihnen einzelne Ausdrücke in der von uns erlassenen Bekanntmachung des Grünen Heinrich nicht gefielen.

Wir erlauben uns demnach Ihnen hiermit einen Abdruck jenes Inserat's[193]

---

191   *Betty Tendering (vgl. oben, Anm. 178), machte auf ihrer Schweizer Reise im Sommer 1855 – offenbar versehen mit mündlichen und schriftlichen Empfehlungen Kellers – auch in Zürich Station.*
192   *Vgl. Keller an Firma Vieweg, 21.11.1854, Dok.*
193   *Vgl. oben, Abb., S. 287.*

mit dem Ersuchen zu überreichen, die Fassung desselben in Ihnen passend erscheinender Weise ändern zu wollen.

Mit Hochachtung u Ergebenheit
Frd Vieweg u Sohn

21. 9. 1855 Firma Vieweg an Keller

[...]
Anbei senden wir Ihnen 1 Deutsches Athenäum 1855 #31 enth. eine Recension des Grünen Heinrich[194]

23. 9. 1855 Keller an Firma Vieweg

[...]
Ich bin Ihnen sehr verbunden für die mir übersandte Nummer des „deutsch. Atheneum". Der Esel, welcher die Rezension verfertigt hat, verwechselt mich mit dem reaktionären Geheimerath Professor Keller in Berlin,[195] und reißt von diesem Standpunkt aus mein Buch zuweg, ein Beweis, wie gewissenhaft diese Sorte verfährt. Es braucht eine große Lesekunst, um in dem Romane ein Buch für Treubündler und einen Geheimrahtsstil zu finden. Uebrigens ist der Vorfall sehr komisch, und wenn Sie mich mehr mit dergleichen gefäll. Zusendungen beehren wollen, so bitte ich Sie, es in Zukunft doch unfrankirt zu thun!

Daß das Buch überhaupt entweder stark gelobt oder stark getadelt wird, daß manchmal in der gleichen Rezension, das stärkste Lob und die bitterste Kritik nebeneinander steht, ist der beste Beweis, daß etwas daran ist, worüber sich das Urtheil wohl noch abklären wird. Auch lobt der eine, was der Andere tadelt, und Jeder hat eine andere Meinung darüber und vergleicht es mit anderen Beispielen; alles dies kommt bei einem schlechten Buche nicht vor.
[...]

26. 9. 1855 Firma Vieweg an Keller

[...]
Wir haben Ihnen auf Ihr Ersuchen alle in unsere Hände gelangten Recensionen des Grünen Heinrich zugehen lassen und sandten Ihnen auch die

---

194 Vgl. *Athenäum 1855 (CD)*.
195 Friedrich Ludwig Keller (1799–1860), Jurist, konservativer Staatsmann, geadelt als Keller vom Steinbock.

alberne Besprechung aus dem Athenaeum. Wir hoffen nicht, daß diese Zusendung einer Mißdeutung Ihrerseits unterliegen konnte. | Halten Sie – wenn auch nicht eine Erwiderung auf dieses Monstrum von Recension – so doch einige thatsächliche Berichtigungen im Athenaeum nicht für räthlich?
[...]

6. 10. 1855   Keller an Firma Vieweg

[...]
Ich wußte allerdings nicht recht, ob die Uebersendung der Rezension d. d. Ath. etwa nicht eine Malice sein sollte oder wenigstens eine Neckerei und bitte dies nicht zu verübeln. Ich werde dieselbe vielleicht an irgend eine Redaktion schicken behufs einer Notiz.
[...]

14. 10. 1855   Wilhelm Schulz an Keller

[...]
Seitdem hast Du vielleicht meine Anzeige Deines grünen Heinrichs in den Bl. für lit. Unterhg. gelesen?[196] Du wirst doch nicht darüber gebrummt, oder gar gekodert haben? Ich mußte einige Narrheiten machen, um die Anzeige für ein größeres Publikum schmackhaft zuzubereiten u. seinen lebhaften Appetit nach dem Grünen zu reizen. Übrigens sind die von mir citirten Urtheile Deiner Landsleute nicht durchweg aus der Luft gegriffen. Ein Direktor Widmer – ein lebhafter Verehrer Deiner Werke, aber etwas ungestüm bei Mädchen u. Frauen – konnte es am allerwenigsten begreifen, daß Dein Heinrich sechs Monate lang bei dem Dortchen das Maul nicht aufgethan habe. Lüning aus Rüschlikon erzählte mir, daß den Notabilitäten auf dem Lande Deine Schilderungen aus dem Volksleben viel zu natürlich sind. Das Alles wüßten sie selbst schon, u. das brauche ihnen der Keller nicht erst zu sagen p.p.
[...]

Oktober 1855   Keller an Ferdinand Freiligrath

[...]
Inzwischen hat Dir mein Verleger meinen Roman zugeschickt durch die Buchhandlung Williams & Norgate, 14 Henrietta Street Coventgarden, was

---

196   Vgl. *Schulz 1855 (CD)*.

schon lange her ist und ich habe immer versäumt dazu zu schreiben. Was sind denn das für Esel an dem deutschen Athenäum in London, welche über das Buch sagten, es sei ein läppisches Geheimeraths u Treubundsbuch, weil sie nämlich glaubten, der Professor u Treubündler Keller habe es geschrieben? Es scheint wieder gerade eine so tiefsinnige und edle Couleur von Flüchtlingen da zu sein, wie vor anno Tabak und an andern Orten.
[...]

30. 10. 1855 Wilhelm Schulz an Keller

[...]
Was doch Alles ein rechter Dichter ausrichten kann! Während Du in Berlin deutsche Literaten abholzest,[197] reicht in London Dein Namen schon hin, um die „geistige u. theoretische Bewegung" kritischer Püffe auf den prügelwürdigen Rücken des Steinbocks[198] hinzulenken. Das sind rechte Thorenbuben, diese Athenäer. Aber auch diese Historie ist doch bei weitem mehr lustig, als ärgerlich; u. könnte Dir wohl den Stoff zu einem frisch aus dem Leben gegriffenen drolligen Einschiebsel in einer Deiner Novellen abgeben. Wahrscheinlich hast Du an Freiligrath geschrieben, damit er Deine Kritiker ins Blaue hinein über die rechte Adresse aufkläre u. ihnen ein deutliches Bild von der Physiognomie des steinböcklichen Hinterns entwerfe, auf den sie künftig con amore losschlagen mögen. [...]

10. 11. 1855 Keller an Eduard Vieweg

[...]
Der Grund aller meiner Unregelmäßigkeiten und Mißgeschicke ist mein endloser Aufenthalt in Berlin. Ich befinde mich hier schlecht und bin nicht an meinem Platze; stets von Schulden gequält, | muß ich immer von einem Nagel zum andern hängen und alles, was ich einnehme, vorweg weggeben, so daß ich nie zu einer längeren ruhigen Muße komme. Dies rührt hauptsächlich von der langen Romangeschichte her, und wie ich dieses Buch, trotz der Langsamkeit, doch nicht für einen größeren Erfolg durcharbeiten und was hauptsächlich nöthig gewesen wäre, am Schlusse nocheinmal durchsehen konnte, so geht es mir mit jeder Arbeit, die ich hier noch beginne. [...]

---

197 *Keller hatte im vorangegangenen, nicht nachgewiesenen Brief an Schulz offenbar von seiner Prügelei mit dem Schriftsteller und Redakteur Carl Schlivian geschrieben, die er auch Lina Duncker später gestand (vgl. Keller an Lina Duncker, 4.7.1857, Ms. GK 78d6 Nr. 5; GB 2, S. 170).*

198 *Vgl. oben, Anm. 195.*

1. 2. 1856   Hermann Hettner an Keller

[...]
Es freut mich, daß es Ihnen in Ihrer Heimath wieder gefällt. Namentlich freut mich Ihre Rückkehr auch für Ihre gute Mutter, die ich aus der Geschichte des grünen Heinrich verehren und lieben gelernt habe. [...]

13. 3. 1856   Johann Heinrich Scheuchzer an Keller[199]

[...]
Gestern hatten wir Bezirksschulpflege in Bülach, da wurde nun ein Weites u Breites von Dir gesprochen, auch vom „grünen Heinrich", welcher Herr mir zur Zeit noch unbekannt ist. Was?! Sie sind der Oncle von Hr Keller, kommt er auch zu Ihnen? kommen sie auch mit Ihm auf Bülach? ect [...]

3. 5. 1856   Keller an Eduard Vieweg

[...]
Was das zu Grund richten des Romanes betrifft,[200] so muß ich es der Zeit überlassen, eine andere Meinung davon herbeizuführen.

Ich gebe zu, daß der vierte Band dadurch benachtheiligt wurde, daß statt poetischer motivirender Ereignisse und Erlebnisse lange Reflexionen und Bildungsgeschichten stehen. Statt mit dem Tode des gr. H. aber mit einer Hochzeit zu enden würde mir, des größeren Absatzes wegen, heute noch nicht einfallen, denn so sehr unsereins des Geldes bedarf, darf das augenblickliche Urtheil und der Geschmacksschlendrian | des Publikums doch nicht maßgebend sein, wenn man im Interesse dieses Publikumes selbst etwas Gutes erreichen will. Hätte ich während des ganzen Verlaufes dieses Buches die Mittel gehabt, so würde ich dasselbe schon vor Erscheinen der 3 ersten Bände haben umdrucken lassen; denn hierin liegt das ganze Mißgeschick, daß ich die erste Arbeit dieser Art vorweg schreiben mußte und, da Alles gleich gedruckt wurde, in Folge meiner ungeschickten und unerfahrnen Anordnung, nicht eine Zeile mehr abändern konnte. Hätte ich das Ganze am Schlusse übersehen und beliebig streichen können, so hätten sich die Kosten eines neuen Druckes sehr wahrscheinlich rentirt, denn allerdings

---

199   *Johann Heinrich Scheuchzer (1786–1857), Arzt in Glattfelden, Bruder von Kellers Mutter und nach dem Tod des Vaters Kellers Vormund.*
200   *Keller nimmt Bezug auf einen Vorwurf in einem nicht nachgewiesenen Brief Eduard Viewegs vom 22.4.1856.*

sind Sachen in dem Buche, welche auch so, wie die Dinge sind, nicht verloren gehen werden.

Uebrigens, da Sie hauptsächlich die Leihbibliotheken im Auge hatten, werden Sie wohl dies gewohnte Geschäft so zur Noth gemacht haben; ich weiß aus verschiedenen Orten, daß nach dem Erscheinen des 4ᵗ· Bandes erst die kleineren Leihbibliotheken | gezwungen waren, den Roman anzuschaffen und sich darüber beklagten.

In ein par Jahren indessen werde ich die nicht verkauften Exemplare entweder zurückkaufen[201] oder sonst mich mit Ihnen zu einigen suchen, um eine umgearbeitete Ausgabe[202] zu ermöglichen, die vor Allem etwas billiger sein müßte, und werde alsdann gewärtigen, ob Sie geneigt sind, einer an sich gut angelegten Sache doch noch zu einem guten und erträglichen Ende zu verhelfen.

[...]

17. 5. 1856 Wolfgang Müller an Keller[203]

Verehrter Herr!

Wir sind einmal zu Düsseldorf in Freiligraths Gesellschaft einige Stunden zusammen gewesen. Ob Sie sich meiner noch erinnern? Ich weiß es nicht. Aber Ihr Angedenken hat sich mir zur Zeit durch den grünen Heinrich und jetzt durch die Leute von Seldwyla[204] auf das lebendigste, anmuthigste u liebevollste erneuert. Lange haben mir keine Bücher das Herz erquickt u erfrischt, wie die Ihrigen. Ueber den Roman habe ich damals auch einige Zeilen in die Kölner Zeitung geschrieben.[205] Es waren erst die drei ersten Bände erschienen. Ich schickte die Zeilen an Vieweg u bot ihm an ein Feuilleton | über das Ganze zu fertigen, wenn er mir das Werk schicken wolle. Er hat mir nicht geantwortet. Da es Ihnen vielleicht nicht unangenehm ist, wenn ich es jetzt noch thue u die Leute von Seldwyla hinzupacke, so haben Sie vielleicht die Güte, Ihren Verleger zu veranlassen, mir die Bücher zu senden, die ich nur für ein Paar Tage von der Redaktion der Kölner Zei-

---

201   *Dieser Rückkauf fand am 19.3.1879 und 1.10.1880 statt (vgl. die betreffenden Briefe an die Firma Vieweg, Dok).*
202   *Die umgearbeitete Ausgabe erschien November 1879 – Oktober 1880.*
203   *Wolfgang Müller von Königswinter (1816–1873), Lyriker und Dramatiker; Keller war ihm auf der Reise von Heidelberg nach Berlin begegnet, als er im April 1850 Ferdinand Freiligrath in Köln besuchte.*
204   *Die Leute von Seldwyla waren im Januar 1856 ausgeliefert worden.*
205   *Vgl. Müller 1854 (CD).*

tung leihen konnte. Worum es mir besonders geht, das ist, gegenüber all der fremden Nachahmerei in unsrer Literatur: wie Orientalismus, Slaventhum, Classicität im antiken Gewande etc eine Lanze für echt deutsche Werke zu brechen. Echt deutsch aber sind Ihre Dichtungen. In dem selben Sinne habe ich neulich Auerbachs Schatzkästlein angezeigt. Es scheint mir sehr noth zu thun, daß die wahrhaften Germanen – nicht | im engherzigen Sinne – zusammen halten u. all dem Eklekticismus, der Pietisterei u Süßholzraspelei überhaupt dem faulen Wesen der Charakterlosigkeit gehörig auf die Finger klopfen.

Mit freundlichem Gruße
Wolfgang Müller

Köln 17 Mai 1856.

27. 5. 1856 Keller an Wolfgang Müller

[...] Ich habe seiner Zeit Ihre Anzeige in der K. Z. gelesen und darüber spintisirt, wer wohl der seltene Vogel sein | könne, der, ohne Klicke mit mir zu haben, ein so unverhehltes Lob spende zu heutiger Zeit. Auerbach hat mir allerdings seitdem die Möglichkeit dieser Erscheinung glänzend bewiesen[206] und so zeigt es sich, daß die Leute, die selber was Rechtes können, noch immer am ehesten aufgelegt sind zu freundl. Aufmunterung Anderer! Es sieht meinem Verleger ganz ähnlich, daß er Ihre Ansprache unbeantwortet ließ; er hat mir schon viele solche Streiche gemacht. Wenn Sie in den nächsten 2–3 Wochen nicht die Sachen von ihm erhalten, so bitte ich Sie, mir es mit ein par Zeilen gefäll. anzeigen zu wollen, damit ich sie Ihnen von meinen noch vorhandenen Exemplaren zustellen kann. Aber nicht, damit Sie sich für ein Feuilleton verbindlich halten sollen, wenn Sie nicht dazu aufgelegt bleiben, sondern zum Zeichen meiner dankbaren Gesinnung für Ihre Aufmerksamkeit.

Der vierte Band meines Romanes ist | leider nicht gut ausgeführt und übel proporzionirt, so daß dem großen Haufen der Leute der Schluß unmotivirt erscheint, obgleich die Keime dazu überall angelegt sind. Allein bei der schwachen ethischen Empfindung und Empfindungsvermögen, welche jetzt grassiren, muß eben mit dem Scheunethor gewinkt werden und man verwechselt überall die mangelhafte Ausführung mit einer gänzlich verfehlten Anlage.

[...]

---

206 *Anspielung auf Auerbach 1856 (CD).*

28. 5. 1856 Keller an Eduard Vieweg

Zürich d. 28 / 5 1856.

Geehrter Herr

Ich habe eine Zuschrift von Dr. Wolfgang Müller in Köln erhalten, laut welcher er eine ausführliche Besprechung meines Romanes und meiner Erzählungen zu schreiben, aber dafür die betreffenden Bücher zu erhalten wünscht. Schon früher habe er sich deshalb an Sie gewandt, aber keine Antwort erhalten. Ich glaube nun, daß es wohl zu berücksichtigen wäre, wenn ein namhafter | Schriftsteller, der dazu noch für eine ganze Provinz den Ton angibt, sich von freien Stücken zu dergleichen anerbietet. Hr. Müller hat mir ohne irgend ein Zuthun von meiner Seite sehr artig geschrieben und ist für meine Sachen wohlwollend eingenommen. Da Braunschweig so viel näher als Zürich an Köln ist, so möchte ich Sie hiemit bitten, da es auch in Ihrem eigenen Intresse liegt, an die Adresse: Dr. Wolfgang Müller von Königswinter in Köln ein Exemplar des Romanes und der Leute v. Seldwyla besorgen lassen zu wollen.[207]

[...]

1. 8. 1856 Wolfgang Müller an Keller

Ich habe mein Versprechen, verehrter Freund, etwas spät gelöst. Das thut, weil ich allerlei Leid und Ungemach im Hause hatte. *[...]* ich habe daheim im stillen Zimmer die ersten Stunden benützt, um über Ihre Bücher zu schreiben.[208] Freilich hätte | die Stimmung besser sein müssen. Der rechte Humor ist noch nicht wieder da, so würde ich wärmer gefärbt haben. Das werden Sie auch merken. Aber Sie sehen doch auch den guten Willen. Und wenn Sie wieder einmal etwas von Stapel lassen, so fällts hoffentlich für mich in eine bessere Zeit. Ich wollte wenigstens nicht noch länger warten, da ich nächstens selbst ins Freie gedenke.

[...]

N. S. Eben lese ich noch einmal Ihren Brief. Sie vertheidigen den letzten Band Ihres Romans. Damit bin ich doch nicht voll einverstanden, denn ich

---

207 *Am unteren Rand des Briefs Notiz der Firma Vieweg:* Am 14 / 2 56 1 Ex Keller Erzählungen an Redaction Coelner Zeitung gesandt. *Eine (nicht nachgewiesene) Mitteilung Viewegs, man habe der Kölner Zeitung nun noch ein zweites Exemplar zugesandt, muß an Keller ergangen sein (vgl. Keller an Vieweg, 12.6.1856, Ms. GK 78v Nr. 79, GB 3.2, S. 135).*

208 *Vgl. Müller 1856 (CD).*

mag ein so thatenloses Sterben nicht. Ists auch auf dies Versiechen angelegt, so ist das Versiechen doch nicht nach mein Geschmack.

15. 8. 1856   Ludmilla Assing an Keller[209]

Berlin, den 15. August
1856.
Wenn Sie mir nicht ausdrücklich verboten hätten, Ihnen eher zu schreiben als Sie mir, mit beinahe eben solcher Entschiedenheit als Professor Vischer den etwaigen ersten Besuch des Onkels ablehnt, so würde ich Ihnen schon längst die Kossack'sche Kritik[210] übersandt haben, die ich gleich nach unsrer Ankunft für Sie hervorsuchte. Es wäre in der That undankbar von mir, wenn ich für die schönen Rosen aus Ihrem Garten Ihnen nicht die Rosen der Kritik einsammeln wollte. Diese hat freilich auch den kleinen Dorn, daß sie den „grünen Heinrich" nicht nach seinem Werth anerkennt,[211] aber daraus machen Sie sich vermuthlich weniger als ich. [...]

16. 3. 1857   Keller an Lina Duncker[212]

[...] Gestern ist mein alter Oheim gestorben auf dem Lande, der im grünen Heinr. figurirt.[213] Er lebte zuletzt ganz allein mit einem Knecht und einer Magd, die den ganzen Tag heimlich Eierkuchen backt, in dem zerfallenden Hause. Seine Kinder sind zerstreut und meistens vollkomme Philister und verbauert, und bei dem Leichenbegängniß am nächsten Dienstag werde ich wahrscheinlich mit ansehen, daß in dem Hause, wo vor Jahren so viel Gesang und Gelächter war, nun rücksichtslos um die Erbschaft gestritten wird. Doch mir ist's Wurst, ich seh' alles mit an. [...]

---

209   *Ludmilla Assing (1821–1880), Schriftstellerin, Nichte von Karl August Varnhagen von Ense, in dessen Haus in Berlin Keller sie kennenlernte.*
210   *Vgl. Ernst Kossak:* Die Leute von Seldwyla. Erzählungen von Gottfried Keller. *In: Berliner Montags-Post, Nr. 18, 5.5.1856 (CD). Keller hatte Ludmilla Assing in seinem Brief vom 12.8.1856 (BJK: VS 2; GB 2, S. 48) an die Rezension erinnert, von der sie anläßlich ihres Besuchs in Zürich mit Varnhagen kurz vorher erzählt hatte.*
211   *Kossak stellt die Erzählungen* Pankraz der Schmoller *und* Romeo und Julia auf dem Dorfe *in seiner Rezension weit über die besten Stellen des seiner Meinung nach fragmentarischen und theilweise noch gar zu embryonischen grünen Heinrich.*
212   *Lina Duncker (1825–1885), Gattin des Verlegers Franz Duncker, in deren Haus Keller in Berlin verkehrte und ihrer Schwester Betty Tendering begegnete. Brief begonnen am 8.3.1857.*
213   *Vgl. oben, Anm. 199.*

26. 6. 1857   Ludmilla Assing an Keller

[...] Da ich Ihren Namen so lange nicht geschrieben sah, so suchte ich wenigstens, wo ich ihn gedruckt finden konnte; zwei Notizen, die ich Ihnen beilege, haben Sie nun wahrscheinlich schon längst selbst gelesen; da dies aber nicht gewiß ist, so mögen sie immer mitgehen. *[...]*

Prutz' Urtheil über Sie finde ich in vielem ungerecht! | – Ebenfalls[214] an das Gebiet der Dorfnovelle anstreichend sind die Erzählungen, welche Gottfried Keller unter dem Titel „Die Leute von Seldwyla" (Braunschweig, Vieweg) herausgegeben. Gottfried Keller hat sich durch seinen auch in diesen Blättern ausführlich besprochenen Roman „der grüne Heinrich" den Ruf eines unserer eigenthümlichen und glücklichen Schriftsteller erworben; tiefe Kenntniß des Seelenlebens und eine echt poetische Weltanschauung verbinden sich bei ihm mit einer seltenen Plastik der Darstellung und wenn der Eindruck, den er hervorbringt, bei alledem kein ganz klarer und reiner ist, so liegt das wohl nur daran, daß der Verfasser mit sich selbst noch nicht ganz im Klaren, ja daß er gewisse Unarten und Grillen, Nachklänge unserer früheren romantischen Epoche, mit eigensinnigem Behagen pflegt, und in den Vorgrund rückt, gleich als wären es ebenso viel Vorzüge und Tugenden. *[...]*

                                               R. P.
                                       Deutsches Museum vom 14. August 1856
                                       No. 33.

15. 12. 1857   Ludmilla Assing an Keller

[...]

Das Schweizerische Album ist uns nun auch zugekommen, und auch ich habe mich gefreut daß des Onkels Anzeige des „grünen Heinrich" darin wieder abgedruckt ist.[215] Der Onkel grüßt Sie vielmals, und freut sich Ihres freundlichen Andenkens. *[...]*

---

214 *Ab hier Ludmilla Assings Abschrift aus Robert Prutz' Aufsatz:* Literatur und Kunst. Erzählungen und Novellen. *In:* Deutsches Museum *6 (1856), Nr. 33, S. 257–262 (CD); vgl. auch Prutz' Rezension zum* Grünen Heinrich *(Prutz 1855; CD).*
215 Vgl. oben, Anm. 188.

3.1 ENTSTEHUNG, ÜBERLIEFERUNG UND REZEPTION

Juni 1858   Ludwig Eckardt an Keller[216]

[...]
Haben Sie Varnhagen's Kritik über Ihren „grünen Heinrich" in unserem Album gesehen?
[...]

9. 11. 1858   Keller an Eduard Vieweg

[...]
Ihr gefäll. Bericht über den Absatz meiner Bücher[217] belehrt mich auf's Neue, daß die Schriftstellerei im deutschen Sprachgebiet dermalen noch eine Loterie ist, wo Treffer und Nieten fallen, wie der Zufall sie wirft. Bei der gewissen Aussicht, niemals einen etwas reichlicheren ökonomisch. Erwerb zu erzielen, werde ich allerdings endlich auf andere Einrichtungen denken müssen. Denn diese Erfolglosigkeit verleidet und erschwert Einem die Thätigkeit, an der es gerade am Meisten gelegen ist.
[...]

3.1.2 ÜBERARBEITUNGSPLÄNE UND VERLAGSWECHSEL

19. 8. 1866   Keller an Jakob Vogel[218]

[...]
Von dem „Grünen Heinrich" besitze ich noch einen Band;[219] wenigstens glaube ich kaum, zu den übrigen, welche Gott weiß wo herumfahren, wieder zu gelangen, und ich bin im Fall, selbst ein neues Exemplar behufs Vornahme einer Durchsicht herbeizuschaffen.
[...]

---

216 *Zeitpunkt des undatierten Briefes erschlossen; Ludwig Eckardt (1827–1871), österreichischer Literat, als politischer Emigrant vorübergehend in der Schweiz, wo er für die Förderung einer schweizerischen Nationalliteratur und eines schweizerischen Nationaltheaters eintrat.*

217 *Keller nimmt Bezug auf einen (nicht nachgewiesenen) Brief Eduard Viewegs vom 23.9.1858.*

218 *Jakob Vogel (1816–1899) Buchdrucker in Glarus, bei dem das von Robert Weber herausgegebene Sammelwerk* Die poetische Nationalliteratur der deutschen Schweiz *erschien, in dessen 3. Band (1867) auch Keller vertreten war.*

219 *Vogels Anfrage ist nicht nachgewiesen.*

4. 8. 1869 Orell Füssli an Firma Vieweg[220]

Orell, Füssli & Co.

Zürich.

Den 4 August 1869

Herren Vieweg u Sohn in Braunschweig

Wir erlauben uns mit diesen Zeilen die Anfrage, ob und zu welchen Bedingungen Sie allfällig geneigt wären, die in Ihrem Verlage erschienenen Schriften unsers Landsmannes Gottfr. Keller mit oder ohne Verlagsrecht käuflich an uns abzutreten. Sie werden wohl im Verlauf der Jahre die Ueberzeugung gewonnen haben, daß der Markt der Keller'schen Werke ein beschränkter ist. Wir glauben indeßen am Platze bei wesentlich reduzirten Preisen doch noch einen gewissen Absatz erzielen zu können und wären daher unter Umständen zum Ankaufe der ganzen Restauflagen geneigt. Wir haben | vor 14 Jahren die Restauflage der Keller'schen Gedichte (Heidelbg. Winter 1846) übernommen und ist es unsern fortwährenden Bemühungen gelungen nach u. nach eine Anzahl von circa 250 Exemplaren unterzubringen indeßen nur durch Reduction des ursprünglichen Ladenpreises [...]. Dieser Umstand wesentlich veranlaßte uns zu der heutigen Anfrage, sowie der Wunsch, im Interesse des Autoren seine Werke im eigenen Vaterlande popularisirt zu sehen. Jetzt kennen sie die Wenigsten, die jüngere Generation gar nicht.

Ihren gefl. Entschließungen entgegensehend, zeichnen mit collegialischer

Werthschätzung Ihre ergebene

OrellFüssli u Co

26. 10. 1869 Nicolaische Buchhandlung an Firma Vieweg

Berlin 26. Octob. 69.

Herren Fr. Vieweg u Sohn Braunschweig.

Vor etwa 8 Tagen offerirt Herr S. Schwelm in Frankfurt ª/M. Exempl. von Keller, grüner Heinrich zum Preise von à 20 sgr u uns auf ᵘ/ Anfrage sogar zu à 15 Sgr., während wir Ihnen vor 2 Monaten den fünffachen Preis mit 2½ rt zahl-

---

220 Vgl. Abb., S. 319. – Zu Kellers Verkehr mit dem Zürcher Verlag vgl. auch Orell Füssli an Keller, 1.8.1861 (Ms. GK 79f Nr. 16), Keller an Orell Füssli, 19.8.1861 (Ms. GK 77 Nr. 29; GB 4, S.126) sowie Orell Füssli an Keller, 20.8.1861 und 1.10.1861 (Ms. GK 79f Nr. 17 und 18).

Verlagsanfrage von Orell Füssli, Zürich
Orell Füssli an Firma Vieweg, 4.8.1869
Vieweg-Archiv: V1O:29 (vgl. S. 318)

ten[221] u. hierbei Ihrerseits noch die Bedingung gestellt wurde, daß wir das Buch nicht öffentlich zu einem ermäßigten Preise ankündigen sollten! Sie werden ermessen daß uns die Verwerthung der bezogenen 7/6 Ex. unter solchen Umständen zur Unmöglichkeit gemacht wird u. werden es soher nicht unbillig finden, wenn wir Sie höflichst ersuchen uns die Differenz in laufender Rechnung unter Anzeige gutzuschreiben.

Hochachtungsvoll
Nicolaische Buchhdlg
Fr Borstell.

Die Explre. stehen event. mit Ausnahme <u>einiger</u> aufgeschnittener Bände noch auf Lager.

30. 11. 1869   Carl Meyer an Firma Vieweg[222]

Zürich d. 30. Nov. 69.

Herrn Vieweg u Sohn in Braunschweig

Von einem Privaten, welcher den <u>ganzen Rest</u> (sofern nicht über 150 Ex.) von Keller, „der grüne Heinrich" zu kaufen geneigt wäre, darum angefragt, ersuche Sie um gütige umgehende Antwort ob Sie noch Exemplare davon besitzen oder in <u>welche</u> Hände dieselben übergegangen sind. Es ist mir wohl

---

221   *15 Silbergroschen = ½ Taler = 1.87 Franken. – Der Verkaufspreis betrug laut Vieweg-Inserat vom 16.3.1854 für die ersten 3 Bände 5 Taler, für alle 4 Bände demgemäß ursprünglich 6⅔ Taler, also 25 Franken, laut Inserat von Meyer & Zeller 1869 noch 20 Franken (was 5⅓ Talern entsprechen würde). Gegenüber Weibert bezeichnete Vieweg dann am 19.6.1875 (Dok) den Ladenpreis mit 15 Mark (also 5 Talern, bzw. 18.75 Franken), so noch angegeben in dem 1911 anläßlich des 125jährigen Bestehens publizierten Verlagskatalog (Verlagskatalog von Friedr. Vieweg & Sohn in Braunschweig 1786–1911. Braunschweig: Vieweg & Sohn 1911, S. 197).*

222   *Carl Meyer, Besitzer der Buchhandlung Carl Meyer in Zürich (Mitglied des Schweizerischen Buchhändlervereins von 1864–1887), Sohn von Carl Meyer-Zeller, dem einstigen Mitbegründer der (inzwischen unter Leitung von August Reimmann stehenden) Verlagsbuchhandlung Meyer & Zeller; Carl Meyer-Zeller war 1849–1855 Mitglied des Schweizerischen Buchhändlervereins gewesen, 1869 aber nicht mehr als Buchhändler, sondern als Pfarrer tätig (vgl. Carl Meyer-Zeller an Firma Vieweg, 9.12.1869, Dok). Carl Meyers Anfrage reagierte wie die folgenden Briefwechsel mit Zürcher Buchhändlern (Schabelitz, Meyer & Zeller, Orell Füssli) auf die Notiz in der Züricherischen Freitagszeitung vom 3.12.1869 (vgl. unten, Anm. 225) und das Inserat von Meyer & Zeller (vgl. Abb., S. 57), welches vom Frankfurter Antiquar Schwelm erworbene Exemplare des Grünen Heinrich für 5 Franken statt zum Viewegschen Preis von 20 Franken anbot.*

bekannt, daß Meyer u Zeller eine Parthie gekauft hat; wünschte aber zu wissen, ob noch anderwärts Ex. vorhanden wären.
[...]

4. 12. 1869   Firma Vieweg an C. Schabelitz

C. Schabelitz'sche Buchhandlung in Zürich

Braunschweig 4 Dec. 1869

Durch die uns eingesandte Ankündigung der HH Meyer u Zeller[223] sind wir natürlich nicht wenig überrascht, zumal wir denselben Exemplare des Keller'schen grünen Heinrich niemals anders als unter den gewöhnlichen Bezugsbedingungen geliefert haben.

Wir können uns dieses uns höchst unangenehme Vorkommniß nicht anders erklären, als daß diese Herren von H. S. Schwelm in Frankfurt a M. dem wir im Laufe dieses Jahres mit einer Parthie älterer Auflagen eine kleine Anzahl von theilweise ramponirten Exemplaren zu einem billigen Preise überließen (ohne dabei jedoch eine Ahnung von den Manipulationen zu haben, zu welchen dieselben event. benutzt werden sollten) Exemplare zu einem Preise bezogen haben, welcher es ihnen möglich macht, das Buch zu dem Preise von rt 1. 10 sgr. anzukündigen u zu verkaufen.

Eine Preisherabsetzung hat unserseits weder dem Buchhandel noch dem Publikum gegenüber stattgefunden.

Wir haben übrigens gleichzeitig an die HH. Meyer u Zeller das Ersuchen gerichtet, die Ankündigungen und den Verkauf des Buches zu obigem billigen Preise zu lassen.

Uebrigens glauben wir Ihnen nur rathen zu können, | sich wegen des Bezuges von Exemplaren zu billigem Preise an S. Schwelm in Frankfurt zu wenden, welcher möglicher Weise noch einige Exemplare des Buches besitzen könnte.

Mit Hochachtung u Ergebenheit
Frd. Vieweg u Sohn.

---

223   *Vgl. z. B. das Inserat in der* Neuen Zürcher-Zeitung *Nr. 336, 5.12.1869 (Abb., S. 57).*

6. 12. 1869 Nicolaische Buchhandlung an Firma Vieweg

Berlin 6. Decbr. 69.

Herren Fr. Vieweg u Sohn Braunschweig

Wir kommen erst heute zur Beantwortung Ihres Geschäzten v. 28. Octob.[224] – Vergebens haben wir uns in der Zwischenzeit bemüht Exemplare von Keller, grüne Heinrich abzusetzen und werden wir deshalb genöthigt sein von Ihrem Anerbieten Gebrauch zu machen u. sämmtliche erhaltene Exempl. remittiren, trotzdem einzelne Bände ganz andere theilweise aufgeschnitten sind; wir setzen voraus dß dieser Umstand kein Hinderniß für die Rücknahme bilden wird wenn Sie die obwaltenden Umstände berücksichtigen.

Schwelm in Frkfrt. offerirt uns das Ex. fraglichen Werkes mit 15 sgr., trotzdem würden wir zur Vermeidung der Spesen nach u. von Lpzg bereit sein, die bezogenen 7/6 für 4 Rt.- zu behalten u. für die Differenz von 11 Rt. andere | Werke Ihres Verlages zu beziehen. Haben Sie die Güte uns mitzutheilen in welcher Weise Ihnen die Regulirung am bequemsten, wir werden dann *event.* für die Differenz oder darüber hinaus unsere Auswahl treffen.

Inzwischen empfehlen wir uns

Hochachtungsvoll
Nicolaische Buchhdlg
Fritz Borstell.

9. 12. 1869 Firma Meyer & Zeller an Keller

Buchhandlung
Meyer & Zeller
Rathhausplatz
Zürich

Hochgeehrtester Herr!

Den mir ausgesprochenen Wunsch habe ich sofort erfüllt; erlauben Sie aber, Ihnen meine von der Ihrigen abweichende Ansicht auszusprechen.

Nicht im Entferntesten dachte ich daran, daß es Sie unangenehm berühren könnte, wenn ich Ihren vielen nicht reichen Verehrern Gelegenheit gebe, sich den „grünen Heinrich" anschaffen zu können. Wenn ich Ihnen eine Liste der Käufer mittheilte würden Sie daraus ersehen daß es lauter Leute

---

224 *Brief nicht nachgewiesen.*

sind, denen es zum Theil unmöglich wäre, für ein Einziges Werk von Ihnen
Fr 20 zu geben, aber mit | Vergnügen Fr 5 zahlen.

Wenn überhaupt von einer bettelhaften Ankündigung je die Rede sein
könnte, so scheint es mir noch weit eher da angenommen werden zu können,
wenn man für den „gr. Heinrich" Fr. 20 verlangt; denn das heißt doch: herbei
ihr <u>Reichen</u> u kauft für Fr. 20 Ein Buch unsres Dichters, der viel mehr politische Mittelstand ist ausgeschlossen.

Wenn ich es bestimmter andeutete wer der Verfasser sei, so that ich es
für die, welche längst nicht mehr wußten daß Sie dies ihnen unzugängliche
Buch geschrieben. |

Schließlich muß ich Ihnen noch mittheilen, daß der Verleger dies Buch
nicht allgemein herabgesetzt hat, sondern daß es mir nur möglich war, eine
beschränkte Anzahl Explare zu wohlfeilem Preise zu erhalten.

Die Freitags Ztg. hat sich geirrt.[225]

       Mit vorzüglicher Hochschätzung
       Ihr
       ergebener
       A. Reimmann.

Z. 9 / 12. 69.

9. 12. 1869 Carl Meyer-Zeller an Firma Vieweg

       Zürich d. 9/12 1869.
Herrn Fried. Vieweg u Sohn in Braunschweig!

Mein Sohn Carl hat Ihnen vor einigen Tagen wegen Kellers „grünem Heinrich" geschrieben. Nach Ansicht Ihrer gefl Antwort glaube nun ich Unter-
zeichneter Ihnen Einiges mittheilen zu sollen, da es nach Ihrer Antwort
scheinen möchte, als ob Sie wirklich nicht wüßten, was vorgegangen ist.
Die Sache verhält sich folgender Maßen: Meyer u Zeller haben das Werk zu
bloß 5 Frkn! ausgeschrieben und berichten in neuern Inseraten, daß nun das

---

225 *In der* Züricherischen Freitagszeitung, *Nr. 49, 3.12.1869, war in der Rubrik* Zürich *fol-*
  gende redaktionelle Notiz erschienen: Der Verleger von Gottfried Kellers Roman „der
  grüne Heinrich" hat sich herbeigelassen, dieses bisher wegen seines hohen Preises selbst
  in Zürich wenig bekannte Meisterwerk unsers Dichters zu dem für vier elegante Bände
  von zusammen 1700 Seiten enorm billigen Preis von Fr. 5 zu verkaufen. Wir vernehmen,
  daß jetzt das Buch in Zürich reißenden Absatz findet, und so der Wunsch Erfüllung
  finden wird, den Hr. Prof. Kinkel bei der Jubiläumsfeier Kellers aussprach. – *Zur ver-*
  billigten Abgabe des Romans durch die Buchhandlung Meyer & Zeller vgl. auch Firma
  Vieweg an C. Schabelitz, 4.12.1869, Dok.

Buch massenhaft abgesetzt worden sei. Den Verfasser, Herrn Keller, scheint nun diese Verschleuderung geärgert zu haben, in Folge dessen einer seiner auch mir befreundeten Freunde, ein reicher Mann, mich bat, ich möchte durch meinen Sohn Erkundigung einziehen, ob noch ein großer Vorrath des Werkes vorhanden sei; wäre derselbe nicht mehr größer als etwa 150 Ex, so würde er den ganzen Rest zu 5 fr. Ladenpreis übernehmen; es müßten jedoch dann wirklich keine Exemplare mehr vorhanden sein und verkauft werden. Nun erkundigten wir uns und kamen, bevor noch Ihre gefl. Antwort eintraf, darauf, daß scheints M u Z sehr viele Exemplare von einem jüdischen Antiquar in Frankfurt a/M., Namens Schwelm, sei es nur à Cond, sei es käuflich erhalten habe. Sollte nun dieser Schwelm wirklich ohne Wissen des Eigenthümers Ihres Geehrt. Hauses in Besitz so vieler Exemplare gelangt sein? Weit über 100 Ex. sollen M u Z wirklich verkauft haben, wie ich höre.

In Folge Alles des Obigen werden Sie nun wohl begreifen, daß mein Sohn überhaupt kein Exemplar zu dem von Ihnen angesetzten höhern Preis absetzen könnte, wenigstens hier gewiß nicht. | Auch zweifle ich sehr daran, daß jener Freund Herrn Kellers jetzt noch zu einem solchen Aufkauf geneigt wäre, zumal auch Sie noch eine ziemliche Anzahl Exemplare zu haben scheinen. Demnach ließe sich allenfalls noch ein Versuch machen; daher ich Sie auf den Fall, daß Sie nicht mehr gar zu viele Exemplare hätten und den Rest ebenfalls zu 5 frcs Ladenpreis abgeben könnten und wollten, ersuche, meinem Sohn gef noch einmal zu berichten, jedoch dann gütigst so, daß Sie im Hauptbriefe bloß die Größe Ihres Vorraths und die Bereitwilligkeit, denselben so zu erlassen, aussprächen, jedoch dann auf einem aparten Zeddel bemerkten, welchen Rabatt Sie dabei meinem Sohn gewähren könnten. Ich würde dann den Hauptbrief dem betreffenden Herrn zeigen. Im Fall Sie aber auf Nichts der Art eingehen können und wollen, so ist auch keine weitere Antwort nöthig. Nochmals wiederhole, daß der Betreffende kaum mehr zu einem Geschäft geneigt sein wird, da er nun das Mißtrauen hat, nicht nur Schwelm sondern auch noch andre Antiquare dürften ganze Partieen des Werkes von Ihnen erhalten haben.

Indem ich einerseits glaubte, Ihnen durch diese Mittheilung vielleicht einen etwelchen Dienst zu erweisen, anderseits Ihnen bei dieser Gelegenheit für den Hinschied Ihres Geehrten Herrn Vieweg, welchen ich, als einstiger Gründer und Besitzer der Firma Meyer u Zeller, und in Folge mehrmaligen Besuches der Messe zu kennen die Ehre hatte, von Herzen condolire, zeichne

Hochschätzungsvoll ergebenst
Carl Meyer-Zeller

dato nicht mehr Buchhändler sondern <u>Pfarrer</u>

13. 12. 1869 Keller an Firma Vieweg

Geehrteste Herren.

Ich habe Einsicht erhalten von einem Briefe vom 4. d. Mts., mit welchem Sie einer hiesigen Sortimentshandlung über die Preisherabsetzung des grün. Heinr. Aufschluß ertheilt haben.[226] Dieser Aufschluß ist aber so geheimnißvoll, daß man ihn verschiedentlich deuten kann. Ich glaube ihn so auffassen zu können, daß Sie sich doch des Restes der Auflage zu entledigen wünschen u in diesem Falle würde ich Ihnen rathen, denselben für die ganze Schweiz offen so verkaufen zu lassen, da der auffallende Schritt einmal geschehen ist. Ich glaube Sie würden den Rest | auch zu 10 Frkn. bald abgesetzt haben, da schon 1856 von den 1000 gedruckten Exemplaren ungefähr 500 verkauft waren.

Doch habe ich mich hierein vorläufig nicht zu mischen. Zweck dieser Zeilen ist Sie zu bitten, daß Sie, wenn Sie eine ähnliche Aufräumungsmaßregel mit den <u>Gedichten</u> vornehmen wollen, mir doch zuerst davon Kenntniß geben und es mir möglich machen möchten, dieselben wieder an mich zu bringen.

Genehmigen Sie die erneuerte Versicherung meiner ausgezeichneten Hochachtung
    Zürich 13 Dec. 1869
G. Keller.

[...]

14. 12. 1869 Firma Vieweg an Keller

Braunschweig 14 Decbr. 1869.

Hochgeehrter Herr!

Wir bedauern sehr, dass wir nicht ganz vorsichtiger Weise zu dem Verkaufe einer Anzahl Exemplare des gr. Heinrich an einen Frankfurter Antiquar geschritten sind u. wir gestehen Ihnen offen, dass wir damit einen Fehler

---

226   Vgl. *Firma Vieweg an C. Schabelitz, 4.12.1869, Dok.*

begangen haben. Es geschah zur Abrundung eines andern größern Geschäftes mit demselben; im Ganzen hat er 100 Expl. erhalten, welche indessen zum größten Theil durch früheres Verschicken u. ein Mißgeschick in unsrem Lagerhause ramponirt waren.

Unser jetziger Vorrath ist nicht mehr groß, und es widerstrebt uns, selbst eine Preisherabsetzung damit vorzunehmen. Jedenfalls wird dazu später noch Zeit sein u. es ist zu erwarten, dass der Frankfurter Vorrath in einiger Zeit verkauft sein und alsdann die Sensation darüber sich | wieder legen wird.

[...]

15. 12. 1869   Schweizer. Antiquariat (Orell Füssli) an Firma Vieweg

Herren Friedr. Vieweg & Sohn in Braunschweig.
Zürich, 15/XII 69.

Schweizer. Antiquariat.
(Orell, Füssli & Comp.)

Sollten Sie geneigt sein, uns eine größere Partie (resp. Restauflage) von
G. Keller, der grüne Heinrich. 4 Bde.
– " – Leute von Seldwyla.
gegen baar zu billigem Preise abzulassen, so werden Sie uns durch gefäll. directe Mittheilung Ihrer Bedingungen zu Dank verpflichten. Hochachtungsvollst

Schweizer. Antiquariat
Rudolphi.

15. 12. 1869   Orell Füssli an Firma Vieweg

Orell, Füssli & Co.
Zürich.
Den 15 Dezember 1869

Herren F. Vieweg u Sohn in Braunschweig

Gestatten Sie uns heute auf Ihr Geehrtes vom 24ten August[227] abhin zurückzukommen, mit welchem Sie uns in Aussicht gestellt haben, daß sich bezüglich der Abtretung der Keller'schen Werke Ihres Verlages später doch noch eine Vereinbarung zwischen uns möglich werden dürfte. Die spezielle Veranlaßung zur Wiederaufnahme dieser Angelegenheit finden wir in der That-

---

227   *Brief nicht nachgewiesen.*

sache, daß die Schwelm'sche Antiqu.handlung in Frankfurt eine Parthie des
„grünen Heinrich" zum reduzirten Preise von 20 sgr baar per Exemplar
ausgeboten u. verkauft hat, während die von Ihnen direct gelieferten Exemplare dieses Werkes immer noch mit Rt 3.27 ½ sgr netto berechnet werden.
Wir müssen also annehmen, daß Sie inzwischen einen Theil Ihres Vorrathes
veräußert haben. |

Wir erlauben uns unter solchen Verhältnissen unsere frühere Offerte
zu wiederholen, wonach wir geneigt sind, die Restauflagen sämmtlicher
Werke Gottfr. Keller's mit oder ohne Verlagsrecht zu acquiriren. Wir haben
schon früher von der Winter'schen Verlagshdg in Heidelbg den ganzen Rest
seiner Gedichte übernommen und liegt es uns darum sehr daran, auch seine
übrigen Werke in unserer Hand zu vereinigen. Dieß der Grund, warum wir
auch einen entsprechend bessern Preis zu bezahlen geneigt sind, als andere
Geschäfte es thun würden. Zudem ist es Wunsch des uns nahe befreundeten
Herrn Verfaßers, seine Werke in zürcherischem Verlage u. speziell in unserer
Hand vereinigt zu sehen.

[...]

Haben Sie nun die Güte, uns Ihre Entschließung event: Preisofferte mit
Wendung der Post werden zu laßen, da wir für bevorstehendes Fest noch
eine kleine Anzahl „grünen Heinrich" haben sollten. Können Sie aber zur
Stunde einen definitiven Entschluß in dieser Sache noch nicht | faßen, so
haben Sie vielleicht doch die Freundlichkeit, uns mit directer Post wenigstens noch 10 à 12 Exemplare des „grünen Heinrich" zum Schwelm'schen
Preise zu liefern. Sie verbinden uns damit zu bestem Danke, da wir, wie
gesagt auf Weihnachten noch einige Exemplare zu dem reduzirten Preise
haben sollten.

[...]

29. 12. 1869   Keller an Theodor Opitz[228]

Verehrtester Herr!

Sie haben mich mit Ihrer Freundlichkeit ebenso überrascht wie erfreut,
letzterer weil ein geisteicher Mann an einem Buche, das mir wegen seiner
Formlosigkeit u Unbedachtheit schon so viel Verdruß u innere Beschämung
verursachte, doch ein par gute Fäden findet. Möchte es mir vergönnt sein,

---

228   *Theodor Opitz (1820–1896), schlesischer Schriftsteller und Übersetzer; sein auf den
Grünen Heinrich bezugnehmender Brief ist nicht nachgewiesen, lag aber offensichtlich
der Petöfi-Übersetzung (ZB: 43.1001) bei, die Opitz Keller übersandt hatte.*

dieselben aus dem Wirrsal heraus zu zupfen u zu einem kleineren anspruchsloseren Gewebe zu verwenden.
[...]

20. 2. 1871 Emil Kuh an Keller[229]

Wien. 20. Februar 1871.
III. Salesianergasse 13.

Hochgeehrter und verehrter Herr,

Seit Ende Dezember vorigen Jahres schob ich, Woche um Woche, den Brief hinaus, welcher meine Anzeige Ihres Romans in der „Neuen Freien Presse"[230] begleiten sollte, und so kommt vielleicht zu allerletzt dieselbe <u>Ihnen</u> unter die Augen. Eine Last von Arbeit ruhte auf mir und in bedrängter Stimmung wollte ich Ihnen nicht schreiben. Nun ist die Last abgewälzt, aber meine Stimmung ist gleichwohl keine unbefangene. Dies schmerzt mich, denn aus der Fülle des durch Ihre Dichtung in mir gesteigerten Lebens hätte ich so gerne zu Ihnen gesprochen! Ich hätte persönlich ersetzen mögen, was lückenhaft im Ausdruck geblieben, als ich zum Publikum über den Grünen Heinrich sprach. Ziehen Sie also freundlich ab und fügen Sie ebenso freundlich hinzu, Sie großer Arithmetiker des Menschenherzens, was dieses karge Blatt und die gedruckte Beilage verbessern und vervollständigen kann.

Schon lange kannte ich Ihre „Leute von Seldwyla", aber erst im Winter 69 ging mir der Genius dieser Erzählungen auf, und erst im verflossenen Sommer lernte ich Ihren Roman kennen. In den Ferien (ich bin nämlich Professor an der Wiener Handelsakademie für deutsche Sprache und Litteratur) nahm ich den Grünen Heinrich mit auf meinem Weg in's Gebirge. Der Krieg war eben ausgebrochen, alle Welt wühlte in den Zeitungen, ich aber versenkte mich in Ihr Buch. Angesichts | der Alpen in Aussee (in Steiermark) las ich was Heinrich Lee gedacht, empfunden, gewollt und gethan, mit den rauschenden Wassern und den Kalksteinfelsen der einsamen Landschaft verknüpften sich wundersam die Scenen und Bilder dieses geradezu einzigen Buches. Tagelang, Wochenlang, Monatelang war ich in den Grünen Heinrich eingesponnen, denn nachdem ich, haushälterisch gelesen, fing meine Frau zu lesen an und so hatten die Gedanken Muße genug, das Buch zu genießen, sich bienenartig daran festzusaugen. Wie oft schlug ich die Blätter zu und sann eine Stunde oder den ganzen Heimgang vom See in

---

229 *Emil Kuh (1828–1876), Wiener Literarhistoriker und Kritiker.*
230 *Vgl. Kuh 1871 (CD).*

den Markt über eine Wendung, über eine Ideenkette, die Sie angezogen! wie oft jauchzte ich auf, oder lehnte ich mich auf, je nachdem Sie mir zum Einen oder Andern Anlaß gegeben! Aber nicht nur beim Lesen und Schwatzen und Sinnen blieb es: eine ganze Correspondenz mit einem Freunde, der Sie ebenfalls hoch hinaufrückt, dorthin nämlich, wo die Grundgeister walten, eine ganze Correspondenz drehte sich um den Grünen Heinrich. Gottfried Keller und der deutsche Krieg: dies waren wohl die Gegenstände, die mich dritthalb Monate hindurch ausschließlich beschäftigten, und ehrlich gestanden, der deutsche Krieg wurde durch Sie in meiner Seele zur Seite gedrängt. Ich kenne in der deutschen Litteratur nur zwei Menschen, außer Goethe, der auf jeder Lebensstation neben mir steht, zwei Menschen, welche entscheidend auf mich gewirkt haben: Friedrich Hebbel und Arthur Schopenhauer; seit der Grüne Heinrich mein eigen ist, habe ich einen dritten zu nennen, der mich menschlich bedeutungsvoll gefördert, der als ein Erlebniß sich in mir eingezeichnet hat. Meine Biographie Hebbels, welche als Geschichte eines merkwürdigen Daseins mehr | Wichtigkeit haben dürfte, denn als Beitrag zur Litteraturhistorie, diese Biographie wird Ihnen dereinst beweisen, was Alles ich vom Grünen Heinrich erfahren.

Ich breche ab, denn ich spüre, daß ich Alles sagen will und nur wenig sagen kann; die schlimmste Verfassung, in der ein Schreibender sich befinden mag. Sollte ich hin und wieder etwas im Grünen Heinrich getroffen haben, was Ihnen ein zustimmendes Nicken abnöthigt, dann sagen Sie es mir wohl. Im Uebrigen: ob Sie mir antworten oder nicht, verpflichtet bin ich Ihnen auf immer und persönlich können Sie es mir gegenüber halten, wie es Ihnen gefällt, wie Sie Ihrer Natur nach müssen, wie Sie Ihrer Laune nach wollen.

      Dankbar und verehrungsvoll
      Ihr ergebener
      Emil Kuh.

3. 4. 1871 Keller an Emil Kuh

                 Zürich 3 April 1871.
Verehrter Herr!

Widerwärtige Ereignisse haben die vorher schon verzögerte Erwiderung Ihres wohlwollenden Briefes vom 20 Februar noch länger hinausgeschoben; nun aber darf ich nicht länger säumen, Ihnen für alle meinem zweifelhaften Buche erwiesene Aufmerksamkeit u Freundlichkeit herzlich zu danken.

Ihren Aufsatz hatte ich seiner Zeit sofort zu lesen bekommen, da ein Nachbar, welcher die „Neue freie Presse" hält, mir die betreffende Nummer frisch zum Frühstück herüber schickte, als sie ankam.

Das Unglück des Buches liegt in seiner Entstehungsweise. Der Verleger fing gleich an zu drucken, als er etwas Manuskript hatte; ich fuhr dennoch langsam fort, mußte aber dafür alles Geschriebene sofort absenden u konnte so buchstäblich die fertigen Kapitel u Seiten fast nie zum zweiten Mal übersehen; so blieben eine Menge Geschmack- u Taktlosigkeiten stehen, die man schon bei einer zweiten oder vielmehr ersten Wiederlesung zu entdecken u beseitigen pflegt. So gleicht das Opus einer Zeichnung, auf welcher neben den letzten Federstrichen noch alle anfänglichen Kohlen- u Bleistiftstriche nebeneinander zu sehen sind, ja sogar noch der Verderb u Schmutz des Papieres durch die arbeitende Hand haftet.

Die Aufmerksamkeit, welche Sie der Sache in so wohlwollender Weise zugewendet haben, macht mich auf's Neue schwankend, ob ich das Buch gänzlich aufgeben und vergessen oder durch eine neue Ausgabe gelegentlich zu retten suchen soll, da allerdings, das fühle ich wohl, stofflich und auch auf einigen Seiten vielleicht in der Form, etwas darin ist, das man nur einmal hat und geben kann.

Und da will ich Sie denn, verehrtester Herr, zum Dank für Ihre Güte, gleich anpacken und zum unfreiwilligen Zeugen meiner diesfälligen Betrachtungen machen.

Neben der selbstverständlichen Streichung alles Langweiligen u Geschmacklosen käme die äußere Anlage überhaupt in Frage. Entweder könnte man die Composition in aller Gemüthsruhe sorgfältiger ausbauen u abrunden, gleichzeitig durch gute Oekonomie etwas knapper u dadurch | pikanter halten; oder man müßte die abgeschlossene Form ganz aufgeben und dem Roman einen künstlich fragmentarischen Anstrich verleihen, sodaß Alles drin stünde, was man sagen will, ohne daß der Rahmen fertig ist. Man würde den ganzen Eingang streichen und gleich mit der Jugendgeschichte beginnen, sodann dem übrigen Theil gleichfalls den Charakter einer Aufzeichnung dritter Hand (nicht derjenigen des Romanschreibers) geben und die nöthige äußere Wahrscheinlichkeit hinein bringen. Item, auf irgend eine Weise müßte die Unberathenheit des Machwerks verschwinden; sie ist es, welche den nicht specifischen Beurtheiler u Leser ärgert u verwirrt.

Wenn Sie gelegentlich (ich hoffe Ihnen in nicht zu ferner Zeit einen $2^{t.}$ Band Leute von Seldwyla schicken zu können) mich wieder mit einigen

Zeilen erfreuen mögen, so sagen Sie mir vielleicht Ihre Ansicht über das Obige? Sie sehen, daß ich nicht schüchtern bin u mir gleich erlaube, nur von mir selbst zu sprechen. Sie werden dem Gesagten aber auch entnehmen, daß ich mit der kritischen Seite Ihres Aufsatzes ganz einverstanden sein muß u froh, daß ich nicht schlimmer wegkomme. Die lobende Seite dagegen läßt mich erkennen, daß wir es mit einem guten Enthusiasten in Herrn Dr. Emil Kuh zu thun haben, der sich wohl gar einen Gegenstand | seiner Zuneigung vom Zaune bricht und aus Steinen Brod macht! Item, meine grämliche Skribelei hat doch auch einmal auf ein Herz gewirkt und so wieder ihre manigfaltige Auffaßbarkeit bekundet. Vor ein par Jahren hielt ein Franzose in einem Buche (in dem er auch Friedrich Hebbel besprach) den grünen Heinrich für eine grausame Satire auf deutsches Wesen, geschrieben von einem geistreichen aber schnöden u gewaltsamen Kopf!²³¹

[...]

25. 7. 1871   Emil Kuh an Keller

[...]
Sie tragen Sich mit dem Gedanken: den Grünen Heinrich umarbeiten zu wollen. Ich erschrack, als ich dies von Ihnen vernahm. Der Grüne Heinrich scheint mir in der Gestalt, die er nun einmal angenommen, theils aus innerer Nothwendigkeit, theils von Zufälligkeiten bestimmt, ein unantastbares Werk zu sein, das trotz seiner Fehler der zerstörungslustigen Zeit Widerstand bieten und die Mehrzahl der in den letzten fünfzig Jahren entstandenen und gemachten Romane überdauern wird. Productionen, wie der Grüne Heinrich eine ist, vertragen keine Umbildung, ohne dadurch in ihrem Lebenspunkte verletzt zu werden. Auch Wilhelm Meister hat Gebrechen, auch der Faust unseres größten Dichters, und diese Gebrechen | tilgen wollen, hieße die Gebrechlichkeit der Welt selber aufheben wollen. Ich sage immer, wer Entrée gezahlt hat, der mag sich mancherlei erlauben, was wir den anderen Menschenkindern verwehren oder was wir ihnen als schweres Vergehen anrechnen. Und Sie haben Entrée gezahlt. Geschmacklosigkeiten, wie Sie Sich ausdrückten, sind keine im Grünen Heinrich stehen geblieben, Geschmacklosigkeiten trifft man überhaupt nicht in Ihren Dichtungen an.

---

231   Vgl. *die gegen Deutschland (une civilisation encore lourde, [...] une demi-barbarie primitive compliquée de raffinements et de sentimentalités philosophiques) und den deutschen Roman gerichtete Polemik in Krinitz 1869 (CD):* Voici un roman allemand; les Allemands n'en ont guère de bons, et celui-ci a les défauts de son pays.

Ich möchte nicht eine einzige abschweifende Stelle im Grünen Heinrich missen, wenn ich auch gerne hin und wieder, doch nicht überall, die scharf ausgeprägten geschlechtlichen Zeichen gemildert sähe. Ich meine nämlich diejenigen, welche eine starke sinnliche Reizung hervorbringen, welche das Begehren in uns aufstacheln. Ohne Schädigung des Organismus Ihrer Dichtung könnten Sie, nach meiner Empfindung, die Scene streichen: wie Judith vor Heinrich Lee sich entkleidet.[232] Diese Scene hat neben dem Lüsternen, das sie <u>erregt</u>, einen phantastischen Character im Style Achims von Arnim; dergleichen aber hat ein Gottfried Keller nicht nöthig.

Die einzige Aenderung, zu der ich beistimmen würde, wäre die: dem Theile, welcher der Jugendgeschichte folgt, den Character einer Aufzeichnung von dritter Hand zu geben. Es fragt sich nur, wer diese dritte Hand sein soll? Hier liegt die Schwierigkeit. Es müßte Jemand sein, der so intim eingeweiht ist in das Wesen Heinrich Lee's, daß er dessen Zustände mit der Energie des Selbsterlebten nachempfände und es müßte zugleich ein dem jungen Menschen überlegener Kopf sein. Wie wäre es, hochverehrter Herr, wenn Sie Sich entschlössen, die Form der Selbstbiographie zu wählen, der Selbstbiographie Heinrich Lee's! Anstatt des Eingangs, der nicht gestrichen, der nur versetzt werden müßte, begännen Sie mit dem Ende: Lee's Mutter wird zu Grabe geleitet, indessen schreitet ihr Sohn in den väterlichen Ort. Er hat nichts heimgebracht als seine Jugendgeschichte und diese vervollständigt er, indem er aufzeichnet, was er in der Fremde erlebt hat. Sein Ende wäre nicht zu erzählen, weder vom Dichter noch von einem Dritten; es bliebe eine offene Frage, über deren Beantwortung kein feinsinniger | Leser sich täuschen könnte. Was gehts mich an, wie Heinrich Lee zu Grunde gegangen? Daß ein Menschendasein, derart isolirt, bis auf den letzten Faden seelisch ausgesponnen, nicht neue Lebens- und Glücksknoten knüpfen wird: weiß der feinsinnige Leser. Und für die Romanleser ist der Grüne Heinrich so wenig gedichtet als Wilhelm Meister. Goethe läßt die Entwicklung des Mannes offen, Sie thäten dies in Rücksicht auf das Lebensende. Die vorgeschlagene Aenderung wäre keine Umbildung des Gedichts.

[...]

10. 9. 1871 Keller an Emil Kuh

[...]

Ihre Gedanken über eine Renovation des Grünen Heinrich, welcher

---

232   Vgl. GH I, 12.080.20–082.29.

Pechvogel einmal Ihre Gunst gewonnen hat, sind mir sehr willkommen und anregend; sie treffen zum Theil mit dem zusammen, was ich selbst darüber gedacht. Die Umwandlung des jetzt von dritter Person Erzählten in Selbstbiographisches würde natürlich eine Umschreibung von Wort zu Wort erfordern, wobei dann das Auswüchsige von selbst beschnitten würde. Die Versetzung des Schlusses an den Eingang, welche Idee mir neu ist, leuchtet mir sehr ein; ich gewänne dadurch für den Buchanfang gleich Stoff für den guten Erzählerton, während der jetzige Eingang zu inhaltlos geschwätzig ist. Machen Sie mir hier keine Einwendungen! Größere Oekonomie u Knappheit ist nöthig, wenn unsere Opuskula sich leidlich konserviren sollen. Die Nuditäten etc müssen selbstverständlich wegfallen; sie stammen aus der Zeit, da dergleichen in der Luft lag, sind völlig unnöthig und hindern ein Werk, seinen Weg zu machen, | abgesehen davon, daß es die roheste u trivialste Kunst von der Welt ist, in einem Poem den weiblichen Figuren das Hemd über'm Kopf wegzuziehen.
[...]

22. 5. 1873   Keller an Adolf Exner[233]

[...]
Frau Heim sagte mir, daß Fräulein Marie den grünen Esel gelesen zu meiner Beschämung. Hoffentlich hat sie den Weber Zettel in ihm seither erkannt und kraut dem Scheusal nicht mehr die Ohren.[234] Ich bitte Sie sie aber doch schönstens zu grüßen.
[...]

31. 7. 1874   Emil Kuh an Keller

[...]
Nun haben Sie bereits die ersten Stücke des Vischer'schen Essays[235] gelesen. Auf meine Bemerkungen, die mir Vischer in Stuttgart selbst abverlangte,

---

233   *Adolf Exner (1841–1894), Wiener Jurist, lehrte 1868–1872 an der Universität Zürich, wo Keller ihn und seine Schwester Marie (1844–1925), die später den Chirurgen Anton von Frisch heiratete, kennenlernte. Im Sommer 1873 verbrachte Keller mit den Geschwistern Exner gemeinsame Ferien.*
234   *Vgl. Szene IV,1 in William Shakespeares Komödie* Ein Sommernachtstraum, *in welcher die Elfenkönigin Titania vom Zauberbann befreit wird, den (ebenfalls durch Zauber) eselköpfigen Weber Zettel lieben zu müssen, und in ihm mit Schrecken den einfältigen Handwerker erkennt.*
235   *Vgl. Vischer 1874 (CD).*

hat er leider | keine Rücksicht genommen; weder auf diejenigen, welche formelle Bedenken enthielten, noch auf jene, welche die Essenz betrafen. Die Partie über den Grünen Heinrich ist schwach, ja ungerecht. Ein schlechter Roman, aber ein hochbedeutendes Buch, für dessen Spaziergang in das 20ste Jahrhundert hinein ich bürgen möchte: dies hätte der Canon sein müssen. Der Grüne Heinrich stellt die Spielart des jungen Menschen, des unvollständigen Talents dar, das zum Grünbleiben verurtheilt ist. Und weil diese Spielart in tausend und abertausend Exemplaren vorkommt und vorkommen wird, darum ist der Grüne Heinrich ein außerordentliches Buch.
[...]

6. 12. 1874   Keller an Emil Kuh[236]

[...]
Mein Faulheit, von der Sie nachsichtig schrieben, ist eine ganz seltsame pathologische Arbeitsscheu in puncto litteris. Wenn ich darin bin, so kann ich große Stücke hintereinander wegarbeiten bei Tag u Nacht. Aber ich scheue mich oft Wochen, Monate, Jahre lang, den angefangenen Bogen aus seinem Verstecke hervorzunehmen und auf den Tisch zu legen, es ist als ob ich diese einfache erste Manipulation fürchtete, ärgere mich darüber u kann doch nicht anders. Während dessen geht aber das sinnen u spintisiren immerfort u indem ich Neues aushecke, kann ich genau am abgebrochenen Satz des Alten fortfahren, wenn das Papier nur erst glücklich wieder da liegt.
[...]
Ihre Auffassung des grünen Heinrich liegt mir auch nicht recht; es ist eine sehr einfache, fast drollige Sache, die ich Ihnen ein andermal beschreiben will, um jetzt nicht allzuviel über mich selbst zu schreiben.
[...]

31. 1. 1875   Keller an Friedrich Theodor Vischer[237]

[...]
Ihre Arbeit über meine Wenigkeit[238] habe ich noch in Wien[239] angefangen zu lesen *[...]*

---

236   *Begonnen am 9.11.1874.*
237   *Friedrich Theodor Vischer (1807–1887), Ästhetiker und Schriftsteller, seit seiner Lehrtätigkeit in Zürich 1855-1866 mit Keller persönlich bekannt. – Brief erst am 29.6.1875 beendet.*
238   *Vgl. Vischer 1874 (CD).*
239   *Anläßlich des zweiten Ferienaufenthaltes mit den Geschwistern Exner im Juli 1874.*

Ich statte Ihnen jetzt spät aber darum nicht minder herzlich meinen Dank ab für Alles was Sie so freundlich, aufmunternd, und auch im kritischen Theil so nutzbringend und sachgemäß gesagt haben. Es ist die erste wirklich eingehende Arbeit dieser Art, die ich erlebt habe u es hat mich Alles gefreut, namentlich auch die humane Art, wie Sie das Compositions-Uebel am grünen Heinrich behandelten. Es verpflichtet mich diese Großmuth, den tragikomischen u naiv-dummen Hergang gelegentlich doch einzugestehen u zu beschreiben. Vielleicht kann ich mit dergleichen das Curriculum vitae bestehen, zu dem ich mich leichtsinniger Weise von Lindau habe engagiren lassen[240] *[...]*

19. 6. 1875 Firma Vieweg an Ferdinand Weibert[241]

Göschen'sche Verlagsbuchhandlung in Stuttgart

Braunschweig, am 19 Juni 1875.

Der Umstand, daß Sie vor einigen Jahren den Verlag der zweiten Auflagen von Kellers Leuten von Seldwyla im Einverständniß mit dem Verfasser und mit uns übernahmen, veranlaßt uns, die ergebene Anfrage an Sie zu richten, ob Sie nicht auch geneigt sein sollten, das Verlagsrecht und die Vorräthe des gleichfalls in unserem Verlage erschienenen Romanes desselben Verfassers „Der grüne Heinrich" (4 Bände, Ladenpreis 15 Mark)[242] zu acquiriren.

Die nur noch geringen Vorräthe desselben würden bei der gegenwärtig gerade sehr gesteigerten Nachfrage in nicht zu ferner Zeit eine neue Auflage nothwendig machen, zu deren Ausführung wir uns jedoch schwerlich entschließen werden, weil wir bei der vorherrschend naturwissenschaftlichen Richtung unseres Verlages nicht in der Lage sind, uns dem Vertriebe eines Romanes mit dem wünschenswerthen Erfolge zu widmen.

Herrn G. Keller wird und kann es sicher ebenfalls nur sehr angenehm sein, seine beiden Hauptwerke in einer Hand vereinigt zu sehen, so daß von dessen Seite der Verlagsübernahme | Ihrerseits schwerlich etwas in den Weg gelegt werden wird.

Die Vorräthe selbst bestehen noch aus 15 completen Exemplaren und c^a

---

240 *Vgl. Autobiographisches 1876/77.*

241 *Ferdinand Weibert (1841–1926), Besitzer der G. J. Göschen'schen Verlagshandlung in Stuttgart, hatte sich 1871 um Werke Kellers beworben und 1872 die* Sieben Legenden *sowie 1873/74 (vordatiert auf 1874) die erweiterte Neuausgabe der* Leute von Seldwyla *herausgegeben. 1877 (vordatiert auf 1878) erschienen auch die* Züricher Novellen *und 1879/80 schließlich die überarbeitete Fassung des* Grünen Heinrich *bei Göschen.*

242 *Vgl. oben, Anm. 221.*

100 Ex. Band I–III, welche letzteren Bände durch einen Neudruck des vierten Bandes ohne große Kosten zu completen Exemplaren ergänzt werden könnten.

Für diese Vorräthe und für die Abtretung des Verlagsrechtes fordern wir die runde Summe von 800 Mark.

Sollten Sie geneigt sein unter diesen Bedingungen auf die Uebernahme des grünen Heinrich zu reflectiren, wovon natürlich Herr G Keller in Kenntniß zu setzen wäre, so werden wir Ihnen gern eine Abschrift des mit letzterem seiner Zeit abgeschlossenen Contractes sowie jede andere von Ihnen gewünschte Auskunft ertheilen.

Ihren gefälligen Rückäußerungen entgegensehend zeichnen wir
Mit Hochachtung und Ergebenheit
Frdr. Vieweg u Sohn

21. 6. 1875   Ferdinand Weibert an Keller

Stuttgart 21 Juni 1875.
Hochverehrter Herr

ich kann Ihnen heute mittheilen, daß es mir möglich ist, das Verlagsrecht und den Vorrath des „grünen Heinrich" zu erwerben, und ich unterlasse nicht bei Ihnen ganz ergebenst anzufragen, ob es in Ihren Wünschen liegt, daß ich mit Vieweg darüber abschließe? Vorräthig sind noch ca 115 Exemplare, Kaufpreis M 800.–

Wenn Sie damit einverstanden wären – Sie wissen, daß mir kein lieberer Verlagsartikel werden kann, als Etwas aus Ihrer Feder – so möchte ich folgendes dazu bemerken.

Der gegenwärtige Vorrath dürfte bei wenig Anstoß und in älterer Gestalt wohl noch längere Zeit anhalten. Wenn man aber jenen Vorrath maculiren, und zu einer neuen Auflage schreiten würde, so glaube ich daß das Buch auch wieder raschere Aufnahme fände. Hier würde sich allerdings wieder fragen, ob eine theure Ausgabe am Platze wäre. Der frühere Ladenpreis war 5 Thlr, und es läßt sich leicht denken, daß derselbe bei den jetzigen gesteigerten Herstellungskosten noch mehr gesteigert werden müßte. Würden Sie sich unter diesen Umständen nicht entschließen können, gleich eine wohlfeilere Ausgabe | herzustellen, deren mäßiger Preis eine bessere Verbreitung zuließe? Dürfte ich für diesen Fall um Ihre Ansicht und Mittheilung Ihrer sonstigen Bedingungen bitten?

Ich empfehle mich Ihnen
in ausgezeichneter Hochachtung
Ihr ergebenster
Ferd. Weibert.

21. 6. 1875   Ferdinand Weibert an Firma Vieweg

Stuttgart 21 Juni 1875.

Herren Fr. Vieweg u Sohn
Braunschweig

In höfl Erwiederung Ihres Angenehmen vom 19 dss bemerken wir, daß wir nicht abgeneigt sind den „grünen Heinrich" zu erwerben, vorausgesetzt, daß wir mit dem Herrn Verfasser uns darüber vereinbaren können.

Wir haben deßhalb heute nach Zürich geschrieben, und werden nicht unterlaßen, Ihnen alsbald nach Eintreffen der Antwort die nöthigen Mittheilungen zu machen.

Inzwischen bitten wir Sie uns 1 Exemplar complet per Post zu übersenden.

Hochachtungsvoll ergeben

G. J. Göschen'sche
Verlagshd.

27. 6. 1875   Keller an Ferdinand Weibert

Zürich 27 Juni 75

Hochgeehrter Herr!

Ihre Mittheilungen wegen Erwerb u neuer Ausgabe des grün. Heinr. kommt mir theils erfreulich überraschend, theils nicht ganz bequem.

Ich habe vorgehabt, noch ein par Jahre zuzuwarten u inzwischen das Buch durchzusehen u mehr präsentabel zu machen. Es muß nämlich ein anderer Eingang u anderer Schluß gemacht u das Ganze in eine einheitliche Form gebracht werden. Einige langweilige Längen müssen entfernt u ein par anstößige Stellen, welche dem Buch ohne alle Nothwendigkeit u ohne allen ästhetischen Nutzen schaden, beseitigt werden. So weit gekommen, beabsichtigte ich, die Sache selbst von Vieweg zurück | zu kaufen, da bis dahin auch die vorhandenen Exmplare noch mehr zusammengeschmolzen wären.

Von einem Verlagsrecht, welches über die erste Auflage hinaus dauerte, ist keine Rede; es wurde hierüber nichts stipulirt. Ich wußte s. Z. nicht einmal, wie viel Vieweg drucken wolle u erfuhr erst Jahre lang nachher von ihm, daß er 1000 Exemplare gedruckt habe.[243] Vor etwa 6 Jahren konnte man bei einem Sortimenter in Zürich einige Zeit lang plötzlich die 4 Bände für 5 frs. kaufen[244] u Alles lief hin, das Buch zu kaufen. Ich schrieb V. was das sei, wenn er den Rest der Auflage so weggeben wolle, so wünsche ich denselben selbst zu erwerben. Ich erhielt die Antwort, daß aus Versehen d. h. ohne Wissen des Chefs | eine Partie nach Frankfurt antiquarisch verkauft worden sei u daß es wieder aufhören würde.[245]

Aus allem diesem scheint mir hervorzugehen, daß V's ein übles Verfahren u einen üblen Willen gegen mich hegen u daß ich Schwierigkeiten hätte, den Rest der fraglichen Auflage selbst zurückzukaufen; denn so lange sie nur noch 5 Exemplare haben, können sie natürlich gegen jede neue Ausgabe ihr Veto einlegen. Insofern wäre es mir schon willkommen, wenn Sie den Handel vornehmen würden im Sinne der Einstampfung u sofortigen Veranstaltung einer neuen durchgesehenen u theilweise umgestalteten Ausgabe; denn es ist an dem Buche allerdings ein gewisser Fonds, der bei zweckmäßiger formeller Behandlung noch zur Geltung gelangen könnte. Nur muß ich Ihnen gestehen, daß ich | die Sache so behandelt zu sehen wünschte, wie wenn ich die neue Ausgabe, sei es beim alten Verleger, sei es bei Ihnen, aus freier Hand veranstaltete, und daß also der an Vieweg auszuzahlende Betrag lediglich am Honorar abgezogen würde.

Ich bin ganz damit einverstanden, daß gleich mit einer wohlfeilen Ausgabe vorgegangen würde, erbäte mir aber gelegentlichen Aufschluß, wie sich bei einer solchen die ökonomischen Verhältnisse eigentlich gestalten? Besteht die Leistung des Schriftstellers nur darin, daß er eine verdoppelte oder verdreifachte etc Auflage gestatten muß, oder wird gleichzeitig noch das Honorar vermindert?

Ich denke, dem Umfang nach könnte das Buch auf 3 der jetzigen Bände | reducirt werden oder es würden, wenn man die 4 Bände beibehalten will, dieselben blos je 20 Bogen stark. Vielleicht thäte sogar auch ein neuer Titel gut.

[...]

Ob nach dem oben Mitgetheilten der Preis von 800 Mark für die einzustampfenden 115 Exemplare nicht zu hoch ist, will ich ganz Ihnen zu beur-

---

243 *Vgl. Vieweg an Keller, 15.5.1855, Dok.*
244 *Vgl. Firma Meyer & Zeller an Keller, 9.12.1869, Dok.*
245 *Vgl. Keller an Vieweg, 13.12.1869 und Vieweg an Keller, 14.12.1869 (beide Dok).*

theilen überlassen. Will man auf die Sache eingehen, so wird es besser sein, so bald als möglich von Braunschweig damit wegzukommen.

Ihr hochachtungsvoll ergebenster
Gottfr. Keller.

29. 6. 1875 Ferdinand Weibert an Firma Vieweg

Stuttgart 29 Juni 1875.

Herren Friedr. Vieweg u Sohn
Braunschweig

Im Anschluß an unser Ergebenes vom 21 dss können wir Ihnen heute mittheilen, daß Herr Dr G. Keller nichts dagegen einzuwenden hat, wenn wir den Rest des „grünen Heinrich" von Ihnen übernehmen würden.

Indessen fällt uns in seinem Briefe der Passus auf, daß ein Verlagsrecht für künftige Auflagen nicht existire, und daß wir nichts anders kaufen könnten als Vorräthe, während er sich vorbehalte, für künftige Auflagen neu abzuschließen, sei es nun mit Ihnen oder mit uns.

Andererseits käme ein weiterer Punkt in Betracht: nach dem Verlagsrecht könnten nach strengem Rechte „defect gewordene Bogen" nur mit Bewilligung des Autors wieder hergestellt werden. (S. Wächters Verlagsrecht.)[246] Nun handelt es sich hier weniger um einzelne Bogen als um 100 Band 4, und umsomehr wäre hier die Einwilligung des Autors nöthig. Da Herrn Dr G. Keller – wie wir schon mehrfach bemerkten – der „grüne Heinrich" in seiner alten Fassung jetzt nicht mehr genügt, so ist es sehr fraglich, ob er die Herstellung des 4^{t}Bandes erlauben würde, da es ihn natürlich bei Herausgabe einer neuen Auflage nur hindern würde.

Wir möchten daher die ergebenen | Anfragen an Sie richten, enthält Ihr VerlagsVertrag Bestimmungen über künftige Auflagen, und glauben Sie die Berechtigung zu haben, oder vom Autor zu erhalten, daß der 4^{t}Band nachgedruckt werden dürfte?

Diese Fragen sind für uns natürlich von großer Wichtigkeit, denn ohne Verlagsrecht haben die bestehenden completen Vorräthe keinen Werth, weil sie ja in kürzester Zeit vergriffen wären, und wenn der 4^{t}Bd nicht gedruckt werden kann, so könnte der Autor unbeschadet des Vorrathes von 100 Bd 1-3 jedem anderen Verleger eine neue Auflage übertragen.

Wir möchten nun die Sache folgendermaßen zusammenfassen:

Ist ein Verlagsrecht vorhanden, nach welchem uns alle künftigen Aufla-

---

246 Vgl. Wächter 1857.

gen zugesichert wären? Wenn dem so wäre, wollten Sie die Ermächtigung des Autors zum Nachdruck des 4ᵗ Bandes erlangen, und diesen Nachdruck schon des Papieres wegen und der Schrift herstellen? Diese Punkte vorausgesetzt, welchen Kaufpreis würden Sie uns für complete Vorräthe mit Verlagsrecht an künftige Auflagen stellen?

Es widerstreitet uns – aus collegialer Rücksicht – etwas aus einem anderen Verlage zu übernehmen, wenn es nicht auf freundliche Weise geschehen kann. Aus diesem Grunde möchten wir Sie bitten, uns offen Ihre Meinung auszusprechen. Wir bemerken hiezu ausdrücklich, daß wir Herrn Dʳ G. Keller noch nichts über obige Bedenken geschrieben haben, und daß wir uns zuvor mit vertrauensvoller Frage an Sie wenden, um klare Stellung in vorliegender Sache nehmen zu können.

Einer gefl baldigen Rückantwort entgegensehend empfehlen wir uns mit Hochachtung und Ergebenheit

G. J. Göschen'sche
Verlagshandlg.

30. 6. 1875   Firma Vieweg an Ferdinand Weibert

Braunschweig den 30 Juni 1875

An
wohllöbliche Göschen'sche Verlagshandlung
Stuttgart.

Auf Ihr Geehrtes vom 29ᵗ ds. erwidern wir ergebenst, dß der § 4 des von uns mit Herrn Keller 22ᵗ Mai 1850 geschlossenen Verlagsvertrages wörtlich lautet:

„Für neue Auflagen werden die gleichen Bedingungen eintreten." Wir glauben hiernach, allerdings gegen Zahlung des Honorars wie bei der ersten uns berechtigt neue Auflagen zu veranstalten, selbstverständlich nach Anzeige an den Verfasser. Wir zweifeln auch nicht, dß die selben Rechte auf andere übertragen werden dürfen unter Zustimmung des Autors.

Die fehlenden Exemplare sind durch einen unglücklichen Zufall befleckt und dadurch unbrauchbar geworden. Es scheint uns unzweifelhaft den vierten Band, der nur durch einen Zufall unbrauchbar geworden, der ein Deficit an Exemplaren sonst nicht haben könnte ergänzen zu dürfen.

Sehen Sie aber Schwierigkeiten in diesen Verhandlungen und Abmachungen, macht Herr Keller Schwierigkeiten, so lassen wir die eingeleiteten

Verhandlungen gern fallen. Es ist in der That kein Object, was Schwierigkeiten zu überwinden, lohnt.
Mit größter Hochachtung
ergebenst
Friedr Vieweg u Sohn

2. 7. 1875   Ferdinand Weibert an Firma Vieweg

Stuttgart 2. Juli 1875.

Herren Fr. Vieweg u Sohn
Braunschweig

Wir danken verbindlichst für Ihre gefl. Darlegungen vom 30. v. M. und unterlassen nicht darauf zu erwidern, daß unsere Frage wegen dem Verlagsrecht für künftige Auflagen des „grünen Heinrichs" durch folgende Bemerkung des Herrn Dr Gottfr. Keller hervorgerufen wurde: „Nur muß ich Ihnen gestehen, daß ich die Sache so behandelt zu sehen wünschte, wie wenn ich die neue Ausgabe, sei es beim alten Verleger, sei es bei Ihnen, aus freier Hand veranstaltete."[247] Das ist wohl kaum anders zu verstehen, als daß ein Verlagsrecht auf künftige Auflagen nicht dem Käufer zustehe, selbst wenn ein solches auch dem früheren Verleger, also Ihnen, übertragen worden wäre.

Bezüglich der Vorräthe erlauben wir uns zu bemerken, daß nach allem unserem Wissen dem Herrn Verfasser daran liegt, daß die seitherige Fassung aus dem Verkehr verschwinde, und daß je eher je lieber eine neue umgearbeitete Auflage komme. Den Nachdruck des zu Grunde gegangenen 4ten Bandes anbelangend, so würde derselbe unter folgenden Gesichtspunkt des Verlagsrechtes fallen: „Wäre die Auflage zwar | gedruckt, aber noch gar nicht in den Verkehr gebracht, so kann man wohl unbedenklich dem Verleger das Recht zu einem Nachdrucke des Zugrundegegangenen geben, weil er so lange setzen und drucken dürfte, bis eine ganze Auflage in den Verkehr gebracht ist. Wenn gleich hienach der Verleger (sofern das Buch schon in den Verkehr gebracht, und zum Theil zu Grunde gegangen wäre) diesen Casus tragen muß, und nichts neu herstellen darf, so spricht doch, wenn blos einzelne Bogen defect wurden, die Billigkeit dafür, deren Ergänzung dem Verleger zu gestatten, obgleich auch hier nach strengem Rechte der Autor Einsprache dagegen erheben könnte."

Der Nachdruck des 4^t Bandes umfaßt nicht gerade einzelne Bogen, und auch einzelne Bogen könnten ohne Erlaubniß des Autors nicht hergestellt

---

247   *Keller an Weibert, 27.6.1875, Dok.*

werden. Es wäre also unzweifelhaft, daß der fragl. Band nur mit ausdrücklicher Erlaubniß des Verfassers hergestellt werden dürfte. Letztere müßten wir also unbedingt einholen, aber abgesehen hievon früge es sich, was kostet ein Neudruck von 100 Expl. Bd. 4? Und wir glauben darauf erwidern zu können, daß derselbe mehr kosten dürfte, als aus dem ganzen completirten Vorrath zu erlösen wäre; daß es also einfacher wäre, die übriggebliebenen Bd. 1–3 zu maculiren, und zu einer neuen Auflage zu schreiten.

Da es unsere Überzeugung ist, daß bei einer solchen neuen Auflage keine Seide gesponnen wird – wie auch der Schluß Ihres Geehrten anzudeuten scheint – und daß ein allenfallsiger Neudruck des vereinzelten 4ᵗ Bandes nur Schaden bringen müßte, so wäre die | Übernahme des Buches hauptsächlich nur Ehrensache, und wir möchten Ihre Blicke auf diesen Umstand lenken, wenn wir Ihnen offen gestehen, daß unter diesem Gesichtspunkt Bd. 1–3 keinen Werthgegenstand, nach einem allenfallsigen Neudruck aber das complete Werk kaum den Werth repräsentiren dürfte, welchen der Neudruck des 4ᵗ Bandes kosten würde.

Wir rechnen auf Ihre Einsicht, indem wir Ihnen diese Puncte vorzutragen uns erlauben, und hoffen nicht mißverstanden zu werden, um so weniger, als Sie uns mit Geehrtem vom 19. v. M. mittheilen, daß Sie sich zu einer neuen Auflage wohl schwerlich entschließen werden. Deßhalb gestatten wir uns auch zum Schlusse die Anfrage, ob Sie – da sich ein Neudruck des 4ᵗ Bandes, abgesehen von der Berechtigung, schon vom buchhändler. Standpunkt nicht rentiren dürfte – auf die Abnahme der werthlosen Band 1–3 nicht verzichten würden, und da Sie doch nach Ihrer eigenen Mittheilung eine neue Auflage von sich weisen dürften, zu welchem Preise Sie uns event. die completen Restvorräthe überlassen wollten?

Wir sind es Herrn Dʳ G. Keller schuldig, ihm das Resultat unserer Verhandlungen mitzutheilen, doch möchten wir nicht bälder schreiben, als bis wir uns auf Dieß oder Jenes geeinigt hätten. Wir möchten hoffen, daß wir auf irgend einem Puncte zusammenträfen, um diese Angelegenheit zur allgemeinen Zufriedenheit zu lösen.

Ihrer baldigen Rückantwort entgegensehend, verbleiben wir
in vollkommener Hochachtung
                    Ihre ergebene
                    G. J. Goeschen'sche Verlagshd.

13. 7. 1875   Ferdinand Weibert an Keller

Stuttgart 13 Juli 1875.
Hochverehrter Herr

Wenn ich Ihr Geehrtes vom 27. v. M. erst heute beantworte, so geschieht dieß nur, weil ich hoffte, Ihnen zugleich Abschluß mit Viewegs mittheilen zu können. Indessen ist Letzterer noch nicht erfolgt.

Es ist nämlich der Umstand vorhanden, daß von 100 Exemplaren der 4te Band in Verlust gegangen, die vorräthigen Bd 1–3 also nichts weiter als Maculatur sind. Ich habe deßhalb auch Ihrem Winke entsprochen und Viewegs ganz bescheiden auf die Höhe ihrer Forderung aufmerksam gemacht; ob sie uns nun entgegenkommen wollen, muß ihr Nächstes lehren, und ist es mir nur auffallend, daß ich seit 10 Tagen keine Antwort erhalten. Ueber das Verlagsrecht schrieben sie, daß sie dasselbe für die erste und alle künftigen Auflagen erworben hätten, da sich im Vertrag vom 22 Mai 1850 folgender Passus befinde: § 4. für neue Auflagen werden die gleichen Bedingungen eintreten.

Was nun eine allenfallsige wohlfeile Ausgabe des grünen Heinrich betrifft, so beehre ich mich folgendes zu bemerken: Es wäre allerdings die Höhe des Honorars maßgebend für dieselbe, da es wohl als sicher angenommen werden dürfte, daß bei einem solchen Buche kaum eine doppelte oder dreifache Auflage rasch verkauft werden könnte, und | letzteres müßte wohl als zuverläßig angenommen werden können, wenn der Verleger nicht dabei verlieren sollte. Auf den großen Haufen – der sich mit leichter Literatur begnügt – können wir bei solchen Schöpfungen nicht rechnen, dagegen würde wohl mancher aus dem gebildeten aber weniger gut situirten Publicum zu einer Erwerbung schreiten, sofern der Preis seinen Mitteln entspräche.

Der Werth einer wohlfeilen Ausgabe liegt darin, daß der Möglichkeit Raum gegeben wird, eine größere Verbreitung und dadurch raschere Folge neuer Auflagen zu erzielen – ob diese Voraussetzung eintrifft liegt allerdings im dunklen Schoße der Zukunft. Das deutsche Publicum sieht ungemein auf Billigkeit. Ich verkaufe z. B. von den wohlfeileren Lessingausgaben à 4 u. 7. M 6–7000 pro Jahr, während ich von der 8° Ausgabe in 10 Bden à 18 M in derselben Zeit kaum 2–300 absetze. Im selben oder noch ungünstigeren Verhältniß verkaufen sich auch alle anderen Werke, von denen verschiedene Ausgaben existiren.

Im Falle wir mit Viewegs zu Stande kämen – am Ende brauchen wir gar keinen Ankauf, da die noch completen 15 Exemplare bald weg sein werden

– erlaube ich mir noch die Anfrage, ob die Ueberarbeitung längere Zeit in Anspruch nehmen wird, und bis wann eine neue Auflage allenfalls erscheinen könnte?
In ausgezeichneter Hochachtung

                                Ihr
                             ganz ergebener
                             Ferd. Weibert.

16. 7. 1875 Firma Vieweg an Ferdinand Weibert

Göschen'sche Verlagsbuchhandlung in Stuttgart

                                Braunschweig, am 16 Juli 1875

In ergebener Beantwortung Ihres Geehrten vom 2. d. M. erwidern wir, daß unsere Anrechte an etwaige folgende Auflagen des grünen Heinrichs durch ein mit Herrn G. Keller seiner Zeit brieflich getroffenes Uebereinkommen außer allen Zweifel gestellt sind und daß daher ohne unsere Zustimmung eine neue Auflage von Seiten eines anderen Verlegers nicht veranstaltet werden kann.

Wir machen nun die erstere vom Ankaufe der gegenwärtigen Restvorräthe der ersten Auflage unter den Ihnen in unserem Ergebenen vom 30 v. M. mitgetheilten Bedingungen abhängig, indem wir es Ihnen überlassen, sich nach deren Erfüllung mit Herrn G. Keller wegen einer zweiten Auflage ins Vernehmen zu setzen.

In Bezug auf die Ergänzung der uns durch einen unglücklichen Zufall defect gewordenen 100 Exemplare können wir uns Ihren Ausführungen nicht anschließen; das Recht hierzu kann uns Niemand streitig machen, einmal weil das Uebereinkommen mit Herrn G. Keller uns in der Stärke der Auflage nicht beschränkte, | sodann aber auch, weil wir die Ziffer der gedruckten Auflage durch diese Ergänzung nicht überschreiten sondern nur zu erreichen suchen.

Sind Sie nun nicht geneigt, auf unsere Propositionen, welche wir in ihrem ganzen Umfange aufrecht erhalten, einzugehen, so müssen wir die ganze Angelegenheit auf sich beruhen zu lassen.

                      Mit Hochachtung und Ergebenheit
                      Frdr. Vieweg u Sohn

21. 7. 1875 Ferdinand Weibert an Keller

Stuttgart 21 Juli 1875.

Hochverehrter Herr

Soeben trifft das Antwortschreiben von Vieweg u Sohn ein. Dieselben theilen mir mit, daß sie das unbedingte Verlagsrecht am grünen Heinrich für die erste und alle folgenden Auflagen besitzen, und daß ohne ihre Zustimmung eine neue Auflage von Seiten eines anderen Verlages nicht veranstaltet werden könne. Sie machen diese Zustimmung vom Ankaufe der gegenwärtigen Restvorräthe (15 Ex complet, 100 Ex Bd 1–3) zu den mitgetheilten Bedingungen abhängig.

Ich bitte nun um Ihre Willensmeinung, ob ich auf Viewegs Bedingungen eingehen soll, und berufe mich in allem Weiteren auf mein ergebenes Letztes.

Ich verbleibe
in ausgezeichneter Hochachtung
Ihr ergebener
Ferd. Weibert.

25. 7. 1875 Keller an Ferdinand Weibert

Zürich 25 Juli 1875

Hochgeehrter Herr!

Ich danke Ihnen verbindlichst für die Mühe, welche Sie sich in Betreff des Grünen Heinrich mit den Viewegs geben. Was die in Ihrem Geehrten vom 13 d. Mts. angeführte von Vieweg behauptete Vertragsbestimmung betrifft, so finde ich nicht nur keinen solchen § 4, sondern den ganzen Vertrag nicht. Es sind zwar 25 Jahre her, seit das Buch unternommen wurde u das Gedächtniß kann bei einem solchen Zeitraum trügen. Allein ich hatte von jeher die Vorstellung, daß ein eigentlicher Vertrag nicht existire, was auch Viewegs Praxis von damals entspricht. Er verlegte außer den wissenschaftl. Artikeln, die ihm die Hauptsache waren, nur ein par Damenromane, von der Lewald und | Therese Bacherach, wobei auf 800 Leihbibliotheken gerechnet wurde, die das Buch nach damaliger Mode rasch anschaffen mußten. Hiemit war das Geschäft in der Hauptsache fertig u Vieweg dachte kaum an künftige Auflagen.

Ich habe nun die sorgfältig aufbewahrten Briefe durchgesehen u es ist keine Rede von der Auswechslung resp. Unterzeichnung eines Vertrages darin. Nach Ihrer Mittheilung schreibt Vieweg von einem Vertrage vom 22 Mai 1850, resp von dessen §4.

Am 7 Mai 1850 schreibt Herr Vieweg:

„In Beantwortung Ihrer geehrten Zeilen vom 3 ds erkläre ich mich bereit, auf die darin von Ihnen gestellten Bedingungen für Ihren Roman einzugehen. Senden Sie mir daher die Fortsetzung des Manuskripts, am besten erst dann, wenn Sie so viel beisammen haben, daß der Druck demnächst ohne Unterbrechung fortgehen kann."

Dann folgen Bemerkungen über die | beste Zeit des Erscheinens, über die Eintheilung in drei Bände, über seine Verlagsmaximen u schließlich eine Honorarsendung von 100 Thalern, ohne Erwähnung eines Vertrages.

Der nächste Brief datirt vom 21 Mai 1850 u enthält 3 Seiten unter anderm auch über den Verlag von Gedichten; keine Erwähnung eines Vertrages.

Der nächste Brief ist vom 6 Juni 1850, enthält Details über den Druck und Mittheilungen wegen der Gedichte. Nichts von einem Vertrage, u so geht es fort.

Es müßte nun sein, daß ich einen Brief mit dem Vertrage vom 22 Mai zusammen verlegt oder verschoben hätte. Immer bleibt es auffallend, daß in dem Brief vom 21 Mai nichts davon steht, wo doch Bedingungen angenommen werden u Honorar bezahlt wird.

Viewegs Angabe ist mir daher unverständlich. Ich wiederhole hier, daß | ich erst einige Jahre später auf meine ausdrückliche Anfrage erfuhr, wie viel Exemplare V. eigentlich gedruckt habe. Wenn Sie sich ferner mit der Sache befassen mögen, so bitten Sie sich eine Abschrift des Vertrages aus auf höfliche Weise u gestehen Sie höchstens die Hälfte der geforderten Summe zu. Denn ich bin nicht gesonnen, 15 Exemplare meines eigenen Buches mit 800 Mark anzukaufen.

Sonst aber habe ich vor, das Buch ruhig umzuarbeiten und wenn es druckfertig ist, die 15 Exemplare durch dritte Hand beziehen resp kaufen zu lassen u mich dann weiter um Viewegs nicht zu kümmern.

Uebrigens lautet auch der mitgetheilte angebliche § 4 ja nicht dahin, daß die neuen Auflagen V. zugesichert seien! | Indessen ist mir das in Deutschland zur Zeit geltende Verlagsrecht nicht bekannt u werde mich gelegentlich danach informiren müssen.

[...]

Was die Zeit betrifft, welche die Umarbeitung des Buches erfordern würde, so könnte die Sache, da fast mehr zu streichen, als zu schreiben ist, bis zu Anfang nächsten Jahres leicht abgethan werden. | Die Hauptsache ist ein besserer Eingang u Ausgang u ein Zusammenfassen des Ganzen.

Sollten Sie auf die eine oder andere Weise zu der Unternehmung gelangen, so würde ich Sie bitten, mir die geschäftlichen Punkte derselben, wie sie sich nach Ihrer Ansicht und Convenienz gestalten sollen, mitzutheilen, damit ich die Sachlage klar beurtheilen kann.

Inzwischen verbleibe ich mit vorzüglichster Hochachtung u Ergebenheit
Ihr
G. Keller

P.S. Sollte sich wider meine bestimmte Meinung doch herausstellen, daß Viewegs ein Verlagsrecht über die erste Auflage hinaus haben, so würde ich dann das Anerbieten zu 800 M.²⁴⁸ natürlich annehmen. Ich werde auch nochmals Alles durchsuchen, glaube aber nicht, daß sich was finden wird.

27. 7. 1875   Ferdinand Weibert an Firma Vieweg

Stuttgart 27. Juli 1875.

Herren Fr. Vieweg u Sohn
Braunschweig.

Wir bestätigen den Empfang Ihres Geehrten vom 16. dss., und beehren uns darauf zu erwidern, daß wir uns inzwischen an Herrn Dr Gottfr. Keller wandten, um uns bei einem event. Ankaufe des „grünen Heinrich" zugleich mit dem Verfasser auseinander zu setzen.

Herr Dr G. Keller wäre nun mit Übernahme durch uns einverstanden, schreibt uns aber, daß er sich nicht erinnere, jemals einen Contract über den „grünen Heinrich" abgeschlossen zu haben, und daß er ebensowenig über eine zweite und weitere Auflagen bindendes Abkommen getroffen, für welche er sich aber auch freie Hand vorbehalte, da das ganze Buch überarbeitet werden müßte. Alles sei sr. Zt. brieflich gemacht worden, und so citirt Herr Dr Keller Ihre Briefe vom 7. Mai, 21. Mai und 6. Juni 1850. Nach Ihrer gefl. Mittheilung soll nun aber doch ein Vertrag vorliegen, und so bitten wir Sie höflichst, uns von demselben Abschrift zukommen zu lassen. Es ist selbstverständlich, daß wir beim Autor selbst zuvor Grund fassen müssen, ehe wir einen Ankauf ausführen, denn nach dem Verlagsrecht wären wir keineswegs befugt, die wenn | auch durch einen Zufall zu Grunde gegangenen 100 Exemplare Bd. 4 ohne Weiteres zu ergänzen. Wir bedürften unbedingt die Erlaubniß des Autors, und ob dieselbe gegeben würde, wäre sehr die Frage.

---

248   *Von Keller korrigiert aus Fr.*

Unter diesen Umständen könnte es uns ja nicht einfallen, 15 complete Exemplare um 800 M zu übernehmen, sofern uns nicht damit ein unbestrittenes ausdrückliches Verlagsrecht überwiesen werden könnte.

Sobald wir mit beregtem Schriftstück versehen, und mit Herrn Dr G. Keller ein Übereinkommen auf Grundlage desselben treffen können, werden wir die Sache definitiv zum Abschluß bringen.

Mit Hochachtung und Ergebenheit
G. J. Göschen'sche Verlagshd.

29. 7. 1875 Firma Vieweg an Ferdinand Weibert

Göschen'sche Verlagsbuchhandlung in Stuttgart

Braunschweig, am 29 Juli 1875.

Wenn Sie unser Ergebenes vom 16. d.M. nochmals durchlesen, werden Sie finden, daß nicht von einem formellen „Vertrage" sondern nur von einem „brieflich getroffenen Uebereinkommen", welches allerdings dieselbe bindende Kraft wie ein Contract hat, die Rede war

Da Sie übrigens nicht geneigt sind, unsere Vorschläge den Ankauf des Restvorrathes betreffend zu acceptiren und wir Ihnen andere zu unterbreiten nicht in der Lage sind, so sehen wir die Correspondenz über diesen Gegenstand als geschlossen an und zeichnen

Mit Hochachtung und Ergebenheit
Frdr Vieweg u Sohn

30. 7. 1875 Ferdinand Weibert an Keller

Stuttgart 30 Juli 1875.

Hochverehrter Herr

ich kam in den Besitz Ihres Geehrten vom 25 dss, und habe nicht unterlassen Ihrem Wunsche Folge zu leisten, indem ich von Vieweg u Sohn nähere Andeutungen über einen etwaigen Vertrag zu erhalten wünschte. Diese Herren schreiben mir jetzt ganz einfach, daß sie noch nie von einem formellen „Vertrage" gesprochen hätten, sondern nur von einem „brieflich getroffenen Uebereinkommen", welches allerdings dieselbe bindende Kraft habe, wie ein Contract. Sie schließen: „Da Sie übrigens nicht geneigt sind, unsere Vorschläge den Ankauf des Restvorrathes betreffend zu acceptiren, und wir Ihnen andere zu unterbreiten nicht in der Lage sind, so sehen wir die Correspondenz über diesen Gegenstand als geschlossen an".

Da von einem „Nichtgeneigtsein" nie und nirgends die Rede war, so kann ich diese Art des Ablaufs nur als einen Rückzug ansehen.

Im Briefe vom 30 Juni schreiben mir Viewegs wörtlich: „Auf Ihr Geehrtes vom 25 dss erwidern | wir, daß der § 4. des von uns mit Herrn Keller 22 Mai 1850 geschlossenen Verlagsvertrages wörtlich lautet etc". Am 16 Juli sprechen Viewegs allerdings nur von einem brieflich getroffenen Uebereinkommen, und im Jüngsten berufen sie sich auf letztere Ausdrucksweise, ohne sich der früheren positiven Aeusserung erinnern zu wollen.

An completen Exemplaren des grünen Heinrich werden wohl nicht mehr als 12 Ex vorhanden sein. Ferner haben Viewegs noch 100 Ex Bd 1–3, zu denen der 4te Band durch einen unglücklichen Zufall in Verlust gerathen sei, und welchen herzustellen ihnen nicht verwehrt werden könne. Nach dem Verlagsrecht darf ein solcher Verlust nicht einseitig vom Verleger hergestellt werden, sondern man bedarf hiezu die Genehmigung des Verfassers, welche allerdings aus Billigkeitsgründen wohl selten versagt worden ist. Andererseits aber kostet die Herstellung von 100 Ex Bd 4 gerade soviel oder noch mehr als aus dem Verkaufe von 100 Ex complet zu erlösen ist. Viewegs werden sich also wohl hüten diesen 4^{t} Band herzustellen. Dann schreiben sie auch am 19 Juni, daß eine neue Auflage wohl bald nöthig werde, zu deren Ausführung sie sich jedoch schwerlich entschließen werden, weil sie sich bei vorherrschend | wissenschaftlichem Verlage dem Vertriebe eines Romans nicht widmen können.

Unter diesen Umständen ist meine Ansicht die, daß die vorhandenen 12 Ex bald weg sein werden, daß Viewegs den fehlenden Bd 4 nicht drucken, auch eine neue Auflage nicht übernehmen werden. Sie schreiben zwar, daß ohne ihre Einwilligung ein anderer Verleger den grünen Heinrich nicht bringen dürfe. Aber eine Ablehnung ist zugleich ein Verzicht, und so werden Sie, hochverehrter Herr, ohne Zweifel in nicht ferner Zeit freies Verfügungsrecht über den Roman haben, ohne daß dafür ein Pfennig ausgegeben zu werden braucht.

Ich empfehle mich Ihnen
                        in ausgezeichneter Hochachtung
                        Ihr ergebenster
                        Ferd. Weibert.

3. 8. 1875 Keller an Ferdinand Weibert

Zürich 3. VIII. 75

Hochgeehrter Herr!

Ich danke Ihnen nochmals bestens für Ihre Bemühungen u gefälligen Nachrichten in Sachen des „Grünen Heinrich". Es scheint mir die Sache auch so zu stehen, wie Sie dieselbe ansehen; jedenfalls brauche ich mir nicht die mindesten Skrupel zu machen, ohne weiteres auf eine neue Ausgabe des Buches zu denken Angesichts der mesquinen Ränke der Herren V. Wenn die Angelegenheit seiner Zeit dahin gediehen ist, so kann man immer noch eine billige Entschädigung für die 100 incompleten Exemplare | anbieten, unbekümmert um die Acceptation.

Für die neue Ausgabe kommt Alles darauf an, daß sie auch für die alten Leser ein neues Interesse darbietet durch eine packendere Form. Ich werde mich mit aller Gemüthsruhe dahinter machen und Ihnen den Handel alsdann vorlegen, wenn Sie noch Lust dazu haben.

Ich bin nun überzeugt, daß in der mit Viewegs gepflogenen Correspondenz kein Wort von künftigen Auflagen steht; es könnte das nur in meinen Briefen der Fall sein; aber da ich nicht einmal wußte, wie stark die Auflage sein sollte, so habe ich selbst gewiß nichts von künftigen Auflagen | gesagt.[249] Uebrigens ist das Manöver mit dem merkwürdigen § 4 deutlich genug. Auch rücksichtlich an mir erlittenen Schadens habe ich mir kein Gewissen zu machen. Es wurden nach früheren Briefen in den ersten par Jahren mindestens 600 Exemplare um den Ladenpreis von 7 Thalern verkauft, der bis gegen das Ende der 60er Jahre festgehalten wurde; hiemit waren die Kosten mehr als gedeckt, ja der Gewinn überstieg schon die Honorarsumme. Ich bin sonst nicht der Meinung daß bei der Mühe u dem manigfachen Verdruß, den wir oft den Herren Verlegern durch unsere übeln Eigenschaften machen, der Autor so philistros nachrechnen soll. Wo aber eine so unverholene | Tendenz vorherrscht, das arme Produkt vieler Tage u Nächte ein für alle Mal in dem Geschäftsgewölbe des willkürlichen Verlages verschwinden zu lassen, da kommt man dazu.

Doch will ich Sie nicht länger mit solchen mürrischen Betrachtungen ennüyiren.

Mit ausgezeichneter Hochachtung

Ihr ergebenster
G. Keller.

---

249 Vgl. dagegen Keller an Vieweg, 28.2.1850, Dok.

14. 8. 1875   Ferdinand Weibert an Keller

Stuttgart 14 Aug. 1875.
Hochverehrter Herr

Ihr Geehrtes vom 9 dss habe ich sr. Zt. erhalten, und daraus mit Vergnügen bemerkt, daß Sie den „grünen Heinrich" nunmehr umarbeiten wollen, denn auf Viewegs werden Sie keine Rücksicht mehr nehmen dürfen. Nach meiner Ueberzeugung wird er für seinen Theil keine neue Auflage bringen, und das spricht zugleich einen Verzicht auf ein Verlagsrecht aus, wenn überhaupt über künftige Auflagen eine Abmachung stattgefunden.
[...]

27. 8. 1875   Keller an Adolf Exner

[...]
Mein Stuttgarter[250] will den Grünen Heinrich, der vergriffen ist, neu herausgeben; da muß ich mich auch dahinter machen mit Abkürzungen, neuem Anfang u neuem Schluß u einheitlicher Form, so daß ich diesen kommenden Winter wie in einer Fabrik sitzen werde, mit schwarzen Tintenfingern | und vor Eifer u Eile die Nase nur mit dem Rockärmel wischend, das wird schön aussehen, pfui Teufel!
[...]

8. 10. 1875   Keller an Emil Kuh

[...]
Das Erlebniß mit Ihrem neuen Hrn. Bruder, das Sie mir von Ratzes aus schilderten, war mir sehr ergötzlich;[251] ich kann mich nicht in die Lage versetzen, nur einen Bruder zu haben, geschweige denn mehrere. Daß ein so wildes Blut den eintönigen grünen Heinrich wiederholt hat lesen mögen, ist ja höchst verwunderlich. | Uebrigens tritt jetzt die Frage der Umarbeitung unverhofft in den Vordergrund. Das Buch ist vergriffen, wie mein jetziger Verleger ausgekundschaftet hat, u er will es in spontaner Weise neu ediren, ohne daß ich den geringsten Anstoß dazu gab. Es prickelt mich nun der Gedanke, ob eine Art Wiedergeburt u Inkurssetzung des schief gewickelten

---

250   *Gemeint ist Ferdinand Weibert.*
251   *Kuh hatte im Brief vom 18.8.1875 (WSL: I.N. 126.762; Kuh/Keller, S. 161) von seinem jüngsten Bruder berichtet, der sich nach wilder Jugend nun aufgefangen habe und von der Jugendgeschichte des Grünen Heinrich sehr angesprochen sei.*

armen Teufels möglich ist ohne Gemachtheit und bemerkbare Altersklugheit.

[...]

27. 10. 1875 Emil Kuh an Keller

[...]
Die Nachricht, daß es endlich nöthig geworden, eine zweite Auflage Ihres Romans zu veranstalten, that mir wohl. Ob Sie eine Umbildung des merkwürdigen Buches unternehmen sollen, darüber getraue ich mich nicht ein Votum abzugeben; ich thäte es auch dann nicht, wenn Sie ein solches verlangt hätten. Ich bin, seitdem ich meine Vorschläge in Betracht des Grünen Heinrich an Sie gelangen ließ, in meinen Ansichten über Umbildungen origineller Dichterwerke, welche bereits einer anderen Jahreszeit des Dichters angehören, um Vieles rigoroser geworden. Was sich von dem Blut- und Seelenleben des Urhebers gänzlich losgelöst hat, das können ganz und gar verschiedene Blutwellen nicht umfärben, neue Seelenschwingungen nicht umgestalten, ohne den Lebenspunct des poetischen Organismus zu schädigen, ja ohne auch die Detailvorzüge zu schwächen oder am Ende in ihr Gegentheil zu verwandeln. Mit dem strengeren, wenngleich edleren Mund des sozusagen wiedergeborenen Gesichts wird möglicher Weise das junge Auge, das unberührt geblieben, im Hader sein. Trotzdem gebe ich gerne zu, daß auch das völlig abgelöste Gebilde mit seinen letzten, geheimsten Fasern noch an den, der es hervorgebracht, geknüpft sein, also bis auf einen gewissen Grad umbildungsfähig sein mag. Mich dünkt: wenn die gesammelte Kraft, die man Begeisterung nennt, sich Ihres Grünen Heinrichs bemächtigt, dann sollen oder dürfen Sie Sich ihr anvertrauen; wenn jedoch Ihre „prickelnden" Finger nur dem künstlerischen Geiste gehorchen würden, der das hier und dort Intentionirte | jetzt in Formsprache umsetzen und das an manchen Stellen lose Gefügte nunmehr besser gliedern könnte, dann sollten und dürften Sie nicht Hand anlegen. Das Schlimme beim Grünen Heinrich ist in diesem Betracht der Erbfehler der Production, der zugleich auf das Innigste mit ihrem hohen Werth und ihrem eigenthümlichen Zauber verschmolzen ist: die kecke Mischung von naivster Darstellung und reifster Ueberlegenheit in Einem Athem. Ich komme über diese Keckheit nicht hinweg und erstaune daher jetzt noch, daß Friedrich Vischer dieselbe eigentlich kaum bemerkt hat, als er so analysirend-zerpflückend die Dichtung besprach. [...]

3.1 ENTSTEHUNG, ÜBERLIEFERUNG UND REZEPTION

17. 11. 1875   Keller an Ferdinand Weibert

[...]
Einer meiner Bekannten in Solothurn[252] hatte sich den „Grünen Heinrich" von Braunschweig kommen lassen wollen und den Bescheid erhalten „dieser Roman sei augenblicklich gar nicht vorhanden". Das Buch scheint also ganz vergriffen zu sein. Ich werde mir noch an ein par andern Orten diese Antwort zu verschaffen suchen, um seiner Zeit ganz sicher zu sein. Inzwischen habe ich auch von anderweitigen artigen Praktiken gehört, so in jenem altberühmten u reichen Hause üblich sind. Da heißt es auch de gustibus non est disputandum.
[...]

11. 12. 1875   Emil Kuh an Keller

[...] Längst wollte ich Sie fragen, ob die unvergleichlich erschütternde Episode von dem Leichlein[253] im Grünen Heinrich auch den Wurzelfasern der Erfindung nach Ihr Eigenthum ist. Denn auf dichterischer Erfindung beruht sie auf alle Fälle. Die Meisten wissen eben nicht, daß in der Poesie die Erfindung tausenderlei Standorte und Formen hat. Ich möchte aber gerne wissen, ob das unglaubliche Wort: das Leichlein läuft! Ihnen gehört.
[...]

21. 12. 1875   Ferdinand Weibert an Keller

[...]
Ihre Nachrichten über den grünen Heinrich und die Viewegs haben mich sehr interessirt. Ohne allen Zweifel denken sie nicht daran, den fehlenden 1^t· Band nachzudrucken, und noch weniger eine neue Auflage zu beanspruchen. Sie werden vermuthlich völlig freie Hand über den Roman erhalten. |
[...]

3. 1. 1876   Keller an Ferdinand Weibert

[...]
Die Sammlung oder Gesammtausgabe meiner Erzählungen[254] möchte

---

252   *Wahrscheinlich Jakob Baechtold (vgl. unten, Anm. 276), der von 1872–1878 in Solothurn wirkte.*
253   *Gemeint ist die* Meretlein-*Episode, GH I, 11.096–106.*
254   *Weibert hatte Keller am 31.12.1875 (Ms. GK 79b Nr. 172) im Zusammenhang mit der Neuauflage der* Leute von Seldwyla *und der Ankündigung der* Zürcher Novellen *den*

ich überhaupt einstweilen noch im Hintergrund lassen mit dem Gedanken, diese Art Thätigkeit mit einer solchen zu geeigneter Zeit abzuschließen. Wenn es mir gelingt, aus dem Grünen Heinrich durch die Umarbeitung ein mehr oder weniger präsentables u liebenswürdiges Buch zu machen, | und ihn so neu in Curs zu setzen, so wünschte ich alsdann auch diesen in jene gesammelten Erzählungen aufzunehmen, wenn er sich erst durch eine neue Einzelausgabe bewährt hat.
[...]

9. 1. 1876 Keller an Adolf Exner

[...]
Mein Verleger hat nämlich mit dem Vieweg wegen des „grünen Heinrich" traktirt, welchen ich jetzt nachträglich präsentabel machen möchte. Viewegs wollten jenem weiß machen, daß sie ein dauerndes Verlagsrecht besäßen, welches man ihnen abkaufen müßte um 800 Mark. Dabei citirten sie einen § 4 eines fingirten Contrakts, der nicht existirt u wurden mit Blamage wegen dieser mesquinen Lüge heimgeschickt. Außerdem aber hatten sie noch 15 complete Exemplare des Buches. Wenn diese nun seither erwiesener Maßen verkauft sind, so bin ich ganz frei u brauche die Herren gar nicht mehr zu begrüßen. In Zürich u Solothurn haben schon vor Monaten Bekannte von mir das Buch bestellt, aber zur Antwort erhalten, es sei zur Zeit (von Braunschweig aus) nicht mehr zu haben. Wenn es Ihnen nun nicht zu unbequem ist, so möchte ich Sie bitten, | den Versuch einer solchen Bestellung auch in einer Wiener Buchhandlung zu machen in der Art, daß Sie etwa einen schriftlichen Zeddel erhielten, wenn die betreffende Handlung das Buch wirklich nicht liefern kann, welchen Zeddel Sie mir dann abtreten würden. Sollten Sie wider Erwarten den Grünspecht erhalten u bezahlen müssen, so würde ich Ihnen denselben sofort abkaufen u der hiesigen Stadtbibliothek schenken zum Gebrauche für die Zürcherischen Ettmüller's der Zukunft;[255] denn das denkwürdige Werk wird bei der Wäsche um einen Band eingehen wie eine gestrickte Unterjacke.
[...]

Vorschlag gemacht, in näherer Zukunft eine Sammlung aller Erzählungen (inklusive Sieben Legenden) herauszugeben.

255 *Ludwig Ettmüller (1802–1877), der 1863 an die Universität Zürich berufene und Exner noch persönlich bekannte Germanist, steht hier wohl für den Germanistenstand überhaupt.*

1. 2. 1876 Adolf Exner an Keller

1 Febr. 76.
Lieber Freund,

gestern erst erhielt ich den beiliegenden Zettel durch Gerold, nachdem sich Fr. Vieweg, wie es scheint, sehr lange dagegen gesperrt hatte seine Heinrichlosigkeit zu bekennen.
[...]

5. 5. 1876 Verlag G. Grote an Firma Vieweg

G. Grote'sche Verlagsbuchhandlung
Berlin, S. W., 35. Bernburger Strasse.

Berlin, den 5 Mai 1876.[256]

Herren Fr. Vieweg u Sohn
in Braunschweig

Wir gestatten uns hiermit die ergebene Anfrage, ob und eventuel zu welchem Preise Sie geneigt wären, uns die Rest-Vorräthe nebst Verlags-Recht von: G. Keller der grüne Heinrich" zu verkaufen. Eventuel würden wir in bevorstehender Leipziger Messe zu mündlicher Besprechung zu Diensten stehen.

Hochachtungsvoll
ergebenst
G Grotesche Verlgs

10. 5. 1876 Verlag G. Grote an Firma Vieweg

G. Grote'sche Verlagsbuchhandlung
Berlin, S. W., 35. Bernburger Strasse.

Berlin, den 10 /5 1876.

Herren Fr. Vieweg u Sohn
in Braunschweig

Auf Ihren werthen Brief vom 8 d[257] erwidern wir ergebenst, daß wir gern auf Ihre Forderung eingehen, dieselbe hiermit förmlich acceptiren und

---

256 *Gedruckter Briefkopf mit handschriftlich eingesetztem Datum.*
257 *Dieser Brief Viewegs an Grote, auf den auch der Brief Grotes an Keller anspielt, ist nicht nachgewiesen.*

Sie ersuchen das Einverständniß des Herrn Keller mit dieser Übertragung erwirken zu wollen.

Für Ihr sehr freundliches Entgegenkommen Ihnen unsern Dank sagend zeichnen wir

Hochachtungsvoll u
ergebenst GGrotesche Verlg.

10. 5. 1876 Verlag G. Grote an Keller

G. Grote'sche Verlagsbuchhandlung
Berlin, S. W., 35. Bernburger Strasse.

Berlin, den 10 / 5 1876.[258]

Sehr geehrter Herr!

Beschäftigt das VerlagsRecht einer Anzahl gediegener älterer Romane zu erwerben, die wir in einer neuen eigenartigen Weise zu publiciren gedenken und von der wir hoffen, daß sie Beifall finden und das Publicum mehr zur Selbstanschaffung, also von der Leihbibliothek ab bringen wird, haben wir in dieser Reihe auch unser Augenmerk auf Ihren „grünen Heinrich" gerichtet.

Auf eine vorläufige Anfrage bei der Vieweg schen Verlagshandlung, ob sie uns das Verlagsrecht abzutreten geneigt sei, hat dieselbe sich bejahend geäußert und wir | wenden uns nunmehr an Sie, mit dem Ersuchen, dem Übergang des VerlagsRechtes auf unsere Firma Ihre Genehmigung ertheilen zu wollen.

Wir sprechen es dabei aus, daß eigentlich diese Ihre Genehmigung in erster Linie hätte nachgesucht werden müssen u daß dies auch unsere Absicht war. Schreiber dieser Zeilen, der im Interesse dieses Planes eine längere Reise ausführte, hatte die Absicht Sie von München aus persönlich aufzusuchen, wurde aber, durch eine dumme Grippe zur unvermutheten Rückkehr gezwungen, verhindert diesen Plan auszuführen, hofft aber, da er an München wieder anknüpfen muß, in nicht zu langer Zeit Ihre Bekanntschaft zu machen.

Wir werden Ihnen dankbar sein, wenn Sie Ihr Vertrauen uns schenken wollten und können versichern, daß wir mit Ernst u zäher Energie für

---

258 *Gedruckter Briefkopf mit handschriftlich eingesetztem Datum.*

unsere Publicationen und für die Autoren eintreten, die uns die Ehre ihres Vertrauens schenken
Hochachtungsvoll u
ergebenst G. Grotesche Verlagshdlg.

10. 5. 1876   Firma Vieweg an Keller[259]

Braunschweig, am 10 Mai 1876

Hochgeehrter Herr!

Sie werden sich erinnern, daß wir bereits im vorigen Jahre mit der Göschenschen Verlagshandlung in Stuttgart wegen Abtretung der Restvorräthe Ihres „grünen Heinrichs" und unseres Verlagsrechtes an demselben in Unterhandlungen traten, welche indeß zu einem Resultate nicht geführt haben.[260]

Jetzt bietet sich für uns eine neue Gelegenheit für den Uebergang Ihres Romanes in andere Hände, und zwar in die der Grote'schen Verlagsbuchhandlung in Berlin, einer Firma, welche in Folge der Herausgabe von Miniaturausgaben der deutschen Classiker sich eines sehr guten Ansehens erfreut.

Diese hat sich neuerdings an uns wegen Ankaufes der Vorräthe und des Verlagsrechtes, welches wir am grünen Heinrich haben, gewandt, und sind wir nicht abgeneigt, auf eine solche Uebertragung einzugehen.

Indem wir Ihnen hierdurch davon Kenntniß geben, ersuchen wir Sie gleichzeitig, uns mit einigen Zeilen von | Ihrer Zustimmung zu der Uebertragung unserer Anrechte an dem grünen Heinrich an die Grote'sche Verlagshdlg zu ertheilen, bei welchem Arrangement Ihnen selbstverständlich die Ordnung der Honorarverhältnisse für künftige Auflagen, welche die genannte Firma event. bringen wird, allein überlassen bleibt

11. 5. 1876   Keller an Ferdinand Weibert

[...]

Mit dem „Grünen Heinrich" werde ich jetzt vorwärts machen müssen; abgesehen davon, daß er effektiv vergriffen ist, fängt er auch an in den Leseanstalten u Leihbibliotheken zu mangeln, wo er seit 25 Jahren sich abstrapazirt hat, so daß Manche, die das Buch erst jetzt lesen möchten, es auf keine Weise mehr bekommen. Eine zweckmäßig umgearbeitete Ausgabe wird

---

259   *Entwurf ohne Unterschrift.*
260   *Vgl. den Briefwechsel Viewegs mit Weibert vom 19.6.–29.7.1875 (alle Dok).*

daher etwa im nächsten Jahre vielleicht keinen ungünstigen Boden finden, nachdem noch die neuen Novellen erschienen sind.

[...]

13. 5. 1876   Firma Vieweg an Keller

Braunschweig 13 Mai 1876.

Hochgeehrter Herr!

Die Grote'sche Verlagshandlung in Berlin hat sich an uns gewendet und ein Angebot für Überlassung des Verlagsrechtes und der noch vorhandenen Vorräthe Ihres Romanes „der grüne Heinrich" gemacht. Wir vermuthen, dass die Grote'sche Verlagshandlung sich bereits mit Ihnen ins Vernehmen gesetzt hat, und bitten Sie, uns gef. wissen zu lassen, ob Sie mit einer Übertragung des Verlages des Roman's an die Genannte einverstanden sein würden. Sollte dieses der Fall sein, so würden wir uns event. mit Grote einigen.

  Hochachtungsvoll und ergebenst
  Friedr. Vieweg u Sohn

17. 5. 1876   Keller an Ferdinand Weibert

[...]

Mit Vieweg scheine ich noch nicht fertig zu sein, wie Sie aus beiliegenden 2 Briefen entnehmen wollen, die mir dieser Tage eingegangen. Die Herren fahren fort, das Verlagsrecht, das sie nicht haben, unverdrossen auszubieten. Sie sehen, daß sie mit keinem Worte der mit Ihnen gepflogenen Unterhandlung gedenken u auch kein Wort von der Beschaffenheit der sogenannten „Vorräthe" sagen. |

Uebrigens ist es jedenfalls mit jenen 100 inkompleten Exemplaren eine eigene Sache. Nachdem überallhin auf Bestellungen des Buches seit einem halben Jahre geantwortet worden ist, es sei nicht mehr zu haben, frägt es sich, ob man nachträglich mit einem angeblichen Ergänzungsdruck kommen kann. Bei Uebernahme des Verlages im Jahr 1850 wurde nicht gesagt, wie viel Exemplare gedruckt werden sollen u erst Jahre nachher wurde mir auf meine Erkundigung geantwortet, es seien 1000 gedruckt worden. Nach einiger Zeit können die Herren ebenso gut wieder kommen u behaupten, es habe sich herausgestellt, daß vom 2$^{t.}$ oder 3$^{t.}$ Band 100 fehlen, die ergänzt werden müssen u so kann man es in Ewigkeit forttreiben, zum Schein!

Der Grote'schen Verlagshandlung habe ich abschlägig geantwortet, aber bemerkt, daß Viewegs kein Verlagsrecht mehr hätten. Hier in Zürich wollte auch ein Verleger gleich eine neue Ausgabe übernehmen,[261] als er (er ist zugleich Sortimentshändler) ein Exemplar bestellte u von V. die Antwort erhielt, es sei vergriffen. Diese unerwartete Nachfrage veranlaßt mich doppelt, der Umarbeitung des Buches alle Aufmerksamkeit zu schenken, damit es gewissermaßen als ein Neues erscheint u die frühere Unfertigkeit gut macht. Um so mehr würde | es mich ärgern, wenn ich hierin durch die Ränke der Firma Vieweg gehindert werden sollte oder aber mich einem Unrecht unterziehen müßte.

Was Grote eigentlich für eine Art Geschäft machen wollte u sich bei Erwerbung des Verlages dachte, ist mir auch unklar.

Ich bitte Sie, mir die 2 Beilagen wieder zurückschicken zu wollen. Vielleicht wissen Sie mir einen Rath, ob ich Viewegs eine Verwahrung gegen ihre Auffassung puncto Verlagsrecht schicken oder einstweilen gar nichts antworten soll? Sie bleiben dadurch selbstverständlich in jeder Weise unberührt.

[...]

19. 5. 1876   Ferdinand Weibert an Keller

Stuttgart 19 Mai 1876.

Hochverehrter Herr

Sie bringen mir ein ehrendes Vertrauen entgegen, indem Sie mir die anmit zurückfolgenden Briefe von Vieweg und Grote mittheilen, und ich unterlasse nicht, Ihr Geehrtes von vorgestern unverweilt zu erwiedern.

Grote war vor wenigen Tagen hier, und der Zweck seines Hierseins wird in erster Linie die Cotta'sche Buchhdlg betroffen haben, welche in jüngster Zeit die zwei Haupttheilhaber verloren hat, nämlich den Baron Reischach Vater, welcher gewöhnlichen Todes starb, und Reischach Sohn, welcher sich erschoß. Die C'sche stand wegen einem zweiten Sohne Reischach vor circa 6 Jahren vor der Liquidation, und es läßt sich leicht denken, daß Grote ein ähnliches Vorkommen vermuthete, um so mehr als Zeitungsberichte sehr darauf anspielten. Andererseits versuchte er auch sonstige Werke anzukaufen, und kam so mit P. Moser auch wegen dreier Rabe'scher Schriften zum Abschluß. Das Grote'sche Geschäft (Sortiment und wenige Verlagsartikel) befand sich früher in Hamm, und wurden dann in den 60er Jahren beide Zweige getrennt. Aber im gewöhnlichen Buchverlage geht es langsam, und Bedeutendes geht selten an eine unbekannte Firma. Da kam aber die Zeit, zu welcher die Verlagsrechte der älteren Autoren erlöschen sollten, und Grote

---

261   *Vermutlich der Zürcher Verleger Caesar Schmidt.*

warf in erster Linie hierauf sein Augenmerk, zog einige Jahre vorher nach Berlin, und bereitete im Stillen Alles vor, um bei | geeigneter Zeit auf dem Platze zu sein. [...]

Was nun die Vieweg'sche Angelegenheit betrifft, so liegt die Sache sehr einfach:

1, ist kein Vertrag vorhanden, so tritt an dessen Stelle rechtskräftig die briefliche Abmachung

2, ist dem Verleger nicht das Verlagsrecht für erste und künftige Auflagen ausdrücklich übertragen, so gilt die Abmachung nur für eine Auflage.

3, ist keine Auflagenhöhe angesetzt, so bleibt die Bestimmung dem Verleger überlassen; diese gilt aber nur für einen erstmaligen Druck, und eine nachträgliche Erhöhung darf nicht eintreten.

4, bei einer Contrahirung über nur eine Auflage erlischt das Verlagsrecht, sobald das Werk vergriffen ist. Vergriffen ist eine Auflage, wenn man beim Verleger kein vollständiges Explr des Werkes mehr haben kann.

5, ein Verlagsrecht auf künftige Auflagen erlischt aber auch, wenn der Verleger eine neue Auflage nicht mehr herstellen will.

6, geht ein Theil oder ein ganzes Druckwerk zu Grunde, bevor dasselbe ausgegeben, so steht dem Verleger das Recht zu, die Auflage zu ergänzen. Ist das Werk einmal ausgegeben, so ist es auf Gefahr des Verlegers. Einzelne Bände dürfen also nicht mehr nachgedruckt werden, sofern sie verloren gehen; selbst der Nachdruck einzelner Bögen, welchen die Billigkeit gestatten muß, kann nur mit Einwilligung des Autors geschehen.

7, kann ein Verleger wohl sein Geschäft mit allen Verlagsrechten ohne specielle Genehmigung seiner Autoren verkaufen, aber er kann kein einzelnes Verlagswerk weggeben, wenn der Autor seine Einwilligung versagt.

Auf Grund dieser Bestimmungen kann Vieweg einseitig | weder einen Band des grünen Heinrich nachdrucken, noch überhaupt ein eventuelles Verlagsrecht verkaufen. Ist überhaupt kein Verlagsrecht vorhanden, das auf weitere Auflagen geht, so ist das Recht für die erste Auflage jetzt schon hinfällig, weil V. kein vollständiges Exemplar mehr hat.

An Ihrer Stelle würde ich mir von Vieweg positive Gewißheit verschaffen: 1, auf Grund welcher Cession er überhaupt an Grote ein Verlagsrecht verkaufen wolle, da Sie sich nicht erinnern, ihm je dieß Recht gegeben zu haben; 2, Bestätigung, daß die Auflage vergriffen sei, wie er schon seit einem halben Jahre den Sortimentern mittheile. Eventuell 3, Verwahrung gegen einen Neu- oder Nachdruck in jetziger Gestalt, da Sie das Werk vollständig umarbeiten wollen. – Die neue Bearbeitung betreffend auf Grund der V.'schen

Beantwortung vorstehender Punkte: a, hat er ein Verlagsrecht 1, entschiedene Verwahrung gegen Verkauf, und Verlangen des Hinfalls seiner Rechte, in Hinsicht der vorgekommenen Unzukömmlichkeiten, und 2, eventuell neuer Contract auf anderer Grundlage; b, hat er keine Verlagsrechte, dann schriftliche Erklärung, daß mit dem Vergriffensein der Auflage alle Rechte an Sie zurückgefallen, und Sie nach Gutdünken verfahren dürfen.

Alles dieses kann mit zwei Briefen zum Austrag gebracht werden, und ich bin überzeugt, daß sobald V. Ihre ernstliche Willensmeinung ersieht, er auch vollständig zurücktreten wird. Ich bitte nur um discrete Benützung obiger Zeilen.

[...]

25. 5. 1876   Keller an Firma Vieweg

Zürich 25 Mai 1876

Hochgeehrte Herren!

Mit Geehrtem vom 13 d. Mts. fragen Sie mich an, ob ich mit einer Uebertragung des Verlages des Romans „der grüne Heinrich" an die Grote'sche Verlagshandlung in Berlin einverstanden wäre.

Da ich eine ähnliche Anfrage vor einiger Zeit von Seite der Göschen'schen Verlagshandlung in Stuttgart erhalten habe, welche Ihre Geneigtheit, den Verlag abzutreten, voraussetzte, so veranlaßt mich diese Sachlage, Sie um gefälligen Aufschluß darüber zu ersuchen, auf welches Uebereinkommen gestützt Sie sich im Besitze eines weiteren Verlagsrechtes betrachten, nachdem das Buch, wie ich von mehreren Sortimentshandlungen erfahren, vergriffen ist.

Ein eigentlicher Contract ist nicht vorhanden und in der Correspondenz vom Jahr 1850 kann ich keine Stelle finden, durch welche Ihnen der Verlag für künftige Auflagen zugesichert wäre oder wo von solchen überhaupt die Rede ist. Es geht dies wohl Hand in Hand mit dem Umstand, daß die Zahl der zu druckenden Exemplare nicht festgesetzt wurde. |

Es wird daher für beide Theile zur Abklärung des Verhältnisses beitragen, wenn Sie genauer auf die Sache eingehen und so gefällig sein wollten, mir bestimmte Hinweise auf allfällig mir entgangene briefliche Stipulationen zukommen zu lassen.

Gegen eine neue Ausgabe des Buches durch irgend welchen Verleger, d. h. gegen jeden Neu- oder Nachdruck in seiner jetzigen Gestalt muß ich mich von vornherein verwahren, abgesehen von der Hauptfrage des Verlagsrechtes, weil ich eine gänzliche Umarbeitung des Romanes beabsichtige, sobald ich die nöthige Zeit dafür finde.

In Erwartung Ihrer gefäll. weiteren Mittheilungen verbleibe
hochachtungsvoll ergebenst
Gottfr. Keller.

27. 5. 1876   Verlag G. Grote an Keller

G. Grote'sche Verlagsbuchhandlung
Berlin, S. W., 35. Bernburger Strasse.

Hamm i. W., den 27 / 5 1876.[262]

Geehrter Herr!

In Ihrem werthen Briefe v 13 Mai,[263] den ich mir hierher in die Ruhe der Provinz zur Beantwortung mitgenommen habe, sagen Sie mir, daß Sie Ihren Roman „der grüne Heinrich" einer Umarbeitung unterziehen u je nach der Gestaltung der Sache sich die freie Entschließung vorbehalten möchten. Ich meinerseits gestatte mir demgegenüber die Bitte, daß Sie mir Ihr Vertrauen schenken u mir die neue Auflage des Romans anvertrauen möchten. Versuchen Sie es einmal mit mir u ich glaube versichern zu können, daß Sie mit mir zufrieden sein werden. | – Was das angebliche VerlagsRecht der Vieweg schen Firma betrifft, so habe ich die Natur der Sache, wie Sie sie darstellen, nicht kennen können. Der Regel nach kann man ein solches beim Verleger voraussetzen u aus dieser Annahme wandte ich mich an denselben.

Möchte die Sache auch nicht so gelegen haben, so kann ich versichern, daß ich beileibe niemals gegen Ihre Intentionen gehandelt haben würde und daß mir derartiges niemals in den Sinn gekommen ist noch kommen wird.

Durch besonderes Packet sende ich Ihnen ein Ex der ersten vier Bände meiner | Sammlung. Ich würde mich freuen, wenn Sie die Bestrebungen, die sich in derselben aussprechen u die dahin gehen das Publicum zum regern Kaufen zu bringen, unterstützen und durch Beiträge fördern wollten. Mit langen Erläuterungen will ich Sie nicht langweilen, denn das Unternehmen spricht für sich, aber hinzufügen, daß ein Beitrag von Ihnen mir eine große Genugthuung u Freude sein würde.

---

262   *Gedruckter Briefkopf mit handschriftlich eingesetztem Datum.*
263   *Kellers Brief ist nicht nachgewiesen; vgl. aber Grote an Vieweg, 5.5.1876 und 10.5.1876, Grote an Keller, 10.5.1876 sowie Firma Vieweg an Keller, 13.5.1876 (alle Dok).*

Da ich die nächste Zeit hier in Hamm i / W. bleibe, so bitte etwaige Antworten nach hier gefälligst richten zu wollen.
Mit besondrer Hochachtung
Ihr ergebener
C. Müller
(Fa. GGrotesche B*hd*)

28. 5. 1876 Wilhelm Petersen an Keller[264]

BAINS DE BORMIO[265]   28 Mai 1876.

Als ich am 24 Juni v. J. diese Bäder aufsuchte, fand ich in der Bibliothek den Grünen Heinrich. Der Verfasser desselben war mich bis dahin nur durch einige Gedichte bekannt geworden; der Titel des Buchs war mir neu und zog mich nur durch seine Ungewöhnlichkeit an. Ich begann erwartungslos zu blättern und alsbald war ich rettungslos gefesselt: das Philosophische, Betrachtende, Belehrende wurde einstweilen überschlagen, später nachgeholt. Gefesselt ist nicht das rechte Wort, auch nicht bezaubert, umgarnt – eher bestrickt oder, wenn ein Fremdwort zu gebrauchen erlaubt, fascinirt. Als ich heimkam, besuchte ich Th. Storm in Husum und fragte ihn nach dem Grünen Heinrich; ich wußte damals noch nicht recht, was ich aus ihm machen sollte, ich befand mich in einem so rauschähnlichen Zustande in Bezug auf jenen, daß ich mich darnach sehnte, ein Urtheil aus verständigem Munde zu hören. „Sie kennen den Grünen Heinrich nicht?(") fragte St. erstaunt (Das Erstaunen war kaum berechtigt, denn im Norden ist er, wie ich seitdem erfahren, wenig verbreitet.), das ist ein wunderbares Buch, welches ich alle Paar Jahre wiederlese u. sw. Ein anderer literarischer Freund, Wilh. Jensen, erstaunte wieder, daß ich die Leute von Seldwyla nicht | kenne und nannte Romeo und Julie die schönste deutsche Novelle. Nun wurden die Leute von S. herbeigeschafft und neue Freude, neuer Genuß. Inzwischen hätte ich wohl Gelegenheit gehabt, den Gr. H. mir wieder zu verschaffen, aber ich gedachte diesen Frühling wiederum nach Bormio zu gehen, und weise versparte ich mir den Genuß des Wiedersehens auf die Zeit, in welcher ich frei vom Drang der Berufslast frei in den Alpen leben würde. Am 7^{t.} d M. kam ich hier an; ich hatte einen Richtweg über Meran und Genua und die

---

264 *Wilhelm Petersen (1835–1900), Regierungsrat in Schleswig, Dichterfreund und ‚Musterleser', befreundet mit Theodor Storm, Wilhelm Jensen und Wilhelm Heyse, bekannt mit Emil Kuh; der folgende Brief begründete eine bis zu Kellers Tod anhaltende Freundschaft.*

265 *Gedruckter Briefkopf mit einem Stahlstich der Badehotels.*

schöne Riviera di Levante eingeschlagen, hatte hier unter Palmen, Orangen und Kaktus gewandelt und fand hier in Bormio alles Grau in Grau – öde, trostlos, kalt. Als ich ankam, bestellte ich ein Bad, ging in die Bibliothek, um das Wiedersehen mit dem Gr. H. zu feiern, wir drückten uns gerührt die Hände und das Allerdringendste wurde sofort im dampfenden Bade vorläufig besprochen. Die erste öde Zeit hier – jetzt ists Frühling – hat das Buch mich recht erleuchtet und erwärmt und das wiederholte Lesen hat den Zauber nicht gemindert, wohl aber eine wahrhaft herzliche Zuneigung für das Buch in seinem ernsteren, schlichteren und weniger farbenreichen Inhalt hinzugefügt.

Inzwischen habe ich im Laufe des Jahres mir oft die Frage vorgelegt, was denn eigentlich aus dem Gr. H. mit der Zeit werden solle. Zu praktisch kühler Betrachtung mich zwingend habe ich mir gesagt: Die Oekonomie des Buches ist eine so eigenthümliche und das philosophische räsonnirende etc Element nimmt einen so hervorragenden | Platz ein, daß der Verleger kaum auf einen großen Leserkreis wird rechnen können und Bedenken tragen wird, die Auflagen zu vermehren. Später habe ich gelesen, daß Mörike seinen Maler Nolten umzuarbeiten die Absicht gehegt habe (ich glaube in einem Artikel von Emil Kuh) und da ist mir der Gedanke gekommen, ob denn nicht auch der Gr. H. eine Form gewinnen könne, welche ihm einen größeren Leserkreis sichert, und so noch recht lange den Menschen zur Freude und Erbauung wirken. Wenn z B der betrachtende Inhalt im Wesentlichen wegfiele, namentlich was sich auf Malerei und Religion bezieht, ferner die Episoden, welche die Geschichte des vom Teufel besessenen Kindes,[266] Römer[267] u. a. behandeln wegfielen und andererseits der Heinrich nicht gar so jäh abberufen würde und sich etwas rücksichtsvoller gegen die gute, prächtige Mutter benähme, so würde das Buch dem großen Leserkreise verständlicher werden. Solche Stellen, welche S 237. u. 294. des I Bandes[268] von dem Katechismus, den 10 Geboten und der Bibel reden dürften freilich um keinen Preis ausfallen, weil sie Perlen und einzig in ihrer Art sind. Für meine Person würde der Wegfall der künstlerischen Betrachtungen auch sehr schmerzlich sein, da ich selbst so eine Art grüner Heinrich bin und noch jetzt schwer an der Sucht leide, Alles vom malerischen oder plastischen Standpunkt anzusehen. Ohne je einen Lehrer besessen zu haben, sündige

---

266 *Vgl. GH I, 11.096–106.*
267 *Vgl. GH I, 12.019.28–035.15; 12.050.27–069.07.*
268 *Vgl. GH I, 11.141.18–142.26; 11.170.26–28.*

ich in Aquarell (ganz wie Römer) und Thon und Ferdinands Ziel III S 184[269] ist mir wie aus dem Herzen geschrieben. Ich würde dasselbe Ziel noch jetzt verfolgen, wenn meine Lebensverhältnisse es gestatteten, weil Alles Andere meine Seele nur unvollkommen befriedigt und dem Leben nicht den Inhalt verleiht, der nun einmal tief und unauslöschlich ersehnt wird. Vielleicht ists so besser, denn ich glaube kaum, daß ich etwas Anderes, als eine scharfe und lebendige Charakteristik leisten würde. Aber es ist begreiflich, daß gerade die künstlerische Entwicklung des Heinrich mich besonders angezogen hat. |

Nothwendig muß er aber besser der Mutter gegenüber sich benehmen, z. B. ihr wenigstens schreiben, während er beim Grafen sich aufhält. Ferner scheint mir nichts im Wege zu stehen, daß Heinrich ein gesetzter und verständiger Staatsbürger wird, Dortchen heirathet und seiner Mutter die letzten Tage versüßt. Es ist zu schmerzlich, daß der junge Mann so ohne Weiteres stirbt, nachdem er selbst so viel durchgemacht, der Autor während 7 Jahren sich mit ihm beschäftigt hat (wenn auch mit Pausen) und der Leser dann doch auch seinetwegen – wenngleich mit dem höchsten Genusse – vier Bände durch gelesen hat.

Den betrachtenden Inhalt des Buches mußte der Verfasser los sein, er mußte seinen Geist gewissermaßen von ihm entbinden. Das ist jetzt geschehen und sollte es da nicht möglich sein, in einer neuen Bearbeitung im Wesentlichen auf ihn zu verzichten?

Ich fürchte, vorstehende Bemerkungen werden in ihrer kategorischen Form komisch wirken, denn es ist ja nicht ersichtlich, in welchem Drange sie entstanden sind. Wollte ich Eindrücke und Gedanken nur annähernd zusammenhängend und vollständig aussprechen, so würde ich mindestens zehn Bogen gebrauchen, während ich fürchten muß, schon mit diesem Einen beschwerlich zu fallen und unbescheiden zu erscheinen. Es treibt mich lediglich der Wunsch, daß jenes wunderbare Buch von Neuem seinen Lauf beginnen und recht viele Menschen beglücken möge. Ich freilich würde mich wohl an den alten Heinrich halten und nur etwa einen friedlicheren Schluß mir dazu nehmen.

Ich brauche wohl nicht zu versichern, daß es mir fernliegt, in den Bemerkungen, mit welchen diese Seite beginnt, irgend ein maßgebendes Urtheil aussprechen zu wollen, vielmehr betrachte ich mich nur als beliebigen Leser, der eine Gelegenheit ergreift, sein Herz auszuschütten. *[...]*

---

269 Vgl. *GH I*, 12.III.17–III.31.

30. 5. 1876 Firma Vieweg an Keller

Braunschweig 30 Mai 1876.

Hochgeehrter Herr!

Auf Ihre werthe Zuschrift vom 25 d. M. beehren wir uns Folgendes zu erwiedern.

In Ihrem Briefe vom 28. Febr. 1850 schreiben Sie: „Als Honorar bedinge ich mir die Summe von 75 Louis d'ors. Sollte jedoch mein Manuscript durch eine unvorhergesehene Abänderung, welche mir noch einfallen könnte, unter 400 Seiten schließlich betragen, so müßte das Honorar verhältnißmäßig herabgesetzt werden.

Wenn je eine neue Auflage des Buches erfordert werden sollte, so müßte mir alsdann obige Summe aufs Neue für dieselbe ausbezahlt werden. Die Stärke der Auflage zu bestimmen, überlasse ich Ihnen, da ich die Verhältnisse bei einem Buch dieser Art zu wenig kenne, um einen Vorschlag thun zu können."

Hieraus geht deutlich hervor, dass Sie uns s. Z. die Berechtigung zu einer zweiten Auflage | eingeräumt haben.

Für uns liegt die Sache nun folgendermaßen. Von der ersten Auflage sind noch etwa 120 Exemplare vorhanden. Dieselben sind jedoch durch einen unglücklichen Zufall incomplet geworden, indem der letzte Band derselben beim Transport nach einem entfernt liegenden Lagerhause (in einen besonderen Ballen verpackt) durchnäßt und verdorben worden ist. Wir glauben nun vollständig berechtigt zu sein, diese Exemplare durch Neudruck des verdorbenen Theiles wieder zu completiren und verkäuflich zu machen, allein die Anzahl ist so klein, daß der dadurch zu erreichende Vortheil die Kosten der Completirung schwerlich aufwiegen würde. Wir haben uns deshalb unsrerseits bereit erklärt, auf den Wunsch der Groteschen Verlagshandlung derselben die incompleten Exemplare zu verkaufen und zu deren Gunsten auf unsere Berechtigung zu weiteren Auflagen zu verzichten, vorausgesetzt, dass Sie Ihre Zustimmung hierzu geben würden. Wir | würden indessen auf dasselbe Arrangement eventuell der Göschen'schen Verlagshandlung gegenüber eingehen, wenn Sie dieses wünschen und mit derselben eine Einigung zu erzielen wäre. Wir würden aber auch nicht abgeneigt sein, selbst

eine zweite Auflage des Buches, namentlich wenn dasselbe von Ihnen eine durchgreifende Umgestaltung erführe, zu unternehmen.
Mit ausgezeichneter Hochschätzung
ganz ergebenst
Friedr. Vieweg u Sohn

4. 6. 1876   Keller an Wilhelm Petersen

[...]
Sie sehen, daß ich mir nicht mit einer Postkarte behelfe, um Ihnen für Ihren freundlichen Brief zu danken. Wenn ich von Ihrer Ueberschätzung des Grünen Heinrich alle billigen Abzüge mache, so bleibt doch genug für eine erfreuliche Ueberraschung übrig, welcher man doch zugänglich ist, wenn sie von berufener Seite zu kommen scheint, was man | natürlich sofort constatirt.

Ihre Bemerkungen wegen der Zukunft des fraglichen Buches treffen zur rechten Zeit ein. Dasselbe ist vergriffen u soll in anderem Verlage neu erscheinen. Es wird dabei ungefähr um einen Band eingehen resp. um ¼ mindestens kürzer werden durch Streichung der Reflexionen u unrepräsentabeln Velleitäten.

Die Oekonomie oder vielmehr Unökonomie belangend, so werde ich das, was nach der autobiographischen Jugendgeschichte in dritter Person weiter erzählt wird, ebenfalls der Autobiographie einverleiben mit den nöthigen Andeutungen u das Ganze als Manuskript in einer kurzen Einleitung auffinden lassen, welche den Tod des Helden als älteren Mannes erzählt, der irgendwo in der Stille stirbt u eben jenes Manuskript hinterläßt. So wird der unvermittelte jetzige Schluß vermieden. Verheirathen u behaglich werden lassen kann ich den Aermsten jetzt nicht mehr; es | würde das einen komischen Effekt machen u vielleicht gerade bei den Freunden ein gemüthliches Gelächter hervorrufen. Wenn die Sache mit etwas Sorgfalt u hinreichender Motivirung behandelt wird, so kann eine elegische Grundlage dem sonst lebenswilligen Wesen des Buches durch den, allerdings zärter zu haltenden, Contrast nur nützen, um mich recht prosaisch auszudrücken; es ist aber nicht so gemeint.

Wie Sie bemerken werden, mache ich mir Ihr wohlwollendes Interesse gleich zu nutze u gehe mit Ihnen um, wie mit einem Bekannten. So würde es mir auch nur angenehm sein, wenn Sie mir weitere Bemerkungen über das Problem, wenn Ihnen solche etwa einfallen sollten, mittheilen wollten. Dabei unterrichten Sie mich vielleicht gleich, ob Sie selbst Schriftsteller oder

mehr Schriftsteller-Freund sind. Ist ersteres der Fall, so geht es mir, wie Ihnen mit mir, ich weiß nichts davon. In bester Gesinnung Ihr
G. Keller.
[...]

8. 6. 1876 Keller an Emil Kuh

[...] Wegen der neuen Ausgabe u Gestalt des Grünen Heinr. muß ich Ihnen bald besonders schreiben; die Affaire fängt an zu drängen, da ich nun bereits das vierte Angebot von Verlegern habe, inclusive des alten, der zuletzt auch kommt, nachdem er das Buch 25 Jahre lange verdrießlich in seinem Speicher herumgestossen hat.
[...]

11. 6. 1876 Rauschenbusch an Johannes Scherr[270]

Justiz-Rath Rauschenbusch
Hamm
Verehrter Freund!

Der hiesige Buchhändler Müller (Grotesche Verl.buchh. in Berlin) wünscht, den grünen Heinrich von Gottfr. Keller zu übernehmen. Der seitherige Verleger Vieweg ist ihm freundlich entgegengekommen, hat ihn aber an G. Keller verwiesen. M. hat solchen neulich besuchen wollen, hat aber Krankheits halber umkehren müssen.[271] Jetzt macht Keller dem Müller Schwierigkeiten u zwar, wie M. glaubt, weil er ihn für einen gewöhnlichen Berliner hält. Da Sie, so viel ich weiß, mit G. Keller befreundet sind, so bitte ich, ihm gütigst zu sagen, dß M. nicht in die Klasse derjenigen Buchhändler gehöre, zu denen er ihn vielleicht zähle. Müller sei ein durch u durch nobler Mensch, | mein specieller Freund u sei auf seine absolute Anständigkeit seinen Autoren gegenüber unbedingt zu zählen.
[...]

17. 6. 1876 Emil Kuh an Keller

[...] Als ich neulich das | Paket öffnete, worin sich Ihre Briefe an mich

---

270   *Johannes Scherr (1817–1886), schwäbischer Literarhistoriker und Schriftsteller, 1860–1886 Ordinarius für allgemeine Geschichte am Polytechnikum in Zürich, in (von Kellers Seite eher distanziertem) freundschaftlichem Verkehr mit Keller stehend.*
271   *Vgl. Verlag G. Grote an Keller, 10.5.1876, Dok.*

befinden, da fiel mein Blick auf einen aus dem Herbst 71, und zwar auf den Passus, daß Sie hoffen, in nicht zu ferner Zeit sich von Ihrem Amte freimachen zu können. Nun, Sie haben noch lange tapfer dabei ausgeharrt! Schon damals beschäftigte Sie der Gedanke an eine theilweise vorzunehmende Umbildung des Grünen Heinrich. Ich bin auf die Mittheilungen, die Sie mir darüber jetzt in Aussicht stellten, sehr gespannt. Gewiß sage ich nicht zu viel, wenn ich diesen Roman als den typischen Ausdruck der Stimmungen und Verirrungen bezeichne, welche die unbestimmte, weil allgemeine Begabung des jungen Menschen der neuen Zeit mit sich bringt; des Wilhelm Meister unseres Jahrhunderts. Wenn ich einmal eingehend das Buch charakterisiren werde, (vorausgesetzt, daß ich lebe) so muß ich auf die Scala zurückgreifen, welche mit dem Simplicissimus beginnt und zu Anton Reiser, Wilhelm Meister weiter geht. Alljährlich überzeuge ich mich von der nachdrücklichen Wirkung des Grünen Heinrich auf die verschiedenartigsten Individuen. Vor 14 Tagen kehrte ein Regierungsrath Petersen (in Schleswig angesiedelt und mir durch Storm empfohlen) aus Bormio zurück und besuchte mich zum zweiten Male. Ich bat ihn, ein Mittagsmahl bei uns zu nehmen, wir wurden allgemach vertraulicher und ich konnte Manches berühren, was der Mehrzahl der Menschen völlig fremd ist und | bleibt. Plötzlich nennt er den Grünen Heinrich; er habe ihn im vorigen Jahre gelesen und heuer, in Bormio, sei ihm seltsamer Weise das Buch abermals in die Hand gerathen. Wer es wohl dorthin gestiftet haben mag! Er habe es wieder gelesen und mit gesteigertem Interesse. Das ganze Jahr hindurch sei es ihm nicht aus dem Kopfe gegangen. Alsdann erzählte er mir, daß er sich angetrieben fühlte, an Sie zu schreiben, auch was er ungefähr an Sie geschrieben. Klingen auch einzelne seiner Reden vorlaut, ist er auch in der den nicht Intimen gemeinsamen Einbildung befangen, Allerlei besser zu wissen als der Dichter, Einwendungen auszusprechen, auf welche der Urheber eines merkwürdigen Werkes nicht selbst verfallen ist, so erschien mir doch der lebhafte Mann als naïv und anmuthend, als Einer, mit dem sich's leben ließe. Hochgewachsen, stark gebaut, die Mäßigkeit des Nordens in Haltung und Bewegung, hat dieser Schleswig-Holsteiner zugleich ein südliches Temperament, schwarze gutmüthig funkelnde Augen und dunkles Haar. Kein Bläuling und kein Blondling. Lieb war mir, um meines innern Verhaltens willen zu Theodor Storm, aus dem Munde Petersens zu vernehmen, daß jener den Grünen Heinrich beinahe jedes Jahr wieder liest.

[...]

27. 6. 1876 Wilhelm Petersen an Keller

[...]
Unterwegs ist mehrfach auf Sie das Gespräch gekommen und die Ohren müssen Ihnen tüchtig geklungen haben, wenn dies in der | Schweiz ebenso Sitte ist, wie bei uns. Bei Prof. Kuh in Meran war ich auf meiner Hinreise nach Bormio und dann auch auf der Rückreise. Bei Tisch kam die Unterhaltung auf den Grünen Heinrich; die Professorin lachte: Als Sie uns gestern Ihre Reiseskizzen zeigten, dachte ich unwillkührlich: „ein grüner Heinrich" und heute bringen Sie nun das Gespräch auf denselben. Das gab dann große Heiterkeit. Ich dachte im Stillen, daß es Ihnen gewiß wohl thun würde, wenn Sie ungesehen die Unterhaltung hätten anhören können, weil so viel Lobendes in so herzlicher, einfacher und wahrer Weise gesprochen wurde. Bisweilen allerdings streute der Professor auch eine gelehrte Bemerkung hinein, welche dann der Sache die rechte Weihe gab. Sodann brachte ich in München einen Abend bei P. Heyse im Familienkreise zu und dort gings ähnlich. *[...]*

24. 12. 1876 Keller an Ferdinand Weibert

Zürich 24 Dec. 1876

Hochgeehrter Herr!

Da mein ärmster grüner Heinrich fortwährend in literarhistorischen und theoretischen Büchern als Exempel eines Romanes aufgeführt wird, wie er nicht sein soll,[272] so drängt es mich endlich doch, eine umgearbeitete neue Auflage etwas zu beschleunigen, um jenen Philistern zu zeigen, mit wie wenig Zügen man ein gutes Buch draus machen kann. Ich nehme daher die Sache, die ich seit letztem Frühjahr habe liegen lassen, wieder auf.

Vor Allem danke ich Ihnen nachträglich verbindlichst für Ihre gefälligen Mittheilungen vom 19 Mai. Ich habe am 25 Mai im Sinne derselben an Vieweg's geschrieben und anliegende Antwort vom 30 Mai erhalten,[273] die ich bis jetzt habe liegen lassen. Sie ersehen daraus, welche Bedingen im Jahr 1850 abgemacht worden sind. Ich habe natürlich von meinen Briefen keine Abschriften.

Ich lege auch zwei Briefe von Vieweg bei, vom 6 März u 7 Mai 1850 bei. Im letztern Briefe erklärt Vieweg, meine unter'm <u>3 Mai</u> vorgeschlagenen

---

272 *Vgl. Keller an Baechtold, 25.12.1876, Dok und Kap. 1 Entstehung, Anm. 121.*
273 *Vgl. oben, S. 366.*

Bedingungen anzunehmen. Es muß also noch ein Brief von mir vorhanden sein außer demjenigen vom 28 Februar 1850, welchen Vieweg's nun hervorheben. Jedenfalls aber können in jenem späteren Briefe mit Bezug auf das Verlagsrecht für künftige Auflagen keine bindenderen Bedingungen stehen, sonst hätten V. dieselben wohl auch angeführt.

Ich muß nun gewärtigen, ob die von mir am 28 Febr. 1850 aufgestellten u von Vieweg jetzt hervorgehobenen Bedingungen wirklich eine ausdrückliche Zusicherung der künftigen Auflagen enthalten. Ich hatte eine solche kaum im Sinne und daher auch den betreffenden Passus vergessen. |

Es kommt nun noch hinzu, daß die vorliegenden Bedingungen resp. Abmachungen sich auf einen einbändigen Roman bezogen, der beabsichtigt war, und daß dann statt desselben ein vierbändiges Buch entstand mit Einwilligung des Verlegers in der Weise, daß Hr. Vieweg sich diese Erweiterung einfach gefallen ließ und successive Honorarzahlungen über die stipulirten 75 Louis d'or hinaus machte im Gesammtbetrag von circa 8–900 Thalern. Eine Abrundung des Honorars nach Verhältniß jener 75 Louis d'or, die ich am Schlusse der ganzen Angelegenheit, die sich einige Jahre hinzog, wünschte, schlug er jedoch ab, so daß puncto Honorar die Innehaltung jeder Stipulation dahingefallen ist, wie auch puncto Umfang des Buches. Es frägt sich nun vielleicht, ob damit nicht auch jene Bedingungen überhaupt als stillschweigend aufgehoben zu betrachten sind. Doch will ich hierauf keine rabulistischen Behauptungen gründen.

Was die 100 incompleten Exemplare betrifft (oder 120 wie jetzt gesagt wird), so fällt hier in Betracht, daß die Verlagshandlung vor 7 oder 8 Jahren einen Theil des Vorrathes resp. der Auflage auf antiquarischem Wege ohne mein Vorwissen verkauft hatte, sodaß das Buch (4 Bände) in Zürich für 5 Francs verkauft wurde und reißenden Absatz fand.[274] Auf meine Anfrage erhielt ich von Vieweg den Aufschluß, es seien aus Versehen nur 100 Exemplare an einen Händler in Frankfurt verkauft worden.[275] Es scheint mir aber, daß nach allen diesen kuriosen Versehen und Unglücksfällen die Auflage als definitiv vergriffen zu betrachten sein dürfte. |

Ich wäre nun geneigt, für Verzichtleistung auf das Verlagsrecht, um nicht processiren zu müssen, die Hälfte des von Ihnen Geforderten, also 400 Mark, zu zahlen, um von den Herren loszukommen. Für die 120 Exemplare dagegen gebe ich nichts.

---

274 Vgl. Firma Meyer & Zeller an Keller, 9.12.1869, Dok.
275 Vgl. Firma Vieweg an Keller, 14.12.1869, Dok.

Doch will ich gerne vorher noch Ihre Ansicht vernehmen, wenn Sie abermals so freundlich sein wollen, mir dieselbe mitzutheilen.

Herr Grote in Berlin hat mich vor einiger Zeit durch dritte u vierte Hand wieder angebohrt wegen des Grün. Heinr. Wenn ich aber soweit bin das Buch in seiner neuen Gestalt wieder anbieten zu können, so haben Sie natürlich die Vorhand resp. werde ich mich zuerst an Sie wenden.

[...]

25. 12. 1876   Keller an Jakob Baechtold[276]

[...] Der „grüne Heinrich" wird jetzt regelmäßig als Beispiel eines regelwidrigen Romans mit Nutzen verwendet (siehe Keitler, Theorie des Romans, wo er 20 Mal vorkommt)[277] [...]

28. 12. 1876   Ferdinand Weibert an Keller

Stuttgart 28 December 1876.

Hochverehrter Herr

Ihr Geehrtes vom 24 dss ist mir richtig geworden, und bin ich sehr erfreut über das ehrenvolle Vertrauen, das Sie mir damit erweisen, sowie über die gütigen Gesinnungen, welche Sie gegen mich aussprechen.

Viewegs scheinen also den grünen Heinrich nicht loslaßen zu wollen, ohne zu versuchen, möglichst viel dabei wegzuschlagen, das beweist ihr Brief vom 30 Mai d. J., und ich hätte dieß von einer solchen Handlung nicht erwartet. Aber diese Spiegelfechterei können sie unmöglich zu gutem Ende führen, denn Alles was sie bis jetzt vorgebracht, ist nicht stichhaltig. Wohl ist nach dem Verlagsrecht ein wirklicher Vertrag allerdings nicht nöthig, und genügen schriftliche Abmachungen; es können somit auch Briefe vollständig an Stelle eines Vertrages treten, aber solche Briefe haben Viewegs gar nicht vorgebracht.

Mit der betreffenden Stelle aus Ihrem Briefe vom 28 Febr 1850 wäre unstrittig schon über eine zweite Auflage im allgemeinen die Bedingungen gestellt. Wenn diese auch für eine neue überarbeitete Auflage eine Aenderung erleiden würden, so wäre damit doch die Vorbesprechung einer zwei-

---

276   *Jakob Baechtold (1848–1897), Schweizer Literarhistoriker, 1879–1884 Feuilleton-Redakteur der* Neuen Zürcher-Zeitung, *ab 1880 Privatdozent, ab 1887 außerordentlicher, ab 1888 ordentlicher Professor für deutsche Literatur an der Universität Zürich, mit Keller befreundet, erster Keller-Biograph.*

277   *Vgl. Kap. 1 Entstehung, Anm. 121.*

ten Auflage nicht aufgehoben, und es wäre in einem Streitfalle sehr fraglich, ob der Autor sich davon lösen könnte.

Ebenso bedingt der theilweise | antiquarische Verkauf noch kein Aufgeben eines wirklichen Verlagsrechtes, denn der Preis, den der Verleger für ein Buch fordern will, ist in seine Hand gestellt. Ein Aufgeben des Verlagsrecht bestünde nur darin, wenn der Vorrath verkauft wäre, und der Verleger sich weigern würde, eine neue Auflage herzustellen.

Nach jener Stelle Ihres Briefes würde meines Erachtens eine zweite Auflage des grünen Heinrich der Vieweg'schen Handlung gehören. Aber haben Viewegs jene Bedingungen angenommen? Nein. Im Gegentheil, Ed. Vieweg sagt, daß er bei solch ganz außergewöhnlich hohen Bedingungen doch zuvor das ganze Manuscript einsehen müsse etc; kurz, der ganze Brief vom 6 März 1850 spricht von keiner Annahme. Erst der Brief vom 7 Mai bringt ein entscheidendes Moment, insoferne als er aussagt, daß er bereit sei, die von Ihnen unterm 3 Mai 1850 gestellten neuen Bedingungen annehme. Somit ist kein Zurückgreifen auf das Anerbieten vom 28 Febr 50 gestattet, sondern allein maßgebend ist die Uebereinkunft vom 3 / 7 Mai 1850.

Sicherlich ist in Ihrem letzteren Briefe vom 3 Mai keine Rede von einer zweiten Auflage, und wo dieß nicht ausdrücklich ausgesprochen ist, gilt eine solche Abmachung stets nur für eine Auflage. Ich nehme dabei an, daß Sie in jenem Briefe nichts von Verlagsrechten erwähnen, denn sonst hätten Viewegs jenen Brief längst vorgesucht.

Uebrigens ist es mir unerklärlich, daß Viewegs keinen regelrechten Vertrag abschlossen. Ein Geschäft, das nicht zu reinem Trödel herabsinken will, muß auf seine Editionen Verlagsrechte besitzen, denn nur dadurch kann ein buchhändlerisches Geschäft seinen Ruf begründen, und ohne sicheren Verlagsbestand ist eine erfreuliche Thätigkeit | kaum möglich. Es ist doch bei unser Einem nicht allein der mögliche Gewinn, den ein Buch bringen kann, welcher uns Lust und Liebe zu unserem Stande gibt, sondern in vielen Fällen hauptsächlich die Ehre, die ein Verleger mit seinen Autoren einlegt.

Sollte ich nun sagen, wie ich an Ihrer Stelle handeln würde, so würde ich an Vieweg folgendermaßen schreiben.

Sie hätten V's allerdings am 28 Febr 1850 den Roman angeboten, und dabei auch eine künftige neue Auflage erwähnt. Aber auf jenes Anerbieten sei eine bindende Abmachung nicht erfolgt, denn wie Sie damals nur einen einbändigen Roman in Aussicht genommen, so seien jene Bedingungen, wie aus dem Briefe V's vom 6 März 1850 ersichtlich nicht sofort angenommen worden, sondern V. hätte sich zuvor die vollständige Einsicht des Manuscriptes vorbehalten. Erst im Mai 1850 seien die Verhandlungen weitergeführt worden, und da jetzt der Roman nicht in der ursprünglichen Form, sondern bedeutend erweitert worden sei, so sei ein neues Abkommen verabredet, und mit dem V'schen Briefe vom 7 Mai 1850 abgeschlossen worden. Sie fänden aber unter Ihren Briefen keine Andeutung oder Bestätigung, daß damals über mehr als eine Auflage verhandelt worden sei, oder daß Sie künftige Verlagsrechte abgetreten hätten, und behalten sich deshalb vollständig vor, über den Roman wie über ein vollständig neues Werk zu verfügen. Wenn es dann ferner nach dem Verlagsrecht im Belieben des Autors stehe, die Wiederherstellung von durch Zufall vernichteten Theilen eines Werkes zu genehmigen oder nicht, so dürfte diese Frage wohl kaum ins Gewicht fallen, denn einestheils würde sich der Nachdruck von nur 120 Exemplaren Band 1.[278] nicht lohnen, und andererseits würden Sie durch diesen kleinen Vorrath nicht behindert, indem er sich | wohl schnelle verkaufen ließe. Wolle V. aber diese 120 Explre nachdrucken (was er sicherlich nicht thun wird) so würden Sie ihm kein Hinderniß in den Weg legen, aber die Bedingung stellen, daß der Nachdruck <u>unverzüglich</u> erfolgen müßte. Wolle er dieß nicht thun, so sei die Auflage als vergriffen zu betrachten, und wenn er die Vorräthe von Band 2-4 verkaufen wolle, so könne dieß nur antiquarisch stattfinden ohne jegliche Rechte, auch nicht des Neudrucks von Band 1. Wolle er den defecten Rest aber Ihnen überlassen, so seien Sie bereit, denselben zu übernehmen, aber zu einem Preise der einem solchen Objecte entspräche, das eigentlich für Sie gar keinen anderen Werth hätte, als daß es einmal aus der Welt käme. –

Nach meiner Ueberzeugung werden Viewegs kaum noch weiter gehen, als sie schon gegangen. Sie werden sich die Sachlage überlegen, einsehen, daß sie nichts erzwingen können, und sich dann aufs hohe Roß setzen und sagen, daß ihnen gar nichts an der Geschichte läge, und daß sie den Vorrath maculiren und nach einer neuen Auflage nichts frügen. Es wäre doch von einer solchen Verlagshandlung gar zu erbärmlich noch M 400.– von Ihnen herauszupressen! Rechte haben Viewegs jedenfalls keine, sonst würden sie längst anders gehandelt haben.

[...]

---

278 *Defekt waren 120 Exemplare von Band 4; vgl. Firma Vieweg an Keller, 30.5.1876, Dok.*

3. 1. 1877   Keller an Ferdinand Weibert

Zürich-Enge
3 Januar 1877.

Hochgeehrter Herr!

Ihnen zum neuen Jahr ebenfalls meine besten Glückswünsche abstattend, danke ich Ihnen zugleich für Ihre weiteren gütigen Rathschläge in der Vieweg'schen Verlagssache. Sobald ich die nöthige Zeit habe, werde ich im Sinne derselben vorgehen.
[...]

10. 1. 1877   Jakob Baechtold an Keller

[...] ich möchte Ihre Werke in einem Schriftlein unserm Volk vorführen! Da ist nun die Bescherung! Sie werden es sich gefallen lassen müssen, früher oder später in die Hände eines Skribenten zu fallen, u da es noch keine Versicherungsanstalten für berühmte Leute gegen schlechte Biographen gibt, mag es für Sie wenigstens ein Tröstlein sein, wenn Jemand hinter die Sache geht, der sich seit Jahren in Ihre Werke vertieft hat u seinem Stoff die richtige Temperatur entgegenbringt. | Ich weiß nun nicht, wie Sie zu meinem Unterfangen denken; ich befürchte aber fast, nicht aufs beste. Ich gebe Ihnen aber gleich mein Wort, daß ich die Sache einstweilen unterlassen werde, wenn Sie sich hiedurch irgendwie geniert fühlten.

Kaum darf ich hoffen, daß Sie sich herbeilassen würden, mir einige Mittheilungen aus Ihrem Leben zu geben, mir namentl. anzudeuten, welche Partien im „grünen Heinrich" Wahrheit ohne Dichtung enthalten; ich muß dem wohl durch andere Leute auf die Spur zu kommen suchen. Aber eines sollten Sie mir nicht versagen; mir einige Orte zu bezeichnen, wo zerstreute Aufsätze von Ihnen zu finden sind; schrieben Sie z. B. nicht früher in die Blätter für lit. Unterhaltung, in Zürcher Zeitungen etc? Und vor allem wünschte ich einige jener eselhaften **Recensionen** kennen zu lernen, die über dem grünen Heinrich zu Gericht gesessen. *[...]*

28. 1. 1877   Keller an Jakob Baechtold[279]

[...]
Was nun die **Biographie** betrifft, mit der Sie mich beehren wollen, so bitte ich ernstlich, davon abzustehen. *[...]* Die Sache ist die: Ich bin trotz meines

---

279   Abschrift Baechtolds, der den Brief auf Kellers Wunsch im Januar 1885 zurücksandte.

Alters noch nicht fertig, sondern ein Bruchstück, das in den nächsten Jahren vielleicht ergänzt wird, aber jetzt zu keinem richtigen Bilde dienen könnte. Es kommt das von den 15 Jahren Amtsleben u von vorheriger, ungeschickter Zeitverschleuderung. Die Situation ist die: Wenn Sie, wie Sie sich ausdrücken, für das Schweizervolk schreiben wollen, so können Sie ihm ja gar nichts zur Probe in die Hand geben oder fast nichts; ein Theil der Gedichte u der „grüne Heinrich" sind gegenwärtig gar nicht zu haben, Gottlob! beide aber werden in ein par Jahren in besserer Gestalt wieder vorhanden sein. |

Daß ich selbst eine Autobiographie in ausführlicherer Gestalt vorhabe, kommt hier nicht in Betracht, weil es mehr eine Geschichte meines Gemüthes u der mit ihm verbunden gewesenen Menschen u auch zum Theil etwas politische Geschichte sein wird, wenn ich überhaupt dazu komme.

Also nochmals seien Sie angefleht, geben Sie die Idee wenigstens für jetzt auf.

[...]

1. 2. 1877 Jakob Baechtold an Keller

Verehrter Freund,

Wenn die Sache so ist, daß wir den Gottfried Keller nur noch bruchstückweise kennen, dann will ich freilich mein Schwert einstecken. *[...]*

Wenn wir nur bald den „grünen Heinrich" im neuen Röcklein bekommen! Das Beruhigungsmittel, daß Sie den Ärmsten beim Anfang der Geschichte ausgelitten haben lassen,[280] muß von der allerhöchsten Wirkung sein. Dann haben wir auch das Ganze in einem Guß. –

[...]

4. 6. 1877 Wilhelm Petersen an Keller

[...]

Aber einen stillen Kummer bereitet mir der Heinrich. Ich fürchte Sie kommen | nicht an ihn heran. Es ist nun allerdings eine verzweifelte Arbeit und der ganze Muth eines Entschlusses gehört dazu, Sich hineinzustürzen. Aber es muß ja doch sein. Sollte es nicht möglich sein, das Buch im Wesentlichen in der bisherigen Fassung zu lassen, nur das zu streichen, was von zu speziellem Interesse ist, und das Uebrigbleibende nur entsprechend zu verbinden? Dann würden Sie zwei Exemplare nehmen und mit Papier-

---

280 Vgl. *Keller an Petersen, 4.6.1876, Dok.*

scheere und Gummi arabikum in der Hauptsache arbeiten. In keiner Form wird das Buch seine Wirkung verfehlen, und eine gänzliche Umarbeitung wird unter allen Umständen manche Bedenken haben. Die Vorrede könnte ja die Form historisch erläutern. Die Selbstbiographie sollte bleiben. Der eigenthümliche Reiz derselben wird in keiner andern Form sich wiedergeben lassen. Wäre ich nur dort, ich würde Ihnen keine Ruhe lassen, bis Sie zur That sich entschlossen, selbst auf die Gefahr hin, Ihr Mißfallen zu erregen. Es gibt nun einmal auf der Welt kein zweites Buch, welches so sehr berufen ist, unter den Menschen zu wirken und Gutes zu erzeugen. Jeder findet sein Theil in demselben. Ich persönlich bin wenig interessirt, denn ich bleibe bei dem <u>alten</u> Heinrich und werde hoffentlich noch ein Exemplar dereinst mein nennen. |
[...]

18. 7. 1877   Keller an Wilhelm Petersen

[...]
Wegen des grünen Heinrich brauchen Sie nicht besorgt zu sein; da ich das Geld | nöthig habe, das der faule Kerl noch erwerben soll trotz seines trübseligen Absterbens, so wird die Sache nicht zu lange anstehen. Die Form wird sich geben, sobald ich einmal an der Arbeit sitze. *[...]*

24. 7. 1877   Keller an Ferdinand Weibert

[...]
Ich bin Ihnen noch meinen verbindlichsten Dank schuldig für die gefäll. Mittheilung Ihrer Ansichten über die Angelegenheit betreffend den „Grünen Heinrich". Ich habe den HH. Vieweg noch gar nicht wieder geschrieben, weil die bezügliche Correspondenz mir zuwider ist, u zog es vor, auf die Umarbeitung des Buches zu denken, welches eine klare verbesserte Gestalt anzunehmen beginnt. Erst wenn ich hiemit fertig bin, gedenke ich die Sache alsdann rasch zu Ende zu führen mit den Vieweg's.
                        Ihr hochachtungsvoll ergebenster
                        Gottfr. Keller
[...]

12. 8. 1877 Keller an Adolf Exner

[...]
Den Grünen Heinrich werde ich dies Jahr noch zurecht stutzen.²⁸¹
[...]

21. 9. 1877 Ida Freiligrath an Keller²⁸²

[...]
Dann möchte ich Ihnen sagen, daß ich eben in der Lectüre Ihres grünen Heinrich ganz vertieft bin, u. diese mir einen großen wahren Genuß verschafft. Ich meine ich lernte das Buch jetzt erst recht kennen, die Fülle von Einsicht u. Humor die darin niedergelegt ist, erst jetzt recht würdigen. Wie köstlich schildern Sie die Eindrücke des Lebens auf | das jugendliche poetische Gemüth, u. die ihm selbst noch unklaren u. räthselhaften Seelenstimmungen. Mit welchem Interesse folge ich Ihnen auf das Gebiet der – fast möchte ich sagen psychologischen Grübelei. Aber wie unvergleichlich auch die realistischen Beschreibungen des Lebens im Hause des Onkels, u. das Erwachen der Neigung zu der sittigen lieblichen Anna. Der Knabe mit dem heiß schlagenden Herzen, aber in dem zum Jüngling übergehenden Alter welches bis zur Grobheit linkisch thut, (ein Stadium welches die Engländer hobbledihoyhood nennen.) weiß doch das Herz des Mädchens zu gewinnen u. sich bei den übermüthigen Basen in Respect zu setzen, deren Schwächen er längst durchschaut hat u. sie ihnen in's Gesicht schleudert wenn sie es am wenigsten von dem harmlosen Maler erwarten, der aber sehr den Schalk im Nacken trägt. Es ist eine Figur die in ihrer Art einem Wilhelm Meister würdig zur Seite stehen darf. Wahrheit u. Dichtung dürfte das Buch wohl auch heißen. |

Und nun Ihre unnachahmlichen Naturschilderungen! Die sind nicht nur mit dem Auge des Künstlers, mit der Macht des Dichters entworfen, darin liegt ein Herz voll Liebe zu den Bergen, Flüssen, Wiesen, in das jeder einzelne Baum eingeflossen ist, ein Herz voll Stolz auf die schöne Heimath eines freien Volkes. Für Staffage wissen Sie auch zu sorgen! Wie reizend sind die Tell-Carneval-Scenen;²⁸³ welch ein lebendiges Bild entwerfen Sie von dem prächtigen Volkstreiben mitten in der erwachenden herrlichen Natur,

---

281 Antwort auf Exners Nachfrage vom 30.7.1877, Ms. GK 79a Nr. 176; GB 2, S. 265.
282 *Ida Freiligrath (1817–1899), Gattin des Lyrikers Ferdinand Freiligrath, mit Keller befreundet seit dem Zürcher Exil des Paares 1845–1846, nach Freiligraths Tod 1876 regelmäßiger Briefwechsel mit Keller.*
283 Vgl. GH I, 11.409–441.

u. dazwischen die beiden jungen Verliebten in ihrer schönen Verkleidung, wie sie unschuldig u. selig durch die einsame Nacht reiten!²⁸⁴ Es hat mich ganz entzückt. Ich habe das Buch ja auch früher mit Vergnügen gelesen, allein in der Jugend erwartet unser eins zu viel stürmische Leidenschaft, zu viel Roman in jedem solchen Werke, u. da entgeht einem doch viel. Meine stete Bewunderung ist, daß Sie doch noch sehr jung waren | als Sie solche Schätze aus der Tiefe der menschlichen Seele emporschürften. Ich bin am dritten Bande u. lese sehr langsam, immer nur ganz wenig auf einmal, wegen meiner Augen, die grade nicht krank, aber sehr schwach sind, u. die Sehkraft sehr verloren haben. Nun höre ich daß Sie das Buch umschreiben. Ist dem wirklich so?

[...]

Die vorstehenden Blätter sind vor Wochen, oder sogar Monaten geschrieben, der Sommer ist seitdem vergangen, wir sind ein bischen krank gewesen, u. wieder gesund geworden. Natürlich habe ich den grünen Heinrich längst fertig. Darf ich auch sagen daß mir der vierte Band denselben peinlichen traurigen Eindruck gemacht hat, wie früher. Diese glänzenden Hungerträume machen auch den Leser halb krank.²⁸⁵ Man möchte den guten Heinrich schieben, stoßen, Pinsel oder Hammer in die Hand geben – nur irgend etwas thun – | etwas arbeiten, nicht müßig träumen u. hungern. Endlich erbarmt sich das Schicksal in Gestalt einer hartherzigen Vermietherin u. stellt ihn auf die Füße,²⁸⁶ die ihn denn auch, nachdem er ebenfalls die Fäuste im Ritterdienst für eine alte Holzdiebin gut gebraucht,²⁸⁷ in das reizendste Idyll tragen. Da ist nun Alles schön u. lieblich, u. konnte einem glücklichen Ende entgegen geführt werden, mußte es eigentlich, wenn der Dichter nicht etwas capriciös ein tragisches vorgezogen hätte. Es gab doch schon eine Post, die gute Mutter konnte von der heitern Wendung des Schicksals benachrichtigt werden, es hätte sie am Leben erhalten, daß es nicht geschah war ja nicht Lieblosigkeit, u. wenn die Mutter sterben sollte, dürfte er ihr doch noch die letzte Ehre erweisen. Aber nun hätte er alles das Gute was er sich so schön ausgedacht ausführen – nicht nachsterben sollen. Starb Dortchen Schönfund ihm vielleicht auch noch nach, u. dann der Graf dieser? Der Dichter schweigt wohlweislich darüber u. wir wollen nicht mit ihm rechten, wenn | es auch ein wenig nach: „car tel est notre plaisir" aussieht. Aber die Moral wollen wir uns

---

284 *Vgl. GH I, 11.442–450.*
285 *Vgl. GH I, 12.327.25–353.16.*
286 *Vgl. GH I, 12.353.16–354.18.*
287 *Vgl. GH I, 12.359.06–360.17.*

daraus ziehen, nicht allzu aufopfernde Mütter zu sein, um den lieben Söhnen nicht eine allzu große Verantwortlichkeit aufzuladen.
[...]

7. 12. 1877 Keller an Wilhelm Petersen

[...]
Jetzt gehe ich unverweilt an die Wiedergeburt des grünen Tropfes, genannt Heinrich, damit ich endlich mit den alten Velleitäten Tabula rasa habe und an Neues gehen, auch etwan malen und schmieren kann, wenn ich nicht unversehens versimple vorher.
[...]

22. 12. 1877 Keller an Ferdinand Weibert

[...]
Die Notiz, welche Sie mir neulich wegen des erhängten Cassiers der HH Vieweg in Braunschweig haben zukommen lassen,[288] hat mich an den § 4 des Verlagscontraktes erinnert, welchen diese berühmte Firma über den „Grünen Heinrich" mit mir abgeschlossen haben wollte.

Die „neueren Gedichte" sind auch nicht mehr zu haben, und doch will ich wetten, daß | sie auch sofort ein Verlagsrecht fingiren würden, wenn man sie darum befragte, obgleich sie jetzt kein Wort sagen oder irgend eine Nachricht geben.
[...]

19. 1. 1878 Keller an Ida Freiligrath

[...] Vorzüglich wünsche ich Ihren Augen alle stärkenden Sehenswürdigkeiten und Erfreulichkeiten und Fernhaltung alles Schäbigen und Schädlichen, wie z. B. des schrecklichen Grünen Heinrich, der jetzt eben in der Mauser begriffen ist und sich abmüht, etwas präsentabler und begreiflicher zu werden.

Es hat mich Alles durcheinander gefreut und beschämt, was Sie mir darüber geschrieben, obgleich das Schlimmste, das Sie so geärgert hat, auf einer inneren Verstockung beruht, die vom Autor ausgegangen war und nicht zum richtigen Ausdruck gelangen konnte. Ein Hochzeitsroman | hat es von Anfang an nicht werden sollen, und als dann das eigentliche Componiren

---

288 *Nicht erhaltene Beilage zu Weiberts Brief vom 18.12.1877 (Ms. GK 79b Nr. 189).*

gegen den Schluß angehen mußte, war ich mit dem Kopfe nicht mehr dabei. So mußte dann die mütterliche Tragik in allerhand Uebertreibungen aushelfen. Selbst erlebte Empfindungen waren dabei im Spiele; denn ich hatte beinah ein Jahr lang nicht nach Hause geschrieben und glaubte zuweilen es nicht erleben zu können, heimzukehren. Nun, mein Mütterchen ist nachher zufrieden bei mir auf der Zürcher Staatskanzlei gestorben, was ihr in unsern Verhältnissen sogar stattlich vorkam. [...]

28. 1. 1878   Wilhelm Petersen an Keller

[...] Ein wilder Geselle, der nichts hat als ein ursprüngliches gesundes Wesen und sonst nicht leicht dazu zu bewegen ist Anderes zu lesen, als was seinem farouchen Wesen zusagt, machte ein gar ernstes Gesicht, als ich ihn über den Heinrich, den er auf | meine Veranlassung lesen mußte, befragte: Das ist ein prächtiges Buch, in dem findet man für alle Lagen des Lebens etwas und in dem findet jeder Mensch sein Theil. Ein solches Urtheil wiegt mir schwerer, als das eines feinen Kritikers vom Fach. [...]

27. 2. 1878   Theodor Storm an Keller[289]

[...]
Wie steht's mit Ihrem „Grünen Heinrich"?

25. 6. 1878   Keller an Theodor Storm

[...][290] Hiemit will ich aber keinerlei | Rechthaberei verübt haben. Im Gegentheil bekommen mir Ihre kurzen sicheren Winke so wohl, daß ich Sie jetzt gleich wegen des „grünen Heinrich" anbohren will, wenn es erlaubt ist. Ich habe, was von dem Gedruckten, circa 2½ Bände, bleibt, jetzt durchcorrigirt und mit zahlreichen Streichungen verziert. Nun schreibe ich das, was in der dritten Person erzählt wird, um und lasse es auch von H in erster Person erzählen bis zum Tode der Mutter; das zuletzt angeknüpfte Liebesverhältniß verunglückt auch; das Problem alles dieses Mißlingens wird klarer und ausdrücklicher motivirt als eine psychologisch-sociale Frage (aber nicht pedantisch). Heinrich lebt still und dunkel fort bei einer

---

289   *Dem freundschaftlichen Briefwechsel zwischen Keller und Theodor Storm (1817–1888), am 27.3.1877 von Storm auf Veranlassung Wilhelm Petersens begonnen, verdanken sich u. a. produktive Anregungen für die Umgestaltung des* Grünen Heinrich.

290   *Keller hatte zuvor Stellung genommen zu einer Kritik Storms an der* Seldwyla-Novelle Dietegen *in dessen Brief vom 27.2.1878 (Ms. GK 79f3 Nr. 12; GB 3.1, S. 418).*

anspruchlosen aber geregelten Thätigkeit, ungekannt und in der Erinnerung lebend (wie ein par <u>Ihrer</u> Helden), alternd und durch einen Unfall der Hülfe u Pflege bedürftig. Hier tritt die Judith wieder ein, die als gemachte Person aus Amerika zurückkehrt, die den Teufel hat zähmen lernen, aber immer einsam geblieben ist. Sie erkennt den alten Heinrich an dem Lebensbuch das er geschrieben. Ihm ist sie das Beste, was er erlebt hat, nach Allem, eine einfache Naturmanifestation, und er hat ihr auch immer im Sinne gesteckt. So bildet sich noch ein kurzer Abendschein in den beiden | Seelen.

Dieser Schluß notabene, vom Umfange weniger Bogen, würde nun an die Stelle <u>des alten Einganges</u> treten, sodaß dann die einheitliche Autobiographie ohne weiteren Abschluß folgen würde.

Glauben Sie, daß das gerathen sei? namentlich bei nachfolgenden 3–4 Bänden Selbsterzähltem? Und doch glaube ich, der Eindruck einer gewissen Einheit bleibt eher gewahrt, wenn die Abweichung gleich im Anfang statt findet, als wenn sie erst am Ende nachhinkt. Und wiederum wird Perpespektive u Verständniß verschoben, wenn wir uns im Anfang für Leute interessiren sollen, die wir erst später kennen lernen. Wohingegen wieder zu helfen wäre, wenn besagter Anfangs-Ausgang den Charakter einer selbständigen, an sich interessirenden Novelle erhalten könnte u s. w.

Wenn Ihnen kurzweg eine Ansicht aufspringt, so denken Sie ein bischen an mich; aber beileibe machen Sie keine Umstände und am wenigsten nehmen Sie etwa die alte Schwarte selbst wieder vor bei diesem schönen Sommerwetter. |

[...]

28. 6. 1878 Julius Rodenberg an Keller[291]

[...] Daß Sie den grünen Heinrich ernstlich in die Hand genommen, freut mich von Herzen; so werden wir den alten, lieben Bekannten recht bald in seiner neuen Erscheinung begrüßen u. uns aufs Neue dran ergötzen können. Aber denken Sie, ich beschwöre Sie, dazwischen oder gleich danach an Ihre Novelle für uns;[292] wir schmachten so danach! *[...]*

---

291   *Julius Rodenberg (1831–1914), Schriftsteller und Herausgeber der* Deutschen Rundschau, *in der 1876/77 Kellers* Züricher Novellen, *1881* Das Sinngedicht *und 1886* Martin Salander *vorabgedruckt wurden.*

292   *Am 24.6.1878 (GSA/VI,7,11 Nr. 45; GB 3.2, S. 360) hatte Keller in unbestimmter Form vom Projekt einer neuen Novelle geschrieben. Bei Rodenbergs Zürich-Besuch im August 1878 skizzierte er dann den Novellenzyklus* Das Sinngedicht.

15. 7. 1878 Theodor Storm an Keller

[...]
Und nun zunächst vom „Grünen Heinrich", der, soweit es in der ersten Person geht, eins meiner liebsten Bücher ist. – Leider bin ich in den letzten Wochen bei schwachen Nervenzuständen zu sehr in Arbeit erstickt gewesen, um es nochmals ordentlich zu lesen. Statt meiner hat es mein Jurist[293] gethan, der für den freundlichen Gruß danken läßt; es war das Einzigste, was er von Ihnen nicht gelesen hatte. Nun ist er ganz voll davon, und gestern, Sonntag, beim Nachmittagsthee | und Abends hat er uns daraus vorgelesen: den Besuch beim Onkel mit dem silbernen Posthörnchen mit der prächtigen Einführung der Judith;[294] dann: die Geschichte von dem alten Hökerpaar, Margreth und Jacöbchen.[295]

Zunächst muß ich sagen, daß ich bei Ihrem jetzigen Vorhaben, obwohl es nöthig ist, wenn das Buch für weitere Kreise lebendig gemacht werden soll, nicht ohne Sorge bin. Es quillt ein so frischer Lebensborn in diesem Buche, es liegt auf Allem ein solcher Glanz von sinnlich frischer Schönheit, daß ich bei dem Gedanken, dß das umgegossen werden soll, zittre. Aber Sie werden ja schonsam zu Werke gehen.

Ernst, wie früher ich, hat übrigens den Eindruck gehabt, daß dieser frische Glanz erlöscht, wo die Erzählung in dritter Person bebeginnt, wenngleich auch hier, wie im ersteren Theil die sich gleichsam von selbst ergebenden Offenbarungen aus Kunst und Menschenleben vorkommen. Ernst las gestern auch noch das schöne Wort über den Homer,[296] und ein dabei gegenwärtiger Freund von ihm, ein junger Freund auch von mir, Dr. | Tönnies – er wird wohl noch von sich reden machen – meinte: „Wie anders ist es doch, wenn so Einer sich über dergleichen ausspricht, als wenn die Gelehrten über die alten Dichter reden!"

Doch weiter: wir haben auch beide nemlich mein Jurist u. ich, die Empfindung, daß die Erzählung vom Künstlerfest,[297] so gut die Schilderung an sich ist, doch im Verhältniß zum Ganzen einen zu schweren Balast abgiebt.

Nun Ihren Vorschlag anlangend: – man müßte bei einander sitzen, um es zu besprechen – aber ich meine, Sie dürfen die schöne Wirkung, welche die Rückkehr der Judith hervorbringen muß, dem <u>Schlusse</u> des Buches

---

293 *Storms zweitältester Sohn Ernst (1851–1913), später Rechtsanwalt in Husum.*
294 *Vgl. GH I, 11.224.06–225.10 und 11.236.25–238.03.*
295 *Vgl. GH I, 11.108.18–131.19.*
296 *Vgl. GH I, 12.031.06–032.23.*
297 *Vgl. GH I, 12.138–163.*

nicht entziehen. Das muß sich machen lassen, irgendwie. Zunächst müßte die Judith bei ihrem Fortgang nicht 30, sondern etwa 25 Jahre alt sein, das genügt ja, um ihr die Ueberlegenheit dem etwa 6 od. 7 Jahre jüngeren Mann gegenüber zu verleihen. Dann mag sie mit 5, 6 od. 37 Jahren zurückkehren; Heinrich ist dann freilich noch nicht alt; aber das müßte gemacht werden. Judith könnte auch 40, od. reichlich, alt sein und nur in der Seelenbewegung des Wiedersehens noch in, | wenn auch vergehender, Schönheit erscheinen. Es ist zu kümmerlich, wenn sie als krankenpflegendes altes Mütterchen wiederkommt. Ich meine es könnte wohl gemacht werden, daß Heinrich sein Lebensbuch – auf Judiths oder eignen Antrieb, damit nicht der Goldglanz des Abends darin fehle oder dgl. – wieder aufnimmt, mit der Bemerkg, er habe geglaubt hier zu schließen aber etc – und dann selbst (es würde dann auch ein ganz anderer Glanz darauf kommen) die Rückkehr der nie vergessenen Geliebten schildert. Welch eine Scene!

Freilich, kann das Alles nicht angehn – Heinrich würde ja dann auch kein kümmerlicher Greis sein dürfen – dann muß dieß Alles an den Anfang des Buches. Aber giebt der Tod der Mutter nicht einen öden Schluß, und darf, was erst durch den ganzen vorhergehenden Inhalt des Lebensbuches, seine Bedeutung und seine Wucht gewinnen würde, an den Anfang des Buches gestellt werden?

Ich weiß freilich nicht, ob mir Ihre Intentionen ganz klar geworden, bin aber bereit, wenn Sie wollen, weiter darüber zu briefwechseln.

[...]

Freund **Petersen**, der neulich einen Tag bei mir war und Ihren persönlichen Gruß überbrachte, schmerzte sehr über Ihre Absicht die badende Judith[298] zu streichen, und gewiß, die Scene ist schön, „als machten ... die alten Götter die Rund", wie sie oder etwas davon bei Ihrer jetzigen Absicht zu halten ist, weiß ich in der That nicht – etwas werden Sie indeß schon zu conserviren wissen.

[...]

16. 7. 1878 Wilhelm Petersen an Keller

[...] Den grünen Heinrich lasse ich seit Wochen auf dem Wege der Annonce suchen, jedoch bisher vergebens. Er muß gründlich vergriffen sein oder die Besitzer müssen seinen Werth erkannt haben. Jetzt bleibt mir nur noch die Hoffnung, ihn einer Leihbibliothek in Kiel abzujagen. *[...]*

---

298   Vgl. *GH I, 12.080.20–082.29.*

4. 8. 1878   Keller an Firma Vieweg

Zürich 4 August 1878

Hochgeehrte Herren!

Durch anderweitige Inanspruchnahme wurde ich veranlaßt, die Angelegenheit betreffend das Dispositionsrecht über den „Grünen Heinrich" bis heute zurückzulegen, bin aber jetzt im Falle, Ihr gefäll. Schreiben vom 30 Mai 1876 endlich zu beantworten, um wo möglich die Sache zum Abschlusse zu bringen.[299]

In gedachtem Schreiben berufen Sie sich auf die von mir unter'm 28 Febr. 1850 proponirten Verlagsbedingungen, welche sich allerdings auch auf allfällig weitere Auflagen erstreckten.

Nun erlaube ich mir aber, Sie darauf aufmerksam zu machen, daß eine bindende Abmachung hierauf nicht erfolgt ist, daß Sie durch Ihren Brief vom 6 März 1850 nicht auf jene Bedingungen eintraten, und daß erst durch Ihre Mittheilungen vom 7 Mai 1850 (als Antwort auf meinen Brief vom 3 Mai gl. Jr.) ein Abschluß erfolgt ist. So wie mit Bezug auf den | Umfang des Buches und des Honorares im weiteren Verlaufe von jenen ursprünglich von mir vorgeschlagenen Bedingungen abgegangen wurde, kann ich in der bezüglichen Correspondenz auch keine Fixirung eines Verlagsrechtes für künftige Auflagen mehr entdecken. Daß Ihre verehrl. Verlagshandlung selbst an dergleichen kaum je gedacht hat, beweis't wol am besten der Umstand, daß schon vor circa 9 Jahren der Roman antiquarisch verkauft wurde, so daß z. B. in Zürich eine Menge completter Exemplare für 5 Francs (also 4 Mark) abgegeben wurden. Ich darf daher wol hoffen, daß Sie, nach nunmehr abgelaufenen 28 Jahren, die Sache puncto Verlagsrecht nicht weiter treiben wollen.

Was die incompletten 120 Exemplare betrifft, die Sie noch besitzen, so darf, auch wenn es, was nicht der Fall ist, Ihnen conveniren würde, natürlich ein Nachdruck des fehlenden Bandes ohne meine | Einwilligung nicht stattfinden und bin ich, wenn Sie keine solche Ergänzung vornehmen, nicht mehr gebunden.

Um aber auch von meiner Seite ein Entgegenkommen behufs Vermeidung aller weiteren Schwierigkeiten zu bethätigen, bin ich erbötig, Ihnen für die 120 incompletten Exemplare eine Entschädigung von 400 Mark auszuzahlen

---

299   Vgl. den Briefwechsel zwischen Keller und Firma Vieweg sowie Keller und Weibert zwischen dem *10.5.1876* und dem *30.5.1876* (Dok) über den Verkauf der Vorräte und Verlagsrechte des Grünen Heinrich.

gegen Verzichtleistung weiterer Ansprüche von Seite Ihrer verehrl. Verlagshandlung. Ich würde mir die Anhersendung von etwa 10 dieser Exemplare ausbitten und Ihnen die Makulirung des übrigen Vorrathes überlassen.

Damit wäre nun erschöpft, was ich zur Ausgleichung dieser leidigen Differenz thun kann, und ich gewärtige gerne Ihre gefäll. Antwort, deren beförderliche Mittheilung ich nach meinem eigenen Zögern freilich nicht ausdrücklich verlangen kann, die aber dennoch erwünscht wäre.

Genehmigen Sie die Versicherung ausgezeichneter Hochachtung

G. Keller.

13. 8. 1878 Keller an Theodor Storm

[...]

Vorzüglich und ohne Scherz aber danke ich auch für die handwerklichen Rathschläge und Winke, die mir gut bekommen. Die Reduktion von Judiths Lebensalter hat mir mit einem Male den Schluß des Gr. Hch in eine hellere Beleuchtung gesetzt und ich denke jetzt ein freundlicheres Finale zu gewinnen, ohne dem Ernste der ursprünglichen Tendenz Abbruch zu thun. | Einzig wünschte ich noch zu wissen, ob nach Ihrer Meinung das Buch ohne Weiteres mit Seite 91 des I^t. Bandes[300] beginnen kann (vorausgesetzt, daß charakteristische Capitelüberschriften eingeführt werden), oder ob doch eine Art kleiner Einleitung in dieser oder jener Form nöthig scheint. Scheint Ihnen ersteres thunlich, so schreiben Sie mir deswegen nicht extra, und auch im zweiten Fall nicht, wenn Sie irgend abgehalten oder nicht gelaunt sind.

[...]

28. 8. 1878 Keller an Ferdinand Weibert

[...]

Dieser Punkt[301] veranlaßt mich jedoch zu einer weiteren Mittheilung betreffend den grünen Heinrich, die ich Ihnen dieser Tage zu machen vorhatte. Die Umarbeitung ist auf den Punkt gediehen, daß man jederzeit den Druck beginnen kann. Vor länger als drei Wochen habe ich endlich (nachdem ich die Sache hatte ruhen lassen, um mich nicht immer während der Arbeit zu ärgern) definitiv | an Vieweg geschrieben, ungefähr in dem Sinne, wie Sie mir s. Z. gerathen. Ich verwies darauf, daß auf Grundlage des von ihm beigebrachten Briefes ein dauerndes Verlagsrecht nicht existire, da er die darin

---

300   *GH I, 11.064.01 (Beginn der Jugendgeschichte).*
301   *Es war von Honorarzahlungen die Rede.*

erscheinenden Bedingungen nicht acceptirt habe, daß überhaupt aus diesen Bedingungen bezüglich Umfang des Buches und Honorars im Verlaufe ganz andere geworden seien, ohne daß jemals eine zusammenfassende Regulirung des ganzen Verhältnisses stattgefunden habe. Dagegen anerbot ich 400 Mark als Enschädigung für die 120 incompleten Exemplare, eine Summe, die wohl dem Nettoertrag gleichkommt, den er bei Wiederherstellung des fehlenden Bandes aus dem Verkaufe der 120 Ex. ziehen würde, und den Betrag übersteigt, welchen er vor etwa 9 Jahren aus der Verschleuderung von 100 Exemplaren (wie er angab) an Antiquare gezogen hat.

Eine Antwort habe ich bis heute nicht erhalten und kann Viewegs nicht zwingen, eine solche zu ertheilen, so daß die Sache nun so steht:

Seit länger als <u>drei Jahren</u> ist das Buch vergriffen resp. incomplet, ohne daß Vieweg Anstalt macht, einen Neudruck oder eine Ergänzung der 120 Exemplare von sich | aus zu unternehmen, obgleich das Buch gerade in neuerer Zeit häufig verlangt wird. Damit ist die Sache für mich abgethan und es wird wol schwerlich angehen, daß V. durch bloßes Negiren mich hindern kann, das umgearbeitete Werk neu herauszugeben. Dazu kommt die unordentliche Basis seiner ganzen Behandlung: die variirenden Angaben über seine Rechtstitel, das antiquarische Verschleudern eines Theiles seines Vorrathes, die fahrläßige Zugrunderichtung eines andern Theils; heut sind es 100 Exemplare, woran der 1 Band fehlt, morgen 120 – kurz, eh' ich mit dieser Firma noch weitere Geschäfte machte, wollte ich lieber meine Manuskripte verbrennen.

Es bleibt mir höchstens noch übrig, die 400 Mark gegen Postquittung zu schicken und letztere als Beweismittel zu behalten, daß der Handel fertig sei. Obgleich auch dieses Opfer ungerecht ist. Die Firma hat immerhin 800 Exemplare für 7½ Rthaler verkauft, bei einem geringen Honorar, und ist daher keineswegs am Schaden.

Da ich bezüglich der mir nöthigen Geldmittel | auf die neue Ausgabe des Gr. Heinrich rechnen muß und im Laufe des Monats September eine Anzahlung von ein par tausend Franken zu beziehen wünsche, so kann ich mit dem Abschluß der Affaire nicht länger warten und bringe Ihnen daher alles Obige zur Kenntniß mit dem ergeb. Ansuchen, sich über die Stellung aussprechen zu wollen, die Sie zur Sache einzunehmen gedenken. Die Einheit in meinen Verlagsverhältnissen läßt es mir allerdings wünschbar erscheinen, das Buch auch in Ihrer Hand zu wissen. Sollte aber das Geschäft Ihnen nicht conveniren, so sind Sie selbstverständlich nicht gebunden.

Zur Orientirung vorläufig die Notiz, daß das Buch um circa 16 Bogen kürzer wird und ich die übrigen 90 Bogen in fünf Bände à circa 18 Bogen einzutheilen gedenke, wovon die Hälfte in neuem Manuskript besteht, die andere Hälfte in durchgearbeiteten Exemplaren des alten Druckes.

Ihr mit ausgezeichneter Hochachtung
ergebenster
G. Keller
verte |

P.S. Ich habe noch beizufügen, daß ich Zeugnisse besitze, wonach der „Grüne Heinrich" vor 2 und 3 Jahren an verschiedenen Orten erfolglos bei Buchhandlungen bestellt worden ist und diese Buchhandlungen von Seite Viewegs eine neue Ausgabe nicht in Aussicht stellen konnten.

28. 8. 1878   Firma Vieweg an Keller

Braunschweig 28 August 1878.

Hochgeehrter Herr!

Ihrer Auffassung des zwischen uns seit 1850 bestehenden Übereinkommens, wonach Sie uns die Berechtigung zu dem Verlage weiterer Auflagen Ihres Roman's „der grüne Heinrich" nicht zugestehen wollen, vermögen wir uns nicht anzuschließen. Es scheint uns vielmehr aus dem damals geführten Briefwechsel unzweifelhaft hervorzugehen, dass beiderseits die Absicht bestanden hat, das uns übertragene Verlagsrecht des Romans auf etwaige spätere Auflagen auszudehnen. Wir wollen jedoch diese Frage für jetzt nicht weiter erörtern, sondern auf einen Punkt unseres Briefes vom 30 Mai 1876 zurückkommen, auf welchen Ihre geehrte Zuschrift vom 4 August d. J. eine Antwort nicht enthält, nämlich die Frage, ob Sie event. geneigt sein würden, wegen des Verlages einer zweiten Auflage ein neues Übereinkommen mit uns zu treffen. Wir würden ein solches Arrangement, wenn es unter | annehmbaren Bedingungen geschehen könnte, jeder andern Ausgleichung der Differenz vorziehen, und bitten, uns event. Ihre Vorschläge mittheilen zu wollen.

Mit größter Hochachtung
ganz ergebenst
Friedr. Vieweg u Sohn

2. 9. 1878 Keller an Firma Vieweg

Zürich 2 Sept. 1878

Hochgeehrte Herren.

Sie wünschen in Ihrem geschätzten Schreiben vom 28 vor. Mts. die Beantwortung Ihres bedingten Anerbietens vom 30 Mai 1876, daß Sie unter Umständen nicht abgeneigt wären, eine neue Auflage des „grünen Heinrich" selbst zu übernehmen.

Zur Ergänzung und übrigens in Bestätigung meines Briefes vom 4 d. Mts. beehre ich mich, Ihnen mitzutheilen, daß ich mich genöthigt | sehen werde, auf die Annahme Ihres Anerbietens zu verzichten. Die Bedingungen, welche Sie mir s. Z. für eine zweite und allfällig weitere Auflagen der „Leute von Seldwyla" gestellt haben, veranlaßten mich, für dieses Buch einen andern Verlag zu suchen. In diesem Verlage ist seither Weiteres von mir erschienen, und da ich, im sechzigsten Lebensjahre stehend, eine Vereinfachung und Beständigkeit der Verlagsverhältnisse anstreben resp. weitere Zersplitterung vermeiden muß, so werde ich, wenn eine Umarbeitung des Grünen Heinrich | in befriedigender Weise zu Stande gekommen sein wird, dieselbe jenem Verlage zuwenden, insofern er auf meine Forderungen eingeht.

Mit vorzüglicher Hochachtung
Ihr ergeb.
G. Keller

2. 9. 1878 Ferdinand Weibert an Keller

[...]

Zum „Grünen Heinrich" übergehend, so ist es mir unerfindlich, wie Viewegs die neue Auflage in einem andern Verlage verhindern könnten. Die früheren Abmachungen sind ja für eine zweite Auflage nicht in bindender Weise geschehen, und die erste ist ja völlig ausgenutzt. Der gegenwärtige Vorrath ist Maculatur; würden sie Band 1 neu drucken,[302] so käme dieser für 100 Exemplare höher zu stehen, als der Erlös der 100 completen Exemplare. | Haben sie ferner einen Theil sr. Zt. im Preise ermäßigt, so ist dieß einfach Sache der Verlagshandlung, wovon der Autor nicht berührt wird. Bei einem Preise von 7½ Thaler,[303] bei geringem Honorar und bei fast um die Hälfte

---

302   *Vgl. oben, Anm. 278.*
303   *Gemäß der Rezension von Wilhelm Schulz (Schulz 1855; CD) betrug der Verkaufspreis von GH I ursprünglich 6⅔ Taler und wurde später auf 5 Taler herabgesetzt (vgl. oben, Anm. 221).*

billigeren Herstellungskosten als heute haben sie jedenfalls einen schönen Nutzen weggeschlagen. Viewegs müssen das Buch wohl oder übel freigeben, auch ohne Gegenleistung Ihrer Seits.

Ihre gefl. Nachricht, daß die Ueberarbeitung des „grünen Heinrich" so weit gediehen, daß der Druck begonnen werden könnte, kommt mir ganz überraschend; in so ferne nämlich, als ich deren Fertigstellung nicht mehr in diesem Jahr erwartete und mir nun mit mehreren Neudrucken älterer Werke einigermaßen die Hände gebunden habe. Dieß hätte allerdings nicht geschehen können, wenn nicht der geringe Absatz vorjähriger Novitäten, und die ungefähre Schätzung laufender sonst sicherer Einnahmen weit hinter aller Berechnung geblieben wären. Durch diesen Umstand ist für den Augenblick mein Bankcredit sehr in Anspruch genommen und die Capitalien haben sich in Magazinsvorräthe gesteckt. Daß sich diese Sachlage in den nächsten paar Monaten der besseren Verkaufszeit ordnet, liegt auf der Hand, aber ich fühle mich Ihnen gegenüber sehr beengt, weil ich stets gewohnt bin, mehr zu thun als ein Autor verlangt. Nicht als ob ich Ihnen nicht ein paar Tausend Franken, wie Sie allenfalls wünschen, heute oder morgen zur Verfügung stellen könnte, aber mich drückt der Umstand daß ich nicht weiß, ob Sie nicht in nächster Zeit noch weitere Vorausbezahlungen wünschen müssen, die zu erfüllen momentan nicht in meiner Macht läge. Verzeihen Sie diese meine Offenherzigkeit, mit der ich Ihnen | die Sache darstelle. Hätten wir noch 2–3 Monate hinter uns so wäre nicht nöthig, auch nur ein Wort darüber zu verlieren; wie aber augenblicklich die Verhältnisse sich gestaltet, so sind mir gerade jetzt Hemmnisse erwachsen, die mir wünschenswerth machen zu erfahren, ob Ihre Verhältnisse eine raschere und größere Berücksichtigung verlangen möchten, als ich ihnen eben jetzt angedeihen lassen könnte.

Mit welcher Freude ich die neue Ausgabe des „grünen Heinrich" verlegen würde, das brauche ich Ihnen nicht des Näheren zu versichern! Ihre Werke sind und bleiben mein höchster Stolz.

In ausgezeichneter Hochachtung

Ihr ergebenster
Ferd. Weibert.

2. 9. 1878   Keller an Ferdinand Weibert

Zürich 2 Sept. 1878

Hochgeehrter Herr!

Vieweg's haben nun doch geantwortet mittelst beiliegenden Briefes. Ich habe so eben erwidert, daß ich auf meinem Standpunkte beharre, im Uebrigen auf ihr bedingtes Anerbieten nicht eingehe und die neue Auflage nach zu Stande gekommener Umarbeitung einem anderen Verlage zuwenden werde.

Da ich aber nun doch eine weitere Antwort abwarten muß, | und eine gütliche Auseinandersetzung möglich zu werden scheint, so würde es am besten sein, wenn der Abschluß über eine neue Auflage des Gr. Heinr. noch etwas hinausgeschoben würde.

Sollte es Ihnen möglich oder convenabel erscheinen, mir für die beabsichtigte neue Auflage der Zürcher Novellen bis Mitte September die Hälfte des Honorares zukommen zu lassen, so kann ich die Angelegenheit des Grünen Heinrich den Rest dieses Jahres über noch ruhen lassen, zumal ich inzwischen mit einer andern Arbeit werde vorgerückt | sein, und Sie erhielten so alle Muße für Ihre bezüglichen Entschließungen.

Dem Vieweg'schen Briefe glaube ich entnehmen zu können, daß ein bestimmtes Datum für das Verlagsrecht abermals nicht beigebracht wird, dagegen die Anfrage wegen eines „neuen Uebereinkommens bei annehmbaren Bedingungen" im Widerspruch zu stehen scheint mit der Behauptung vorhandener fest gültiger Bestimmungen.

               Mit ausgezeichneter Hochachtung
               Ihr ergeb.
               G. Keller

Ich bitte um gefäll. Rücksendung der Beilage.

3. 9. 1878 Ferdinand Weibert an Keller

               Stuttgart 3 Sept 78.

Hochverehrter Herr

Im Wechsel mit meinem Ergebenen von gestern empfing ich heute Ihr Geehrtes gleichen Datums, und ich beeile mich Ihnen in erster Linie
    f^{cs} 2000.–
anmit zu behändigen.

Der Brief Viewegs frappirt mich sehr; es müßten andere Gründe aufgeführt werden, als geschieht, um ein Recht zu beanspruchen. Wenn auch die „Absicht" bestanden hat, „das Verlagsrecht auf etwaige spätere Auflagen auszudehnen" – Viewegs präcisiren den Standpunkt ja sehr genau! – so kann eine Absicht kein bindender Rechtsgrund sein, auf den sie Ansprüche stützen können. Genau bestimmt ist über eine zweite Auflage nichts worden, somit gilt die Abmachung nur für eine Auflage, und will der | Autor diese nicht mehr beim alten Verleger erscheinen lassen, so kann ihn nichts dazu zwingen, ebenso wenig als der Autor den Verleger zwingen könnte, das Werk unter allen Umständen neu aufzulegen.

Nach meiner Ansicht versuchen eben Viewegs möglichst noch Etwas herauszuschlagen; aufs Aeusserste werden sie es aber wohl nicht kommen lassen. Unangenehm bleibt die Sache immerhin, da sie die Angelegenheit verzögern können, und Wiederholung bleibt bei Ihren „Gedichten" zu gewärtigen. Ich hätte eine solche Handlungsweise bei Viewegs, einem sehr reichen Hause, nie erwartet, aber freilich bei Uebernahme der Werke Moritz Hartmanns von Seiten Cotta's spielte mit dessen Gedichten dieselbe Geschichte.

[...]

Hoffentlich geben Viewegs nach, andernfalls müßte der Rechtsweg beschritten werden. Ich denke eine Klagedrohung wegen verhinderter Nutzbarmachung vermögensrechtlicher Gegenstände, oder die Aussicht, daß Sie Ihre Rechte dem künftigen Verleger übertragen, und sie vor dem Schiedsgericht des Börsenvereins der deutschen Buchhändler verfechten lassen werden, das möchte genügen, um eine Klärung herbeizuführen. Weder das Eine noch das Andere kann dem Hause Vieweg passen.

[...]

5. 9. 1878   Keller an Ferdinand Weibert

Zürich 5. IX. 78.

Hochgeehrter Herr!

Es thut mir sehr leid, daß ich Sie mit meinen Verlagsangelegenheiten so beunruhigen muß und so mal à propos gekommen bin. Auf Ihr letztes Schreiben, das sich mit dem meinigen kreuzte, beehre ich mich noch folgendes darzulegen.

Ich hatte auf die unverweilte Anhandnahme des „Grünen Heinrich" gerechnet, ehe ich wußte, daß eine neue Auflage der Zürcher Novellen bevorstehe. Können Sie auf die diesfällige Auseinandersetzung zurückkommen | und statt nach Beendigung des Druckes etc. schon jetzt die Hälfte des Honorares (also Fr. 1500) verabfolgen, so kann ich den Roman noch ruhen lassen und namentlich die Vieweg's zu einem ausdrücklichen Verzicht bringen, was am Ende doch das Beste ist, und wir haben Beide bis dahin freie Hand.

Weitere Zahlungen vor vollendeter Herstellung der neuen Romanausgabe würde ich indessen weder beansprucht noch gebraucht haben, da ich inzwischen anderweitige Einnahmen in Aussicht habe.

Dies ist meinerseits gegenwärtig die Situation und ich kann Sie nur ersuchen, ruhig darüber hinweg zu gehen, wenn Ihnen dieselbe | ungelegen kommt.

Ihr hochachtungsvoll ergeb.
G. Keller

6. 9. 1878 Firma Vieweg an Keller

Braunschweig den 6 September 1878.

Sehr geehrter Herr!

Da Sie Ihrer geschätzten Zuschrift vom 2^t d. zufolge nicht geneigt sind, uns den Verlag der zweiten Auflage des grünen Heinrich zu übertragen, obwohl unsere Anrechte auf eine solche und noch weitere Auflagen nach der uns vorliegenden Correspondenz unbestreitbar sind, so gestatten wir uns Ihnen, um fernere Weiterungen und Differenzen zu vermeiden, folgenden Vorschlag zu machen.

Wir überlassen Ihnen resp. der Verlagshandlung, welcher Sie den Verlag der zweiten Auflage des grünen Heinrich übertragen werden, den noch verbliebenen, aus c^a 100 unvollständigen Exemplaren der ersten Auflage bestehenden Vorrath gegen Zahlung des Betrages von 625 Mark und entsagen dagegen allen aus unserem früheren Uebereinkommen mit Ihnen herzuleitenden Ansprüchen an das Verlagsrecht des grünen Heinrich.

Ihren gefälligen Rückäußerungen entgegensehend zeichnen wir

Mit größter Hochachtung und Ergebenheit.
Frdr Vieweg u Sohn.

6. 9. 1878 Theodor Storm an Keller

Husum, 6 Sept. 78.

Lieber Meister Gottfried!

Nach genommener Einsicht bin ich der Meinung – und damit stimmt auch mein kritisches Hausgewissen, der Jurist Ernst – daß der Gr. Heinr. sehr wohl ohne Weiteres mit S. 91 Bd I beginnen kann.[304] Hoffentlich haben Sie

---

304   Vgl. *Keller an Storm, 13.8.1878, Dok.*

in der Erzählung die <u>erste</u> Person nicht | aufgegeben, da sonst gewiß viel von der jetzigen Frische verloren gehen würde.

[…]

7. 9. 1878 Keller an Ferdinand Weibert

Zürich 7 IX 78.

Hochgeehrter Herr!

Mit verbindlichem Danke sende ich Ihnen beiliegende Quittung über die mir in sieben Wechselanweisungen mit Ihrem Geehrten vom 3 d. Mts. zugestellten 2000 Frkn. Wie ich Ihnen in meinem letzten Briefe schrieb, hätten auch 1500 Fr. für jetzt ausgereicht. Ich betrachte also obige Summe als eine Honorarzahlung für | die zweite Auflage der Zürcher Novellen.

Viewegs haben nun Zeit zu antworten, bis ich eines Tages die Akten schließe. Jener antiquarische Verkauf von 100 Exemplaren hat immerhin die Bedeutung, daß sie (Vs) nicht an weitere Auflagen zu denken pflegten bei Romanen. Auch bei den gelesenen Frauenromanen damaliger Zeit, die sie verlegten, dachten sie nie daran und nie erschien eine $2^{t.}$ Auflage; mit den nöthigen 800–1000 Exemplaren für die Leihbibliotheken u Lesezirkel war für sie das Geschäft gethan und blieb liegen. Daß meine Versuche erst 20 Jahre später noch wieder gelesen würden, konnte ihnen | nicht einfallen und sie legten deshalb auch kein Gewicht auf den Passus in meinem ersten Briefe, den ich weiß Gott wo aufgeschnappt hatte. Uebrigens habe ich doch irgendwo gelesen, daß ein antiquarischer Gesammtverkauf, der sich von einer bloßen Preisermäßigung unterscheidet, ohne Einwilligung des lebenden Autors nicht statthaft ist. Nicht V's haben den ermäßigten Preis (oder vielmehr Schleuderpreis) festgesetzt, sondern ein Händler in Frankfurt.

[…]

9. 9. 1878 Ferdinand Weibert an Keller

Stuttgart 9 Sept 78.

Hochverehrter Herr

Im Wechsel mit meinem Ergebenen vom 3 dss empfing ich Ihr Geehrtes vom 5., und habe ich mir erlaubt mit Ersterem Ihrem Wunsche zuvorzukommen. Heute trifft nun auch Ihr Geehrtes von vorgestern ein, welches mir den richtigen Eingang meiner Rimessen anzeigt.

Ich danke Ihnen herzlich für Ihre gütigen Mittheilungen, die mir in der

That einen Stein von der Brust nahmen, denn ich hätte es mir wirklich zum Vorwurfe gemacht, wenn ich Ihre Wünsche nicht in allen Theilen hätte erfüllen können. Sollten Sie das letzte Tausend des Honorars für die „Züricher Novellen" noch vor Beendigung des Druckes bedürfen, so bitte ich nur um gefl. Nachricht.

Sicherlich haben Viewegs nie an eine zweite Auflage Ihrer Werke gedacht, denn Ihr Schluß | ist sehr richtig: sie würden sonst den Preis in keiner Weise ermäßigt haben. Aber sie müssen auch sehr wenig für die Bücher gethan haben, sonst hätten dieselben nicht so lange ruhen können.

Der antiquarische Verkauf eines Theiles der Auflage eines Werkes bedarf dagegen die Einwilligung der Autoren nicht, denn der Verleger kann den Absatz durch „Verkauf, Tausch, oder durch sonstige Veräußerungsgeschäfte" betreiben. Ja der Verleger kann den <u>ganzen</u> Vorrath eines Werkes an einen Dritten (Buchhändler oder Antiquar) veräussern, sofern er damit nur die in dem VerlagsVertrage begründete Verbindlichkeit einer gehörigen buchhändlerischen Verbreitung des Werkes erfüllt, ebenso auch den Debit durch taugliche Mittelspersonen besorgen lassen. Der Preis ist dabei nicht einwirkend, weil ein Bestehenlassen oder eine Ermäßigung in die Rechte des Verlegers fällt.

Wie dieser Fall nun auch keinen Einfluß auf das Verlagsrecht an und für sich hat, so liegt ja bei Viewegs die Sache so klar, daß sie weder Rechte geltend machen, noch Ansprüche erheben können. Jener Passus | Ihres Briefes ist ja keine <u>bindende</u> Zusage für eine zweite Auflage, sondern einfach eine vorläufige Avertirung. Aber es scheint die Herren wollen eben versuchen hinterdrein noch möglichst viel herauszuschlagen. Ein so reiches Haus sollte aber doch ein bischen mehr auf seinen Namen Rücksicht nehmen, und wo es keine Rechte hat, nicht mit solchen Mitteln wirken wollen. Einen Ehrenstein errichten sie sich damit nicht.

In ausgezeichneter Hochachtung

Ihr ergebener
Ferd. Weibert.

23. 9. 1878   Carl Geibel an Keller

Leipzig, den 23/9 1878

Sehr geehrter Herr!

Nachdem im Oktober vorigen Jahres der Verlag des Herrn Franz Duncker in Berlin mit sämmtlichen Verlagsrechten in meinen Besitz übergegangen, hatte ich mir schon länger vorgenommen, anknüpfend an die Verbindungen, in denen Sie zu dem früheren Besitzer gestanden haben,³⁰⁵ einen Versuch zur Wiederaufnahme derselben zu machen.

Herr Franz Duncker hatte mir mitgetheilt, daß auf ein an Sie gerichtetes Schreiben behufs Fertigstellung einer früher kontraktlich versprochenen Novellensammlung im vorigen Jahre ein zustimmender | Bescheid Ihrerseits erfolgt sei.³⁰⁶ Sie gedachten nach Abwicklung einer vorliegenden dringenden Arbeit an die Herausgabe derselben zu gehen.

Indem ich ausdrücklich betone, daß ich nicht daran denke, die rechtliche Verpflichtung, in der Sie mir gegenüber in Folge des alten Kontraktes vielleicht noch stehen, geltend zu machen, meine ich allerdings, daß die Firma billigermaßen ein Vorzugsrecht auf die Verbindung mit Ihnen hat und sich dieselbe zur hohen Ehre anrechnen würde.

Ich lege übrigens keinen Werth darauf, daß, wenn Sie wiederum auf eine solche eingehen, der alte Kontrakt ausgeführt wird.

Wie wäre es, falls ich Ihnen | darin vorgreifen darf, wenn die neue Bearbeitung des „grünen Heinrich" mit der Sie, wie ich aus den Zeitungen erfahre, beschäftigt sind, dafür einträte.

Da ich wie oben gesagt, etwaige Rechtsansprüche nicht geltend zu machen gedenke, so hätten wir uns also von Neuem über das Honorar zu einigen, überhaupt einen neuen Kontrakt zu schließen.

Für den Fall nun, daß entweder der frühere Verleger des Buches dasselbe wiederum herausgiebt oder Sie mit einer anderen Firma bereits abgeschlossen haben, bleibt ja allerdings immer noch die frühere Idee einer Novellensammlung zu erwägen und würde ich Sie ersuchen, mir dahingehende | Vorschläge zu machen.

---

305 *Keller hatte mit Franz Duncker am 30.9.1855 einen Vertrag über seither nicht gelieferte Novellen unter dem Titel* Galatea *(vgl. HKKA 23.1, S. 45–47) abgeschlossen und bereits 1855 die Hälfte des Honorars bezogen.*

306 *Die letzte nachweisbare Versicherung Kellers, die Novellen zu liefern, stammt vom 28.4.1872 (GB 3.2, S. 177), die letzte nachweisbare Anfrage Dunckers vom 31.12.1874 (Ms. GK 79a Nr. 90). Im Sommer 1878 hatte sich Keller indirekt erkundigt, ob Duncker geneigt wäre, den Vertrag nach Rückzahlung des Honorars aufzulösen.*

Der Hoffnung Ausdruck gebend, möglichst bald in Besitz Ihrer werthen Entscheidung in dieser Angelegenheit zu gelangen verbleibe ich
Mit größter Hochachtung
  Ihr
  ergebenster
  Carl Geibel junior
  Besitzer der Firmen Franz Duncker
  und
  Duncker u Humblot

28. 10. 1878   Keller an Ferdinand Weibert

[...]

Da noch Raum ist, will ich Ihnen auch sagen, daß po. Grüner Heinrich die Viewegs schon vor mehreren Wochen erklärt haben, daß sie auf dem Verlagsrecht nicht länger bestehen wollen, obgleich nach ihrer Ueberzeugung dasselbe im Sinn und Geist der gepflogenen Correspondenz liege, und daß sie mir die hundert incompleten Exemplare für 625 Mark abtreten wollen. Ich schwanke noch, ob ich auf dies Feilschen eingehen oder auf meinen 400 Mark bestehen soll. Am Ende ist es gerathen, von den Herren definitiv loszukommen zu suchen.

[...]

4. 11. 1878   Ferdinand Weibert an Keller

[...]

Wenn Viewegs endlich auf das eingebildete Verlagsrecht verzichten wollen, so wissen sie wenigstens ordentlich zu verlangen, und festzuhalten, was überhaupt fest gehalten werden kann. Von einem solchen Hause ein solches Markten um ein paar hundert Mark ist unerhört, und sie thun dieß sicherlich nur in dem Vorgefühl, daß Sie Ihre Rechte nicht weiter verfechten, und schließlich doch bezahlen werden, um nur einmal loszukommen.

[...]

14. 11. 1878   Keller an Wilhelm Petersen

[...]

Ich bin mit meiner Correspondenz etwas durcheinander gerathen und weiß im Augenblick nicht recht zu reagiren. In der vorletzten war es glaub' ich, daß Sie mir schrieben, Sie hätten nach dem alten Grünen Heinr. öffent-

lich Nachfrage gehalten; diesbezüglich kann ich Ihnen mittheilen, daß ich, um die neue Ausgabe abschießen zu können, dem alten Verleger noch 100 Exemplare abkaufen muß, an denen sämmtlich ein Band mangelt (weil er das Recht hätte, diesen Band noch wieder herzustellen!). Welcher Band es aber ist, weiß ich nicht.[307] Ich werde Ihnen | also nebst dem neuen Buch s. Z. drei Bände des alten Schmöckers zustellen können, damit Sie Ihrer Liebhaberei fröhnen mögen d. h. ich will mich doch noch bedenken, ob ich es thun soll!
[...]

25. 11. 1878   Ferdinand Weibert an Keller

[...]

Hinsichtlich des „grünen Heinrich" erlaube ich mir zu bemerken, daß ich jeder Zeit näheren Mittheilungen über Vollendung des Manuscripts, Zeit der Drucklegung, sowie specielleren Bestimmungen mit Vergnügen entgegensehe.
[...]

29. 11. 1878   Franz Duncker an Keller

[...]

Daß der Rest meines Verlages mit der Firma an C. Geibel nach Leipzig verkauft ist, habe ich Ihnen ja wohl schon früher mitgetheilt. Geibel hat dies wesentlich im Interesse meines Sohnes gethan, der den Buchhandel bei ihm gelernt hatte, dann eine kräftige Stütze mir in meinem Geschäfte werden sollte, was durch den Zusammenbruch desselben vereitelt worden. | G. denkt den Verlag mit seinen bedeutenden Mitteln weiter zu führen u. hofft ihn später, wenn die Unternehmungen so einschlagen, daß er sich selbst erhalten kann meinem Sohne zu übergeben. *[...]* Mein Sohn theilte mir mit, dß früher Geibel bereits einmal an Sie geschrieben wegen einer neuen Auflage Ihres grünen Heinrich. Ohne daß ich ein Recht hätte oder mir anmaßen wollte, auf Ihre Entschließungen einzuwirken,[308] würde es mir doch eine besondere Freude machen, wenn doch noch einmal eines Ihrer Werke unter meiner Firma erscheinen sollte. *[...]*

---

307   Vgl. oben, Anm. 278.
308   *Keller war daran, sich mit der Rückzahlung des für die Galatea-Novellen empfangenen Honorars samt Zinsen aus seiner vertraglichen Verpflichtung gegenüber Franz Duncker loszukaufen. Zwei Zahlungen waren am 17.9.1878 und am 14.11.1878 erfolgt, zwei weitere erfolgten am 6.3.1879 und 16.4.1879.*

16. 12. 1878   Eduard Münch an Keller

[...] vor einigen Wochen zurück lese ich in der Zeitung: G. Keller in Zürich arbeitet seinen Grünen Heinrich um. u: somit habe ich erfahren daß du jedenfalls Gesund, u: in Zürich bist – ich schließe mit der bitte mich mit einigen Zeilen, von Euch zu erfreuen.

        nebst herzlichsten Kuß u Gruß
        verbleibe ich Euer alter
        Freund
        E. Münch

E. M. National Bank Notes
New York
Dcbr, 16
1878

30. 12. 1878   Wilhelm Petersen an Keller

[...] Daß Sie mir s. Z. den alten Heinrich in den vorhandenen 3 Bänden verehren wollen, hat mich mit herzlicher Freude erfüllt, weil er dadurch für mich natürlich einen weit höhern Werth erhält, als wenn ich ihn aus irgend einer Trödelbude erwerben würde, was ja bis jetzt nicht hat gelingen wollen. Meinen Dank hätte ich Ihnen schon viel früher ausgesprochen, wenn nicht der Umstand, daß Sie die 100 Exemplare des unvollständigen Buches übernehmen sollen, mir viel Kopfbrechen gemacht hätte. Ich denke nemlich mit Schmerz daran, wie durch diese empörende Forderung des früheren Verlegers Ihr Honorar für die neue, gewiß recht peinliche und mühsame Arbeit | wird geschmälert werden. Es muß also darauf ankommen, daß Sie das alte Buch entsprechend verwerthen. Dies ginge nun etwa in der Weise recht gut, daß Sie dasselbe z B einem Berliner Antiquar überlassen z. B. P. Lindau in einem Artikel der Gegenwart auf das neue, demnächst erscheinende Buch sowie darauf aufmerksam macht, daß das alte, zwar unvollständig, dafür aber auch zu einem ermäßigten Preise antiquarisch zu haben ist und es für jeden Literaturfreund von großem Interesse ist, des alten Buches sich zu versichern. Wenn dem Antiquar eine solche Empfehlung in Aussicht gestellt wird, so wird er ohne Zweifel einen anständigen Preis zahlen. Ich fürchte nur, daß Sie bei Ihrer unbesorgten Sinnesart, wo es um Ihr eigenes Interesse sich handelt, die Sache anzufassen Bedenken tragen könnten. In diesem Falle würde ich gern übernehmen, die Sache im April oder Mai mit Heyse mündlich zu verhandeln. Er wird gewiß den geschicktesten Weg finden.

Sie würden dann ganz außen vor bleiben. Wünschenswerth wäre dann aber, daß | bis dahin feststände, was Sie für das alte Buch zu zahlen haben und welcher Band fehlt. Bitte überlegen Sie Sich die Sache, die ich natürlich als absolut vertrauliche behandeln würde. Ich hätte nicht gewagt, ohne Ihre Zustimmung etwas vorzunehmen, weil ich das ev. Maß Ihres Zornes nicht bemessen kann, obgleich es so am einfachsten und natürlichsten sich gemacht haben würde.

[...]

Aus dem Umstande, daß ich seit verhältnißmäßig langer Zeit nichts Neues aus Ihrer Feder gesehen habe, schließe ich, daß Sie Heinrich ganz sich widmen, wie es auch wohl das Beste ist.

[...]

3.1.3   ENTSTEHUNG, PUBLIKATION UND REZEPTION DER 2. FASSUNG

9. 1. 1879   Keller an Ferdinand Weibert

[...]

Inzwischen ist es hohe Zeit geworden, den „Grünen Heinr." vorwärts zu bringen, wenn er in der ersten Hälfte des Jahres erscheinen soll, zumal ich mich auch endlich andern Arbeiten zuwenden muß.

Auf das Zureden mancher Freunde habe ich doch nicht so viel gestrichen, | als ich ursprünglich vorhatte, sondern im Ganzen nur circa 16 Bogen, so daß das neue Buch ungefähr d. h. höchstens 90 Bogen stark werden wird.[309]

Diese 90 Bogen habe ich in 5 Bändchen à 18 Bogen eingetheilt, vorbehalten den Fall, daß der Verleger eine andere, kleinere Bändezahl für zweckmäßiger hält. Zu lange Capitel sind getrennt worden und jedes mit einer kurzen Ueberschrift versehen, damit ein Register angefertigt werden u der geneigte Leser die einzelnen Gegenstände leichter auffinden kann; auch verliert das Buch durch diese Manipulation den äußern Anschein monotoner Unbehülflichkeit, den es bis jetzt hatte.

Falls nun Ihre Geneigtheit, diese neue Ausgabe zu übernehmen, | dieselbe geblieben ist, will ich meine Bedingungen nunmehr mittheilen. Ich würde die gleichen Bestimmungen aufnehmen, wie in dem Contract vom 4 August 1877 mit Ausnahme des Honorarpunktes, der so zu reguliren wäre, daß für den Bogen (Format u Ausstattung der Zürch. Novellen) 80 Mark oder 100 Francs berechnet werden. Anzahlung von 5000 frs oder 4000 Mark nach

---

309   *Die 4 Bände der umgearbeiteten Fassung ergaben schließlich 85¼ Bogen. – Zur Umfangschätzung und Neueinteilung vgl. auch Keller an Weibert, 28.8.1878, Dok.*

Beginn des Druckes und Auszahlung des übrigen Betreffnisses nach Vollendung desselben.

Drei Bände sind druckfertig, die zwei übrigen sind auf dem Wege es zu werden, bis die andern gedruckt sind, beziehungsweise vorher, da das Eigentliche oder Neue daran schon gethan ist. Immerhin muß ich bis längstens Ende März mit dieser Sache nichts mehr zu schaffen haben.

Ihr hochachtungsvoll ergeb.
G. Keller

13. 1. 1879   Ferdinand Weibert an Keller

[...]

Ihren Nachrichten über den „grünen Heinrich" zufolge, haben Sie das Buch endlich von Viewegs losgemacht, so daß das Werk noch in der ersten Hälfte dieses Jahres erscheinen könnte. Selbstverständlich wäre es mein sehnlichster Wunsch auch dieses Buch in meinem Verlag erscheinen zu sehen, und so stünde von meiner Seite Ihren Bedingungen nichts entgegen. Wenn Sie mir also den Verlag zu übertragen die Güte haben wollen, so bin ich mit Allem einverstanden: Bestimmungen wie im Contract vom 4 Aug 77 mit Ausnahme des Honorares; dieses selbst M 80.– pro Druckbogen gleich Züricher Novellen, zahlbar M 4000.– bei Beginn des Druckes, der Rest nach Vollendung desselben.

Nebensächlich möchte ich nur noch etwas über die Bändeeintheilung bemerken. Die meisten Käufer sparen nämlich sehr an den | Bucheinbänden, u. da 18 Bogen immerhin einen schwachen Band bilden, so daß meistentheils 2 Bände zusammengebunden werden könnten, so ist die Bändezahl 5 etwas ungeschickt, weil in solchem Falle der letzte Band einzeln gebunden werden müßte. Würden nicht dringende Gründe für 5 Bände vorliegen, so möchte ich eine Eintheilung in gerade Bändezahl befürworten; entweder zu 4 Bände à 22–23 Bogen,[310] die einzeln gebunden werden könnten, u. sich in dieser Bogenzahl stattlicher präsentirten, oder in 6 Bänden à 15 Bogen, die dann in 3 Doppelbänden gebunden werden könnten. Ich überlasse die Entscheidung hierüber ganz Ihrem eigenen Ermessen.

Bis zu welchem Zeitpunkt könnte dann mit dem Drucke begonnen werden?

[...]

---

310   *Zur tatsächlichen Bogenverteilung vgl. HKKA 20, Kap. 4.1 Die Textzeugen, S. 42.*

25. 1. 1879   Keller an Paul Heyse[311]

[...]
Inzwischen muß ich mich noch einige Wochen unsichtbar in München herumtreiben, mit dem grünen Heinrich nämlich, der zu einer neuen Ausgabe gelangt. Er erzählt seinen saubern Lebensroman jetzt bis zum Ende selbst, und da bin ich eben daran, die Unmöglichkeiten des 4ᵗ· Bandes umzumodeln, nachdem ich die drei andern Bände korrigirt habe. Trotzdem wird der Schmöcker doch nur etwa um 18 Bogen kleiner.
[...]

27. 1. 1879   Keller an Wilhelm Petersen

[...]
Für Ihre thatkräftige Hülfsmeinung wegen der alten unvollständigen Exemplare des Grünen Heinrich ebenfalls wärmsten Dank. Allein ich muß es doch dabei bewenden lassen. Erstens kann es nicht in meinem Interesse liegen, | die alte Unform neuerdings in Umlauf zu bringen, nachdem ich das Buch nach Vermögen umgearbeitet habe (es fallen übrigens bloß etwa 16 Bogen des alten Textes weg). Zweitens kann ich dem Verleger, der eine erhebliche Summe in das Unternehmen steckt, nicht sofort mit dem antiquarischen Ausbieten des alten Auflagerestes Concurrenz machen, sowie mir selbst. Denn es würde immerhin einen unangenehmen Effekt machen, wenn das seit Jahren für vergriffen erklärte Buch hintendrein nun doch wieder in irgend einer Form zu haben wäre. Die Summe, die ich den Vieweg's auszahle, muß ich eben am neuen Honorar (etwa 1/10) einschlagen und wenn Göschen, was er regelmäßig | zu thun scheint, es zu einer zweiten Auflage bringt, so ist ja die Sache alsdann verschmerzt, ebenso bei einer Gesammtausgabe meiner Schriften, an die ich allmälig denken muß.
[...]

15. 2. 1879   Keller an Ferdinand Weibert

Zürich 15 II 79.
Hochgeehrter Herr!

In Beantwortung Ihres Verehrlichen vom 13 vor. Mts. erkläre ich mich damit einverstanden, daß die neue Ausgabe des Gr. Hch. in 4 Bänden erscheint.

---

311 *Paul Heyse (1830–1914), Erfolgsschriftsteller, Haupt des Münchner Dichterkreises, mit Keller seit 1857 befreundet.*

Sechs Bände würde mir zu ungeheuerlich klingen; wenn es auch kleine Bände wären, so würde die große Zahl doch haften bleiben in den Mäulern.

Ich habe das Buch nun neu eingetheilt und sende Ihnen zwei Bände mit dem Ersuchen mir zu berichten, ob Sie die Anfertigung einer Reinschrift für die Setzer für nöthig halten. Denn es wird jedenfalls sorgfältig | verfahren werden müssen wegen der vielen Correkturen u Marginalnoten. Falls Sie das Buch definitiv übernehmen, können Sie den Satz nach Belieben sofort beginnen lassen, da die zweite Hälfte jedenfalls druckfertig sein wird, bis die zwei ersten Bände vorgerückt sind. Nur während der nächsten 4 Wochen wäre es mir doch lieb, nicht mehr als 1 Revisionsbogen täglich zu erhalten.

Ich bin begierig, was diese neue Phase des alten Schmöckers für ein Schicksal haben wird; denn inclusive Ihr und Viewegs Verlagsangebot habe ich succesive | wunderlicher Weise nun sechs Verlagsanfragen erhalten.[312]

Mit ausgezeichneter Hochachtung

Ihr ergeb.

G. Keller

18. 2. 1879 Vertrag „Der grüne Heinrich", 2. Aufl. (Weibert)[313]

Vertrag

zwischen

Herrn Dr Gottfried Keller in Zürich

und der

G. J. Göschen'schen Verlagshandlung in Stuttgart.

§ 1.,

Herr Dr G. Keller überträgt der G. J. Göschen'

schen Verlagshandlung das Verlagsrecht des Romans:

Der grüne Heinrich.

§. 2.,

Dieser Roman soll in gleicher Ausstattung

wie die „Züricher Novellen" hergestellt, und

in einer Auflage von 1200 Exemplaren abge-

zogen werden.

§ 3,

Der Herr Verfasser erhält für diese wie für

jede folgende Auflage von gleicher Höhe und Aus-

---

312 Vgl. unten, Anm. 315.
313 Vgl. Abb., S. 404.

Verlagsvertrag "Der grüne Heinrich", 2. Fassung
Ferdinand Weibert (18.2.1879)
CA: Cotta-Vertr. 4b (vgl. S. 403–405)

stattung als Honorar die Summe von:
M 80.- Achtzig Mark Reichswährg pro Druckbogen,
zahlbar M 4000.- bei Beginn des Druckes, den
Rest nach Vollendung desselben.
§ 4.,
Der Herr Verfasser erhält ferner 12 Freiexemplare.
Der Verlagshandlung ist gestattet, diese und die
nöthigen Recensionsexemplare über die fest-
gesetzte Auflage abzuziehen.
§. 5.,
Die Aufnahme vorbenannten Werkes in eine
später zu veranstaltende Gesammtausgabe
seiner Werke ist dem Herrn Verfasser ohne
Vorbehalt freigestellt.
Zürich u Stuttgart 18 Februar 1879.
Gottfr. Keller
G. J. Göschen'sche Verlagsh.

22. 2. 1879 Keller an Ferdinand Weibert

Enge Zür. 22 II 79

Hochgeehrter Herr!

Nach Empfang Ihres verehrl. Briefes vom 18 dieß[314] sende ich Ihnen heute das eine Vertragsexemplar betreffend die neue Ausgabe des „grün. Heinrich" mit meiner Unterschrift versehen zurück, und verdanke zugleich bestens die Zahlung von 4000 M. resp. 5000 Frs., für welche ich Ihnen Quittung zustellen werde, sobald ich die Summe bei der Schweiz. Creditanstalt dahier bezogen habe.

Es ist mir lieb, daß ich keine Reinschrift der gedruckten Bände mehr beschaffen muß. Doch möchte ich bitten, | vorzüglich darauf sehen zu lassen, daß nicht einzelne Worte oder kleine Sätze, die oft in ganz oder halb gestrichenen Seiten stehen bleiben, übergangen werden, so daß der Setzer nicht etwa, in der Meinung, es sei eine Serie von Seiten ganz gestrichen, es unterläßt, die einzelne Seite genauer anzusehen. Bei der Revision würde ich nicht das nöthige Gedächtniß zur Ergänzung haben.

In Stuttgart sitzt keiner von den Liebhabern des Grün. Hch. Es sind zwei

---

314 *Weiberts Begleitbrief zum Vertrag ist nicht nachgewiesen.*

in Berlin, Einer in Leipzig u Zürich.³¹⁵ Von den Berlinern ist freilich einer dubioser Natur, nämlich die Direktion des Vereins für deutsche Literatur, welche mich seit Jahren um ein Buch plagt. Diese schrieb mir auch wegen des G. H. | Ich antwortete, ich könne nicht begreifen, was sie mit dem Vierbänder eigentlich wollten, da sie planmäßig nur einbändige Publikationen herausgäben, worauf sie nichts mehr hören ließen. Es scheint sich hier also mehr um irgend eine Spürerei gehandelt zu haben.
 Mit ausgezeichneter Hochachtung
Ihr ergebenster
G. Keller

26. 2. 1879 Keller an Theodor Storm

[...]

 Ich für meine Person bummle jetzt im Geiste oft in seiner³¹⁶ Nähe in München herum, da ich in der That mit dem Ende des grünen Menschen beschäftigt bin. Der Druck hat dieser Tage begonnen. Ich kann Sie, da Sie es wünschen, gleich um einen | weiteren guten Rath angehen. Der Titel: D. gr. Hch. scheint mir nämlich immer an Scurrilität oder unfreiwilliger Komik zu leiden; auch erinnere ich mich wohl, wie s. Z. ein malitiöser Kritiker gesagt hatte, der Held dieses Romanes sei allerdings ein sehr grüner Junge u. s. w.³¹⁷ Hielten Sie es nun für thunlich, den Titel zu ändern u etwa zu sagen „Heinrich Lee" oder „Das Leben des grünen Heinrich", mit welch' letzterer Wendung dann wenigstens das Wort „Roman" wegfallen könnte und das Ding schlechtweg ein Buch wäre. Oder hat Sie der bisherige Titel nie gestört?
[...]

5. 3. 1879 Theodor Storm an Keller

[...]

 Den Titel für den „Grünen" anlangend, so bin ich zum Rathen nicht frisch u. unbefangen genug mehr in dieser Sache; nur bemerken möchte ich, daß das Buch doch, nachdem Ihr Publicum größer geworden, sich eines gewissen Namens erfreut. Ein Mittelweg wäre vielleicht gut; „<u>Leben</u>" oder „<u>Heinr. Lee</u>" klingt aber zu biographisch; sollte nicht angehen – nein doch

---

315 *Es handelt sich um Grote und den Verein für deutsche Literatur in Berlin, Geibel in Leipzig und Caesar Schmidt in Zürich.*
316 *Gemeint ist Paul Heyse.*
317 *Vgl. Kühne 1855 (CD).*

wohl nicht! Ich wollte sagen: „Die Geschichte vom grünen Heinrich." Verfluchter casus mitunter so ein Titel! Lassen Sie Heyse einmal seinen „Verschäl" sagen. Wenn mir noch was einfällt, schick ich's sofort p. Karte.
[...]

6. 3. 1879   Keller an Franz Duncker

[...]
Ich habe erst durch Sie erfahren, daß Ihr Herr Sohn jetzt in Leipzig ist, sowie | daß derselbe einen Theil Ihres ehemaligen Verlages dahin gezogen hat. Dadurch wurde mir ein Brief verständlich, den ich vorigen Herbst von Hrn. Geibel in Leipzig erhielt, u welcher unter Bezugnahme auf unser Novellenabkommen von 1855 sich anerbot, die neue Ausgabe des „Grünen Heinrich" zu übernehmen. Ich hatte aber diesfalls schon mit meinem Stuttgarter Verleger Abrede getroffen. Ich muß aber, obgleich das Buch seit 4 Jahren vergriffen ist, dem früheren Verleger Vieweg noch eine unverschämte Summe zahlen für angebliche 100 incomplete Exemplare, die noch vorhanden seien u die er wiederherstellen könnte, wenn er wollte.
[...]

19. 3. 1879   Keller an Firma Vieweg

Enge bei Zürich
19 März 1879

Geehrteste Herren

Laut Ihrem geschätzen Schreiben vom 6 Sept. 1878 wollen Sie allen ferneren Ansprüchen an das Verlagsrecht des grünen Heinrich entsagen gegen Ausbezahlung von 625 Mark als Entschädigung für die noch vorhandenen ca 100 unvollständigen Exemplare, an denen nach früherem Berichte ein Band fehlt.
Ich beehre mich nun, Ihnen mittelst der Einlage vorläufig den Betrag von 400 Mark zu übermachen und behalte mir vor, Ihnen den Rest von 225 Mark nach Empfang der fraglichen | Exemplare auszuzahlen, welche ich auf möglichst billige Weise mir zu übermitteln ersuche.
Mit vorzüglicher Hochachtung u Ergebenheit
Gottfr. Keller
Anbei 4 Stück
Noten à 100 Mark.[318]

---

318   *Der Brief wurde im Verlag mit zwei Bemerkungen versehen:* Die neue Aufl. ist bereits

25. 3. 1879 Keller an Theodor Storm

[...]
Die Titelfrage des Gr. Hch. hat mein Verleger unversehens gelöst, indem er den ersten Band fertig stellt sammt dem alten Aushängezeichen.
[...]

22. 4. 1879 Ferdinand Weibert an Keller

Stuttgart 22 April 1879

Hochverehrter Herr

in der Anlage habe ich die Ehre Ihnen die 12 Freiexemplare des ersten Bandes des „grünen Heinrich" zu übermachen.

Dieses Buch, das ich vor Jahren einmal in der Hand gehabt aber nur oberflächlich ansehen konnte, und später, als ich es anschaffen wollte, nicht mehr zu haben war, habe ich mit unsäglichem Genusse gelesen. Das ist Einem aus der Seele geschrieben; und sonderbar, ich habe geglaubt, daß es gerade nur mir so gegangen und finde nun, daß solche Dinge auch Andere erleben und durchmachen müssen. Das Buch ist ein wahrer Schatz, eine wahre Geschichte des menschlichen Herzens, und es ist sicherlich keine Schmeichelei, wenn ich Ihnen für dieses herrliche Buch meinen innigsten Dank sage. Ich habe erst jüngst mit Frau Freiligrath und deren Schwester, auch mit befreundeten Schriftstellern über den „grünen Heinrich" gesprochen, und alle freuen sich, daß dieses Buch aufs Neue seine Reise in die Welt antreten soll.

In ausgezeichneter Hochachtung

Ihr ergebenster
Ferd. Weibert.

12. 5. 1879 Anna Kapp an Keller[319]

[...]
Unterdessen las ich zwei Mal mit aller Andacht u Wonne den ersten Band des Grünen Freundes – u wenn ich mir auch gar wohl vorstellen kann wie viel Schönes Ihnen darüber von allen Seiten gesagt werden mag, so lasse ich

---

bei Göschen erschienen \ ist in Ordnung; Ex sollen demnächst abgehen *und* Sollten noch einige complete Exempl. vorhanden sein, so bitte dieselben zurückzubehalten. V.

319 *Anna Kapp (1824–1913), Gattin von August Kapp, dessen Schwester Johanna Kapp Keller während seines Aufenthaltes in Heidelberg verehrt hatte.*

mich doch nicht irre machen, Ihnen in aller Stille auch meine Bewunderung auszusprechen. Eigentlich ist es ein Dank, den ich anbringen möchte, dafür daß ich ein Mal wieder so einen großen u wahren Genuß gehabt habe, wie nur Sie ihn spenden können! Ich kann ein Mal mit Niemanden, so wie mit Ihnen, in die innerste Tiefe der menschlichen Seele eindringen | u auch wieder so herzlich auflachen, daß ich, selbst in der größten Einsamkeit, fröhlich werde. Also ist es eigentlich der purste Egoismus wenn es mich dazu drängt Ihnen meinen Dank u meine große Verehrung auszusprechen!
[...]

8. 7. 1879   Maria Melos an Keller[320]

[...] Ich kann aber nicht läugnen, daß ich ein wenig „gemuckset" habe.[321] Aber auch dies „Mucksen" verflog, als ich neulich Herrn Weibert's Verzweiflung über Ihr <u>nicht</u>ankommendes Manuscript sah. Der Aermste! Ich fürchte sein Haupthaar wird gelichtet werden, wenn Sie ihn noch lange zappeln lassen. Bedenken Sie doch auch, daß er nicht allein zappelt, wenn er sich vielleicht auch allein die Haare ausreißt, sondern daß allgemeine Zappelung stattfindet den klassischen Schluß des klassischen grünen Heinrichs zu erfahren. Ich hoffe mit meiner Schwester, daß der Schluß jetzt ein versöhnender ist u. die treuste, zärtlichste Mutterliebe noch hienieden ihren Lohn findet.
[...]

10. 7. 1879   Keller an Ferdinand Weibert

Enge-Zürich 10 Juli 1879

Hochgeehrter Herr.

Die Umwandlung des Gr. Heinr. hat mir unversehens so schwere Zweifel u Bedenken erregt, daß ich nochmals daran gehen mußte, um mit großem Zeitverlust, während dessen wenig geschrieben wurde, so viel möglich an dem Buche zu retten, da nun wol die allerletzte Hand daran gelegt wird.

Damit Sie jetzt den Druck wieder aufnehmen können, sende ich Ihnen das Manuskript der Hälfte des 3$^{t.}$ Bandes. Die andere Hälfte wird folgen, bis jene gesetzt ist. Der 4$^{t.}$ Band sodann so rechtzeitig, daß Sie ihn nach dem Zwischenraum, wie er bis jetzt stattgefunden, folgen lassen können.

---

320   *Maria Melos (1820–1888), in Cannstatt mit ihrer Schwester Ida Freiligrath zusammenlebend, mit Keller seit dem Zürcher Exil der Familie Freiligrath 1845–1846 befreundet.*
321   *Keller hatte auf Maria Melos' Bitte vom 16.11.1878 um ein Autograph für einen jugendlichen Bekannten nicht reagiert.*

Ich habe Ihnen noch mit geziemendem Danke zu bescheinigen:

1. den Empfang der Honorarzahlung von 5000 frs vom 25 Februar d. J., den | ich übrigens der hiesigen Creditanstalt bereits in duplo quittirt habe.

2$^{t\cdot}$ den Empfang der mir gefäll. übermachten Freiexemplare der zwei erschienenen Bände.

3$^{t\cdot}$ den Empfang einer Reihe von Journal-Nummern mit Recensionen resp. Anzeigen meiner Schriften.

4$^{t\cdot}$ den Empfang Ihres freundlichen Briefes über die Erwerbung unsers letzten Verlagsartikels.

Ihr mit ausgezeichneter Hochachtung

ergebener
Gottfr. Keller

11. 7. 1879 Ida Freiligrath an Keller

[...]

Den inliegenden Brief meiner Tochter erhielt ich vor ein paar Wochen, u. beförderte ihre Einlage an Weibert unverzüglich. Es handelte sich darin um den Aufsatz der Frl. Hel. Zimmern, u. deren beabsichtigten Artikel über Sie in Fraser's Mag.[322] Frl. Z. hat sich einen geachteten Namen als Schriftstellerin gemacht; sie hat den Engl. ein Leben von Lessing u. eine Bearbeitung der Schoppenhauer'schen Philosophie geschrieben, u. Beides sollen gute Bücher | sein. So läßt sich auch von Ihrem Aufsatz über Sie, Gutes erwarten. Weibert wird nun das Gewünschte besorgt haben, wenigstens sagte er mir daß er an meine Tochter deswegen geschrieben habe. Nur mit dem grünen Heinrich entsteht nun die Frage: soll Frl. Z. ihn in seiner alten Gestalt besprechen? wenn Sie mir Ihre Ansicht darüber noch mittheilen möchten würde Frl. Z. die ich nächstens in London sprechen werde, sehr dankbar sein.

[...]

13. 7. 1879 Keller an Ida Freiligrath

[...]

Was den grünen Heinrich betrifft, so müßte ich natürlich meinerseits dringend wünschen, daß die neue Auflage einer allfälligen Kritik zu Grunde gelegt würde; denn es wäre ja gewiß unbillig, wenn die groben Fehler der

---

322 Vgl. das Autorenporträt in Fraser's Magazine *(Zimmern 1880; CD) und die Rezension zum* Grünen Heinrich *im* Spectator *(Zimmern 1881; CD); vgl. auch Zimmern an Keller, 26.7.1879 und 4.4.1880 (beide Dok).*

alten Gestalt, die ich durch Ausmärzung selbst eingestanden, wieder vorgeführt würden; es bleibt auch in der neuen noch genug Schwachheit des Geschriebenen wie des Schreibers.

[...]

14. 7. 1879 Ferdinand Weibert an Keller

Stuttgart 14 Juli 1879.

Hochverehrter Herr

ich beehre mich hiemit den Empfang Ihres Geehrten vom 10 dss nebst dem beigelegten Manuscript zum dritten Band des grünen Heinrich zu bestätigen. Letzteres habe ich alsbald der Druckerei übergeben, damit sie sich wieder für den Satz einrichtet, weil die Schrift inzwischen auch für ein anderes Werk verwendet worden, und bei gegenwärtigem Arbeitsmangel der Satz rascher als der Druck vorschreitet und dadurch oft das ganze Schriftquantum absorbirt.

Es ist mir sehr angenehm auf manchfache Anfragen jetzt den dritten Band ehestens in Aussicht stellen zu können.

In ausgezeichneter Hochachtung

Ihr ergebenster
Ferd. Weibert.

26. 7. 1879 Helen Zimmern an Keller[323]

7. Tyndale Terrace
Canonbury Square
London.
July 26th

Hochverehrter Herr,

Gestatten Sie mir Ihnen meinen allerverbindlichsten Dank abzustatten für die Liebenswürdigkeit mit der Sie die Frage beantwortet die Ihnen Frau Ida Freiligrath für mich gestellt hat. Ich freue mich auch zu hören daß Aussicht vorhanden daß Band 3 u 4 | des Grünen Heinrich in nicht all zu langer Zeit erscheinen wird. Ich habe die alte u. neue Auflage von B. 1 u 2. vor mir u. sehe welche wichtige Veränderung Sie in der Form vorgenommen u. thäte es mir deshalb sehr leid wenn ich meinen Artikel liefern müßte ohne die Fortsetzung der neuen Auflage zu sehen. Derselbe soll im November fertig

---

323   Helen Zimmern (1846–1934), Schriftstellerin und Übersetzerin.

sein.³²⁴ Können Sie mir in Aussicht halten daß die Bände bis dahin erschienen | sind so will ich so lange als möglich mit dem Druck warten. *[...]* Ferner können Sie mir die Stelle angeben in Varnhagen von Ense's Tagebüchern wo er den Grünen Heinrich zuerst liest u. bespricht.³²⁵ Ich habe es gelesen, kann mich aber nicht entsinnen wo. *[...]*

29. 7. 1879   Karl Dilthey an Keller³²⁶

Göttingen
29 VII 1879.

Aber, lieber Herr Staatsschreiber, warum ziehen Sie den Vorhang nicht wieder auf, warum machen Sie die große Pause zwischen Band 2 u. 3 des grünen Heinrich, II. Auflage, so verzweifelt groß? Wir, das feinere Lesepublikum Göttingens, schmachten sehr, – sind aber nur zweie oder dreie, sehr gewählt, sonst hätten wir schon angefangen zu trampeln.
[...]

31. 7. 1879   Keller an Julius Rodenberg

[...]
Ich bin jetzt mit dem Schluß des Romans beschäftigt. Der 3ᵗ· Band ist im Druck u der 4ᵗ· wird nächstens dran kommen. Ich werde Ihnen ein Exemplar erst mit der | Beendigung der ganzen Expedition schicken, ohne die Zumuthung jedoch, den ganzen Wälzer durchzulesen. *[...]*

9. 8. 1879   Helen Zimmern an Keller

7 Tyndale Terrace
Canonbury Square
London ᴺ
9. VIII '79

Sehr geehrter Herr

Meinen herzlichsten verbindlichsten Dank für Ihren Brief,³²⁷ für die Photographie u. für die Daten. Es ist überaus freundlich von Ihnen mir dieselben so genau anzugeben u. bin ich sehr dankbar. Was nun den Grünen Heinrich

---

324   *Vgl. Zimmern 1880 (CD).*
325   *Zu Varnhagens Tagebüchern (Varnhagen 1861, Bd. 11) vgl. oben, Anm. 153.*
326   *Karl Dilthey (1839–1907), Philologe und Archäologe, 1872–1877 in Zürich, ab 1878 in Göttingen lehrend.*
327   *Brief nicht nachgewiesen.*

betrifft so möchte ich natürlich auch gerne Bd. 3 u 4 haben ehe ich meinen Artikel | zu Druck einsende. Ich habe ihn aber im November versprochen. Wollen Sie daher die Güte haben falls das Buch vor Nov: 5ten erscheint Ihrem Verleger zu sagen es mir <u>sofort</u> <u>per Post</u> zuzusenden, u wenn es erst nach diesem Datum erscheint könnten Sie mir vielleicht die Druckbogen zukommen lassen. Es thut mir leid, geehrter Herr, Ihnen so viel | Mühe zu verursachen. Aber Sie sehen ich will gerne Ihrem Wunsch – der ja auch der meinige ist – entgegen kommen, u. doch mein gegebenes Wort halten.
[...]

29. 8. 1879   Keller an Hans Weber[328]

[...] Hiemit folgt vorläufig ein Abgesandter unter Kreuzband, um Dich im Bade zu begrüßen. Obgleich derselbe schon geschwefelt ist, so ist er doch erst halb fertig, die andere Hälfte folgt im Herbst nach. Es ist aber nicht gesagt, | daß Alles gelesen werden soll. *[...]*

8. 9. 1879   Ferdinand Weibert an Keller

Stuttgart 8 Sept 79.

Hochverehrter Herr

ich habe das Vergnügen den vorgestern erfolgten Eingang der letzten Correcturbogen sowie des Manuscriptes Seite 51–67 zum 3ten Bd des grünen Heinrich[329] zu bestätigen.
[...]

9. 11. 1879   Keller an Paul Heyse

[...]
Den Grünen Heinrich will ich Dir schicken, sobald der letzte Band heraus ist. Der 3$^{\text{t.}}$ kommt nächstens. Aber wohlgemerkt ohne die Zumuthung, daß Du die 4 Bände wirklich durchlesen sollst! Ich mußte viel mehr umschreiben, als ich ursprünglich dachte; die zweite Hälfte sah <u>zu</u> einfältig aus, und endlich mochte ich das Zeug fast nicht mehr ansehen und verbrachte die Zeit mit der Vorbereitung anderer Sachen. Jetzt muß ich endlich dran glauben

---

328 *Hans Weber (1839–1918), Bundesrichter in Lausanne, mit Keller befreundet, zum Zeitpunkt des Briefes zur Kur in der Schwefeltherme von Baden (Aargau).*
329 *S. 51–67 des Manuskripts: GH II, 02.158.16–184.12 (Zu den Manuskriptlieferungen vgl. HKKA 20, Kap. 4.1 Die Textzeugen, S. 36).*

und meine Hoffnung ist, daß die alte Sünde unbemerkt ablaufe, denn viel zu retten war doch nicht daran: Ich lasse den Häring leben und mit der Judithfigur aus der ersten Hälfte wieder zusammen kommen.
[...]

11. 11. 1879 Keller an Wilhelm Petersen

[...]
Den grünen Heinrich werde ich Ihnen schicken, sobald er ganz ist. Der 3ᵗ Band ist gedruckt und nun gehts an den Vierten, der leider noch nicht abgeschlossen aber es nächstens werden soll. Die widerwärtige Affaire hat mich gegen Erwarten das ganze Jahr 1879 bis auf ein Viertheil gekostet oder wenigstens hingehalten, da nur durch öfteres Liegenlassen ich wieder Geschmack und Geschick dafür gewinnen konnte. Von der alten Ausgabe kann | ich Ihnen die vorhandenen 3 ersten Bände schicken, wenn es Ihnen Spaß macht; ich habe ein Dutzend Exemplare zurückbehalten, das Uebrige wandert successive in den Ofen. Vielleicht kann ich den 4ᵗ· Band auch noch auftreiben durch Austausch eines neuen Exemplars.
[...]

16. 11. 1879 Wilhelm Petersen an Keller

[...]
Wie erbaut bin ich von dem Gedeihen | des grünen Heinrich! Ich glaubte von Vornherein eigentlich nicht, daß Sie das Werk zu Stande bringen würden. Es gehört eine gewisse Resolutheit dazu, welche Wenigen gegeben ist. Es ist wirklich ein Liebesdienst ohne Gleichen, daß Sie mir die beiden Heinriche schenken wollen und ich fühle mich einigermaßen beschämt, weil ich fühle, daß die Verehrung für das Buch doch kaum ausreicht, um mich der Gabe würdig zu machen. Nun möchte ich Sie bitten, die ältern 3 Bände mir schon jetzt senden zu wollen, um dem Herbste mit seiner gesunden Empfindungskraft noch eine recht köstliche Grundlage zu geben. Von Storm habe ich das Buch schon zweimal geliehen und möchte es nicht zum drittenmale verlangen. Damit Sie mit Packen nicht belästigt werden, möchte ich bitten, das Buch an meinen Landsmann Thayssen in der Werdmühlengasse zu schikken, welcher mir ohnehin in nächster Zeit Chokolade schickt und dann die Bücher beipackt. Er ist entsprechend instruirt. Dann machen Sie mir die Freude und schreiben in den ersten Band hinein: dem X. vom Verfasser – damit das | Buch aus der Reihe der vertretbaren Sachen heraus tritt und

eine Persönlichkeit erhält. Es soll mir ein Heiligthum sein und den Kindern als solches hinterlassen werden. Schelten Sie mich dafür nicht unbescheiden. Das Buch spielt eine Rolle in meinem Leben; ich habe Eindrücke aus ihm empfangen, wie ich sie schwerlich je wieder empfangen werde. Die 3 ersten Bände genügen mir, geben Sie Sich keine Mühe wegen des 4ten. Sie enthalten gerade diejenigen Episoden, an denen mein Herz besonders hängt. Sodann bitte ich noch: vernichten Sie keine Exemplare. Es wird sich wohl ein Winkel finden, in welchem sie ruhen können und die Zeit kommt unfehlbar, in welcher man nach ihnen verlangen wird. Solche Sachen wollen sich langsam durcharbeiten, wenn der Schneepflug der Reklame ihnen nicht vorarbeitet.
[...]

24. 11. 1879   Keller an Julius Rodenberg

[...]

Mein Grüner Hch. ist der alte Pechvogel; erst jetzt wird der 3$^{\text{t.}}$ Band versendet u mit dem 4$^{\text{t.}}$ hab' ich noch zu thun, so daß das Jahr 1879 wol noch über dieser Unglücksgeschichte hingehn wird. Je mehr ich in der alten Schwarte vordrang, desto gräulicher sah es aus, schlimmer als ich geglaubt. *[...]*

Empfehlen Sie mich freundlichst *[...]* Herrn Prof. Scherer, welcher sich an meiner Scharteke nicht zu sehr ennüyren soll[330]

[...]

25. 11. 1879   Keller an Ferdinand Weibert

Zürich 25 Nov. 1879

Hochgeehrter Herr!

Die Arbeit an dem Grünen Heinr. hat sich länger hinausgezogen, als ich irgend gedacht habe. Im Interesse des Buches, um für die Zukunft das mögliche zu retten, glaubte ich mit Bedacht vorgehen zu sollen, eh' es für immer zu spät würde. Inzwischen bin ich jetzt mit dem letzten Band im Zuge und werde denselben bis Weihnachten sehr wahrscheinlich aus dem Hause haben.

Könnten Sie mir, wenn auch contractwidrig, mit einer à Conto-Zahlung

---

330   *Schon am 2.8.1879 und am 8.8.1879 hatte Julius Rodenberg Keller berichtet, Wilhelm Scherer werde die Umarbeitung des Romans in der* Deutschen Rundschau *rezensieren. Auch am 27.11.1879, am 1.5.1880 und am 1.7.1880 kam er auf diese Rezension zu sprechen. Am 14.7.1880 teilte er Keller mit, die Rezension sei wegen Erkrankung Scherers Otto Brahm übertragen worden.*

von 500 Mark beispringen, so würde das mir die Sache etwas erleichtern; ich habe schon vergangenes Frühjahr eine | unvorhergesehene Ausgabe von ein par tausend Frcs. zu bestreiten gehabt, die mir erst jetzt empfindlich fällt. Doch bitte ich, sich nicht zu geniren.

Die Ausgabe für die 110 alten Exemplare an Vieweg war auch überflüssig; denn als dieselben ankamen, zeigte es sich, daß der größte Theil beschmutzt, schwarz am Schnitte, mit zerstoßenen Ecken etc. gar nicht mehr verkäuflich gewesen wäre. Nun sind sie bald verbrannt.

Ihr hochachtungsvoll ergebener

G. Keller

27. 11. 1879   Ferdinand Weibert an Keller

Stuttgart 27 Novb 79.

Hochverehrter Herr

Ihr Geehrtes von vorgestern alsbald erwiedernd, stehe ich nicht an Ihren Wunsch sofort zu erfüllen. Das Passendste wird sein, wenn Sie mir erlauben, das bis jetzt vom grünen Heinrich Gedruckte zu honoriren. Dasselbe umfaßt

I. Band	19 compl Bogen, bog 20 =		1	Seite	
		Inhalt =	2	»	
II »	17 »	» , bg 18 =	15	»	
		Inhalt =	2	»	
III »	23 »	» , bg 24 =	8	»	
		Inhalt =	2	»	

	59 compl. Bog.	30 Seiten
+ 30 Seiten =	2	
in Summa	61 Bog à f^{cs} 100 f^{cs}	6100.-
abgeleistete Zahlung	»	5000.-
	Rest f^{cs}	1100.-

welchen Betrag die Kgl Württ. Hofbank bei der Schweiz. Creditanstalt in Zürich per 4 December zu Ihrer Verfügung stellt. Ich bitte genannte Summe an diesem Termin zu erheben. |

Es freut mich sehr zu vernehmen, daß Sie glauben den 4ten Band bis Weihnachten abgeschlossen zu haben. Es wäre mir angenehm – wenn es Ihnen nicht beschwerlich fällt – das Manuscript Partieweise zu erhalten d. h. erstmals die Hälfte auf einmal, denn wenn es zu ermöglichen wäre, den letzten Band noch in diesem Jahre hinauszubringen, so würde ich schon der buchhändlerischen Verrechnung wegen meinerseits dafür besorgt sein.

Ihre Mittheilung, daß sich Vieweg doch noch den Rest des alten grünen Heinrich hat abzahlen lassen, befremdet mich sehr. Ich hätte geglaubt, daß er in der letzten Stunde noch zurücktreten würde. Wenn sich einmal in späteren Jahrzehnten ein Biograph für das Haus Vieweg findet, so wird er über solche artige Geschichtchen bedenklich den Kopf schütteln.

Die alte Auflage des grünen Heinrich habe ich vor langen Jahren einmal gelesen, aber ich besitze sie nicht; ich habe sie auch bei obwaltenden Verhältnissen von Vieweg nicht verschreiben wollen. Antiquarisch kann ich sie nicht erhalten; hätten Sie nicht die Güte, mir aus dem Vieweg'schen | Ablaß wenigstens die Bände abzutreten, welche noch vorhanden sind? Ich möchte das Buch zu gerne in der älteren Gestalt lesen und mit der neuen Bearbeitung vergleichen.

In ausgezeichneter Hochachtung

Ihr ergebenster
Ferd. Weibert.

7. 12. 1879   Wilhelm Petersen an Keller

Schleswig 7 Dezbr. 1879

Ich will, verehrter Freund, nicht länger als unumgänglich, heute Sie anschreiben, aber ich finde keine Ruhe, bis ich für den lieben grünen Jungen Ihnen meinen allerherzlichsten Dank ausgesprochen habe. Nachdem ich jahrelang auf das Buch gefahndet und die wenigen Male, daß ich in antiquarischen Katalogen auf dasselbe traf, stets zum Bescheide erhielt: eben verkauft – nun von Ihrer eigenen Hand es zu erhalten, das ist wirklich eine echte Herzensfreude für mich. Besten Dank auch für die Widmung zu Anfang des ersten Bandes. Mein Testament wird dem Jungen das Buch als mein theuerstes | empfehlen. Ueber das, was ich gelesen habe, schweige ich – meine Eindrücke habe ich Ihnen einst von Bormio aus recht gründlich dargelegt. Sie haben an Frische nicht verloren, an Tiefe dagegen gewonnen und viele Sachen, welche damals noch unerkannt und unempfunden im Gedränge der Eindrücke dahinglitten, traten mir jetzt energisch entgegen. Beim Lesen ists mir zu Muthe als hörte ich einen prächtigen Gebirgsbach rauschen, das Herz wird mir weit und ich meine, daß alle Dinge der Welt an Bedeutung gewönnen. Das liegt nicht in den Einzelheiten, sondern in dem Geiste und Gemüthe dessen, der das Buch schrieb und der tausendmal gesegnet sei. | Wie oft denke ich beim Lesen: könntest du Ihm einmal die Hand schütteln oder ihm wenigstens einmal freundlich zunicken.

Große Freude hat mir gemacht, daß ich den Kindern Einzelnes vorlesen konnte, wenn auch mit einigen Auslassungen, wie das Komödienspielen im Faß,[331] die Faustvorstellung[332] u. sw. Die beiden Kinder haben so aufmerksam gehorcht und bisweilen sich ausschütten wollen vor Lachen.
[...]

15. 12. 1879   Wilhelm Petersen an Keller

Schleswig 15. 12 79
Den nebeligen Sonntagmorgen gestern beschloß ich Heinrich zu widmen. Um 7 Uhr saß ich behaglich mit dem Buch am Feuer, der Junge neben mir in seinem kleinen Stuhl, ebenfalls mit einem Buche, in welchem er über Eichhörnchen u. andere Waldbewohner sich unterrichtete. Zwischen uns die Lampe. Trotz aller Mahnung zum Schweigen mußte ich hin u. wieder einen besonders interessanten Zug aus dem Leben jener Thiere hören. Ich las u. A. die Scene: Nebel – Obstgarten – Judith[333] und meine alte Liebe zu dieser wunderbaren Frau erwachte wieder mit aller Leidenschaft. Ein zweites solches wunderbares Frauenbild kennt doch die ganze Literatur nicht. Wie sehne ich mich sie in dem neuen Buche nach ihrer Heimkehr wiederzufinden. Ich hoffe nur, daß Sie ihr freundlich gewesen sind. Die könnte man ja als alte Frau noch lieben. *[...]*

20. 12. 1879   Keller an Theodor Storm

[...]
Mein alter Roman zieht sich mit dem Schluß noch in den Januar hinüber. | Drei Bände sind erschienen; die Kälte macht mir seit Wochen eine Unterbrechung im constanten Schreiben, sonst wäre ich jetzt mit Allem fertig, so kann ich nur peripatetisch etwas thun, ich bringe meine luftige Wohnung dies Jahr kaum auf 10 Grad R., was der Teufel nicht ahnen konnte, als ich sie vor 5 Jahren miethete. Ich mag Niemanden über das Buch befragen und schick' es auch Ihnen erst wenn's fertig da liegt, ohne daß Sie's zu lesen brauchen. *[...]*

---

331   *Vgl. GH I, 11.152.06–153.31.*
332   *Vgl. GH I, 11.156.04–163.17.*
333   *Vgl. GH I, 12.044.14–047.15.*

25. 12. 1879 Keller an Marie von Frisch-Exner

Zürich Weihnacht 1879
Verehrteste Frau Professorin!

Ich will diesmal Ihnen a tempo antworten, damit es überhaupt geschieht;[334] denn seit einem Jahre habe ich einen förmlichen Briefbankerott gemacht und wickle mich nur langsam aus demselben heraus. Es würde vielleicht auch jetzt noch nicht besser, wenn die Briefe auf diese Art schließlich nicht auch ausblieben, d. h. die welche ich bekommen soll, und das würde mir nicht conveniren. Es ist daher artig von Ihnen, daß Sie mich dennoch mit einem Ihrer Schwalbenschwänze bedacht haben, wie Dilthey[335] Ihre Briefchen nennt, und ich will das Beste versprechen, vorläufig Ihnen und Euch Allen anwünschen auf den Jahreswechsel. Dem Adolf will ich schreiben, sobald ich die Zeichnung fertig habe, die ich ihm versprochen. Einige Stunden werden sich wol endlich finden, sobald | ich den dämonischen Simpel, den grünen Heinrich, aus dem Hause habe, der mich seit einem Jahr bald melancholisch macht mit der Ueberarbeitung. Wenn ich auch so eine Menge Zeit verliere, so mag ich doch aus Gewissenhaftigkeit das Malzeug nicht hervorkramen, so lang eine veraccordirte Arbeit nicht fertig ist; es ist eine Marotte, aber es ist so; denn ich hätte dabei ein Dutzend Zeichnungen machen können.

[...]

Was mich betrifft, so habe ich einen schlechten Winter zu bestehen seit bald 4 Wochen, da unsere Wohnung bei der ungewöhnlichen Kälte, zum ersten Mal seit 5 Jahren, sich als untraitabel erweist *[...]*

26. 12. 1879 Keller an Maria Melos

[...]

Daß ich nicht in München und Stuttgart war, werden Sie in Cannstatt wahrgenommen haben. Das Nichtfertigwerden des schrecklichsten aller Bücher hat mich | daran gehindert; denn ich mochte nicht herum reisen, während der Verleger zappelte. Auch jetzt bin ich noch nicht fertig, da seit vier Wochen die ungewohnte Kälte mich fast bewegungslos macht und unsere luftige Wohnung nicht zu erheizen ist. Wir bringen es nie über 8

---

334 *Marie von Frisch-Exner hatte sich am 22.12.1879 nach Keller erkundigt, der ihr lange nicht mehr geschrieben hatte.*
335 *Vgl. oben, Anm. 326.*

Grad Réaumur in meiner Stube. Bei meiner Schwester gar nur auf 4 Grad, so daß ich beim Essen einfriere.
     [...] Hat Hr. Weibert die 3 erschienenen Bände des Gr. Heinrich zugestellt?
     [...]

27. 12. 1879   Theodor Storm an Keller

[...]
     Auf Ihren „Grünen" bin ich denn doch trotz alle dem begierig, wenn ich auch wohl gleich Freund Petersen, der dießmal, leider, im Fest nicht bei mir einkehren konnte, hie u. da über die Purification einiger Partieen etwas Schmerz empfinden werde, wenngleich man nichts dagegen sagen kann.
     [...]
     Ein wahrer Trost ist es mir, daß heute am Abend des 30sten, wo ich diesen Brief schließe, ein wahres Frühlingsthauen durch die Welt | geht. Das ist ja entsetzlich, 10 Grad R! [...] zumal das vom Stapellaufen des „Grünen" damit zusammenhängt.
     [...]

21. 2. 1880   Firma Vieweg an Keller

Braunschweig, am 21 Februar 1880.
Rechnung
für Herrn Staatsschreiber Dr. G. Keller in Zürich
von Friedrich Vieweg und Sohn.
1879
März 27 An für das Verlagsrecht von Keller
            Grüner Heinrich   625.-
            Pr. Cassa   400.-
            » Saldo uns   225.-
                                         _____
                          .//. 625.- 625.-[336]

---

336 *Rechnung in lateinischer Schreibschrift; Formular mit handschriftlichen Eintragungen.*

28. 2. 1880 Ferdinand Weibert an Keller

Stuttgart 28 Febr 1880.
Hochverehrter Herr

entschuldigen Sie mich nur, wenn ich heute ungerufen komme; ich hätte so gerne vermieden, Sie mit dem grünen Heinrich zu behelligen, wenn ich nicht noch und noch von allen Seiten Anfragen und Beschwerden erhalten würde. Um nur einigermaßen Auskunft geben zu können, möchte ich um gefl. Nachricht bitten, bis wann der 4te Band erscheinen könnte? Vielleicht ist der größte Theil des Manuscriptes ohnedem schon fertig, und dann möchte ich sehr um Uebersendung desselben bitten. Würde sich durch irgend welche Umstände die Herausgabe noch länger verzögern, so wär ich gerne bereit, den Band in 2 Hälften auf den Markt zu bringen.
[...]

5. 3. 1880 Keller an Ferdinand Weibert

Zürich 5 III 1880
Hochgeehrter Herr!

Nächste Woche werde ich die Manuskriptsendungen wieder aufnehmen. Die Kälte dieses Winters hat, da sich meine Wohnung als fast unerwärmbar erwies, so auf mich eingewirkt, daß alles Arbeiten stille stand.

Eine Abtheilung des 4$^{t.}$ Bandes in zwei Hälften würde die Sache nur schlimmer machen. Ich hoffe bestimmt, daß Sie den 4$^{t.}$ Band in der ersten Hälfte des April werden versenden können.

Ich lasse Ihnen heute das gewünschte Exemplar der 1$^{t.}$ Auflage zugehen | mit einem 4$^{t.}$ Bande ergänzt, der von dem zerschnittenen Exemplar übrig blieb, da er ganz neu zu schreiben war.

Hochachtungsvoll ergeb.
Ihr
G. Keller

17. 3. 1880 Ferdinand Weibert an Keller

Stuttgart 17 März 1880.
Hochverehrter Herr

Ihrem Geehrten vom 5 dss, mit welchem Sie gleichzeitig so freundlich waren, mir die alte Auflage des grünen Heinrich zu übermachen, ist inzwischen die erste Manuscriptsendung pg 1–20 nachgefolgt,[337] und sage ich Ihnen für Alles meinen verbindlichsten Dank. Das Manuscript ist alsbald in die Druckerei gewandert, und ich hoffe Ihnen in kurzem die Revisionen zusenden zu können.

Ueber die alte Aufl des grünen Heinrich bin ich sehr erfreut. Es ist mir immer ein großes Vergnügen den Gründen nachzuspüren, aus welchen ein hervorragender Schriftsteller dieß oder Jenes an früheren Geisteswerken nachträglich ändert. Es ist mir dieß beim grünen Heinrich noch von größerem Interesse, nachdem ich in jüngster Zeit mehrfach mit Prof. Vischer darüber gesprochen habe.

[...]

21. 3. 1880 Paul Heyse an Keller

[...]

In besagter Hängematte[338] gedenke ich mich des grünen Heinrich's wieder einmal recht con amore und durchaus nicht sine studio zu erfreuen. Du musst also den 4ten Band nothwendig in den nächsten Wochen fertig bringen, denn schon Anfang Juni geh' ich von hier fort *[...]*

29. 3. 1880 Keller an Paul Heyse

[...]

Mein Schicksalsbuch, der grüne Heinrich, | wankt langsam seinem zweiten Ende entgegen. Ich komme nur selten auf eine hellere Spur, da das Unglückswesen von Anfang an bedachtlos u verfehlt angelegt war. Darum dauert es auch so lang, da keine Freude dabei ist. Es wird zur Noth eine Art Lesebuch vorstellen für Leute, wie unser Freund Petersen in Schleswig, der schwärmt für die Schmerzenskinder, die man hat, die Früchte jugendlicher Fehltritte u. s. w.

[...]

4. 4. 1880 Helen Zimmern an Keller

[...] Anbei sende ich Ihnen „Frasers Magazine", welches den Artikel über Ihre Werke enthält.[339] Sie finden daneben die Druckbogen mit der ursprünglichen Fassung, die ich leider der Raumverhältnisse des Blattes wegen zu kürzen

---

337 *S. 1–20 des Manuskripts: GH II, 03.009.01–033.30.*
338 *Anspielung Heyses auf seine bevorstehenden Ferien im Fichtelgebirge.*
339 *Vgl. oben, Anm. 322.*

genöthigt war. Ihrem Wunsche gemäß habe ich nicht nur bis zum November v. J., sondern bis zum Januar d. J. gewartet, um | die zwei letzten Bände des „Grünen Heinrich" in ihrer neuen Gestalt mit in die Besprechung aufzunehmen. Da ich aber von Ihrem Herrn Verleger erfuhr, daß Ihr Manuscript ihm noch nicht zu Händen gekommen sei, so konnte ich mich meinen Verpflichtungen dem Redacteur des Blattes gegenüber nicht länger entziehen. Ich habe daher den Ausweg gewählt, in diesem allgemeinen Artikel den „Grünen Heinrich" | weniger eingehend zu besprechen und hoffe, ihm nach seinem vollständigen Erscheinen eine besondere Besprechung widmen zu können und darf daher wohl der geneigten Zusendung der zwei letzten Bände entgegensehen.
[...]

6. 4. 1880   Ida Freiligrath an Keller

[...] Könnte man nur alles gleichmäßiger in der Welt vertheilen! den Dichtern ein wenig pedantisches Schulmeisterthum einflößen, u. den Schulmeistern ein Tröpfchen Poetenblut einschwärzen! dann wäre der grüne Heinrich wahrscheinlich schon längst fertig. Vor Kurzem schrieb mir meine Tochter, Helene Zimmern habe Ihnen ein Ex. von Fraser's Magazine mit dem Aufsatz über Sie eingeschickt; auch an H. Weibert sei ein Ex. expedirt worden, u. Frl. Z. ließe mich bitten mir dieses geben zu lassen, da sie kein weiteres Ex. für mich habe. So machten wir uns denn vorige Woche | auf den Weg nach Stuttgt. u. statteten bei Weiberts einen Besuch ab. Ich gedachte mir das Magazin auszubitten u. gleich mit zu nehmen, aber W. hatte keines bekommen. Hoffentlich haben Sie Ihr Ex. richtig erhalten u. wie sind Sie zufrieden mit der Arbeit? Dann hörte ich daß 2 Bogen vom 4ᵗ Bande bei W. eingelaufen seien; natürlich zappelte er sehr auf den Rest, u. machte mich sehr neugierig, da er die Aenderungen nicht genug rühmen konnte. Nun will ich denn wünschen daß der Grüne H. bis dato mit Ehren grau geworden ist u. daß wir uns bald über seine Vollendung freuen dürfen. *[...]*

19. 4. 1880   Ferdinand Weibert an Keller

Stuttgart 19. April 1880.

Hochverehrter Herr

verübeln Sie mir nicht, wenn ich heute aufs Neue komme und um Manuscript bitte. Ich bin tagtäglich in größter Verlegenheit, wie ich die neuen und wiederholten Anfragen beantworten soll, und da die Abnehmer sich keinen

Grund denken können, warum der 4te Band nicht erscheint, so werden mir von da und dort Vorwürfe darüber gemacht.

Lassen Sie mich auch da noch einen weiteren Punkt berühren. Man kann mir leicht nachrechnen, daß ich bei gegenwärtiger Auflage des grünen Heinrich nur einen ganz bescheidenen Gewinn habe, und selbst einen solchen nur, wenn ich einen raschen Absatz erziele. Nicht als ob ich alsbald auf einen ganzen Verkauf rechnen würde; dazu ist das Werk zu schwer und in 2ter Auflage, aber circa 8–900 Exemplare sollten mir doch den größeren Theil des aufgewendeten Capitals wieder flüssig machen, denn | sonst würden die Zinsen noch das Restchen verzehren, das ich zu erhoffen hätte, oder am Ende gar noch Verlust bringen.

Bis jetzt sind leider erst 300 Explr abgesetzt, und ich erhalte selten noch eine weitere Bestellung, aber ich hoffe doch, daß sich eine raschere Steigerung mit dem 4ten Bande ermöglichen läßt, u. sich so die pecuniären Erwartungen erfüllen könnten.

Dürfte ich Sie deshalb nochmals recht sehr um das Manuscript zum 4ten Bande bitten?

In ausgezeichneter Hochachtung

Ihr ergebenster
Ferd. Weibert.

24. 5. 1880 Ferdinand Weibert an Keller

Stuttgart 24 Mai 1880.

Hochverehrter Herr

Ich muß leider aufs Neue kommen, um nach dem 4ten Bande des grünen Heinrich zu fragen. Ich weiß mich dem manchfachen Andrängen gegenüber nicht mehr auszureden, und vertröste aufs Ungewisse in der Hoffnung, daß Sie mich nicht Lügen strafen. Vielleicht aber haben Sie den 4ten Band schon nahezu vollendet, und dann bitte ich inständig um rascheste Uebersendung.

In welcher Weise wöchentlich Anfragen kommen, ersehen Sie aus mitfolgenden Schriftstücken.[340]

In ausgezeichneter Hochachtung

Ihr ergebener
Ferd. Weibert.

---

340 *Nicht erhalten.*

13. 6. 1880 Keller an Theodor Storm

[…]
Mein Schicksalsbuch rückt endlich doch seinem Abschluß entgegen; der 4$^{t.}$ Band ist im Druck, mit den Correkturen freilich noch der definitive Schluß in meiner Hand. Nachdem der abnorme Winter vorbei und kein Grund mehr da war, nicht an dem Zeug zu arbeiten, befiel mich erst wieder eine krankhafte Widerwilligkeit und Scheu, in dem übel angelegten Wesen fortzufahren. Die Arbeit war nicht sowohl schwer, als trübselig, mit offenen Augen an dem Unbedacht und der nicht zu verbessernden Unform eines längst entschwundenen Lebensalters herumbasteln zu müssen, anstatt sich dem Neuen zuzuwenden. Der bloße Gebrauch von Blaustift und Scheere wäre das Einfachste und Glücklichste gewesen; allein es wird ja gar nichts Fragmentarisches mehr gelitten und selbst gegen das verzögerte Erscheinen eines Schlusses erfährt | man das roheste materielle Raisonnieren und Drängeln von Seite derer, die den Anfang mit ihrer Aufmerksamkeit beehrt haben. Das war vor 100 Jahren doch anders. Ein Goethe durfte den Wilh. Meister liegen lassen, ein Schiller den Geisterseher ganz abbrechen, ohne so geplagt zu werden, und man vergnügte sich an dem, was da war. Ich weiß freilich, daß man sich nicht mit den Beiden vergleichen soll; allein sie waren ja noch nicht die unnahbaren Heroen, die sie jetzt sind.
[…]
Ich will Ihnen doch dieser Tage die drei erschienenen Bände des Grünen Hch. schicken, da der vierte bald kommt *[…]*. Die eigentliche Neuschreibung beginnt mit dem 9$^{t.}$ Kapitel des 3$^{t.}$ Bandes, S. 120,[341] sofern Sie etwa doch hineinsehen wollen.
[…]

20. 6. 1880 Theodor Storm an Keller

[…] Auf die Bände Ihres „Grünen" freue ich mich u. werde gewiß lesen, da meine kl. Arbeit abgesandt ist. Ich habe dann 2 solche Umarbeitungen im Schranke; auch Mörikes „Nolten". Es thut einem Manches weh beim Lesen; die persönliche (d. h. in Bezug auf den Autor) und die künstlerische Theilnahme treten in den Vordergrund. Im Schranke steht das Neue bei den alten Originalen, und man steht oft davor in langem Sinnen. *[…]*

---

341 Vgl. GH II, 02.093.01

23. 6. 1880 Ferdinand Vetter an Keller[342]

[...]
Ich habe grosse Freude am neuen „Grünen Heinrich" gehabt, und geharre des Schlusses, der dieselbe sicherlich krönen wird. Als Schulmeister und Schweizer ist mir wohl auch erlaubt, vorerst mich darüber zu freuen, dass die paar freien Satzkonstruktionen der I. Ausg. (bis etwa auf diejen. S. 95 in Bd. III)[343] nunmehr verschwunden sind: die Leute im Reich draussen lauern seit des „grossen Hallers" seligen Zeiten solch verwegenem Wilde gar eifrig auf.
[...]

27. 6. 1880 Keller an Julius Rodenberg

[...]
Der grüne Heinrich ist jetzt in tumultuarischer Abreise begriffen. Wenn Hr Prof. Scherer sich wirklich mit demselben noch abgeben will, | so bin ich gespannt, was er davon sagen wird. Ich fürchte, ich habe die Besprechung des Buches durch das von mir nicht beabsichtigte unterbrochene stückweise Erscheinen verunschickt, wie man schweizerisch sagt für ungeschickt anstellen.
[...]

5. 7. 1880 Keller an Ferdinand Weibert

Enge-Zürich 5 Juli 1880

Hochgeehrter Herr.

Beigeschlossen sende ich Ihnen die Bestellschreiben zurück, welche Sie mir mit Ihrem Geehrten vom 24 Mai übermacht haben. Das „Freischütz-Buch",[344] welches Sie mir zuzuschicken die Güte hatten, habe ich bei der Correktur benutzt und werde es gelegentlich mit Dank retourniren.

---

342 *Ferdinand Vetter (1847–1924), Professor für ältere deutsche Literatur an der Universität Bern. – Ganzer Brief in lateinischer Schreibschrift.*

343 *Vgl. GH II: 02.074.32–075.03 (entspricht Bd. 3, S. 95 von E2) bzw. GH I: 12.063.05–21 (entspricht Bd. 3, S. 95 von E1).*

344 *Der Freischütz Volks-Oper in drei Aufzügen. Ausgabe letzter Hand [...]. Von Friedrich Kind. Leipzig. G. J. Göschen'sche Verlagshandlung. 1843. ZB: 42.744. – In der für die 2. Fassung neu konzipierten Szene der ersten Begegnung mit Dortchen Schönfund beim Trödler (GH II, 03.065.05–067.21) spielt Heinrich auf der Flöte eine Freischütz-Arie, die Dortchen später parodistisch wieder aufnimmt (03.182.17–183.03). Keller benötigte eine*

Auf Ihre und meine unerledigten früheren Schreiben in diesem Augenblick zurückzukommen, ist mir nicht möglich, wenn ich mir nicht die Arbeit verderben will, mit der ich ernstlich glaube bis Mitte dieß (Juli) am Ende zu sein.

Daß mit dem Absatz eine solche Misère erfolgen würde, konnte mir nicht träumen, nachdem ich ohne mein Zuthun 5 Verlagsangebote in der Hand hatte. |

Indessen wird doch, wenn der 4$^{t.}$ Band erscheint, in einer Annonce gesagt werden müssen, daß das Buch umgearbeitet und ein anderes geworden sei. Erfolgt dazu die allgemeine Besprechung, die bis jetzt abgewartet hat, so werden wenigstens die Leihbibliotheken die neue Ausgabe anschaffen müssen, deren alte Exemplare ohnehin zum größten Theil in Abgang gekommen sein werden. Vieweg hat schon vor 30 Jahren bei seinen Romanen auf 800 gerechnet.

Man schreibt mir aus Berlin, daß Herr Professor Wilhelm Scherer, von der Heydt-Straße 1^a W. in Berlin, das Recensions Exemplar der „Deutschen Rundschau" in Händen habe und für das Octoberheft einen Artikel über den Grün Heinrich schreibe. Derselbe wünsche den 4$^{t.}$ Band wo möglich in Aushängebogen früher zu erhalten. Ich stelle Ihnen anheim, ob Sie Hrn. Scherer die Bogen in Partien von 10–12 zukommen lassen wollen.

Der Band wird, so viel ich sehe, 22 Bogen | stark werden.[345]

Sollten Sie mir, wie Sie vor Weihnachten zu thun die Gefälligkeit hatten, nochmals vor Abschluß der Geschäfte, das Honorar für die gedruckten Bogen berechnen und zustellen können, so wäre es mir eine Erleichterung. Ueber den Verlauf der ganzen Verzögerung u meines Nichtworthaltens mich auszusprechen, will ich, wie gesagt, verschieben.

Mit ausgezeichneter Hochachtung

Ihr ergeb.
G. Keller

7. 7. 1880   Ferdinand Weibert an Keller

Stuttgart 7. Juli 1880.

Hochverehrter Herr

Ihr Geehrtes vom 5 dss nebst der Correctur- u Manuscript-Sendung ist mir

---

Ausgabe des Librettos, um den Text der Arie richtig zitieren zu können; vgl. dazu auch HKKA 20, Kap. 5.2 Paralipomenon 41.

[345] *Es wurden tatsächlich 25 Bogen.*

richtig geworden, und werde ich weitere Correcturbogensendung morgen oder übermorgen veranlassen können, womit dann das vorhandene Manuscript wieder abgesetzt wäre.

Der Absatz des grünen Heinrich hat sich allerdings nur gering angelassen, und die gegenwärtigen ganz schlechten Zeiten haben auch ihr redlich Theil beigetragen. Der Hauptumstand aber ist eben, daß das Werk nicht abgeschlossen ist, und daß man nur wenig dafür thun konnte. Die eigenthümliche Lage unseres Buchhandels bedingt den Hauptabsatz eines neuen Werkes im ersten Jahre; wird diese Zeit versäumt, so sind die meisten Werke für immer ausrangirt, und wo die Deckung der Kosten nicht nahezu im ersten Jahre erfolgte, wird sie überhaupt nicht mehr erfolgen.

Bei einer Schöpfung Ihres | Geistes liegt die Sache freilich anders. Es wird jedes Werk seinen Absatz finden, auch wenn das Erscheinungsjahr nicht ausgebeutet werden konnte, nur wird der Absatz naturgemäß ein langsamerer sein, und mehr Mühe und Ausgaben verlangen als sonst.

Der Sortimenter hält seine Extrabemühung für eine Novität mit dem ersten Jahre als abgeschlossen. Er versendet und empfiehlt da, weil die Leute überhaupt immer nach dem Neuesten fragen; dann stellt er das Buch zurück, remittirt es zur nächsten Ostermesse, oder disponirt es u. stellt es in einen Winkel, und wer nicht darnach fragt, sieht es kaum mehr. Wenn da nicht schließlich die Recensionen noch Wirkung thun (die Inserate gehen zumeist in dem Alltagstrubel verloren) so wird sogar ein gutes Buch nur auf einen gewissen Liebhaberkreis beschränkt, und, ehrlich gestanden, ein Buch solch tiefen Seelenlebens wie der „grüne Heinrich" verdient ein tieferes Eindringen in die Nation als seither, denn was will es heißen 20 Jahre an einer Auflage zu verkaufen. Ich habe gehofft | eine Auflage in 2 höchstens 3 Jahr zu verkaufen, und sofern der 4te Band erscheint und das Werk abgeschloßen vorliegt, mag das auch noch erreicht werden können; wenigstens soll es an meinen Bemühungen nicht fehlen, denn auch in geschäftlicher Beziehung ist ein langsamer Absatz ein zehrender; nur ein rascher Umschlag mag einen Erwerb sichern.

Unter den obwaltenden Verhältnissen würde auch die angeführte Concurrenz kein anderes Resultat erzielt haben; daß diese sich zumal eingestellt hat, darf mich allerdings nicht wundern, zu verwundern ist nur, daß sie nicht 10 Jahre früher gekommen; der Werth Ihrer geistigen Schöpfungen stand damals so hoch wie heute, aber sie scheint sich nicht allein nach der Gediegenheit sondern auch nach dem Erfolge zu richten, u. ein solcher läßt sich neuerer Zeit wohl aufweisen.

Vor 30 Jahren hatte Vieweg allerdings wohl auf 800 E. Absatz rechnen können; aber wenn er nur 1000 Expl gedruckt hat, hat er diesen wohl nicht erreicht, denn dann wäre ja seither fast nichts verkauft worden, da noch ein Quantum unvollständig vorlag. | Zu jener Zeit waren aber auch 800 Explre leichter zu verkaufen als heute 300 Exp, und wenn Sie die Reihe der sogenannten beliebten Autoren durchgehen wollten, so würden Sie finden, daß von ⁹⁄₁₀ ihrer Werke nie mehr als 500 Explre gedruckt wurden, daß davon höchstens ⅔ verkauft u. auch diese mit 2 Titeln 1te u 2te Auflage versehen worden sind. Das geschah und geschieht nicht allenfalls von kleinen Geschäften, sondern von großen Romanverlagen, und die stattliche Reihe von Verlagswerken, sämmtlich in 2ter Auflage, nimmt sich sehr respectabel aus.

Was aber den Absatz an Leihbibliotheken anbetrifft so ist der ganz verschwindend. Nur diejenigen der größeren Städte kaufen neuere Erscheinungen von einiger Bedeutung alsbald, weil bei ihnen darnach gefragt wird; diejenigen in kleineren Orten kaufen nur was sich am wohlfeilsten anbietet, und da sind ja die alljährlichen Preisherabsetzungen, wie sie z. B. Rümpler oder Costenoble etc in größter Auswahl bieten, vollständig genügend die Bibliothek mit neueren circa 3–5 Jahre alten Werken zu versehen. Und das Publicum ist damit zufrieden, denn es will ja nur Lesefutter und wohlfeile Unterhaltung. Der eigentliche Literaturfreund | sucht seine Geistesnahrung nicht in Leihbibliotheken, und wird sich stets seine Lieblinge zum Eigenthum anschaffen; denn solche Bücher, wie z. B. der grüne Heinrich, werden immer wieder und stets mit neuem Genusse gelesen; die hat man nicht mit einemmale abgethan. –

Es ist mir sehr hart angekommen, jeweils wieder um Manuscript zu drängen, und ich hätte es lieber ganz unterlassen, wenn nur nicht ein höheres Interesse auf dem Spiel gestanden wäre. Ich hätte auch öfter kommen müssen, wenn ich Ihren hiesigen Freunden und Verehrern gefolgt hätte; aber es ist ein mißlich Ding in solchen Fällen ein Dränger zu sein; man braucht seine guten Stunden zu geistigen Schöpfungen, und kann seine Stoffe nicht geradezu zuschneiden wie Kleiderstoffe, das weiß man wohl und auch das, daß solche Umarbeitungen oft mehr Mühe machen als ein neues Werk zu schreiben, aber dem Publicum gegenüber ist man engagirt und das brachliegende Kapital bedarf des Umschlages. Um so mehr freue ich mich, daß die Vollendung des 4ten Bandes jetzt in | nahe Aussicht gerückt ist.

Ihrem Wunsche gemäß werde ich Hrn. Prof. Scherer in Berlin die Aushängebogen zum Voraus übermitteln.

Das Freischützbuch bitte ich nicht zu retourniren; es ist ja ein ganz unwesentlicher Gegenstand.

Zum Schlusse erlaube ich mir die Nachricht, daß Ihnen gewünschte
f^{cs} 1100.-
bei der Schweizer. Creditanstalt Zürich pr 15 dss zur Erhebung angewiesen sind, und bitte ich Sie, sich derselben zu bedienen.

In ausgezeichneter Hochachtung

Ihr ergebenster
Ferd. Weibert.

13. 7. 1880   Firma Vieweg an Keller

Braunschweig, den 13 Juli 1880.

Herrn Staatsschreiber G. Keller in Zürich

Da Sie bis jetzt nicht die Güte hatten, uns den Betrag der anliegenden Rechnung zu zahlen, so erlaubten wir uns am heutigen Tage denselben mit
225 Mark – Pf.
in einem Primawechsel Ordre der Herren Gebrüder Löbbecke u Comp.
per 31 Juli a. c.
auf Sie zu entnehmen, und rechnen wir bestimmt auf prompteste Einlösung dieser Tratte.

Mit Hochachtung und Ergebenheit
Friedrich Vieweg und Sohn.

17. 7. 1880   Keller an Firma Vieweg

Zürich 17 Juli 1880

Geehrteste Herren

In Beantwortung Ihres Geehrten vom 13 dieß erlaube ich mir Ihnen anzuzeigen, daß ich nicht in der Lage bin, einen Wechsel von 225 Mark an die Ordre der Hrn. Gebrüder Löbbecke u C. per 31 Juli a. c. zu acceptiren resp. honoriren, sondern den Betrag Ihnen auf Anfang October d. Js. direkt zusenden werde. Die stattgefundene Verzögerung ist durch den Zustand, in welchem ich einen Theil der 110 mir letztes Jahr zugestellten incompleten Exemplare erhalten, wol als ausgeglichen zu betrachten.

achtungsvoll ergeb.
G. Keller.

18. 7. 1880   Keller an Maria Melos

[...]
Meine übrigen Briefschulden, auch an die verehrte Frau Schwester, werde ich binnen kurzem abtragen, da ich nächstens mit dem Unglücksbuch fertig bin; ich glaubte es diese Woche schon werden zu können. Allein immer gibt es wieder Tage, wo ich | fast lieber erkranken möchte, als an der Bestie zu arbeiten, so zuwider ist sie mir geworden. Und doch gilt es, durch Geduld daran zu retten, was zu retten ist.
[...]

1. 8. 1880   Paul Heyse an Keller

[...]
7 Wochen lang hab' ich in der Hängematte nach dem Grünen Heinrich geseufzt. Nun kann ich ihn mir vielleicht in Person abholen.[346] *[...]*

9. 8. 1880   Keller an Paul Heyse

[...]
Wenn ich die Freude haben soll, das genesende Königspaar Ende dieses Monates zu sehen, so kann ich den Grünspecht unseligen Andenkens persönlich überreichen. Ich habe ein Schmerzensjahr darüber zugebracht. Die Geld- und Hungersachen z. B. waren mir so zuwider, daß ich sie monatelang liegen ließ, wie wenn sie mir in natura bevorständen. Unverdienter Weise bleibt der Kerl jetzt leben u. s. w. *[...]*

2. 9. 1880   Paul Heyse an Keller

Wir sind in Schöneck bei Beckenried hängen geblieben, liebster Freund, durch Föhn, allerlei provisorische Unwohnlichkeit und einen Weisheitszahn meiner Frau fürs Erste noch nicht zu sonderlichem Behagen gelangt, aber entschlossen, eine Woche hier auf ferneren Götterwink zu warten, der uns wahrscheinlich noch auf 10 Tage nach Engelberg weist. Wenn Du also gute Wünsche und einen „Grünen" für uns übrig hast, sende sie hieher. *[...]*

---

346   *Heyse plante einen Aufenthalt in der Innerschweiz.*

4. 9. 1880   Keller an Paul Heyse[347]

Gleichzeitig mit diesem sende ich 3 Bände des bewußten Wälzers ab und will suchen, den 4ten auch noch während Eueres Aufenthaltes in Helvetien nachsenden zu können, damit die heilige Zeit in M. M^{orum}[348] nachher nicht muß damit angebrochen werden. Natürlich alle heißen Wünsche für besten Erfolg dortiger Luft etc. *[...]*

22. 9. 1880   Keller an Ferdinand Weibert

Zurich 22 IX 1880.

Hochgeehrter Herr.

Indem ich Ihnen für güt. Zusendung des Stern'schen Grenzbotenartikels[349] ergebenst danke, übermache ich Ihnen mit Gegenwärtigem
  1 die heute eingegangene Correktur.
  2 den Schluß des Manuskripts für den grünen Heinrich, womit mein Märtyrium wenigstens, diesen Gegenstand betreffend, für einmal abgeschlossen ist. Hoffentlich wird die Sache sich auch für Sie noch zum bessern wenden.

Sollte sich die Bogenzahl bis nächste Woche herausstellen, so wäre es mir eine letzte Gefälligkeit, wenn Sie mir den Rest des | Honorares auf den 1 October zukommen zu lassen so freundlich sein würden, worauf ich dann die Gesammtquittung auszustellen hätte.

Ich habe den ersten Geldbrief über die 5000 Fr. verlegt, obgleich er nicht aus dem Zimmer sein kann, und so kam es, daß ich auch über die anderen Sendungen nicht schrieb etc.

Die Freiligrath'schen Damen sollten ein Exemplar bekommen. Ich hatte geglaubt, sie würden nach früherem Vorgange als nahe Freunde eines von Ihnen erhalten. Damit nun nicht wieder zwei dorthin gehen, will ich gewärtigen, ob Sie vielleicht ein Exemplar schicken werden oder ob ich es thun soll.

Ihr hochachtungsvoll ergeb.
G Keller.

23. 9. 1880   Keller an Wilhelm Petersen

[...] Das Buch Heinrich werde ich Ihnen wol nächstens nachsenden können,

---

347   *Datum des Poststempels.*
348   Monachio Monachorum = *München.*
349   *Vgl. Stern 1880.*

da ich die letzten Aushängebogen erhalte. Als ich den 4ᵗ· Band erst von Seite zu Seite durchging, was ich früher versäumt hatte, fand ich den Bestand desselben so schundvoll und häufig albern, daß ich nicht fortfahren konnte und auf Monate stecken blieb. In solchen Zuständen aber schiebt man auch das Briefschreiben auf, da man sich doch scheut, sich mit Scheinarbeit zu betrügen. Denn Briefe soll man wie jedes Vergnügen, nach gethaner Arbeit sich gestatten.
[...]

23. 9. 1880   Keller an Julius Rodenberg

Zurich 23 Sept 1880

Verehrter Freund u Obherr!

Vor einiger Zeit war Paul Heyse hier und sagte, er habe eine Novelle für die Rundschau, die im November kommen solle. Ich sagte zwar, das Gleiche sei der Fall mit meinen Geschichten,³⁵⁰ fand aber, als meine Seelenqual, der grüne Heinr. nochmals rückfällig wurde, es sei gerade gut, wenn Sie das Novemberheft dem Paulus widmen. Wollen Sie meine Novellen im Demcemberheft beginnen lassen, so kann ich Ihnen spätestens auf 15 October das Manuskript für ein par Hefte schicken u das folgende am 15 November. Dies wird verläßlich sein, da mir diese Arbeit eine Erholung ist gegenüber dem alten lecken Faß des Heinrich, das überall durchsickerte trotz aller Küferarbeit. |
[...]

28. 9. 1880   Ferdinand Weibert an Keller

Stuttgart 28 Sept 80.

Hochverehrter Herr

Mit Ihrem Geehrten vom 22 dss empfing ich den Schluß des Manuscriptes zum grünen Heinrich, und bin nun glücklich diesen Band rasch beendigen zu können. Ich habe gestern schon Correcturabzug an Sie abgehen lassen. Jetzt, nachdem das ganze Werk aufgelegt werden kann, wird sich auch der Absatz anders anlassen, und ich zweifle gar nicht, daß über die kommende bessere Verkaufszeit der größere Theil der Auflage rasch abgehen wird.

Die Freiligrath'schen Damen erhalten von mir aus in gewohnter Weise

---

350   *Zur Publikation des Novellenzyklus* Das Sinngedicht *in der* Deutschen Rundschau *vgl.* HKKA 23.1, S. 33–38.

ein Exemplar des grünen Heinrich; ich habe damit zuwarten wollen bis das Werk vollständig erschienen.

Der letzte Band des Romans hat nun 25 Druckbogen ergeben. 11 derselben sind schon | verrechnet[351] und hat dasselbe nunmehr noch mit 14 Bogen zu geschehen. Diese 14 Bogen betragen à f^{cs} 100.- f^{cs} 1400.- welche Ihnen per 30 dss bei der Schweizer. Kredit Anstalt in Zürich zur Verfügung stehen.

Ich bitte diese Summe an genanntem Tage zu erheben.

In ausgezeichneter Hochachtung

Ihr ergebenster
Ferd. Weibert.

1. 10. 1880 Keller an Julius Rodenberg

[...]

Was augenblicklich mit meinem Roman geht, weiß ich nicht. Ich erwarte jeden Tag den 4$^{t.}$ Band; sollte er bis Mitte October anlangen, so werde ich Ihnen 1 Exemplar des ganzen Wälzers unter Band nach Carlsbad schicken, vielleicht hilft es zur Verdünnerung Ihres Blutes.

[...]

1. 10. 1880 Keller an Ferdinand Weibert

Zurich 1 Oct. 1880

Hochgeehrter Herr

Mit bestem Danke habe ich Ihre Anzeige vom 28 vor. Mts empfangen und die bei der Schweiz. Creditanstalt in Zürich angewiesene Summe von 1400 Frs. bezogen.

Ich beehre mich nun, Ihnen in der Beilage eine Quittung über den Empfang des Gesammthonorars für den „Grünen Heinrich" 2$^{t.}$ Ausgabe zu übermachen, u verbleibe mit ausgezeichneter Hochachtung

Ihr ergeb.
G. Keller

---

351 Vgl. *Weibert an Keller, 7.7.1880, Dok.*

1. 10. 1880   Keller an Firma Vieweg

                                                                  Zürich 1 Oct. 1880

Herren Fr. Vieweg u Sohn, Verlagsbuchhandlung in Braunschweig.
P. T.

übermache ich im Anschlusse 225 Reichsmark als Restzahlung für die käuflich übernommenen 110 inkompleten Exemplare der ersten Auflage des Romanes „der grüne Heinrich"

                                        Hochachtungsvoll
                                        Dr. G. Keller

Hiebei 225 RM.
in Banknoten.

1. 10. 1880   Paul Heyse an Keller

Montreux. Pension Mooser. 1. Oct. Wir sind auf unsrer letzten Station angelangt, liebster Freund, und denken noch 8–10 Tage stille zu liegen und süße Trauben zu essen, ehe wir in den sauren Münchner Apfel einbeißen. Wenn der vierte Grüne uns hier aufsuchte #), wäre es eine große Wohlthat. Die ersten drei habe ich mit höchster Wonne u. Dank gegen den Geber so guter und vollkommener Gaben mir zu Gemüthe geführt, u. meiner Frau will nichts Anderes darauf schmecken. „Ihr habt mein Volk verführet, verführt Ihr auch mein Weib?" Da aber Nichts daran zu ändern ist, muß ich's eben leiden. [...]

\# wenn auch nur in den Aushängebogen, die ich Dir pünktlich zurückliefern würde.

4. 10. 1880   Firma Vieweg an Keller

Wir bestätigen hiermit den richtigen Einsendung im Betrage von 225. M. womit wir Ihr Conto rein ausgeglichen haben.

                                        Ergebenst
                                        Fr Vieweg u Sohn

7. 10. 1880   Keller an Paul Heyse

                                                                  Zürich 7. X. 80
Nach Empfang Deiner honigsüßen Karte bin ich doppelt untröstlich, weder ein Exemplar des 4$^{t.}$ Bandes noch die fertigen Aushängebogen schicken zu können, auch auf die Gefahr hin, daß gegen das Ende hin das Wetter

umschlägt. Seit Wochen warte ich täglich darauf und es kommt nichts. Sollte es heute noch geschehen, so kann ich doch nichts mehr senden, da die 8–10 Tage Eures Dortseins inzwischen ablaufen. Hoffentlich kann ich Dir den Band mitgeben, wann Du herkommst, worauf ich mit Sicherheit warte. *[...]*

14. 10. 1880   Ferdinand Weibert an Keller

Stuttgart 14 Octob 1880.

Hochverehrter Herr

ich bekenne mich zum Empfange Ihres Geehrten vom 1 dss, welchem ich eine Quittung über das Gesammthonorar des grünen Heinrich entfaltete, und beehre mich heute, Ihnen anmit Aushängebogen 19–25 sowie 12 Freiexemplare des IV^{ten} Bandes genannten Werkes zu übermachen.

Ich empfehle mich
in ausgezeichneter Hochachtung

Ihr
ergebenster
Ferd. Weibert.

15. 10. 1880   Keller an Ferdinand Weibert[352]

Zürich 15 Oct 1880.

Hochgeehrter Herr!

Von den Aushängebogen, welche Sie mir jeweilig zukommen zu lassen so freundlich waren, fehlen mir zum 3$^{t.}$ Bande des Gr. Hch. die Bogen 19, 20 und 21, und zum 4$^{t.}$ Bande Bogen 19 u. s. f. bis zum Schluß. Damit das Exemplar nicht verloren geht, erlaube ich mir, um gütige Nachsendung zu ersuchen, eh' es vielleicht zu spät ist.

Da der letzte Band jetzt in den hiesigen Buchhandlungen verkauft wird, werde ich wol auch den Freiexemplaren entgegensehen dürfen; jedoch soll die Absendung derselben keine Störung in die nothwendigeren Geschäfte bringen.

Hochachtungsvoll ergeb.
G. Keller.

---

352 *Versehentlich falsche Datierung: 15. statt 13.10.; vgl. Keller an Weibert, 17.10.1880, Dok.*

17. 10. 1880   Keller an Ferdinand Weibert

Zürich 17 Oct. 1880

Hochgeehrter Herr!

Ich bescheinige hiemit mit bestem Danke den Empfang von 12 Freiexemplaren des 4ᵗ· Bandes des Grünen Heinr., welche Sie mir mit Ihrem Geehrten vom 14 dieß, in Kreuzung mit meinem Schreiben vom 13 Oct., nebst den letzten Aushängebogen erwähnten Bandes zu übermachen die Gefälligkeit hatten. Heute empfing ich sodann noch die Aushängebogen 19–21 des dritten Bandes, womit ich nun im Besitze des vollständigen Exemplares bin.

Mit ausgezeichneter Hochachtung

Ihr ergebenster
G. Keller

21. 10. 1880   Paul Heyse an Keller

München. 21. Oct. 1880.

Ich habe gleich alles Andere beiseite geschoben, liebster Freund, und mich in diesen 4ten Band versenkt, die erste Nacht weit über meine Polizeistunde. Seitdem umklingen mich die hellen und tiefen Stimmen, die durch das ganze Werk gehen, wie ein mächtig figurirter Gesang, mit dem der Grundton meines eigenen Wesens so im Einklang ist, daß ich ein unsägliches Wohlgefühl mit mir herumtrage. Ich bin daher gar nicht geneigt und auch sehr ungeschickt, etwas darüber zu sagen, was diese Gesammtstimmung articulirte und womit Du, als der Stifter dieser Wirkung, irgend etwas anfangen könntest. Vielleicht werde ich dem Werk, das ich bisher wie eine wundersam von der Natur gebildete Erzstufe mit allerlei incrustirten Edelsteinen bestaune, noch einmal mit gelassener technischer Spitzfindigkeit beikommen, da es denn doch nicht ohne allerlei Weisheit und Plan zusammengefügt ist. Und so viel kann ich heute schon sagen, daß die Wandlung, die es erfahren, mir über alles Hoffen geglückt scheint, da Nichts schwerer ist, als seinen eigenen alten Ton wieder finden und Neues an alte Fugen anschmiegen. |

Ich bin nun durch die Lösung der Schicksalsräthsel dieses Deines wundersamen Doppelgängers in die reinste und froheste Rührung versetzt worden und wünsche nicht das Geringste davon oder dazu gethan. Immer von Neuem hat mich staunen machen, wie zwischen den alten u. neuen Partien, die durch Jahrzehnte auseinanderliegen, nicht der leiseste Unterschied an innerer Reife und lauterer Menschlichkeit zu spüren ist, mit andern Worten, welch ein ganzer Kerl in der unerbittlichsten Bedeutung des Wortes Du schon warst, als Dir zum ganzen Künstler noch Einiges fehlte. Und so sehe ich meinen alten Glauben, daß der Mensch bei aller Kunstübung das A und O sei, triumphirend wieder bestätigt. Es wird sehr kluge Leute geben, die in ihrer ästhetischen Orthodoxie an Diesem u. Jenem in Deinem Buche ein Ärgerniß nehmen zu müssen sich einbilden; aber ich bin fest überzeugt, daß dem starken und gediegenen Strom des Lebens, der durch diese Blätter rauscht, selbst der eingerammteste Pfahl-Kritiker nicht widerstehen kann. Hieran hätte ich nun wieder etliche Liebeserklärungen zu knüpfen, | die mir aber mündlich besser glücken – obwohl literae nicht roth werden sollen –, weil in der Liebe das umständliche Formuliren schwarz auf weiß immer einen leidigen pedantischen Anstrich bekommt. *[...]*

Meine Frau lies't nun, und mit ihr werde ich Alles von Neuem durchgenießen. Ich ertappe mich alle Augenblick darauf, daß ich diese und jene Seite wieder aufschlage und gleich wieder fortgezogen werde. Die Traumgedichte[353] haben mir's nicht zum Wenigsten angethan. Ein Meisterstück, wie bei aller leisen spielenden Symbolik doch das wahre Wesen der schlafwandelnden Phantasie überall gewahrt bleibt, nirgend eine dichterische Veranstaltung uns nüchtern macht. Und dann bin ich in Hulda verliebt, und Dortchen ist nun gar zum Anbeißen, und der Bruder Grave mein specieller Freund und über Alle und Alles die Mutter, die ich mit Augen zu sehen meine. „Du bist ein gebenschter Mensch!" sagte meine Mutter zu mir in ihrem alttestamentlichen Überwallen von Zärtlichkeit. Ich habe nichts Besseres zum Abschied für Dich gebenedeiten Menschenfischer.

[...]

21. 10. 1880   Keller an Wilhelm Petersen

Zürich 21 Oct. 1880.

Verehrter Freund. Ich gebe heut endlich den Grünen auf die Post und wünsche ihm glückliche Reise und nachsichtigen Empfang. Daß die Judith am Schlusse noch jung genug auftritt, statt als Matrone, wie beabsichtigt war, hat sie Ihren derselben so gewogenen Worten zu danken. Ich wollte mich selbst nochmals am Jugendglanz dieses unschuldigen, von keiner Wirklichkeit getrübten Phantasiegebildes erlustiren. Gern hätte ich sie noch durch einige Scenen hindurch leben lassen; allein es drängte zum Ende und das Buch wäre allzu dick geworden.

[...]

---

353   *Vgl. GH II, 03.102.20–123.23.*

23. 10. 1880 Wilhelm Petersen an Keller

Schleswig 23. Oktbr 1880.

Zunächst lassen Sie, verehrtester Freund, mein Herz mich erleichtern, indem ich Ihnen meinen allerherzlichsten Dank für meinen theuren grünen Freund ausspreche. Als meine Frau ihn hereinführte, schwoll mir das Herz so sehnsuchtsvoll, wie bei der Liebsten Gruß; es war geradezu ein knabenhaftes Gefühl, welches mich übergoß. Gott weiß, wo das Geheimniß dieses wunderbaren Zaubers steckt. Ich bin jetzt recht zufrieden, daß ich das Buch erst in reifen Jahren kennen lernte; es ist mir weit mehr zu Gute gekommen, als es sonst geschehen wäre. Nun muß ich zunächst einen | würdigen Einband beschaffen, was wohl nur auswärts geschehen kann. Ich habe schon deshalb geschrieben. So lange muß ich nun lechzen. Dann aber soll mit urherbstlichem Behagen gelesen werden. Es weht eine wunderbare Oktoberluft durch das Buch. Und wie artig es ausgestattet ist, recht nach meinem Geschmack: kleine Seiten und breiter Rand. Sie haben mir eine unsinnige Freude bereitet. Wie ich mich auf die Judith freue. Ich bin von Anfang an in dieses wundersame Mädchen verliebt gewesen und wäre sie leibhaftig, wer weiß, welche Thorheiten ich begehen könnte. Ich muß mir vorbehalten, später einigemal beim Lesen meinem Herzen Luft zu machen. Sie brauchen | die Briefe ja nicht zu lesen. Aber heruntergeschrieben vom Herzen muß es werden. Den Kindern habe ich aus dem alten Heinrich schon mehrfach vorgelesen. Daß dies angeht und daß die Kinder entzückt sind, ist eine schätzbare Stärke des Buchs. Nun genug für heute.

[...]

Heyse schrieb mir nach seinem ersten Besuche bei Ihnen; derselbe hatte ihm große Freude gemacht. | Er las auch im Heinrich und bemerkte: man kann nicht gut Anderes darnach lesen, es will nichts mehr schmecken.

[...]

23. 10. 1880 Julius Rodenberg an Keller

Carlsbad, den 23. Oct. 1880.

Mein theurer u. verehrter Freund!

Ich habe grade noch Zeit, Ihnen das Eintreffen des „Grünen Heinrich" zu melden; er ist in einem gelinden Schneegestöber hier angekommen, hat aber so viel Sonnenschein u. Wärme mit sich gebracht, dß das winterliche Weiß draußen gleich zerging. Und welchen Sommer verheißt er erst unsern Herzen! Tausend Dank. Wir nehmen ihn mit auf die Heimfahrt, die ohne diesen

Begleiter gewis recht kahl u. kalt gewesen wäre. Den vierten Theil habe ich schon nach Berlin vorausgeschickt, da ich wünschte, daß die „Rundschau" sich sogleich, u. zwar im Decemberheft, über den lieben willkommenen Gast, den lang u. sehnlich Erwarteten, vernehmen lasse.[354]

[...]

Meine Frau, die sich bereits des I. Bandes bemächtigt hat, empfiehlt sich Ihrem guten Andenken *[...]*

26. 10. 1880   Lydia Escher an Keller[355]

[...]

Vieles gefällt mir im neuen grünen Heinrich besser als im alten, nur bedaure ich, daß Sie den Schluß „und auf seinem Grabe ist recht schönes, grünes Gras gewachsen" weggelassen, er machte tiefen Eindruck, er war so pessimistisch, so ganz Welt. –

Doch was mische ich müßiges Jungfräulein | mich in Dinge, die ich nicht verstehe, am Ende werden Sie wieder böse auf mich und das wäre mir leid; donc en voilà assez!

[...]

1. 11. 1880   Keller an Theodor Storm

Zürich 1 Nov. 1880.

Lieber Freund u Tempesta!

Ich muß doch die vier Bändchen endlich abschicken, ehe sie zu altbacken werden, was zum 2ᵗ Male sich nicht reizend ausnimmt.

[...]

In meinem monotonen Roman werden Sie sehen, daß ich die Judith noch etwas jünger gemacht, als Sie mir gerathen haben, um die Resignation, die schließlich gepredigt wird, auch noch ein bischen der Mühe werth erscheinen zu lassen. *[...]*

---

354   Otto Brahms Rezension (Brahm 1880; CD) erschien im Dezember-Heft der Deutschen Rundschau.

355   Lydia Escher (1858–1891), Tochter Alfred Eschers, nach dem frühen Tod der Mutter (1864) Vorsteherin des Haushalts in der Villa Belvoir, wo Keller öfter verkehrte; ab 1883 verheiratet mit Friedrich Emil Welti. Freitod nach der Scheidung wegen ihrer Beziehung zum Maler Karl Stauffer-Bern.

2. 11. 1880   Adolf Exner an Keller

[...]

Auf den Grünen im neuen Gewande freue ich mich; ich höre, er soll gegen den Schluß bedeutend behaglicher | u. vernünftiger geworden sein, als er dazumal war. Eben heute nehme ich die ersten beiden Bände mit nach Hause, – in mein höchst anmuthiges kleines Gartenhaus, das ich seit dem Frühling bewohne, u wo es Ihnen gewiß behagen würde, wenn Sie es sähen, zumal an Rosen kein Mangel ist u meine kleine Tochter eine putzige Staffage abgibt. –

[...]

2. 11. 1880   Marie von Frisch-Exner an Keller

Wien. Allerseelen
1880.

Verehrter Herr Keller!

Vor wenigen Tagen bekamen wir von unserm Buchhändler den langersehnten 4. Band gr. Heinrich zugeschickt.

Ich durchflog ihn und muß Ihnen sagen dß ich es herrlich finde wie nun das Ganze ausklingt *[...]*

13. 11. 1880   Keller an Paul Heyse

Zürich Samsttag
nach Martini 1880

Du hast mich nicht wenig beruhigt, liebster Freund; denn wenn ich von dem Tenor deines lieben Briefes[356] auch abziehen muß, was billigermaßen nur deinem eigenen edeln Wesen innewohnt und gutzuschreiben ist, so bleibt mir noch genug übrig, um mich vor mir selbst bestehen zu lassen. Die beiden Grundübel des Grünlings: die unpoetische Form der Biographie und die untypische Specialität der Landschaftsmalerei, bleiben freilich als Kielwasser unverändert und lassen das Schiff nie fröhlich fahren.

Auch danke ich Dir feierlichst, daß Du mich so freundschaftlich ein bischen mit unterstehen lässest unter den Poetensegen deiner Mutter.

[...]

---

356   Vgl. *Heyse an Keller, 21.10.1880, Dok.*

21. 11. 1880 Keller an Marie von Frisch-Exner

[...]

Es thut mir sänftlich wohl, daß Ihnen der grüne Heinrich nicht mißfällt in seiner jetzigen Gestalt, nachdem ich ihn mühsam genug gewaschen und gestriegelt habe. Sonst scheint mir nicht viel Vergnügen daraus zu erwachsen; denn nun kommen die sog. Kritiker und anstatt das jetzige Buch aus sich heraus zu beurtheilen, vergleichen sie es in philologischer Weise mit dem alten, um ihre Methode zu zeigen, und zerren so das Abgestorbene herum und lassen das Lebendige liegen, denn das verstehen sie ja niemals. Es ist ungefähr die Situation, wie wenn man im Garten einen alten Mops begräbt, und es kommen nächtlicher Weise die Nachbaren, graben ihn wieder heraus und legen das arme Scheusal Einem vor die Hausthür u. s. w.

[...]

22. 11. 1880 Ferdinand Weibert an Keller

Stuttgart 22 Novb 80.

Hochverehrter Herr

ich habe noch den Empfang Ihrer beiden Geehrten vom 15 u 17. v. Mts. zu bestätigen, welch Ersteres sich mit meiner Postsendung kreuzte; das zweite versichert mich des richtigen Eingangs der letzteren sowie der unter Band abgesandten Aushängebogen.

Heute kann ich die Ehre haben, Ihnen mehrere Besprechungen des herrlichen grünen Heinrich zu übermachen. Ich hoffe, weitere bald folgen lassen zu können.

In ausgezeichneter Hochachtung

Ihr ergebenster
Ferd. Weibert.

10 Zeitungabschnitte unter Band.

30. 11. 1880 Julius Rodenberg an Keller

[...]

Inzwischen werden Sie das Decemberheft mit der Besprechung des Gr. H. erhalten haben;[357] ich hätte sie wol etwas <u>wärmer</u> gewünscht, u. wenn <u>ich</u> sie zu schreiben gehabt, auch wärmer geschrieben. Indessen diese jungen Herren von der historischen Schule haben kein rechtes Gemüth; denn wem

---

357 *Vgl. Brahm 1880 (CD).*

bei Ihnen das Herz nicht warm wird, der hat keines. Doch hat der hohe Rang, den Ihnen die Besprechung anweist, u. die Bewunderung, welche der Verfasser derselben für Sie hegt u. ausspricht, sie in meinen Augen legitimirt; ganz abgesehen davon, dß sie gut geschrieben ist. |

Meine Frau lebt jetzt ganz im Gr. Heinrich; sie freut sich am Morgen schon auf die Abendstunde, wo sie wieder zu dem Buche kommt – ja, sie freut sich, wenn sie's nur liegen sieht u. tauscht Blicke mit ihm, wie mit etwas sehr Liebem. Sie läßt Ihnen die schönsten Grüße bestellen u. wird Ihnen schreiben, sobald sie mit ihrer Lectüre fertig ist – was sie jedoch wohlweislich, um sich von der liebgewordenen Gewohnheit, in dem Buche zu lesen, so bald nicht trennen zu müssen, etwas in die Länge zieht. Dann erst komme ich an die Reihe, da ich – nach der sommerlangen Abwesenheit von Berlin u. der verspäteten Badecur – gegenwärtig mit Arbeit sehr beschwert bin, sogar am späten Abend. [...]

November 1880   Jakob Baechtold an Keller

Auf Veranlassg. v. V Meyer sandte ich ein Ex der Grünen-Heinrich-Rec. an Heyse, der mir beiliegende Karte schreibt;[358] ebenso an Scherer, den ich bei Abfassg. meines Artikels ab u zu im Auge hatte. Auch er hat reagirt. Bitte die Beilagen gelegentl. zurück.

[...]

2. 12. 1880   Keller an Lydia Escher

Ich bitte, verehrte Gönnerin, mir nicht mit Pessimismus und dergleichen Schnickschnack zu kommen. Diese Modetorheit mit ihrem Jargon steht jungen Damen noch schlechter an als den preußischen Gardeleutnants, die sie auch mitmachen, besonders wenn sie unglücklich gespielt haben usw.
2. Dezember 1880

2. 12. 1880   Keller an Julius Rodenberg

[...]
Lassen Sie den Grünen Heinrich noch lange ruhig unter der Obhut Ihrer

---

358   Vgl. *Paul Heyse an Jakob Baechtold, 15.11.1880 (ZB: Ms. Z II 586.35 Nr. 9):* Schönsten Dank, verehrter Herr Doctor, für Ihren Artikel über den Immergrünen. Er ist mir recht gründlich aus der Seele geschrieben u. ich gebe ihn fleißig weiter, wie ich mich überhaupt durch mein Lobsingen über dies einzige Buch bei den verehrten Herren Collegen nach Kräften verhasst mache. – *Rezension: Baechtold 1880 oder Baechtold 1880a (beide CD).*

Frau Gemahlin, welcher er mit seinen kleinen sanften Leiden ferner einen milden glücklichen Schlaf herbeiführen möge. Mein Leiden besteht jetzt darin, daß die Leute erst recht von dem alten Buche sprechen und dabei weislich umgehen, was in u mit dem neuen gesagt ist. |

Das neue Heft der Rundschau habe ich zur Stunde noch nicht erhalten u kenne also die Recension desselben nicht; doch bin ich schon auf die philologische Methode vorbereitet, mit welcher die Herren Germanisten sich auf die Literatur der Lebenden zu werfen beliebten. Es liegt hierin ein tiefgehendes Mißverständniß der kritischen Aufgaben, welches sich gelegentlich wol aufklären wird, wenn der Vorgang selbst eine competente kritische Untersuchung erfährt. Ich für meine Person bin indessen auch für philologisch begründetes Lob dankbar, wenn Paula Erbswurst[359] es ungelogen sein ließ. Daher geharre ich demüthigst der Rundschau und danke Ihnen und dem mir unbekannten Herren Oberrichter zum Voraus für gnädiges Urtheil.

[...]

9. 12. 1880   Keller an Jakob Baechtold

Enge 9 Dec 1880

Hier ist endlich die alte Ausgabe des Gr. Hch; möge dieselbe ruhig in einem Winkel Ihres Büchergestells schlummern.

[...]

14. 12. 1880   Wilhelm Petersen an Keller

Schleswig 14 Dezbr 1880.

Endlich, verehrter Freund, kam denn Heinrich an, in vier Bänden schon grün gebunden. Ich wollte ihn bis zum Feste aufsparen oder jedenfalls bis zum ersten Schnee. Aber ich hielt es nicht aus, wenigstens im III Theil bei Cap. 9 zu beginnen. Da habe ich denn in diesen Tagen köstliche Stunden verlebt. Die größte Freude, welche ich kindisch vorweg nahm, war das Wiedersehen, welches ich mit Judith feierte. Der Schluß entspricht ganz meinem Gefühle. Wenn die Menschen sich heirathen, fliegt der Duft davon – mit dem Schleier mit dem Gürtel u. s. w. – Die Fleischlichkeit trübt die Reinheit des Gebil-

---

359 ,*Konfektionsmamsell Paula Erbswurst*': *vom Schriftsteller und Journalisten Siegmund Haber (1835–1895) für die humoristische Wochenbeilage* Ulk *des Berliner Tageblatts geschaffene Berliner Figur, die ihre Erzählungen mit Wendungen wie* ungelogen *beglaubigte.*

des oder der Untergang muß ihr auf dem Fuße folgen. Wenn gar Kinder kommen, da nimmt die Geschichte ja kein richtiges Ende und man kann nicht umhin, sich vorzustellen, daß das Elend nun wieder von vorn anfängt. So ists ein abendsonniges, friedliches Ausklingen, welches mit reinem, wohlthuenden Behagen uns erfüllt. So habe ich mir immer mein eigenes Lebensende vorgestellt; die Verhältnisse haben es anders gestaltet und so unendliches Glück ich mit den beiden Kindern durchlebe, mein Ideal bleibts doch. Sie hätten uns heute Morgen sehen sollen, als wir in der finstern Frühe in das wilde Schneetreiben hinaus jubelten und auf dem hohen Friedhofe mit seinen verschneiten Bäumen und Grabmälern, welche das wunderbarste | Schneebild darstellen, die stillen Todten in ihrer Ruhe störten. Das ist unser schönstes Wetter und wir sind toll vor Ausgelassenheit. Am Tische Gottes hat mir gleich im Anfange die „ausgeplünderte Seele"[360] gewaltig imponirt. Dieses Wort war eine glückliche Eingebung. Und dann mußte ich wieder herzlich lachen über die Mitglieder der Republik und ihr Gebahren.[361] Ein meisterhafter Pinselstrich ist der sibyllenhafte Anhauch.[362] Das ist auch eine Eingebung und kein Verstand der Verständigen findet dieses Wort, welches die prächtige Gestalt so wunderbar schildert. Sie fuhr „auf den breiten Flüssen" landeinwärts[363] – da ist wieder der Maler – derselbe Pinsel, welcher den Einzug in München[364] und in der ersten Ausgabe im Beginn der Geschichte die Stadt am See[365] schildert. Das ist eine so wunderbare breite Weise, daß man wie verzaubert vor dem Bilde steht und es bis an den Tod nicht wieder vergißt. Ich kenne keine Inventur der Art in der Literatur. Um von Vorn zu beginnen, so haben der Schlangenfresser,[366] der kleine Mechanikus,[367] der kleine Beamte[368] mir die größte Freude gemacht. Die letzten beiden sind, wie so manche Ihrer Gestalten geradezu lehrreich. Da ist so tief hineingegriffen in das Wesen des Menschen, daß die Bekanntschaft mit diesen Personen uns baaren Gewinn bringt. Das macht mir überhaupt das Studium der meisten Ihrer Schöpfungen so theuer, daß ich nicht bloß Vergnügen sondern Erbauung und wahre echte Lebensweisheit schöpfe. Staat, Gemeinde, Familie

---

360 Vgl. GH II, 03.266.11.
361 Vgl. GH II, 03.267.10–268.02.
362 Vgl. GH II, 03.270.16.
363 Vgl. GH II, 03.274.12.
364 Vgl. GH II, 02.135.31–136.31.
365 Vgl. GH I, 11.017.22–022.16.
366 Vgl. GH II, 02.094.11–095.24.
367 Vgl. GH II, 02.129.11–131.20.
368 Vgl. GH II, 02.131.21–133.05.

Privatwirthschaft, praktische Lebenskunde, Geist, Gemüth – alles erhält seinen guten Antheil. |

Dazu die Urgesundheit und das tiefe Behagen, welches sie mit sich bringt. Mir ist ein Zug von Leiden angeboren, welcher mich von Kindesbeinen auf begleitet und geelendet hat und auch in den höchsten Freuden den Grundakkord abgibt. Ich habe ihn nie gehätschelt, sondern immer verflucht – es wird ein Defekt im Unterleibe sein – aber er erklärt mir meine unendliche Empfänglichkeit für alles Gesunde und Lebenskräftige. Dabei fällt mir ein, daß Sie, als ich eines Abends im Wirthshause Ihnen Skizzen zeigte, Sie bemerkten, daß alle Gesichter einen schmerzlichen Zug hätten. Ich selbst hatte keine Ahnung davon, mußte es aber dann als richtig anerkennen. (In Parenthese: Habe ich Ihnen einmal erzählt, wie ich von Bormio kommend und später Sie aufsuchte, zuerst bei Kuh in Meran war? Sie verlangten Skizzen etc zu sehen und als wir im besten Gange waren und dazwischen von diesem und jenem sehr lebhaft redeten, flüsterte die Frau lächelnd bei Seite ihrem Manne zu: der grüne Heinrich! – Ich fing jedoch das Wort auf, nun gings beiderseits mit großer Wärme über den Heinrich her, der mir damals ein neuer Bekannter war, und dann gestanden beide, daß ich sie an diesen jungen Mann durch mein ganzes Wesen erinnert habe. Wie das zusammenhing, habe ich nicht erfahren. Allerseits sprudelte es aber von Begeisterung und Heiterkeit, so daß ich gern an jene Stunden zurückdenke). (Nochmals Parenthese: Sollte das Bekenntniß Heinrichs, daß die Dinge in seiner Einbildung eine <u>phantastisch typische</u> Gestalt annehmen[369] auf die Art der Landschaftsdarstellung, deren ich oben erwähnte, von Einfluß sein?). Die Zwiehan-Geschichte[370] ist wundervoll, im Ganzen und im Einzelnen. Diese Aussicht, an irgend einer unbekannten Glückseligkeit sich betheiligen zu können,[371] ist ein köstlicher Zug. Solcher lüsterner Kerle erinnere ich mich auch an andern Orten, z B in den Leuten von Seldwyla gefunden zu haben, sie bilden eine höchst possirliche Gesellschaft. |

Höchlich ergötzt hat mich auch das Bildchen mit der flatternden Wäsche.[372] Das Einpacken vor Heinrichs Abreise[373] scheint mir reichlich beschnitten zu sein. Ich mußte zum alten Heinrich zurückgreifen, um Allerlei Liebes

---

369 Vgl. GH II, 03.017.19.
370 Vgl. GH II, 02.104.14–124.07.
371 Vgl. GH II, 02.114.16 f.
372 Vgl. GH II, 02.109.16–109.28.
373 Vgl. GH II, 02.124.23–125.26.

wiederzufinden, welches ich vermißte.³⁷⁴ Der Abschied draußen³⁷⁵ scheint ähnlich gelitten zu haben. Freilich lag die Sache für die Schilderung günstiger, so lange H. nicht selbst erzählte. Das war ja aber nicht zu ändern. Aber gewisse kleine liebe Sachen hätten sich doch wohl erhalten lassen, so die paar Zeilen: das Kind, welches aus dem offenen Fenster singt, während die Mutter von drinnen zu ihm redet.³⁷⁶ Der Zug ist wunderbar lebendig und blieb mir unvergeßlich seit der ersten Lektüre. Die Bekanntschaft mit Lys und Erikson hatte ich schon erneuert, als ich den alten H. erhielt. Ich mußte auch jetzt ungeachtet meines ungeduldigen Weitertrachtens mit diesen beiden Herren nochmals anbinden. Sie sind zu interessant und nicht weniger die Kunstbetrachtungen, welche zu Tage kommen. Der Beschreibung der Bilder bin ich wiederum mit dem größten Interesse gefolgt und habe meine besondere Freude gehabt an dem Bilde mit der chronologisch dargestellten Stadt und der Landschaft mit Moses und Christuskind.³⁷⁷ Wenn man selbst einmal in das Gebiet hineinzupfuschen versucht hat, da blickt man der Entwicklung solcher Sachen doch mit rechter Spannung zu. Nachdem ich über den optischen Unsinn der schönen Rosalie³⁷⁸ noch einmal tüchtig gelacht, ließ ich das Fest und was darauf folgt, welches Alles mir noch frisch vorschwebte, in ungeduldigem Weiterstreben einstweilen zur Linken liegen. (Ich war fest entschlossen, nur Einen Bogen zu gebrauchen – Sie sehen aber Selbst | daß es nicht geht und müssen noch einen halben zugeben.)

Im IV Bande scheint mir nach der Erinnerung die Geschichte außerordentlich gewonnen zu haben. Den Glanzpunkt bilden für mich die „Lebensarten".³⁷⁹ Die Schilderungen des mütterlichen Wesens sind von unvergänglichem Reize weil sie im tiefsten Grunde wahr sind. Bei der Suppe und bei der Fortsendung des Geldes ist man gerührt und bedrückt und möchte das Buch weglegen, weil einem ganz wehe wird und begleitet man dann diese unendlich liebe Gestalt auf den Markt, da lacht das Herz doch wieder und beruhigt sich. Nach Obigem werden Sie Sich denken können, daß auch die Revalenta ihre Wirkung auf mich nicht verfehlt hat. Mancher Leser wird diese Betrachtung überschlagen; die Jugend wird kein Verständniß für sie haben. Nachdem die Hörnlein der Selbstzufriedenheit³⁸⁰ mich weid-

---

374 Vgl. GH I, 11.022.29–025.24.
375 Vgl. GH I, 11.019.15–022.23.
376 Vgl. GH I, 11.020.30–021.01.
377 Vgl. GH II, 02.156.26–157.21 und 02.158.04–158.28.
378 Vgl. GH II, 02.167.23–168.03.
379 Vgl. GH II, 03.029.01–048.21.
380 Vgl. GH II, 03.050.03.

lich ergötzt, mußte ich länger verweilen bei der Stimmung, in welcher die Darstellung des bisherigen Lebens erfolgt.[381] Das ist ein sehr bedeutender Zug, welcher den künftigen Poeten lebendig heraustreten läßt. Das Hungern hat nicht allein einen poetischen Werth, sondern ist zugleich eine pathologische Studie, welche gewiß von einem Arzte mit besonderem Interesse gelesen wird. Fragen Sie doch einmal einen Ihrer gelehrten ärztlichen Bekannten nach seinem Urtheile. Das Geheimniß der Arbeit[382] muß ich wiederum zu den Glanzpunkten rechnen; es ist anmuthig und inhaltsvoll. Die Hulda ist eine rechte Lebensgestalt, welche nur von einer ganz sichern Hand sich zeichnen läßt. Man ist fest überzeugt, daß sie handgreiflich erlebt worden ist. Die ganze Gartenscene ist überaus wahr und lebendig und das überzwerche vierspännige Zeug nicht bloß höchst lustig, sondern noch etwas mehr. Den Traum[383] habe ich noch nicht genügend gewürdigt; es gehört zum vollen Genießen dieser Apokalypse eine besondere Stimmung, in welcher ich mich nicht befand und welche sich nicht ohne Weiteres citiren läßt. Das Grafenschloß[384] war mir von früher bekannt und ich trat hinein, wie in einen bekannten Raum | und begrüßte die Menschen wie alte Bekannte. Freude habe ich gehabt an der Auslegung des Wortes Aristokraten.[385] Das ist schön und treffend gesagt. Lieb war mir die Vorliebe Dortchens für den Kirchhof,[386] weil ich dieselbe theile und wenigstens an hundert Tagen im Jahre auf meinem Lieblingsfriedhof wandele, bei Tage und bei Nacht. – Ruhig bleiben im Gemüth[387] – das ist so ein großes Wort, welches Sie gelassen aussprechen und welches mir so viel tausend mal schon zu denken gab, daß ich auch jetzt lange vor ihm stehen blieb. Ich wundere mich mit H., wie wenig sich zu ändern der Mensch im Stande ist. Je älter man wird, desto mehr treten wieder alle Tugenden und Untugenden, welche im Kinde lebten, im Manne wieder zu Tage. Es ist wie beim weitsichtigen Auge – die kräftige Jugend zwingt den Muskel die Augachsen richtig zu dirigiren ohne Beschwerde – dann kommt eine Zeit, wo dieser Zwang schmerzt und man muß das Auge bewaffnen und dadurch die verlorne Kraft ersetzen. Bei P. Gilgus haben Sie gewiß an Galgen und Galgenstrick gedacht, nomen est omen. Das Faltenkrönlein des Sacks[388]

---

381 Vgl. GH II, 03.059.06–060.15.
382 Vgl. GH II, 03.070.01–094.20.
383 Vgl. GH II, Kap. IV.6 Heimatsträume (03.095–108).
384 Vgl. GH II, Kap. IV.9 Das Grafenschloß (03.137–153).
385 Vgl. GH II, 03.174.19–174.23.
386 Vgl. GH II, 03.180.20–180.26.
387 Vgl. GH II, 03.188.16–188.18.
388 Vgl. GH II, 03.192.25.

deutet wieder auf den Maler, welcher meist mit dergleichen sich abgemüht hat. Die Rückkehr ist ein so schmerzlicher Vorgang, daß ich es nicht hätte fertig bringen können, ihn darzustellen. Künstlerisch wird die Sache ja in Ordnung sein. Kritische Betrachtungen treten bei mir ganz zurück, wenn ich ein Buch lese, welches mich ganz und voll faßt, ich genieße dann wie ein thörichtes Kind und befinde mich wohl dabei. Mich stört aber der Gedanke, daß H. den schmerzlichen Gedanken an diesen trüben Ausgang durch das Leben mit sich schleppen muß und dabei kaum ruhig im Gemüthe sein kann, wie es eigentlich der Gang des Ganzen erheischt. – So sei denn der Ausgang gesegnet. Ich habe das Buch einstweilen fortgelegt bis recht ruhige Tage mir ruhigen Genuß gestatten. Nun ich das Geschreibe durchlese ist mir als hätte ich edle Blumen zu Häcksel geschnitten und komme mir wie ein Barbar vor. Aber wie sollte ich es anders machen? Mir ist ohnehin schon wehe, daß ich, was ich so tief empfunden, mit kurzen abgerissenen Worten hinwerfen muß, um nicht einer thörichten Weitschweifigkeit zu verfallen. So nehmen Sie denn, verehrtester Freund und Meister, noch einmal meinen allerherzlichsten Dank entgegen für das, was sie der Menschheit und für das, was Sie mir gaben. Und damit Gott befohlen

Ihr WPetersen.

14. 12. 1880   Theodor Storm an Keller[389]

Hademarschen Dienstg, 14 Dezbr 80. Lieber Freund Keller, vergeltungsunfähig nach Empfang Ihres schönen und gewichtigen Geschenkes stehe ich vor Ihnen da; aber ich danke Ihnen recht herzlich dafür. Ich habe zunächst nun den 3.t Bd v. S. 121 gelesen;[390] ich nahm ihn zur Hand, als ich in mir die Stimmung empfand, in ruhiger Betrachtung mit dem Autor Menschen und Dinge sich vor mir entfalten zu sehen, und da habe ich ohne alle Störung von dem Gelesenen einen recht bedeutenden Eindruck empfangen. In der Darstellung des Künstlertreibens, das von der Aphroditischen und der silbernen Agnes[391] eine so reizende und erwärmende Beleuchtung erhält, haben Sie eine weise u. resolute Beschränkung eintreten lassen. Was sich um den Abschied aus dem Mutterhause herum gruppirt, an Personen und Scenen, finde ich ganz vortrefflich, die Zwiehansche Episode nicht ausgeschlossen.[392]

---

389   *Beendet am 23.12.1880.*
390   *Ab GH II, Kap. III.9 Das Pergamentlein (02.093).*
391   *Vgl. GH II, 02.188.24, 02.214.26.*
392   *Vgl. GH II, Kap. III.10 Der Schädel (02.104–136).*

Ich stimme, so weit ich überhaupt schon eine Meinung haben kann, ganz mit dem verständigen und feinfühligen Mann, der das Buch in dem letzten Rundschau-Heft besprochen hat;[393] in wiefern seine | „leicht zu hebenden Fehler" wirklich vorhanden, werden Sie selbst, nachdem der Finger darauf gelegt worden, am besten erkennen; mir fehlt noch die Uebersicht. Die Verjüngung der Judith hat er nicht monirt. Das eine monitum, daß wenn das Buch (von dem Helden des Romans nämlich) zu so verschiedenen Zeiten etc. abgefaßt sei, sich dieß nothwendig in der Darstellung spiegeln müsse – haben Sie, wie mir scheint thatsächlich widerlegt, da Sie, der Autor, ja einen großen Theil des zweiten Theils wirklich in so viel späterer Zeit geschrieben, ohne daß, wie mir scheint, ein erheblicher Unterschied in der Darstellung sich ergäbe.

Den 4 Bd, der also ganz neue Gestalten zu den früheren enthalten soll, habe ich mir bis nach Neujahr aufgespart. Am liebsten möchte ich dann das ganze Werk in seiner Neugestaltung den Meinen vorlesen, wenn nur meine verbrauchten Nervenstränge nicht so oft ein veto einlegten; denn erst dann würde ich ja eine bestimmte Empfindung darüber erhalten, wie sich der zweite Theil in seiner Neugestaltung | zum ersten fügt. Ich kann nicht sagen, daß ich bei meinem, allerdings längst dahinter liegendem, Lesen des alten Buches die Nothwendigkeit eines tragischen Ausganges empfunden hätte; mir kam viel mehr der Schluß gewaltsam, fast wie durch äußere Umstände herbeigeführt vor. Um zu erfahren, ob meine damalige Empfindung noch heute für mich gilt, muß ich freilich noch einmal von vorne lesen, was ich nicht unterlassen werde, wenn ich hier erst mehr zur Ruhe bin – falls es nicht schon vorher geschähe.

Daß Sie mitunter widerstrebend in dem alten Reichthum gearbeitet haben, begreife ich übrigens sehr wohl, zumal es sich hier so wesentlich um Zuständliches handelt, was – nach meiner Erfahrung wenigstens – in der Darstellung, besonders in der Anordnung, unbequemer zu bewältigen ist, als wo es sich um eine schneidig durchgehende Handlung handelt.

[...]

21. 12. 1880   Conrad Ferdinand Meyer an Keller

Verehrter Herr,

darf ich, nahe am Jahresschluß, zu dem glücklich endigenden „Grünen

---

393   *Vgl. Brahm 1880 (CD).*

Heinrich" recht herzlich gratuliren! Möge noch ein zweites reiches Leben vor Ihnen liegen!
[...]

26. 12. 1880   Adolf Exner an Keller

[...]
Für mich kam die Gabe[394] zu besonders erfreulicher Zeit, weil ich seit 8 Tagen die Ferienmuße benützt hatte, um die letzten 2 Bände | des „Grünen" in der 2ten Auflage zu lesen, u mit meinen Gedanken noch ganz in den Aquarellstudien Heinrichs, u was drum u dran hängt, stecke; sodaß dieses Blatt mir gleichsam aus jener Fabelwelt heraus in den Schoos fällt, u Wahrheit u Dichtung sich höchst behaglich mischen. Mir kommt sogar vor (vielleicht irre ich mich, ich habe die Stelle nicht so genau im Gedächtniß), als stäcke in meinem Bildchen einiges von der Komposition, mit welcher der brave Heinrich in der Ausstellung so übel ankam, | weil der Andere ihm das Motiv weggeschnappt hatte.[395] – Während der Tage, da ich diese Lektüre hatte (es war seit langer Zeit der größte Genuß, den ich bedrucktem Papier verdankte), verkehrte ich in Erinnerung immer mit dem Verfasser u war nahe daran in einem langen Brief mich darüber auszulassen, wenn es mir nicht ein Bischen sentimental vorgekommen wäre, so ohne eigentliche äußere Veranlassung meine Bewunderung auszugießen u nach Zürich zu schicken; zum Überfluß kamen auch noch Druckbogen aus Leipzig | u ich mußte korrigiren. Aber ein stilles Bravo muß ich Ihnen jetzt doch ins Ohr sagen, denn Sie haben die Sache meisterlich gemacht. Wer nur irgendeinmal irgendwas produzirt hat weiß wie viel saurer u schwerer solches Umformen ist, als das Neumachen; u dazu hat man den Dank, daß Jeder Federfuchser (z.B. der in der d. Rundschau[396]) kommen kann u das Alte gegen das Neue aufmutzt, wobei er seine ästhetischen Finessen produziren will. Ich wette, wenn so einer zufällig die zwei Auflagen mit | vertauschtem Titelblatt kriegte, bewiese er sonnenklar, daß der tragische Ausgang der <u>neuen</u> Auflage der inneren Anlage des Ganzen zuwider, mit dem gesunden, von Haus aus aufs Abklären u Durchdringen angelegten Charakter Heinrichs unvereinbar, vom älteren Dichter mit Unrecht seiner frischen Jugendarbeit angehängt sei u. s. w. Hoffentlich nehmen Sie sich dergleichen nicht zu Herzen, sondern reiben sich bei einem

---

394   *Keller hatte Adolf Exner zu Weihnachten das Aquarell ‚Aussicht vom Zürichberg auf See und Alpen' geschenkt (Schaffner 1942, Abb. 58; Weber 1990, S. 125, Abb. 73).*
395   *Vgl. GH II, 03.035.06–14 und 03.036.13–25.*
396   *Vgl. Brahm 1880 (CD).*

guten Glas vergnügt die Hände, daß Sie den guten Lee so nobel aus der Patsche geholt haben. |

Mir bleibt das Buch von nun an ein Haupt- u Lieblingsstück; u so vielen Anderen auch, die Gottlob noch Lust und Gemüthsruhe genug haben, um was Feines behaglich u verständig zu genießen.

[...]

29. 12. 1880   Keller an Maria Melos

[...]

Herr Weibert hat mir geschrieben, er werde Ihnen ein Exemplar des Grünen Heinrich senden, der erst im Spätherbst fertig geworden. Das Buch ist von der Mitte des 3.ᵗ Bandes an neu geschrieben, Sie brauchen also das Frühere nicht zu lesen. Ich habe allerlei hineingeflunkert, um es deutlicher zum Roman zu machen; denn noch immer gibt es Esel, die es für baare biographische Münze nehmen. Das Tollste ist, daß jetzt, nachdem ich ein Jahr redlich daran gearbeitet habe, um allerhand Ungeschmack auszumärzen, und nachdem 25 Jahre lang die Leute sagten, der Tod des Heinrich sei unmotivirt und gewaltsam, Kritiker kommen und behaupten, er müsse todt bleiben und die alte Ausgabe sei besser. |

So geht es mir, wie dem Bauer in der Fabel, der mit seinem Sohn und seinem Esel zu Markt ging und zuletzt dazu kam, mit dem Sohne den Esel zu tragen.[397]

[...]

30. 12. 1880   Keller an Paul Heyse

[...] So hat mir die neue philologische Schule Wilhelm Scherers jetzt methodisch durch Vergleichung und Textkritik von „Ausgabe A und Ausg. B" nachgewiesen, daß ich den eigenen Grünen Heinrich verballhornt habe. Das hat nun nichts auf sich, aber es beweist, daß man den Leuten wieder einmal die alten Baculos ein wenig aus den Händen nehmen sollte.

Dr. Bächthold hat mir eine Postkarte von Dir gezeigt,[398] wonach er Dir eine Besprechung des obigen Buches zugestellt hat, was er auch anderwärts wiederholt hat. Du mußt diese Betriebsamkeit, die ich nicht liebe, mir nicht

---

397 Vgl. die Fabel ohne Titel aus dem von Heinrich Steinhöwel 1476/77 erstmals herausgegebenen, 1501 in einer Neuauflage von Sebastian Brant überarbeiteten und ergänzten ‚Ulmer Äsop', deren Moral lautet: Wer es allen recht machen will, hat nur Schaden davon.

398 Vgl. oben, Anm. 358.

anschreiben. Du kennst ja die Art solcher trefflichen Freunde, die einen zuletzt als Objekt und Eigenthum ihrer Thätigkeit betrachten und früher oder später den Versuch machen, es uns fühlen zu lassen. Ich aber liebe die Freiheit!

Empfehle mich den Damen schönstens, besonders der trefflichen Gemahlin, welche Dir nicht zum Vorwand dienen mußte, wie die Frauen zweier anderer Freunde, die vier Bände des bewußten Wälzers nicht zu lesen, weil die „Frau sie einstweilen okupire und nicht hergeben wolle". [...]

1. 1. 1881   Wilhelm Petersen an Keller[399]

[...] Ich habe eine gewisse Reue empfunden über meinen letzten Brief. Es sollte genügen, wenn Sie in öffentlichen Blättern durch Herrn Brahms[400] *und andere Herren Sich zerpflücken lassen müssen, wenngleich mit der besten Absicht. Ihre Freunde sollten Sie in Ruhe lassen. Andererseits mögen Sie bedenken, daß man gern zeigen möchte, daß Sie Ihre Perlen keiner Sau zugeworfen haben und daraus entsteht dann jenes unerquickliche Zerren und Zupfen an einem edlen Stoffe. Es ist menschlich geschmacklos. So will ich meinen lieben Heinrich nun auch ruhen lassen in dem Gedanken, daß ich meine Verehrung für ihn genugsam dargethan habe. In dunkler Morgenfrühe vor dem hellen Ofenfeuer habe ich in den Festtagen mit ihm Zwiesprache gepflogen – etwas wüst, | bald dieses bald jenes Kapitel haschend, wie eben Erinnerung und Stimmung es machte. Heute Morgen begann ich mit dem Anfange endlich und bin jetzt ganz erbaut, daß ich die ersten Stunden des Jahrs so gedeihlich verwendete. Welch ein Stück gesunden Lebens. Wenn man da doch mithalten könnte. Dies wahnwitzige Rennen, Konkurriren, Erfinden, Spekuliren unserer Zeit ist zum Ekel. [...]*

Wie nachdenklich stimmte mich heute Morgen die Stelle, wo Lee dem Kinde die Kartoffelpflanze zeigt.[401] *Ich treibe es ja jeden Tag so und möchte so gern den Kindern allerlei mitgeben, was ich erst spät erkannt habe, damit sie wenigstens in manchen Dingen auf meinen Schultern ihr Leben weiterbauen mögen. Dazu gehört, daß man nicht zu früh stirbt, was ja unter andern Umständen auch seine gute Seite hat.*

[...]

---

399   *Beendet am 10.1.1881.*
400   *Vgl. Brahm 1880a (CD).*
401   *Vgl. GH II, 01.027.12–22.*

5. 1. 1881 Keller an Julius Rodenberg

[...]

Auch danke ich schönstens für die [...] wohlwollende und vorsorgliche Propagation der Brahm'schen Kritiken. Ist auch das Lob in jedem Sinn zu hoch gegriffen und der Tadel an einigen Stellen trotz der exakten Methode (die nicht alt werden wird bei zeitgenössischen Sachen) auf unrichtigem Lesen oder auf jugendlicher | Unerfahrenheit in menschlichen Dingen beruhend, so macht sich das Ganze doch lustig genug und wir haben über Ausgabe A u B und den Nachweis der Verballhornung auf dem Wege philologischer Kritik herzlich gelacht.[402]

Lassen Sie sich alle Zeit, Höchstverehrter! mit der eigenen Lektüre des Vierbänders und nachdem die Frau Doctorin sich damit geplagt, schaffen Sie denselben für ein halbes Jahr bei Seite, damit er nicht unbequem wird!

[...]

5. 1. 1881 Keller an Ferdinand Weibert

Zürich 5. I 1881

Hochgeehrter Herr!

Sowol die früher mir gefälligst übersandten Recensionsjournale, als diejenigen, welche Sie mir unter'm 2 dieß zukommen zu lassen die Güte hatten, habe ich bestens erhalten und statte Ihnen meinen ergebensten Dank hiefür ab.

[...]

28. 1. 1881 Justina Rodenberg an Keller

Berlin, W.
Margarethenstr. 1.
28 Januar 1881.

Hochverehrter Herr!

In diesem Augenblicke habe ich den „Grünen Heinrich" ausgelesen, und ich komme Ihnen dafür zu danken mit Freude und Wehmuth im Herzen, vor Allem aber mit der Empfindung des Glücks, daß es solche Bücher giebt. Mit jeder Seite dieses Werks habe ich gegeizt und so lange daran gelesen als sich mit dem fertig Werden überhaupt vereinbaren ließ. Die ganze Poesie,

---

402 Vgl. *Brahm 1880a (CD)* und *Keller an Storm, 11.4.1881, Dok.*

Wahrheit, Consequenz, Heiterkeit und Schwermuth dieses Meisterwerk's habe ich mit | Wonne auf mich wirken lassen und nun da ich mich von der Unmittelbarkeit all dieser Eindrücke trennen soll, weiß ich selbst nicht, welcher der stärkste ist. Während die düstere Gestalt der Mutter mit ihrer unentwegten Liebe und Selbstverläugnung, ihrem traurigen, aber einzig möglichen Ende, mich bis ins Innerste bewegte, hüpfen und tanzen all die anmuthig tollen Figuren vor mir her, die den Heinrich auf seinen ganzen Lebensweg begleiten von dem hadernden alten Trödlerpaar seiner Heimathsstadt,[403] bis zum | köstlichen Gottesläugner im Grafenschloß.[404] Dann denke ich an die todte Anna, an die Scene an ihrem Grabe,[405] die den Leser umso tiefer angreift je natürlicher ihm die Wirkung auf den Helden erscheint. Und wie theilnahmsvoll folgt man diesem! Seinem Wanken, seinem Schwanken, seinem Herumtasten, seinem Auf und Nieder, seinem tiefen Weh, seinem sich wieder Erheben durch das gesunde, wahre Naturkind, das aus einer Verführerin im besten Sinne seine Führerin geworden ist. Ausgesöhnt und geläutert macht man das Buch zu. |

Verzeihen Sie, daß ich mir angemaßt habe, so viel davon zu reden. Ich bin aber von Dankbarkeit gegen den Schöpfer all des Wohlthuenden so erfüllt, daß ich es aussprechen mußte.

[...]

16. 2. 1881   Maria Melos an Keller

Görlitz, Promenade 2,
den 16. Febr. 1881.

Sehr verehrter, theurer Freund!

Gestern ließ ich eine Schlesische Zeitung nach Zürich fliegen, die eine Besprechung Ihres „grünen Heinrich" enthielt.[406] Hatte ich Recht zu glauben, daß diese Hinterwäldler Blätter sich nicht bis zur freien Alpenluft Bahn brechen würden? Nun, wenn Ihnen eine freundliche, anerkennende Kritik doppelt unter die Augen tritt, so denke ich, ist das immer besser, als wenn es gar nicht geschieht. *[...]* Ich zapple ordentlich darauf die neuen Novellen[407] zu lesen – werde mich aber wohl gedulden müssen, bis dieselben als Buch

---

403   Vgl. *GH II, 01.058.27–082.31.*
404   Vgl. *GH II, 03.192.15–203.02.*
405   Vgl. *GH II, 02.074.31–084.12.*
406   Vgl. Hammann *1881;* vgl. auch die Kurzanzeigen in der Schlesischen Presse (*Schlesische 1879* und *Schlesische 1880; beide CD*).
407   Vgl. *Sinngedicht 1881.*

erscheinen, da ich die deutsche Rundschau hier nicht zu lesen bekomme. Es ist aber wirklich eine wahre Geduldsprobe. Und eine noch viel größere finde ich die, daß der grüne Heinrich immer noch nicht in meinen Händen ist, dessen Bekanntschaft ich doch so gern erneuern möchte. Wenn Sie mir sagen, daß ich das Buch erst von der Mitte des III. Bandes wieder zu lesen brauchte, so finde ich, daß dies ein schlechter Rath ist, da ich Ihre Dichtungen immer so gern wieder lese. Hätte man nur noch mehr Zeit dazu. Ich bedaure stets all die Poesie u. Lebensweisheit, die in Ihren Werken | enthalten ist, mir nur selten vor die Seele führen zu können. [...]

18. 2. 1881   Paul Nerrlich an Keller[408]

Berlin SW Askanischer Pl 4.
d. 18 Febr. 1881.

Hochverehrter Herr!

Nach mancherlei Hindernissen ist jetzt endlich mein sehnlicher Wunsch, eine Anzeige Ihrer unsterblichen Dichtung[409] zu veröffentlichen, erfüllt; ich erlaube mir, sie Ihnen in ihrer ursprünglichen, vom Redaktionsstift noch unberührten Gestalt zu übersenden.

Was Sie mir sind, davon geben Ihnen vielleicht diese Blätter einigermaßen Kunde; ich sage „einigermaßen", denn gar vieles noch ist unausgesprochen. Zunächst nämlich empfinde ich immer noch lebhaft, daß sich das Können bei mir nicht mit dem Wollen deckt, ich kann meiner Begeisterung noch nicht die rechten Worte leihen. |

Dann aber hat mir vor allem die Rücksicht darauf, daß ich die Anzeige in einem Journal, nicht auf eigene Hand, veröffentliche, Schranken auferlegt. Es ist mir von vornherein eingeschärft worden, möglichst kurz zu sein, dadurch aber war mir die Möglichkeit genommen, auf all die Herrlichkeiten Ihrer Dichtung im Einzelnen einzugehen. Sodann aber würde weder das Neue Reich noch sonst eine mir bekannte Zeitschrift gestatten, so frei zu sprechen, wie ich möchte. Dies eben ist durchaus revolutionär.

Ich würde, wenn mich nichts gehindert hätte, vor allem unser Jahrhundert als das Ende des Christenthums und das Aufblühen der neuen Weltanschauung, welche in dem Satze gipfelt: „der Mensch ist Gott" gepriesen haben. Ich würde dann hervorgehoben haben, daß unter allen Dichtern unserer Zeit kein einziger sich mit Ihnen messen kann, weil Sie allein | der

---

408 *Paul Nerrlich (1844–1904), Germanist, Gymnasiallehrer in Berlin.*
409 *Vgl. Nerrlich 1881 (CD).*

geniale Dichter dieser Weltanschauung sind. Was uns bewegt und was in den kommenden Jahrhunderten Erfüllung findet, das haben Sie vorausahnend echt künstlerisch dargestellt. Die Freiheit, die Höhe, welche Sie erreicht haben, winkt unserer ganzen Nation als das Ziel. All die Schwächlinge, welche vom Alten nicht lassen wollen, könnten sich an Ihnen auferbauen und sehen, welch unergründliche Tiefen die neue Weltanschauung birgt, welche Fülle von Gemüth, welch' selige Ruhe, welcher Heroismus in ihren Aposteln lebt. Ich nenne die Räuber, den Werther und den Faust Zeitbilder und eben deßwegen sind sie klassisch und für die Ewigkeit: ich nenne ohne Bedenken Ihre Dichtung neben jenen und schließe mit dem Wunsche, daß die Zeit, welcher Sie einen Spiegel vorgehalten haben, nicht so langsam schleiche und Ihnen noch die Gegenwart den Lorber reiche, welcher allein Ihrer würdig.

Dr. Paul Nerrlich,
Gymnasialoberlehrer.

28. 2. 1881   Keller an Paul Nerrlich

Zürich 28 Febr. 1881

Verehrtester Herr Doctor!

Durch G. J. Göschen in Stuttgart habe ich s. Z. Ihre Zusendung richtig erhalten und bin bei der Oeffnung des Couverts durch Brief und Aufsatz in einer Weise überrascht worden, daß die Dankbarkeit für so viel Wohlwollen und freundliche Zuwendung einerseits, und die Verlegenheit über das enthusiastische und einseitige Zuviel, namentlich auch auf Kosten Anderer, sich beinahe die Wage halten, wenn ich auf geziemende Antwort denke. Zuvorderst freilich drängt sich der Dank auf den Plan, und ich statte ihn mit aller Herzlichkeit ab, die um so aufrichtiger ist, als ein bewährtes Verdienst sich mit einer in literarischen | Dingen nicht alltäglichen Herzensgüte verbunden hat, für einen Abseitsstehenden einzutreten.

Der hohe Rang, welchen Sie meinem Buche anweisen, ist schon darum unmöglich, weil die autobiographische Form zu unpoetisch ist und die souveräne Reinheit und Objektivität der wahren Dichtersprache ausschließt. Daß aber jene Form durch die Contradictio in adjecto eines nothwendigen Zufalls die Oberhand gewonnen hat, ist eben der Beweis vom Vorhandensein eines Grundmangels.

Zugeben kann man allerdings, daß der gleiche Uebelstand auch auf die Briefform, Tagebuchform etc bezogen werden könnte. Da tritt aber, was berühmte Beispiele betrifft, | die größere quantitative Leichtigkeit und Gedrängtheit zur Ausgleichung ein.

Wollen freundliche Geister trotzdem meinen ungefügen Vierbänder als ein leidliches Lesebuch an sich bestehen lassen, so bin ich zufrieden genug, da es einmal da ist.

Ueber die philosophische Zeitfrage ließe sich Weiteres sagen. Ich könnte mich nicht mehr ganz so fassen, wie vor 30 Jahren, ohne vom freien Gedanken abgegangen zu sein. Das seither entstandene Getümmel hat letzteren kühler und ruhiger werden lassen.

Der Satz Ludwig Feuerbachs: Gott ist nichts anderes als der Mensch! besteht noch zu Recht; allein eben deshalb kann man nicht sagen: Der Mensch ist Gott! insofern das zweite Substantivum | nun doch wieder etwas Größeres ausdrücken soll, als das erste.

Indessen will ich Sie mit diesen splitterigen Bemerkungen nicht langweilen.

[...]

3. 3. 1881 Keller an Ferdinand Weibert

Zürich 3 Febr.[410] 81.

Hochgeehrter Herr.

Mit bestem Danke habe ich Ihnen noch den neulichen Empfang weiterer Journalnummern mit Besprechungen meines Buches, sowie eines an Ihre Adresse gelangten Couverts von Hrn. Paul Nerrlich in Berlin anzuzeigen. Letzteres Couvert enthielt den Abzug eines Aufsatzes Nerrlich's aus dem „Neuen Reich". Sollte also auch dieser Aufsatz Ihnen zukommen, so würde ich Sie bitten, mir denselben nicht zuzuschicken, da ich ihn schon habe.

[...]

10. 3. 1881 Ferdinand Weibert an Keller

[...]

Ich habe vor einigen Tagen wieder einige Besprechungen des grünen Heinrich zu Ihren Handen abgesandt, lasse gleichzeitig mit diesem meinem Ergebenen eine weitere so eben eingetroffene Besprechung abgehen *[...]*

---

410 *Fälschlich für März; vgl. Weiberts Antwort vom 10.3.1881 und Nerrlich an Keller, 18.2.1881 (beide Dok).*

22. 3. 1881 Paul Nerrlich an Keller

Berlin SW Askanischer Pl 4
d. 22. März 1881.

Hochgeehrter Herr!

Da Sie die Güte gehabt haben, mir in so freundlicher Weise zu antworten, darf ich mir wohl die Freiheit nehmen, Ihnen einiges auf Ihren Brief zu erwidern. Ihre nachdrucksvolle Zurückweisung meines Lobes hat mich für einen Augenblick, dies gestehe ich ganz offen, stutzig gemacht. Denn ich mußte mir zunächst sagen: Dieselbe unbestechliche Wahrheitsliebe und Objectivität, welche Sie zwingt, auch die Irrwege des Grünen Heinrich zu ofenbaren, wird Sie auch veranlassen, unbefangen über die hohen, unvergleichlichen Vorzüge Ihrer Dichtung zu urtheilen. Allein bald fühlte ich mich doch wieder Ihrem Briefe gegenüber im Rechte und sagte mir: Ihre Bescheidenheit und Demuth hat über Ihre Objectivität gesiegt und Sie gehindert, Ihr Werk | wie das eines Fremden zu betrachten.

Sie nennen die Form unpoetisch, weil sie die souveräne Reinheit und Objectivität der wahren Dichtersprache ausschließe.

Hierauf antworte ich zuvörderst mit den Beispielen unserer Heroen der Vergangenheit.

Nicht die formvollendetsten, vom rein ästhetischen Standpunkte aus am höchsten gepriesenen Werke eines Goethe und Schiller – auch Jean Paul ist hier, obwohl in anderem Sinne, mit zu nennen – haben ihren Ruhm begründet und die Zeitgenossen elektrisirt, sondern Werther, die Räuber, der Hesperus. Iphigenie und Wallenstein sind doch gewiß vollendete Kunstwerke, weit vollendeter als jene Erstlingswerke, ebenso giebt für uns Jean Paul nicht im Hesperus, sondern in den Flegeljahren sein Bestes. Hätten nun aber diese Dichter mit den zuletzt genannten Werken begonnen, glauben Sie wohl, daß man ihnen so rückhaltlos zugejubelt, sie als Spiegel der Zeit bewundert haben würde? Hätte Goethe nichts weiter als den Werther geschrieben, er wäre unsterblich, hätte er nichts | weiter als die Iphigenie geschrieben – die Wogen der Zeit würden über ihm zusammenrauschen.

Ich bin weit entfernt, die Bedeutung der Form zu unterschätzen; in großen, bewußten Zeiten aber, die nicht blos ruhig und kühl betrachten, sondern in denen wirklich Leben pulsirt, in denen sich etwas Neues, Gewaltiges vorbereitet, die auf eine große befreiende That hinarbeiten, in solchen Zeiten trägt der die Palme davon, welcher seine Zeit versteht und das was die Zeit bewegt so ausspricht, daß er allen zum Herzen redet; auf die vollendete

Form kommt es hier erst in zweiter Linie an, der Gedanke, der Kern, das Substantielle ist die Hauptsache. Daß Ihr Buch durch „größere quantitative Leichtigkeit und Gedrängtheit" gewonnen haben würde, gebe ich zu, und eben hierin ist auch meiner Ansicht nach die Ursache zu suchen, daß es vorerst nur eine kleine Gemeinde um sich geschaart hat. Allein das hindert mich nicht, Sie hoch über alle Lebenden zu stellen und Ihr Werk mit den Bedeutendsten der Vergangenheit zu vergleichen. | Ja nicht blos vergleichen, ich gehe weiter. Die sogenannten Klassiker stehen mir ferner, ich muß mich erst in ihre Anschauung hineinleben, hineinverstehen, dann finde ich wohl, welche <u>historische</u> Bedeutung sie haben, aber das <u>unmittelbare</u>, actuelle Interesse ist bei mir ungleich reger den besten Producten der Gegenwart gegenüber, in erster Linie beim Grünen Heinrich. Nicht das Klassische, sondern das Moderne schreibe ich auf meine Fahne. In den Grünen Heinrich brauche ich mich nicht erst hineinzuversetzen und von mir und der Gegenwart zu abstrahiren, hier sehe ich Fleisch von meinem Fleisch und Blut von meinem Blut. All das Weh, welches unser Jahrhundert durchzuckt, all die tiefe Tragik, welche den früheren Zeiten so fremd, hat hier ihren Ausdruck gefunden, aber auch die Seligkeit, welche nur der moderne, in die Tiefen des eigenen Ich hinabsteigende Mensch kennt, tönt uns aus Ihrer Dichtung hell und freudig entgegen. [...]

Aber auch der <u>Einzelheiten</u> hätte ich noch gar viele anzuführen, die mich immer wieder im Grünen Heinrich bezaubern.

Ich meine zuerst die Macht, mit der Sie nicht nur die Sprache souverän beherrschen, sondern geradezu sprachschöpferisch auftreten; eine ganze Reihe von Worten und Redewendungen habe ich mir verzeichnet, von denen ich wohl wünschte, daß sie Gemeingut würden. Wie unübertrefflich sind nicht viele Ihrer Sentenzen und einzelnen Bemerkungen! ich denke dabei an Ihre Erklärung des Pfefferkuchenausdrucks „negativ⟨",[411] an die Bemerkungen über den Spiritualismus,[412] über Malerei, Pädagogik,[413] über das Genie.[414] Wie gern hätte ich mich in meiner Anzeige noch weiter über das Meretlein,[415] das mir wieder und immer wieder in den Sinn kommt, ausgelassen, wie gern hätte ich noch über Charaktere wie den Schulmeister, den Kaplan oder Meierlein gesprochen![416] |

---

411 *Vgl. GH II, 03.019.12–020.04.*
412 *Vgl. GH II, 02.159.04–159.25.*
413 *Vgl. z. B. GH II, 01.170.27–171.20.*
414 *Vgl. z. B. GH II, 01.198.29–199.16.*
415 *Vgl. GH II, 01.045.12–056.23.*
416 *Vgl. GH II, 01.313.03–318.27; 03.189.10–191.10; 01.143.12–160.23.*

Ein einziges Bedenken aber möchte ich, besonders durch eine Stelle Ihres Briefes veranlaßt, noch laut werden lassen.

Sie sagen in dem Satze „der Mensch ist Gott" drücke das zweite Substantivum nun doch wieder etwas Größeres aus als das erste. Darf ich dies so interpretiren, daß zum Absoluten nicht blos der Menschengeist sondern auch noch die Natur, überhaupt das Universum gehört, so bin ich vollkommen damit einverstanden. Geben Sie mir nun aber nicht zu, daß demzufolge der Glaube an einen persönlichen Gott, zu dem sich das Ich als einem zweiten Ich im Gebet wendet, mit Gewalt ausgerottet werden muß und daß wir damit einer neuen Zeit entgegen gehen? Dieser Glaube muß dem Volk genommen und ihm der bessere dafür gegeben werden, auch für das Volk ist das Beste grade gut genug. Der „neue Glaube" wird auch neue Menschen schaffen, die Welt wird dann wieder jung werden. In Ihrer Dichtung nun will es mir scheinen, als hätte Sie der Uebergang zu Feuerbach mit einer gewissen Wehmuth erfüllt und als bedauerten Sie den Verlust des Alten. Ich hätte ein fröhlicheres Aufjubeln ob der Befreiung gewünscht und neben Peter Gilgus, der Caricatur, auch einen | echten, unverfälschten Typus. Vielleicht hätte der Graf als solcher weiter ausgemalt werden können. Doch ist dieser Einwand nicht unhistorisch? verlange ich damit nicht etwas von der ersten Hälfte unsers Jahrhunderts, was nur die zweite geben kann?

[...]

8. 4. 1881   Keller an Paul Heyse

[...] Die kindische Anwendung der philol. historischen Methode der jungen Germanisten (deren Feld schon abgewirthschaftet scheint) auf unsere allerneusten | Hervorbringungen ist allerdings etwas ärgerlich. Die Lächerlichkeit wird den Spaß aber nicht alt werden lassen, besonders wenn man ihn gelegentlich etwa ad absurdum führt.

Petersens Reaktion gegen das malerisch beschreibende Element ist mir nicht auffallend; er will als Dilettant mitthätig sein und selbst malen *[...]* Etwas störender war mir in seinem letzten Briefe[417] das Lob der Resignation des Grün. Hch. u der Judith am Schlusse meines Vierspänners, indem er mit elegischer Klage grundsätzlich das pathologische Concretum als das allgemein Richtige und Bessere anpries und den unschönen Gemeinplatz des „entzweigerissenen Wahns" auftischte. Es paßt das nicht recht zu dem Vergnügen, das er sich immer mit seinen Kindern macht und besingt, wie billig.

---

417   Vgl. Petersen an Keller, 14.12.1880, Dok.

Von den Experimental-Aesthetikern ist so wenig Gutes zu erwarten, als von den philologischen germanist. Realkritikern, weil beide bereits die Seele des Geschäftes verloren oder nie gekannt haben. Die innige Verbindung von Inhalt und Form ist aber für die Untersuchung so unentbehrlich, wie für die Produktion, und zwar subjektiv wie objektiv. [...]

9. 4. 1881 Keller an Justina Rodenberg

[...]
Ihre allzu wohlwollenden Äußerungen über den Gr. H. habe ich wie ein Glas Ananaspunsch eingeschlürft und die Bescheidenheit eine gute Frau sein lassen. Ich durfte übrigens die Süßigkeit menschlich fraulicher Gesinnung wohl goutieren, indem eine schreckliche Art Kritik (nicht diejenige der Germanisten) aufzutauchen begann, worin meine Arbeit | und Kunst anerkennungsvoll behandelt, der Nicht-Held des Romanes aber als ein famos geschilderter ganz miserabler Tropf gekennzeichnet wurde.[418] Das ist eine verzwickte Art des Beifalls [...]

10. 4. 1881 Keller an Hermann Fischer[419]

Zürich, 10. April 1881

Hochgeehrter Herr Professor

Sie haben mein fragwürdiges Grün-Heinrichs-Buch nicht nur durch eine öffentliche Besprechung[420] zu Ehren gezogen, sondern dasselbe auch mit einem Wohlwollen behandelt, welches über Verdienen hinausgeht.

Obgleich ich indessen die formalen und innern Schwächen meiner Hervorbringung, die auch durch die Überarbeitung als konstitutionelle Schäden nicht mehr zu tilgen waren,[421] genugsam fühle, so ließ ich doch nach menschlicher Art die wohltuende Zustimmung gern auf mich wirken hauptsächlich in bezug auf die ethische Seite der Angelegenheit. Verschiedene Kritiken haben nämlich, indem sie das Machwerk lobten, den Gegenstand desselben allzu verächtlich behandelt und dabei am Ende noch geglaubt, im Sinne des Verfassers zu sprechen.

Abgesehen von der selbstgerechten Verurteilung des allgemein sittlichen Verhaltens, wie es im Erziehungsproblem eines Vaterlosen vorausgesetzt

---

418   Vgl. z. B. Staatsanzeiger 1880 und Rosegger 1881 (beide CD).
419   Hermann Fischer (1851–1920), Literarhistoriker in Tübingen.
420   Vgl. Fischer 1881 (CD).
421   Vgl. z. B. Keller an Heyse, 13.11.1880 (Dok).

ist, um eben dieses zu lösen, wird z. B. der Irrtum in der Berufswahl und die diesfällige Entwicklung bis zum Abfall lediglich als eine Art bestrafter ordinärer Pfuschbummelei aufgefaßt, an sich gleichgültig und uninteressant, während die überlegte unwiderrufliche Entsagung,[422] dazu noch illustriert durch die zwei Seitenfiguren von Lys und Erikson, die beide es zu etwas gebracht haben und dennoch abfallen, weil sie sich eben nicht erfüllt, nicht ganz ergriffen fühlen, – während diese Entsagung gerade von einem tieferen Ernste zeugen sollte.

Diese Seite haben Sie nun ebenso mild als verständnisvoll behandelt, und schon dieser Liebesdienst veranlaßt mich, Ihnen meinen herzlichen Dank darzubringen.

[...]

11. 4. 1881 Keller an Theodor Storm

[...]

Ihre tröstlichen Bemerkungen zu dem Grün. Hch. waren mir aufhellend und vergnüglich,[423] besonders was die neuen Zuthaten betraf. Ich hatte ein böses Gewissen. Namentlich wegen des Zwiehan's u seines Schädels, dieser etwas gar zu deutlichen Allegorie und Prototypik für einen Verlierer seines Wesens oder seiner Person, | hätte ich Strafe verdient; indessen habe ich die feine Andeutung, welche in Ihrem „die Zwiehan'sche Episode nicht ausgeschlossen" liegt, wohl verstanden. Der Kritiker in der Rundschau hat mir gerade nicht zugesagt. Derselbe (Otto Brahm) hat an anderer Stelle[424] die philolog. Methode noch verkehrter angewendet, indem er die alte und die neue Ausgabe meines Buches mit A u B bezeichnete wie alte zu vergleichende Codices, um meine Selbst-Verballhornung nachzuweisen, während er die Hauptfrage der Form: Biographie oder nicht? gar nicht berührte oder dieselbe ignorirte. Diese Frage umfaßt nämlich auch die andern nicht stilgerechten epischen Formen: Briefform, Tagebuchform und die Vermischungen derselben, in welchen nicht der objektive Dichter und Erzähler spricht, sondern dessen Figurenkram, und zwar mittelst Dinte und Feder. Hier ist der Punkt, wo die Kritik einzuspringen hat und der Schreiber den formalen Handel verliert. Diese Untersuchung ist aber nicht eine (dazu unrichtige)

---

422 *Vgl. z. B. GH II, 03.160.19–160.27 und 03.163.02–164.04.*
423 *Vgl. Storm an Keller, 14.12.1880, Dok.*
424 *Vgl. Brahm 1880 und Brahm 1880a (beide CD).*

textkritische, sondern eine rein ästhetische Sache und Arbeit und führt zu andern Gesichtspunkten etc.

[...]

21. 4. 1881   Keller an Wilhelm Petersen

[...]

Nun danke ich auch für die wohlwollende Aufnahme des retouchirten grün. Heinrich.[425] Namentlich ist es mir lieb zu erfahren, daß Sie die neuen Einschaltungen im III Bande nicht mißbilligen, obschon der Zwiehan etwas gar zu gewaltsam und absichtlich allegorisch ist. Die kleine Episode der Hulda[426] im IV Bande ist bei Leibe nicht erlebt; ich erfand sie plötzlich, um den Tag des Einzuges resp. das Abenteuer der Fahnenstangen[427] besser abzurunden und fand damit ein nicht übles Motiv, das Niedersteigen in die untern Schichten der dunklen, anspruchslosen Arbeit nicht nur mit der Sicherheit des täglichen Stückes Brot, sondern auch mit dem Reize eines lockenden Sinnenglückes im Verborgenen scheinbar zu begründen. Daß das Mädchen dabei etwas zierlicher und liebenswürdiger ausfiel, als es in jenen Volksschichten der Fall zu sein pflegt, ist in einem Romane ja nur angemessen.

Ihre Bedenken wegen der trüben Vorgänge mit der Mutter liegen mir nicht recht. Auf irgend eine Weise muß es doch traurig hergehen und einige Erschütterung hervorgerufen werden. Eine eigentliche Verschuldung durch den Tod der Mutter trifft den Sohn doch nicht, da es sich um die Erfüllung eines Erziehungs- | und Entwicklungsgeschickes handelt, an welchem Niemand schuld ist oder Alle. Diesen Tod verwindet Heinrich nach Jahren erst von dem Augenblick an, wo die Judith zurückkehrt und ihn freispricht als die personifizirte Natur selbst (sie scheint sich von der Wand des Berges abzulösen, aus derselben hervorzukommen[428]). Damit nun aber nicht ein zu großes Gütlichthun und Wohlleben entstehe, entsagen die Beiden und es bleibt ein ernst gehaltener Stimmungston bestehen, welcher der Mutter im Grabe nicht weh' thut. Mit diesem Austrag hängt eben auch die Frage vom Geheimniß der Arbeit zusammen. Leider betrachten manche Kritiker jenes Kapitel lediglich für eine Schilderung trivialer Verbummelung, wie sie aus Unkunde den Irrthum im Kunstberufe als Darstellung ordinären

---

425   *Vgl. Petersen an Keller, 14.12.1880, Dok.*
426   *Vgl. GH II, 03.083.13–094.18 und 03.127.14–128.24.*
427   *Vgl. GH II, 03.076.03–081.03.*
428   *Vgl. GH II, 03.269.07–22.*

Pfuscherthums auslegen. Brahm, der das Buch mit philologischem Apparate untersucht und das Gras darin wachsen hört, hat nicht einmal bemerkt, daß das Duell mit Lys⁴²⁹ nicht mehr bis zur Verwundung fortgeführt wird und Heinrich also nicht mit dem Tode des Freundes belastet ist. So nennt er auch das Verhältniß zur Judith am Schlusse ein unklares, dieß allerdings, weil er es wahrscheinlich nicht begreift. | So kommt man zum Murren über Rezensenten, die es sonst gut mit Einem meinen und in anderer Richtung unmäßiges Lob ausstreuen.

[...]

Ihre Aeußerungen wegen des pathologischen Zuges, der Ihnen eigen sei, berühren schmerzlich, weil Sie einen Zug, den Viele unbewußt haben, mehr fühlen als die andern. Mehr oder weniger traurig sind am Ende Alle, die über die Brotfrage hinaus noch etwas kennen und sind; aber wer wollte am Ende ohne diese stille Grundtrauer leben, ohne die es keine echte Freude gibt? Selbst wenn sie der Reflex eines körperlichen Leidens ist, kann sie eher vielleicht eine Wohlthat, als ein Uebel sein, eine Schutzwehr gegen triviale Ruchlosigkeit. |

Was meine Buchstelle über das phantastisch typische Gestalt Annehmen betrifft, so besteht kein Zusammenhang mit den Landschaftserfindungen. Jenes bezieht sich nur auf den spielerischen zerstreuenden Trieb, allerlei Begriffe und disciplinarische Gegenstände in figürliche Gleichnisse umzuwandeln; die Landschafterei aber ist nichts anderes als die Stylfrage. Heinrich schlägt sich auf die Seite der sog. Gedankenmaler in der Landschaft, wie sie damals noch im Ansehen waren. Bei besserem Unterricht und mehr Mitteln zur Ausdauer würde er sich der Richtung der J. Anton Koch, der Lessing, Schirmer u. s. w. nicht ohne Glück angeschlossen haben: das soll eigentlich zwischen den Zeilen gesagt sein. Daß mit der Lebensnoth zugleich die Einsicht von dem Ueberlebtsein fraglicher Richtung eintritt, ist mit ein Stück von der harmlosen Tragik meines Tragelaphen, mit Göthe zu reden.⁴³⁰ (NB. Rottmann hatte sich schon zur stilvollen Realschönheit herausgearbeitet, Preller blieb mit seinen Odyssee Bildern bei der Richtung und führte sie veredelt doch noch zum Siege; zu meiner Zeit war er aber noch nicht anerkannt. Dies beiläufig.) Uebrigens ist diese ganze Spezialität ein

---

429 Vgl. *GH II, 02.246.28–248.32*. – Vgl. *Brahm 1880a (CD)*.
430 Vgl. *Goethe an Schiller, 6.12.1797 (Goethe 1887, IV.12, S. 373)*, wo der Ausdruck Tragelaph (,uneinheitliches literarisches Werk, das man mehreren Gattungen zuordnen kann') *für* Faust *verwendet wird.*

Grundübel des Buches, weil sie ein zu abgelegenes Gebiet | ist und zu wenig Menschen interessiren kann.

[...]

14. 5. 1881   Friedrich Theodor Vischer an Keller

Verehrter Herr u. Freund!

Sie werden in Bälde das zweite Heft „Altes u. Neues" von der Verlagshandlung Bonz erhalten u. meinen Aufsatz über Sie darin wiederabgedruckt finden.[431] Ich schreibe Ihnen vorher, um einen äußerst lästigen Possen zu erklären, den mir der Zufall gespielt hat. – Ich hatte zuerst mit Weibert verhandelt u. es fehlte nur noch der Contract, als ich mit ihm zerfiel. Wodurch? erzähle ich Ihnen einmal gelegentlich. Er hatte mir die 3 ersten Hefte Ihrer neuen Aufl. des Grünen Heinrich geschenkt. Ich verschob das Lesen, bis das vierte da wäre. Ich contrahirte dann mit Bonz, der Druck begann, der Artikel über Sie kam dran. Ich hatte mich in die Annahme festgerannt, Weibert werde mir trotz unserem Zerfall den vierten | Band noch zugehen lassen. Er wußte, daß mein Artikel für das „Alte u. Neue" zum Wiederabdruck bestimmt war, also in seinem wie unserem Interesse lag, daß ich vom Erscheinen des vierten Bands schnell erfahre u. von der ganzen Umarbeitung Kenntniß nehme; auch blieb ja ihm wie mir, wenn er mir ihn vorenthielt, ein defektes Exemplar. In diesem Vertrauen sah ich mich gar nicht um, ob der 4. Band erschienen sei. Der Druck war schon bis gegen Schluß vorgeschritten, als ich zufällig erfuhr, daß dieß seit geraumer Zeit der Fall sei. Ich verschaffte mir ihn schnell, mußte ihn über Nacht überfliegen, das Frühere zu lesen war nicht mehr Zeit, u. so kein Ausweg, als mit dem „Zusatz" kümmerlich zu helfen.[432] – Pech! Pech!

[...]

15. 5. 1881   Theodor Storm an Keller[433]

[...]

Den 4 Thl Ihres „Grünen" habe ich seit meinem letzten Briefe auch gelesen und ohne | das Gefühl auch nur einer einzigen Länge; Sie haben – so

---

431   *Vgl. Vischer 1874 und Vischer 1881 (beide CD).*

432   *Vgl. die Nachbemerkung in Vischer 1881 (CD) mit einer kurzen Besprechung der neu hinzugekommenen* Seldwyla-Novellen *Dietegen und Das verlorene Lachen und des 4. Bandes von GH II.*

433   *Begonnen am 30.4.1881, fortgesetzt am 8.5.1881, beendet am 15.5.1881.*

viel sehe ich – resolut beschnitten, und dafür diese entzückende kleine Wienerin hineingebracht, die, wie Erich Schmidt – oder wer sonst – so hübsch sagt, „auf Liebe und Arbeit schwört".[434] Ich habe Alles mit dem tiefsten Behagen gelesen; das Allegorische in der Schädelgeschichte hat mich nicht gestört; die Anschauung des thatsächlich Gegebenen ist so kräftig, daß, wenigstens ich, das Allegorische darin beim Lesen nicht als etwas Beabsichtigtes, sondern als etwas aus dem Thatsächlichen beiher sich von selbst Ergebendes empfunden habe. *[...]*

In dem „Rundschau-Aufsatz"[435] hat mir das über Sie im Allgemeinen Ausgesprochene so wohl gefallen; über die Kritik des Grünen in specie, da ich die alte Ausgabe vor 25 Jahren und beim Schreiben meines Briefes von der neuen nur Bd III v. S. 120 an gelesen hatte, konnte ich kein Urtheil haben. Ich muß erst die ersten Theile der letzteren lesen, um Ihre Bemerkung, | ob Biographie oder nicht? übersehen zu können, was hoffentlich im Lauf des Sommers geschieht. Nur Eines möcht' ich bemerken, ohne zu wissen, ob darin etwas von einer Antwort auf Ihre Frage liegt: der Entwicklungsgang des Helden ist ein so individueller, daß die biographische Form nahe zu liegen scheint.

Das Kurze u. Lange der Sache bleibt aber jedenfalls, daß das letzte Drittel Ihres guten Buches doch erst durch die Umarbeitung was Rechtes geworden ist.

[...] Ich habe Ihren „Gr. H.", da ich zu Ende war, mit recht wehem Herzen fortgelegt, und ich saß noch lange, von dem Gefühl der Vergänglichkeit überschattet. Ihre liebsten Gestalten, der Grüne u. Julie, Landolph und Figura Leu,[436] lassen, wenn die späte Stunde des Glückes endlich da ist, die Arme hängen und stehen sich in schmerzlicher Resignation gegenüber, statt in resoluter Umarmung Vergangenheit u. Gegenwart ans Herz zu schließen. Das sind ganz lyrische, ich möchte sagen: biographische Ausgänge *[...]*

13. 6. 1881   Adolf Frey an Keller

[...] Ueber den grünen Heinrich habe ich ein paar Zeilen in das Sonntags-

---

434   Brahm 1880 (CD) *hebt die neu geschaffene Figur der* Münchener Näherin Hulda *hervor, deren ganze Existenz in Arbeit und Liebe* aufgehe.
435   *Vgl. Brahm 1880 (CD).*
436   *Gemeint sind Heinrich Lee und Judith, bzw. Salomon Landolt und Figura Leu aus* Der Landvogt von Greifensee *(Züricher Novellen 1878).*

blatt des Bund geschrieben;[437] hoffentlich sind Sie mit denselben nicht unzufrieden. *[...]*

28. 7. 1881 Keller an Friedrich Theodor Vischer

Zürich 28 Juli 1881

Hochverehrter Herr u Freund!

Ich bin wieder recht unverschämt und undankbar geworden mit meinem langen Zurückhalten der Antwort, das jedoch sehr unwillkürlich ist. Ich glaubte nämlich mit meinem Dankbriefe eine kleine Auseinandersetzung meiner Absicht bei Abänderung des Gr. Heinr. verbinden zu wollen, eh' Sie das Ganze gelesen hätten, kam aber dann natürlich von der Idee wieder ab. (Es ist mir mit dem Lebenlassen dieses Nichthelden gegangen, wie dem Bauer und seinem Sohne mit dem Esel, den sie zuletzt an einer Stange trugen, um es den Leuten recht zu machen.[438] Ein Herr Germanist sagte sogar, er werde sich an das alte Buch halten. Hieraus hab' ich ersehen, daß er auch dieses kaum gelesen hat, da er die Arbeit gar nicht merkte, die in der Revision liegt; denn es ist gewiß kaum eine Seite, die ohne Striche und Correkturen geblieben ist, und im Ganzen sind über 30 Bogen des alten Textes verschwunden. Das Weggeräumte ist aber wirklich Schutt!) |

Doch genug hievon. Hätt' ich eine Ahnung gehabt, daß der Verleger Ihnen die neue Ausgabe nicht vollständig zustellte, so würde ich es sofort von mir aus gethan haben. Nun habe ich freilich über meine 12 Exemplare verfügt. Weibert hatte schon vor Jahr und Tag mich glauben lassen, daß Sie selbstverständlich das Buch direkt von ihm erhalten würden. Die Flegelei wirft ein seltsames Licht auf seine Gepflogenheiten; ich wäre wirklich neugierig zu erfahren, welcher Natur Ihr Zerwürfniß mit ihm gewesen ist.

Es thut mir nun leid, daß Sie für den Wiederabdruck und die Abrundung Ihrer wohlwollenden Arbeit das Material nicht rechtzeitig erhielten; denn immerhin trage auch ich einen Theil der Schuld, indem ich den vierten Band erst im vorigen Herbst abgeliefert habe, während ich für die Verschleppung vor mir selbst doch Entschuligung finde. Die nahen Beziehungen zum eigenen Leben, die Schwere desselben und der verflossenen Decennien drückten mir eben auf den Kiel. *[...]*

---

437 *Vgl. Frey 1881 (CD).*
438 *Vgl. oben, Anm. 397.*

29. 7. 1881   Keller an Adolf Frey

[…]
 Ihren wohlwollenden Artikel über den Gr. Hch. im Bund habe ich gelesen und auch zugeschickt bekommen und danke Ihnen schönstens für das Annehmbare darin. Unannehmbar | sind gewisse superlativische Wendungen des Lobes. Dergleichen ist nicht sagbar und ist auch niemals wahr, weder hier noch dort, und sieht aus, als ob sich Einer lustig mache über Einen.
 […]

10. 9. 1881   Julius Rodenberg an Keller

Berlin, W., den 10. Sept. 1881.
Mein verehrter und lieber Freund!

Ich habe mich in den letzten vier Wochen so viel mit Ihnen beschäftigt, habe so ganz in Ihnen u. mit Ihnen gelebt, habe so viele schöne Stunden durch Sie gehabt u. so manchen guten Gedanken mit Ihnen gedacht, dß ich jetzt, wo ich in langsamer u. gegen den Schluß hin immer mehr zögernder Lectüre den „Grünen Heinrich" zu Ende gelesen habe, nicht anders kann, als Ihnen ein Wort des Dankes und der Freude über das wahrhaft schöne Buch zu sagen. Es ist solch ein Buch, dessen Besitz Einen glücklicher macht u. es wirkte auf mich wie ein ganz neues. Denn was mir aus der ersten Bearbeitung gegenwärtig war, diente nur dazu, die Vortrefflichkeit dieser zweiten in ein noch helleres Licht zu setzen. Ich spreche nicht einmal von der künstlerischen Erhöhung des Buches, sondern halte mich nur an das epische Moment u. die Lebenswahrheit, die mir in einem gewissen Sinne noch darüber gehen. In diesem Sinne bringt der Abschluß der zweiten Bearbeitung, das Positive, welches darin zur Geltung kommt, uns das Werk u. seinen Helden ganz anders nahe; wir stehen in einem natürlicheren u. sympathischeren Verhältnis zu diesem grünen Heinrich, als zu jenem früheren, u. alle gelehrte Faselei über die relativ höhere Berechtigung des tragischen Abschlusses wird mich nicht daran irre machen, dß die Vernunft u. die Wahrheit das absolut Berechtigte sind, so im menschlichen Leben wie in der Dichtung.
 Was Ihr Buch in den vier Wochen, in denen ich es las, mir war u. was es mir in der Nachwirkung u. Erinnerung immer bleiben wird, kann ich Ihnen mit wenigen Worten u. in einem Briefe schwer sagen. Denn es hat mich so tief u. von so vielen Seiten erfaßt, es hat mich so sehr bereichert in meinen künstlerischen u. Lebensanschauungen, es hat mich glücklich u. besser gemacht. Halten Sie mich nicht für eitel, wenn ich | Ihnen sage, dß es

mich auch in mancher eigenen Ansicht in Bezug auf Beides, das Leben u. die Kunst, bestätigt oder bestärkt hat, u. mir dadurch nur um so lieber geworden ist. Manchmal konnte ich gar nicht weiter lesen vor Entzücken, sondern bin aufgesprungen u. habe es auf den Tisch geworfen, um in der Stube umherzulaufen u. mich zu freuen. Wissen Sie, wo mir ein Solches zb. passirt ist? Da, wo dem armen verschüchterten Vöglein Agnes in der Gesellschaft des grünen Heinrich u. der vier wackren Musikanten, des Gottesmachers, des Bergkönigs u. der beiden Glasmaler allmälig wieder wohl wird u. es gleichsam leise wieder zu zwitschern anfängt. Des Mädchens unschuldiger Trinkspruch: „Alle guten Menschen sollen leben!"[439] hatte mir plötzlich klar gemacht, warum auch mir so unendlich wohl war während der ganzen Zeit, dß ich Ihr Buch las. Die Milde, die Weisheit, die Gerechtigkeit, die Freiheit von Illusionen, die reine Lust am Schönen, das bescheidene Behagen an den guten Dingen dieser Welt, u. über diesem Allem, wie weiche, feuchte Herbstesmorgenluft ein Humor, der Einem die Seele erfrischt u. erquickt – wer möchte nicht gern in einer solchen Athmosphäre athmen, u. wer, wenn er nun endlich aus diesen Höhen wieder herniedersteigen muß, empfände nicht Heimweh, wie nach einem jener stillen, grünen Thäler Ihrer | Heimath, welche Sie so wunderbar in Ihrem Romane geschildert haben? Doch das Erste u. das Letzte, was demselben seine hochragende Bedeutung verleiht, ist der Felsgrund von Wahrheit, auf dem das Buch gebaut ist. Ich will es Ihnen nur gestehen, dß ich zuweilen einen ordentlichen Schrecken u. Schauer empfand vor der Unerbittlichkeit, Härte, ja Grausamkeit dieser Wahrheit, wie es dem Wanderer wol auch ergehen mag in den gewaltigen Felsregionen Ihres Landes, unter dem ewigen Eis u. Schnee. Solch ein Gefühl der vollkommenen Trostlosigkeit u. Einöde hatt' ich zuweilen mit Ihnen; u. solche Anblicke u. Augenblicke der Verzweiflung u. Reue, wie das Leben des grünen Heinrichs, hat ja das Leben jedes Menschen. Nur hat nicht jeder Mensch den sittlichen Muth u. die Wahrheitsliebe des grünen Heinrichs. Aber er ist ein guter Führer für Diejenigen, die nach Wahrheit u. Freiheit streben; u. damit drück' ich Ihnen die Hand für dieses Buch, welches ich zu den besten, zu den bleibenden zähle. –

Sie wundern sich vielleicht, dß ich erst so spät dazu gekommen bin, es zu lesen, da Sie wol wissen, dß es nicht aus Theilnahmslosikeit geschehen ist. Aber ich wollte vollkommene Ruhe dazu haben u. mir einen Feiertag daraus machen. [...]

---

439   Vgl. GH II, 02.231.12.

29. 9. 1881   Keller an Hans Weber

Zürich 29 IX. 81

Höchst respektabler und geliebter Freund! Um dich für Dein Wohlverhalten in der bekannten Rekurssache⁴⁴⁰ bescheiden zu prämiren, übersende ich Dir die rückständigen 2 Bände des Grünen Heinrich, welcher Dich bestens grüßt und auf dein Votum hin einen halben Liter a tempo gestürzt hätte, wenn er nicht eine einbalsamirte Bestie wäre.

Als es neulich im Waadtlande so hagelte, dacht ich gleich an Herrn Roguin,⁴⁴¹ ob er gehagelt sei mit seinen Weinbergen? Ich hörte aber, daß es ihn nicht getroffen habe, wozu ich ihm Glück wünschte; denn auch er ist | ein gerechter und muthiger Richter. Ueber diesen Gegenstand das anderletzte Capitel meiner Offenbarung, Band 4, Seite 344, alinea 3.⁴⁴²
[...]

3. 10. 1881   Hans Weber an Keller

Lausanne 3. Oct. 1881.

Mein lieber Gottfried!

Besten Dank für die zwei Bände des verjüngten grünen Heinrichs, die ich mit Wohllust genießen werde. Und nicht minder freut mich dein Leumundszeugniß, das Du dem Bg.⁴⁴³ ausgestellt hast. *[...]*

27. 12. 1881   Wilhelm Petersen an Keller

[...] In der Frühe der beiden Festtage gingen wir zunächst hinaus in die Natur und hockten dann vor dem hellen Ofen beim Lampenschein unsere Lieblingsbücher lesend. Ich hatte mir natürlich den Grünen Heinrich hervorgeholt und las meine besten Kapitel | und Stellen recht andächtig wieder und wieder bald im alten, bald im neuen Buche. Ich kann wirklich nicht

---

440   Betrifft das vom Zürcher Regierungsrat am 11.6.1881 ausgesprochene und von der Mehrheit der Kantonsratskommission unterstützte Verbot des auf den 2.9.1881 in Zürich angesetzten sozialistischen Weltkongresses. Eine Gruppe von Zürcher Sozialisten und die Minderheit der Kantonsratskommission erhoben Rekurs dagegen beim Bundesgericht. Die Bundesrichter wiesen beide Rekurse am 24.9.1881 ab, nach längerer Diskussion darüber, ob die in Art. 3 der Zürcher Kantonsverfassung gewährte Versammlungsfreiheit auch Ausländern zustehe. Sowohl Hans Weber wie Jules Roguin votierten für die Abweisung (vgl. Neue Zürcher-Zeitung, Nr. 267, 25.9.1881).
441   Jules Roguin (1823–1908), Jurist, 1874–1880 Bundesrichter.
442   Vgl. GH II, 03.245.17–245.22.
443   Bg. = Bundesgericht.

umhin, Ihnen nochmals herzlich für das Buch zu danken. Es ist ein wahrer Quickborn, von unvergänglichem Reize, eine ganze Welt von Tiefe, Gesundheit und Anmuth. Es ist ein trauriges Zeichen unserer Zeit, daß das Buch nicht seine hundertste Auflage schon erlebt hat. *[...]*

8. 6. 1882 Conrad Ferdinand Meyer an Keller

Kilchberg bei Zürich
8. Juni 1882.

Verehrter Herr,

ich muß Ihnen doch mit einer Zeile sagen, welches Vergnügen mir der Artikel in der Rundschau gemacht hat.[444] | Ich finde ihn richtig, (die Controverse über den Ausgang des gr. Heinrich vorbehalten, wo ich, wenn ich wählen müßte, für einen glücklichen incliniren würde) gescheidt und verhältnißmäßig vollständig. Die wesentlichen Züge sind, mir scheint, quasi endgültig | hervorgehoben. Da wird Frey geholfen haben. *[...]*

26. 10. 1882 Keller an Conrad Ferdinand Meyer

[...]
Auf Ihre freundlichen Zeilen | anläßlich des Brahm'schen Rundschau-Artikels hab' ich die Antwort verduselt und versäumt; es ist in dieser Art Situation immer kritisch, sich angemessen auszudrücken. Die jüngste Generation der gebildeten Kritik verhält sich den Produktiven gegenüber mit Pietät und Wohlwollen in etwas übertreibendem Maße, nimmt dagegen eine so herrschende Stellung zu ihren „Objekten" in Anspruch, daß sich das Unabhängigkeitsgefühl wiederum dagegen sträubt. Man wünscht doch auch etwas oder meint etwas davon zu wissen, wie es zu und her gegangen ist. Deswegen soll nun aber | Undank nicht der Welt Lohn sein, und so hält man schließlich am liebsten das Maul. Mir scheint, man tut in diesem Punkte am besten, wenn man weder schürt noch löscht, weder bettelt noch brummt.
[...]

---

444   *Vgl. Brahm 1882 (CD).*

Dezember 1882   Robert Ottensoser an Keller[445]

Herrn Dr. Gottfried Keller in Enge b/Z.
Geehrter Herr!

einer Ihrer Verehrer, ein mir lieber Freund in Westfalen, welcher die neue
Ausgabe Ihres „Grünen Heinrich" besitzt, wünscht sehr auch ein Exemplar
der ersten Auflage zu besitzen, und wendet sich an mich mit der Bitte ihm
ein solches zu verschaffen. Meine Bemühungen in dieser Richtung waren
bisher vergebens. So erlaube ich mir denn mich an | an Sie selbst zu wenden
mit der höflichen Bitte mir womöglich mittheilen zu wollen ob u wo mein
Freund vielleicht zur Erfüllung seines Wunsches gelangen kann. –

Indem ich Ihnen im Voraus meines Freundes u meinen verbindlichsten
Dank ausspreche verharre ich

hochachtungsvoll Ihr
ergebener
Dr. j. Robert Ottensoser.

24. 12. 1882   Keller an Robert Ottensoser[446]

Hottingen 24 XII 82

Geehrter Herr

Ich bedaure sehr, Ihnen mit einem Exemplare des alten Gr. H. oder mit der
Nachweisung eines solchen zur Zeit nicht dienen zu können. Eine Anzahl
defekter Exemplare, die ich vor ein par Jahren aus dem früheren Verlage
hatte an mich ziehen müssen, um frei zu werden, habe ich sofort verheizt,
um sie aus der Welt zu schaffen. Es müssen aber in hier und Umgebung noch
manche vorhanden, die gewiß etwa auszutauschen | wären; sobald ich auf
eine derartige Spur gerathe, werde ich an die Sache denken.

Hochachtungsvoll ergebenst
Ihr G Keller

25. 12. 1882   Conrad Ferdinand Meyer an Keller

[...]
Ich öffne den Brief noch einmal, um Ihnen zu sagen, daß ich eben – wir
hatten unsere Bescheerung – zu meinem Christkindchen Ihren „grünen

---

445   *Robert Ottensoser (1822–1890), Jurist aus Breslau, in Zürich eingebürgert.*
446   *Adressat erschlossen.*

Heinrich", d. h. das Exemplar, welches H. Oberst Ziegler[447] gehörte u. in das er seinen Namen vorn eingeschrieben, erhalten habe.

Christtag, spät.

25. 12. 1882 Wilhelm Petersen an Keller

[...] das ganze Jahr habe ich den grünen Heinrich nur von der Seite angeschaut, ich wollte ihn erst in den drei Tagen wiedersehen. Gestern morgen vor 6 Uhr stand ich mit den Kindern auf; wir strichen eine halbe Stunde durch die köstliche Morgenluft, dann wurde in Hast Kaffe getrunken, um vor dem hellen Ofen beim Lampenlicht noch eine Stunde unsere Herzensbücher zu lesen. Eine Stunde las ich im Heinrich, dann schmolz das Herzeleid, wie der Schnee vor dem südlichen Märzhauche, ich fühlte reine herzhafte Festfreude und segnete den, der das Buch geschrieben und es mir zu einer glücklichen Stunde geschenkt hatte. [...]

Auch der 2te und 3te Festtag waren sehr schön und behaglich. Die Morgenstunde den Heinrich im Munde und dann weiter in rechter und echter Stimmung. Ich muß aber sparsam mit ihm umgehen, denn wenn auch gute Freunde bei näherer Bekanntschaft nur gewinnen, so ist doch die Kopf zurechtsetzende Wirkung davon abhängig, daß man nicht alle Tage sich sieht.

[...]

27. 12. 1882 Josef Viktor Widmann an Keller[448]

[...]

Seither habe ich allabendlich ein gedankenvolles Stündchen bei Ihrem Roman zugebracht u mir gesagt, was dieses Buch noch Alles ausrichten wird, wenn erst größere Massen | erfahren, welche Schätze von Lebensweisheit darin stecken. Als ich's vor ungefähr fünfzehn Jahren zum ersten Male las, wie Vieles habe ich damals übersehen, das mich jetzt mit Erstaunen erfüllt. Es ist ein Buch, aus dem wir und die Nachkommen noch lange lernen können und das erst spät so absorbiert sein wird wie etwa heut zu Tage Wilhelm Meisters Lehrjahre es sind. Nach Neujahr gedenke ich darüber in meiner Zeitung etwas zu schreiben;[449] nur bedaure ich dabei, daß es keine

---

447 *Eduard Ziegler (1800–1882), C. F. Meyers Schwiegervater und als Regierungsrat einst Kellers Vorgesetzter, am 21.8. verstorben.*

448 *Josef Viktor Widmann (1842–1911), Schriftsteller, Verehrer Kellers, Feuilletonredakteur des Berner* Bund.

449 *Vgl. Widmann 1883 (CD).*

still gereifte Arbeit sein kann, wie sie z. B. ein zurückgezogener Professor anfertigt, sondern daß sie die Spuren der Danaiden-arbeit am täglich auslaufenden Zeitungsfasse nur zu deutlich tragen wird.
[...]

30. 12. 1882   Keller an Ida Freiligrath

[...]
Ich habe s. Z. mit Freuden Ihre Ferdinandische Nachlaßedition gelesen,[450] freilich nicht aus der Hand des Verlegers, der ein etwas wunderlicher u launischer | Heiliger zu sein scheint. Er hat dem Professor Vischer in Stuttgart die erste Hälfte meines grünen Heinrich meinem Wunsche gemäß d. h. von den vertraglichen Freiexemplaren geschickt, die zweite ihm aber vorenthalten, so daß er das Buch nicht mehr rechtzeitig lesen konnte, um einen älteren Aufsatz über dasselbe zu ergänzen.[451] Das sind doch kuriose Gewohnheiten für einen Verleger; wahrscheinlich macht er es öfters so.
[...]

2. 1. 1883   Keller an Conrad Ferdinand Meyer

[...]
Daß mein hochverehrter sel. Vorgesetzter Herr Obrist Ziegler den Grünen Heinrich besessen hat, verwundert mich gewiß ebenso sehr, als der Inhalt Ihn stellenweise verwundert haben mag, und ich glaube fast sein stilles Kopfschütteln zu sehen. Sollte es die alte Ausgabe sein und Sie die neuere noch nicht haben, so würde es mich freuen, es zu erfahren. Es sind noch ein par Exemplare da, von denen ich nicht | weiß, wem ich sie nicht geschickt habe; denn das Versenden der Bücher verleidet mir immer mehr, d. h. wenn es auf einmal geschehen soll.
[...]

8. 1. 1883   Conrad Ferdinand Meyer an Keller

[...]
Ihr freundliches Anerbieten des „Gr. Heinrich" – darf ich es annehmen?

---

450   Ferdinand Freiligrath's gesammelte Dichtungen. Neue, sehr vermehrte und vervollständigte Auflage. *[...]* Stuttgart. G. J. Göschen'sche Verlagshandlung. 1877. 6 Bde (ZB: 42.575).
451   Vgl. *Vischer an Keller, 14.5.1881 (Dok).*

Legen | Sie mir ein Ex. bei Seite, welches ich dann persönlich bei Ihnen abhole?
[...]

9. 1. 1883   Wilhelm Petersen an Keller

Schleswig 9 Jan. 1883.
Ich habe in den Festtagen so viel mit Ihnen, verehrter Freund, mich beschäftigt, daß ich nothwendig Ihnen schon wieder einige Zeilen senden muß. Zuerst: der Schluß des Heinrich, den ich mit großer Aufmerksamkeit wieder gelesen habe, ist – was auch Andere sagen mögen – die schönste und befriedigendste Lösung. Dieses freie Zusammenleben der Judith und des H. ist so reinlich und zweifelsohne, so frei von philiströser Schlacke, daß ich wieder und wieder mit dem größten Behagen diesem Stück Menschenleben gefolgt bin. *[...]*

10. 1. 1883   Keller an Conrad Ferdinand Meyer

Zürich 10 I 83
Es wird mir, verehrter Herr, sehr zur Genugthuung u Annehmlichkeit gereichen, Sie bei mir sehen zu dürfen. Das hindert aber nicht, daß ich Ihnen das Buch vorher zustelle, damit Sie den unbequemen Wälzer nicht noch in der Stadt herum schleppen müssen. *[...]*

11. 1. 1883   Conrad Ferdinand Meyer an Keller

Verehrter Herr,

das nenne ich einmal ein Geschenk! Der Meier wird Ihnen, soviel an ihm liegt, so viel Freude machen, als Ihnen in jungen Jahren der „Meierlein"[452] | Verdruß bereitet hat. Ohne Scherz, Ihr gr. H. ist mir schon deshalb wertvoll u. unentbehrlich weil er mir die Zeit und den Boden erklärt, auf welchem auch ich gewachsen | bin.
[...]

13. 1. 1883   Keller an Wilhelm Petersen

[...]
Ihr gemächlicher Grünheinrichskultus ersetzt mir jedesmal in der kalten

---

452   Vgl. *GH II*, *01.142.24–160.23*.

Neujahrszeit ein Gläschen Kirsch; es wärmt und schadet wol Niemandem etwas. Der neue Schluß ist indessen jedenfalls | besser als der frühere. Nur hat er etwas zuviel von dem Inhalt, den die meisten nicht gleich verstehen. Es ist wie mit dem Brot, das sie nicht heiß fressen können.
[...]

13. 1. 1883   Keller an Josef Viktor Widmann

[...]
Daß Sie sich mit meinem Romane zuweilen beschäftigen, gereicht | mir zur großen Genugthuung, nachdem ich das ausgewachsene Gesträuch gesäubert und gestutzt habe. Das Höhenniveau, das Sie ihm literarisch vergönnen möchten, kommt dem Buche schwerlich zu, da es auch jetzt noch zu gemischt ist in seinen verschiedenen Qualitäten, und namentlich zu dick.
[...]

16. 1. 1883   Josef Viktor Widmann an Keller

Bern, d. 16. Januar 1883.
Verehrtester Herr und Freund!

Die eben heute im „Bund" beginnende und am Donnerstag abschließende Besprechung Ihres Romans[453] will ich Ihnen am Donnerstag unter Postband zusenden, möchte Sie aber heute schon bitten, den guten Willen mehr in Betracht zu ziehen als das Geleistete. Es ist mir Manches unter der eilenden Feder ein wenig anders herausgekommen, als ich's eigentlich hätte sagen mögen, wie das so geht, wenn man einen derartigen Artikel auch dem bloßen Bedürfnisse der Zeitung zu Liebe schreiben muß. Vielleicht sind Sie auch nicht ganz damit einverstanden, daß ich im dritten Artikel einige prononcirt unkirchliche Stellen aus Ihrem Buche abdrucke; aber hier kam es mir wirklich innerlichst darauf an, einmal recht deutlich darzustellen, wie die Ersten in allem Volk denken, ja geradezu den höchsten Trumpf auszuspielen, den ich kenne, und das Vollkommenste, das nach dieser Richtung gesagt worden ist, durch Abdruck in einer Zeitung zur Tagesangelegenheit zu machen.
[...]

---

453   *Vgl. Widmann 1883 (CD).*

18. 1. 1883 Holger Drachmann an Keller[454]

Roskilde. Dänemark.
18 Januar 83.

Hochgeehrter Herr.

Schon lange habe ich Ihnen schreiben wollen, indem ich voll Bewunderung Ihrer Arbeiten mich vorgenommen habe mit meiner Frau zusammen, deren Erziehung hauptsächlich deutsch ist, Ihren Roman „Der grüne Heinrich" ins Dänische zu übersetzen. Erst kürzlich habe ich einen Verleger gefunden, der sich nicht durch den geringeren Erfolg Ihrer zwei ersten Novellen – unter des Herrn Dr. G. Brandes' Auspicien[455] – habe abschrecken lassen Sie aufs Neue, und zwar mit Ihrem so bedeutlichen Werke, bei unserem kleinen mit süddeutschem Sinn und Gemüth nahe verwandte Volke einzuführen. |
 Ich bitte Sie mir Ihre Autorisation zu der Übersetzung mitzutheilen.
 Unsere Verhältnisse sind so diminutiv verschränkt, daß *es* kaum ein Verfasserhonorar für den Dichter übrig wird. Indessen hoffe ich, daß „Der grüne H." sich einen so großen Leserkreis gewinne, daß eine zweite Auflage der Übersetzung erscheinen wird. In diesem Falle werde ich mich jedenfalls für Sie bei meinem Verleger ein Verfasserhonorar bedingen; freilich wird dies Ihnen nicht so viel Gold einbringen, wie treue Freunde Ihres Genius hier im dänischen Liliput-Lande es wünschen möchten.
 Ich weiß nicht, ob Ihnen mein Name vielleicht durch den Herrn Dr. G. Brandes bekannt ist. Man beehrt mich in literarischen Kreisen mit dem Titel: der größte jetzige Lyriker im skandinavischen Norden, einen Titel, den ich mir mit Deutschlands jetzigem größten Prosaisten Gottfried Keller | vertauschen möchte.
 In Erwartung einiger Zeilen von Ihnen, verbleibe ich mit Bewunderung und Hochachtung

Ihr ergebener
Holger Drachmann

An den Dichter Gottfried Keller Zürich.

---

454 *Holger Drachmann (1846–1908), dänischer Schriftsteller, Lyriker.*
455 *Schweitsernoveller af Gottfried Keller. Paa Danks ved G. Brandes. København. Forlagt af den Gyldendalske Boghandel (F. Helgel). [...] 1875 (ZB: 42.677); darin: Romeo und Julia auf dem Dorfe und Das Fähnlein der sieben Aufrechten. – Vgl. auch HKKA 21, S. 73–76.*

26.1.1883 Ida Freiligrath an Ferdinand Weibert

[...]
Ich erhielt kürzlich einen Brief von G. Keller,[456] der mir auch erfreut über das „Nachgelassene" schreibt. Doch klagt er, daß er es nicht aus den Händen des Verlegers bekommen habe, u. führt auch sonst Klage über Sie, besonders daß Sie dem Prof. Vischer die erste Hälfte des grünen Heinrich geschickt, aber die zweite ihm vorenthalten haben, so daß er das Buch nicht mehr rechtzeitig lesen konnte, um einen älteren Aufsatz über dasselbe zu ergänzen. | Es thut mir leid daß ich Sie nicht gebeten habe, Keller 1 Ex. zu senden, u. es thut mir auch leid, daß Sie sich beide so mißverstehen. Wahrscheinlich kommen seine gesammelten Gedichte, von denen er meiner Schwester schreibt, auch in anderm Verlag heraus. Dichter sind ein leicht verletzliches Völkchen.
[...]

28.1.1883 Keller an Holger Drachmann[457]

Zürich 28 Januar
1883
Ihren so freundlichen und für mich allzu schmeichelhaften Brief, hochgeehrter Herr, habe ich mit einiger Ueberraschung empfangen, da es mir doch ein gewagtes Unternehmen scheint, mein vierbändiges Roman-Ungeheuer in Dänemark einzuführen, nachdem Herr Brandes mit zwei Novellen[458], in denen kein tendenziöses Wort steht, so unglückliche Erfahrungen machte, während besagter dicker Roman ein Compendium von allerhand Tendenzen ist oder wenigstens von gewissen Leuten dafür gehalten werden kann. |
Wollen Sie mit Ihrer Frau Gemahlin das Abenteuer wirklich bestehen, so wünsche ich Ihnen sowie dem Verleger Glück auf den Weg, und habe meinerseits keine andere Bemerkung zu machen, als dass ich voraussetze, es werde die neue Ausgabe des Grün. Heinr. (Stuttgart 1879) der Uebersetzung zu Grunde liegen.
[...]

---

456 Vgl. Keller an Ida Freiligrath, 30.12.1882 (Dok).
457 Ganzer Brief in lateinischer Schreibschrift.
458 Vgl. oben, Anm. 455.

21. 2. 1883   Keller an Josef Viktor Widmann

Verehrter Freund.

Es ist wieder spät geworden, bis ich dazu komme, Ihnen für den Grün-Heinrichs-Artikel[459] meine Dankesschuld abzutragen. Ueber das Maß, mit welchem Sie Zustimmung und Lob erteilen, will ich nicht mit Ihnen rechten, da es doch nichts nützt und die Wahrheit schon an den Tag kommen wird. Speziell werden die Staatsmänner und Pädagogen gelächelt haben über die Weisheit, die Sie dem Buche vindiciren.

Der theologische Passus, den Sie citirt haben,[460] machte mir nicht viel Zahnschmerz. Strauß, der ehemalige König aller Frei-Christen, hat ja circa zwanzig Jahre später in seinem Alten u neuen Glauben ziemlich das gleiche gesagt, was er freilich auch etwas | früher schon hätte entdecken dürfen.
[...]

24. 2. 1883   Keller an Wilhelm Hertz[461]

[...] Ueber den ebenfalls in diesem Verlage[462] erschienen Roman „der grüne Heinrich" (1854) war auch kein Contrakt, sondern nur eine Reihe von Briefen vorhanden und die darin zerstreuten Bedingungen heben sich zum Teil auf. Dieser Roman war auch seit mindestens 4 Jahren nicht mehr erhältlich, als mehrere Verleger sich um eine neue Ausgabe bewarben. Zwei davon (Grote in Berlin u Göschen in Stuttgart) wandten sich zuerst an Vieweg um Abtretung des vermeintlichen Verlagsrechtes; beiden gegenüber erklärten die V. sich bereit, dasselbe gegen 800 M. abzutreten, worauf man an mich gelangte. Ich protestirte natürlich gegen ein solches Verfahren. (Unter anderm, als Göschen mir schrieb, forderte ich ihn d. h. Herrn Weibert auf, sich von Vieweg doch die Bestimmung, auf die er sich berufe, nachweisen zu lassen, worauf er die | Auskunft erhielt, es handle sich um § 4 des Contraktes von dem u dem Tage; es existirte aber weder ein paragraphirter Contract,

---

459   *Widmann 1883 (CD).*

460   *Widmann 1883 zitiert als Beleg für Kritik an* Kirchenthum und Geistlichkeit *und für sittliche Weisheit die folgenden Romanpassagen: GH II, 01.336.13–337.27 (Konfirmationsunterricht), 01.337.10–26 (Sündhaftigkeit), 01.338.19–339.08 (Glauben), 03.188.01–27 (Gemütsruhe).*

461   *Wilhelm Hertz (1822–1901), mit seinem Sohn Hans zusammen Leiter des Hertz-Verlags in Berlin, seit seiner Bewerbung um das* Sinngedicht *(6.11.1880) mit Keller in Verbindung. Im November 1881 war das* Sinngedicht *in seinem Verlag erschienen.*

462   *Die Bemerkung schließt an vorangegangene Auskünfte Kellers an über die Bedingungen, unter denen die* Neueren Gedichte *(1851) bei Vieweg erschienen waren.*

noch war an dem bezeichneten Tage auch nur ein Brief geschrieben worden!) Kurz, Hrn Vieweg's standen schließlich ab, rückten aber mit der Nachricht heraus, daß noch 100 Exemplare vorhanden seien, von denen durch Nässe der 4$^{t.}$ Band zu Grunde gegangen. Diesen 4$^{t.}$ Band seien sie berechtigt, neu herzustellen, um die hundert zu verkaufen, wenn ich dieselben nicht übernehmen wolle; Göschen riethen mir zwar ab, weil es den V.'s gewiß nicht einfalle, den fehlenden Band (32 Bogen) neu zu drucken. Um aber ein Ende zu machen und nicht eine Jahrelange Störung zu erleiden, ging ich darauf ein und mußte nun nahezu den zuerst für das Verlagsrecht geforderten Betrag schwitzen, wogegen ich 100 großentheils beschmutzte und abgestoßene Exemplare meines | Erzeugnisses erhielt, die ich in den Ofen steckte.

[…]

Bezüglich des Grünen Heinrich muß ich noch nachholen, daß Vieweg u Sohn sich während der Controverse bereit gezeigt hatten, selbst eine neue Auflage zu machen, aber doch nicht auf dem Rechte derselben bestanden, als ich es ablehnte.

[…]

3. 9. 1883 Holger Drachmann an Keller

p. t. Antwerpen.
3 Septbr 83.

Lieber Hr. Gottfried Keller.

Ihnen meinen besten Dank für die freundliche Antwort meines ersten Briefes bringend, kann ich hiedurch mittheilen, dass der erste Theil des „Gr. Heinrich" (die ersten zwei Bände) im Laufe eines Monats auf Dänisch erscheinen wird – (die zwei nächsten Bände werden als Schluss vor Weihnachten folgen).[463]

Wie ich Ihnen gewiss schon damals schrieb, möchte ich diesen ersten Theil des Romanes mit einem Vorwort sehr warm begleiten, worin ich die Bedeutung dieses Werkes der grossen europäischen Literatur und der eigenen nordischen besonders aus einander setzte.

Eine solche Vorrede (zwar von einem Dichter und nicht von einem Kritiker geschrieben) würde mir indessen leichter | fallen, auch dadurch mehr Bedeutung für meine Landsmänner bekommen, wenn ich durch Ihre eigene Hand einige biografischen Notitsen empfänge, so wie überhaupt solche Auskünfte, die Sie Ihrem nordlichen Publikum vorgelegt wünschen möchten.

---

463   *Vgl. unten, Anm. 472.*

Aus eigener Erfahrung weiss ich, wie ungern man Solches thut; in diesem Falle möchte ich mir es doch als einen besonderen persönlichen Gefallen gegen einen Kollegen, der sich wohl als Ihren Geistesverwandte nennen darf, ausbieten.

In Otto Brahms „Essay" habe ich nicht viel mehr gefunden, als was ich mir schon selbst durch das Lesen Ihrer Werke habe sagen können.

Möchten Sie zu dieser ersten Güte noch eine andere fügen? – mir Ihre Photographie zu schicken. Wir haben bei uns ein illustrirtes Wochenblatt, das sowohl in literarischer als in künstlerischer Beziehung sehr hoch steht; | dort wünsche ich vor dem Erscheinen des ersten Theiles der Uebersetzung Ihr Bild und eine Einleitung aufgenommen zu haben.

[…]

12. 9. 1883 Keller an Holger Drachmann[464]

Zürich 12 Sept. 83.

Verehrter Herr!

Sie haben also wirklich mein dickes Buch auf allen seinen vier Füßen nun übersetzt, was dasselbe sich bei seiner Entstehung nicht hat träumen lassen.

Leider ist das Ereigniss für mich mit einem Schrecken begleitet wegen des biographischen Scriptum's, das Sie von mir verlangen; denn trotz der Ausnahms-Berechtigung, welche Sie für sich haben, ist man mit 64 Jahren nicht mehr in der Stimmung, diese verfluchte Stylübung immer wieder auf's Neue anzustellen.

Ich bitte daher um gütige Entschuldigung, wenn ich mich möglichst kurz fasse, um nicht doch im Geschäfte stecken zu bleiben, und ich ersuche Sie zugleich, von dem Geschreibsel keine Anwendung <u>verbotenus</u>[465] machen zu wollen.

Ich bin 1819 in Zürich geboren, als Sohn eines jungen Handwerksmeisters, der starb, als ich kaum 5 Jahre zählte, und der Wittwe die Sorge für zwei Kinder hinterließ. Bis zu meinem | fünfzehnten Jahre vermochte mich die Mutter in den Schulen zu halten; neue Lasten und die Ungewißheit der Zukunft auf sich zu nehmen, zögerte sie dennoch nicht, als ich nun ohne weiteres erklärte, ein Maler werden zu wollen. Theils bei unzulänglichen Lehrern, teils ganz auf mich selbst gestellt, verbrachte ich die Zeit bis zum zwanzigsten Jahre, wo ich mit wenig Mitteln als angehender Landschafter

---

464 *Ganzer Brief in lateinischer Schreibschrift.*
465 verbotenus = *wörtlich.*

nach München ging, um mich auszubilden. Ohne an ein gutes Ziel gelangt zu sein, kehrte ich nach ein par Jahren zurück und verfiel im Wechsel der Gemüths-Stimmungen und des geistigen Suchens auf das Niederschreiben lyrischer Gedichte, deren Publication von ältern Gönnern veranlaßt wurde, die sich gefunden hatten. Erst jetzt bildete ich mich literarisch besser aus und erhielt endlich ein Staats-Stipendium zum Besuche der Universität Heidelberg, wo ich drei Semester blieb, und zu einem Aufenthalte in Berlin, wo ich den „Grünen Heinrich" schrieb, sowie den ersten Band der „Leute von Seldwyla".

Später übernahm ich ein öffentliches Amt, dasjenige des Staatsschreibers des | Cantons Zürich, welche Stelle ich während einer längeren Reihe von Jahren bekleidete, bis ich sie im Jahre 1876 niederlegte, um mich ausschließlich schriftstellerischen Arbeiten zu widmen.

Was den autobiographischen Roman „der grüne Heinrich" betrifft, so ist es leicht ersichtlich, dass es sich um den eigenen Lebensgang des Verfassers handelt, d. h. in den Grundzügen der inneren Erfahrung, wobei die novellistische Erfindung und Abrundung dem Leser nicht verborgen ist. Jedoch ist in's besondere zu bemerken, dass z. B. die Kinder- und Schulgeschichten in den Hauptmotiven fast sämmtlich erlebt, während alle erotischen resp. Liebessachen des Buches freie Novellen ohne biographische Grundlage sind. Die Mutter, welche im Romane am Schlusse aus Kummer stirbt, ist in Wirklichkeit erst im hohen Alter bei mir auf der Staatskanzlei zu Zürich gestorben u. s. w. Eben so ist in der neuern Ausgabe des kritisch überarbeiteten Buches der schlecht motivirte frühe Tod des Helden s. v. v. weggefallen. |

[...]

25. 9. 1883   Keller an Theodor Storm[466]

[...]

Zu Ihrem dänischen Uebersetzungsvergnügen[467] gratulire ich bestens; ich bin auf einer ähnlichen Station angelangt, da der Däne Holger Drachmann den Grünen Heinrich übersetzt hat, dessen Ausgabe im October beginnen soll. Ich bekomme aber nichts dafür, wogegen ich auch keine Arbeit zu leisten habe, was schon wegen Unkenntniß der Sprache nicht möglich wäre. *[...]*

---

466   *Begonnen am 21.9.1883.*
467   *Vgl. Storms Mitteilung vom 13.3.1883 (Ms. GK 79f3 Nr. 39; Storm/Keller, S. 105), er bekomme für die Übersetzung einiger seiner Novellen ins Dänische 10 Mark pro Bogen und erhalte auch die Korrekturbogen.*

30. 10. 1883   Keller an Ferdinand Weibert

[…]
    Einen Neudruck des grünen Heinrich betreffend, der nach Ihrer gefäll. Mittheilung[468] nöthig werden könnte, hätte ich zu erwidern, daß ich eine abermalige Ueberarbeitung oder Abänderung dieses Buches nicht beabsichtige.
[…]

17. 11. 1883   Keller an Ferdinand Weibert

Zürich 17 Nov. 1883.
Hochgeehrter Herr!
    Anmit zeige ich Ihnen den richtigen Empfang von <u>viertausend Mark</u> an, welche ich durch die k. württemb. Hofbank in Stuttgart resp. die Schweiz. Creditanstalt in Zürich als Ratazahlung an das Honorar für die 3$^{t.}$ Auflage des „Grünen Heinrich" am 14 d. Mts. erhalten habe.
    Die eingehenden Correkturen des Buches werde ich so rasch als möglich erledigen.
    Mit ausgezeichneter Hochachtung
                              Ihr ergebenster
                              G. Keller.

5. 1. 1884   Keller an Ferdinand Weibert

Zürich 5. I. 1884.
Hochgeehrter Herr!
    Vor einigen Wochen habe ich die 5 letzten Correcturbogen nebst Titel u Register des 1$^{t.}$ Bandes der 3^{t} Auflage des Grünen Heinr. auf die Post gesandt. Da seither keine weiteren Bogen angekommen sind, so erlaube ich mir, Ihnen von Obigem Anzeige zu machen für den Fall, daß jene Sendung etwa durch die betreffende Person verunglückt sein sollte und Sie noch darauf warten. Ist die Sache aber in Ordnung, so bedarf es natürlich keiner Antwort.
    In ausgezeichneter Hochachtung
                              Ihr ergeb.
                              Gottfr. Keller.

---

468   *Die Briefe Weiberts an Keller nach dem 4.7.1882 sind nicht nachgewiesen.*

12. 2. 1884   Keller an Ferdinand Weibert

Zürich 12 Febr 1884.

Hochgeehrter Herr!

Mit bestem Danke habe ich Ihr Schreiben vom 9 dieß, die Aushängebogen des 1ᵗ· Bandes des Gr. H'ch. und die französ. Recension erhalten, so wie Ihre gefällige Nachricht über die Fortsetzung des Druckes.
[...]

7. 4. 1884   Paul Nerrlich an Keller

[...]
Bei Ihrem gegen die unbefugten Nachlaßmarder geschleuderten Bannstrahl[469] kommt doch alles auf den Zusatz und die Interpretation des „unbefugt" an. Verstehen Sie darunter „kritiklos" und „pietätlos", so bin ich vollkommen mit Ihnen einverstanden; vestehen Sie jedoch darunter jede Thätigkeit, die sich nicht ohne weiteres mit Haut und Haaren dem anschließt was der Autor selbst über seine eigenen Werke urtheilt, so möchte ich mir zu opponiren erlauben. Ich glaube, daß jeder gewissenhafte, nicht eitle Autor eher damit fehl greifen wird, daß er eine seiner früheren Schöpfungen, die erhalten zu werden verdient, entweder im Ganzen oder hinsichtlich verschiedener Einzelheiten verwirft, als daß er weniger bedeutsames überschätzt. Oder glauben Sie etwa, daß die Akten über die beiden Ausgaben des Grünen Heinrichs definitiv geschlossen sind? Ist z. B. wirklich der Ausgang der ersten Ausgabe so viel verwerflicher, daß er verschwinden muß? So freudig ich auch die neue Auflage, namentlich wegen einzelner | Erweiterungen begrüßt habe, so möchte ich doch um alles in der Welt die erste nicht aus der Welt geschafft wissen. Eben dies gilt von den Gedichtsammlungen. Der Autor entwickelt sich weiter, ebendamit aber wird ihm das Frühere nicht sowohl fremd als er schaut es von dem Standpunkte seiner jedesmaligen Entwickelungsstufe aus an. Wie sich nun beide Stufen, die frühere und die spätere, zu einander verhalten, darüber wird nur ein anderer, resp. die Nachwelt endgültig entscheiden können. Wie aber ist dies möglich, wenn die früheren Produktionen unzugänglich oder vom Autor mit dem Interdicte belegt sind? *[...]* Und selbst wenn es sich nicht um Ungedrucktes handelt – manchmal trägt auch ein Zufall die Schuld des Ungedrucktseins – sondern

---

469   Vgl. *Kellers Brief an Paul Nerrlich vom 27.3.1884 (GB 4, S. 228)* anläßlich von Nerrlichs Rezension der *Gesammelten Gedichte (1883)*.

darum, frühere Fassungen mit späteren zu vergleichen, wird die Welt aus einer solchen Vergleichung, natürlich muß es sich um Sterne ersten | Ranges handeln, immer nur lernen können. Denn wir werden damit in die innerste Werkstätte des Schaffens eingeführt; verurtheilen wir auch manches des Früheren, so ist doch der Gewinn, daß wir sehen, welche Stationen der Künstler durchlaufen, unbezahlbar. Der Künstler will immer nur absolut vollkommenes erhalten wissen, allein einmal täuscht er sich auch hierüber bei aller gewissenhaften Selbstkritik, dann aber ist für die Nachwelt auch das relativ Werthvolle unerläßlich. Producirt doch auch die Natur nicht blos Vollkommenes und Schönes, sondern braucht sie Uebergänge, Mittelstufen, wer aber wollte sie tadeln, daß sie auch für diese Existenzberechtigung verlangt. *[...]*

26. 4. 1884 Hugo Falkenheim an Keller[470]

[...]

Meine zweite Bitte bezieht sich auf zwei Skizzen, die Sie in der „Gegenwart" (No 51 von 1876 und No 1 von 1877)# veröffentlicht haben. Gerade hierbei hab' ich es an einem praktischen Falle erlebt, wie bedauerlich es ist, daß Sie diese Aufsätze bisher nicht ihrem | Eintagsdasein entrissen haben. *[...]* Wenn ich Ihnen nun | einen Vorschlag zu machen hätte, so ginge derselbe darauf hin, die autobiographischen Skizzen einer künftigen Auflage des „Grünen Heinrich" als eine Art Vorwort voranzustellen; denn erstens ist der gegenseitige Zusammenhang unverkennbar, und zweitens giebt die 2. Skizze über Entstehung, Grundgedanken, Komposition Ihres Romans interessante Aufschlüsse. Ich habe mit meinem unmaßgeblichen Vorschlage nicht zurückgehalten, glaube aber natürlich, daß Sie selbst den besten Ausweg finden werden, die beiden Skizzen aus dem Dunkel der Wochenschrift herauszuholen.

[...]

#unter dem Titel „Autobiographisches."

---

470 *Hugo Falkenheim (1856–1945), Mediziner, ab 1885 Professor für Kinderheilkunde in Königsberg.*

20. 5. 1884 Keller an Ferdinand Weibert

Zürich 20 Mai 1884

Hochgeehrter Herr,

Indem ich Ihnen die gefäll. Zusendung der Aushängebogen des Grünen Heinrich, Band I u II u 11 Bogen von Bd. III bestens verdanke, möchte ich nur um gefäll. gelegentliche Nachsendung des Titelblattes u Registers des II.ᵗ Bandes ersuchen, an deren Stelle ich aus Versehen Titel u Inhaltsblatt des I.ᵗ Bandes erhalten habe.
[...]

14. 6. 1884 Theodor Storm an Keller[471]

[...]
Mit meiner Frau und den Kindern las ich vor der Reise die ersten drei Bände von ihrem neuen „Grünen" – den alten und die „Seldwyler" hat mein Ernst im Frühling mitgenommen – nun sollen wir noch den vierten genießen.
[...]

14. 6. 1884 Emmy Drachmann an Keller

Tarvis. Kärnthen. den 14 Juni 1884.

Lieber und sehr geehrter Herr Dichter Gottfried Keller.

Mit der Post habe ich Ihnen die dänische Uebersetzung Ihres Romanes des „grünen Heinrichs" geschickt, so wie es jetzt auf Dänisch in 2 Bänden vorliegt.[472]

Lange haben Sie gewiß auf das Buch gewartet, nachdem Sie schon vorigen Sommer durch den Brief meines Mannes auf die baldige Erscheinung des ersten Halbbandes vorbereitet waren. Dieser ist denn auch bereits im Herbste erschienen; als wir aber damals im Begriff waren eine längere Reise nach Süden zu unternehmen, wollten wir den Weg über Zürich legen um Ihnen das Buch zu überbringen und zugleich die Freude haben Ihre persönliche Bekanntschaft zu machen. |

Unterwegs ist eines von unseren Kindern krank geworden, und wie wir

---

471 *Begonnen am 8.6.1884.*
472 *Den grønne Henriks. Roman af Gottfried Keller. Autoriseret Oversættelse ved E. Drachmann. Med Forfatterens Portræt, og et indledende Forord af Holger Drachmann. [...] Kjøbenhavn. Forlagt af J. H. Schubothes Boghandel. 1883/84. 2 Bde. (ZB: 42.670).*

nach Basel kamen, hat uns der Artzt gerathen sofort weiter zu reisen um die wärmere Klima Italiens baldigst möglich zu erreichen. Somit ist unser Besuch in Zürich bis auf die Rückreise verschoben worden, und als diese erst zum nächsten Frühjahr statt finden wird, werde ich jetzt – wo auch der letzte Halbband erschienen ist – nicht säumen Ihnen das ganze dicke Buch zu schicken. Zugleich spreche ich Ihnen meinen herzlichsten Dank aus für die Freude und den Genuß diese – selbstverständlich manchmal schwierige Arbeit – mir bereitet hat.

[...]

Mein Mann und ich haben beide eine natürliche Vorliebe für das Buch gewonnen und nennen es unsere Haus-Postille, welche wir einmal unsern Kindern als besonderer Hausschatz anvertrauen wollen. Das Fürwort, welches mein Mann dem „grünen Heinrich" mitgegeben, lege ich ins Deutsch übersetzt dabei. Auch werde ich Ihnen erzählen, daß dem Buche in all unsern Blättern eine ungemein günstige Kritik zum Theil geworden ist, und in aller Bescheidenheit werde ich auch beifügen, daß die Uebersetzung als eine sehr gute und sorgfältige hervorgehoben ist.

[...]

15. 6. 1884   Georg Brandes an Keller[473]

Kopenhagen 15 Juni 84.

Hochgeehrter Meister!

An dem Einband der Uebersetzung Ihres „Grünen Heinrichs" hat man eine Reclame abgedruckt, in welcher es heißt:

„Gottfried Keller hatte bekanntlich das Misgeschick, hier zu Lande in der schiefen Beleuchtung des Parteiwesens eingeführt zu werden. Dr. Georg Brandes hat nicht nur die Sünde auf seinem Gewissen, dass seine Ausgabe einer feinen Liebes-Idylle des schweizerischen Dichters als Uebersetzung weniger wohlgelungen war, sondern er beging den schlimmeren Fehler falsch zu pointiren oder doch jedenfalls irre zu leiten, indem er Details hervorhob welche nicht die Hauptsache waren und sie unter einen Gesichtspunkt brachte, der eine ganz verkehrte Perspective abgab. So wurden die Leute bewegt Keller für einen literarisch und moralisch sehr ketzerischen und gefährlichen Kumpan zu halten; hätte der hitzige Doctor eine Falle stellen wollen, in die sowohl seine hiesigen Feinde, sein bewunderter frem-

---

[473] *Georg Brandes (1842–1927), dänischer Literarhistoriker und Essayist. – Ganzer Brief in lateinischer Schreibschrift.*

der Schriftsteller und obendrein er selbst gehen sollten, so hätte er sich nicht schlauer | benehmen können, als er jetzt mit einer Mischung von Fanatismus und Naivetät es that."

Die Worte, die in meiner 1875 erschienenen Uebersetzung[474] über „Romeo u. Julie" und „Die sieben Aufrechten" standen, lauteten wörtlich:

„Keine der hier übersetzten Novellen ist satirischer Art. Es sind Liebesgeschichten verschiedener Natur. Die erste eine Liebestragoedie, die zweite eine humoristische Idylle. Der Verfasser hat es gewagt, die erste mit dem Namen „Romeo und Julie" zu nennen, und seine Kühnheit ist nicht zu gross gewesen. Es finden sich eine erotische Innigkeit und ein erotisches Feuer in dieser Erzählung, das nicht reiner und stärker in den Werken der grössten Meister brennt, und es ist ein nur allzu wahrer moderner Zug, dass das Hinderniss für die Vereinigung der beiden Liebenden hier nicht vorzugsweise der Hass der streitenden Familien sondern die Aussichtslosigkeit der jungen Leute ist ihr Brod zu verdienen. Die zweite Erzählung ist als vollständiger Gegensatz der ersten gewählt. Sie schildert eine kleine Gruppe tüchtiger und ehrbarer Handwerksmeister, wie die erste ein Paar heruntergekommene | Familien aus dem Bauernstande; sie ist ebenso reich an lichter Zukunftshoffnung wie jene tragisch durch ihr Verschmelzen von Liebe und Tod; ihre Liebesgeschichte ist ebenso bürgerlich züchtig und ehrenhaft wie die Leidenschaft Sali's und Vrenchen's glühend und rücksichtslos war; ja so strenge ist gute Schweizersitte wahrgenommen, dass die Liebenden nicht einmal in dem Schlussaugenblick am Festesabend allein bleiben. Die zwei Frauengestalten bilden, gleich vorzüglich, einen schlagenden Gegensatz; der spröde Trotz Herminens hat seine Anmuth wie die weibliche Hingebung Vrenchens; es sind zwei junge Mädchen, welche ein Kritiker – ohne sie dadurch zum Boden zu schlagen – mit Gretchen und Clärchen würde zusammen nennen können."

Es wird Ihnen vielleicht noch erinnerlich sein, wie diese unschuldigen Worte 1875 zu einem wahren Wuthausbruch der dänischen, pfäffischen Presse Anlass gaben. Ich wurde beschuldigt „die freie Liebe" in Dänemark einführen zu wollen, die zwei Novellen wurden so verschrien, dass keine Dame sie zu kaufen wagte, ja dass der Verleger sie nicht avertiren wollte und erst in diesem Jahr | sie wieder zum Verkauf angezeigt hat. Man schrieb über mich: „jetzt habe ich endgültig in Faulheit und Schmutz Wurzel getrieben" etc.

Damals stand ich fast allein, der Versuch Sie zu übersetzen war mein

---

474   *Vgl. oben, Anm. 455.*

letzter Versuch, in Dänemark mein Brod zu verdienen. Im folgenden Jahr verliess ich das Land und habe 6 Jahre in Deutschland verlebt.

Ich wurde von Privaten zurückberufen und folgte aus vielleicht thörichtem Patriotismus dem Ruf, habe hier so ziemlich Alles beim Alten gefunden, nur mit dem Unterschied, dass einige frühere Freunde, die mich vor Jahren an oppositionellem Eifer noch übertrafen, sich indessen eines besseren besonnen haben, mit der Pfaffenpartei ihren Frieden schlossen, dafür jetzt als Bekehrte überall belobt werden, und sich gegen mich wenden um auf meine Kosten zu steigen.

Ein solcher vormaliger Freund ist eben der Uebersetzer des Grünen Heinrichs, Holger Drachmann, ein begabter lyrischer Dichter und absolut unzuverlässiger Mensch, der, nachdem er nach und nach allen möglichen Fahnen gefolgt ist, in der letzten Zeit sich als Führer einer sogenannten | „dänischen" d. heisst „antisemitischen" Bewegung aufspielt, damit noch diese letzte, aus Deutschland importirte, Schande uns nicht gespart werde.

Ich kann mir denken dass er nachdem er Sie durch mich kennen gelernt hat, es versucht hat, sich bei Ihnen zu insinuiren. Er wird Ihnen jedenfalls die Uebersetzung des Romans gesandt haben. Ich wollte deshalb, dass Sie wissen sollten, was dort über mich gesagt wird und wie frech die Lüge ist.

Ich will nicht vor Ihnen stehen als Einer, der ein Paar schöne Novellen von den ihrigen zu Parteizwecken benützt und in ein schiefes Licht gerückt hat. Am wenigsten will ich, Sie sollten glauben, ich hätte mit „Romeo und Julie" Propaganda für frivole Gesinnung machen wollen. Nichts lag mir ferner. Alles darauf bezügliches in Drachmanns diplomatischer Vorrede und in den Reclamen des Buchhändlers ist reine Feigheit und Lügenhaftigkeit.

Und wenn die Reclame mit gesperrter Schrift gegen mich versichert: „Gottfried Keller kann jeder Vater seine Tochter lesen lassen" so hätten Sie wahrlich nicht | verdient, dass dieser Cliché auf Sie angewandt werde.

Ich habe durch treue Uebersetzung beider Stellen Sie selbst in den Stand setzen wollen, zu urtheilen.

[...]

24. 6. 1884   Keller an Georg Brandes[475]

Zürich 24 Juni 1884.

Hochgeehrter Herr Doctor!

Ihren sehr werthen Brief habe ich durch einen merkwürdigen Zufall durch

---

475   *Ganzer Brief in lateinischer Schreibschrift.*

den nämlichen Postboten empfangen, welcher mir das aus Kärnthen in Oesterreich kommende Paquet mit der Drachmann'schen Uebersetzung des „Grünen Heinrich" brachte.

Es thut mir leid, daß Ihnen die Beschäftigung mit meinen Sachen so nachhaltigen Verdruss und Aerger hervorgebracht hat, wobei mir die Natur dieses Unheils immer unbegreiflicher erscheint, wenigstens insofern jene Sachen und Ihre Einleitung zu Parteizwecken haben benutzt werden sollen und wollen. In der Vorrede des Herrn Drachmann, deren deutsche Uebersetzung Frau Emmy D. den 2 Bänden beigelegt hat, kann ich etwas Deutliches und | Verfängliches in oben angedeuteter Beziehung nicht ersehen; dagegen ist allerdings die angeführte Stelle der buchhändlerischen Umschlag-Reclame entweder einfältig oder böswillig, und der Satz, jeder Vater könne das Buch seinen Töchtern zu lesen geben, kann dem schlauen Verleger noch viel grösseres Ungemach bereiten, als der Ihrige anno 1875 erfahren hat, wenn die Obscuranten erst einmal hinter den Inhalt des Buches kommen.

Da aber Herr Drachmann schon seit vorigem Herbst auf Reisen ist (mit seiner Familie) so vermuthe ich gewiss mit Recht, dass er von besagter Manipulation des Buchhändlers nichts gewusst habe, zumal dieselbe sich erst auf dem Umschlage des zweiten Bandes vorfindet, der ja so eben erst erschienen ist.

Im übrigen sind mir die Dinge völlig fremd; Drachmann hat mir ein oder zwei mal geschrieben, als die Uebersetzung begonnen werden sollte, und jetzt hat | mir Frau Drachmann geschrieben, ohne der Reclame zu erwähnen.

Im Ganzen scheint mir, dass in dem Procedere eher eine unfreiwillige Satisfaction, als eine neue Beleidigung für sie liegt; letztere wäre wenigstens nicht sehr geistreich, wenn es wirklich eine solche sein sollte; schliesslich wird es einfach eine literarische Eselei sein, wie tausend andere.

Ihr ergebenster
G. Keller

24. 6. 1884 Keller an Emmy Drachmann

Zürich 24 Juni 1884

Hochverehrte Frau!

Sowol Ihren gütigen Brief vom 14 Juni als auch das Bücher-Paket habe ich erhalten und bin nun etwas verlegen, wie ich meinen großen Dank ausdrücken soll für die Ehre, welche Sie und Ihr verehrter Herr Gemahl mir erwiesen, vorzüglich auch für die unendliche Mühe und Ausdauer, die Sie an mein dickes Jugendbuch verschwendet haben. Ich kann nur wünschen, daß Erfolg und Aufnahme der stattlichen Uebersetzung in Dänemark nicht allzusehr hinter Ihrem Fleiße und Zeitopfer zurückbleiben. Für die Uebersetzung des | des Vorwortes bin ich Ihnen ebenfalls sehr dankbar; denn die Versuche, noch dänisch zu lernen, wollen nicht mehr so nebenher gerathen, da man zum Erlernen oder Memoriren der Vokabeln doch zu alt ist. Am ehesten übt man sich noch durch Lesen der Uebersetzung mit dem Original in der Hand.

Der gleiche Postbote, der mir Ihren grünen Heinrich brachte, legte mit dem Paket auch einen Brief aus Kopenhagen auf den Tisch, von Herrn Dr. Georg Brandes, welcher sich über die auf dem Umschlag des zweiten Bandes gedruckte Buchhändler-Reklame beschwert und gegen den Inhalt protestirt, indem er mir denselben übersetzt, soweit er sich auf seine Person bezieht. | So viel kann ich ersehen, daß der Verleger mit dieser Manipulation eine Dummheit gemacht hat; denn es kann ihm noch viel schlimmer ergehen, als dem Verleger des Brandes'schen Büchleins anno 1875, wenn die dänische Bigotterie und Prüderie entdeckt, was alles in dem dicken Buche steht und daß meine Schriften keineswegs vorzugsweise zu Vatergeschenken für Töchter geschrieben sind. Sie stehen auch zum größern Theile längst auf dem Index librorum prohibitorum der Frommen in Deutschland und der Schweiz.

Hoffen wir jedoch, daß Herr Holger Drachmann in seiner wohlwollenden Vorrede Recht behalte und jene Entdeckung nicht gemacht werde.

Sollten Sie wirklich nächstes Jahr durch die Schweiz kommen, so | wird es mir zur Freude gereichen, Ihre und Ihres Herrn Gemahls persönliche Bekanntschaft machen zu dürfen. Bis dahin empfehle ich mich beiden verehrten Personen mit achtungsvollem Gruße als

Ihr ergebener
Gottfr. Keller.

1. 7. 1884 Keller an Ferdinand Weibert

Zürich 1 Juli 1884

Hochgeehrter Herr!

Anmit zeige ich Ihnen mit bestem Danke den richtigen Empfang von Frs. 3600 an, welche mir als letzte Ratazahlung am Honorar der dritten Auflage

des Grünen Heinrich durch die Schweiz. Creditanstalt dahier in Folge einer Anweisung der Kgl. Württemb. Hofbank ausgezahlt worden sind.⁴⁷⁶
[...]
Die dänische Uebersetzung des Grün. Heinr., wovon Sie mir eine Notiz zu senden die Güte hatten, habe ich jüngst in 2 dicken Bänden erhalten, und schon hat sich Dr. Georg Brandes, der frühere Uebersetzer von ein par Erzählungen, wegen der Vorrede und der auf dem Umschlag abgedruckten Reklame beschwert, so daß es zwischen den Herren vermuthlich literarische Händel absetzen wird. *[...]*

10. 11. 1884   Theodor Storm an Keller

[...] den „grünen Heinrich" beendigte ich im Vorsommer mit meiner 19jährigen Gertrud, und wir hatten beide einen, wenn auch wahrscheinlich verschiedenen Genuß davon.
[...]

1. 1. 1885   Wilhelm Petersen an Keller

[...] Da Berg und Thal und Hügel zwischen uns liegen, so setzte ich mich zum grünen Heinrich und bin bei ihm der Stunde, der morgendunkeln, froh geworden. Schon meine Weihnachtstage habe ich mir im Verkehr mit ihm vergoldet. Sie kennen ja meine Festgewohnheiten, welche immer fester sich nisten und keine Abweichung vom Herkommen dulden wollen. Immer wieder muß ich – als Einer aus dem Volke – Ihnen, liebster Meister, für dies wunderbare Buch mit der Tiefe seines Reichthumes von ganzem Herzen danken. | Wunderbar – bei vielen s.g. literarisch Gebildeten habe ich ein ungenügendes Verständniß gefunden und dann wiederum bei einfachen Menschen eine so richtige und feine Auffassung, daß ich darüber erstaunte. Nichts ärgert mich mehr als so ein gewisses schwächliches und herablassendes Wohlwollen und ich kann dann leider meistens nicht umhin, einige Bitterkeiten loszulassen. Ich sehnte mich diesmal nach dem Eingange des alten Heinrich, welchen ich im Sprudelbade der Thermen von Bormio hoch in den Alpen zuerst wieder und wieder gelesen hatte und ging dann zu dem entsprechenden Theile des neuen Heinrich über, das machte mich aber bald so verwirrt, daß ich es aufgab. Wie lebhaft ist die Erinnerung in mir an meine erste Bekanntschaft mit dem Buche. Ich meinte damals alles Bedeutende unserer Literatur zu kennen und konnte mir deshalb den Zauber

---

476   *Vgl. Keller an Weibert, 17.11.1883, Dok (Bestätigung der 1. Zahlung von 4000 Mark).*

des Buches nicht erklären, glaubte, daß er auf einer täuschenden Stimmung beruhe. Und dann mußte ich plötzlich vom Tische aufstehen oder von draußen ins Haus rennen, um das Buch und die Stelle zu finden, welche mich nicht los ließ. Welch ein Glück, wenn wir in reiferen Jahren ein Buch entdekken, welches so tief uns faßt und so freundlich erleuchtend und versöhnend auf uns wirkt. [...]

4. 2. 1885 Keller an Wilhelm Petersen

[...]
Daß Sie in den Morgenstunden des Neujahrstages wieder die Anfangskapitel des grünen Heinz gelesen haben, erweckt mir abermals eine Rührung mit Beschämung, da ich namentlich rücksichtlich der leeren Geschwätzigkeit der alten Redaktion ein böses Gewissen habe. Sie müssen einen feinen Sinn für das naiv und unbewußt Selbstzufriedene einer an sich leidlich schuldlosen Jugendseele besitzen, die sich schon für einen Schwerenöther hält! Mir selbst ist das Verständniß dafür abhanden gekommen. Und überhaupt | wage ich nicht zu hoffen, daß ich das ganze Buch nicht selbst noch überlebe. Womit ich nicht gesagt haben will, daß ich auf ein Methusalem's-Alter spekuliere!
[...]

9. 2. 1885 Wilhelm Petersen an Keller

Schleswig 9 Febr 1885.
Das kann ich auf dem grünen Heinz nicht sitzen lassen, liebster Freund, daß er von Ihnen überlebt werden sollte und muß dagegen sofort Einspruch erheben. Ich wünsche Ihnen ein schönes dauerhaftes Alter, aber nicht viel über hundert Jahre und um die Zeit wird Ihr Heinrich noch in der allerschönsten Jugendblüthe stehen. Sie können es nicht Selbst in der Weise erleben, wie wir Publikum, welchen wunderlichen Gang so ein Buch bisweilen nimmt. Die Eindrücke, welche nicht plötzlich kommen, sondern langsam sich entwickeln, sind bekanntlich um so tiefer und dauernder und darnach läßt sich mit Sicherheit das Schicksal des Buches voraussagen. Es dringt nur langsam in die überhetzte | verwilderte Menschheit, deren Gaumen durch schlechte gepfefferte Kost etwas verbrannt ist, ein; aber wo es eindringt, wirkt es mächtig und unverlöschlich. Es wird und muß zu einer Reaktion gegen die jetzige Ungesundheit kommen und dann wird das Wenige des Wahren, Echten, was wir besitzen, zur Ehre kommen. Einen zweiten Heinrich besitzt

ja unsere ganze Litteratur nicht. Unsere Kinder werden erst den rechten Leserkreis bilden und werden ihren Kindern wiederum das Buch an das Herz legen. Hoffentlich wird das nächste Geschlecht ja auch lernen, nicht blos Bücher zu lesen, sondern auch zu kaufen. Die Aktion in dieser Richtung hat ja schon vor geraumer Zeit begonnen und sie wird nicht ohne Ergebniß verlaufen. Im Leben des Volkes geht ja dergleichen | recht langsam nach dem Maßstabe des Einzel-Lebens. Nein, auf den Heinrich lasse ich nichts kommen und für seine Zukunft bin ich so ruhig, wie für das Amen in der Kirche. *[...]*

28. 2. 1885   Eliza Wille an Keller[477]

Mariafeld Ende
Februar 1885

Geehrter Herr.

Soll ich? oder nicht? – Schon vor Jahren als der „grüne Heinrich" in seiner jetzigen Gestalt von mir gelesen wurde, hatte ich den herzlichen Wunsch Ihnen, als einem ehrenhaften, innerlich ernsten, <u>ächten</u> Mann, nicht dem Schriftsteller, und hoch begabten, ein Wort zu sagen, und, wenn auch nur im Geiste, Ihnen zu heiterer Geselligkeit, unbefangen die Hand zu drücken.

Es kam mir nicht zu. – Ich glaube, daß ich den rechten Takt habe, indem ich schweige! – –

Jetzt in der Einsamkeit des Winters habe ich zum <u>drittenmal</u> Ihr Werk gelesen und namentlich in dem Abschluß mit innerer | Erhebung, mit Gefühl des menschlichen Werthes Vergnügen gefunden *wie* nur einige Werke tieferer Bedeutung *sonst* die ich als Schatz bewahre.

In <u>diesem</u> Gefühl und vor der Frühling dem Menschen wohlthut, ihm manche Blume gönnt und den Genuß des *Wanderns* neu macht, will ich mir erlauben Ihnen Dank zu sagen und Sie bitten, meinen Gruß der vorüberweht, und nichts weiter ist, als ein gesundes Lüftchen aus einem guten Herzen, ohne Antwort an sich vorüberwehn zu lassen. –

[...]

Seien Sie mir dankbarst gegrüßt! – <u>Ich</u> suche in dem Kunstwerk unter schöner Form und bildender Kraft, die <u>Seele</u> als den festen Punkt unter all' dem Fluthen geistiger Mächte. –

---

477   Eliza Wille (1809–1893), Schriftstellerin, führte zusammen mit ihrem Gatten, dem Juristen und Philologen François Wille, auf ihrem Gut Mariafeld in Meilen am Zürichsee eine Art literarischen Salon, in dem zeitweise auch Keller verkehrte.

Den Ausgang Ihres Werkes von der Heimkehr an finde ich schön, voll ernster Wahrheit.
[...]

9. 3. 1885   Zusatz zum Vertrag vom 18.2.1879 (Weibert/Hertz)[478]

Vorstehenden VerlagsVertrag mit allen uns aus
demselben erwachsenden Rechten und Pflichten cedieren wir hierdurch an Herrn Wilhelm Hertz, Besser'sche Buchhdlg in Berlin.
Stuttgart 9 März 1885.

G. J. Göschen'sche Verlagshd.

19. 7. 1885   Keller an Maria Melos

[...] Letztes Jahr war eine Frau aus München oder Stuttgart hier, die mit großem Spektakel bei mir einrückte und verkündete, sie habe ein Vierteljahr krank im Bette gelegen und endlich sich an meinem 4bändigen Grünen Heinrich <u>gesund</u> gelesen! Worauf sie behende weiter kugelte. Ich stand da, und war versucht, mich einen Augenblick neben Christum zu stellen, der mit einem Sälbchen von Koth den Blinden geheilt hat. Die Sache schien mir aber nicht geheuer zu sein mit meiner Wunderthätigkeit und ich ließ sie auf sich beruhen, ohne mich beim heiligen Vater um die Seligsprechung zu bewerben. So viel von der Damenverehrung, deren ich, seltsam genug, theilhaftig werde.
[...]

7. 10. 1885   Wilhelm Hertz an Keller

[...] Heute empfiengen wir einen seltsamen Besuch des Herrn Moritz Wirth aus Leipzig. Derselbe hat besondere Pläne und Absichten in Betreff des Grünen Heinrich, die er literarisch auszuführen gedenkt; – hoffentlich bis heute gedachte. Wir haben seine Darlegungen abgewiesen, was wir Ihnen mittheilen möchten, da vermuthlich Herr Wirth Ihnen sich schriftlich naht. *[...]*

11. 10. 1885   Keller an Wilhelm Hertz

[...]
Von dem H. Moritz Wirth in Leipzig, den ich nicht kenne, ist bis zur

---

478   *Vgl. Abb., S. 497. – Am 9.3.1885 gingen Kellers Werke von Ferdinand Weibert an Wilhelm Hertz über. – Vgl. Kap. 1 Entstehung, S. 70–71.*

*Vorstehenden Verlags-Vertrag mit allen aus und in
demselben erwachsenden Rechten und Pflichten cediren wir hiedurch an Herrn Wilhelm Hertz, (Besser'sche Buchh.) in Berlin.*

Stuttgart, 9 März 1885.

J. G. Cotta'sche Verlagsh.

**Zusatz vom 9.3.1885 zum
Verlagsvertrag mit Ferdinand Weibert (18.2.1879)**
CA: Cotta-Vertr. 4b (vgl. S. 496)

Stunde nichts bei mir eingelaufen. Nach dem Literaturkalender 1885 | ist derselbe u. a. spiritistischer Schriftsteller oder so was; ich kann mir nicht denken, was für Pläne er mit Bezug auf den Grün. Hch. ausgeheckt haben mag.

Es ist jetzt die Zeit, wo man genug zu tun hat, sich der Zudringlichkeiten all' der Faiseurs und ihrer kleinen Spekulationen zu erwehren.

[...]

12. 12. 1885   Gustave Köckert an Keller[479]

Plattenstrasse 33. Fluntern-Zurich.
12. Dec. 1885

Sehr geehrter Herr!

Sie würden mich zu grossem Dank verpflichten, wenn Sie mir an obige Adresse die französische Uebersetzung vom „Grünen Heinrich"[480] senden wollten, welche ich Ihnen vor einigen Monaten geschickt habe – wenn Sie das Heft damals richtig erhalten haben. Wegen Wiederaufnahme meiner Berufsthätigkeit ist jene Arbeit nun in's Stocken gerathen. Aber ich denke oft | mit Freude und Dankbarkeit an den Dichter und an das Buch zurück; ich wünsche immer noch von Herzen es möge jene aufrichtige, erhabene und doch rein menschliche Poesie auch im Welschland bekannt und verstanden werden.

Hochachtend
G. Köckert

P. S. Ich bleibe nur noch wenige Tage hier.

30. 12. 1885   Paul Heyse an Keller

[...] Dazwischen dacht' ich oft und brüderlich zu Dir hinüber. Denn ich hatte Dich mit Kummer verlassen, da ich Deinen klausnerischen Zustand gesehen und daran hatte verzweifeln müssen, Dich auch nur | für Tage und Wochen herauszulocken. Ich war bisher mit dem neuen Schluß Deines „Grünen" so wohl zufrieden gewesen. Jetzt will mir's doch scheinen, als ob er sich gegen sich selbst versündigt habe, da er seine Judith nicht heimführte. Aber das ist nun nicht zu reparieren. [...]

---

479   *Gustave Köckert (1860–1948), Violinpädagoge und Komponist in Genf.*
480   *Abgesehen von den sehr ausführlichen Auszügen in Krinitz 1869 (CD), kam zu Kellers Lebzeiten keine französische Übersetzung des Romans zustande.*

30. 12. 1885 Wilhelm Petersen an Keller

[...]
Nur Eines möchte ich Ihnen mittheilen: An dem Festmorgen in dunkler Frühe habe ich mit den Kindern (welche nunmehr in 4 Monaten 13 und 15 Jahre alt werden) ausgewählte Kapitel aus dem grünen Heinrich gelesen. Ich übernahm das Lesen, wenn ich beabsichtigte, Einzelnes zu | übergehen. Dabei habe ich viel gelernt, da diese Jugend manche Dinge ganz anders und oft sachgemäßer auffaßt, als das reifere Alter. Bisweilen mahnte ein helles Lachen bei den ersten Kapiteln, daß ich die Wirksamkeit des Humors bisher nicht genugsam gewürdigt hatte und bisweilen habe ich Dinge mit ganz neuen Augen ansehen gelernt. Ich möchte gern, daß | das Buch dadurch, daß sie in der Kindheit es lesen, den daraus entspringenden Zauber für das spätere Leben den Kindern bewahre. Es ist ein wundersames Buch und wird von Jahr zu Jahr meinem Herzen und Gemüthe theurer und unentbehrlicher. *[...]*

23. 1. 1886 Bernhard Seuffert an Keller[481]

Hochverehrter Herr,

Den Dichter des Grünen Heinrich bitte ich diesen Band aus meiner Sammlung in seine Bücherei aufzunehmen.[482] Der „psychologische Roman" gehört doch zu den Ahnen des Heinrich. Und die Sippe ist nicht gross. *[...]*

2. 3. 1886 Maria Knopf an Keller[483]

[...] Gerade in den letzten Wochen habe ich mich so viel mit Ihnen beschäftigt; ich lese einer, vom Erblinden | bedrohten Freundin den „grünen Heinrich" vor. Sie können sich gar nicht denken, wie schön es ist, einen, nur halbwegs dafür empfänglichen Menschen, mit dem Buche bekannt zu machen. Mir ist es wie die schönste **Beethoven**'sche Symphonie zu hören, bei der man jeden Ton vorher weiß – der Genuß ist bei jedem neuen Lesen nur um so größer. Bei so einem Kapitel, wie von den Meerkatzen und dem

---

481 *Bernhard Seuffert (1853–1938), Germanist, u. a. Mitredakteur der Weimarer Goethe-Ausgabe.*

482 *Deutsche Litteraturdenkmale des 18. und 19. Jahrhunderts. In Neudrucken herausgegeben von Bernhard Seuffert. 23. Anton Reiser. Ein psychologischer Roman von K. Ph. Moritz. Heilbronn Verlag von Gebr. Henniger 1886.*

483 *Maria Knopf (1851–1920), Verehrerin Kellers in Frankfurt; Briefwechsel mit Keller ab 1883.*

| reizenden Gretchen,[484] denke ich immer wieder, daß es doch zum allerschönsten gehört was jemals geschrieben worden ist. Sie müssen sich wirklich nicht wundern, wenn vernünftige Leute darüber etwas in Begeisterung gerathen. [...]

6. 12. 1886 Alfred Rosenbaum an Keller[485]

[...]
Seit ich die neue Ausgabe des „Grünen Heinrich" kenne, ist dies Buch mein Herzensliebling worden, der mich auf allen Wegen begleitet. – Ich wüßte kein neueres poëtisches Werk zu nennen, das mich je so tief ergriffen, so dauernd gefesselt hätte. – Daß die Liebe zur Dichtung die Liebe zu ihrem Schöpfer gebar, ist naturgemäß. So trat neben das rein poëtische Interesse mit der Zeit ein historisches, das den Autor in seinem Werden eifrig verfolgte. Dürftig allerdings sind hiefür die äußeren Daten; um | so reicher die inneren. Welch' begehrenswerte Aufschlüsse muß ein Vergleich zwischen dem alten und neuen „Heinrich" bieten über die Entwickelung seines Urbildes! So dachte ich: und lange schon fahnde ich auf die alte Ausgabe des Grünen Heinrich". Ich durchstöberte alle möglichen Antiquariats-Verzeichnisse, überlief die Buchhandlungen – vergeblich! Nirgends ein Resultat. Der „alte Heinrich" scheint seine Besitzer behext zu haben: wer ihn hat, gibt ihn nicht her. Das verstehe ich sehr gut, aber ein Trost ist's nicht.

So entschloß ich mich denn, nach langem Zögern, den äußersten Versuch zu wagen und beim geliebten Dichter selbst anzuklopfen, ob er wol für meine Not Rat und Hilfe wüsste? Freudig trüge ich alle Kosten; – nur nicht den Gedanken, den verehrten Mann durch mein keckes Verlangen erzürnt zu haben. [...]

27. 12. 1886 Wilhelm Petersen an Keller

Schleswig 27 Dezbr 1886.
Ein wundersames Buch. Ich schöpfte wiederum meine Festfreude aus demselben und segnete den Verfasser. Lassen Sie Sich recht herzlich die Hand drücken, lieber und verehrter Freund. Ich las auch das „Biographische" in der Gegenwart[486] wieder und staune wieder, wie die beiden Frauenbilder

---

484 Vgl. *GH II, 01.110.05–117.28.*
485 *Alfred Rosenbaum (1861–1942), Prager Literarhistoriker, Redakteur von Goedekes Grundriß zur Geschichte der deutschen Dichtung.*
486 Autobiographisches *1876/77.*

ohne Modelle entstehen konnten. Welch eine Tiefe des Reichthums, beides u sw. Der Faust und der Grüne sind meine Lebensfreunde. *[...]*

6. 9. 1887   Hans Hertz an Wilhelm Hertz

[...] Wenn du nach Zürich kommst,[487] besuche | doch ja wie du vorhast Keller. Zunächst werden zum Neudruck kommen ziemlich gleichzeitig die Gedichte Vorrath heute 71 Expl und die Legenden Vorrath 92 Expl.[488] *[...]* Der grüne Heinrich kommt vor ein paar Jahren nicht an die Reihe, und muss wenn er neu kommt, jedenfalls billiger werden und schon in einer Satzeinrichtung gesetzt werden, die erlaubt, dass die davon anzufertigenden | Platten nachher für die „Gesammelten" verwendet werden. Der Zeitpunkt des Erscheinens der Gesammelten würde jedenfalls am besten der sein, wenn die jetzige Auflage des grünen Heinrich zu Ende ist. Die andern dann noch vorhandenen Separatausgaben würde man immer noch verkaufen können, wenn man vor der Hand von den Gesammelten einzelne Bände oder Werke nicht abliesse. Jedenfalls braucht man ihn zu den „gesammelten" nicht zu drängen, wir stehen uns beim Verkauf der Einzelbände wohl ebenso gut. Er wollte nach dem Salander noch einige Novellenstoffe bearbeiten und publiciren und dann die „Gesammelten" bringen.
[...]

9. 12. 1887   Theodor Storm an Keller

[...]
Haben Sie vor oder zwischen dem Fest noch eine Stunde für mich übrig, so lassen Sie mich wissen, was sie Neues eingespannt haben; ich möchte gern wieder in Ihren Seldwyler oder altzüricher Gärten oder gar im Jugendparadies des „grünen Heinrich" mit Ihnen wandeln, | wo es etwas weniger grausam realistisch (Verzeihung für das Wort!) als in Martin Salander hergeht.
[...]

29. 12. 1887   Wilhelm Petersen an Keller

[...] Wenn wir unsern Frühgang hinter uns hatten und der Kaffe getrunken war, da kam der grüne Heinrich – noch bei Lampenlicht – auf den Tisch

---

487   *Wilhelm Hertz befand sich auf einer Ferienreise im Engadin und Tessin.*
488   *Die 3. Auflage der* Gesammelten Gedichte *und die 4. Auflage der* Sieben Legenden *erschienen 1888.*

und ausgewählte Kapitel wurden vorgelesen. Ich möchte, daß die Kinder das Buch ihr Leben lang lieb behalten und deshalb wird es mit besonderer Andacht gelesen. Auf alle Schönheiten und Tiefen | mache ich aufmerksam, sie wissen, wie stolz ich auf die wunderbare Wahl der Eigenschaftswörter bin und bemühen sich ihr Verständniß durch entsprechende Bemerkungen mir zu beweisen. Das sind schöne Stunden. *[...]*

23. 3. 1888   Alfred Rosenbaum an Keller

Wien, 23. März 1888

Hochverehrter Herr!

Der Vortrag des Dichters Emil Rittershaus,[489] bereits vor ca 6 Wochen angemeldet, wurde endlich vorgestern im „Verein für Literaturfreunde" abgehalten. Ich lief natürlich auch hin, denn Ihr Name wirkt zauberähnlich auf mich. –

Aber ich will's gleich gestehen: So groß meine Erwartung war, einen Dichter über meinen Dichter reden zu hören, so groß war meine Enttäuschung. R. hat eine prächtige, kraftvolle Art, zu sprechen, seine Worte dringen zu Herzen; was er jedoch über Sie berichtete, war mir nicht neu und das einzige Neue unrichtig. Dies Neue betraf die Todes-Ursache des „grünen Heinrich" in der ursprünglichen Ausgabe: „Und, meine Damen und Herren, die Ursache dieses Todes war eine sehr prosaische. Wie mir Professor Köchly[490] mittheilte, sei dem damaligen Verleger | der Roman schon allzulang geworden und da habe denn der gr. H. schleunig sterben müssen, damit ein Ende werde." – Ungefähr mit diesen behaglich vorgebrachten Worten sprach R. und erregte große Heiterkeit beim p. t. Publikum, das ja für dergleichen stets zu haben ist. Ich aber ärgerte mich ingrimmig über dies Gelächter und darüber, daß ja die ganze pikante Anekdote falsch ist. R. hätte doch nur den Essay „Autobiographisches" flüchtig lesen brauchen, um zu erfahren, daß der Tod des „gr. H.", über den Vischer und Andere so geistvoll spekulirt haben, schon bei der Conzeption des Romans aus innern Gründen eine längst beschlossene Sache war. –

Schön war die Schilderung, die R. von einer Zusammenkunft mit Ihrem liebenswerten Mütterchen entwarf, in das ich ganz verliebt bin und dessen Stolz auf den Sohn mich unendlich freute. Denn ich war bis jetzt der festen

---

489 *Emil Rittershaus (1834–1897), Kaufmann und Lyriker aus Barmen (Wuppertal); durch Ferdinand Freiligrath mit Keller befreundet.*

490 *Hermann Köchly (1815–1876), 1850–1864 Professor für klassische Philologie in Zürich.*

Meinung, sie wäre wirklich dahingegangen, | ohne den Ruhm Ihres Sohnes erlebt und an dessen Erfolgen sich erwärmt und befriedigt zu haben. Hier waltete also das Schicksal liebevoll und sinnig. *[...]*

25. 1. 1889   Alfred Rosenbaum an Keller

Wien 25 / I 1889.

Hochverehrter Herr!

Als Bittender komme ich. Bald ein Jahr ist's her, daß ein gütiger Brief von Ihrer Seite mir die Hoffnung erweckte auf Auskunft über die alte Ausgabe des „Gr. Heinrich." Diese ist still gehegter Gegenstand meiner Wünsche; aus vielen Gründen, nicht zu allerletzt, weil mir Lessings Äußerung im 19. Literaturbrief lockend vor Augen schwebt: „... Veränderungen und Verbesserungen aber, die ein Dichter ... in seinen Werken macht, verdienen nicht allein angemerkt, sondern mit allem Fleiße studirt zu werden. Man studirt in ihnen die feinsten Regeln der Kunst; denn was die Meister der Kunst zu beobachten für gut befinden, das sind Regeln." Und ich habe inniges Interesse an dieser Kunst an diesen Regeln; das Studium dieser ist ja die allerfeinste Würze literarischen Genusses.

Jenes gütige Versprechen nun | von Ihrer Seite klang mir wie frohe Verheißung, wiewol ich immer zaghafter wurde und an dem „Reueknochen" zu nagen hatte, den mir meine einstmalige kecke Vorschnelligkeit vor die Füße geworfen hatte.

Wenn ich trotzdem, als unverbesserlicher Sünder, heute wieder vor Sie, verehrter Herr, trete, so kommt dies daher, weil ich allgemach alle Hoffnung aufgegeben habe, auf dem gewöhnlichen Wege irgend einen Erfolg zu erzielen: denn als ich gestern, freudig erregt, ein Exemplar in einer entlegenen Leihbibliothek aufgespürt hatte, und der Besitzer derselben es um keinen Preis abgeben wollte, da sank mir das Herz. Schon vor einigen Monaten erlebte | ich Enttäuschung anderer Art. Mein Buchhändler kündigte mir ein Offert an, das sich aber als elende Fopperei herausstellte. Der Offerent hatte schlauer Weise „Ausgabe" mit „Auflage" verwechselt, und eine „alte" Auflage der Neu-Ausgabe einzuschmuggeln gedacht. –

So fasse ich mir denn ein Herz und frage bescheidentlich an: ob es Ihrem Einflusse gelingen könnte, beim damaligen Verleger Vieweg oder dessen Nachfolgern, ein etwa vorhandenes Exemplar ans Licht zu fördern. Ich

würde mich dann, durch Ihre gütige Vermittelung, mit der genannten Firma in Verbindung setzen können.
[...]

10. 2. 1889 Vertrag „Gesammelte Werke"[491]

Verlagsvertrag
Zwischen Herrn Dr Gottfried Keller und Herrn Wilhelm Hertz (Bessersche Buchhandlung) in Berlin ist am heutigen Tage nachstehender Verlagsvertrag verabredet und geschlossen worden:

§1 Herr Dr Keller überlässt Herrn Wilhelm Hertz sowie den Erben und Rechtsnachfolgern desselben das Verlagsrecht an seinen Gesammelten Werken, deren Umfang vorläufig auf 10 Bände festgesetzt ist. Diese zehn Bände sollen folgenden Inhalt haben: Band I bis III Der grüne Heinrich – Band IV und V Die Leute von Seldwyla – Band VI Züricher Novellen – Band VII Das Sinngedicht – Band VIII Martin Salander – Band IX und X Gedichte und Legenden[492]

§2 Die erste Auflage eines jeden Bandes wird in 2500 Exemplaren in vom Verleger zu bestimmender Ausstattung hergestellt. Für einen jeden der zehn Bände zahlt Herr Hertz Herrn Dr Keller ein Honorar von 1750 Mark, für die zehn Bände also die Summe von 17500 Mark. Von diesen 17500 Mark hat Herr Hertz 10000 Mark zu zahlen spätestens einen Monat nach Beginn des Druckes, den Rest von 7500 Mark unmittelbar nach Beendigung desselben. Von einem jeden Bande hat Herr Dr Keller 15 Freiexemplare zu erhalten

§3 Herr Hertz ist berechtigt, von dem Satz der Gesammelten Werke Stereotypplatten anfertigen zu lassen

---

491 *Ganzer Vertrag in lateinischer Schreibschrift; vgl. Abb., S. 505–509.*
492 *An dieser Stelle Bleistiftnotiz Kellers:* Es wurde nachträglich beschlossen, die Legenden in Bd. VII dem Sinngedicht anzuschließen.

Verlagsvertrag

Zwischen Herrn Dr Gottfried Keller und Herrn Wilhelm Hertz (Besser'sche Buchhandlung) in Berlin ist am heutigen Tage nachstehender Verlagsvertrag verabredet und geschlossen worden:

§1 Herr Dr Keller überlässt Herrn Wilhelm Hertz sowie dessen Erben und Rechtsnachfolgern das Verlagsrecht an seinen Gesammelten Werken, deren Umfang vorläufig auf 10 Bände festgesetzt ist. Diese zehn Bände sollen folgenden Inhalt haben: Band I bis III Der grüne Heinrich – Band IV und V Die Leute von Seldwyla – Band VI Züricher Novellen – Band VII Das Sinngedicht – Band VIII Martin Salander – Band IX und X Gedichte und Legenden †

§2 Die erste Auflage eines jeden Bandes wird in 2.500 Exemplaren in vom Verleger zu bestimmender Ausstattung hergestellt. Für einen jeden der zehn Bände zahlt Herr Hertz Herrn Dr Keller ein Honorar von 1750 Mark, für die zehn Bände also die Summe von 17.500 Mark. Von diesen 17.500 Mark hat Herr Hertz 10.000 Mark zu zahlen spätestens einen Monat nach Beginn des Druckes, den Rest von 7500 Mark unmittelbar nach Beendigung desselben. Von einem jeden Bande hat Herr Dr Keller 15 Freiexemplare zu erhalten.

§3 Herr Hertz ist berechtigt, von dem Satz der Gesammelten Werke Stereotypplatten anfertigen zu lassen.

§4 Von jedem einzelnen der obigen zehn Bände darf Herr Hertz zur Zeit, wo ihm eine neue Auflage oder Ausgabe derselben erforderlich erscheint, eine neue Auflage oder Ausgabe in von Hertz zu bestimmender Anzahl, aber eine jede von mindestens 1000, höchstens 3000 Exemplaren veranstalten. Vor dem

Verlagsvertrag „Gesammelte Werke", Wilhelm Hertz (10.2.1889)
StAZ: M30 Nr. 757c, S. 1 (vgl. S. 504–506)

§4 Von jedem einzelnen der obigen zehn
Bände darf Herr Hertz zur Zeit, wo ihm
eine neue Auflage oder Ausgabe desselben
erforderlich erscheint eine neue Auflage oder
Ausgabe in von Hertz zu bestimmender Anzahl,
aber eine jede von mindestens 1000, höchstens
3000 Exemplaren veranstalten. Vor dem |
Beginn des Druckes einer jeden neuen Auflage hat Herr
Hertz Herrn Dr Keller eine schriftliche Anzeige zu machen.
Das Honorar für eine jede neue Auflage oder Ausgabe
eines jeden einzelnen Bandes wird nach der in §2
festgesetzten Norm bemessen derart, dass z. B. für eine
neue Auflage des Bandes VI in 1500 Exemplaren ein
Honorar von 1050 Mark, für eine neue Ausgabe des
Bandes VII in 1000 Exemplaren ein Honorar von
700 M von Hertz zu zahlen wäre. Diese Honorare
für neue Auflagen sind bei Beginn des Druckes
zahlbar

§5. Von der ersten Auflage des Bandes I und den einzelnen
Bogen dieses Bandes ist Herr Hertz berechtigt, um diesen
Band energisch als ersten Band und Theile dieses
Bandes als Lieferungen zur Gewinnung von Abnehmern
für das ganze Werk versenden zu können, eine beliebige Anzahl über die in §2 festgesetzten 2500 Exempl
abzuziehen. Ein Honorar für diese mehr abgezogenen Exemplare ist vorläufig nicht zu zahlen.
Dasselbe wird erst dann zahlbar wenn der
Druck einer neuen Auflage von Band II sich als
nöthig erweist. Herr Hertz hat dann das Honorar
für die etwa noch in seinem Besitz befindlichen
Exemplare von Band I bis zu der gleichen
Auflagenhöhe zu zahlen, in welcher Band II
abgezogen wird.

§6 Der Gesammt-Ladenpreis der 10 Bände der Gesammelten Werke soll womöglich auf 30 Mark
festgesetzt werden, keinesfalls aber 36 M übersteigen.
Es soll Herr Hertz freistehen die Bände der Gesammelten Werke einzeln zu verkaufen, und

Beginn des Druckes einer jeden neuen Auflage hat Herr Hertz Herrn Dr. Keller eine schriftliche Anzeige zu machen. Das Honorar für eine jede neue Auflage oder Ausgabe eines jeden einzelnen Bandes wird nach der in §2 festgesetzten Norm bemessen derart, dass zB für eine neue Auflage des Bandes VI in 1500 Exemplaren ein Honorar von 1050 Mark, für eine neue Ausgabe des Bandes VI in 1000 Exemplare ein Honorar von 700 Mark von Hertz zu zahlen wäre. Diese Honorare für neue Auflagen sind bei Beginn des Druckes zahlbar.

§5. Von der ersten Auflage des Bandes I und den einzelnen Bogen dieses Bandes ist Herr Hertz berechtigt, um diesen Band energisch als ersten Band und Theile dieses Bandes als Lieferungen zur Gewinnung von Abnehmern für das ganze Werk verwenden zu können, eine beliebige Anzahl über die §2 festgesetzten 2500 Exempl. abzuziehen. Ein Honorar für diese mehr abgezogenen Exemplare ist vorläufig nicht zu zahlen. Dasselbe wird erst dann zahlbar, wenn der Druck einer neuen Auflage von Band II sich als nöthig erweist. Herr Hertz hat dann das Honorar für die etwa noch in seinem Besitz befindlichen Exemplare von Band I bis zu der gleichen Auflagenhöhe zu zahlen, in welcher Band II abgezogen wird.

§6 Der Gesammt-Ladenpreis der 10 Bände der Gesammelten Werke soll womöglich auf 30 Mark festgesetzt werden, keinenfalls aber 36 M. übersteigen. Es soll Herrn Hertz freistehen die Bände der Gesammelten Werke einzeln zu verkaufen und können, wenn die bisher bestandenen Einzelausgaben der Schriften des Herrn D. Keller in ihrem Vorrathe erschöpft sind, an deren Stelle die betreffenden Bände der Gesammelten Werke, die für solchen Fall mit Separattiteln versehen werden dürfen, treten. Eine Verpflichtung zum Einzelverkauf der Bände liegt Herrn Hertz nicht auf.

Verlagsvertrag „Gesammelte Werke", Wilhelm Hertz (10.2.1889)
StAZ: M30 Nr. 757c, S. 2 (vgl. S. 506–508)

können, wenn die bisher bestandenen Einzelausgaben der Schriften des Herrn Dʳ Keller in ihrem Vorrathe erschöpft sind, an deren Stelle die betreffenden Bände der Gesammelten Werke, die für solchen Fall mit Separattiteln versehen werden dürfen, treten. Eine Verpflichtung zum Einzelverkauf der Bände liegt Herrn Hertz nicht auf. |

§7 Herr Hertz verpflichtet sich ausdrücklich, in die Gesammelten Werke nur dasjenige einzuverleiben was Herr Dʳ Keller als aufzunehmen bezeichnet hat oder bezeichnen wird.

§8 Alle Rechte und Pflichten, welche aus diesem Vertrage hergeleitet werden können, gehen auf die Erben und Rechtsnachfolger der Herren Contrahenten über.

Gelesen, genehmigt, doppelt ausgefertigt und von beiden Herren Contrahenten zum Zeichen des Einverständnisses eigenhändig unterschrieben

    Zürich 10 Februar 1889

Gottfried Keller   Wilhelm Hertz
                     (Besser'sche Buchhandlung)
                     in Berlin

20. 2. 1889 Wilhelm Hertz an Keller

Berlin W. 17 Behrenstraße den 20. Febr. 89. Hochverehrter Herr! Mein Sohn ist heimgekehrt erfreut durch Ihre gütige Aufnahme und durch Ihre von uns lebhaft begehrte Zusage Ihrer Gesammelten Werke.[493] Ich theile seine Freude und ich danke Ihnen von Herzen mit ihm für das Vertrauen, welches Sie unserm Verlage schenken und für das schöne Gut, welches demselben damit geworden ist.

Für das Werk wird eine neue reine scharfe Schrift gegossen, welche in etwa drei Wochen fertig zur Benutzung sein wird. Damit Zeit nicht unnütz verloren werde, haben wir einstweilen mit dem Satze der „Gedichte" welche aus der Schrift gesetzt werden, die zur dritten Auflage verwandt ist,

---

493   *Zu den* Gesammelten Werken *(GW) vgl. Kap. 2.1 Besonderes, S. 73–92.*

§7 Herr Hertz verpflichtet sich ausdrücklich, in die Gesammelten Werke nur dasjenige einzuverleiben was Herr Dr. Keller als aufzunehmen bezeichnet hat oder bezeichnen wird.

§8 Alle Rechte und Pflichten, welche aus diesem Verlage hergeleitet werden können, gehen auf die Erben und Rechtsnachfolger der Herren Contrahenten über.

Gelesen, genehmigt, doppelt ausgefertigt und zum von beiden Herren Contrahenten zum Zeichen des Einverständnisses eigenhändig unterschrieben

Zürich 10 Februar 1889

Gottfried Keller.   Wilhelm Hertz
                       (Bessersche Buchhandlung)
                              in Berlin

Verlagsvertrag „Gesammelte Werke", Wilhelm Hertz (10.2.1889)
StAZ: M30 Nr. 757c, S. 3 (vgl. S. 508)

begonnen. Diese Schrift wurde gewählt, da die Schrift, aus welcher die Prosawerke gesetzt werden, hier nicht paßt.

Wenn auch mit dem Satze der Gedichte aus obigem Grunde zuerst begonnen wird, so bleibt es doch selbstverständlich bei der Abrede, nach welcher Band I der Werke mit dem grünen Heinrich beginnen soll und nach welcher auch dieser Band zuerst auszugeben ist.

Nach der Verabredung gehen Ihnen Correcturabzüge zu, auf deren Rücksendung der | Drucker: G. Schade's Buchdruckerei, 158 Linienstraße, aber nicht rechnet. Nur für den Fall, daß Ihnen Besonderes auffallen sollte, erbitten wir umgehende Rücksendung an Schade.

Freundlich bitten wir uns die Stelle in den Gedichten zu bezeichnen, an welcher dieselben für die zwei Bände der Werke getheilt werden sollen. Unmaßgeblich meinen wir, daß Band IX der Werke zweckmäßig bis zur Seite 261 der Gedichte (3 Aufl.) gehen und noch die Cantate zum 50 jährigen Jubileum der Hochschule Zürich in sich schließen möchte, während Band X. die weiteren Gedichte bringt.

Zum Titel schlagen wir ergebenst vor: Gottfried Keller's Gesammelte Werke.

Dem § 2 des Vertrages vom 10 Februar gemäß übersende ich anbei 10000 Mark ganz ergebenst.

Endlich bemerke ich, daß die Druckerei zu durchgängiger Anwendung der neuen Orthographie angewiesen ist.

Mit unserer angelegentlichen Empfehlung in größester Hochachtung Ihr sehr ergebener

gez. Wilhelm Hertz.

8. 3. 1889   Wilhelm Hertz an Keller

8. März. 1889.

Hochverehrter Herr! Dem ersten Bande Ihrer Gesammelten Werke wird Ihr Portrait vorangestellt werden, dasselbe ist der Schlußlieferung dieses Bandes beizugeben und wir haben daher die Herstellung des Portraits in Angriff zu nehmen, das wir wohl durch eine sorgfältige Heliogravüre bieten möchten.
[…]

10. 3. 1889   Keller an Wilhelm Hertz

[…]

Daß die Gedichte an der bezeichneten Stelle als Band IX und X getrennt werden, wird nicht wohl zu umgehen sein, obgleich Band X mit den Rüge- oder Schimpfgedichten nicht lieblich anhebt. Nur ist mir unklar, ob die beiden Abtheilungen die alte fortlaufende Paginatur beibehalten, dabei aber jeder seine Hälfte des Registers erhalten sollen. Hier ist auch der Ort, wo | ich gleich auf Ihr Geehrtes vom 8 dieß kommen muß, welches ich nebst 3 Photraphieen heute früh erhielt. – Bei seiner hiesigen Anwesenheit[494] hatte Ihr Herr Sohn in Aussicht gestellt, es würde das Bild den gesammelten Gedichten am Schlusse der ganzen Operation beigegeben werden, was mir willkommen war, da die Gedichtsammlung für den Einzelverkauf hiefür die geeignetste Stelle ist, da sie so zu sagen das ganze Leben des alten Kerls begleitet.

Auf der andern Seite seh' ich das Bild nur ungern an der Spitze des Grünen Heinrich im Einzelverkauf, weil unwillkürlich das bezügl. Lesepublikum es auf den kuriosen Helden bezieht und dummes Zeug schwatzt, wie: Da haben wir ihn ja gleich den Schwerenöter u. s. w., was kein Unglück wäre, wenn nicht | zugleich die Vorstellung eines jugendlichen Lebewesens, wie sie sich in jedem Leser je nach seinen Kräften von selbst bildet, zerstört, ja ausgerottet würde und ein für allemal der festgenagelte Kopf des vertrockneten Greises an die Stelle träte. So viel im Allgemeinen.

[...]

13. 3. 1889   Wilhelm Hertz an Keller

[...]

Das Bildniss soll dem Bande IX der Werke (Gedichte I) beigegeben werden seiner Zeit. *[...]*

Ueber die Revisionsbogen erlaube ich mir die Mittheilungen: Herr Schade erwartet dieselben im Allgemeinen nicht zurück; nur dann, wenn ein solcher einen besonderen Anlass zu Bemerkungen oder Änderungen bietet; in diesem Falle bittet er um eine umgehende Rücksendung desselben.

[...]

---

494   *Zum Abschluß des Vertrags über die Gesammelten Werke am 10.2.1889 war Hans Hertz nach Zürich gekommen.*

20. 3. 1889 Wilhelm Hertz an Keller

20 Marz 89

Hochverehrter Herr Doctor!

Die Druckerei von G Schade hat bei der Übersendung der Correcturbogen an Sie leider bisher den Fehler begangen, daß sie Ihnen Abzüge geschickt hat, die erst <u>einer</u> Correctur unterzogen waren, während Sie nach unserer Absicht solche empfangen sollten, die nach der <u>zweiten</u> Correctur abgezogen werden sollten. Auf einer solchen hätten Sie sicher nicht mehr die Druckfehler gefunden, die Ihnen nun unangenehm aufgefallen sind, wie es Ihnen hoffentlich die von jetzt an erfolgenden Correcturen zeigen werden.[495]

Was nun die neue Orthographie betrifft und besonders die von Ihnen gerügte Inconsequenz in der Anwendung des h, so beruht dieselbe auf dem „Regel- und dem Wörter-Verzeichnis" *selbst,* | nach welchem sich der Setzer zu richten hat.[496] Wir senden Ihnen ein Exemplar derselben mit, damit Sie auffällige Sachen dort nachschlagen können. So wird dort in der That „wohl" geschrieben nicht „wol" wie Sie annehmen. Die Druckerei hat den Satz der Gedichte nach der dritten Auflage hergestellt. Die Correctur zeigt uns daß Sie in der Interpunction jetzt einige Aenderungen gegen die Interpunction der dritten Auflage bewirkt haben. So wird es doch vielleicht ganz empfehlenswerth sein wenn Sie die Revision der Gedichte noch einer Durchsicht unterziehen. Dagegen hoffen wir, daß der Zustand der Correcturen des grünen Heinrich, wie sie von jetzt an erfolgen werden, doch ein derartiger sein wird, daß Ihnen die große Mühe der Revision, die bei dem schnellen Fortgang der Arbeit sich wirklich zu einer Plage für Sie gestalten würde, erspart bleibt. Der Satz der Gedichte wird neben dem des grünen Heinrich weiter fortgehen. *[...]*

24. 3. 1889 Keller an Wilhelm Hertz

Zürich 24. III. 1889

Hochverehrte Herren!

Endlich auf Ihre werthesten Briefe vom 13–20 dieß antwortend kann ich berichten, daß die Durchsicht der Prosa Correcturen nicht so bedenklich aussieht, als es erst schien, zumal ich vernehme, daß die zweite Correktur in Berlin anfangs unterblieben ist und nun dort stattfindet. Immerhin

---

495   Vgl. *HKKA 20, Kap. 4.1 Die Textzeugen, zu GW.*
496   Vgl. *Regeln 1880; vgl. dazu HKKA 22, S. 77–82.*

finden sich da und dort kleine Fehler, wie zweimal „das" statt „daß" auf einer Seite, und dann häufige Ungleichheiten in Verwendung des bewußten Th, besonders im Anlaut, auch nach | dem preußischen Regelbüchlein. Das rührt daher, daß die Auflage des Grün. Hch, welche jetzt dem Satze zu Grunde liegt, nach den süddeutschen u schweiz. Rechtschreibungen gesetzt ist und nun beide Schreibarten durcheinander wimmeln.[497] Wegen dieses Umstandes werde ich mich nicht mehr aufhalten und verfahre nun mit den Revisionsbogen nach Ihrer Verabredung mit dem Drucker, da sonst der Satz mir ordentlich scheint.

Die Gedichte dagegen muß ich jedenfalls ganz durchcorrigiren; denn bei lyrischen Sachen wirken Druckfehler etc. doppelt ungünstig und können einem strengeren Geschmacke das Buch voll Verse gleich Anfangs verleiden.

[...]

2. 6. 1889   Leo Arons an Keller[498]

Dr Leo Arons
Strassburg ^{i}/E
Königstrasse. 6

d. 2 Juni 1889

Lieber Herr Gottfried Keller

Verzeihen Sie wenn ich keine passendere Anrede für Sie finde in dem Augenblick, wo mich ein Herzensdrang zu einem *Par* Worten an Sie veranlasst. Bis vor wenigen Wochen kannte ich zwar Ihre Zürcher Novellen, die Leute von Seldwyla, das Sinngedicht, Martin Salander und zum Theil Ihre Gedichte, nicht aber den grünen Heinrich. | Ein sonst gar nicht so zartbesaiteter Freund und guter litterarischer Berather hatte mir vor letzterem Gruseln gemacht; „bis zur Rohheit gesteigerte Selbstbekenntnisse" etc. etc., so dass ich, nach kurzen Darlegungen seinerseits fürchtete, durch die Lectüre in der Verehrung des Dichters beeinträchtigt zu werden. Nachdem ich aber durch wiederholte Lectüre diese Verehrung besonders tief gewurzelt fühlte – besonders das Fähnlein der sieben Aufrechten hat es mir angethan – habe ich den grünen Heinrich gelesen. Sogleich | bei Beginn der Lectüre begann

---

497 Zu Druckfehlern und orthographischen Inkonsequenzen vgl. *HKKA 20, Kap. 4.1 Die Textzeugen, zu E3 und GW.*

498 *Martin Leo Arons (1860–1919), Berliner Physiker, ab 1900 SPD-Mitglied und Förderer des Gewerkschaftsgedankens.*

ich das Meisterwerk zu ahnen und in besonders glücklichen Stimmungen gönnte ich mir nach Tisch zur Stärkung für neue Arbeit den Genuss von drei, vier (im Vertrauen wohl auch von fünf Kapiteln). Heut am Sonntag aber habe ich von einer Flasche guten Rheinweins ein wenig angeregt, während meine liebe kleine Frau (– die Ketzerin behauptet der grüne Heinrich sei ein Buch für alte Männer –) ein Nachmittagsschläfchen hielt, den ganzen vierten Band auf eine Sitzung ausgelesen. | Meine Stimmung danach kann ich nur mit der des Grafen von W...berg beim Abschied von Heinrich in München[499] vergleichen, und die ernsten Schlusskapitel vermochten nicht dieselbe herabzudrücken, zumal das Erscheinen und Gebahren unsrer lieben Frau Judith sogar den Heinrich aus seinem weltfeindlichen Schweigen zu erneutem Rathen und Thaten begeistert. – – –
[...]

7. 10. 1889 Sigmund Schott an Keller[500]

[...]
Nun habe ich mir die hübsche Gesammtausgabe | bestellt, in der doch noch eins und das andere ist, was in den einzelnen Bänden nicht steht, z. B. in den Gedichten. Von diesen letzteren habe ich außer der letzten Ausgabe auch eine kleine Octavausgabe aus den 40er Jahren, außerdem besitze ich eine sehr schöne Ausgabe des „Grünen Heinrich". Aber die erste Ausgabe desselben beziehungsweise diejenige mit dem ursprünglichen Schlusse habe ich trotz aller Mühe noch nicht bekommen können. Möchten Sie mir vielleicht sagen, wie ich mir dies Buch, das ich sehr gern hätte, verschaffen könnte.
[...]

23. 10. 1889 Alfred Rosenbaum an Keller

Wien 23 / X 89

Hochverehrter Herr!

Haben Sie gütigst Geduld und Nachsicht mit einem alten Quälgeiste!

Neulich fiel mir die Übersetzung eines Carlyle'schen Werkes aus den 50ger Jahren in die Hand. Als ich näher zusah, fand ich, daß dies Werk auf „chemisch anastatischem" Wege (ich glaube, so heißt der Ausdruck) zu neuem Leben erweckt worden war. Wie ein Blitz durchfuhr es mich,

---

499 Vgl. *GH II, 03.243.28–244.13.*
500 *Sigmund Schott (1818–1895), Frankfurter Rechtsanwalt und Schriftsteller.*

ob es nicht auch möglich sei, die alte Ausgabe des „grünen Heinrich" zu erneuen und so dem innigen Wunsche manches Ihrer wißbegierigen Anhänger nach diesem wertvollen Buche | zu genügen. Zuerst wollte ich mich an die Verlagshandlung Fr. Vieweg u. Sohn mit einer diesbezüglichen Anfrage wenden; dann fiel mir jedoch ein, daß die erste Instanz wol der Autor sei, dem ein Neubeleben (in diesem Sinne) seines alten Werkes vielleicht unerwünscht sein könnte? Und ob Vieweg überhaupt noch ein Recht auf die alte Ausgabe besitze? Der Zufall will es, daß gerade dieser Verleger einige gesuchte, wertvolle ältere Bücher auf jene „chemische" Weise wiederhergestellt hat. Mir kommt das wie ein gutes Omen vor für meinen lange und schmerzlich gehegten Wunsch, den lieben grünen Heinrich | auch von der „alten Seite" her gründlich kennen zu lernen. Ist mir doch dies Buch mehr als ein Buch! – Zagend wende ich mich nun an Sie, hochgeehrter Herr, mit der leisen Frage, wie Sie sich zu meiner „Idee" stellen? Zagend, denn ich fühle es wol, daß ich in innere Angelegenheiten eingreife; aber ich weiß, daß Sie mich nicht misdeuten werden.

[...]

9. 1. 1890 Wilhelm Hertz an Keller

9 Januar 90.
Hochverehrter Herr Doctor! Die vierbändige (dritte) Ausgabe des „Grünen Heinrich" wird demnächst erschöpft sein. Nach § 6 unserer Abrede vom 10 Februar vor. Jahr's, tritt nun an deren Stelle eine dreibändige Ausgabe aus den „Gesammelten Werken". Wir zeigen daher ganz ergebenst an, dass wir von Band I, II, III der Gesammelten Werke eine neue Auflage in der Höhe von 1000 Exemplaren eines jeden dieser drei Bände abziehen lassen werden und schlagen vor dieser Auflage des Grünen Heinrich die Bezeichnung: „Siebente Auflage" zu geben, indem wir die ohne Auflagebezeichnung gedruckten | 4500 Exemplare der Gesammelten Werke als drei Auflagen zählen.

Es tritt nun der billige Preis von 9 Mark gegen den früheren von 22 M ein und so hoffen und erwarten wir einen erneuten starken Absatz des Werkes.

Das Honorar von M 2100 werden wir, wenn Sie nicht eine andere Anweisung uns zugehen lassen, demnächst Ihnen direct übersenden.

[...]

18. 1. 1890   Keller an Wilhelm Hertz

= berlin hirslanden 44 23 18 / 1 5 20 hs
honorarbetrag von der 7 auflage des gruenen heinrich 2100 fr ersuche ich mir direkt baar zu uebersenden. + dr. g. keller.

18. 1. 1890   Wilhelm Hertz an Keller

18 Januar 90.

Hochverehrter Herr Doctor! Anbei beehre ich mich Ihnen mit Bezug auf mein erg Schreiben vom 9ten Januar das in demselben besprochene Honorar für den Neudruck der Bände I. II. III Ihrer „Gesammelten Werke" mit Zwei Tausend Einhundert Mark zu übersenden. Mit angelegentlicher Empfehlung u. grössester Hochachtung Ihr sehr ergebener

Wilhelm Hertz.

4. 2. 1890   Keller an Sigmund Schott[501]

Zürich
Hottingen
4 Febr.

Verehrter Herr!

Ihr Brief ist mir sehr erfreulich und klingt mich an wie eine Stimme aus dem Grabe aus besseren Zeiten. Ich kann Ihnen sagen, daß er mich aus der Lethargie weckt, ungeachtet Sie den Grünen Heinrich nur philolgisch gelten lassen wollen. Ich bin buchstäblich mit demselben in der Hand vom thatlosen Lager aufgesprungen, was der Arzt vergebens anstrebte. Ich werde nicht mehr lang vermeiden können, von einem bestellten Fuhrwerk Gebrauch zu machen. Sie glauben kaum, welche Freude Ihr Artikel in der A A Z. hervorbringen wird.[502]

Gottfried Keller

---

501   *Letzter Brief Gottfried Kellers.*
502   *Vgl. Sigmund Schott:* Studien zur Emilia Galotti. *In:* Beilage zur Allgemeinen Zeitung, *Nr. 42, 11.2.1890 und Nr. 43, 12.2.1890. – Vgl. den Kommentar zu diesem Brief in Sigmund Schott:* Aus Gottfried Kellers Leben. *In:* Beilage zur Allgemeinen Zeitung, *Nr. 81, 10.4.1897, S. 6:* Sein letzter Brief an den Schreiber dieser Zeilen gerichtet, [...] war die Antwort auf eine Anfrage, ob eine früher von ihm geschriebene Aeußerung über Emilia Galotti in einem für diese Beilage bestimmten Aufsatz abgedruckt werden dürfte. [...] Nur in der Stelle vom „Grünen Heinrich" ist eine wirre Ideenverbindung, alles andere [...] ist klar, so trüb es auch klingt.

3. 6. 1890 Wilhelm Hertz an Keller

3 Juni 90

Hochverehrter Herr Doctor! In der angenehmen Lage befinde ich mich Ihnen mitzutheilen, dass wir wiederum eine neue Auflage der <u>Gesammelten Werke Band I. II. III</u> veranstalten, die die Bezeichnung <u>Achte Auflage</u> tragen und in der Höhe von 1000 Exemplaren eines jeden dieser drei Bände abgezogen wird.

Das für diese achte Auflage nach § 4 unserer Abrede vom 10 Februar 1889 festgesetzte Honorar von Mark 2100 werde ich Ihnen demnächst, wenn Sie nicht eine andere Anordnung treffen, direct übersenden, wie ich s. Z. (am 18. Januar 1890) das Honorar für die Siebente Auflage Ihnen direct einsandte.
[…]

12. 8. 1890 Jakob Baechtold an Wilhelm Hertz

[…]
Zur künftigen Biographie liegt ein ungeahnt reiches Material vor. Der Hauptschatz ist hier Kellers Briefe an s. Mutter v. 1840–1855 u die Briefe der Mutter an ihn. Darin steckt der ganze grüne Heinrich. Es ist ein Schatz über alles köstlich u wichtig. *[…]*

3.2 ZUSATZDOKUMENTE

3.2.1 GOTTFRIED KELLERS EFFEKTENLISTE (1840)

Für seine Reise nach München, wo er sich zwischen Mai 1840 und November 1842 aufhielt, um sich zum Kunstmaler auszubilden, erstellte Gottfried Keller ein Inventar seines Reisekoffers.[1] Im Grünen Heinrich *wird erzählt, wie Heinrich mit Hilfe der Mutter seinen Koffer packt. Dabei werden auch Kleidungsstücke und Ausrüstungsgegenstände genannt, die auf Kellers Effektenliste figurieren. Vgl. dazu GH I, 11.022.29–025.27 sowie GH II, 02.104.03–17 und 124.23–125.26 (Kofferpacken).*

Standort: ZB: Ms. GK 8.4
Datierung: Aprill 1840
Format: *19,5 x 11,6 cm*
Umfang: *1 Doppelblatt, beschrieben S. 1–3 (Effektenliste) und S. 4*
Kotext: *S. 2–3: Landschaftsstudie mit Bleistift, Text der Effektenliste darübergeschrieben*
                  S. 4 (mit Bleistift): Ich habe Suppe u Braten bestellt. \ wenn sie mehr wollen, so sagen sies; *nach Trennstrich:* Es wird uns noch Geld kosten bis nach \ München. Aber in München werde \ ich geizig sein
Papier: *Weiches, mittelstarkes Papier, bräunlich weiß*
Ausführung: *Braune Tinte*

S. 1   Inhalt meines Coffers u sonstigen Effecten.
       auf meiner Reise nach München Aprill 1840

       ———————

       2 schwarze Röcke
       3 paar tüchene Beinkleider
05   1 – Sommer   - - - - -
       3 schwarze Westen
       [11] ⟨12⟩ [gefärbte]⌐ farbige Nastücher
       5 weiße   - - - - - - - - - - - - -
       15 paar leinerne Strümpfe
10   1 paar wollene - - - - -

———

1   Vgl. Abb., S. 522 f.

12 Hemden.
3 ----- für die Nacht
5 Waschtücher
2 Paar Stiefeln
1 Paar Pantoffeln
1 [[Nachtracht]⌐ Nachtrock] ⟨Nachtrock⟩
1 Reisehemd

S. 2   1 Mantel.

1 Farbekasten   enthält 2 Palleten u Pinsel
1 [M]⌐ Chatoulle   nebst etwas Oehlfarben.
Bücher   und Aquarellgeräthschaften.
[M]⌐ Vollmer Mythologie
[Göt]⌐ 2 Bändchen von Goethe's Werk
Diderot Versuche über die Malerei
Denis Manuel du peintre et du sculpteur.
1 Heft: Journal für Litteratur u Kunst
die beiden Friederiken
Geßners Briefwechsel
Knigge über den Umgang mit Menschen
Bleichrodt über die Landschaftsmalerei
  im Ganzen 12 Bände.

3 Skizzenbücher

1 großes Portefeulle mit Studien u
  Kupferstichen

1 kleines Portefeuille mit Bleistiftskizzen
  und kleinerem Mist.

S. 3	1 rothes Portefeuille mit 2 Heften von Calame u der Sammlung radirter Blätter v. Meier.
	2 Rassiermeßer
	1 Kleiderbürste.
05	Kamm
	1 Flöte

S. 2, 08	Denis] Manuel du peintre et du sculpteur; ouvrage dans lequel on traite de la philosophie de l'art et des moyens pratiques, par L.-C. Arsenne; avec une Notice sur les manuscrits à miniatures de l'Orient et du moyen-âge, et sur les voyages à figures, dans leurs rapports avec la peinture moderne. Par Ferdinand Denis. *2 Bde. Paris 1833.*
S. 2, 09	Journal für Litteratur u Kunst] Journal für Litteratur und Kunst *1 (1805): 4 Hefte (Zürich: Füeßli); 1802 unter dem Titel:* Helvetisches Journal für Litteratur und Kunst *(2 Hefte).*
S. 2, 10	die beiden Friederiken] Die beiden Friedericken in Sesenheim. Wahrheit und Dichtung. Von Johann Christoph Freieisen. *Zürich: Geyser 1838.*
S. 2, 11	Geßners Briefwechsel] Salomon Geßners Briefwechsel mit seinem Sohne. Während dem Aufenthalte des Letztern in Dresden und Rom, in den Jahren 1784–85 und 1787–88. *Bern/ Zürich: Geßner 1801.*
S. 2, 13	Bleichrodt] Andeutungen zur Geschichte und Kunst der Landschaftsmalerei mit besonderer Beziehung auf die Malerei in Aquarell oder mit durchsichtigen Wasserfarben. Für Dilettanten in der Kunst und Freunde einer angenehmen und nützlichen Beschäftigung. Von W. G. Bleichrodt. *Weimar: Voigt 1836.*
S. 3, 01	Calame] *Alexandre Calame (1810–1864), Maler; vgl. Kap. 2.2 Besonderes, S. 101.*
S. 3, 02	Meier] *Rudolf Meyer (1803–1857), Maler; vgl. Kap. 2.2 Besonderes, S. 104–106.*

**Gottfried Kellers Effektenliste
Reise nach München (Mai 1840)**
ZB: Ms GK 8.4, S. 4 und 1 (vgl. S. 519 f.)

**Gottfried Kellers Effektenliste
Reise nach München (Mai 1840)**
ZB: Ms GK 8.4, S. 2 und 3 (vgl. S. 520 f.)

3.2.2 GOTTFRIED KELLERS TAGEBUCH (1843)

Keller führte erst nach seiner Rückkehr aus München und nur während der sehr kurzen Zeit von Juli bis August 1843 ein Tagebuch. Darin finden sich keine Eintragungen, die in den Roman eingeflossen sein könnten. In der Eröffnungseintragung vom 8. Juli 1843[2] werden u. a. allgemeine Überlegungen über die Erinnerung als Voraussetzung des Tagebuchschreibens angestellt. Die in diesem Zusammenhang stehende konjunktivische Äußerung über die Möglichkeit, eine Jugendgeschichte zu schreiben, läßt sich nicht als Hinweis auf ein zu diesem Zeitpunkt bereits bestehendes Romanprojekt deuten.[3]

[...] ich habe die so lehrreiche Zeit meines ersten Ausfluges in die Welt, die drei Jahre, welche ich in München zubrachte, sammt allen Eindrücken die ich dort empfangen, das heitere, schöne Künstlerleben, die bangen sorgenvollen Tage, die ich erlebt und sonst noch so Vieles, was mein Gemüth lebhaft ergriffen; die Rückkehr und Flucht in's Mütterliche Haus: das Alles habe ich handelnd und leidend an mir vorbeiziehen lassen, ohne eine Silbe darüber nieder zu schreiben. – Ich habe zwar mir das ganze Bild in seinen Umrissen und mit seinen Localfarben ziemlich treu bewahrt, und wenn ich einst aus mir selbst heraustreten, und als ein zweites Ich mein ursprüngliches eignes Ich in seinem Herzkämmerlein aufstören und betrachten, wenn ich meine Jugendgeschichte schreiben wollte, so würde mir dieß, ungeachtet ich bis jetzt nie ein Tagebuch führte, und nur früher, vor bereits 6 Jahren, dann und wann, aber sehr selten, einzelne abgerissene Vorgänge der Außen- und Innenwelt aufzeichnete, dennoch ziemlich gelingen. [...]

2 *Tagebuch Ms. GK 4, 8. Juli 1843, vgl. HKKA 18, S. 17–27, hier S. 18 f.*
3 *Vgl. Kap. 1 Entstehung, S. 28 f.*

3.2.3 GOTTFRIED KELLERS LEBENSLAUF (1847)

Gottfried Keller verfaßte im Laufe seines Lebens mehrere kurze Texte mit biographischen Angaben zu seiner Person.[4] *Schon 1847 schrieb er auf Bitte des Zürcher Geographen und Historikers Gerold Meyer von Knonau d. Ä. (1804–1858) einen ersten Lebenslauf, den er diesem am 22.3.1847 sandte. Dieser Text stimmt mit Heinrich Lees Lebensgeschichte stärker überein als alle anderen biographischen Texte Kellers. Er entstand ungefähr zur Zeit eines ersten frühen Entwurfes zum Romananfang (Paralipomenon 1) und der ersten Erwähnung des Romantitels.*[5] *Keller schrieb Meyer, er habe sich über der Arbeit vergessen und ein erster Entwurf sei viel zu weitläufig geworden.*[6] *Möglicherweise stellt Meyers Anfrage also eine wichtige Anregung zu Kellers späterem Romanprojekt dar.*

Das von Gerold Meyer geplante Schweizerische biographische Lexikon des 18. und 19. Jahrhunderts *erschien nicht.*[7] *Kellers Lebenslauf wurde postum von Jakob Baechtold publiziert:*

Jakob Baechtold: Eine Selbstbiographie Gottfried Kellers aus dem Jahre 1847. In: Sonntagsblatt des Bund, Nr. 1, 3.1.1897, S. 4–5.

Ich bin im Jahre 1819 geboren. Mein Vater war ein Drechslermeister, von Glattfelden gebürtig, welcher sich in Zürich niederließ, ein aufgeweckter und wohlmeinender Mann; leider starb er schon, als ich kaum fünf Jahre alt war. Meine Mutter schickte mich in mehrere Schulen, zuletzt in die eben eröffnete Kantonsschule. Ich kam aber nicht weiter, als bis in die dritte Klasse der untern Abteilung der Industrieschule, indem ich infolge von Unordnungen und Auftritten, welche sich die ganze Klasse gegen einen mißbeliebten Lehrer zu Schulden kommen ließ, ziemlich unbegründet als Sündenbock ausgejagt wurde. Hierdurch wurde ein für allemal meine Schulerziehung abgeschnitten; denn meine Mutter hatte nicht die Mittel, mich in ein Privat-Institut unterzubringen. Wenn ich auch in der Schule nur in einem oder zwei Lieblingsfächern, z. B. in den sprachlichen, fleißig und eifrig gewesen war, so war ich doch während der Zeit außer der Schule immer vollauf beschäf-

---

[4] Vgl. HKKA 15.
[5] Vgl. Kap. 5.2 Paralipomena sowie Keller an Ferdinand Freiligrath, 5.2.1847, Dok.
[6] Vgl. Keller an Gerold Meyer von Knonau d. Ä., 22.3.1847 (Dok); vgl. auch Meyer von Knonau d. Ä. an Keller, 24.11.1846, Ms. GK 79e Nr. 151; GB 4, S. 21f. sowie Kap. 1 Entstehung, S. 29.
[7] Vgl. Meyers Manuskript zum geplanten Werk (ZB: Z II 19), zu dem eine redigierte Abschrift von Kellers Lebenslauf gehört.

tigt, ich trieb eine heimliche unbewußte Schriftstellerei, welche in Dramatisierung der in der Schule vorkommenden geschichtlichen Aufsätze und den herkömmlichen Robinsonaden bestand, mehr noch nahm mich eine wunderliche Malerei in Anspruch: Was ich nur von Nürnberger Kinderfarben auftreiben konnte, wurde zur Nachbildung von Morgen- und Abendrot und anderer Himmelseffekte angewendet, welche dazumal meine Phantasie aufs dringendste beschäftigten. Eine Art von autodidaktischer Gewandtheit, die ich darin erlangte, erregte den sehnlichsten Wunsch in mir, Maler zu werden, und so kam es, daß ich nach meiner Ausweisung aus der Schule es durchsetzte. Da meine Mutter aber gerade so wenig Einsicht, als ich selbst, in den Gang einer künstlerischen Ausbildung hatte, und überdies von allem guten Rat entblößt war, so kam ich in die Hände unfähiger Leute, welche keinen Begriff von dem wahren Wesen der Kunst hatten. Ehe ich einen vernünftigen Strich zeichnen konnte, begann ich, meinem angebornen Produktionstrieb folgend, allerlei Landschaften zu komponieren und derlei dummes Zeug zu treiben, man ließ mich, aus Mangel an eigener Kenntnis und daher auch aus Mangel an Autorität, gewähren, und ehe ich mich besann, war ich zwanzig Jahre alt geworden, ohne eigentlich etwas Rechtes zu können. Von Verdienen war keine Rede, denn bei aller Ungeschicklichkeit hatte ich immer einen unbändigen Künstlerstolz und wollte nichts beginnen, was nicht meinen innern Wünschen und Begriffen entsprach.

Im Jahre 1840, als ich doch das Mißliche meiner Stellung bedenklich zu finden anfing, entschloß ich mich zu einem neuen Anfange. Ich gieng mit einigen hundert Gulden, welche ich von väterlicher Seite her ererbt hatte, nach München. Die deutsche Kunst, welche hier einen Hauptsitz hat, machte gleich zu Anfang einen gewaltigen Eindruck auf mich, und mein Geschmack bildete sich ziemlich schnell aus. Ich war aber ohne Empfehlungen gekommen, lebte ohne nähere Bekanntschaft mit ausgezeichneten Künstlern, auf der Akademie war für die Landschaftsmalerei gar kein Lehrer, noch Raum: so war ich mir wieder selbst überlassen. Obgleich ich zwar mit mehr Überlegung und Wahl arbeitete, so blieb ich doch in technischer Ausführung zurück. Ich unternahm große Kartons und Bilder, welche ihres Gedankenreichtums wegen den Künstlern gefielen; fertig machen aber konnte ich sie nicht, hatte auch keinen besondern Trieb dazu; wenn ein Bild gezeichnet, angelegt, und in einige Beleuchtung und Haltung gebracht, somit der Hauptgedanke ausgesprochen war, so drängte sich mir schon wieder ein anderes auf, und das erste blieb liegen. Dazu kam, daß ich durch die Stoffe der vielen Kunstwerke, die ich in München sah, auf die poetische Litteratur geführt wurde. Das Nibelungenlied war mir neu und imponierte mir, Romantisches und Klassisches drang in verworrenen Massen auf mich ein, das persönliche Leben und der Umgang mit deutschen Künstlern, Künstlerfeste und dgl. weckten und unterhielten Stimmungen und Anschauungen in mir, die ich vorher oft geahnt und nun in schönster Genüge hatte, aus denen ich aber zu klarem Bewußtsein heraus zu kommen strebte; und, unwillkürlich auf eine geordnetere und anhaltende Lektüre geraten, trieb ich meiner Kunst und meinen Verhältnissen ziemlich fremde Studien zu einer Zeit, wo ich mich doppelt hätte zusammennehmen müssen, um die Not, welche vor der Thüre stand, abzuhalten. Diese brach wirklich herein und machte mein Leben auch in dieser Beziehung ziemlich pikant und poetisch. Zuletzt schlug die Sache aber allzusehr in Prosa über und ich war genötigt, die Zuflucht wieder ins mütterliche Haus zu nehmen, mit dem Vorsatze, sobald als möglich <5> zurückzukehren und die Sache gescheiter als bisher zu treiben. Ich befand mich in großer Niedergeschlagenheit, als ich im Herbst 1842 nach Zürich zurückkehrte, und mein einziges Trachten war München. Es wollte sich aber nichts zeigen, welches mir die Rückkehr möglich machte.

Da machte ich von ungefähr im Frühling 1843 einige Verse, die ersten fast in meinem Leben, und war sehr verwundert über die Leichtigkeit, womit sie mir gelangen. Sogleich fiel ich auf den wunderlichen Einfall, einen Band Gedichte herauszugeben und mit dem Gelde, welches ich dafür erhalten würde, nach München zurückzukehren. Ich dichtete den ganzen Sommer und Herbst über tüchtig darauf los. Die Zeitereignisse führten noch die Politik in den Kreis meines Bewußtseins. Als ich einen ziemlichen Pack Reimereien beieinander hatte, überschickte ich sie Professor Follen und bat ihn mit angstvoller Erwartung um Entscheidung über Sein oder Nichtsein dieser Versuche, wie schon viele meiner Landsleute vor mir; denn er ist zu seiner großen Unbequemlichkeit das Orakel der poetischen Anfänger in der Schweiz geworden. Er fand das meiste meiner Sachen unbrauchbar, das übrige aber gut genug, mich zur entschieden poetischen Laufbahn aufzumuntern. Es wurde gleich einiges in einem Taschenbuche gedruckt und fand günstige Aufnahme und erwarb mir wohlwollende und belehrende Freunde. Ich fieng an, mich gründlicher in der Geschichte der deutschen Litteratur zu orientieren und trieb mein eigenes Dichten besonnener als bisher. Insofern schien ich keinen üblen Tausch gemacht zu haben, als ich in der schreibenden Poesie weniger Zeit und Ausdauer zur Bekleidung eines Gedankens brauchte, als in der malenden, was meinem Produktionstrieb sehr zusagte. Ob ich wirklich zum Dichter geboren bin und dabei bleiben werde, ob ich wieder zur bildenden Kunst zurückkehren oder gar beides miteinander vereinigen werde, wird die nähere Zukunft lehren. Wenn ich auch keine gelehrte Erziehung genossen habe, so ersetzt mir die Schule eines bewegten Lebens dasjenige, was sich nicht nachholen läßt.

Hottingen, den 22. März 1847.   G. K.

3.2.4 GEDENKBUCH ZUM MÜNCHNER KÜNSTLERFEST (1840)

Kellers umfangreiche Darstellung des Maskenzuges in Kap. IV.6 der 1. Fassung (12.138.01–12.163.02) und in Kap. IV.13 der 2. Fassung (Wiederum Fastnacht, 02.176.01–02.191.02) basiert weitgehend auf Rudolf Marggraffs Gedenkbuch zum Künstlerfest im Frühjahr 1840 in München, das Keller, der erst im Mai 1840 dort ankam, nicht selber miterlebt hatte. Im folgenden werden v. a. die Passagen wiedergegeben, welche der Anordnung des Festumzugs gelten.[8]

Kaiser Maximilian I. und Albrecht Dürer in Nürnberg. Ein Gedenkbuch für die Theilnehmer und Freunde des Maskenzugs der Künstler in München am 17. Februar und 2. März 1840 von Dr. Rudolf Marggraff. Nürnberg. Im Verlag von Friedrich Campe. 1840.

<3> Bei der Anordnung des großen Maskenzugs der Künstler zu München während des Carnevals im Jahre 1840 hatte man hauptsächlich zur Absicht, ein charakteristisches und mannigfaltiges Bild deutschen Lebens aus der ersten Hälfte des sechszehnten Jahrhunderts vorzuführen.

Die Wahl hätte nicht glücklicher seyn können. In mehr als einer Hinsicht war jenes Zeitalter merkwürdig und bezeichnend für deutsche Kunst, Wissenschaft und Sitte. Es bildete den Uebergang zu der neueren Zeit, in welchem das ritterliche Leben des früheren Mittelalters und mit ihm die romantische Heldenpoesie in gesteigertem Glanze noch einmal, wenn auch mit den sichtbarsten Spuren des Verfalls und ohne weiteren Erfolg, sich geltend zu machen suchte, während ihm gegenüber das städtische Bürgerthum die höchste Stufe freier und vollendeter Entwicklung auf dem Gebiete seiner künstlerischen, gewerblichen und geselligen Thätigkeit erreicht hatte, die auch im Bereich der Literatur einige ganz neue Zweige und Blüthen treiben sollte.

Was aber dem Bilde des damaligen Lebens sein anziehendstes und schönstes Colorit gab, dies war die innige Beziehung und Wechselwirkung, in welchem das Ritterthum mit dem Bürgerthum, die Wissenschaft mit der Kunst, die Kunst mit dem Gewerbe stand, ein Verhältniß, das seine vollendete Ausbildung in dem Leben der deutschen freien Reichsstädte, dergleichen Nürnberg war, finden mußte.

---

[8]   *Zur Charakterisierung der historischen Figuren, welche den größeren Teil von Marggraffs Buch ausmacht, vgl. die entsprechenden Auszüge in der elektronischen Edition (CD).*

Die beiden Hauptrichtungen damaliger Kulturentwicklung sehen wir entschieden durch zwei hervorragende Persönlichkeiten vertreten: das kriegerische und ritterliche Leben durch den Kaiser Maximilian I., „den letzten Ritter", dessen Leben eine reiche Fülle ritterlicher Thaten, glanzvoller Festlichkeiten und dichterischer Bestrebungen darbietet; das friedliche und bürgerliche Leben durch Albrecht Dürer, in dessen Wirksamkeit die vollendeten Ausstrahlungen deutscher Kunst und Wissenschaft wie in ihrem Mittel- und Brennpunkte sich vereinigten. Kriegslustige Ritter und gelehrte Hofdichter schloßen sich Jenem, kunstreiche <4> Handwerker und Meistersänger in gebührender Weise Diesem an. Kunst und Poesie hatten sich unter dem Schutze des Reichsoberhauptes einer lebendigen, fröhlichen Entwickelung zu erfreuen. [...]

Die Anordnung des großen Maskenzuges ergab sich hiernach von selbst. Er mußte einerseits aus dem Zuge der Bürger, andrerseits aus dem Zuge des Kaisers bestehen; in jenem mußte Albrecht Dürer, in diesem aber der Kaiser als Hauptfigur erscheinen. Die besondere Beziehung, welche man der Zusammenstellung beider Züge zum Grunde legte, hatte man aus der Sage genommen, nach welcher Kaiser Maximilian während seiner Anwesenheit in Nürnberg Albrecht Dürern durch Verleihung eines Wappens ausgezeichnet, und die genannte Stadt zu Ehren des Kaisers verschiedene Festlichkeiten veranstaltet haben soll. Wenn man zu diesen beiden, mit historischer Treue durchgeführten Zügen noch eine Mummerei fügte, in welcher der Phantasie ein freierer Spielraum gegeben war, so glaubte man dazu durch die Vorliebe des Kaisers wie der Zeit überhaupt für dergleichen Belustigungen hinlänglich berechtigt zu seyn. [...]

<5–6>

Beschreibung des Maskenzugs.

1. Der Aufzug der Bürger

Trompeter und Pauker.

Zwei Zugführer (in kurze Wappenröcke von den Nürnberg'schen Farben, Roth und Weiß, gekleidet und geschmückt mit dem ältesten Wappen dieser Stadt, bestehend aus einem senkrecht in zwei Hälften getheilten Felde, von welchen die eine einen halben <7> Adler auf goldenem Grunde, die andere drei rothe wagerechte Streifen auf weißem Grunde zeigt).

Ein Zunftführer (in dieselben Farben gekleidet und das Haupt mit einem Laubkranze geschmückt).

Die Zunft der Meistersänger, mit ihrer Spruchtafel, sämmtlich bekränzt, die jüngeren in kurzem Wamms mit übergehängter Zither, an die Tracht der Minnesänger erinnernd, die älteren in längeren und kürzeren Pelzmänteln von ernsteren Farben. (Hans Sachs).

Die Zunft der Bader.

    Zwei Lehrbuben mit den Werkzeugen der Zunft;

    Ein Standartenträger mit den bekränzten herkömmlichen Insignien der Zunft;

    Zwei Gesellen, mit Kränzen geschmückt. (Hans Rosenplüt.)

    Zwei Meister. (Hans Foltz).

Die Zunft der Schäffler (Böttcher) und Bräuer*, (jene leberfarben mit Roth, diese grün mit Braun).

Die Zunft der Metzger und Bäcker (jene roth mit Schwarz und mit Fuchspelz verbrämt, diese hechtgrau mit Weiß).

---

* Auch jeder der folgenden 15 Zünfte gehen zwei Lehrbuben mit den bekannten Werkzeugen der Zunft und ein Standartenträger mit den hergebrachten Insignien voraus, worauf jedesmal zwei Gesellen mit den bekränzten Erzeugnissen der Zunft und zuletzt zwei Meister folgen. [...]

Die Zunft der Wachszieher und Lebküchler (jene grün mit Roth und Weiß, diese hellbraun mit Dunkelroth).

Die Zunft der Schuster und Schneider (jene schwarz mit Grün, diese in mannigfaltige, sich widersprechende Farben gekleidet).

Die Zunft der Damast- und Tapetenwirker (jene rothbraun mit Grau und lichtrothen Verzierungen; diese lichtbraun und himmelblau <8> mit Roth. – Hans Röckl; Bernh. Müllner; Kuntz Mair).

Die Zunft der Schreiner und Dreher (jene schwarz und stahlgrün mit Violett, diese roth und grau mit Dunkelblau. – Sebald Beck; H. Gärtner; H. Weißkopf).

Die Zunft der Wagner und Hufschmiede (jene grün und roth mit Grau, diese roth mit Schwarz. – Meister Melchior und H. Lambrecht).

Die Zunft der Schwertfeger und Waffenschmiede (jene grau mit Blau und Braun, diese grün und roth mit Lichtgrau. – Hartlieb; Siebenburger; Wilh. von Worms; Lochner).

Die Zunft der Armbrust- und Büchsenmacher (jene grün mit Schwarz und Hellbraun, diese roth und grün mit Grau. – Hans und Leonh. Danner; Seb. Böheim. –

Die Zunft der Uhrmacher und Schlosser (jene braun und himmelblau mit Violett; diese roth und schwarz mit Dunkelgrün. – A. Heinlein; G. Heuß; P. Hele; H. Bullmann).

Die Zunft der Buchdrucker und Formschneider (jene schwarz mit Weiß, diese braun und lichtgrau mit Roth. – Petrejus; H. Schäufelein; Koburger; Hieron. Rösch).

Die Zunft der Silber- und Goldschmiede (jene himmelblau und lichtroth mit Weiß, diese roth mit Schwarz und goldenen Verzierungen. – Melch. Bayr; L. Krug; H. Krug; H. Glim).

Die Zunft der Kupfertreiber und Ornamentschneider (jene braun und himmelblau mit Violettbraun, diese blau mit Braun und Orange. – Der böse Böltz; Seb. Lindenast; H. Frey; und Veit Stoß).

Die Zunft der Gelb- und Rothgießer (jene grau und roth mit Braun, diese rothgrau mit Grau. – Die Familie der Vischer).

Die Zunft der Maurer und Zimmermeister (jene roth mit Blau, diese grau mit Dunkelviolett. – P. Behaim; G. Weber; H. Behaim; G. Stadelmann).

Die Zunft der Maler und Bildhauer.

    Zwei Lehrbuben. <9>

    Der Insignienträger.

    Gesellen: Hans Spring in Klee, Maler; Peter Flötner, Bildhauer.

Ein Edelknabe mit dem, Albrecht Dürern von dem Kaiser der Sage nach verliehenen Malerwappen. (S. nachher.)

Der Meister Albrecht Dürer, begleitet von Michael Wohlgemuth, seinem Lehrer, und dem Bildhauer Adam Kraft. (A. Dürer in grauem und schwarzem Unterkleide mit dunkelbraunem, pelzverbrämtem Mantel; M. Wohlgemuth grau mit Schwarz und Dunkelblau; Adam Kraft dunkelviolett und braun mit Grau.)

Der Träger des Stadtwappens von Nürnberg, begleitet von zwei Hellebardirern.

Der Stadthauptmann (in Roth und Schwarz, mit Brustharnisch und Barett).

Die beiden Bürgermeister (Ebner und Caspar Rützel).

Der Syndikus.

Rathsherrn, darunter der Rathsschreiber Lazarus Spengler.

Zwei Stadtschreiber.

Einige venetianische Maler als Gäste.

Patrizier und Bürger mit Frauen und Jungfrauen.

<100> *[...]*

2. Der Zug des Kaisers und seines Gefolges.

Trompeter und Pauker.

Drei Zugführer (in Gold und Schwarz mit dem Reichs-Adler.)

Der Hauptmann der Landsknechte.

Erster Zug der Landsknechte. (Ihr Kostüm bietet die größte Mannigfaltigkeit in Formen und Farben dar. Alle tragen Wämser mit weiten langgeschlitzten Aermeln, und kurze bebänderte Hosen von demselben Schnitt und phantastisch bunter, lustiger Zusammenstellung der Farben. Von gleicher Mannigfaltigkeit sind Schnitt, Größe und Farbe der Baretts, von welchen lange, oft bis in die Kniekehle reichende Federn herabhängen. Einige tragen Harnische, Alle aber ihre langen achtzehnfüßigen Spieße.)

Vier Edelknaben mit den Wappenschildern von Burgund (drei Löwen auf drei diagonal liegenden Feldern, zwei weiße auf schwarzem und einer auf weißem Grunde, nebst zweimal fünf silbernen Lilien auf blauen Feldern), von Holland (rother Löwe auf goldenem Grunde); von Flandern (schwarzer Löwe auf weißem Grunde) und Oesterreich (ein der Quere nach getheilter Schild, von welchem das mittlere weiß, das obere und untere roth.)

Vier Ritter mit den Panieren von Steyer (weißer Löwe mit Stierkopf auf grünem Grunde), von Tirol (rother Adler auf weißem <101> Grunde), von Habsburg, (rother Löwe mit blauer Krone auf goldenem Grunde) und des Kaisers (schwarzer Adler auf goldenem Grunde.)

Ein Schwertträger.

Zwei Herolde (auf Brust und Rücken geschmückt mit dem schwarzen Doppeladler auf goldenem Grunde.)

Der kaiserliche Herold.

Leibwache des Kaisers mit den Flammbergen.

Edelknaben mit goldnen Pokalen.

Der Mundschenk des Kaisers.

Jäger und Falkoniere.

Der Oberstjägermeister des Kaisers.

Edelknaben.

Kaiser Maximilian I. (im goldnen Brustharnisch und Hermelin-Mantel von schwarzdurchwirktem Goldstoff, auf dem Barett die Krone, umgeben von Fackelträgern mit vergittertem Antlitz.)

Kunz von der Rosen, des Kaisers lustiger Rath.

Sigmund von Dietrichstein, Vertrauter des Kaisers, nebst:

Ulrich von Schellenberg.

Georg von Frundsberg, (kraftvoll, nach dem Bildniß gerüstet, den Feldherrnstab in der Hand. Ihm voraus trägt ein Edelknabe, lorbeerbekränzt, auf goldenem Kissen das Schwert des Königs Franz I. von Frankreich, dabei eine Tafel mit der Inschrift: Pavia 1825. Ein Landsknecht mit des Ritters Helebarde; ein Bergschütz aus dessen tirolischem Stammland, mit Armbrust, Köcher, Schwert, Panzerhemd und Gürtelbinde, und ein Reitersknecht in voller Rüstung mit Frundbergs Wappenschild folgen.)

Herzog Erich von Braunschweig (von gigantischer Gestalt, in blanker Stahlrüstung, auf dem Helm die Herzogskrone und einen Pfauenfederbusch, darüber ein goldener Stern. <102> Voraus ein Edelknabe mit einer böhmischen Fahne (Inschr. Regensburg 1504.) Zwei Reitersknechte mit Wappenschild und Lanze folgen.)

Franz von Sickingen (gerüstet nach einem Bilde von A. Dürer in der Pinakothek, welches der Tradition nach für Sickingens Bildniß gilt, mit Helm, Panzerhemd, Küraß, Eisenhandschuh, rothem Reiterröcklein und langem Schwert. Voraus ein Edelknabe mit der Fahne der Picardie (Inschr. Bouillon 1518.) Zwei geharnischte Reiterknappen folgen mit Schwert,

Lanze und Wappenschild (Inschr. Gottes Freund, aller Welt Feind.)

Wilhelm von Roggendorf (in zierlicher, spiegelblanker Rüstung mit wallendem Federbusch. Vor ihm ein Edelknabe mit maurischen Tropäen (Inschr. Spadan 1522.) Zwei Knappen mit Wappenschild und Lanze folgen.)

Andreas von Sonnenburg (in schwerer, französischer Rüstung, mit schwarzem Busch und goldener Grafenkrone, eine rothe Feldherrnbinde um den Arm. Ein Edelknabe vor ihm mit der Fahne (Inschr. Guinegaste 1479.) Ein Gebirgsschütz aus des Grafen tirolischer Grafschaft, im Panzerhemd und Jägerhut, mit Gürtelbinde, Schwert, Pfeilköcher, langem, ächtem Tirolerbogen und Schild (das die drei schwäbischen schwarzen Löwen zeigt) und ein alter Reiterknecht im Helm und Harnisch, mit ledernem Waffenrock und Beinkleid, Reiterstiefeln, Schwert und Dolch und der Lanze mit dem schwarzen und gelben Fähnlein folgen.)

Rudolf Fürst von Anhalt (in schöner, glänzender Rüstung, mit der Fürstenkrone auf dem Helm, den Feldherrnstab in der Hand. Ein Edelknabe vor ihm mit der Fahne (Inschr. Stuhlweissenburg 1490.) Zwei Knappen folgen mit Lanze und Wappenschild, worauf der Ausspruch des Kaisers: Anhalt das treue Blut.)

Graf Niklas Salm (in spiegelblanker Rüstung; vor ihm ein Edelknabe mit türkischen Tropäen (Inschr. Wien 1529.) Zwei Knaben mit Wappenschild und Lanze folgen.)

Marx Sittich von Hohenems (in stahlblauer Rüstung mit schwarzem Helmbusch. Vor ihm ein Edelknabe mit der Fahne von Venedig (Inschr. Verona 1516.) Zwei Reiterknechte mit Lanz und Schild folgen.

Räthe des Kaisers und Gelehrte:
 Willibald Pirkheimer;
 Manlius von Freiburg;
 Melchior Pfinzing, Verfasser des Teuerdank;
 Marx Treitzsauerwein.

Ritter im Hofkleide, Edelfrauen und Jungfrauen.

Ein fahrender Ritter, geschmückt mit Pickelhaube und Brustharnisch, die Zither über die Schulter gehängt.

Zweiter Landsknechtszug.

<145> *[...]*

3. Die Mummerei.

Der ernsteren Forderung geschichtlicher Wahrheit in Kostüm, Anordnung und Haltung des Einzelnen und Ganzen war durch die beiden Züge der Bürger und des Kaisers Genüge geleistet, und es kam daher jetzt nur noch darauf an, die ausschließlich heitere und phantastische Seite der geschichtlichen Erscheinung herauszukehren, um das Bild des Gesammtlebens jener Zeit zu vollenden. Namentlich ist es von Nürnberg bekannt, daß seine Bewohner wunderliche Mummereien, seltsam lustige Aufzüge und Narrenspiel jeder Art über die Massen liebten *[...]*. Vor allem aber hatte der Kaiser sein Wohlgefallen an solchen Ergötzlichkeiten; <146> ohne Maskerade ging keine nur irgend wichtige Festlichkeit bei ihm vorüber, und selbst in den Bildern seines Triumphzugs spielt die „gulden Mummerei", wie wir Alle wissen, eine sehr bedeutende Rolle. Die Mummerei durfte mithin um so weniger fehlen, als auch der freien dichterischen Phantasie bei diesem ebenso sinnreichen als anziehenden Abbilde geschichtlicher Wirklichkeit ihr gutes Recht widerfahren sollte.

Schon aus weiter Ferne verkünden die barocken, humoristisch-muntern Töne der Pfeifen und Hörner das Herannahen des heiteren Mummenschanzes. Peter von Altenhaus, der kaiserliche Mummereimeister, auf einem störrigen Esel reitend, eröffnet den lustigen Zug. Hinter ihm her wirbelt die buntscheckige Schaar der natürlichen Narren Gylyme, Pöck, Guggerillis, und der Schalksnarren Metterschi und Duweindel, tolles Possenspiel treibend und wie die Sonnenstäubchen in unaufhörlicher Bewegung zwischen dem Zuge hin und her fahrend: bald trippelnd, bald schleichend, bald springend, bald tanzend: ein seltsames, dummkluges Völkchen, das so recht geeignet ist, die sinnlich-komische Seite des menschlichen Lebens zu veranschaulichen.

Bekränzt und nur mit einem Bärenfell, quer über Schulter und Leib, bekleidet, schreitet hinter ihnen ein Thyrsusträger einher, der Anführer und Kapellmeister der gehörnten, in Bockshäute gehüllten Musikbande, die einen alterthümlichen Marsch, ein Meisterstück ihres Anführers, aufspielt. Die Musik ist wunderlich wie ihr Costüm und voll Widerspruch wie die ganze Erscheinung. Die Töne bewegen sich in den lustigsten Gegensätzen und in jenem raschen und kecken, aber doch harmonischen Wechsel der Höhen und Tiefen, welcher seine heitere, ja komische Wirkung auf das Gemüth des Hörers niemals verfehlt.

Von Gefangenen jeden Alters, Standes und Volkes, von Christen, Juden und Türken, Fürsten und Bettlern umringt, sehen wir jetzt den Triumphwagen der Venus an uns vorübergleiten. Die weltbeherrschende, jugendliche Göttin ruht, umgeben von lieblichen Amorenknaben, auf einem Rosenlager, leicht überschattet von Blumengewinden, die über ihr zur Laube sich wölben.

Mit Trauben umkränzt und phantastisch mit langen, von der Schulter herabwallenden, buntfarbigen Bändern geschmückt, folgt, den umlaubten Thyrsusstab in der Hand, der Führer des Bachuszuges. <147> Die fruchtbeladenen Kundschafter aus dem gelobten Lande des freudespendenden Gottes, leicht und fröhlich geschürzte Winzer, halb antik, halb mittelalterlich gekleidet und traubenbekränzt, bringen in Fässern und Krügen die schimmernden Früchte des Herbstes herbei. Zwei stämmige Winzer sind kaum im Stande, die riesenhafte Traube zu erschleppen, unter deren Last ihr knotiger Tragestock fast zusammenbricht. Die Traube des Josua und Caleb war ein Zwerg gegen diese, und doch verschwindet auch deren Größe in ein Nichts neben jener zweiten von ungeheurem Umfange, die nur durch eine besondere Vorrichtung des Tragewerks, mit Hilfe starker Baumstämme, durch vier Winzer von der Stelle bewegt werden kann. Ihnen reihen sich, unter dem schwerfälligen Voraustritt des dickbäuchigen Silen, Schenken und Faunen an, Krüge, Becher und Thyrsusstäbe schwingend und die Wirkung weinseligen Uebermaßes in brüderlichen Umarmungen kund gebend: Winzer und Bauern ziehen den Wagen, auf welchem der tonnenreitende Gott unter einer Rebenlaube sitzt.

Von einem Führer geleitet sehen wir jetzt den Zug der Diana sich heranbewegen. Mit Kränzen und grünen Zweigen haben die Jäger ihre Jagdkappen und ungeheuren Hüfthörner umflochten und ihr malerisches Jagdkleid mit Ueberhängen von Iltisfellen oder von Eberzähnen und Rehpfoten geschmückt. Die Parforcejäger führen ihre folgsamen Hunde am Leitbande mit sich, die Gemsjäger haben ihre Schneereifen und Steigeisen nicht vergessen. Jagdknechte schleppen zu zweien Rehböcke und Wildschweine mit versilberten Hauern, während hinter ihnen breitschultrige wilde Männer, mit rauhen Bären- und Tigerfellen behängt, trotzig einherschreiten, als Wanderstäbe große Waldbäume vor sich herstemmend, auf deren Aesten Vögel ihre Nester bauen: eine seltsame, wandernde Waldlust, wie sie der Göttin des Waldlebens gebührt. Wilde Männer ziehen den Wagen der Göttin, die, in langem, züchtigem Gewande, mit Pfeil und Bogen auf einem Baumstamm sitzt, umgeben von den Tropäen ihres Siegs, den Leichen der erlegten Thiere des Waldes, mit deren Köpfen der Wagen phantastisch bunt ausgeschmückt ist.

Zauberhaft lieblich ist das Bild, welches sich zuletzt vor unsern Augen entfaltet, ein Bild, so anmuthig und seltsam, als wäre es aus dem Wunderschacht der nordischen Mährchenwelt in die uns umgebende lebendige Wirklichkeit hereingezaubert. Es ist der Zug des <148> greisen Bergkönigs, der, das schneeweiße, lang herabwallende Haar mit hoher, zackiger Krone geschmückt und gehüllt in ein braunes, mit weißem Pelz verbrämtes Gewand, auf seinem dunkelfarbigen Felswagen sitzt, umgeben von stufengrabenden Gnomen und einem kleinen niedlichen Kobold, der als Bergknappe mit Grubenlicht und Hammer vor ihm steht. Hinter dem thronenden Könige ist der Prägemeister beschäftigt, Münzen zu prägen, die ein Drache in einen Kessel speit, aus welchem die beiden Pagen „Gold" und „Silber" dieselben herauslangen, um sie dem in Braun und Roth seltsam gekleideten Säckelmeister zu überreichen, der sie unter das umherstehende Volk auswirft. Die Erscheinung ist kein Traum. Das Gold hat sich freilich durch die prosaische Berührung mit der Welt in bloßes Kupfer verwandelt, aber das Silber und das Gepräge sind geblieben. Von Sternen umgeben erscheint auf der einen Seite das Künstlerwappen, auf der anderen die Inschrift: Der Künstler Maskenzug. München 1840.

Aber wer geht denn zuletzt so verlassen und einsam, dürftig und achselzuckend einher? Es ist der Narr Gülichisch, der dem verduzten Volke den leeren Beutel zeigt.

Umzug und Bankett.

[...] Dreimal machten jene Züge die Runde durch den Saal, das dritte Mal unter Voraustritt der Landsknechte und der beiden obersten Zugführer, welche bis dahin zur Aufrechterhaltung der Ordnung hier und da vertheilt gewesen waren, und stellten sich zuletzt in der Mitte des Saales auf, um ein von Felix von Schiller gedichtetes und von dem Kapellmeister Lachner meisterlich componirtes Festlied zu singen, worauf dem Könige, als dem

großmüthigen Pfleger und Beschützer der bildenden Kunst, ein begeistertes Lebehoch gebracht wurde. Durch den Logensaal des Königs, wo die gesammte königliche Familie versammelt war, begab sich jetzt der Zug durch die von Neugierigen überfüllten Säle und Corridore der Residenz und durch die Arkaden des Hofgartens, über den von Pechflammen erleuchteten, aber leider durch einen unerwarteten Regenguß stark durchnäßten Platz am Bazar in den großen Saal des Odeons, wo Alles zum Bankett hergerichtet war.

DETAILLIERTES INHALTSVERZEICHNIS

Übersicht HKKA 2

Der grüne Heinrich (Apparat 1)

Inhalt 7
Einleitung 9

1   Entstehung und Publikation 13
   1.1   Übersicht und Chronologie 15
      1.1.1   Übersicht 15
      1.1.2   Chronologie 16
   1.2   Der grüne Heinrich – 1. Fassung 28
      1.2.1   Von den ersten Plänen bis zum Exposé (1843–1850) 28
      1.2.2   Publikation der 1. Fassung bei Vieweg (1850–1855) 35
      1.2.3   Schwierigkeiten bei der Niederschrift (1850–1855) 41
   1.3   Der grüne Heinrich – 2. Fassung 48
      1.3.1   Umarbeitungskonzepte (1853–1870) 48
      1.3.2   Publikation der 2. Fassung bei Weibert 55
      1.3.3   Schwierigkeiten bei der Umarbeitung (1878–1880) 62
      1.3.4   Rezeption (1880–1890) 65
      1.3.5   Publikation der Gesammelten Werke *bei Hertz* 70

2   Besonderes 73
   2.1   Zur Entstehung und textkritischen Bedeutung der Gesammelten Werke *1889* . 73
   2.2   Heinrich Lee und Gottfried Keller als Maler 93
   2.3   Rezensionen zum Grünen Heinrich 117

3   Dokumentation 141
   3.1   Dokumente zu Entstehung, Überlieferung und Rezeption 141
      3.1.1   Entstehung, Publikation und Rezeption der 1. Fassung 156
      3.1.2   Überarbeitungspläne und Verlagswechsel 317
      3.1.3   Entstehung, Publikation und Rezeption der 2. Fassung 400
   3.2   Zusatzdokumente 519
      3.2.1   Gottfried Kellers Effektenliste (1840) 519
      3.2.2   Gottfried Kellers Tagebuch (1843) 524
      3.2.3   Gottfried Kellers Lebenslauf (1847) 525
      3.2.4   Gedenkbuch zum Münchner Künstlerfest (1840) 529